高麗時期 生態環境 研究

高麗時期 生態環境 研究

李 炳 熙

국학자료원

| 책머리에 |

　이 책에 실린 글은 필자가 생태환경의 몇몇 주제에 관해 작업한 결과
물이다. 필자는 사원경제를 공부하는 과정에서, 자연스럽게 생태환경
에 관심을 갖게 되었다. 사원의 조성은 가용공간의 확대 및 안정화를
의미하기 때문에 동물·식물의 서식지를 잠식한다는 것과, 승려들의
放生 권장은 생태환경에 대한 중요한 관념이라는 것을 알 수 있었다.
그리고 목포대학에 재직하고 있던 시기 전남 지방의 향·부곡을 답사
할 기회를 가졌다. 이때 고려시기 邑治의 선정에서 무엇보다도 식수가
중요함을 확인할 수 있었다. 몇년 전『農事直說』의 역주 작업을 진행할
때, 조선초의 農法이 중국의 그것과 차이를 보이는 중요한 이유ㄱ가 風
土不同이라는 것을 알게 되었다. 기온, 강수량, 일조량과 토양이 농법
의 차이를 초래하는 중요 요인인 것이다. 근자에 楊水尺 관련한 내용을
정리하면서 사냥이 생태환경에서 갖는 중요성을 파악할 수 있었다.
　여기의 글들은 생태환경에 대한 관심 속에서 자료가 모아지는 주제
를 중심으로 틈틈이 작성한 것이다. 10편의 글을 이 책에서 生命의 원
천 물, 開京의 生態環境과 遷都論, 사냥 활동과 生態環境, 生態環境에
대한 관념으로 구분해 편성했다.

근래에 생태환경에 대한 관심이 매우 고조되고 있으며, 생태환경이 위기라는 염려가 널리 확산되고 있다. 인간은 나무와 풀을 베어내 경작지로 만들면서 농업혁명을 이룩했으며, 석유와 석탄을 파내고 각종 금속 자원을 캐내어 산업혁명을 일으켰다. 그 결과 인구가 폭발적으로 증가하게 되었다. 그 과정에서 공해가 발생하고, 환경오염이 심화되었으며, 지구 온난화가 초래되었고, 엄청나게 많은 동물과 식물이 멸종되었다. 지구 생태환경이 파괴된 결과, 지속 가능한 사회를 유지할 수 있을지에 대한 고민이 깊어지고 있다.

　생태환경은 생물과 환경을 유기적·정합적으로 일컫는 개념이다. 생태환경의 구성요소는 흔히 생물적 요인과 비생물적 요인으로 구분하고 있다. 생물적 요인은 존재하는 모든 생물을 가리키는데 생산자와 소비자, 분해자로 나눈다. 비생물적 요인은 생물을 둘러싸고 있는 빛, 온도, 공기, 물, 토양 등을 가리킨다. 생물적 요인과 비생물적 요인이 상호작용하면서 생태환경을 구성한다.

　우리의 생태환경을 살펴보면 몇 가지 두드러진 특징을 찾을 수 있다. 우리에게서만 확인할 수 있는 것은 아니지만 상대적으로 찾아지는 특징이라고 하겠다. 우선 다양성을 들 수 있다. 비생물적 요소와 생물적 요소 모두 매우 다양하다. 비생물적 요소를 보면, 4계절이 있어 기후가 다르며, 산천형세와 토질이 다양하다. 육지와 바다가 있고, 해수와 담수가 함께 공존하고 있다. 서식하는 동물과 식물이 다채로워 '種多樣性'을 보이고 있다. 공간이 어마어마하지 않음에도 불구하고 매우 다양한 생태환경을 보이고 있다.

　둘째, 비생물적 요소의 변화가 심하다는 점을 들 수 있다. 4계절이 있어 기온의 차이가 크며, 강수량도 절기에 따라 변화가 크다. 일조량도 변화가 큰 편이다. 한 해 동안에도 변화가 크지만, 여러 해를 기준으로 볼 때도 해마다 차이가 적지 않다.

셋째, 생물적 요소는 높은 적응성을 갖추고 있다. 고온과 저온에 견딜 수 있어야 하고, 많은 강수량과 적은 강수량에도 적응할 수 있어야 한다. 일조량의 변화에도 대처할 능력을 가져야 살아남을 수 있다. 그 결과 생물적 요소는 강한 생존력·생명력을 필수적으로 갖추지 않으면 안 된다.

넷째, 전국이 균질적이지 않다는 점도 중요하다. 한반도 및 주변 공간은 엄청난 규모라 하기는 힘들지만, 지역에 따라 기온과 강수량의 차이가 크다. 특히 가뭄과 홍수는 전국적으로 동시에 발생하는 일이 드물다. 서식하는 동물과 식물도 지역에 따라 상당한 차이가 있다.

다섯째, 환경 조건은 높은 부양능력을 보유해 다수의 생명체가 높은 밀도를 보이며 공생하고 있다. 넓지 않은 공간에 동물과 식물이 밀도 높게 분포하고 있다. 이상에서 언급한 내용은 우리만의 특징은 아니지만, 상대적으로 강조할 수 있는 사항이라 하겠다.

모든 나라와 모든 지역은 다른 나라·지역과 구분되는 자신만의 생태환경을 갖고 있다. 다른 나라의 사람이 그러하듯이 우리도 생태환경에 적응하고 그것을 활용함으로써 생업을 영위했으며, 문명을 창조해왔다. 생태환경을 전제로 수렵과 어로, 채집활동을 해왔으며, 농업생산을 영위했다. 그 바탕 위에서 문화를 발전시켜 온 것이다. 그렇기 때문에 생태환경이 역사 이해의 기저 부분에 해당한다고 할 수 있다.

이상의 문제 의식을 담은 몇 편의 글을 이 책에 수록하고 있는데, Ⅰ

편에서는 생명의 원천인 물을 식수와 가뭄이란 주제를 매개로 접근했다. 첫 번째 글에서는 식수를 검토했다. 우리는 매우 안정적이고 풍부한 식수를 갖고 있었다는 것, 그리고 지하수를 식수로 활용했는데 고려시기의 경우 지하수가 용출하는 샘[泉]이 식수원으로 중요한 구실을 했다는 점을 강조했다. 크게 보면 샘에서 우물로 확산되는 추세를 보였다고 할 수 있다. 두 번째 글은 대표적인 자연재해인 가뭄에 대해 살펴본 것이다. 고려시기 가뭄이 자주 나타났고, 그 피해가 큰 경우가 적지 않았지만 그것이 전국적으로 동시에 발생하는 예는 흔치 않은 것으로 보았다. 가뭄이 든다고 걱정하는 경우에도 곧바로 큰 비가 내려 1년 강수량을 집계하면 평년보다 오히려 많은 수도 있었음을 주목했다.

Ⅱ편에서는 고려시기 遷都論이 생태환경 훼손과 관련되었음을 구명하고자 했다. 첫 번째 글은 소나무를 주제로 하고 있다. 개경은 松京 · 松嶽으로도 일컫는 데서 알 수 있듯이 소나무와 깊은 관련을 갖고 있었다는 것과, 왕건의 선대에 소나무를 널리 식재했지만 대도회로 발전함에 따라 개경 일대의 소나무가 크게 훼손되었다는 것을 주목했다. 두 번째 글에서는 야생동물을 다루었다. 고려시기 포유동물로서 개경 성내에 빈번하게 출몰한 것은 호랑이, 노루, 여우, 사슴이었으며, 조류는 부엉이, 올빼미, 꿩, 까마귀였음을 확인할 수 있었다. 이들 동물이 도성내에 자주 출몰한 것은 개경 주변의 생태환경의 열악화와 관련된 것으로 이해했다. 세 번째 글은 천도론의 제기가 생태환경 악화와 관련됨을 주장한 것이다. 고려시기 천도론은 地氣 · 地德의 약화와 쇠퇴를 근거로 하며, 그것의 구체적인 표현이 災變이었는데, 그 대표적인 것이 야생동물의 도성 내 출몰, 지하수 및 연못물의 이상현상, 궁궐 화재 및 대

형 화재의 발생 등이라고 보았다. 이러한 재변은 개경이 대도회로 발전함에 따라 야기된 산림의 파괴, 임야의 축소에 연유한 것으로 이해했다. 재변의 발생은 불안감을 조성해 도성민들이 천도론에 동조하는 것으로 파악했다.

Ⅲ편에서는 사냥을 통해 생태환경의 일부 사항을 구명하고자 했다. 첫 번째 글은 사냥이 生業으로 매우 중요했음을 밝힌 것이다. 사냥을 통해 포획한 야생동물은 당시 사람들에게 매우 중요한 식료였으며, 의류의 소재이기도 했음을 주목했다. 단백질 공급원으로서 중요한 동물은 노루, 사슴, 멧돼지, 토끼, 꿩 등이었으며, 의류나 장식품으로서 중요한 동물은 호랑이, 표범, 곰, 담비, 수달 등이었음을 확인할 수 있었다. 가축이 사육되고 있었지만 단백질 공급원으로서는 야생동물이 더 큰 비중을 차지한 것으로 보았다. 두 번째 글에서는 사냥문화에 함유된 尙武性을 구명했다. 사냥을 위해서는 기본적으로 활쏘기와 말타기 능력을 보유해야 했으며, 아울러 용감성과 기민함을 갖추지 않으면 안 되었고, 살생을 주저하는 마음이 없어야 했음을 주목했다. 고려시기에는 사냥문화가 보편화되었으므로 상무적인 분위기가 광범하게 지배했다고 보았다. 불교에 탐닉하는 이들은 살생을 멀리했으므로, 사냥에 소극적이거나 비판적인 태도를 취했음을 확인했다. 세 번째 글은 매에 관한 전반적인 사항을 정리한 것이다. 고려시기 매는 鷹, 鶻, 海靑, 鷗, 鶻 등 다양한 칭호로 불렸는데, 전국적으로 서식했으며 일정한 조련을 거쳐 사냥에 활용되었음을 알 수 있었다. 매를 통해 포획하는 동물은 꿩, 토끼, 여우였음을 확인했다. 원 간섭기에 원에 진헌된 매는 1천 마리를 상회한 것으로 보아, 고려사회 매 개체수의 변동을 가져왔을 것으로 추정

했다. 네 번째 글에서는 고려후기 국왕의 사냥이 매우 성행했음을 확인했다. 충렬왕·충숙왕·충혜왕·우왕의 경우 사냥을 병적일 정도로 행했는데, 이것이 여러 가지 폐해를 낳은 일이므로 신료들이 반대하는 글을 올린 수가 많았지만, 국왕의 사냥은 좀처럼 위축되지 않았음을 지적했다. 이 시기 국왕의 사냥은 원의 사냥문화 영향을 짙게 받은 것이었지만, 고려 국왕은 측근 호위무사 세력을 양성하려는 의도에서도 적극 사냥한 것으로 이해했다.

Ⅳ편에서는 생태환경에 대한 관념을 不殺生과 不食肉 문제를 중심으로 살펴보았다. 고려시기에는 사냥 활동이 성행하고 사냥과 관련한 문화가 발달했지만, 불교의 영향으로 그에 대한 부정적 관념이 크게 자리잡았음을 주목했다. 불교는 살생을 멀리하고, 식육을 기피하는 경향이 있었으므로 사냥 및 야생동물을 통한 단백질 섭취에 대해 매우 비판적이었다는 것을 확인했다. 그리하여 사냥을 비판하고, 식육을 멀리하는 이들이 적지 않았음을 명확히 했다. 현실에서는 생업을 위해, 또 맡은 소임 때문에 사냥을 하는 수가 적지 않았지만, 큰 부담감을 느끼는 수가 많았음을 지적했다. 살생과 식육에 비판적이었기 때문에 그에 종사하는 이들은 천하게 대우받았는데, 양수척이 대표적이었음을 주장했다.

이 책에 수록한 글은 생태환경에 관련한 극히 일부의 내용을 정리한 데 불과하다. 그나마도 체계적인 이해에 도달하지 못하고 여러 내용을 나열적으로 제시한 데 그쳤다. 고려시기 생태 특징을 종합적·정합적으로 구명하는 것은 향후 과제로 넘길 수밖에 없다.

그렇지만 이상의 글에서 고려시기 생태환경의 몇 가지 두드러진 특징을 지적할 수는 있을 것이다. 식수는 주로 샘을 통해 확보했다는 것, 생태환경의 문제는 개경 일대에서 발생하고 외방에서는 문제되지 않았다는 것, 사냥이 성행하고 야생동물이 단백질 공급원으로서 매우 중요했다는 것, 불교의 영향으로 살생과 식육에 대해 비판적이어서 종사자가 상당한 죄의식을 가졌다는 것 등이다. 그리고 생태환경의 보존과 관리에 대해 큰 고민을 하지 않았다는 것, 당시인이 접하는 야생동물이 현재와 매우 상이했다는 것도 포함할 수 있다.

지금까지 고려시기 생태환경에 대해서는 연구가 매우 부진한 편이다. 자연재해와 관련한 가뭄과 홍수, 병충해 등이 일부 연구되었으나 아직도 많은 주제가 그렇지 못하다. 생태환경의 생물적 요소에 대해서는 거의 연구가 이루어지지 않았다. 향후 개별 생물체에 대한 이해가 심화되어야 하고, 그 생물체가 인간에 미친 영향, 반대로 인간에 의한 생물체의 변화, 그리고 인간의 생물체에 대한 인식과 태도 등이 연구될 필요가 있다. 동물과 식물, 그리고 분해자에 해당하는 여러 생명체를 대상으로 개별적인 작업이 진행되어야 한다. 그런 작업을 기반으로 해서 고려시기 생태환경에 대한 체계적인 이해체계를 수립해야 할 것이다.

이 책의 내용을 구상하고 정리하며, 발간하는 과정에서 많은 분들의 도움을 받았다. 생태환경에 관해 깊은 대화를 나눴던 한국교원대의 이민부 교수님과 김기대 교수님께 감사를 드린다. 두 분의 교수님으로부터 우리 생태환경의 특징을 이해하는 데 많은 도움을 받을 수 있었다. 그리고 전국의 治所 및 山城, 유적을 답사하는 데 참여할 수 있도록 배려해 준 정요근 교수님, 답사에 동행한 박종진 교수님, 박성현·김보광 교수님께도 감사를 표한다. 답사의 과정에서 전근대 생태환경의 모습을 상상할 수 있는 기회를 가질 수 있었다. 마지막으로 번거로운 교정 작업에 도움을 준 대학원 석사 과정의 조정래 선생, 정은호 선생, 졸업생 임찬경 선생, 학부생 김영은 · 오수진 · 이은우 양, 박성훈 · 박찬 · 이재욱 · 조성진 군에게도 고마움을 표하고자 한다.

옛 인연을 뿌리치지 못하고 책의 출간을 맡아주신 국학자료원의 정찬용 원장님께도 감사의 말씀을 올린다. 그리고 출간의 전 과정을 진행한 정구형 대표님께 고마움을 전한다. 척박한 출판 풍토 속에서 국학 발전을 위해 고군분투하시는 두 분의 노고를 치하드린다. 난삽한 원고를 깔끔하게 정돈해준 국학자료원의 편집부에게도 심심한 감사를 드린다.

2023년 2월 11일

著者

Ⅰ.
生命의 원천,

물

高麗時期 食水의 調達

1. 머리말

한 나라의 역사와 문화는 자연 조건의 영향을 크게 받는다. 자연조건에는 기후와 토양, 산천, 그리고 물이 포함된다. 이러한 자연조건에 대응하면서 사람들은 농업생산을 영위하고 촌락을 형성해 살아왔다. 지구상의 각 지역마다 농경 작물이 다른 것은 자연 조건의 차이와 깊은 관련을 갖는다. 전근대 사회에서 먹을 것을 생산하는 농업의 뒷받침이 전제되지 않고서는 국가나 사회를 유지해 가는 것은 거의 불가능하다.

자연조건 모두 중요하지만 가장 핵심적인 것은 물이라 할 수 있다. 물이 공급되지 않으면 모든 생명체는 살아갈 수 없다. 물은 농업생산에서 불가결한 것이어서 일찍부터 동·서양 여러 곳에서 그것의 확보에 엄청난 노력을 기울여 왔다. 농업용수는 일시적으로 많은 양이 필요한 것이지만, 생활에 필요한 물은 양이 적을지라도 더욱 절박한 것이다. 식수를 비롯한 생활용수를 안정적으로 확보하지 않으면 인간은 생존해갈 수 없다. 식수는 인간이 활용하는 모든 물 가운데 가장 고급·양질의 것이며, 항상 확보할 수 있어야 한다. 식수가 항상적으로 확보되지 않는 곳에서는 인간은 장기간 정주해서 살아갈 수 없다.

우리의 경우는 비교적 풍부한 물을 가지고 있다. 농업용수의 문제로 고통을 겪는 경우가 적지 않지만, 적어도 식수의 면에서는 안정적이었다고 할 수 있다. 봄 가뭄이 심하고 강수가 불규칙적이어서 필요한 때에 다량의 농업용수를 확보하는 데 어려움을 겪은 적은 많았다. 그렇지만 식수의 문제로 큰 고통을 겪는 일은 많지 않았다. 산이 많은 지형상의 특징 때문에 강수가 그 산에 흡수되어 지하수를 발달시키기 때문이다.

우리는 일찍부터 양질의 물을 식수로 사용했다. 노천수 · 지표수를 식수로 삼는 일은 상당히 이른 시기에 중단되었고, 대체로 지하수를 식수로 확보했다. 물론 후대에도 상황이 여의치 않으면 표면수를 식수로 활용하는 수가 없지는 않았다. 그러나 일상적인 식수는 지하수를 활용해 왔다. 산이 많아서 지하수가 발달했기 때문에 이러한 지하수를 일찍부터 사용할 수 있었다. 양질의 풍부한 지하수를 확보할 수 있는 지점에 마을이 자리잡았으며 그 마을은 集村의 형태로 발달했다. 양질의 지하수를 확보할 수 없는 공간에는 사람이 살지 않거나 일시적으로 정주할 수밖에 없었다. 지하수를 안정적으로 풍부하게 확보할 수 있는 지점에 촌락이 집중 발달하는 양상을 보인다.

지하수를 활용하는 경우, 처음에는 지하수가 지표에 흘러나오는 샘[泉]을 사용했을 것이고 점차 땅속으로 우물을 파서 그 물을 사용했을 것이다. 우물도 초기에는 지하 얕은 지점에서 확보했을 것이고, 점차 깊은 곳까지 파내려 갔을 것이다. 인구가 늘어가고 지식과 기술이 발달함에 따라 좀 더 불편한 지점까지 정주공간이 확대되고, 이에 따라 식수도 종전보다 어려운 방식으로 확보해 갔을 것이다. 크게 보면 샘을 중심으로 식수를 확보하는 방식에서 우물을 활용하는 방식으로 변환되어 갔다고 생각한다.

우리의 역사에서 식수를 어떠한 방식으로 확보했는지, 그것이 역사적으로 어떠한 변천을 겪었는지에 대한 체계적인 연구는 거의 이루어지지 않았다. 고고학적 발굴을 통해 고대부터 우물이 사용되었음을 확인하는 작업이 중심이었다.[1] 이 글에서는 고려시기 식수를 어떠한 방식으로 확보했는지를 문헌 자료를 중심으로 검토하고자 한다. 샘이 많이 활용되다가 조선초 이후 우물이 크게 확대된다는 사실을 입증하고자 한다.

2. 식수의 중요성

물이 생명체의 유지에 필수적인 것임은 재언을 요하지 않는다. 모든 동·식물은 물이 있어야 생존이 가능하다. 사람도 물론이다. 생명 자체를 유지해 가는 필수요소로서 또 생활에 필요한 자원으로서, 그리고 농업생산의 기반으로서 물은 인간과 밀접했다.

물은 자연계에서 끊임없이 순환한다. 여름철의 비나 겨울철의 눈으로 내린 물은 일부는 증발되어 공기로 돌아가고 일부는 땅속으로 스며들고 또 일부는 하천을 통해 바다로 흘러간다. 땅 속에 스며든 물은 풀이나 나무의 뿌리를 통해 흡수되거나, 더 깊은 곳으로 내려가 지하수가 된다. 지표면이 透水層일 경우에는 토양 속에 미소한 空隙이 있으므로

---

1) 이신효, 2004 「백제 우물 연구」『호남고고학보』20 ; 권오영, 2008 「성스러운 우물의 제사 - 풍납토성 경당 지구 106호 유구의 성격을 중심으로 -」『지방사와 지방문화』 11-2.

이를 통해 물이 지하로 스며드는 것이다.[2]

지하수가 만들어지려면 모래나 자갈같이 물을 잘 통과하는 지층인 투수층이 있어야 하고 그 밑에는 암반층이나 점토층 같은 물이 잘 통과되지 않는 지층인 불투수층이 받쳐져 있어야 한다. 지하수가 단단한 바위층과 마주치면 그 위에 고인다. 가득 고이게 되면 천천히 흐르는데, 높은 곳에서 낮은 곳으로, 압력이 센 곳에서 약한 곳으로 이동한다. 지하수는 비좁은 흙이나 돌 틈새를 지나므로 아주 느린 속도로 흘러간다.[3] 지하수면은 능선이 있는 지역에서는 깊은 곳에 있게 되고 계곡에서 가장 얕다. 그러므로 계곡에는 많은 샘이 위치한다. 샘을 통해 흘러나온 지하수는 표면수에 섞여 흐른다.

물을 공급해 줄 수 있는 원천은 표면수와 지하수로 나눌 수 있다. 호수, 하천, 지표면에 흐르는 물, 빗물을 저장한 저수지에 채워진 물은 표면수이고, 반면 우물 또는 샘에서 얻을 수 있는 물은 지하수이다. 지하수의 대부분은 지표에 내린 비와 눈이 녹은 물이 땅속에 스며들어 생긴 것이다. 비가 많은 지방에는 지표부근에 지하수면이 존재하나 건조한 지방에서는 100m 이상 땅 속으로 들어가도 지하수면에 도달하지 못하는 곳이 있다. 이러한 현상은 강수량이 적어서 지하수의 증가가 일어나지 않기 때문이다. 또한 계절에 따라서 강수량이 다르므로 지하수면은 주기적으로 오르내리는 것이 보통이다.

지하로 침투한 빗물은 암석과 토양을 화학적으로 변화시키거나 반응함으로써 지하수는 녹아 있는 여러 이온을 함유하며, 토양과 표층으로부터 공급된 다른 성분들도 포함하게 된다. 지하수의 수질은 물이 통

---

2) 윤용남, 2007『수문학 - 기초와 응용 -』, 청문각, p.187.
3) 鄭東孝·尹白鉉, 2008『물의 과학과 문화』, 홍익재, pp.510~511.

과하는 토양이나 암석의 종류, 물 통로의 온도, 강수의 성분 등 여러 요인으로 결정된다. 지하수는 통상 표면수보다 더 유용성이 있는 물로 보고 있다.[4] 지하 암반으로 화강암이 많은 우리의 경우 지하수는 식수로 적절하며, 반면 지하수가 풍부할지라도 석회암 지대의 지하수는 양질의 식수로 기능하기 어렵다.

물은 사람 체중의 약 65~70%를 차지하며 인체의 모든 반응이 물속에서 일어난다. 몸이 지닌 물은 배설과 땀 그리고 호흡작용 등으로 매일 손실되므로 하루에 약 2.5리터 정도 공급해야 한다. 몸속의 물이 1~2%가 부족하면 심한 갈증을 느끼게 되고 5% 정도가 부족하면 혼수상태에 빠지게 되며 12% 정도가 부족하면 생명까지도 잃는다.[5] 외딴 섬이나 배위에서와 같이 비가 스며들 여지가 없는 곳에서는 인간은 빗물을 직접받아 마셨다. 수증기는 있지만 비가 내리기 어려운 곳에서는 온도차를 이용해 이슬을 맺게 하여 물방울을 마셨다. 비가 수년 동안 내리지 않는 사막에서도 인간은 어떻게든 물을 손에 넣어 강하게 살아남았다.[6]

샘은 지층 속을 흐르는 지하수가 한 곳에 모여 지표면에 자연적으로 흘러나오는 현상, 또는 땅에서 물이 나오는 자리를 일컫는 말이다.[7] 남부지방에서는 우물을 샘으로 지칭하는 수도 있지만,[8] 이 글에서는 지

---

4) 지하수가 갖는 유용성은 다음과 같다. ① 세균이 없어 정수할 필요가 없다, ② 온도는 계절에 관계없이 일정하다, ③ 무색 투명하다, ④ 화학적 물질이 녹아 있는 것이 비교적 일정하다, ⑤ 단기간의 가뭄에는 별다른 영향을 받지 않는다, ⑥ 방사성이나 생물학적 오염 우려가 적다(조선형·고종안, 1999『지하수 어떻게 할 것인가』, (주)북스힐, p.15 ; 鄭東孝·尹白鉉, 2008 앞의 책, p.197).
5) 鄭東孝·尹白鉉, 2008 앞의 책, p.64.
6) 유아사 다케오(임채성 역), 2011『문명 속의 물』, (주)푸른길, p.20.
7) 조선형·고종안, 1999 앞의 책, pp.29~30 ; 鄭東孝·尹白鉉, 2008 앞의 책, p.199 ; 김주환, 2009『구조지형학』, 동국대 출판부, p.484.
8) 민병준, 2000『한국의 샘물』, 대원사, pp.8~9.

하수가 새어 나와 앉아서 물을 뜨는 것을 샘[泉]으로 표기한다. 샘은 대개 낮은 지역에서 지표면과 지하수면이 교차하여 생기지만(低地泉), 지대가 높은 경우에도 투수성이 큰 지층이 불투수성의 지층 위에 있고, 그 경계가 지표면과 교차할 때 생길 수 있다(接觸泉).9)

우물은 물을 긷기 위하여 땅을 파서 지하수를 괴게 한 곳, 또는 그런 시설을 뜻한다. 우물도 당초에는 샘을 개수하거나 움푹한 곳 또는 절벽 아래를 파는 정도의 것이었지만, 드디어 지상에서 지하수를 찾아내어 웅덩이를 파게 되었다. 우물을 팔 때에는 지표 부근에서 습기를 약간 포함한 表土를 제거하고 더 깊이 들어가 사방에서 물이 새어 나오는 곳까지 도달한다. 이곳에는 물이 가득차 있으므로 이를 飽和帶라고 하며, 이 포화대의 상한이 地下水面이다.10)

식수가 갖는 중요성은 고려시기의 여러 문헌 기록에서도 확인할 수 있다. 이규보는 거주하는 데 4가지 필수 요건으로 밭·뽕나무·나무·샘을 들고 있다. 밭은 식량의 생산에 필요하며, 뽕나무는 누에를 키워 옷을 만드는 데 중요하고, 나무는 땔감에 필요하고, 샘은 물 마시는 데 중요하다고 했다.11) 사람이 생활하는 데 필수적인 요소를 축약해 표현한 것인데 그 가운데 하나로 마시는 물이 들어 있다.

식수가 중요하기 때문에 마을이 자리하거나 사원을 조영할 때 그것의 확보는 절실한 것이었다. 그리고 개인이 집을 지을 때도 식수를 고려하지 않을 수 없었다.

물이 나오지 않아 승려들이 살아갈 수 없었다는 표현에서12) 사원의

---

9) 조선형·고종안, 1999 앞의 책, pp.31~32.
10) 김주환, 2009 앞의 책, pp.475~476.
11) 李奎報, 「四可齋記」『東國李相國全集』 권23.

입지에 식수가 매우 중요함을 확인할 수 있다. 水嵓寺는 앞에 맑은 시내가 흐르고 뒤로 높은 산을 등지고 있어 수림이 우거졌으므로 薪水가 풍족하다고 했다.13) 어느 고승이 下山을 감사하며 쓴 글에, 오래도록 이름난 절에 머물렀는데 숲과 샘도 깊숙하고 아름다워 휴양하기에 알맞고, 柴草와 양식도 풍부하고 유족하여 궁핍한 지경에 이르지 아니했다고 언급했다.14) 사원에서 승려가 생활할 때 식수는 필수적인 요건이었다.

그밖에도 식수와 사원의 관계를 언급한 예는 흔하다. 乾洞禪寺의 경우 바윗돌을 깎아내 식수를 확보하므로 물 긷는 노고를 덜었다고 했다.15) 花藏寺의 경우 환경이 깨끗하고 薪水가 풍족하므로 정각국사가 거기에 가서 편히 지내기를 청했다.16) 이처럼 물이 풍부한 사원이 국사가 거처하고 싶어하는 절이었다. 圓明谷이 白蓮庵의 터를 잡은 곳은 지경이 깊숙하고 골짝은 깊으며 샘물은 맑았다고 했다.17)

사원의 경우 양질의 식수를 확보할 수 있는 곳에 자리했다. 양질의 식수를 확보하고 있어야 승려들이 편하게 생활할 수 있었다. 식수가 뒷받침되지 않는다면 승려가 사원에서 살아가는 것은 불가능한 일이었다. 그만큼 사원의 입지에서 중요한 것이 식수였다. 식수를 확보할 수 없는 곳에는 사원을 세울 수 없었다.18)

사원이 식수시설을 확보하고 있는 구체적인 예를 다수 찾을 수 있다.

---

12) 李奎報, 「八月二十日 題楞迦山元曉房 幷序」『東國李相國全集』권9.
13) 李奎報, 「水嵓寺華嚴結社文」『東國李相國後集』권12.
14) 李奎報, 「謝下山狀」『東國李相國全集』권30.
15) 李齊賢, 「乾洞禪寺重修記」『益齋亂藁』권6.
16) 李奎報, 「故華藏寺住持王師定印大禪師追封靜覺國師碑銘 奉宣述」『東國李相國全集』권35.
17) 柳方善, 「白蓮庵記」『東文選』권81.
18) 李炳熙, 2002 「高麗時期 寺院의 新設과 可用空間의 擴大」『靑藍史學』62(同, 2009 『高麗時期 寺院經濟 硏究』, 景仁文化社 재수록).

상주 사불산 백련사 뜰 좌우에는 米麪井이 있었으며,[19] 연복사에는 9
개의 井이 있었다.[20] 유점사 능인보전 뒤의 우물은 맨 처음 까마귀가
쪼는 것을 보고 발견했기 때문에 鳥啄水라고 했다.[21] 식수를 확보하고
있지 않은 사원은 존속이 불가능했다.

　그렇기 때문에 사원의 이름 가운데 식수가 중요하다는 의미에서 泉
과 井이 들어가는 수가 많았다. 井泉寺라는 사원의 이름은 샘물이 넘실
거리고 있는 데서 유래했다.[22] 조선초의 福泉寺는 동쪽에 샘물이 돌 사
이에서 쏟아져 나와 식수로 쓰기 때문에 그러한 사명을 갖게 되었다.[23]
『新增東國輿地勝覽』 佛宇條에 보이는 사원 가운데 井 혹은 泉을 寺名
에 포함한 예는 매우 많다.

<표 1> 『新增東國輿地勝覽』 佛宇條 사원 가운데 井·泉을 이름에 포함한 것

지역(道)	사원명(소재지)	사원 수
경기도	藥井寺(광주), 井泉寺(여주), 松泉寺(과천), 石泉寺(양주), 龍泉寺(가평)	5
충청도	德泉寺(영춘), 松泉寺(청주), 靈泉寺(청주), 福泉寺(보은), 崇井寺(한산), 法泉寺(회덕), 道泉寺(부여), 興泉寺(연기), 高井寺(아산), 石泉寺(신창), 香泉寺(예산)	11
경상도	泉谷寺(흥해), 龍泉寺(풍기), 龍泉寺(영덕), 玉泉寺(영덕), 馬井寺(군위), 龍泉寺(비안), 聖泉寺(예안), 興泉寺(용궁), 靈井寺(밀양), 鳳泉寺(밀양), 湧泉寺(밀양), 深泉寺(경산), 石泉寺(영산), 龍泉寺(상주), 井池菴(선산), 石泉寺(선산), 鳥井寺(문경), 楊泉寺(의령), 法泉寺(고성) ＊ 龍泉寺(대구), 玉泉寺(창녕)는 고적조에 보임	19
전라도	龍泉寺(임피), 靈泉寺(태인), 龍泉寺(함평), 靈泉寺(장성), 法泉寺(무안), 靈泉寺(정의), 龍泉寺(남원), 龍泉寺(담양), 石泉寺(능성)	9

---

19)『新增東國輿地勝覽』권28, 慶尙道, 尙州牧, 山川, 四佛山.
20) 權近, 「演福寺塔重創記 奉敎撰」『陽村集』권12.
21) 南孝溫, 「遊金剛山記」『續東文選』권21.
22) 李奎報, 「題黃驪井泉寺誼師野景樓」『東國李相國全集』권17.
23)『新增東國輿地勝覽』권16, 忠淸道, 報恩縣, 佛宇, 福泉寺.

황해도	觀井寺(황주), 高井寺(황주), 龍井寺(평산), 石泉寺(재령), 松泉寺(신계), 龍泉寺(은율)	6
강원도	夢泉寺(고성), 法泉寺(원주), 石泉寺(횡성), 巖泉寺(안협)	4
평안도	用泉寺(평양), 湧泉寺(용강), 法泉寺(삼화), 龍泉寺(증산), 石泉寺(안주), 林井寺(영변), 靈泉寺(박천), 龍泉寺(성천), 北泉寺(순천), 溫井寺(영원)	10
함경도	없음	
합계		64/1653 (3.87%)

『新增東國輿地勝覽』을 통해 확인해 보면 정과 천이 寺名에 들어간 사원은 모두 64개이며, 전체 사원 1,653개의 3.87%를 차지하고 있다. 사원의 이름에 정과 천을 넣은 것은 그만큼 정과 천이 소중했음을 의미 하는 것이다. 대부분의 사원이 정이나 천을 보유하고 있음에도 특별히 그러한 이름을 갖는 사원은 정과 천이 더욱 중요했음을 뜻한다.

비상시 대비하는 성을 쌓는 데에도 식수는 매우 중요한 고려사항이 었다. 薪水處에 戶의 수를 헤아려 城堡를 축조했다는 표현은[24] 그 사실 을 나타낸다. 땔나무와 물이 있는 곳에 성보를 축조하는 것이다.

盈德의 경우, 원래 城 안에 우물이 없었는데 자리를 잡아 파보니 맑 고 찬 샘물이 솟아나서 마실 만하니 온 고을 사람들이 서로 경하했다고 한다.[25] 성 안에는 식수를 제공하는 샘이나 우물이 갖추어지지 않으면 성으로 기능할 수 없었다.

식수가 제대로 공급되지 않으면 성은 옮길 수밖에 없었다. 조선초기 읍성을 다수 설치할 때, 식수를 확보할 수 있는가 여부가 위치 선정에서 매우 중요했다. 경상도 機張縣의 경우 세종 3년(1421) 성 안에 우물이 없어서 縣衙를 朴谷里로 옮겼다.[26] 관아를 식수가 공급되지 않는 곳에

---

24) 『高麗史』권112, 列傳25, 偰遜附 長壽.
25) 權近, 「盈德客舍記」『陽村集』권12.

서 원활한 곳으로 옮겼음을 뜻한다. 세종 11년 閭延 지방 성황당에 두 개의 우물이 있어 邑城을 그곳으로 옮기는 조치가 있었다.[27] 세종 12년 함길도 龍城 읍성을 이전할 때에도 장소를 샘물이 많은 곳으로 선택했 다.[28] 조선초 읍성을 설치할 때 식수의 확보를 고려한 사례는 다수 보인 다.[29] 식수를 확보할 수 있는가 여부는 성의 축조에서 대단히 중요했다.

피난 시에도 식수는 생존에 필수적인 요소였다. 몽골의 침입이 있던 고종 35년(1248) 많은 사람들이 葦島로 피난했는데 식수 문제로 고통 을 겪었다.

> 섬에는 井泉이 없어 항상 육지에서 물을 길어오는데 종종 포로가
> 되기도 하니 김방경이 빗물을 저장해 못을 만들므로 걱정이 드디어
> 사라졌다.[30]

위도에 우물과 샘이 없어, 식수가 부족하므로 육지에서 물을 길어올 수밖에 없는데, 물을 운반하다가 몽골군에 사로잡히는 일이 종종 있었 다는 것이다. 이에 김방경이 하늘에서 내리는 비를 저장해 못을 만들었

---

26) 『世宗實錄』권13, 世宗 3년 9월 丙子(16일), 2-452(국사편찬위원회 영인본 2冊 p.452를 뜻함, 이하 같음).
27) 『世宗實錄』권46, 世宗 11년 12월 戊戌(26일), 3-211.
28) 『世宗實錄』권48, 世宗 12년 4월 戊寅(9일), 3-228.
29) 『世宗實錄』권49, 世宗 12년 9월 壬戌(24일), 3-261 ; 『世宗實錄』권56, 世宗 14년 4 월 庚子(12일), 3-381 ; 『世宗實錄』권56, 世宗 14년 4월 乙巳(17일), 3-384 ; 『世宗 實錄』권63, 世宗 16년 3월 甲午(17일), 3-549 ; 『世宗實錄』권90, 世宗 22년 7월 己 巳(29일), 4-307 ; 『世宗實錄』권105, 世宗 26년 윤7월 己亥(22일), 4-577 ; 『文宗實 錄』권4, 文宗 즉위년 10월 戊戌(28일), 6-310 ; 『文宗實錄』권7, 文宗 1년 5월 壬寅(5 일), 6-384 ; 『文宗實錄』권9, 文宗 1년 8월 丙戌(21일), 6-423 ; 『文宗實錄』권9, 文宗 1년 9월 庚子(5일), 6-429 ; 『成宗實錄』권10, 成宗 2년 6월 辛亥(10일), 8-583.
30) 『高麗史』권104, 列傳17, 金方慶 ; 『新增東國輿地勝覽』권52, 平安道, 定州牧, 山川, 葦島.

으므로 물을 길어 오는 걱정을 해소했다는 것이다.

고종 45년에는 東北面 兵馬使 愼執平이 주민들을 竹島로 옮겼는데, 죽도 또한 식수가 여의치 않았다.

> 좁으며 井泉이 없어 사람들이 모두 원치 않았으나 신집평이 강제
> 로 몰아 들어가게 하니 다수의 사람들이 도망가고 흩어져서 옮겨간
> 자가 열 명 가운데 2,3명이었다.[31]

죽도에 샘과 우물이 없는 것을 알고 있는 주민들이 병마사의 말을 듣지 않고 대부분 도망한 것이다. 피난의 경우에도 식수가 보장되지 않으면 옮겨갈 수 없었다.

민인들이 평상의 삶을 살아가는 데에도 식수가 매우 중요함은 당연하다. 예컨대 문종 8년(1049),

> 東路兵馬使가 아뢰기를, "長州는 지대가 높고 험하며 성 안에는 우물
> 이 없다. 바라건대 남문 밖의 평지에 柵을 설치해 백성을 옮겨 거처하게
> 하고 급한 일이 있으면 성으로 들어오게 하라."하니 왕이 따랐다.[32]

라는 데서 잘 알 수 있다. 식수 부족으로 성중에서 생활할 수 없기 때문에 남문 밖의 평지에 柵을 설치하고 백성을 옮겨 거처토록 하고 유사시에 입성토록 한 것이다. 성 안에 우물이 없어 백성들이 살아가기 곤란하기 때문에 평시에는 평지에 살다가 유사시에 성 안으로 들어가도록 조치한 것이다.

---

31) 『高麗史』권130, 列傳43, 叛逆4, 趙暉 ; 『高麗史節要』권17, 高宗 45년 10월.
32) 『高麗史』권7, 世家7, 文宗 8년 8월 ; 『高麗史節要』권4, 文宗 8년 8월.

거제의 경우 흩어진 백성이 다시 모이자 城이 작고 샘물도 모자라게 되었다. 샘물이 넉넉한 곳을 찾아 관아를 옛 관아 남쪽 10리 되는 곳으로 옮겼다.[33] 식수의 공급이 부족하면 사람들이 안정적으로 거처할 수 없기 때문에 식수가 풍부한 지점으로 관아를 옮기는 것이다.

개인이 주거지를 택할 경우에도 식수의 문제는 중요했다. 이규보가 이사간 성남 안신리를 언급하면서 찬샘[冷泉]이 마을 왼쪽에 있는 바위 틈에서 졸졸 흘러나오고 마을이 깊숙하고 지세는 아늑하여 맑고 깨끗한 것이 마음에 든다고 했다.[34] 안신리의 경우 양질의 식수를 확보하고 있음을 알려주고 있다.

趙冲이 별장을 마련해 샘을 파고 소나무와 대나무를 심어 獨樂園이라고 이름을 지었다.[35] 독락원이라는 별장을 세울 때 식수를 확보하는 것이 중요했음을 나타낸다. 윤공이 도성의 동남 모퉁이에 땅을 정하여 草屋을 짓고 거처하는데 산이 울창하여 밖을 둘러싸고 있고 샘물은 차게 흘러 그 가운데로 나간다고 했다.[36] 초옥을 짓고 거처함에도 식수를 제공하는 샘물이 갖추어져야 했던 것이다.

우리나라 촌락은 扇狀地나 산록완사면에 발달하는데 그것은 식수의 확보와 깊이 관련되어 있다. 평지와 산지의 경사급변점인 곡구를 중심으로 발달한 선상지에는 용수 조건이 좋고 토지가 비교적 비옥한 扇端을 중심으로 촌락이 입지한다. 선상지에서는 배수가 잘되는 지질 조건에 의해 하천수가 복류하다가 선상지 말단부인 선단에서 지표로 용출

---

33) 『新增東國輿地勝覽』권32, 慶尙道, 巨濟縣, 城郭, 邑城.
34) 李奎報, 「天開洞記」『東國李相國全集』권24.
35) 金龍善 編著, 2012 『高麗墓誌銘集成』, 한림대 출판부, 「趙冲墓誌銘(1220년)」.
36) 鄭道傳, 「求仁樓記」『三峰集』권4.

하여 湧泉帶가 형성된다. 따라서 용수를 구하기 쉬운 선단의 용천대에 가옥이 帶狀으로 밀집되어 촌락이 형성된다.[37]

배후에 험준한 산지를 끼고 있는 산록완사면은 산지와 평지가 접촉하는 곳에 위치한다. 산록완사면은 몇 개의 경사변환점을 갖고 있어서 지하수대가 높거나 지하수가 용출하여 취수에 편리하다. 특히 남향의 산록완사면은 일조량이 많고 겨울에 북서계절풍을 막아 주므로 따뜻하다. 산록완사면은 또한 생활무대인 평탄지에 인접하고 하천 범람 등의 자연재해로부터 안전하다.[38] 식수가 중요하기 때문에 촌락이 선상지나 산록완사면에 집중 분포하는 것이다.

궁궐 안에도 식수원을 갖추고 있었다. 조선초 궁궐에서 샘물이 대궐 앞에서 콸콸 솟아나 햇빛을 머금어 넓게 퍼지고 맑디맑은 물이 용안을 비추며 졸졸 흐른다는 언급이 보인다.[39] 행궁 뜰에도 식수원을 마련하고자 했다. 세조 10년(1464) 행궁 뜰에 우물을 파게 하니 샘물이 솟아 올라 왔는데 물의 근원이 깊고 맑으므로 駐蹕神井이라는 이름을 내려 주었다.[40]

도서지방의 경우 식수원을 갖추지 못하면 방목하는 말도 살아 갈 수 없었다. 세조 12년 洪州의 沙邑時島에는 샘물이 여덟 곳이지만 가뭄 때를 당하면 모두 마르며, 겨울철에는 물과 풀이 부족해 방목하는 말들이 해마다 다수 죽어가자 다른 곳으로 옮겼다.[41] 말을 방목하는 데에도 먹을 물은 역시 중요했다.

---

37) 이전, 2011『촌락지리학』, 푸른길, p.72.
38) 이전, 2011 위의 책, p.77.
39) 崔恒,「賀靈泉湧出箋」『東文選』권33.
40)『世祖實錄』권32, 世祖 10년 3월 戊午(5일), 7-612.
41)『世祖實錄』권38, 世祖 12년 4월 乙丑(25일), 8-19.

식수는 사람이 살아가는 데 반드시 필요하므로, 언제나 확보할 수 있어야 한다. 주거지에도 필요하고 전쟁시나 피난시에도 매우 중요했다. 식수는 양질의 것이어야 한다. 농업용수는 수질이 양호하지 않아도 큰 문제가 되지 않지만 식수는 그렇지 않았다. 농업용수는 대량으로 필요하며, 대개 강수에 의지하거나 저수지에 의지하는 수도 적지 않다. 또한 그것은 1년 내내 항상 필요한 것은 아니라 봄·여름의 농사철에 집중적으로 필요하다.

반면 식수는 양질이어야 하고 사시사철 제공받을 수 있어야 한다. 당시의 좋은 식수에 대해서는 우물물과 샘물을 언급한 여러 표현에서 알 수 있다. 차기는 눈과 같고, 맑기는 거울 같고, 맛은 달고도 짜릿하고 성질은 부드럽고 고왔다고 했다.[42] 혹은 맛이 달아 젖과 같았다는 표현도 보인다.[43] 맑고 깨끗하다는 것은 기본이며 시원하고 맛이 단 것이 좋은 식수였다. 샘이나 우물에서 얻는 좋은 식수는 淸甘,[44] 寒甘,[45] 甘涼,[46] 冷且甘으로[47] 그 성질을 표현했다.

고려시기 사람들이 식수로 사용하는 것은 대체로 지하수로서 매우 양질의 것이었다. 그것은 대체로 샘과 우물에서 확보하는 것이 중심이었다. 하천의 물을 이용하는 경우도 없지 않았지만 특수한 경우에 한정되고 대체로 지하수에 의존했다. 물론 특수한 사정 하에서는 하천수를 식수로 삼기도 했다. 예컨대 함길도 慶興府의 경우 세조 5년 성안에 오

---

42) 『新增東國輿地勝覽』권19, 忠淸道, 溫陽郡, 山川, 神井.
43) 李奎報, 「南行月日記」『東國李相國全集』권23.
44) 李奎報, 「通齋記」『東國李相國全集』권23.
45) 李奎報, 「十月十九日 遊雙嵓寺留題 示主老源上人」『東國李相國後集』권5.
46) 崔惟淸, 「初歸故園」『東文選』권19.
47) 釋圓鑑, 「抵宿王巖 愛其境地淸幽 因書拙語」『東文選』권14.

직 우물이 하나인데 가뭄을 만나면 말라 버려 항상 강물을 길어 사용했다고 한다.[48] 碧團鎭의 성 안에도 우물이 많지 않아 얼음이 얼거나 물이 마를 때면 압록강 물을 길어다 사용했다고 한다.[49]

　전쟁시에 성 안에서는 식수의 문제가 심각했다. 다수의 사람이 피난해 들어왔기에 이들에게 충분한 식수를 공급하는 일은 쉬운 일이 아니었다. 성이 포위된다면 외부로부터 식수의 지원을 받는 것은 불가능했다. 그러한 예를 춘주성에서 볼 수 있다. 고종 40년 몽골병이 춘주를 포위해 시간을 끌자,

　　　성 안의 井泉이 모두 마르니, 우마를 찔러 피를 마셨다.[50]

라는 극한 상황에 놓이게 되었다. 식수가 고갈되어 우마의 피를 마시는 극단 지경에 이르렀다는 것이다.

　이성계가 남원의 운봉에서 阿只拔都가 이끄는 왜구를 섬멸했을 때, 많은 사상자가 발생했다. 다수의 병사가 마실 물은 표면수에 의지할 수밖에 없었지만 상황은 매우 열악했다.

　　　하천물이 모두 붉어져 6, 7일 되어도 색이 변하지 않으니 사람들
　　　이 마실 수 없었다. 모두 그릇에 담아 맑아지기를 기다려 오랜 시간
　　　이 지나야 마실 수 있었다.[51]

---

48) 『世祖實錄』권16, 世祖 5년 4월 丁丑(26일), 7-324.
49) 『成宗實錄』권252, 成宗 22년 4월 己巳(24일), 12-17.
50) 『高麗史節要』권17, 高宗 40년 9월.
51) 『高麗史節要』권31, 辛禑 6년 9월.

죽은 이들의 피로 하천이 물들어 붉었는데 그것이 6, 7일 동안 색이 변하지 않고 이어졌다는 것이다. 그래서 사람들이 그 하천물을 마실 수 없어, 모두 그릇에 담아 맑아지기를 기다려 오랜 뒤에 마실 수 있었다는 것이다. 전쟁으로 하천수마저 마시지 못하는 지경에 이르렀음을 보이는 예라고 하겠다. 이처럼 강물을 마시는 일도 있었고, 전쟁시에는 훨씬 나쁜 물을 식수로 했다. 이것은 극단적인 사례이며, 평상시에는 지하수를 식수로 활용했다.

3. 식수의 원천인 泉과 井

고려시기 식수는 기본적으로 지하수를 활용했다. 하천수를 비롯한 표면수를 식수로 활용하는 것은 매우 예외적인 일이었다. 대체로 샘과 우물에서 양질의 식수를 확보할 수 있었다.

샘은 지하수가 지표로 솟아나오는 것을 뜻한다. 끊임없이 솟아나와 흐르는 양상을 보인다. 지하수가 솟아오르기 위해서는 물이 풍부해야 하고 또 지하수를 통과시키지 않고 위에 고이도록 받치는 암반이 있어야 한다.

샘이 솟아나오는 것을 표현한 예는 많다. 평안도 郭山 凌漢山의 石城 안에 있는 샘에 대해서는 다음과 같이 언급했다.

안에 맑은 샘이 있어 바위 사이에서 나오는데 넓이가 5척이다.[52]

---

52) 『世宗實錄』권 154, 地理志, 平安道, 郭山郡, 5-689.

바위와 바위 사이의 틈에서 꽤 넓게 맑은 샘물이 나오고 있음을 보인다. '물이 바위 틈에서 나와 얼음같이 극히 차서'라는 표현이나,[53] '샘이 있는데, 바위 틈 사이로 졸졸 솟아나오고'라는 시구,[54] 그리고 영월의 陰谷泉을 언급하면서 '陰谷의 바위 틈에서 나와 남쪽으로 흘러'라는[55] 것도 모두 샘이 돌 틈에서 흘러 나옴을 언급한 것이다. 그리고

> · 돌 틈에서 찬 샘이 솟아나와서 얼음 구슬을 쏟는 듯 하여라(石罅寒
>   泉生 冷冷瀉氷玉)[56]
> · 이 물이 바위틈에서 갑자기 솟아났는데(此水從巖罅忽湧出)[57]

라는 것 또한 샘이 바위틈에서 나옴을 시구로 표현한 것이다.

두 바위 틈 사이에서 샘이 나온다고 함은[58] 샘의 속성을 잘 표현한 것이다. 바위가 아래에 받치고 있어 지하수가 밑으로 흐르지 못하고 위에도 바위가 있어 지하수가 막혀 다른 곳으로 흐르지 못해 결국 돌 틈 사이로 나와 흐르는 것이다.

지하수가 낮은 지점으로 흐르다가 물이 통과할 수 없는 암반을 만나면 그 위로 흘러, 결국 밖으로 분출하는 것이다. 또 흐르는 지하수의 앞을 암반이 막는 경우 통과할 수 없다면 바위 사이로 흘러나오게 되는 것이다. 샘은 돌 아래로, 혹은 돌 위로 나오거나, 돌 사이에서 나오는 수가 많은 것이다. 그렇기 때문에 샘은 흔히 '石泉'으로 표현되는 것이

---

53) 『新增東國輿地勝覽』권9, 京畿, 富平都護府, 古跡, 草亭 ; 李奎報, 「桂陽草亭記」『東國李相國全集』권24.
54) 『新增東國輿地勝覽』권28, 慶尙道, 尙州牧, 山川, 四佛山.
55) 『新增東國輿地勝覽』권46, 江原道, 寧越郡, 山川, 陰谷泉.
56) 『新增東國輿地勝覽』권44, 江原道, 三陟都護府, 山川, 五十川.
57) 李奎報, 「南行月日記」『東國李相國全集』권23.
58) 李奎報, 「十月十九日 遊雙嵓寺留題 示主老源上人」『東國李相國後集』권5.

다.59) 바위와 관련해 샘이 솟아나와 흐르고 있음을 언급한 표현은 허다
하게 찾을 수 있다.60)

산 기슭에 있는 샘이 돌 틈으로 나옴을 잘 묘사한 시가 있다.

> 백당 동편 산 기슭에(栢堂東麓)
> 해맑은 샘이(有泉澄渌)
> 돌틈으로 졸졸 흘러나와(冷然流出於石縫)61)

돌 틈으로 나오는 맑은 샘을 표현한 것이다. 岶腹에서 물이 나온다는
표현62) 역시 샘의 모습을 잘 묘사했다. 지하수가 흐르다가 밑에 바위를
만나면 그 위를 흐르다가 지표에서 솟아나는 것이다.

샘은 기본적으로 솟아나는 것이기 때문에 쉼이 없이 솟아서 흘러가
기 마련이었다. 물론 저수하는 공간을 마련한 경우에는 일정 시간 머물
겠지만 기본적으로 쉬지 않고 용출하는 것이었다. 때문에 솟아 나오거
나, 떨어지는 물소리가 들린다고 했다. 낮보다는 고요한 밤에 샘물이
흐르거나 떨어지는 소리가 더 잘 들렸다.

샘물의 소리에 대해

> 서늘한 샘물 소리 맑게 들리니(幽泉冷冷入耳淸)63)

59) 李齊賢,「虎丘寺 十月北上重遊」『益齋亂藁』권1 ; 李穡,「流頭已近」『牧隱詩藁』권24
; 李穡,「風聲」『牧隱詩藁』권27.
60) 『新增東國輿地勝覽』권12, 京畿, 長湍都護府, 佛宇, 靈通寺 ; 『新增東國輿地勝覽』권
38, 全羅道, 大靜縣, 山川, 山房山 ; 李穡,「村家」『牧隱詩藁』권2 ; 李穡,「是日 命僮
僕入池捲去浮萍 花影倒垂 上下一色 甚可愛也 …」『牧隱詩藁』권18.
61) 李仁老,「紅桃井賦」『東文選』권2.
62) 曹偉,「迦葉庵」『續東文選』권5.
63) 李奎報,「次韻同年文員外題甘露寺」『東國李相國全集』권3.

라고 표현했다. 물소리가 맑게 들림을 나타내는 것이다. '샘물 소리에
상쾌함이 간담에 파고드네'라는[64] 표현도 비슷한 분위기를 알려준다.

　솟아나온 샘물이 빠르게 흘러감은 '그늘진 골짜기에 샘물 소리가 빠
르고'라는[65] 표현에서 확인할 수 있다. 샘물 소리에 대해 샘이 운다는
의미로 '泉鳴'이라고 표현한 예도 여럿 보인다.[66]

　샘물이 솟아 나오거나 솟아나와 흐르는 소리는 밤이 되면 더욱 잘 들
렸다. '고요한 밤 되면 돌위의 샘물 소리 커지네'라는[67] 것이 그것이다.
또 다른 시에서는 '밤이 고요하자 돌샘의 소리 높아지고'라는[68] 표현이
찾아진다. 샘물 소리가 밤이기에 더욱 잘 들림을 나타내는 것이다.

　샘은 골짜기의 돌 틈에서 나오며, 또 산록완사면에 돌이 있을 때 나
오기 쉬운 것이다. 샘이 산골짜기에 위치한 것은 매우 흔한 일이었다.
그러나 그것이 거처와 멀리 떨어져 있다면 사람이 항상적으로 활용할
수 있는 것은 아니다. 주거지 근처에 있어야 식수의 안정적 공급이 가
능한 것이다.

　휴식과 풍류의 공간인 누정 부근에 샘이 있는 수가 많았다. 南山 茅
亭에서 읊은 시에,

　　　샘물 소리는 자리 밑에서 듣누나(泉聲座底聽)[69]

---

64) 李穡, 「絶句」『牧隱詩藁』권5.
65) 李穡, 「朗詠」『牧隱詩藁』권8.
66) 李穡, 「廿五日 入聖居山 明日設齋薦先妣 回至山臺巖 …」『牧隱詩藁』권26 ; 李穡,
　　「簷溜吟」『牧隱詩藁』권27 ; 李穡, 「吾道」『牧隱詩藁』권29.
67) 『新增東國輿地勝覽』권4, 開城府上, 佛宇, 安和寺.
68) 『新增東國輿地勝覽』권24, 慶尙道, 寧海都護府, 題詠.
69) 李奎報, 「題南山茅亭」『東國李相國全集』권15.

라고 했는데, 이는 모정 근처에 샘물이 있음을 나타내는 것이다. 모정에서 놀면서 지은 시에서 곧 '자리 밑에 샘물 소리는 배 밑에서 들은 것 같네'라는[70] 표현도 모정 자리 아래에 샘물이 있었음을 의미한다.

사람이 거주하는 마을 근처에 샘이 있어야 식수로서 의미를 지닐 수 있었다. 찬샘이 마을 왼쪽에 있는 바위 틈에서 졸졸 흘러나온다는[71] 표현에서 마을과 가까운 지점에 샘이 위치했음을 알려준다.

개인 집에도 별도의 샘이 있는 경우도 있었다. 이규보가 자신의 집에 있는 샘을 읊으면서

샘은 가뭄으로 이에 막 말랐고(泉因天旱今方涸)[72]

라는 것이 그러한 예이다. 이규보의 다른 글에서 '집에 차가운 샘이 있는데 4~5월경에 반드시 한 차례 큰비를 겪은 후에야 물이 솟아 늪을 채운다.'라는[73] 것이 보인다. 이것은 개인 집안에 샘이 있었음을 알려 준다.

거처하는 집 근처에 샘이 있음을 보이는 예도 있다.

차가운 샘물은 집 동쪽에서 우네(寒泉鳴屋東)[74]

라는 것은 집 근처에 차가운 샘물이 있다는 것을 의미한다. 마찬가지로 '집 아래에서 서늘한 샘이 솟아라'라는[75] 것도 역시 집 근처에 샘이 있

---

70) 李奎報,「復遊茅亭 次韻皇甫書記」『東國李相國全集』권15.
71) 李奎報,「天開洞記」『東國李相國全集』권24.
72) 李奎報,「家泉久涸 酒亦未繼 因賦之」『東國李相國後集』권3.
73) 李奎報,「五月二十三日 題家泉」『東國李相國後集』권4.
74) 李穡,「廿五日 入聖居山 明日設齋薦先妣 回至山臺巖 …」『牧隱詩藁』권26.
75) 權近,「次韻送騎牛道人」『陽村集』권2.

음을 나타낸다. 손군이 어느 마을에 새집을 마련했는데, 큰 바위가 있으며, 그 아래에 차가운 샘이 있어 철철 흘러내렸다고 한다.[76] 여기에 언급한 차가운 샘 역시 집 근처에 있었다고 여겨진다.

물론 산골짜기에 있는 샘도 적지 않았다. '더구나 그윽한 샘물 소리 들으니'라든지,[77] '그윽한 계곡 샘물 소리가 깊은 숲을 울렸는데'라는[78] 것은 민가와 떨어진 산 속에 있는 샘을 묘사한 것이다.

· 수많은 골짜기 옆에는 샘물과 솔바람 소리요(泉水松聲萬壑邊)[79]
· 그늘진 골짜기에 샘물 소리가 빠르고(陰壑泉聲急)[80]

위 자료 역시 샘물이 산골에 있음을 알려준다.

샘은 다양한 지점에 발달했지만, 민인의 거주공간 부근에 있는 것이 안정적인 식수로서 중요했다. 멀리 떨어진 산곡간에 있는 샘은 일시적인 식수로 기능할 수 있지만, 운반의 문제 때문에 항상적으로 활용할 수는 없었다.

샘물은 솟아나와서 아래로 흘러 가는데 그 모습에 대해서도 다양한 묘사가 보인다. '바위에서 나온 샘 한 줄기 굽이쳐 숲을 뚫었는데'라는[81] 표현은 샘물이 숲을 지나 흐르고 있음을 나타낸 것이다. '샘물은 떨기 사이에서 우네'라는[82] 것은 샘물이 떨기 사이를 울면서 흐르고 있

---

76) 李奎報, 「孫祕書冷泉亭記」『東國李相國全集』권24.
77) 李穡, 「夏日 與諸公游金鍾寺」『牧隱詩藁』권4.
78) 李穡, 「簷溜音」『牧隱詩藁』권27.
79) 李穡, 「前兩街聰公號無聞 所居南嶽 玄陵書以賜之 求予題贊 謹書三絶」『牧隱詩藁』권6.
80) 李穡, 「朗詠」『牧隱詩藁』권8.
81) 釋月窓, 「靈通寺西樓次古人韻」『東文選』권16.
82) 李穡, 「游松林詩」『牧隱詩藁』권5.

음을 기술한 것이다. '샘물은 돌을 만나 빙 돌아 흐르고'라는[83] 것은 샘
물이 흐르면서 돌을 만나 우회해 흘러감을 표현한 것이다.

샘은 인위적으로 조성할 수 있는 것이 아니다. 지형 특성상 자연스럽
게 지표 밖으로 흘러나오는 것이다. 때로는 은폐된 샘을 발견하는 수도
있다. 샘은 땅을 파들어가는 것이 아니라 찾는 것, 발견하는 것이다. 백
련산에서 了世가 솟아나는 샘을 얻은 일은[84] 그것을 잘 나타낸다. 샘이
있을 만한 지점을 찾았다는 의미이다. 남원 태수 卜章漢이 요세를 불러
관내에 도량을 열어달라고 부탁했는데, 땅이 막히고 또 물이 없어 돌아
가려던 차에, 요세가 우연히 돌 하나를 잡아 빼니 맑은 샘물이 용솟음
쳐 나왔다고 한다.[85] 이것은 요세가 샘이 있는 곳을 찾을 수 있는 능력
을 소지하고 있음을 말하는 것이다.

知奏事 于公이 員外郞 鄭公이 살던 곳을 얻어, 샘 줄기를 찾아 돌을
쌓고 우물을 만들었으며 샘이 넘쳐흐르는 것을 이용하여 저수하고 큰
못을 만들어 연꽃을 가득하게 심었다고 한다.[86] 우공은 샘 줄기를 찾아
물이 나오는 것을 발견하고 그 지점에 물이 고이도록 우물 형식의 웅덩
이를 만들어 놓았던 것이다.

샘물은 지하수가 나오는 것이기 때문에 통상 차갑다고 표현했다. 물
이 바위 틈에서 나와 얼음같이 극히 차서 비록 한 여름이라도 들어가
목욕하면 추워서 머리털이 서서 오래 견딜 수 없다는[87] 것은 바위 틈에

---

83) 『新增東國輿地勝覽』권5, 開城府下, 古跡, 大安寺.
84) 閔仁鈞, 「官誥」『東文選』권27.
85) 崔滋, 「萬德山白蓮社圓妙國師碑銘幷序」『東文選』권117.
86) 李奎報, 「泰齋記」『東國李相國全集』권23.
87) 李奎報, 「桂陽草亭記」『東國李相國全集』권24 ;『新增東國輿地勝覽』권9, 京畿, 富平
都護府, 古跡, 草亭.

서 나오는 샘물이 매우 차가웠음을 표현한 것이다. 冷泉·寒泉이라고[88] 지칭하는 예가 많은 것은 그 때문이다.

지하수는 수맥이 다기하고 길기 때문에 지상의 기후 변화에 관계없이 흘러나오는 물의 양에는 큰 변화가 없었다. 웬만한 가뭄에 유출수량이 줄지 않았다. 또 비가 많이 와도 유량이 크게 증가하지 않았다. 예컨대 속리산의 文藏臺 위에 가마솥만한 구덩이가 있어 그 속에서 물이 흘러나와서 가물어도 줄지 않고 비가 와도 더 불어나지 않는다고[89] 함이 그것을 표현한 것이다. 찬 샘물이 바위틈에서 흘러나오는데 가뭄에도 줄지 않았고, 장마철에도 다름이 없었다는 것도[90] 유량의 변화가 크지 않음을 언급한 것이다. 상당히 넓은 지하수맥을 전제로 해서 샘이 형성되기 때문에 웬만한 가뭄이나 홍수에도 수량의 변화가 별로 없는 것이 특징이다.

백당 동편의 산기슭에 있는 샘이 돌 틈으로 나오는데 가물어도 마르지 않는다는 것에서도[91] 샘물이 잘 마르지 않았음을 알 수 있다. 함경도 慶興 지역의 산꼭대기 돌 틈에서 나오는 물이 가물 때에도 마르지 않으며 비가 와도 넘치지 않는다고 했는데[92] 이 역시 유출량의 변화가 별로 없었음을 표현한 것이다. 遇旱不渴·四時不渴·冬夏不渴이라는 것은 그러한 모습을 집약해 표현한 것이다([부록 2] 참조).

---

88) 李奎報,「漆壺銘」『東國李相國全集』권19 ; 李奎報,「天開洞記」『東國李相國全集』권24 ; 李奎報,「次韻吳東閣世文呈詰院諸學士三百韻詩 幷序」『東國李相國全集』권5 ; 李齊賢,「冷泉亭」『益齋亂藁』권1 ; 『新增東國輿地勝覽』권44, 江原道, 三陟都護府, 山川, 五十川.

89) 『新增東國輿地勝覽』권16, 忠淸道, 報恩縣, 山川, 俗離山.

90) 許興植, 1995『眞靜國師와 湖山錄』, 民族社, pp.259~260.

91) 『新增東國輿地勝覽』권4, 開城府上, 山川, 紅桃井.

92) 『新增東國輿地勝覽』권50, 咸境道, 慶興都護府, 山川, 白岳山.

물론 가뭄으로 솟아나오는 물이 중단되는 샘도 없지 않았다. '샘은 가뭄으로 이에 막 말랐고'라는[93] 것이 그러한 표현이다. 이규보가 집에 있는 샘은 비가 오는 계절에는 나오다가 강수가 부족해지는 가을에 나오지 않는다고 했다.[94] 지하수가 크게 발달하지 못한 지점에서는 이러한 샘이 있었을 것이다. 그러나 배후에 큰 산을 두고 있는 지점에는 지하수가 안정적이기 때문에 기후 변화에 관계없이 유량이 일정한 수가 많았다. 전체적으로 보면 샘의 유량 변화는 크지 않은 것으로 보인다. 배후에 상당한 수맥을 발달시켜, 포화대가 넓게 분포하는 상황에서는 그러했다.

우물은 샘과 달리 지표의 아래로 파 들어가 고인 물을 긷는 것이다. 땅속을 판다고 해서 어느 지점이나 지하수가 풍부하게 있는 것이 아니다. 수맥을 찾아 파 들어가 양질의 물을 확보할 수 있을 때 우물로 기능할 수 있었다. 수량이 적거나 수질에 문제가 있으면 우물로서 역할할 수 없었다. 그리고 지하를 파들어가는 것은 쉬운 일이 아니어서 너무 깊게 파서 우물을 만들 수는 없는 일이었다. 가급적 지표로부터 얕은 지점에 우물을 만드는 것이 희망하는 바였다. 그리하여 샘과 우물의 경계가 모호한 경우도 없지 않았다. 지표를 약간 파들어 갔는데 물이 솟아나오는 경우가 그러한 예라고 할 수 있다.

개성의 大井은 샘과 우물의 경계에 있는 것으로 보인다. 왕건의 祖母인 龍女가 개성의 산록에 이르러 은 그릇으로 땅을 팠더니 물이 솟아올라 우물로 삼았다는 것은[95] 그러한 예로 보인다. 은 그릇으로 땅을 팠

---

93) 李奎報, 「家泉久涸 酒亦未繼 因賦之」『東國李相國後集』권3.
94) 李奎報, 「五月二十三日 題家泉 二首 幷序」『東國李相國後集』권4.
95) 『高麗史』권56, 志10, 地理1, 王京開城府 開城縣 ;『新增東國輿地勝覽』권4, 開城府

다는 점에서 지표 얕은 곳에 우물이 있었음을 알 수 있다. 또 솟아올랐다는 표현에서 볼 때 샘과 거의 비슷한 모습의 우물로 이해된다. 이 경우 대정에서는 두레박을 사용하지 않고서도 물을 뜰 수 있었을 것으로 판단된다.

秤井은 둘레 10척이며, 5리까지 졸졸 흐르는데 땅 속에서 스며 나온다고 한다.[96] 이것은 거의 샘의 성격을 띤 것으로 이해된다. 그리고 馬井은 둘레 50척으로 샘물이 용솟음쳐 나와 자그마한 川이 된다고 했다.[97] 이 역시 샘의 성격을 어느 정도 갖고 있는 것으로 보인다. 칭정·마정은 샘이지만 井으로 칭하는 데서 일 수 있듯이, 샘을 井으로 표현하는 예가 있는 듯하다.

우물을 파는 작업도 어려운 일이었으며, 지하수를 찾더라도 음용수로서 적합하지 않으면 우물의 기능을 할 수 없었다. 조선초 仁政殿 앞, 후원 서쪽, 壽康宮 북쪽에서 우물을 판 적이 있는데 맛이 나빠 실패한 일도 있었다.[98] 땅을 판다고 모든 곳에서 양질의 물을 확보할 수 있는 것은 아니었다. 양질의 물을 얕은 지점에서 확보해야 편리한 우물이라고 할 수 있다. 저수지나 하천부근, 논의 부근에 우물을 파는 경우 물의 확보에 유리할지라도 수질이 나쁜 경우가 많았다.

우물을 파는 모습을 나타내는 기록이 여럿 보인다. 강릉 艶陽禪寺에서 어느 날 부처에게 黙禱를 올리고 땅을 파자 한 길도 채 못 되어서 차가운 샘물이 세차게 솟아올랐다고 한다.[99] 조용히 기도를 올리고 판다

    上, 山川, 大井.
96)『新增東國輿地勝覽』권52, 平安道, 中和郡, 山川, 秤井.
97)『新增東國輿地勝覽』권52, 平安道, 中和郡, 山川, 馬井.
98)『新增東國輿地勝覽』권1, 京都上, 苑囿, 昌德宮後苑.
99) 李穀,「高麗國江陵府艶陽禪寺重建記」『稼亭集』권2.

는 데서 알 수 있듯이 정성을 다해 우물을 조성함을 알 수 있다. '동헌 앞에서는 못을 파서 연을 심었고, 서헌 앞에서는 돌을 빼고 우물을 팠 다.'100) 지상에 보이는 돌을 제거하고 그 자리에 우물을 팠다는 의미이 다. 영덕에서 성에 우물이 없었는데, 땅을 점쳐서 팠더니 먹을 수 있는 맑은 샘이 솟아 올랐다고 한다.101) 물이 나올 만한 지점을 택해 땅을 팠 음을 읽을 수 있다. 지점을 잘못 선택한다면 우물이 조성될 수 없었을 것이다.

우물을 파는 일이 용이하지 않았음을 보여주는 예가 있다. 靈巖寺에 서 새로운 우물을 팔 때 그러했다. 훌륭한 기술자를 데려와 동쪽 우물 터를 살피고 파들어 갔는데 아래에 바위가 있어 팔수록 더욱 단단했으 며 100자 쯤 깊이 파들어 가 2년이라는 세월을 거쳐 성공해서, 맑고 차 디찬 샘물이 솟아 나왔다고 한다.102) 영암사의 사례는 특수한 경우이 고 대개는 이보다 수월하게 우물을 조성할 수 있었을 것이다.

우물은 흘러가는 것이 아니라 고여 있는 것이다. 이 점에서 샘과 크 게 구분되는 것이다. 샘의 경우 끊임없이 솟아나와 구덩이가 있더라도 넘쳐 흐르는 수가 많지만 우물은 그렇지 않았다.

막혀서 흐르지 않으니 우물 안의 물이네(塞而不流井中水)103)

라는 표현은 우물의 특징을 집약해 나타내고 있다. 샘과 달리 우물은 막혀서 흐르지 않는다는 것이다. 우물물도 지하수이기 때문에 차가운

---

100) 『新增東國輿地勝覽』권11, 京畿, 高陽郡, 宮室, 客館.
101) 權近, 「盈德客舍記」『陽村集』권12.
102) 李穀, 「靈巖寺新井銘」『稼亭集』권7.
103) 李穡, 「狂吟」『牧隱詩藁』권21.

것이 일반적이었다. '우물이 차니 옥의 진액이 어린 듯'이라는[104] 것은 우물물의 차가움을 표현한 것이다.

우물가에는 종종 나무가 서 있었다. '우물가 오동 한 잎 가을 소리에 놀라고'에서[105] 우물가에 오동나무가 서 있었음을 알 수 있다. 또한 '소나무 밑의 우물은 붉은 나무에 이어지고'라는[106] 표현에서는 소나무가 우물 근처에 있음을 알 수 있다.

지하수가 발달한 곳, 포화대가 얕은 지점에 넓게 형성된 경우에는 우물이 깊지 않아도 안정적으로 물이 나왔다. '우물은 얕아도 근원 있으면 물 나오는데'라는[107] 표현은 그것을 집약해 나타낸 것이다. 또한 개성 故縣 동쪽 소재 큰 우물에 물이 고이는데, 그것에 대해 속으로 구멍이 있어 위로 山腹에 통하여 물이 쏟아져 우물로 들어간다고 보았다.[108] 수맥이 산복과 연결되어 있음을 언급한 것이다.

고려시기에 식수가 매우 중요했기에 자료에 그 이름을 전하는 우물과 샘이 [부록 1]에 제시한 것처럼 여럿 보인다. 『고려사』및 『고려사절요』에 언급되는 예도 보이고, 『세종실록지리지』나 『신증동국여지승람』에서도 다수 찾아진다. 기우제를 지내는 장소로 기능하는 경우도 적지 않다.

개경에 소재한 유명한 샘과 우물로는 달애정(1 ; [부록 1]의 순번, 이하 같음), 개성대정(2), 광명사 정(3), 매개정(4), 남정(5), 연복사 9정(6), 양릉정(7)과 홍도정(8), 불은사 정(9) 등이 보인다. 신라의 수도였던 경

---

104) 李穡, 「卽事」『牧隱詩藁』권9.
105) 李穡, 「立秋」『牧隱詩藁』권3.
106) 李穡, 「送西海崔按廉資」『牧隱詩藁』권6.
107) 陳澕, 「次李由之賀生女」『東文選』권14.
108) 兪好仁, 「遊松都錄」『續東文選』권21.

주에도 오래된 우물이 여럿 있었다. 양산나정(15), 알영정(16), 금성정(17), 추라정(18)이 그것이다. 평양에도 대정(45), 우정(46), 문정·무정(47)이 있었다.

가뭄이 들 때 기우제를 지내는 장소도 여럿 찾아진다. 개성대정, 안성의 청룡산 서봉의 단 아래에 있는 3정(10), 영일현 대왕암의 바위틈에서 솟는 샘물(19), 영천군 부석사의 식사룡정(23), 함열의 묵정(27), 광양의 백계산 정상 바위 밑의 샘(32), 신천군 천봉산 위의 용정(36), 강릉의 소우음산 속의 샘(37), 삼척의 두타산 오십정(39), 영흥 국태산 위의 석정(43), 평양의 우정(46), 중화군의 마정(49), 함종 쌍어산 위의 큰 우물(51), 정주 안양사 서쪽 바위 아래의 샘(52) 등이 그것이다.

오랜 연원을 갖는 것으로 언급된 우물도 여럿 보인다. 옛 백제의 어정이었다고 하는 은진현의 대정(11), 경주의 4개 우물(15~18), 소문국 시절 御井으로 보이는 의성의 어정(24), 대가야국의 궁궐터 곁에 있는 돌 우물인 고령의 어정(26) 등은 고려 이전시기부터 사용된 유명한 우물을 가리킨다.

약사여래 및 관세음보살과 연관된 설화를 남기고 있는 곳은 佛恩寺의 정(9), 양양의 冷泉이다(40). 샘이나 우물이 상당한 신성성을 가지고 기록에 나타나고 있는 것이다. 이것은 우물과 샘을 조성할 때 큰 어려움이 있었으며 이에 신비함을 부여한 데서 오는 것이라 판단된다. 일상적인 것이거나 용이한 일이었다면 굳이 그러한 신비함이나 신성성을 부여할 필요가 없었을 것이다. 식수를 제공하는 우물과 샘이 상당히 신성시되고 신비화되었다는 것은 우물과 샘이 큰 의미를 가졌음을 뜻한다.

4. 泉과 井의 이용

샘이나 우물에서 얻는 물은 다양한 용도로 사용했다. 우선 가장 중요한 것은 직접 식수로 활용하는 것이었다. 다음의 표현은 샘물·우물물의 용도를 집약해 표현한 것이다. 知奏事 于公이 샘 줄기를 찾아 돌을 쌓고 우물을 만들어 마시며, 세수하며, 차 끓이며, 약 달이는 데 쓰는 물은 모두 이 우물물로 했다.[109]

샘과 우물에서 확보한 물은 일차적으로 식수·음용수로 사용했다. 福泉寺 동쪽에 샘물이 쏟아져 나오는데 이것을 식수로 사용했다는[110] 데서 잘 알 수 있다. '목말라 산 밑의 샘물 마시니'라는[111] 시구도 샘물이 식수로 중요했음을 보인다.

　　　　차디찬 맑은 샘 마셔도 보고(淸泉飮冷冷)[112]

라는 것도 그것을 지적한 것이다.

고려시기에 차 문화가 크게 발달했기 때문에 차를 우리는 데 좋은 물을 사용했다. 샘이나 우물에서 확보한 물은 차를 끓여 마시는 데에도 사용했다. '바위 가에는 차를 달이던 샘물이 있네'라는[113] 시구는 샘물로 차를 달였음을 보인다. '백설처럼 시원한 샘물을 끌어다가 황금빛의 움차를 끓이면서'라는[114] 구절 역시 좋은 샘물로 차를 끓였음을 알려준다.

---

109) 李奎報, 「泰齋記」『東國李相國全集』권23.
110) 『新增東國輿地勝覽』권16, 忠淸道, 報恩縣, 佛宇, 福泉寺.
111) 李奎報, 「次韻吳東閣世文呈誥院諸學士三百韻詩 幷序」『東國李相國全集』권5 ; 李奎報, 「馬上有作」『東國李相國全集』권6.
112) 李穀, 「紀行一首 贈淸州參軍」『東文選』권4.
113) 『新增東國輿地勝覽』권51, 平安道, 平壤府, 古跡, 九梯宮.
114) 李齊賢, 「妙蓮寺石池竈記」『益齋亂藁』권6 ; 『新增東國輿地勝覽』권5, 開城府下, 古跡, 妙

샘물이나 우물물로 차를 끓이고 있음은 '작은 병에 샘물을 길어다가, 깨진 솥에 노아차를 끓이니'라는[115] 데서도 알 수 있다. 그리고

  · 샘물을 길어다가 차 달이고(汲井聊煎茗)[116]
  · 맑은 샘물은 차 끓이기에 좋다(茶好煮山泉)[117]

라는 데서도 읽을 수 있다. 샘물이나 우물물을 차를 끓이는 데 널리 사용되었음을 보이는 예는 많다.[118]

세면이나 목욕을 하는 경우에 활용하기도 했으며, 빨래하는 데에도 사용하는 수가 있었다. '어린 계집종[小婢]이 샘물을 길어 세수하라고 올리니'라는[119] 것과, '손을 씻을 맑은 샘이 차고'라는[120] 구절은 샘물을 손을 씻거나 세수하는 데 사용했음을 나타낸다. 직접 샘에 가서 세면을 하는 수도 있었다. '세면할 적에는 곁으로 나는 샘에 가고'라는[121] 시구에서 확인할 수 있다. 발을 씻는 데 샘물을 사용했음을 전하는 기록도 있다.[122] 옷을 빨고 목욕을 하는 데에도 샘물을 사용했다.[123]

샘물·우물물을 농업용수로 활용하는 경우도 있었다.

蓮寺.
115) 李穡, 「茶後小詠」『牧隱詩藁』권6.
116) 權近, 「次復齋贈安養詩韵」『陽村集』권8.
117) 權近, 「代人贈送伯瞻使還」『陽村集』권9.
118) 李穡, 「有感」『牧隱詩藁』권16 ; 李穡, 「朴判書密陽見訪」『牧隱詩稿』권31 ; 釋宏演, 「題劉仙巖」『東文選』권17.
119) 李穡, 「卽事」『牧隱詩藁』권28.
120) 吉再, 「卽事」『東文選』권19.
121) 李奎報, 「次韻吳東閣世文呈詰院諸學士三百韻詩 幷序」『東國李相國全集』권5.
122) 柳璥, 「林拾遺來示參社詩 因書以呈」『東文選』권14 ; 許琛, 「觀音窟 前溪夜飮」『續東文選』권5.
123) 權近, 「板橋驛欲發程 擔夫有未至者 留待其來 及晩而行 路淖馬趺 衣裝盡濕 夜行二十里至蘆溝鋪 …」『陽村集』권6.

· 샘과 못에 도랑내어 마른 이랑에 물대고(畦枯灌幸疏泉沼)[124]
· 시드는 모종에 샘물을 끌어 적시우리(苗乾方欲引泉濡)[125]

밭이랑에 샘의 물을 대고, 모종이 시들자 샘물을 공급했다는 것이다. 샘물로 농작물에 물을 제공하는 것은 용이한 일이 아닐 것이다. 집 부근의 채마밭에 물을 주는 데에 사용하는 것은 큰 어려움이 없었다. '홀로 찬 샘물을 길어 채소밭에 뿌리네'라는[126] 시구는 그것을 잘 나타낸다. 농업용수로 사용하기에는 물이 차갑고 수량이 부족하기 때문에 널리 사용하는 것은 어려운 일이었다. 농업용수로는 우물물보다는 샘물이 더 많이 사용되었을 것이다.

샘이나 우물에서 확보한 물은 지하수이기 때문에 여름철 지상의 온도보다 현저히 낮아 얼음처럼 차가운 수가 적지 않았다. 무더운 여름철에는 이 차가운 물이 더위를 식히는 데 큰 도움을 주었다. '찌는 더위엔 찬 물이 필요한데, 샘물이 흘러나는 건 반드시 그때일세'라는[127] 시에서 더위가 심할 때 찬 샘물이 사용되었음을 보인다. 다음의 시구도 역시 더위를 식히는 데 샘물이 사용되었음을 보인다.

원컨대 맑은 샘물을 내어 이 더위에 뿌려라(願出淸泉灑炎溽)[128]

특이하게도 차가운 샘물을 부채에 뿌려서 부채질을 하는 수도 있었다.[129]

---

124) 李奎報,「次韻李公需 林公成幹兩學士見和前詩」『東國李相國後集』권2.
125) 李奎報,「次韻林亞卿(成幹)見和菜種詩及地棠詩」『東國李相國後集』권3.
126) 李穡,「雜詠」『牧隱詩藁』권13.
127) 李奎報,「五月二十三日 題家泉 二首 幷序」『東國李相國後集』권4.
128) 釋天因,「致遠庵主以詩見示 仍以請予紀山中故事 次韻答之」『東文選』권6.
129) 李穡,「在燕都國子監 於街南貰屋一間 極熱 以瓦盆盛氷 濯手灌面 有詩結句云 …」

우물에서 물을 길을 때는 두레박을 사용하여야 했다. 샘의 경우 앉아서 바가지나 다른 그릇으로 물을 뜰 수 있었지만 우물의 경우 지표보다 아래 지점에 물이 있었기 때문에 두레박이 필요했다. 우물에서 나는 두레박 소리를 언급한 시도 있다.

우물에서 물을 긷는 두레박줄은 '綆'으로 표현되었다.

옛 샘물을 긷느라고 짧은 두레박줄을 한탄하네(汲古嗟短綆)[130]

라는 데서 두레박줄의 존재를 알 수 있다. '두레박 짧은 줄로 어이 깊은 샘을 길으리'라는[131] 표현에서, 또 '찬 우물에서 막 두레박을 드리웠는데'라는[132] 언급에서 우물에서 두레박줄이 사용되었음을 알 수 있다.

물을 운반하거나 저장하는 데에는 용기가 필요했다. 그 용기는 甕, 銅盆, 瓦盆, 小甁 등으로 표현되었다. 항아리가 사용되었음은 '수염난 종놈[髥奴] 항아리[甕] 지고 달려가 샘물 긷는다네',[133] '번거롭게 항아리로 길을 것이 뭐랴'에[134] 잘 보인다. 동분이 사용되었음을 보이는 자료는 다음과 같다.

우물물을 긷느라고 문득 문밖에 길이 생겼는데(汲井却成門外路)
계집종은 조석으로 구리 물동이를 이고 다니네(女奴朝夕頂銅盆)[135]

『牧隱詩藁』권24.
130) 李穡,「登科有感」『牧隱詩藁』권3.
131) 李達衷,「次襄州官舍詩韻」『東文選』권16.
132) 李穡,「點茶」『牧隱詩藁』권26.
133) 李奎報,「六月十一日 發黃驪 將向尙州 出宿根谷村(予田所在)」『東國李相國全集』권6.
134) 李奎報,「留題惠元寺」『東國李相國全集』권11.
135) 李穡,「卽事」『牧隱詩藁』권8.

50   高麗時期 生態環境 研究

와분이 사용되었음은 '오지동이[瓦盆]로 찬 샘물을 긷노라니'에서[136] 알 수 있다. 작은 병이 사용되었음은 '작은 병에 샘물을 길어다 가'라는[137] 시구에서 확인할 수 있다.

물을 긷는 일은 주로 여성이 담당한 것으로 기록에 나타난다. 노비가 물을 긷는 수가 많으며, 그것도 어린 노비가 담당하는 수가 많았다. 지배층 가문에서는 노비가 주로 맡았지만 일반 민인의 경우 주부를 비롯한 여성이 주로 그 일을 했을 것으로 보인다.

· 어린 계집종이 새로 물을 길어, 술거르고 밥 많이 들라 권하는데 (小婢新汲水 漉酒勸加飱)[138]
· 어린 계집종이 샘물을 길어 세수하라고 올리니(小婢汲泉供盥洗)[139]

위의 두 자료는 물을 길어오는 일을 어린 계집종[小婢]이 맡았음을 전한다. 그밖에도 어린 계집종이 샘물 긷는 일을 맡았음을 알려주는 예는 더 보인다.[140] 그리고 늙은 계집종도 물 긷는 일을 맡았다. '늙은 계집종[老婢]은 차를 끓이려 돌샘에서 물을 긷네'에서[141] 볼 수 있다. 물 긷는 일은 특별한 재능을 요하지 않는 것이기에 어리거나 늙은 여종이 주로 맡았던 것으로 보인다. 나이는 정확히 알 수 없지만 여종이 물 긷는 일을 맡은 것은 '계집종[女奴]은 조석으로 물동이를 이고 다닌다는

---

136) 李穡, 「金按廉送茶適至」『牧隱詩藁』권29.
137) 李穡, 「茶後小詠」『牧隱詩藁』권6.
138) 李穡, 「在水原八呑村 候東堂日期 雜興」『牧隱詩藁』권2.
139) 李穡, 「卽事」『牧隱詩藁』권28.
140) 李穡, 「晨興開窓 見屋上霜」『牧隱詩藁』권25 ; 李穡, 「在燕都國子監 於街南賃屋一間 極熱 以瓦盆盛氷 濯手灌面 有詩結句云 …」『牧隱詩藁』권24.
141) 李穡, 「朴判書密陽見訪」『牧隱詩藁』권31.

데서도142) 볼 수 있다.

늙은 남자 종도 샘물을 긷는 일을 하기도 했다. '수염난 종놈 동이 지고 달려가 샘물 길어오고'에143) 보이는 샘물을 길어오는 수염이 난 종은 늙은 종으로 보인다.

신분은 알 수 없지만 어린 아이가 물 긷는 예도 보인다. '어린 아이는 대나무 사이 샘에서 새로 물을 긷네'라는144) 시구에 보이는 어린 아이는 노비일 가능성이 있지만 단정할 수는 없겠다.

밥 짓는 아낙네가 물을 긷는 것은 일반적이었을 것이다. 노비를 거느리지 못한 민인의 경우 대개 집의 아낙이 물을 길었던 것으로 보인다. '밥 짓는 아낙네는 시냇물을 기르러 나가네'라는145) 것이 그것이다. 샘이나 우물이 아니고 澗으로 표현되었지만 물 긷는 일은 마찬가지인 것이다. 이처럼 물을 긷는 일은 여성이 주로 담당했으며 그 가운데서도 여자노비가 주로 맡았다. 일반 백성의 경우에도 여성의 몫으로 보인다.

물을 가까운 거리에서 운반한다면 편리하고 어렵지 않겠지만 종종 먼 곳에서 운반하지 않을 수 없었다. 샘이나 우물이 집 가까이에 있으면 물을 길러 다니는 고역을 덜 수 있었다. 집 뒤에 우물이 있어 '물길러 나르는 고역도 덜 수 있네'라는146) 표현이 그것이다. 우물이나 샘이 가까우면 수시로 물을 길을 수 있었다. '우물이 가까우니 밤에도 물 긷고'라는147) 것이 그것이다. 우물이 가깝기 때문에 밤에도 길을 수 있었던 것이다.

---

142) 李穡, 「卽事」『牧隱詩藁』권8.
143) 李奎報, 「六月十一日 發黃驪 將向尙州 出宿根谷村(予田所在)」『東國李相國全集』권6.
144) 李穡, 「述懷」『牧隱詩藁』권8.
145) 李穡, 「晨興」『牧隱詩藁』권6.
146) 李奎報, 「舍後開小池」『東國李相國全集』권18.
147) 李奎報, 「與玄上人遊壽量寺 記所見」『東國李相國全集』권15.

가까운 지점에 샘이나 우물이 없을 경우 먼 곳에서 물을 운반하지 않으면 안 되었다. 예전부터 艶陽禪寺에 우물이 없었기 때문에 멀리서 물을 길어 오느라 고생했다고 하는 것이 그것이다.[148] 국청사의 경우 우물이 깊고 크나 냄새가 났다 깨끗해졌다 하여 일정치 않았는데 냄새가 심해지자 멀리서 물 길어 오는 데에 괴로움이 컸다고 했다.[149] 그 구체적인 모습은 다음에 잘 표현되어 있다.

> 물을 구하려면 산 아래에 가서(求之山下)
> 나귀 등에 싣고 사람 어깨에 메고(驢背人肩)
> 삼십리 길을 왕래하다 보니(往來一舍)
> 한말 물 값이 무려 일백전(斗水百錢)[150]

산 아래에서 나귀의 등에 싣고 또 사람의 어깨에 메고 물을 운반한다는 것이며 그 거리가 삼십 리라고 했다. 거리에는 과장이 없지 않지만 물 길어오는 고통을 짐작할 수 있다. 성 내에 샘물이 없어서 제주의 정의현은 15리 밖에서 물을 길어오고, 대정현은 5리 밖에서 물을 길어온다고 했다.[151]

샘이나 우물은 기본적으로 공동이용이 원칙이었다. 그러나 담장 안에 위치한 것은 특정 개인이 전용하고 다른 이들은 사용하기 쉽지 않았을 것이다. 더구나 그 우물을 파는 데 특정인이 전적으로 힘을 기울였다면 더욱 그러했을 것이다.

---

148) 李穀, 「高麗國江陵府艶陽禪寺重建記」『稼亭集』권2.
149) 閔漬, 「國淸寺金堂主佛釋迦如來舍利靈異記」『東文選』권68.
150) 李穀, 「靈巖寺新井銘」『稼亭集』권7.
151) 『世宗實錄』권48, 世宗 12년 6월 癸酉(4일), 3-240.

샘·우물은 주변에 거주하는 사람들이 편하게 마시는 것이 보통이었다. 개성의 紅桃井은

> 주변에 사는 사람들이(遂使傍泉而居者)
> 모두 시원히 움켜 마시네(皆快意於挹掬)[152]

라고 했다. 홍도정을 주변 사람들이 공동으로 사용했음을 나타낸 것이다.

그러나 특정인의 집안에 우물이나 샘이 있는 경우 사정은 달랐다. 특히 우물을 조영하는 데 특정가에서 상당한 공력을 기울인 경우 그 집에서 독점적으로 사용하는 것이 보통이었을 것이다. 그러한 경우에도 타인에게 사용을 허한다면 아름다운 일이었다. '단 하나인 샘물을 이웃 불러 마시게 하고'라고[153] 읊으면서 이웃 사람들이 샘물 길어가는 것을 그대로 두었다는 것은 특정가에서 독점적으로 사용해도 무방한 것임에도 불구하고 다른 사람들이 물을 길어감을 허여한 것을 뜻한다.

물을 길러 오고 감으로써 길이 생겼음을 나타내는 자료가 있다. '우물물을 긷느라고 문득 문밖에 길이 생겼는데'라는[154] 것이 그것이다. 물을 길러 오고 가는 일이 빈번했기 때문에 자연스럽게 우물과 집 사이에는 길이 생기는 것이다.

조선초 한양에서 3家 혹은 5가마다 하나의 우물을 파도록 한 일이 보이는데 우물은 통상 여러 집이 공동으로 사용했음을 엿보게 하는 것이다. 세 집이 하나의 우물이면 족하다라는 것은[155] 세 집에서 하나의 우

---

152) 『新增東國輿地勝覽』권4, 開城府上, 山川, 紅桃井.
153) 李奎報, 「奇尚書退食齋八詠 幷引」『東國李相國全集』권2.
154) 李穡, 「卽事」『牧隱詩藁』권8.
155) 『太宗實錄』권27, 太宗 14년 3월 庚寅(17일), 2-9.

물을 공동으로 사용했음을 의미한다. 가뭄으로 물이 부족해서 백성들이 매우 고생을 하자 도성 안의 5家마다 우물 하나씩을 공동으로 파게 했다.156) 이 우물은 다섯 집이 공동으로 사용했음이 분명하다.

그러나 현실에서는 공동으로 사용하여야 하는 것을 특정인이 독점 사용하고 타인의 사용을 금하는 일도 없지 않았다. 조선 성종 때에 큰 가뭄으로 우물과 샘이 모두 마르자 閭閻의 우물을 간혹 차지하여 제 것으로 삼고, 남이 물을 긷는 것을 금하고 있는데, 심한 자는 값을 받고 물을 팔아 장사를 하여 사람들이 심히 괴롭게 여긴다는157) 기록이 그것을 보여준다.

5. 泉 중심에서 井의 확대로

고려시기에 주된 식수원은 샘과 우물이었다. 이 가운데 어느 것이 중심이고 어느 것이 부차적이었을까 하는 것은 촌락의 발달과 관련되는 중요한 문제이다. 샘이 발달했다면 촌락은 산록완사면이나 선상지를 중심으로 발달한 것이 되고, 우물이 중심이었다고 하면 배후에 산을 두고 있지 않거나 낮은 구릉을 두고 있는 지점에 촌락이 발달한 것이 된다. 그것을 판단하는 자료로서 『세종실록지리지』의 성곽 내부 식수시설을 검토하고자 한다.

---

156) 『太宗實錄』권29, 太宗 15년 3월 壬寅(4일), 2-54.
157) 『成宗實錄』권17, 成宗 3년 4월 癸巳(27일), 8-653.

<표 2> 『세종실록지리지』 기재 山城·邑城 및 그 내부의 泉·井

도	산성			읍성			구분이 모호한 城의 수	성곽 총수	城미기재 고을의 수
	산성의 수 (泉井미기재)	천	정	읍성의 수 (泉井미기재)	천	정			
경기	5(1)	2	8	1	0	2	2	8	25(한양·개경제외)
충청도	26(2)	33	19	16(4)	3	27	1	43	17
경상도	29(5)	73	23	27(4)	15	163	6	62	17
전라도	9(1)	59	0	23(23)	0	0	8	40	24
황해도	4(1)	5.5	9.5	5(1)	1	12	3	12	15
강원도	16(5)	18	4	7(7)	0	0	1	24	8
평안도	8(4)	57.5	44.5	17(15)	28.5	27.5	4	29	20
함길도	11(5)	16	5	13(3)	70	7	12	36	2
계	108(24)	264	113	109(57)	117.5	238.5	37	254	128

『세종실록지리지』에는 성곽이 비교적 풍부하게 기재되어 있다. 많은 고을의 성곽이 기재되어 있지만 성곽을 기록하지 않은 고을도 적지 않은데 128개 고을에서 그러하다. 성곽을 기록한 고을은 대략 전체 고을의 2/3 정도이다. 기재되지 않은 고을은 아마 실제로 성곽이 없을 가능성이 있지만, 반드시 그렇다고 보기는 힘들다. 경기는 25개 고을, 전라도는 24개 고을, 평안도는 20개 고을에서 성곽을 기재하지 않았다. 반면 함길도는 2개 고을에서, 강원도는 8개 고을에서 기록하지 않아 두 도는 대체로 누락됨이 없이 충실하게 기재된 것으로 이해된다(각 도의

상세한 사항은 [부록 2] 참조).

성곽은 대체로 邑城과 山城으로 구분하고 있는데 단순하게 城으로 표기되거나 木柵으로 표기된 경우는 산성·읍성의 구분이 모호한 것으로 분류했다. 구분이 모호한 성곽이 많은 도는 함길도와 전라도인데, 두 도는 산성·읍성 이외의 것이 많았음을 의미한다. 고려시기까지는 산성이 중심이다가 고려말 이후 읍성이 대대적으로 조성된 것으로 이해하고 있다.158)

산성은 모두 108개가 확인되고, 읍성은 109개가 확인된다. 城 內에는 식수를 제공하는 샘과 우물이 마련되어 있는데, 샘·우물 이외의 시설도 언급하고 있지만 그에 대한 내용은 이 글의 취지와 다소 거리가 있어 언급하지 않기로 한다. 샘과 우물에 대해 상세한 정보를 전하는 도도 있지만 그렇지 않은 도도 있어 도별로 차이가 매우 크다. 산성 108개 가운데 24개의 경우 井·泉이 미기재이고, 읍성의 경우 전체 109개 가운데 57개에서 井·泉이 기재되어 있지 않다.159) 식수시설은 특별한 경우를 제외하고 모두 갖추고 있었을 것이므로 기재하지 않은 것은 대체로 기록의 누락으로 이해된다. 물론 정·천이 없어서 기록하지 않는 수도 있겠지만, 그 수는 미미하다고 판단된다. 산성의 경우는 井泉이 누락된 예는 각 도마다 큰 차이가 없는 것으로 보인다. 경상도, 강원도, 함길도가 모두 5곳으로 가장 많다. 그러나 읍성의 경우 사정이 달라 전라도는 모든 곳에서 井泉을 기재하지 않았으며 평안도는 17곳 가운데

---

158) 심정보, 1995『한국 읍성의 연구』, 학연문화사, pp.39~98 ; 손영식, 2011『한국의 성곽』, 주류성, pp.117~126 ; 최종석, 2014『한국 중세의 읍치와 성』, 신구문화사, pp.283~360.

159)『新增東國輿地勝覽』의 井·泉에 관한 기록은『세종실록지리지』보다 크게 부실해 검토의 대상으로 삼지 않았다.

15곳에서 미기재이다. 따라서 전라도와 평안도의 읍성 내 식수기록이 가장 부실하다고 판단된다.

산성의 경우 천이 264개, 정이 113개로 천이 월등히 우세하다. 그것은 입지의 특성상 샘을 기본적인 식수원으로 하고 있었다는 의미이다. 지표의 아래로 파들어가 조성하는 우물보다 샘을 조성하는 것이 훨씬 용이했을 것이다. 도별로 보면 샘이 크게 우세한 곳은 경상도, 강원도, 함길도이다. 전라도는 정이 아예 기록되지 않고 천만 기록되어 있다. 전라도를 제외한 경상도, 강원도, 함길도의 경우 산성에서는 대부분 샘에서 식수를 공급받았다는 뜻이다. 반면 경기와 황해도는 샘보다 우물이 많고 평안도는 샘이 많지만 우물도 상당수에 달한다. 경기와 황해도에서 천보다 정이 우세한 것은 인상적이다. 그러나 두 도는 전체적으로 기재한 성의 수가 적어서 샘·우물의 전체 상황을 나타내는 것인지 의문이다.

읍성의 경우 총괄해 보면 천이 117.5개이고 정이 238.5개로서 우물이 월등이 우세하다. 읍성이 평지에 자리한 경우가 많기 때문에 우물이 우세한 것은 당연한 일이라 하겠다. 우물이 압도적으로 많은 도는 경상도(163개), 충청도(27개), 황해도(12개)이다. 반면 샘이 비교적 많은 도는 평안도(28.5개), 함길도(70개)이다. 두 도는 산지가 많은 지역이기 때문에 읍성도 산지와 연결되어 조성하는 수가 많았고, 이에 따라 샘의 비율이 높았다고 판단된다. 그런데 전라도와 강원도의 경우 읍성 내의 井泉이 전혀 언급되고 있지 않다. 이는 실제를 반영한다고 보기 힘들고, 기록의 누락으로 보인다.

산성이나 읍성에 井泉이 기록된 경우 그 식수원은 상당히 안정적이었다. 가뭄이나 홍수에도 고른 물 공급을 가능케 했다. 遇旱不渴, 雖旱不渴, 冬夏不渴, 四時不渴로 표현한 것이 그것이다. 성은 유사시에 방어시설로서 상당기간 버텨야 했기에 식수를 가장 중요한 기반으로서 갖추지 않으면 안 되었던 것이다. 드물지만 無井泉, 無水, 無水泉으로 표기된 산성이나 읍성도 없지 않지만 그러한 경우는 극히 소수여서 예외적인 것으로 보아야 할 것이다. 때로 遇旱則渴, 冬夏或渴, 旱則渴, 旱則或渴, 大旱則或渴, 大旱渴로 표현되는 경우도 있었다([부록 2] 참조). 이것은 가뭄이 심하면 정천이 마른다는 것인데, 이렇게 표현된 정천은 비교적 소수에 불과해 전체적으로 보면 산성이나 읍성의 식수원은 비교적 안정적이었다고 판단된다.

산성과 읍성을 기준으로 井泉의 전체 양상을 보면 산성에서는 천이 훨씬 우세하고, 반면 읍성에서는 정이 훨씬 우세하다. 샘이 골짜기나 산록완사면에 발달하기 때문에 산을 포함하고 있는 산성에 샘이 많을 수밖에 없다. 반면 읍성은 평지에 조성하는 예가 많아 샘이 있기 어렵고 지표를 파 들어가 우물을 만들어야 식수를 확보할 수 있었을 것이다. 평지를 중심으로 조영하는 읍성에도 샘이 꽤 포함되어 있으므로, 배후에 산이 있는 산록완사면을 포함하여 읍성을 축조했음을 알 수 있다. 산지가 없이 평지에만 읍성을 쌓는 경우 샘은 특수한 경우를 제외하고는 존재하기 어렵다.[160]

산성은 고려시기에 기능하던 곳이고 읍성은 고려말 조선초에 조성한 것이 대부분이다. 산성의 비중보다 읍성의 중요성이 더욱 높아가고 있는 추세이다. 이러한 추세는 고려시기 샘을 많이 활용해 식수를 조달

160) 예컨대 순천시 낙안읍성은 평지에 있지만 분지 형태여서 샘이 있다. 낙안읍성과 같이 평지만으로 구성된 읍성에 샘이 식수원으로 존재하는 일은 흔한 일은 아니다.

하는 방식이 중심이고, 반면에 井이 보조적인 것이었으며, 반면 조선에 들어와 식수원으로서 우물이 크게 확대됨을 의미한다. 읍성의 대대적인 조성이 가능한 것은 우물을 만드는 기술의 현저한 진전과 깊이 연관되리라 생각한다.

아마 이러한 식수원의 변화는 촌락의 발달과도 깊은 관련을 갖는다고 생각한다. 고려시기 읍치가 산록완사면이나 선상지에 주로 발달했기 때문에 중심 촌락은 대체로 샘을 주된 식수원으로 확보했을 것이다. 그러나 인구가 증가하고 가용공간이 확대되면서 샘으로 식수를 조달하는 것이 여의치 않았을 것이다. 그리고 지하수를 이용할 수 있는 기술 진보도 이를 뒷받침했을 것이다. 낮은 구릉지를 배후에 둔 곳이나, 평탄지에서는 우물을 통해 식수를 공급받았을 것이다.

우물을 파는 것은 쉬운 일이 아니었다. 또 지하 수맥을 찾는 일 또한 여의치 않았다. 계절의 변화에 관계없이 양질의 물을 안정적으로 확보할 수 있는 우물을 가급적 지표의 얕은 지점에서 확보할 수 있으면 좋았다. 수맥을 찾는 과학의 발달, 우물을 조영하는 기술의 진보가 전제되어야 우물이 크게 확대될 수 있었다. 그러나 우물이 이 시기에 처음 보급된 것은 물론 아니다. 신라 경우에도 여러 우물이 있었다. 다수의 주민이 평지에도 다수 살았던 시기의 國都 경주에는 다수의 우물이 조영되었을 것이다. 그러나 그것의 조영은 쉬운 일이 아니기에 신성성이 부여된 것이고, 그에 따라 신비한 신화 · 설화가 우물과 관련되는 것이다. 국도에 있는 우물은 상당히 중시되고 신성시되었을 것이다. 소문국의 우물, 대가야의 우물, 백제의 어정 등 역시 그러했을 것이다.

우물은 고려시기에도 국도를 비롯한 대도회에서 널리 활용되었을 것이다. 그러나 외방의 邑治에서는[161] 대체로 샘이 중심이고 우물이 보조하는 방식이었을 것으로 보인다. 그러나 조선초부터 우물이 크게 확대 보급되는데 그것은 읍성에서 식수원으로 우물이 크게 부상하는 것과 짝하는 일이라고 생각한다. 우물도 얕은 곳에서 取水하던 것에서 깊은 지점에서 취수하는 것으로 변화했을 것이다.

6. 맺음말

식수는 어느 시기에나 그러하듯이 고려시기에도 매우 중요했다. 그러나 일상생활은 기록으로 남기 어렵기 때문에 식수에 관한 구체적인 실상을 파악하는 것은 매우 힘들다. 이 글에서는 문헌자료를 통해서 식수원으로서 샘과 우물을 주목하고, 고려시기 어느 것이 중요했는가를 추론해 보았다.

고려시기 식수가 매우 중요해서 사원을 세울 때, 성을 축조할 때, 전쟁시 피난처를 선정할 때 그것의 확보는 일차적인 사항이었다. 민간에서도 집을 지을 때, 마을을 건설할 때, 정자를 조성할 때, 그리고 국가에서 궁궐을 조성할 때도 식수를 확보할 수 있는가 여부는 매우 중요한 사항이었다. 일시적으로 많은 양이 필요한 농업용수와는 달리 식수는 항상 확보할 수 있어야 하며 양질이어야 했는데, 고려시기 식수는 표면수를 거의 사용하지 않고 대부분 지하수를 활용했다. 전시 등 비상시에

---

161) 고려시기 군현의 읍치나 향·부곡의 소재지가 대부분 꽤 높은 산을 배후에 둔 산록 완사면에 자리하고 있음을 확인할 수 있다. 이에 관해서는 다음의 논문이 참고된다. 이병희, 1998「高麗時期 全南地方의 鄕·部曲」『지방사와 지방문화』1 ; 정요근, 2019「고려 시대 전통 대읍 읍치 공간의 실증적 검토와 산성읍치설 비판 - 충청도와 경기도, 강원도 대읍의 분석을 중심으로 -」『韓國中世考古學』6, 한국중세고고학회.

는 표면수를 사용하는 일도 없지 않았다. 전체적으로 볼 때 일정한 강수량이 확보되고 또 산이 많아서 지하수가 발달했기 때문에 식수문제로 고통을 겪는 일은 별로 없었던 것 같다.

　고려시기 지하수를 확보하는 방법은 샘과 우물의 두 종류가 있었다. 샘이 자연스럽게 분출하기 위해서는 지하수를 떠받치는 암반이 있어야 하며, 지하수의 흐름을 막아 한 곳으로 흐르도록 하는 바위가 있어야 했다. 바위 위, 바위 밑, 바위의 틈 사이에서 샘이 솟아나왔다. 샘이 石泉으로 불리는 수가 많은 것은 이 때문이었다. 샘이 솟아나와 소리를 내 흘러 갔으며 그것을 '泉鳴'이라고 표현했다. 샘은 산간 계곡에 많이 분포하는 것이지만 개인의 집안이나 집 부근, 마을 부근에 위치했으며, 누정 근처에 위치한 수도 있었다. 샘은 자연스럽게 솟아나는 것으로 넓은 수맥을 전제로 하기 때문에 기상의 변화에 관계없이 유출량의 변동이 크지 않은 것이 보통이었다. 우물은 지하를 파 들어가 인위적으로 조영하고 두레박을 사용해 물을 긷는 것이었다. 지하 얕은 지점에서 확보하는 것은 샘과 구분이 모호한 수도 없지 않았다. 우물을 조영하는 것은 수맥을 찾아야 하며, 가급적 얕은 지점에서 지하수를 확보해야 하고 또 양질의 것이어야 하기 때문에 쉬운 일이 아니었다. 지하수를 확보하더라도 수질이 나빠 포기하는 수도 없지 않았고, 또 지하 너무 깊은 곳까지 파들어가는 수도 있었다. 우물 가에 오동나무나 소나무가 서 있음을 묘사한 시구도 보인다. 샘물이나 우물물은 모두 지하수이기 때문에 차가운 특성을 지니고 있다. 식수가 갖는 중요성 때문에 식수원인 우물이나 샘은 매우 신성시되고 기우제를 올리는 장소가 되는 수가 많았다. 때로는 불교설화가 만들어지는 장소이기도 했다.

샘물이나 우물물은 기본적으로 식수로서 음용으로 사용되는 것이었지만 생활과 관련한 여러 용도로도 쓰였다. 차를 끓이는 데에도 사용되었고 세수나 목욕을 하는 데에도, 또 세탁을 하는 데에도 당연히 사용되었다. 여름철에는 더위를 식히기 위해 사용하기도 했다. 농업용수로도 사용하는 수도 있었지만, 수온이 낮고 또 많은 양을 확보하기 힘들기 때문에 부분적으로 사용할 수 있을 뿐이었다. 물은 甕·銅盆·瓦盆으로 표현되는 용기를 사용해 운반했으며, 그 운반의 일은 주로 여성 노비가 담당했고, 일반 민의 경우에도 여성이 주로 담당한 것으로 보인다. 샘물이나 우물물은 공동으로 이용하는 것이 원칙이나 때로는 특정 세력가가 독점해 문제되는 수도 없지 않았다. 특정 개인이 독점적으로 노력을 기울여 자기 집안에 우물을 조영한 경우에는 독점 사용이 가능했을 것이다.

고려시기 식수원으로서 샘과 우물 가운데 어느 것이 큰 비중을 차지했는가 하는 것은 촌락의 입지와 관련된 중요한 사항이다. 山城의 경우에는 지형 특성상 샘이 훨씬 우세했고, 반면 고려말 이후 많이 조영되는 邑城의 경우에는 우물이 훨씬 우세했다. 전체적으로 보면 우물이 크게 확산되는 양상을 띠었다고 할 수 있다. 고려시기에 읍치를 중심으로 한 중요 촌락은 산록경사면에 자리하는 수가 많기 때문에 샘이 매우 중요한 식수원으로 기능했을 것으로 보인다. 물론 우물이 없는 것이 아니지만 샘이 중요한 비중을 차지하고 있었던 것으로 여겨진다. 고려말 이후 정주공간이 확대되는 가운데 우물은 비약적으로 증대된 것으로 판단된다.

촌락은 주지하듯이 식수만으로 입지가 결정되는 것은 아니다. 농경지가 확보되어야 하고 땔나무의 공급도 충분해야 한다. 식수만을 고려한다면 산간의 계곡에 촌락이 발달해야 하지만 농경지도 중요하기 때문에 두 가지를 겸비한 산록완사면이나 선상지에 촌락이 발달하는 것이다. 그러한 지점은 임야가 배후에 있기 때문에 땔나무의 조달도 비교적 용이하다. 결국 고려시기 읍치를 중심으로 한 촌락은 이러한 조건을 갖춘 공간·지점에 자리했다고 생각한다.

우리는 일찍부터 양질의 지하수를 식수로 삼았다. 다수의 사람이 모여 사는 국도에서는 우물을 사용하는 일도 있었지만 일반적으로 샘이 중시되었다. 그러나 인간이 늘어가고, 샘을 확보할 수 없는 지점으로 촌락이 확산됨에 따라, 또 땅 속에 대한 지식과 정보가 증가해 감에 따라 우물의 사용은 더욱 늘어갔다. 적어도 고려시기까지 읍치에서는 대체로 샘이 중요한 식수원으로 기능한 것으로 보인다. 우물은 고려시기에도 사용되었지만 조선초 이래 빠른 속도로 확산된 것으로 판단된다.

식수의 문제는 당시인에게 매우 중요한 문제였다. 그럼에도 식수와 관련한 구체적인 문헌기록을 남긴 예가 많지 않다. 그리고 새마을 사업 이후 농촌의 상수도 보급이 확대됨에 따라 오랜 기간 유지해 오던 샘과 우물은 거의 사라지고 말았다. 그리하여 그 흔적을 찾아 식수원을 정리하고 나아가 촌락의 입지 및 경관을 이해하는 것은 매우 힘들게 되었다. 이제라도 이에 관심을 기울여 적극 연구한다면 의미있는 성과가 있을 것으로 생각한다.

(『文化史學』44, 2015. 12. 揭載)

순번	井·泉의 이름	소재지	특징	전거
1	炟艾井	개성	속언에 군왕이 달애정을 마시면 宦者가 일을 멋대로 한다 하여, 최충헌의 건의로 廣明寺 井을 御水로 함	『고려사절요』권13, 명종 27년 9월 ; 『고려사』권129, 열전42, 반역3, 최충헌 ; 『신증동국여지승람』권4, 개성부 산천
2	開城大井	개성	作帝建이 결혼한 龍女(元昌王后)가 開州의 東北山麓에 가서 은 그릇으로 땅을 파서 取水해 사용한 데서 시작함	『신증동국여지승람』권4, 개성부 산천 ; 『고려사』, 世系
			大井에서 禱雨함	『고려사』권54, 지8, 오행2, 금 ; 『고려사』권134, 열전47, 신우 7년 5월
			샘이 솟아 나오는데 가득차면 깊이가 2척 정도되며, 봄·가을에 固祭를 지내고, 가물면 기도함	『세종실록지리지』, 개성유후사
3	廣明寺 北井 / 廣明寺 井	개성	龍女(=元昌王后)가 松嶽에 새로 지은 집의 寢室 창밖에 우물을 파고 우물 속을 통해 西海 龍宮에 왕래했는데, 그 우물이 광명사 정	『고려사』, 世系 ; 『세종실록지리지』, 개성유후사 ; 『신증동국여지승람』권4, 개성부 산천
4	梅介井	개성	붉어짐, 붉게 끓어오름 태종 6년 개구리가 모두 저절로 죽음	『고려사』권53, 지7, 오행1, 화 ; 『태종실록』권11, 6년 2월 乙酉
5	藍井	개성	태종 6년 개구리가 모두 저절로 죽음	『태종실록』권11, 6년 2월 乙酉
6	演福寺 9井	개성	九龍이 있는 곳인데 오랫 동안 막혀 있어 개수하지 않으면 안 된다고 해서 고려말 보수했으며, 조선 태종 1년 이 우물의 물이 끓자 좌승지 李原을 보내어 제사 지냄	『고려사』권132, 열전45, 반역 6, 신돈 ; 『고려사』권45, 공양왕 2년 1월 을유 ; 『양촌집』권12, 연복사탑 중창기
7	陽陵井	개성		『신증동국여지승람』권4, 개성부 산천
8	紅桃井	개성		『신증동국여지승람』권4, 개성부 산천 ; 『동문선』권2, 紅桃井賦(李仁老)
9	佛恩寺 井(=留巖井)	개성	광종 때 추한 모습의 승려를 王宮의 齋 말석에 앉혔는데, 승려들이 그에게 왕	『가정집』권3, 고려국천태불은사중건기 ; 『신증동국

			궁의 재에 참석했다고 말하지 말라고 하니 그 승려가 너희들도 약사여래를 친견했다고 말하지 말라고 하고서 공중으로 올라가 유암사 우물 속으로 몸을 감춤	『여지승람』권4, 개성부 불우 불은사
10	靑龍山(瑞雲山) 西峯 壇 아래의 3井	안성	가물면 우물을 보수하고 비를 비는데 자못 응함이 있음	『세종실록지리지』, 안성군 ; 『신증동국여지승람』권10, 안성군 산천
11	大井	은진	옛 백제의 御井이었다 함	『신증동국여지승람』권18, 은진현 고적
12	竝井	이산	두 우물이 서로 끼고 나옴	『신증동국여지승람』권18, 이산현 산천
13	玉賜井	홍주	홍주목 소재 玉賜金所에 있음	『신증동국여지승람』권19, 홍주목 고적
14	神井	온양		『신증동국여지승람』권19, 온양군 산천
15	楊山蘿井	경주	흰 말이 꿇어앉아 절하는 모양을 보여다가 보니 말은 보이지 않고 큰 알이 있었는데, 그것을 쪼개자 어린 아이가 나오니, 그가 박혁거세	『신증동국여지승람』권21, 경주부 고적
16	閼英井	경주	용이 이 우물에 나타나 오른쪽 겨드랑이에서 여자 아이를 낳았는데 이 아이가 알영, 뒤에 박혁거세의 비가 됨	『신증동국여지승람』권21, 경주부 고적
17	金城井	경주	신라 시조 때 용이 이 우물에 나타남	『신증동국여지승람』권21, 경주부 고적
18	雞羅井	경주	소지왕 때 용이 이 우물에 나타남	『신증동국여지승람』권21, 경주부 고적
19	大王巖 巖沕間에 있는 泉	영일	가물 때 이곳에 비를 빌면 곧 비가 내렸다 함	『신증동국여지승람』권23, 영일현 고적 대왕암
20	金井山石井	동래	산정상에 있으며, 둘레 10여 척, 깊이 7촌 정도, 가물어도 물이 마르지 않음	『세종실록지리지』, 동래현
21	龍頭山 山頂의 井	영해	장마에도 가뭄에도 물의 증감이 없음	『신증동국여지승람』권24, 영해도호부 산천 용두산
22	浮石寺의 善妙井	영천(영주)	부석사의 동쪽	『신증동국여지승람』권25, 영천군 불우
23	浮石寺의 食沙龍井	영천	부석사의 서쪽에 있는데 가뭄시 기도하면 감응이 있음	『신증동국여지승람』권25, 영천군 불우
24	御井	의성	소문국 시절의 어정인 모양	『신증동국여지승람』권25, 의성군 고적

25	將軍井	밀양	金碩장군의 우물	『신증동국여지승람』권26, 밀양도호부 고적 장군정
26	御井	고령	대가야국의 궁궐터 곁에 있는 돌 우물	『신증동국여지승람』권29, 고령현 고적
27	墨井	함열	비를 빌면 효험	『신증동국여지승람』권34, 함열현 산천
28	浣絲泉	나주	장화왕후 오씨가 왕건에게 마실 물을 건넨 곳	『신증동국여지승람』권35, 나주목 불우 홍룡사
29	鹽井	무장	바다 2리 들어간 곳에 있는데 여기의 물을 길어다 소금을 만듦	『신증동국여지승람』권36, 무장현 산천
30	斗泉	제주	가물면 맑아지고 비가 오려면 金 기운 이 물 위에 뜸	『신증동국여지승람』권38, 제주목 산천
31	大母泉	남원	남원의 남쪽 4리 지점에 있음	『신증동국여지승람』권39, 남원도호부 산천
32	白鷄山 頂上바위 밑의 泉	광양	빌기만 하면 영험이 있는데 齋戒하는 것을 성실히 하지 않으면 샘이 마름	『신증동국여지승람』권40, 광양현 산천 백계산
33	崇水院의 泉	평산	겨울철 얼음 기둥을 보고 다음해 풍흉 을 판단함	『신증동국여지승람』권41, 평산도호부 역원
34	龍泉	서흥	산 기슭에서 물이 솟음	『신증동국여지승람』권41, 서흥도호부 산천
35	靈泉	봉산	고을 서쪽 25리 지점에 있음	『신증동국여지승람』권41, 봉산군 산천
36	天奉山 위의 龍井	신천	가물 때 비를 빔	『신증동국여지승람』권42, 신천군 산천
37	所丐音山 속의 泉	강릉	날씨가 가물어서 비를 빌면 영험이 있 음	『신증동국여지승람』권44, 강릉대도호부 산천
38	于筒水	강릉	한강의 근원으로 오대산 西臺 밑에서 솟아나오는 데 빛깔과 맛이 보통 우물 물보다 낫고 물의 무게도 무거움	『신증동국여지승람』권44, 강릉대도호부 산천 ; 『양촌 집』권14, 오대산서대수정 암중창기
39	頭陀山 五十井	삼척	곁에 神祠가 있는데 봄·가을 제사를 지 내며 가물면 비를 빔	『신증동국여지승람』권44, 삼척도호부 산천
40	冷泉	양양	세상 전하는 말에, 관세음보살이 여자 로 화해서 벼를 베고 있었는데, 원효대 사가 냉천 물을 마시면서 함께 장난을 했다고 함	『신증동국여지승람』권44, 양양도호부 고적
41	陰谷泉	영월	군의 북쪽 24리에 있음	『신증동국여지승람』권46, 영월군 산천

42	平安泉	평창	산 기슭의 절벽 밑에 창문 같은 구멍이 있어 장마철마다 물이 구멍으로부터 솟아 나옴	『신증동국여지승람』권46, 평창군 산천
43	國泰山 위의 石井	영흥	날이 가물 때 빌면 감응이 있다 함	『신증동국여지승람』권48, 영흥대도호부 산천 국태산
44	潭泉	종성	광덕산에 있음	『신증동국여지승람』권50, 종성도호부 산천
45	大井	평양	평양 남쪽 30리 지점에 있음	『신증동국여지승람』권51, 평양부 산천
46	牛井	평양	날이 가물면 기우제 지냄	『신증동국여지승람』권51, 평양부 산천
47	文井·武井	평양	東明王 때 판 것으로 구제궁 터안에 있음	『신증동국여지승람』권51, 평양부 산천
48	秤井	중화	군의 남쪽 대거불리에 있으며, 둘레가 10척	『신증동국여지승람』권52, 중화군 산천
49	馬井	중화	둘레가 50척, 가물면 비를 빌었는데 효험이 있음	『신증동국여지승람』권52, 중화군 산천
50	漆井	삼화	용강현 소속	『신증동국여지승람』권52, 삼화현 고적
51	雙魚山 위의 大井	함종	보수하면 비가 옴	『신증동국여지승람』권52, 함종현 산천 쌍어산
52	安養寺 서쪽 바위 아래 泉	정주	가물 때 비를 빌면 영험이 있음	『신증동국여지승람』권52, 정주목 불우 안양사
53	藥水	운산	물이 아주 차며 어떤 병이든 고칠 수가 있음	『신증동국여지승람』권54, 운산군 산천
54	貴出泉	순천	군의 동쪽 35리에 있음	『신증동국여지승람』권55, 순천군 산천
55	廣泉	순천	군의 동쪽 120리에 있음	『신증동국여지승람』권55, 순천군 산천
56	大泉	맹산	군의 객관 앞에 있음	『신증동국여지승람권』55, 맹산현 산천
57	元曉房의 泉		차를 달여 원효에게 드리려 했으나 샘물이 없어 걱정했는데 물이 바위 틈에서 문득 솟아났으며 물맛이 매우 달아 젖 같아서 이것으로 늘 차를 달였다 함	『동국이상국전집』권23, 남행월일기

(1) 경기

* 성의 이름이 기재되지 않은 고을 : 양주도호부, 원평도호부, 고양현, 적성현, 포천현, 가평현, 남양도호부, 안산군, 안성군, 진위현, 양성현, 양지현, 철원도호부, 삭녕군, 영평현, 장단현, 안협현, 임강현, 마전현, 연천현, 부평도호부, 강화도호부, 해풍군, 김포현, 통진현(25개)

군현명	城名(읍성/산성)	周回(步,尺)	식수 기록			비고(渴/不渴)
			천	정	기타	
광주목	日長山城(산)	3,993보		7		遇旱不渴
교하현	烏島城(?)					
임진현	宮城舊址(?)	727보				
수원도호부	邑土城(읍)	270보		2		
용인현	寶盖山石城(산)	942보		小井		遇旱則渴
인천군	南山石城(산)	160보	小泉			
양천현	縣北圭山石城(산)	654보				無井泉
교동현	華盖山石城(산)	1,565보	1		池1	
계	산성 5, 읍성 1, 기타 2		산성 : 천 2, 정 8 읍성 : 천 0, 정 2			* 오도성, 궁성구지는 제외

* 용인현, 인천군의 小井과 小泉은 각각 1개로 계산

(2) 충청도

* 성의 이름이 기재되지 않은 고을 : 청풍군, 괴산군, 음성현, 연풍현, 제천현, 영춘현, 천안군, 죽산현, 청안현, 전의현, 연기현, 직산현, 평택현, 진천현, 석성현, 진잠현, 해미현(17개)

郡縣名	城名(읍성/산성)	周回(步,尺)	식수 기록			비고(渴/不渴)
			泉	井	기타	
충주목	邑石城(읍)	680보		3		
단양군	加隱巖山石城(산)	419보	3			遇旱則渴
청주목	邑石城(읍)	1,084보		13		冬夏不渴
옥천군	城隍堂山石城(산)	396보		1		遇旱則渴
	麻尼山石城(산)	878보	1			旱則小渴
문의현	兒山石城(산)	772보		1		冬夏不渴
목천현	黑山石城(산)	739보	1	1		冬夏或渴
온수현	排方山石城(산)	780보		2		旱則渴(1), 冬夏不渴(1)
신창현	城隍堂山石城(산)	253보				無井泉
아산현	薪城山石城(산)	323보		1		冬夏不渴
영동현	邑石城(읍)	398보	2			遇旱則渴
황간현	邑石城(읍)	358보 2척		1		冬夏不渴
회인현	虎岾山石城(산)	858보	1			冬夏不渴

郡縣名	城名	周回	泉	井	비고
보은현	烏項山石城(산)	1,220보	6		冬夏不渴
청산현	巳成山石城(산)	337보		1	冬夏不渴
공주목	公山石城(산)	597보	3		冬夏不渴
임천군	聖興山石城(산)	534보	3	1	
한산군	巾之山城(산)	5,377보	5		冬夏不渴
서천군	邑石城(읍)	160보 4척		1	冬夏不渴
남포현	邑石城(읍)	317보		3	冬夏不渴
비인현	邑石城(읍)	1,933척 8촌			
	古邑石城(읍)	276보			無井泉
정산현	鷄鳳山石城(산)	160보		1	冬夏不渴
홍산현	邑石城(읍)	262보		2	冬夏不渴
은진현	市津山石城(산)	459보	1	3	
연산현	城隍山石城(산)	493보	1		冬夏不渴
회덕현	鷄足山石城(산)	374보 2척	1		冬夏不渴
부여현	青山石城(산)	303보	3		冬夏不渴
이산현	主山石城(산)	350보	3		冬夏不渴
홍주목	邑石城(읍)	533보 2척	1		冬夏不渴
태안군	邑石城(읍)	426보		2	冬夏不渴
	主山石城(산)	573보		1	旱則渴
서산군	主山石城(산)	468보		3	冬夏不渴
면천군	蒙山石城(산)	543보		1	冬夏不渴
당진현	邑石城(읍)	289보		1	旱則渴
덕산현	邑石城(읍)	398보		1	冬夏不渴
예산현	無限山石城(산)	428보		1	冬夏不渴
청양현	騎龍山石城(산)	345보	1	1	冬夏不渴
보령현	石城(?)	2,109척			
	地乙峴山石城(산)	320보			無井泉
	邑石城(읍)	173보			無井泉
결성현	邑石城(읍)	453보		有井	冬夏不渴
대흥현	邑石城(읍)	244보			無井泉
계	산성 26, 읍성 16, 기타 1		산성 : 천 33, 정 19	읍성 : 천 3, 정 27	

* 개수 분명한 것만 계산(결성현은 합계에서 제외)

(3) 경상도

* 성의 이름이 기재되지 않은 고을 : 밀양도호부, 경산현, 영산현, 영천군, 하양현, 봉화현, 신녕현, 진보현, 비안현, 초계군, 개령현, 함창현, 군위현, 곤남군, 칠원현, 산음현, 의령현(17개)

郡縣名	城名(읍성/산성)	周回(步,尺)	식수 기록			비고(渴/不渴)
			泉	井	기타	
경주부	邑石城(읍)	679보		80		

	夫山石城(산)	2,765보 3척	井泉 9	川4, 池1	
	下西知木柵(?)	730척		2	小池1
양산군	城隍山石城(산)	569보	井泉 4		小溪2, 小池4
울산군	古邑石城(읍)	215보		3	
	左道營城(?)	622보		3	
청도군	邑石城(읍)	190보			無水
	烏惠山石城(산)	1,352보		5	川2, 池3
흥해군	邑石城(읍)	375보		4	
대구군	邑石城(읍)	451보	2		
동래현	邑石城(읍)	397보		5	
	東平縣石城(?)	264보	1		池4
창녕현	火王山石城(산)	1,217보	9		池3
언양현	邑土城(읍)	157보		2	
기장현	邑石城(읍)	350보		1	池1
장기현	石城(?)	174보		2	
현풍현	邑石城(읍)	304보			無水
영일현	邑石城(읍)	100보		1	
청하현	邑石城(읍)	220보		2	
안동대도호부	邑石城(읍)	528보	井泉 18		
	淸涼山石城(산)	2,279보	井泉 7		小溪2
영해도호부	邑石城(읍)	114보	3		
	城隍堂石城(?)	288보		1	池1
순흥도호부	邑石城(읍)	139보		2	
	小白山石城(산)	531보	3		
예천군	邑石城(읍)	453보		1	
영천군(영주)	邑石城(읍)	198보	1		
청송군	周房山石城(산)	183보			小溪1
의성현	金山石城(산)	1,516보	4		
영덕현	邑石城(읍)	141보		1	
	達老山石城(산)	510보	1		渠1
예안현	邑石城(읍)	196보			
기천현	上乙谷石城(산)	980보	10		溪1
인동현	天生山石城(산)	324보		1	小池2
의흥현	公山石城(산)	1,353보	2		小渠3
상주목	邑石城(읍)	576보		21	池1
	白華山石城(산)	1,904보	5		溪1
성주목	邑土城(읍)	474보		7	池1
	伽倻山石城(산)	2,730보	6		溪水常流
선산도호부	邑土城(읍)	456보		8	
	金烏山石城(산)	1,440보	4		小池3, 溪1

郡縣名	城名	周回	泉	井	기타	비고
합천군	葛山石城(산)	547보	2			
金山郡(김천)	俗門山石城(산)	492보	2		池2	
고령현	美崇山石城(산)	397보	6		池1	
용궁현	龍飛山石城(산)	324보	3			
문경현	曦陽山石城(산)	464보			溪1	
지례현	龜山石城(산)	146보				無水
진주목	邑石城(읍)	26보(?)		3	池3	
진주목	松臺山石城(산)	706보		2		
김해도호부	北山石城(산)	260보		3	小池4	
창원도호부	簾山石城(산)	1,073보			川1, 溪1	
함안군	防禦山石城(산)	163보		2		
함양군	邑土城(읍)	433보		3	小池3	
고성현	邑石城(읍)	285보		4		
거제현	邑石城(읍)	321보				
사천현	城隍堂石城(산?)	588보	1		池2	
거창현	金貴山石城(산)	591보	2			
하동현	邑石城(읍)	379보		5	池1	
진성현	江山石城(산)	150보	小泉1		小池2	
안음현	黃石山石城(산)	1,087보			溪1	
삼가현	岳堅山石城(산)	821보	3			
진해현	邑石城(읍)	166보		1		
계	산성 29, 읍성 27, 기타 6			산성 : 천 73, 정 23 읍성 : 천 15, 정 163		

* 井과 泉이 함께 기록된 것은 각각 반으로 계산

(4) 전라도

* 성의 이름이 기재되지 않은 고을 : 진산군, 김제군, 금구현, 함열현, 용안현, 태인현, 고산현, 여산현, 영암군, 남평현, 고창현, 장성현, 용담현, 구례현, 임실현, 운봉현, 장수현, 진안현, 곡성현, 능성현, 창평현, 화순현, 동복현, 정의현(24개)

郡縣名	城名(읍성/산성)	周回(步,尺)	식수 기록			비고(渴/不渴)
			泉	井	기타	
전주부	邑石城(읍)	1,288보				
전주부	高德山石城(산)	1,413보	7		有溪澗	冬夏不渴
금산군	邑土城(읍)	426보				
익산군	彌勒山石城(산)	686보 有奇	14			冬夏不渴
고부군	邑石城(읍)	464보				
만경현	邑土城(읍)	100보				
임피현	邑石城(읍)	582보				
옥구현	邑石城(읍)	389보				

부안현	邑石城(읍)	304보				
정읍현	笠巖山石城(산)	2,920보			有溪水	冬夏不渴
나주목	邑石城(읍)	1,162보 有奇				
	錦城山石城(산)	1,095보	5		有池	冬夏不渴
해진군	邑石城(읍)	336보 有奇				
	仇豆音石城(?)	186보				
영광군	邑石城(읍)	547보				
강진현	修因山石城(산)	1,396보	6			冬夏不渴
	內廂石城(?)	561보 有奇				
무장현	邑石城(읍)	658보				
함평현	邑石城(읍)	432보 3척				
	海際木柵塗泥城(?)	143보 2척				
무안현	邑石城(읍)	473보				
흥덕현	邑石城(읍)	295보				
남원도호부	蛟龍山石城(산)	1,125보	6		有小溪	冬夏不渴
순창군	大母山石城(산)	290보		有小泉		冬夏不渴
무주현	裳山石城(산)	2,820보	8		大溪2	冬夏不渴
					小溪3	旱則或渴
광양현	邑石城(읍)	362보 有奇				
장흥도호부	邑石城(읍)	336보				
	荳原木柵塗泥城(?)	80보				
담양도호부	金城山石城(산)	1,803보	12		溪2(冬夏不渴)	泉12개 중 5개는 冬夏不渴
순천도호부	邑石城(읍)	581보				
	麗水木柵塗泥城(?)	143보				
무진군	邑石城(읍)	972보				
	古內廂石城(?)	625보				
	武珍都督時古土城(?)	2,560보				
보성군	邑石城(읍)	585보				
	陽江驛木柵塗泥城(?)	83보				
낙안군	邑石城(읍)	592보				
고흥현	邑石城(읍)	565보				
제주목	邑石城(읍)	910보				
대정현	邑石城(읍)	1,179보				
계	산성 9, 읍성 23, 기타 8			산성 : 천 59, 정 0 읍성 : 천 0, 정 0		

(5) 황해도

*성의 이름이 기재되지 않은 고을 : 봉산군, 안악군, 수안군, 곡산군, 신은현, 신천현, 연안도호부, 평산도
호부, 백천군, 우봉현, 토산현, 강음현, 문화현, 송화현 · 청송현, 장련현 · 장명진(15개)

郡縣名	城名(읍성/산성)	周回(步,尺)	식수 기록			비고(渴/不渴)
			泉	井	기타	
황주목	餘界山石城(산)	2,393보	井泉 5			
	古棘城(?)					
서흥도호부	大高介山石城(산)	1,853보			東西山谷溪水合流	雖旱不渴
해주목	邑石城(읍)	788보 5척		7		
재령군	長水山石城(산)	1,886보	井泉 6			
옹진현	邑石城(읍)	466보				無井泉
	回山木柵(?)	136보	井泉 1			
장연현	邑石城(읍)	439보	井泉 2			
	熊沈里木柵(?)	122보		2		
강령현	邑石城(읍)	300보		2		
풍천군	邑石城(읍)	420보		2		
은률현	九月山石城(산)	2,397보		4	澗2	
계	산성 4, 읍성 5, 기타 3		산성 : 천 5.5, 정 9.5 읍성 : 천 1, 정 12			

(6) 강원도

*성의 이름이 기재되지 않은 고을 : 정선군, 평창군, 홍천현, 금성현, 김화현, 이천현, 낭천현, 양구현
(8개)

郡縣名	城名(읍성/산성)	周回(步,尺)	식수 기록			비고(渴/不渴)
			泉	井	기타	
강릉대호부	邑土城(읍)	784보				
	把巖山石城(산)	768보			小渠5	3개는 旱則渴, 2개는 不渴
	羽溪邑城(읍)	197보				
양양도호부	邑土城(읍)	1,088보				
	擁金山石城(산)	1,980보	泉			兩側岩石間 水湧 流爲泉
원주목	靈原山石城(산)	646보	2			四時不渴
영월군	正陽山石城(산)	798보	1			大旱則或渴
횡성현	德高山石城(산)	568보 5척			溪1	有一溪長流不渴
회양도호부	天佛山石城(산)	671보 1척	1			旱則渴
평강현	靑龍山石城(산)	1,265보	1	3		井 1개는 長不渴 井 2개, 泉 1개는 大旱或渴
삼척도호부	邑土城(읍)	540보				

郡縣名	城名	周回	泉	井	기타	비고
	頭陀山石城(산)	1,518보			溪1	有三洞水 合流爲一溪 四時不渴
	沃原驛土城(?)	181보				無井泉
평해군	邑土城(읍)	294보				
	白巖山石城(산)	591보	3			旱則皆渴
울진현	皇山石城(산)	616보 5척	4		池1	泉則雖大旱 皆不渴, 池則大旱或渴
춘천도호부	龍華山石城(산)	452보 4척	3(小泉)			旱則渴
인제현	寒溪山石城(산)	729보	1			旱則渴
	寒溪山石城(산)	1,872			小溪1	有三洞水 合流爲一小溪 長不渴
간성군	邑城(읍)	石城295보 土城86보				
	古山山石城(산)	1,140보	(小泉)		小池1	大旱渴
고성군	全城山石城(산)	262보 2척				
통천군	邑石城(읍)	205보				
흡곡현	石山山石城(산)	400보			1	旱則渴
계	산성 16, 읍성 7, 기타 1				산성 : 천 18, 정 4 읍성 : 천 0, 정 0	

(7) 평안도

* 성의 이름이 기재되지 않은 고을 : 중화군, 상원군, 삼등현, 강동현, 순안현, 증산현, 함종현, 삼화현, 강서현, 숙천도호부, 순천군, 개천군, 영유현, 맹산현, 은산현, 인산군, 수천군, 가산군, 정녕현, 희천군(20개)

郡縣名	城名(읍성/산성)	周回(步,尺)	식수 기록			비고(渴/不渴)
			泉	井	기타	
평양부	邑石城(읍)	4,088보				
용강현	山城(산)	2,068보	10		川1	冬夏不渴
성천도호부	山城(산)	717보			大川	大川回抱
자산군	山石城(산)	4,244보	泉井99		川1	冬夏不渴
덕천군	金城山石城(산)	525보			溪澗1	冬夏不渴
양덕현	邑城(읍)	540보				
의주목	邑石城(읍)	2,820보	多井泉			
정주목	邑城(읍)	649보				
용천군	邑石城(읍)	2,772보				
철산군	邑石城(읍)	892보				
	古寧朔城(?)	171보				
곽산군	凌漢山石城(산)	1,333보	淸泉			有淸泉出岩間
선천군	邑石城(읍)	302보				
삭주도호부	邑石城(읍)	1,145보				
영변대도호	邑石城(읍)	5,038보	井泉55		溪澗3	冬夏不渴

부	撫山舊城(?)	708보				
창성군	邑石城(읍)	918보				
벽동군	木柵(?)	571보				
운산군	靑山石城(산)	2,828보	2		溪2	冬夏不渴
태천군	邑石城(읍)	1,018보				
	籠吾里山古城(산)	718보				
강계도호부	邑石城(읍)	1,295보				
이산군	山石城(산)	1,840보				有溪澗泉井 冬夏不渴
여연군	邑城(읍)	179보(?)				
	小甫里口子木柵(?)	132보				
자성군	邑石城(읍)	4,341척				無水泉
무창군	邑城(읍)	2,714척				
우예군	邑城(읍)	5,786척				無水泉
위원군	邑城(읍)	4,653척	1(水泉)			
계	산성 8, 읍성 17, 기타 4			산성 : 천 57.5, 정 44.5 읍성 : 천 28.5, 정 27.5		

* 개수가 기록되지 않은 경우가 많음

(8) 함길도

* 성의 이름이 기재되지 않은 고을 : 고원군, 문천군(2개)

郡縣名	城名(읍성/산성)	周回(步,尺)	식수 기록			비고(渴/不渴)
			泉	井	기타	
함흥부	邑石城(읍)	795보		大井2 小井2		四時不渴
정평도호부	邑石城(읍)	1,513보	11	2	小池2	四時不渴
	白雲山石城(산)	3,166보	7			四時不渴
북청도호부	山石城(산)	1,615보			小溪1	旱則渴
	山石城(산)	1,231보			小溪3	四時不渴
영흥대도호부	邑石城(읍)	987보		1	池1	四時不渴
	山城(산)	1,800보		1	池1	四時不渴
	古石城(?)					
예원군	古長城基(?)					
안변도호부	鶴城山石城(산)	1,180보	4	2		四時不渴
의천군	鎭溟縣邑城(읍)	332보				
용진현	龍城山石城(산)	546보		1		四時不渴
길주목	邑城(읍)	1,566보				
	多信山石城(산)	1,200보			池13	四時不渴
	石城(?)	751보				

지역	성명	둘레	정	泉	池	비고
	永平古城(?)				大池1, 中池2, 小池 1	四時不渴
경원도호부	邑木柵(읍?)	738보				
	高郎歧木柵(?)	166보				
	靑巖木柵(?)	300보				
	夫里下木柵(?)	201보				
	龍城木柵(?)	275보				
	東林城(?)			大井		有大井 周回二十一步 其深莫測
	阿吾知古城(?)					
	孔州城(?)					
단천군	道德山石城(산)	235보	3			四時不渴
	德應州山石城(산)	412보			大池1	四時不渴
갑산군	長坪山石城(산)	326보				無水泉
경성군	邑石城(읍)	247보				
	山石城(산)	493보	2			泉 1개는 四時不渴
경원도호부	邑石城(읍)	5,100척	4			冬夏不渴
회령도호부	邑石城(읍)	8,138척	9			
종성도호부	邑石城(읍)	8,603척	20			
온성도호부	邑壁城(읍)	10,000척	15			
경흥도호부	邑石城(읍)	7,091척				無水泉
부령도호부	邑壁城(읍)	7,000척	8			
삼수군	邑石城(읍)	1,102척	3			
계	산성 11, 읍성 13, 기타 12			산성 : 천 16, 정 5 읍성 : 천 70, 정 7		

高麗時期 가뭄의 발생과 대책

1. 머리말

가뭄은 비가 보통 때에 비해 오랫동안 오지 않거나 적게 오는 기간이 지속되는 현상이다. 가뭄은 생태계 전반에 악영향을 주어 동물과 식물의 생존을 힘들게 하며, 인간의 삶을 피폐하게 한다. 농사에 절대적 영향을 끼치고, 식수의 조달이나 생활에 큰 지장을 주는 것이 가뭄이다. 결국 가뭄은 인간 사회의 존속에 중대한 영향을 끼치고 있는 기후 요소라 할 수 있다. 인간에게 깊은 영향을 주는 기후 요소에는 가뭄만이 아니라 강수, 태풍, 서리, 기온 등도 있지만, 광범위하게 또 긴 기간 동안, 심각한 위협을 주는 것은 가뭄이라고 할 수 있다. 여러 해 가뭄이 이어지면 고급의 문명도 사라지는 경우가 적지 않다. 그렇기 때문에 가뭄 현상 및 그에 대한 대책의 이해는 해당 시기의 역사상을 이해하는 데 기초 사항이 된다.

한반도와 그 주변환경은 기후조건 상 가뭄의 위험이 늘 잠재하고 있다. 가뭄은 고려시기 사람들에게도 매우 중요한 문제로 다가왔다. 그렇지만 가뭄 현상에 대한 전면적인 연구는 거의 이루어지지 않았다. 물론 가뭄을 다룬 연구가 없는 것은 아니다. 자연재해 전반을 다루면서 그 재해의 하나로 旱災를 파악한 성과가 있다.[1] 고려시기 한재의 전체 추이를 검토하고 있지만, 水災와 함께 검토하지 못했고, 旱災의 공간범위를 고려하지 않은 점은 아쉬운 사항이다. 가뭄에 대한 대책도 중농이념에 따른 국가의 권농정책 차원에서 천착했다.[2] 지리학계에서도 가뭄을 검토한 바 있는데, 『고려사』 五行志의 기사에서 '旱'으로 표현된 것이 126회 나오며, 4월에 46회, 5월에 48회, 6월이 15회의 빈도를 보여 가뭄이 대부분 4·5·6월에 집중된 사실을 구명했다.[3] 또 고려시기 총 69회의 가뭄이 4~5년에 1회씩 발생했음을 지적하며 고려후기에 가뭄의 빈도가 높았음을 밝히고, 가뭄을 비롯한 재해가 고려 멸망에 영향을 주었을 것으로 보았다.[4]

가뭄의 발생 빈도에 대해서는 재고의 여지가 있어 보인다. 그리고 가뭄이 발생하는 해에도 홍수가 이어지는 수가 많은 점도 가뭄의 이해에서 고려할 점이다. 가뭄이 발생한 지역 공간에 대한 검토도 미흡하다. 가뭄 피해 및 그 대책에 대해서도 개략적인 이해에 머물고 있어, 깊이 있는 연구가 필요하다. 당시 가뭄 현상, 가뭄의 피해와 대책을 충실하게 이해하는 데에는 이처럼 부족한 점이 적지 않다.

이 글에서는 가뭄에 대한 심층적인 이해를 도모하고자 한다. 가뭄의 발생 양상에 대해 좀더 구체적인 이해를 하려고 한다. 가뭄이 의미하는

1) 이정호, 2009 『고려시대의 농업생산과 권농정책』, 景仁文化社, pp.13~18.
2) 이정호, 2009 위의 책, pp.149~280.
3) 金蓮玉, 1984 「高麗時代의 氣候環境」 『한국문화연구원논총』 44, 이화여대 한국문화연구원.
4) 윤순옥·황상일, 2010 「『고려사』를 통해 본 한국 중세의 자연재해와 가뭄 주기」 『한국지형학회지』 17-4, 한국지형학회.

내용, 가뭄의 발생 빈도나 발생 지역을 자료에 근거해 살펴보고, 또 당시인이 가뭄의 원인을 어떻게 인식하고 있었는가를 검토하겠다. 다음으로 가뭄으로 인한 피해를 여러 측면으로 나누어 살펴보려고 한다. 농업에 끼친 영향에 한정하지 않고 생활과 관련한 여러 영역에서도 심각한 피해를 입히고 있음을 지적하고자 한다. 그리고 가뭄에 대한 대책을 검토하고자 한다. 국왕의 자세 변환, 사회시책의 전환, 기우제의 설행, 그리고 합리적인 대처 등 다각도에서 접근할 것이다. 이러한 작업은 가뭄 자체에 대한 이해를 심화시키고 가뭄에 대한 대처방법의 한계를 명확히 하는 데 일조할 수 있을 것이다.

2. 가뭄의 발생과 빈도

고려시기 자료에 '旱'으로 표기된 경우는 가뭄이 있었던 것이 분명하다. 기우제가 설행되는 경우에도 큰 가뭄이 전제된 것이다. 가뭄이 없이 기우제를 지내는 것은 이치에 맞지 않기 때문이다. 그러므로 旱 · 祈雨(禱雨) 둘 중의 하나라도 언급된 경우는 가뭄이 있었다고 이해할 수 있다. 이를 바탕으로 정리한 것이 [부록]이다. 당시 사람들은 열흘마다 한 번씩 비가 내려야 한발을 피할 수 있다고 생각했다.[5] 장기간 비가 오지 않을 때 가뭄으로 인식했다.

고려시기 전체 475년 가운데 가뭄이 언급되거나 기우제가 설행된 햇수는 186회가 확인된다. 결국 약 2.6년마다 가뭄이 발생한 것으로 보인다(475÷186 = 2.55). 기록의 연속성을 보이는 1001년부터 고려말까

---

5) 李奎報, 「祈雨大一醮禮文」『東國李相國全集』권39.

지 392년을 기준으로 하면, 가뭄이 있거나 기우제가 설행된 햇수는
183회이므로 약 2.1년마다 가뭄이 발생한 셈이다(392÷183 = 2.14).
2.1년에서 2.6년마다 가뭄이 온다는 것이다. 결국 가뭄은 2~3년에 한
번 꼴로 발생한 것이다. 고려시기 가뭄이 찾아오는 빈도는 매우 높았다
는 것을 알 수 있다.

가뭄의 발생 빈도를 50년 단위로 구분해 보면 <표 1>과 같다.

<표 1> 기간별 가뭄의 횟수

기간	918 ~ 950	951 ~ 1000	1001 ~ 1050	1051 ~ 1100	1101 ~ 1150	1151 ~ 1200	1201 ~ 1250	1251 ~ 1300	1301 ~ 1350	1351 ~ 1392	전체 시기	1000년 이전을 제외한 시기
가뭄 횟수	1	2	22	26	24	20	15	23	28	25	186	183
1년 단위 빈도	0.03	0.04	0.44	0.52	0.48	0.4	0.3	0.46	0.56	0.60	0.39	0.47
가뭄 발생 빈도	33	25	2.27	1.92	2.08	2.5	3.33	2.17	1.79	2.98	2.55	2.14

기록이 소략한 1000년 이전을 제외하면 50년마다의 가뭄 횟수는
15~28회로 차이가 없는 것은 아니지만 엄청나게 큰 차이를 보이지는
않는다. 가장 적은 수치를 보이는 1201년에서 1250년까지는 몽골과의
전쟁이 진행되고 있어 기록 전체의 소략함과도 관련된다. 그 구간을 제
외하면 20회에서 28회의 수준을 보이고 있다. 이처럼 고려 전체 시기를
50년 단위로 구분해 볼 때 가뭄은 비교적 고른 횟수로 발생했음을 알
수 있다.

가뭄이 언급되거나 기우제가 가장 일찍 설행된 달은 2월이다. 2월에 가뭄이 언급된 것은 1318년이 유일하다([부록] 참조). 지난해 겨울부터 이어지는 강수의 부족이 새해에도 지속되어 2월부터 가뭄이 언급된 것으로 보인다. 1월의 가뭄 언급은 전혀 없기 때문에 1월과 2월의 가뭄은 거의 없었다고 보아야 할 것이다. 가뭄은 대체로 3·4·5·6월에 집중되며, 그 이후에도 종종 가뭄의 예가 보인다. 7월 16개년,[6] 윤7월 1개년(1368년), 8월 8개년,[7] 9월 3개년이다.[8] 10~12월 3개월은 가뭄이 언급된 기록이 거의 없다.[9] 7월 이후의 가뭄 사례는 매우 드물다. 이처럼 가을과 겨울의 가뭄에 대해서는 거의 언급이 없다.

겨울에 가뭄이 없어서 기록으로 남지 않은 것이 아니다. 우리나라 기후상 전체 강수량은 겨울에 적지만[10] 생활에 심각한 위협을 주지 않기 때문에 기록으로 남지 않은 것이다. 결국 가을·겨울의 가뭄 기록이 드문 것은 그때에 가뭄이 없어서라기보다는 농사에 큰 피해가 발생하지 않기 때문으로 보인다.[11] 꼭 필요한 시기에 비가 오지 않을 때 가뭄으로 기록된 것으로 판단된다.

가뭄으로 표현되는 경우, 적어도 장기간 비가 오지 않은 것으로 여겨진다. 한 달의 가뭄이 있을 경우, 가뭄으로 표현되지는 않는 것으로 보인다. 기록상 확인되는 경우를 보면, 가뭄으로 표현된 경우 최소 2개월 정도는 지속적으로 비가 오지 않은 것 같다.

---

6) 991년, 1020년, 1106년, 1120년, 1130년, 1151년, 1152년, 1175년, 1191년, 1255년, 1291년, 1306년, 1345년, 1375년, 1381년, 1391년([부록] 참조).
7) 1104년, 1120년, 1242년, 1301년, 1303년, 1311년, 1312년, 1378년([부록] 참조).
8) 1016년, 1017년, 1286년([부록] 참조).
9) 다만 11월에 가뭄이 든 해는 1064년, 1101년이 확인된다([부록] 참조).
10) 金光植, 2017 『農業氣象學』, 鄕文社, p.37, p.41.
11) 겨울철 심각한 가뭄은 농업생산보다는 식수 및 생활용수 조달에 어려움을 줄 것이다.

정확히 달이 명기된 것으로 가장 긴 기간 동안 비가 오지 않은 것은 정월에서 8월까지의 8개월이다(1301년). 5개월 간 지속적으로 가문 해는 1181년, 1255년, 1311년, 1312년, 1358년이다. 4개월 동안 지속한 해는 1120년, 1121년, 1169년, 1173년, 1287년, 1321년, 1392년 등이다([부록] 참조). 가뭄이 언급되기 시작해 4개월 이상 장기간 지속한 경우는 많지 않지만, 가뭄의 피해는 매우 심각했을 것이다. 그 밖에도 정확한 기간이 명기되지 않았지만 3개월 이상 가뭄이 지속한 해는 적지 않았다. 일정한 기간 강수가 부족해 농사에 지장을 줄 정도가 되었을 때 비로소 가뭄을 언급하기 시작한 것이므로 비가 오지 않은 시점은 가뭄이 언급된 시점보다 꽤 앞설 것이다.

그런데 고려시기에는 가뭄에 바로 이어 大雨가 발생하는 경우가 적지 않았다. 당시인은 가뭄이 들었을 때 그 해갈을 위해서는 3일간 장맛비가 내렸으면 하는 기대를 하고 있었다. 가뭄이 있을 때 기우제를 올리면서 해갈을 위해서는 3일간의 비가 필요하다는 것은 그것의 표현이었다.[12] 웬만한 가뭄은 3일간의 큰 비로 해소될 수 있다고 여기는 것이다. 기우제를 지내면서 하루 동안의 큰 비가 내리기를 기원하는 것을 보면,[13] 하루의 큰 비도 가뭄 해결에 많은 도움이 된다고 보았음을 알 수 있다.

우리나라의 봄 가뭄은 심각한 경우가 적지 않지만, 그것이 일거에 집중 호우로 해소되는 경우가 매우 많다. 이 경우 1년 동안의 총 강수량은 예년에 비해 적지 않고, 오히려 많을 수도 있을 것이다.

가뭄이 있더라도 곧바로 비가 오는 경우 상황은 매우 복잡한 양상을

---

12) 李奎報, 「望山樓上雲雨道場文」『東國李相國全集』권39 ; 李奎報, 「桂陽祈雨城隍文」 『東國李相國全集』권37.
13) 李奎報, 「普濟寺行五百聖殿祈雨文」『東國李相國全集』권41.

띠게 된다. 가뭄이 큰 피해를 끼치지 않고 넘어가는 수도 있지만, 같은 기간의 가뭄이라고 하더라도 엄청난 재앙을 남기는 수가 적지 않다. 그것은 가뭄의 정도와 아울러 가뭄 시점에 기인하는 것으로 판단된다. 농작물이 완전히 말라 죽어버린 뒤에는 비가 아무리 넉넉하게 내려도 해갈은 되겠지만 농작물을 소생시킬 수는 없는 것이다. 반면에 가뭄이 있어도 농작물이 어느 정도 살아 있을 때 단비가 내리면 소생이 가능해져서 피해를 크게 줄일 수 있는 것이다.

때로는 가뭄 뒤에 비가 너무 많이 와서 오히려 비 피해를 입히는 수도 있었다. 같은 해에 水旱의 피해가 동시에 발생하는 예가 적지 않았다. 그 때문에 고려시기 수재와 한재가 동시에 언급된 경우가 매우 많다. 현종 3년(1012) 지난해 서경이 水旱이 재해가 되어 곡물 가격이 올랐다고 하는 것에서[14] 수재와 한재가 동시에 발생한 것을 알 수 있다. 靖宗 6년(1040) 지난해 이래로 발생한 水旱으로 백성이 피해를 입고 있다는 것[15] 역시 수재와 한재가 동시에 발생했음을 의미한다. 선종 11년(1094)에도 東路의 여러 고을이 지난번 수한으로 인해 민의 다수가 기아에 놓여 있다고 하는데,[16] 여러 고을이 수재와 한재의 피해를 동시에 입고 있는 것이다. 이처럼 한재와 수재가 동시에 발생하는 경우가 적지 않았다.

[부록]을 보면 가뭄과 같은 해에 大雨가 있는 경우가 매우 흔하다. 가뭄이 있던 186년 가운데 63년에는 큰 비도 동시에 있었다.[17] 결국 가뭄

---

14) 『高麗史』권80, 志34, 食貨3, 賑恤, 水旱疫癘賑貸之制, 顯宗 3년 5월 ; 『高麗史節要』
   권3, 顯宗 3년 5월.
15) 『高麗史』권80, 志34, 食貨3, 賑恤, 水旱疫癘賑貸之制, 靖宗 6년 7월 ; 『高麗史節要』
   권4, 靖宗 6년 7월.
16) 『高麗史』권80, 卷80, 志34, 食貨3, 賑恤, 水旱疫癘賑貸之制, 宣宗 11년 2월 ; 『高麗
   史節要』권6, 宣宗 11년 2월.
17) <표> 가뭄과 동시에 大雨가 같은 해에 발생한 경우([부록] 참조)

이 든 해에도 1/3에 해당하는 해에는 큰 비가 있었던 것이다. 대우는 가뭄에 바로 이어지는 수도 있고, 한참 뒤 내리는 경우도 있었다.[18) 가뭄과 대우가 동일한 해에 발생하면, 그 해의 전체 강수량은 예년보다 적지 않을 수도 있겠고, 더 많은 경우도 없지 않았을 것이다.

가뭄이 여러 해 지속적으로 발생하는 경우도 적지 않았다. [부록]을 보면 대우가 보이지 않으면서, 가뭄이 3년 이상 계속된 것으로 기록된 해는 모두 9회에 달한다.[19)

1011년, 1020년, 1022년, 1024년, 1040년, 1047년, 1052년, 1074년, 1082년, 1090년, 1096년, 1098년, 1099년, 1101년, 1104년, 1106년, 1113년, 1121년, 1123년, 1125년, 1130년, 1131년, 1133년, 1134년, 1137년, 1140년, 1158년, 1181년, 1194년, 1215년, 1216년, 1219년, 1243년, 1254년, 1263년, 1287년, 1289년, 1296년, 1301년, 1303년, 1309년, 1313년, 1315년, 1316년, 1317년, 1318년, 1329년, 1335년, 1354년, 1360년, 1367년, 1372년, 1373년, 1375년, 1376년, 1377년, 1381년, 1382년, 1383년, 1384년, 1389년, 1391년, 1392년(합 63회)
* 1098년은 대우라는 표현이 없지만, 기청제가 설행되어 대우로 보았고, 1296년, 1309년, 1360년은 大水라고 표현해 대우와 같은 의미로 이해했다.

18) 대우가 가뭄 직후에 오는 수도 있고, 가뭄 이후 일정한 시간이 경과한 뒤에 언급되는 수도 있다. 예컨대 5월 기우제 이후 10월에 대우가 있는 수가 있고(1022년), 6월에 비가 오지 않다가 10월과 12월에 대우가 오는 수도 있다(1090년). 5월에 기우제를 지냈는데 10월에 대우가 내리는 수도 있다(1123년). 9월 이후 대우가 내리는 수도 적지 않았다. 이 경우 1년 전체 강수량에는 도움이 되지만 농사에 큰 도움이 되지 않고 오히려 해가 되는 수도 많았다. 가뭄이 있던 해 가운데 10월에 대우가 있는 해는 1022년, 1090년, 1096년, 1123년, 1131년, 1158년, 1383년, 1389년, 1391년이고, 11월에 대우가 있는 해는 1101년, 1158년, 1313년, 1375년, 1376년이며, 12월에 대우가 있는 해는 1090년, 1104년, 1131년, 1133년, 1140년 등이다[부록] 참조). 10~12월의 겨울에도 큰 비가 내리는 수가 적지 않았음을 알 수 있다. 겨울철 가뭄을 해소하는 데 기여하지만 농사에 도움을 주는 것은 아닐 것이다.

19) 이정호씨는 旱災가 3년 이상 지속적으로 발생한 것을 19회로 정리했다(이정호, 2009 앞의 책, pp.14~15). 大雨가 동반된 경우는 旱災가 없을 수는 있지만 1년 전체를 고려한다면 강수량이 예년과 비슷한 경우가 많았을 것이다. 몇 해 동안 가뭄이 지속한 것은 아니고 斷續이 있었던 것이다.

<표 2> 큰 비[大雨] 없이 3년 이상 가뭄이 발생한 연도

1041~1043년(3년간), 1068~1071년(4년간), 1085~1089년(5년간), 1107~1109년(3년간), 1160~1162년(3년간), 1229~1232년(4년간), 1250~1252년(3년간), 1279~1286년(8년간), 1343~1347년(5년간)

많은 비가 내리지 않고 3년 이상 가뭄이 언급된 경우는 1년 총 강수량도 예전보다 적었을 가능성이 있다. 3년 이상 계속 가뭄이 있다고 해서 전혀 강수가 없었던 것은 물론 아닐 것이다. 예년만큼의 강수량을 보이는 수도 있었을 것이다. 다만 봄에서 여름에 이르는 시기에 3년 이상 계속 가뭄이 있었다는 의미 이상은 아니다. 가을과 겨울의 강수량은 부족하지 않을 수도 있다.

가뭄은 전국에서 발생하는 수도 있고 제한된 지역에서 발생하는 수도 있었다. 고려시기 가뭄이 발생한 지역을 구체적으로 언급하는 경우가 보이는데, 이것은 특정 지역에서 가뭄이 발생했음을 알려준다. 그렇지만 지명 언급 없이 가뭄을 기록한 사례가 적지 않다. 이런 경우 가뭄이 발생한 지역을 특정할 수 없지만, 개경을 포함하는 수가 많았을 것으로 여겨진다. 가뭄 발생 지역이 명확히 언급된 경우, 가뭄 발생의 공간 범위를 특정할 수 있다. 여러 도에 걸친 경우도 있고, 군현의 좁은 범위에 한정된 예도 보인다.

南方이 크게 가물었다는 것,[20] 양광·전라·경상도에 큰 가뭄이 들었다는 것,[21] 청주 이남이 봄부터 7월까지 크게 가물었다는 것은[22] 가뭄

---

20) 『高麗史』권54, 志8, 五行2, 木, 大雨, 恭愍王 16년 5월.
21) 『高麗史』권39, 世家39, 恭愍王 8년 6월 ; 『高麗史』권54, 志8, 五行2, 金, 旱, 恭愍王 8년 6월.
22) 『高麗史』권54, 志8, 五行2, 金, 旱, 高宗 42년 ; 『高麗史節要』권17, 高宗 42년 7월.

이 하나의 도에 한정되지 않고 여러 도에 걸쳐 발생했음을 표현한 것이다. 지난해 오랜 가뭄으로 邊民이 굶주렸다는 것은[23] 변방에 가뭄이 들었음을 의미한다. 가뭄 때문에 여러 도에 안집별감을 보내는 것은[24] 넓은 지역에 가뭄이 들었음을 뜻하는 것이다. 금년에 크게 가뭄이 들어 禾穀이 부실하다고 하면서 五道에 사신을 보내 損實을 조사케 했다는 것은[25] 오도의 광범위한 지역에 걸쳐 가뭄이 있었다는 것을 가리킨다. 東北路의 여러 州鎭에서 변방 수자리하는 병졸이 여러 해 이어진 가뭄으로 기근을 겪는다는 것은[26] 동북로 여러 주진에 가뭄이 있었다는 것이다. 동계가 정월부터 8월까지 비가 오지 않았다는 것,[27] 남계의 주현에 가뭄이 있다는 것[28] 등도 모두 비교적 넓은 범위의 지역에 가뭄이 발생한 것으로 보인다. 충목왕 4년(1348) 서해도·양광도·개경 등 3곳이 지난해부터 가뭄과 홍수, 서리의 재해로 만물이 말라 죽었다고 하는데,[29] 역시 광역에서 가뭄이 발생했음을 알 수 있다.

여러 도에 걸친 넓은 공간에서 가뭄이 발생하는 수도 있지만, 그보다는 좁은 공간에서 발생하는 예도 보인다. 여러 군현에 걸쳐 발생한 경우가 그러하다. 肅州·通海·永淸縣·安戎鎭에서 봄·여름 가물었다는

---

23) 『高麗史』권80, 志34, 食貨3, 賑恤, 水旱疫癘賑貸之制, 文宗 1년 5월 ; 『高麗史節要』 권4, 文宗 1년 5월.
24) 『高麗史』권80, 志34, 食貨3, 賑恤, 災免之制, 忠烈王 17년 7월 ; 『高麗史節要』권21, 忠烈王 17년 7월.
25) 『高麗史節要』권15, 高宗 16년 12월.
26) 『高麗史』권80, 志34, 食貨3, 賑恤, 水旱疫癘賑貸之制, 文宗 6년 3월 ; 『高麗史』권81, 志35, 兵1, 兵制, 五軍, 文宗 6년 3월 ; 『高麗史節要』권4, 文宗 6년 3월.
27) 『高麗史節要』권22, 忠烈王 27년 8월.
28) 『高麗史』권4, 世家4, 顯宗 7년 9월 ; 『高麗史』권54, 志8, 五行2, 金, 蝗蟲, 顯宗 7년 9월 ; 『高麗史節要』권3, 顯宗 7년 9월.
29) 『高麗史』권80, 志34, 食貨3, 賑恤, 納粟補官之制, 忠穆王 4년 2월.

것,[30] 雙阜·萬頃·沃溝·利城 등 4현이 가물었다는 것,[31] 東京 관내 군현의 가뭄이 심하다는 것,[32] 동경 관내 주·군·향·부곡 19곳이 가물었다는 것[33] 등은 한 고을이 아니라 여러 고을에 걸쳐 가뭄이 발생했음을 표현한 것이다. 경기에 가뭄이 들었다는 것[34] 역시 여러 군현으로 볼 수 있을 것이다. 개경과 서경 일대에서 기우제를 베푸는 경우에도[35] 개경과 서경을 비롯한 여러 지역에서 가뭄이 발생했다고 판단되며, 개경 일대와 정주에서 기우제를 지내는 경우에도[36] 개경과 정주를 비롯한 몇 개 고을에서 가뭄이 발생했다고 생각된다. 朴淵과 臨津에서 기우제를 설행하는 경우[37] 개경을 비롯한 몇 개 고을에서 가뭄이 발생했을 것이다.

물론 1개 고을에서 가뭄이 발생한 경우도 있다. 肅州에 심각한 가뭄이 있었다는 것,[38] 鹽州에 가뭄이 있었다는 것,[39] 서경에 가뭄이 있었다는 것,[40] 정주에서 기우제를 설행한 것,[41] 광주목에 봄부터 가을까지

---

30) 『高麗史』권80, 志34, 食貨3, 賑恤, 災免之制, 文宗 5년 11월.
31) 『高麗史』권80, 志34, 食貨3, 賑恤, 災免之制, 文宗 6년 4월 ; 『高麗史節要』권4, 文宗 6년 4월.
32) 『高麗史』권80, 志34, 食貨3, 賑恤, 災免之制, 肅宗 6년 11월 ; 『高麗史節要』권6, 肅宗 6년 11월.
33) 『高麗史』권80, 志34, 食貨3, 賑恤, 災免之制, 肅宗 7년 3월 ; 『高麗史節要』권6, 肅宗 7년 3월.
34) 『高麗史』권25, 世家25, 元宗 1년 5월 ; 『高麗史』권54, 志8, 五行2, 金, 旱, 元宗 1년 5월 ; 『高麗史節要』권18, 元宗 1년 5월.
35) 『高麗史』권63, 志17, 禮5, 吉禮小祀, 雜祀, 睿宗 11년 4월.
36) 『高麗史』권54, 志8, 五行2, 金, 旱, 辛禑 5년 5월.
37) 『高麗史』권54, 志8, 五行2, 金, 旱, 辛禑 3년 5월.
38) 『高麗史』권54, 志8, 五行2, 金, 旱, 忠烈王 29년 8월 ; 『高麗史節要』권22, 忠烈王 29년 9월.
39) 『高麗史』권55, 志9, 五行3, 土, 饑饉, 仁宗 9년 6월 ; 『高麗史』권80, 志34, 食貨3, 賑恤, 水旱疫癘賑貸之制, 仁宗 9년 6월 ; 『高麗史節要』권9, 仁宗 9년 6월.
40) 『高麗史』권54, 志8, 五行2, 金, 旱, 太祖 17년.

가물며 비가 오지 않았다는 것,[42] 廣州에 가뭄이 있었다는 것[43] 등이 그것이다. 남경에 행차해 삼각산 승가굴에서 기우제를 설행하는 것은[44] 남경의 가뭄을 의미한다.

尹諧가 尙州의 司錄으로 있을 때 발생한 가뭄은[45] 상주에 한정될 가능성이 크며, 尹桓이 漆原에 귀향했을 때 가뭄이 들었는데[46] 이 가뭄도 칠원에 국한되었을 가능성이 높다. 가뭄이 군현 단위로 발생하는 일은 종종 있었을 것이다.[47] 동일한 전라도이지만 나주에는 비가 내리고 전주에는 가뭄이 든다는 언급이 보이는 데서[48] 가뭄의 국지성을 읽을 수 있다.

가뭄의 발생지역이 넓은 곳을 포괄하는 수도 있고, 군현 단위로 특정된 경우도 있다. 가뭄은 이렇듯 넓은 범위에서 좁은 범위까지 발생했다. 물론 전국적으로 발생하는 수도 없지 않았지만, 그보다는 한정된 지역을 중심으로 발생하는 것이 일반적이지 않았을까 생각된다.

가뭄의 원인에 대해서는 여러 시각에서 이해하고 있다. 하늘에서 비가 오지 않고 가문 것은 사람의 잘못이라는 이해가 있다.[49] 사람의 원

---

41) 『高麗史』권17, 世家17, 毅宗 5년 7월 ; 『高麗史』권54, 志8, 五行2, 金, 旱, 毅宗 5년 7월.
42) 『高麗史』권8, 世家8, 文宗 18년 11월 ; 『高麗史』권78, 志32, 食貨1, 田制, 經理, 文宗 18년 11월 ; 『高麗史節要』권5, 文宗 18년 11월.
43) 『高麗史』권8, 世家8, 文宗 11년 5월 ; 『高麗史』권54, 志8, 五行2, 金, 旱, 文宗 11년 5월.
44) 『高麗史』권12, 世家12, 肅宗 9년 8월 ; 『高麗史』권54, 志8, 五行2, 金, 旱, 肅宗 9년 8월 丙午.
45) 『高麗史節要』권23, 忠烈王 33년 6월.
46) 『高麗史』권114, 列傳27, 尹桓 ; 『高麗史節要』권32, 辛禑 12년 4월.
47) 물론 심각한 가뭄이 언급된 군현의 경우 인접한 고을에서도 정도의 차이가 있기는 하지만 다소의 가뭄이 있었을 것이다.
48) 李奎報, 「全州祭龍王祈雨文」 『東國李相國全集』권37.
49) 그것은 '人怨所召'(『高麗史』권54, 志8, 五行2, 金, 旱, 辛禑 3년 6월), 혹은 '天之久旱人由所召'(『高麗史』권89, 列傳2, 后妃, 忠肅王 后妃 明德太后 洪氏 ; 『高麗史節要』권29, 恭愍王 21년 5월)라고 표현하고 있다.

망이 초래하는 것, 사람이 불러들이는 것이라는 의미이다. 사람 가운데 국왕의 잘못이 크다는 지적이 보인다.[50] 국왕의 덕이 부족해 가뭄이라는 재앙을 불러온다는 생각이다. 그리고 刑政의 잘못으로 冤抑이 많은 것도 가뭄의 요인으로 지적하고 있다.[51] 그밖에 또 나쁜 관원이 고위자리에 있는 것도 가뭄의 요인으로 보기도 한다.[52] 지상에서의 人事, 특히 失政으로 인해 하늘에서 재해를 내려 경고한다는 의미이다. 천인감응설, 천인합일설에 따른 이해 방식으로 결국 가뭄이란 재앙을 天譴으로 받아들이는 태도이다.[53]

이규보는 덕이 없는 몸으로 큰 지위에 있고, 형벌과 정치의 잘못됨으로 인해 봄부터 비가 오지 않는다고 표현했으며,[54] 또한 가뭄이 謫罰로 말미암은 것으로 언급하기도 했다.[55] 權近은 아래에서 인사가 잘못되면 위에서 천도가 어그러지고 그러면 비가 내리지 않고 曝陽만 쪼이고

---

50) 국왕의 잘못이 가뭄을 부른다는 표현은 다음과 같다.

> · 寡人否德以降殃(예종 16년 윤5월 : 세가14, 절요8)
> · 寡人不德 致此旱乾(靖宗 9년 5월 : 세가6)
> · 寡人不德 致此旱災(靖宗 2년 6월 : 세가6)
> · 否德所致(예종 1년 6월 : 세가12 , 절요7)
> · 由予凉德 致此亢陽(성종 10년 7월 : 오행2 금 한)
> * 세가12는 『高麗史』권12를, 절요7은 『高麗史節要』권7을 가리키고, 오행2 금 한
>   은 『高麗史』오행지2, 금, 한을 의미한다. 이하도 같다

51) 형정의 잘못으로 인한 원망이 재해를 부른다는 표현은 다음과 같다.

> · 冤獄所致(공양왕 3년 5월 : 세가46, 절요35)
> · 旱氣猶深 此必刑罰有失 冤抑所致(문종 20년 7월 : 세가8, 절요5)
> · 刑罰有失 冤抑所致(문종 20년 7월 : 세가8, 절요5)
> · 刑政所失 怨憤所招(문종 12년 7월 : 세가8, 절요5)

52) 『高麗史節要』권10, 仁宗 11년 6월.
53) 李熙德, 1984 『高麗儒教政治思想의 研究』, 一潮閣 참조.
54) 李奎報, 「望山樓上雲雨道場文」『東國李相國全集』39.
55) 李奎報, 「普濟寺行五百聖殿祈雨文」『東國李相國全集』권41.

旱魃의 재앙이 된다고 언급했다.[56) 가뭄이 인사의 잘못으로 인한 견책에서 온다는 관념이다.

이곡은 가뭄이 자연의 이치인 天數와 관계된 것인지 아니면 人事에 말미암은 것인지 문제제기 하면서 요와 탕 때도 가뭄과 홍수가 있었던 것을 보면 천수라 할 수 있다고 했고, 또 선악에 따른 길흉의 응보가 있는 것으로 보면 인사라 할 수 있다고 이해하고 있다.[57) 사실 천수는 하늘의 이치이고 자연의 현상이므로 인간이 어찌할 수 없는 것이기에 인간으로서의 도리를 다하는 것이 가뭄과 홍수에 대한 대비책일 수밖에 없는 것이다. 조선초에도 수재와 한재는 천도에 미룰 수 없고 모두 인사에 책임지울 수도 없다고 하면서 현실에서는 인사를 다할 수밖에 없다는 것이라는 관념이 있었다.[58) 가뭄의 원인을 인사로 보는 것에서 점차 천수로 여기는 방향으로 전환되어 갔을 것이다.

당시인이 어떻게 이해하고 있을지라도 가뭄은 기상현상의 하나이다. 궁극적으로 가뭄은 자연현상이어서 인간의 일과는 무관한 사항이라고 할 수 있다. 그렇기 때문에 가뭄은 天數로 이해하는 것이 과학적이라고 할 수 있다. 비록 자연의 현상이지만 인간의 노력이 충분히 뒷받침된다면 가뭄의 피해를 줄일 수 있고 나아가 막을 수 있다는 지적 역시 매우 타당하며 과학성을 갖는다고 할 수 있겠다. 지금도 가뭄의 도래 여부, 가뭄이 오는 시기, 가뭄이 지속하는 기간, 또 해갈되는 시점을 정확히 예측할 수 없다.

---

56) 權近, 「雨亭記」『陽村集』권13.
57) 李穀, 「原水旱」『稼亭集』권1.
58) 『成宗實錄』권6, 成宗 1년 6월 己酉(2일), 8-504(국사편찬위원회 영인본 8册, p.504를 의미함, 이하 같음).

3. 가뭄의 피해 양상

가뭄이 발생하면 생태계 전반이 고통을 겪게 된다. 대지가 건조해지고 하천의 물이 부족해진다. 그리고 농사에 큰 피해를 주게 된다. 가뭄이 들면 당연히 흉년이 들고 기근이 따라오기 마련이다. 그리고 전염병의 발생이 빈번하며, 황충도 자주 발생한다. 길어지면 길어질수록 가뭄피해의 정도는 심각해진다.

가뭄의 피해 양상에 대해서는 여러 지적이 있는데, 우선 자연계가 말라버렸다는 언급이 보인다. 들판이 모두 말라 버렸다는 것이라든지, 초목이 누렇게 되었다는지, 우물과 샘, 냇물이 말라버렸다는 표현이 찾아진다. 그리하여 나그네가 물을 얻을 수 없고, 웅진나루가 얕아져 말[馬]의 발을 겨우 적실 정도라는 언급도 보인다.[59] 가뭄이 들면 생태계 전반이 고통을 겪을 수밖에 없다. 식물은 생장하는 데 어려움이 따르게 되고, 동물도 생존에 어려움을 겪지 않을 수 없다. "밭둑에서 먼지가 날고 내와 못의 물이 말랐으며, 초목은 바싹 마르고 그 영향이 동물에까지 미친다."라는 표현은[60] 가뭄의 피해를 잘 나타낸 것이다.

전체가 물 부족으로 고통을 겪게 되지만, 지하수는 상대적으로 단기간의 가뭄에 큰 지장을 받지 않는다. 지하수는 넓은 공간을 배경으로

---

59) 자료에 나타나는 표현은 다음과 같다.

> · 郊野自燒(충렬왕 29년 9월 : 절요22)
> · 赤地千里(인종 12년 5월 : 세가16, 절요10)
> · 井泉皆渴(명종 3년 4월 : 절요12)
> · 川井皆渴(명종 3년 4월 : 세가19, 오행2 금 한)
> · 草木萎黃(의종 18년 5월 : 오행3 토 폭풍)
> · 行旅不得水 熊津渡淺 纔濡馬足(공민왕 16년 5월 : 오행2 목 대우)

60) 權近,「祈雨祭文」『陽村集』권23.

발달하기 때문에, 그리고 장기간의 물 공급을 전제로 하기 때문에 짧은 가뭄에는 큰 영향을 받지 않는다. 물론 가뭄이 장기간 이어지면 지하수도 영향을 받게 되지만 몇 년씩 계속되는 가뭄이 많지 않기 때문에 지하수의 부족 현상이 흔치 않다.[61] 다만 명종 3년(1173)과[62] 공민왕 16년(1367)의 가뭄은[63] 매우 심각해서 지하수에도 영향을 주어 샘과 우물의 물 부족을 초래하고 있다.

가뭄은 농사에 치명적인 피해를 입히는 수가 많았다. 농사 피해는 생존과 직결되므로 농민으로서는 아주 심각한 것이었다. 가뭄이 들면 농작물에 물 공급이 중단되어 발아와 생장을 저해하는 것이다. 봄철 한창 등숙하는 양맥에도 막대한 지장을 초래했다. 기경과 파종, 제초 작업을 곤란하게 만들었다. 농사 피해와 관련한 여러 지적을 볼 수 있다.

문종 18년(1064) 4월 봄부터 가뭄이 들어 '焦禾損麥'했다고[64] 한다. 화맥에 손상을 입혔음을 알리는 것이다. 예종 15년(1120) 여름부터 8월까지 비가 오지 않아 五穀이 등숙하지 못했으며,[65] 충렬왕 17년(1291) 7월 가뭄과 건조로 인해 '禾穀不實'하다고 언급했다.[66] 윤소종이 올린 글에, 전라도와 경상도의 2도에서 해를 연이어 큰 기근이 들었으며, 금년 더욱 심하여, 3월에 큰 추위가 있었고, 4월에 비가 오지 않았는데, 그

61) 물론 혹독한 가뭄으로 우물이 마르는 일이 없지 않았다(李穀, 「靈巖寺新井銘」『稼亭集』권7).
62) 『高麗史』권19, 世家19, 明宗 3년 4월 ;『高麗史』권54, 志8, 五行2, 金, 旱, 明宗 3년 4월 ;『高麗史節要』권12, 明宗 3년 4월.
63) 『高麗史』권54, 志8, 五行2, 木, 大雨, 恭愍王 16년 5월.
64) 『高麗史』권54, 志8, 五行2, 金, 旱, 文宗 18년 4월.
65) 『高麗史』권14, 世家14, 睿宗 15년 8월 ;『高麗史』권54, 志8, 五行2, 金, 旱, 睿宗 15년 7월 ;『高麗史節要』권8, 睿宗 15년 8월.
66) 『高麗史』권80, 志34, 食貨3, 賑恤, 災免之制, 忠烈王 17년 7월 .

결과 麥이 이삭을 맺지 못했고, 종자를 파종할 수 없다고 했다.[67] 갈거나 김매기를 할 수 없다는 지적도 보인다.[68] 그밖에도 가뭄으로 인한 농사 피해에 대해서는 다양한 표현을 찾을 수 있다.[69] 조선초에도 비가 오지 않으면 보리가 제대로 익지 못할까 걱정하며, 起耕과 除草의 시점을 잃게 됨을 언급하고 있다.[70]

가뭄이 지속되면 하루하루 피해가 심각해져 갔다. 현재도 가뭄이 심각한 상태인데, 만약 3일 안에 비가 오지 않으면 벼곡식이 흉년이고, 6~7일까지 안 오면 五穀이 흉년이고, 이를 지나도 오지 않으면 百穀이 모두 흉년이라는 언급이 보인다.[71] 가뭄이 지속될수록 벼, 오곡, 백곡으로 피해가 확대되는 양상을 지적한 것이다. 심각한 가뭄 상태에서 비가 오지 않고 가뭄이 지속되는 경우 시간의 흐름에 따른 피해 증폭을 표현한 것이다.

가뭄의 피해가 극심할 때 장맛비가 내려 주기를 기대했다. 가뭄이 오

---

67) 『高麗史』권120, 列傳33, 尹紹宗 ; 尹紹宗, 「上恭愍王書」『東文選』권53.
68) 『高麗史』권80, 志34, 食貨3, 常平義倉, 辛昌 1년 8월.
69) 가뭄이 농사에 피해를 주는 모습을 나타내는 표현은 다음과 같다.

> · 恐傷稼穡(문종 29년 5월 : 세가9, 오행2 금 한, 절요4)
> · 麥不成穗 而種不入土(공민왕대 : 열전33 윤소종)
> · 不得耕耨(창왕 1년 8월 : 식화3 상평의창)
> · 田野乾焦(문종 11년 5월 : 세가8, 오행2 금 한)
> · 田野枯槁(인종 12년 5월 : 세가16)
> · 闔境禾穀 一無所收(문종 18년 11월 : 세가8, 식화1 전제 경리, 절요5)
> · 禾稼不登(고종 16년 : 열전42 최충헌부 최이)
> · 禾稼不稔(명종 25년 3월 : 세가20, 절요13)
> · 禾穀不登(문종 5년 11월 : 식화3 진휼 / 문종 6년 4월 : 식화3 진휼, 절요4 / 의종 5년 7월 : 세가17, 절요11 / 충렬왕 14년 4월 : 형법2 금령)
> · 禾麥枯槁(명종 3년 4월 : 세가19, 오행2 금 가뭄, 절요12)

70) 徐居正, 「昭格署雷聲普化天尊祈雨」『續東文選』권19.
71) 李奎報, 「又祈雨城隍文」『東國李相國全集』권37.

래 되어 모가 자라지 않아 걱정하면서 장맛비가 내려 한번 적셔 주기를
바라는 내용이 보인다.[72] 가뭄으로 모가 자라지 않지만 장맛비가 내리
면 해소될 수 있다는 것이다. 물론 가뭄의 언급이 있다고 해서 곧 바로
농작에 피해가 발생하는 것은 아니다. 밭농사는 벼농사보다 가뭄에 상대
적으로 강하며, 벼농사는 전적으로 강수에 의존하는 경향이 있다. 4~6
월 사이에 일정한 비가 온다면 한 해의 수확을 기대할 수 있다. 4 · 5월에
가뭄이 있어도 5월말까지 충분한 비가 오면 농사에 큰 피해를 주지 않는
다. 그러나 6월말까지 비가 오지 않으면 농작의 피해는 커진다.[73]

　가뭄이 들면 황충도 크게 발생했다. 가뭄은 농작물의 생장에 어려움
을 주는 데 그치지 않고 황충이 발생해 그 피해를 더욱 증폭시켰다. 황
충은 비가 오면 자연스럽게 사라지지만,[74] 가뭄이 들면 치성하는 경향
을 보인다. 태조 17년(934) '西京旱蝗'이라고 했다.[75] 서경에서 가뭄과
황충이 함께 있었음을 알려준다. 가뭄과 황충이 함께 발생하기 때문에
旱蝗 · 蝗旱이라는 표현이 많이 보인다. 현종 7년(1016) 9월 남계의 주
현에 '蝗旱重仍'했다고 한다.[76] 황충과 가뭄이 중첩되었다는 것이다.
현종 8년 9월에도 旱 · 蝗이 동시에 발생했다.[77] 예종 1년(1106) 7월 국

---

72) 李奎報, 「次韻李平章仁植和符字韻詩見寄」『東國李相國後集』권3.
73) 이정철, 2013 「조선 태조 · 정종 · 태종 연간 가뭄 기록과 가뭄 상황」『국학연구』23,
　　한국국학진흥원 ; 이정철, 2014 「조선왕조실록 가뭄 현상의 기록과 실제 - 세종 즉
　　위년~세종 18년을 중심으로 -」『국학연구』25 ; 이정철, 2016 「조선왕조실록 가뭄
　　기록과 그 실제 - 세종대(1418~1450)를 중심으로 -」『국학연구』29.
74) 비가 오면 황충이 죽어 사라짐은 조선전기의 여러 기록에서 확인할 수 있다(『太宗
　　實錄』권10, 太宗 5년 7월 壬戌(29일), 1-33 ;『太宗實錄』권34, 太宗 17년 7월 丙子
　　(23일), 2-180 ;『世宗實錄』권65, 世宗 16년 7월 甲午(19일), 3-580 ;『明宗實錄』권
　　6, 明宗 2년 9월 丁巳(9일), 19-527).
75)『高麗史』권2, 世家2, 太祖 17년 12월 ;『高麗史』권54, 志8, 五行2, 金, 旱, 太祖 17년.
76)『高麗史』권4, 世家4, 顯宗 7년 9월 ;『高麗史』권54, 志8, 五行2, 金, 蝗蟲, 顯宗 7년
　　9월 己酉.

왕의 조서에서, '屢致旱蝗'이라는 표현이 보이는데,[78] 가뭄과 황충이 동시에 발생함을 알려준다. 인종대 諫官 崔惟淸 등의 上疏에서, 탐욕스럽고 사특한 이가 官位에 있어 법을 어지럽히고 나라를 좀먹게 해, '遂致旱蝗之災'하고 있다는 것이다.[79] 가뭄과 황충의 재앙을 함께 불러 온다는 것이다.

원종 1년(1260) 5월 京畿旱蝗이라고 하는데,[80] 이 역시 가뭄과 황충이 동시에 전개되는 것임을 알려준다. 우왕대에도 '時方旱蝗'함이 보여,[81] 가뭄과 황충이 동시 발생함을 알 수 있다. 가뭄 자체가 농작물에 피해를 주는데, 게다가 황충이 발생하는 수가 많아 농작물의 피해는 더욱 증폭되었다. 가뭄에는 螟蟲도 발생했다.[82]

농사가 여의치 못하면 민의 기근으로 이어지는 것은 필지의 형세이다. 흉년으로 백성들이 굶주린 경우는 자주 찾아진다. 곡식을 얻기 어렵고 기근이 이어지며, 결국은 굶어 죽는 일이 발생함을 언급하고 있다. 도로에 굶어죽은 자가 널려 있는 극단적인 상황도 찾아진다. 문종 6년 4월 雙阜·萬頃·沃溝·利城 等 4개 縣이 지난해 오랜 가뭄으로 화곡이 등숙되지 않아 '百姓飢饉'하다고 했다.[83] 가뭄은 기근으로 이어지는 것이다. 인종 12년(1134) 5월 여러 달 비가 오지 않아 메마른 붉은 땅이 널려 있고 굶주려 죽은 시체가 서로 베고 누워 있다고 했다.[84] 충목왕 4

---

77) 『高麗史』권54, 志8, 五行2, 金, 旱, 顯宗 8년 9월.
78) 『高麗史節要』권7, 睿宗 1년 7월.
79) 『高麗史』권125, 列傳38, 姦臣, 崔洪宰.
80) 『高麗史』권54, 志8, 五行2, 金, 旱, 元宗 1년 5월 ; 『高麗史節要』권18, 元宗 1년 5월.
81) 『高麗史』권111, 列傳24, 慶復興.
82) 權近, 「祈雨太一醮禮靑詞文」『陽村集』권29.
83) 『高麗史』권80, 志34, 食貨3, 賑恤, 災免之制, 文宗 6년 4월.
84) 『高麗史節要』권10, 仁宗 12년 5월.

년(1348) 2월 永山君 張沆이 都堂에 致書한 내용에, 가뭄의 재앙을 내려 굶주려 죽은 자가 길에 널려 있어, 새나 개·돼지들이 그것을 다투어 먹고 있어 차마 볼 수 없다는 것이 보인다.[85) 가뭄으로 흉년이 들면 굶주림이 뒤따르고 다수의 아사자를 발생시키는 것이다.

가뭄이 들면 전염병도 함께 유행했다. 疫癘가 크게 일어난다는 것이 그것이다. 예종 15년 여름부터 비가 오지 않아 8월에 이르렀는데, 이때 疫癘가 크게 일어났다.[86) 의종 16년(1162) 3월 당시 '旱荒疫癘'하다고 간관이 상소한 바 있다.[87) 가뭄이 들고 전염병이 있었다는 것이다. 가

---

85) 『高麗史節要』권25, 忠穆王 4년 2월. 그밖에 가뭄으로 굶주리거나 아사에 이르는 상황을 표현한 내용은 다음과 같다.

> · 飢饉相仍(문종 6년 3월 : 병1 병제, 절요4)
> · 饑饉相仍(문종 6년 3월 : 식화3 진휼)
> · 飢饉荐臻(충렬왕 12년 5월 : 세가30, 절요21)
> · 內外人民 將至飢困(의종 5년 7월 : 절요11)
> · 民皆艱食(충렬왕 33년 8월 : 열전22 李瑱, 절요23)
> · 民多飢困(숙종 7년 3월 : 식화3 진휼, 절요6)
> · 民多飢餓(선종 11년 2월 : 식화3 진휼)
> · 民不聊生(인종 12년 5월 : 세가16 / 공민왕 18년 5월 : 절요28 / 열전2 충숙왕후비)
> · 民將無食(공민왕대 : 열전24 柳濯)
> · 民轉溝壑(우왕 4년 8월 : 식화3 상평의창, 절요30)
> · 百姓飢死(공민왕 18년 5월 : 절요28)
> · 百姓餓死(공민왕 18년 : 열전2 충숙왕후비)
> · 邊民饑餓(문종 1년 5월 : 식화3 진휼, 절요권4)
> · 餓殍在途(공민왕 10년 8월 : 절요27)
> · 人多飢死(명종 3년 4월 : 오행2 금 한)
> · 人多餓死(명종 3년 4월 : 세가19, 절요12)
> · 天旱民飢(충렬왕 6년 3월 : 절요20)
> · 旱饑(인종 9년 6월 : 절요9)
> · 旱氣太甚 民被其災(숙종 6년 11월 : 식화3 진휼, 절요6)

86) 『高麗史』권14, 世家14, 睿宗 15년 8월 ; 『高麗史』권54, 志8, 五行2, 金, 旱, 睿宗 15년 7월 庚戌 ; 『高麗史節要』권8, 睿宗 15년 8월.
87) 『高麗史』권18, 世家18, 毅宗 16년 3월 ; 『高麗史節要』권11, 毅宗 16년 3월.

뭄으로 흉년이 되고 식량부족 상태에 놓이게 되면 전염병에 매우 취약해진다. 또한 가뭄은 대기의 건조를 초래하고, 또한 온갖 사물을 메마르게 하므로 화재가 발생하기 쉬운 조건을 만들었다.[88]

가뭄이 초래하는 참상에 대해 부분적으로 기술한 내용도 많지만, 현실에서는 동시에 여러 피해가 발생하는 수가 많았다. 피해가 하나의 경우만 있을 수도 있지만 대개는 여러 유형의 피해가 동시에 나타나는 수가 많았다. 명종 3년 4월 여러 피해가 함께 발생함을 확인할 수 있다. 국왕은 무당을 모아 기우제를 지내고 近臣을 나누어 보내 群望에서 기우제를 지냈다.

> 이때 정월부터 비가 오지 않아 냇물과 우물이 모두 말랐고, 벼와 보리[禾麥]가 말랐으며 전염병[疾疫]도 아울러 발생했다. 굶어죽는 자가 많았으며 人肉을 거래하는 자들이 생기는 데까지 이르렀다. 또 화재가 많이 일어나서 사람들이 크게 근심하고 한탄했다.[89]

정월부터 4월까지 비가 오지 않아 온갖 피해가 동시에 나타나고 있는 것이다. 농사를 망치고 전염병을 발생시키며, 굶어죽는 자도 나오고 화재도 빈발하는 것이다. 예종 15년 8월에는 흉년과 전염병을 함께 언급하고 있다.

> 여름부터 비가 오지 않아 이달(8월)에 이르렀으며, 오곡이 여물지 않고[不登] 전염병이 크게 일어났다.[90]

---

88) 『高麗史』권19, 世家19, 明宗 3년 4월 丙子 ; 『高麗史』권54, 志8, 五行2, 金, 旱, 明宗 3년 4월 ; 『高麗史節要』권12, 明宗 3년 4월.
89) 『高麗史』권19, 世家19, 明宗 3년 4월 丙子 ; 『高麗史節要』권12, 明宗 3년 4월.

가뭄으로 곡식이 익지 않고 전염병이 크게 돌았다는 것이다.

가뭄이 발생하면 하천과 우물이 마르고, 생태계 전반이 고통을 겪지 않을 수 없었다. 들판의 풀이 말라 죽으며, 무엇보다도 농작물의 피해를 가져왔다. 농작물을 수확하지 못하면 결국 농민은 기근에 놓이게 되고 아사에 이르는 수가 많은 것이다. 게다가 황충의 피해가 발생해 농작물에 더 큰 피해를 입혔다. 나아가 전염병이 극성을 부리고 화재가 빈발하는 현상을 야기했다. 인간의 삶 전체를 위기·파탄으로 몰아넣는 것이 가뭄이었다. 그런데 이런 피해는 전국적이라기보다는 국지적인 경우가 많았을 것으로 보인다. 그렇기 때문에 전국에서 가뭄이 들어 엄청난 수의 아사자가 발생하는 일은 흔치 않았다고 생각된다. 또 혹심한 가뭄으로 생태계나 농작물이 큰 고통을 겪고 있어도 큰 비가 내리면 해갈이 되어 농작물이 소생하는 수가 많았다. 가뭄의 피해 양상이나 정도는 가뭄이 지속되는 기간이 길어질수록 크게 증폭되는 경향을 보였다.

가뭄으로 인한 피해 가운데 식수나 생활용수의 부족을 언급한 경우는 매우 적다. 그것은 가뭄이 수년간 지속하지 않고, 또 봄가뭄이 있더라도 큰 비가 이어지는 수가 많기 때문이다. 1년의 총 강수량은 대개 비슷해서 현저한 차이가 나타나지 않는다. 연 강수량이 크게 부족한 상태가 여러 해 지속하는 것은 매우 드물었던 것으로 보인다. 산지가 많아 강수량의 상당부분을 지하수로 전환시키기 때문에 웬만한 가뭄으로는 식수라든지 생활용수는 큰 지장을 받지 않았다.

---

90) 『高麗史』권14, 世家14, 睿宗 15년 8월 ; 『高麗史』권54, 志8, 五行2, 金, 旱, 睿宗 15년 7월 庚戌 ; 『高麗史節要』권8, 睿宗 15년 8월.

4. 가뭄 대책의 내용과 한계

가뭄을 맞아 국왕이나 국가에서는 다양한 대책을 수립했다. 가뭄은 국가 전체의 큰 재난이므로 국정의 책임자인 국왕이 적극적으로 대처하지 않을 수 없었다. 인간세계에 대한 견책으로 가뭄이 나타난다는 관념이 강했기 때문에 이에 상응하는 여러 대책이 필요했다. 天數가 아닌 人事로 말미암는다는 인식 차원에서 인사에 대해 여러 조치를 취하게 되는 것이다.

가뭄이 국왕의 부덕에 기인한다는 관념이 있으므로 가뭄을 맞아 국왕은 근신하는 방법을 택했다. 국왕의 근신하는 모습은 곧 신료들에게 큰 자극을 주어 신료 역시 그러한 근신의 노력을 하지 않을 수 없었을 것이다.

국왕은 修德과 自省을 하면서 근신했고,[91] 구체적인 방법으로 常膳을 줄였으며,[92] 정전을 피하는 모습을 보였다.[93] 연회에서 음악을 연주하

---

91) 가뭄 발생 시에 국왕이 수신 · 근신함을 표현하는 구절

- 反身修德(문종 12년 7월 : 세가8, 절요5)
- 修德(선종 6년 4월 : 오행3 토 폭풍)
- 責躬自省(靖宗 2년 6월 : 세가6)
- 側身修行(명종 24년 6월 : 세가20, 절요13)

92) 가뭄 발생 시에 국왕이 減常膳하는 내용

- 減常膳(성종 10년 7월 : 오행2 금 한 / 현종 7년 9월 : 세가4, 오행2 금 황충, 절요3 / 현종 8년 9월 : 오행2 금 한, 절요3 / 현종 16년 4월 : 세가5, 오행2 금 한, 절요3 / 현종 18년 5월 : 세가5, 오행2 금 한, 절요3 / 靖宗 2년 5월 : 세가6, 절요4 / 문종 6년 5월 : 오행2 금 한, 절요4 / 선종 5년 4월 : 세가10)
- 減膳徹樂(선종 5년 4월 : 절요6 / 공민왕 7년 4월 : 세가39, 절요27)
- 禁酒減膳(공민왕 3년 5월 : 세가38, 오행2 금 한, 절요26)
- 日一食(공민왕 9년 4월 : 세가39, 절요27)

93) 가뭄 발생 시에 국왕이 避正殿하는 내용

- 輟常朝(문종 1년 4월 : 세가7, 오행2 금 한, 절요4)
- 避殿(문종 1년 4월 : 세가7, 오행2 금 한, 절요4)
- 避正殿(성종 10년 7월 : 오행2 금 한 / 현종 7년 9월 : 세가4, 오행2 금 황충, 절요3 /

지 않았으며,94) 금주하는 태도를 보였다.95) 국왕의 근신은 가뭄으로 피해가 발생하면 가장 먼저 이루어졌고, 가장 널리 채택되었다. 효과 여부는 차치하고 국왕이 솔선해서 근신하는 모습을 보이는 것은 의미가 컸다. 근신은 가뭄이란 천견에 대한 국왕의 대처인 것이다. 국왕이 근신하면 하늘에 감동을 주어 비를 내리게 한다는 관념에서 나오는 행위였다.

가뭄이 刑政의 잘못으로 인한 원망 때문에 발생한다는 관념이 있으므로 그것을 해소하려는 노력을 했다. 이에 송사를 살피고, 형벌을 감면하고, 죄수를 석방하는 등의 조치가 취해졌다. 사면의 내용은 다양하게 표현했다. 赦, 審冤獄, 慮囚, 宥二罪以下로 표현하는 경우가 많았다.96)

현종 8년 9월 : 오행2 금 한, 절요3 / 현종 16년 4월 : 세가5, 오행2 금 한, 절요3 / 현종 18년 5월 : 세가5, 오행2 금 한, 절요3 / 靖宗 2년 5월 : 세가6, 절요4 / 문종 6년 5월 : 오행2 금 한, 절요4 / 선종 5년 4월 : 세가10, 절요6 / 인종 1년 5월 : 세가15, 오행2 금 한, 절요9)

94) 가뭄 발생 시 국왕이 음악을 금하는 내용

· 禁諸宮院飮酒作樂(현종 7년 9월 : 세가4, 오행2 금 황충, 절요3)
· 撤樂(선종 5년 4월 : 세가10)
· 轍樂懸(현종 16년 6월 : 세가5, 오행2 금 한, 절요3)

95) 가뭄 발생 시 국왕이 음주를 금하는 내용

· 禁諸宮院飮酒作樂(현종 7년 9월 : 세가4, 오행2 금 황충, 절요3)
· 禁酒減膳(공민왕 3년 5월 : 세가38, 오행2 금 한, 절요26)

96) 가뭄이 발생했을 때 赦, 審冤獄, 慮囚, 宥二罪以下 등의 조치

· 赦(문종 5년 5월 : 절요4 / 고종 18년 5월 : 절요16 / 충렬왕 8년 5월 : 절요20 / 우왕 3년 6월 : 절요30 / 우왕 4년 5월 : 절요30)
· 赦二罪以下(고종 30년 5월 : 절요16 / 공양왕 3년 6월 : 세가46)
· 赦中外二罪以下(고종 30년 5월 : 세가23, 오행2 금 한)
· 赦中外罪囚(고종 18년 5월 : 세가23, 오행2 금 한)
· 審冤獄(현종 2년 4월 : 세가4, 오행2 금 한, 절요3 / 현종 16년 4월 : 세가5, 오행2 금 한, 절요3)
· 審刑察獄 罔有冤濫(문종 20년 7월 : 세가8, 절요5)
· 慮囚(현종 10년 5월 : 세가4, 오행2 금 한, 절요3 / 현종 11년 7월 : 세가4, 오행2 금

그밖에도 형벌, 죄수와 관련한 조치는 다양하게 표현되었다.97) 이런 조

> 한, 절요3 / 현종 14년 6월 : 세가5, 오행2 금 한, 절요3 / 문종 1년 4월 : 세가7,
> 오행2 금 한, 절요4 / 문종 6년 5월 : 오행2 금 한, 절요4 / 명종 14년 4월 : 오행2
> 금 한, 절요13 / 명종 14년 5월 : 세가20 / 충렬왕 11년 3월 : 세가30 / 충렬왕 13
> 년 4월 : 세가30, 오행2 금 한 / 우왕 7년 4월 : 열전47)
> ・宥二罪以下(명종 18년 5월 : 절요13 / 고종 16년 5월 : 절요15 / 충렬왕 5년 4월 : 세
> 가29, 절요20 / 충렬왕 9년 5월 : 세가29 / 우왕 3년 5월 : 열전46 / 우왕 3년 6월
> : 오행2 금 한, 열전46 / 우왕 4년 5월 : 오행2 금 한, 열전46 / 우왕 9년 4월 : 오
> 행2 금 한, 열전48, 절요32)

97) 가뭄이 발생했을 때 형옥과 죄수를 살피는 여러 조치

> ・輕囚薄罪 竝原之(선종 5년 5월 : 세가10, 절요6)
> ・啓牢獄 放囚徒(성종 10년 7월 : 오행2 금)
> ・公徒私杖罪以下 原之(문종 12년 7월 : 세가8, 절요5)
> ・其犯二罪以下 悉皆原免(충렬왕 8년 5월 : 세가29)
> ・其犯二罪 除刑遠流 流以下罪 悉皆原免(인종 12년 5월 : 세가16)
> ・其悉原中外二罪以下(공민왕 7년 4월 : 세가39)
> ・內外獄囚 流以下罪 竝原免(예종 1년 6월 : 세가12)
> ・錄囚(우왕 7년 4월 : 오행2 금 한)
> ・錄囚 放輕繫(선종 2년 4월 : 절요6)
> ・放輕繫(문종 12년 5월 : 절요5 / 공양왕 3년 4월 : 세가46, 오행2 금 한)
> ・凡繫囚罪 非殊死 悉原之(명종 26년 3월 : 세가20, 절요13)
> ・凡獄囚 當死者誅之 當赦者赦之 宜速決遣 毋久淹滯 以順天心(공양왕 3년 5월 : 세가
>   46, 절요35)
> ・凡在獄囚 除斬絞二罪外 皆原之(예종 16년 윤5월 : 세가14, 절요8)
> ・疏決獄囚(현종 18년 5월 : 세가5, 오행2 금 가뭄, 절요3)
> ・慮有冤獄 久滯不決 其令二罪以下 悉皆原免(명종 18년 5월 : 세가20)
> ・亦宜寬刑 其內外獄囚 流以下罪 並原免(예종 1년 6월 : 세가12)
> ・冤獄滯囚 久而不決 … 平訊具獄(숙종 6년 4월, 세가11, 절요6)
> ・宥(공양왕 1년 4월 : 오행2 금 한, 열전50, 절요34)
> ・宥冤獄(명종 19년 윤5월 : 세가20, 오행2 금 한, 절요13)
> ・宥罪寬刑(문종 12년 7월 : 세가8)
> ・理冤獄(공민왕 17년 6월 : 오행2 금 한)
> ・理冤獄 放二罪以下囚(공민왕 17년 6월 : 세가41)
> ・治冤獄 放輕繫(현종 3년 6월 : 세가4, 오행2 금 한, 절요3)
> ・置刑人推整都監 按雪冤抑(공민왕 14년 5월 : 세가41, 오행2 금 한, 백관2 제사도감
>   각색)

치는 억울함을 풀어줘 가뭄을 물리치려는 시도인 것이다. 원망이 가뭄을 일으키기 때문에 그것을 해소함으로써 비가 오도록 하려는 것이다.

이밖에도 가뭄을 맞아 저자를 옮기는 조치도 다수 취해지고 있다. 가뭄의 피해가 있을 때 저자를 옮기자는 주장이 자주 제기되었으며, 실제로 여러 차례 저자를 옮기는 조치가 있었다. 대개 徙市, 移市肆, 巷市로 표현되었다.[98] 소통이 부재해 가뭄이 발생하므로 소통의 상징인 저자를 옮기거나, 저자에서의 거래를 중지시키고 부득이한 필수품은 마을에서 거래하도록 한 것이다. 요컨대 소통의 원활을 도모하고자 한 조치였다.[99]

가뭄 발생 시 禁酒하는 조치도 자주 취했다.[100] 금주는 곡식의 낭비

> · 親監牢獄 挺重囚 出輕繫(인종 11년 4월 : 세가16, 절요10)

98) 가뭄 발생 시 저자를 옮기거나 저자에서의 거래를 중지하는 내용

> · 徙市(문종 28년 4월 : 세가9, 오행2 금 한, 절요5 / 선종 3년 4월 : 세가10, 오행2 금 한, 절요6 / 숙종 6년 5월 : 세가11, 오행2 금 한 / 인종 11년 5월 : 절요10 / 고종 29년 8월 : 세가23, 오행2 금 한, 절요16 / 고종 37년 5월 : 세가23, 절요16 / 원종 4년 5월 : 세가25 / 충렬왕 8년 4월 : 오행2 금 한 / 충렬왕 10년 5월 : 오행2 금 한 / 충숙왕 후4년 5월 : 세가35, 오행2 금 한 / 충목왕 2년 5월 : 오행2 금 한 / 충목왕 3년 5월 : 오행2 금 한 / 공민왕 22년 4월 : 세가44 / 우왕 7년 7월 : 오행2 금 한)
>
> · 移市肆(현종 2년 4월 : 오행2 금 한, 절요3 / 문종 18년 4월 : 오행2 금 한, 절요5)
>
> · 巷市(선종 5년 4월 : 오행2 금 한, 절요6 / 선종 6년 5월 : 오행2 금 한, 절요6 / 인종 15년 5월 : 절요10 / 명종 19년 윤5월 : 오행2 금 한 / 충렬왕 11년 4월 : 세가30, 오행2 금 한 / 충렬왕 13년 4월 : 세가30 / 충렬왕 15년 5월 : 세가30, 오행2 금 한 / 충렬왕 16년 5월 : 세가30, 오행2 금 한 / 공민왕 10년 5월 : 오행2 금 한 / 우왕 3년 5월 : 오행2 금 한 / 우왕 4년 5월 : 오행2 금 한 / 우왕 7년 5월 : 오행2 금 한)

99) 김재호, 2009 「사시(徙市) 기우제의 기우원리와 시장의 소통성」『한국민속학』50, 한국민속학회 참조.

100) 가뭄 발생 시 금주하는 내용

> · 禁諸宮院飮酒作樂(현종 7년 9월 : 세가4, 오행2 금 황충, 절요3)
>
> · 禁酒(충렬왕 12년 9월 : 세가30 / 충렬왕 13년 윤2월 : 세가30 / 충렬왕 15년 4월 : 세

를 막고, 분방한 생활을 멀리하는 근신의 의미가 있었다. 또한 해를 가리는 양산의 사용을 금지하고 바람을 일으키는 부채의 사용을 막았으며, 비를 막는 모자와 갓을 쓰는 것을 제한하기도 했다.[101] 하늘이 내리는 고통을 그대로 받아들일 때 하늘에서 비를 내리게 한다는 관념이 전제된 것으로 이해된다.

가뭄을 맞아 도살을 금지하는 조치가 취해지기도 했다. 禁宰牛,[102] 禁屠殺,[103] 禁屠宰,[104] 斷屠宰의 표현이[105] 찾아진다. 주로 농사에 긴요한

가30 / 충렬왕 22년 5월 : 세가31 / 충선왕 4년 5월 : 세가34 / 충숙왕 11년 4월 : 세가35, 오행2 금 한 / 충숙왕 16년 5월 : 세가35 / 충목왕 1년 5월 : 세가37 / 충목왕 2년 5월 : 세가37 / 충목왕 3년 4월 : 세가37, 오행2 금 한 / 공민왕 3년 5월 : 세가38, 오행2 금 한, 절요26 / 공민왕 7년 4월 : 세가39, 오행2 금 한 / 공민왕 12년 5월 : 세가40 / 우왕 2년 6월 : 열전46 / 우왕 9년 3월 : 오행2 금 한, 열전48 / 우왕 13년 5월 : 오행2 금 한, 열전49 / 공양왕 3년 4월 : 세가46)

101) 가뭄 발생 시 양산·부채·갓·모자 사용을 금하는 내용

· 去繖扇(고종 30년 6월 : 오행2 금 한)
· 去陽傘 禁兩班著帽(원종 1년 6월 : 세가25)
· 去陽傘 禁著帽(원종 1년 6월 : 오행2 금 한)
· 禁傘扇(문종 18년 4월 : 오행2 금 한, 절요5)
· 禁扇(의종 5년 6월 : 세가17, 오행2 금 한, 절요11)
· 禁人戴帽揮扇(선종 5년 4월 : 절요6, 오행2 금 한)
· 禁人扇笠(충렬왕 6년 4월 : 세가29)
· 禁笠扇(충렬왕 7년 5월 : 절요20 / 충렬왕 11년 4월 : 세가30)
· 禁載笠持扇(충렬왕 7년 5월 : 세가29, 오행2 금 한 / 충렬왕 8년 4월 : 세가29)
· 斷繖扇(현종 2년 4월 : 세가4, 오행2 금 한, 절요3)
· 斷扇(숙종 6년 5월 : 세가11, 오행2 금 한)

102) 『高麗史』권54, 志8, 五行2, 金, 旱, 恭愍王 17년 6월 庚申.
103) 『高麗史』권134, 列傳47, 辛禑 7년 5월.
104) 『高麗史』권4, 世家4, 顯宗 2년 4월 丁未 ; 『高麗史』권54, 志8, 五行2, 金, 旱, 顯宗 2년 4월 丁未 ; 『高麗史節要』권3, 顯宗 2년 4월 ; 『高麗史』권5, 世家5, 顯宗 16년 4월 甲子 ; 『高麗史』권54, 志8, 五行2, 金, 旱, 顯宗 16년 4월 甲子 ; 『高麗史節要』권3, 顯宗 16년 4월.
105) 『高麗史』권7, 世家7, 文宗 1년 4월 癸亥 ; 『高麗史』권54, 志8, 五行2, 金, 旱, 文宗 1

소의 도축을 금지하는 것으로, 농우의 보호와 아울러 살생을 억제한다는 의미를 가졌다. 거리의 사람 유골을 수습해 매장하는 일도 있었다.[106]

가뭄이란 어려운 상황을 맞아 국왕이 적극적으로 봉행한 것은 기우제였다. 고려시기 기우제는 초기부터 말기에 이르기까지 수다하게 설행되었다. 기우제가 설행되는 장소는 궁궐과 사원, 각종 제단, 산천이 중심이었다.[107] 기우제의 형식은 매우 다양했다. 고려 국가가 다양한 사상을 포용한 위에 운영되고 있었기 때문이었다. 불교, 도교, 무격, 기타 산천 신앙을 전제로 한 기우제가 설행되었음을 확인할 수 있다.

기우제를 지내는 行香使의 부담은 매우 클 수밖에 없었다. 기우제를 지낸 뒤 곧바로 비가 내린다면 좋겠지만, 그렇지 않다면 행향사는 큰 짐을 지게 되었다. "며칠이 지나도 효과가 없거나, 아니면 한나절이 채 지나지 않아서 비가 내리는 데에 따라, 행향사의 정성을 따지게 되고 국가의 행불행을 논하게 되는 것이다."라는 것은[108] 행향사 역할의 중요함을 지적한 것이다. 비가 내리지 않는다면 행향사의 정성을 문제삼게 된다는 것이다.

가뭄이 들 때 비를 내리게 하는 영험한 능력을 소지한 고승들의 사례가 여럿 전한다. 浮石寺 圓融國師의 경우, 祈雨祭를 지내면서 雜花經을 강설했는데, 經을 설하려고 책을 펴자마자 오색 구름이 허공을 덮고 소나기가 쏟아졌다.[109] 가뭄이 들자 葛陽寺 惠居國師에게 명하여 崇景殿에서 비를

년 4월 癸亥 ; 『高麗史節要』권4, 文宗 1년 4월.

106) 『高麗史』권54, 志8, 五行2, 金, 旱, 宣宗 6년 5월 乙亥 ; 『高麗史節要』권6, 宣宗 6년 5월 ; 『高麗史』권11, 世家11, 肅宗 6년 4월 甲寅.

107) 기우제에 관해서는 이희덕씨가 개략적인 내용을 제시했다(李熙德, 1984 『高麗儒教政治思想의 研究』, 一潮閣, pp.159~167). 여기서는 그 내용을 보완해 언급하고자 한다.

108) 李穡, 「天未明有雨 屋漏霑衾 驚喜作幸哉歌」 『牧隱詩藁』권29.

109) 李智冠 譯註, 1995 『歷代高僧碑文(高麗篇2)』, 伽山佛教文化研究院, 「順興浮石寺 圓

빌도록 했는데 큰비가 쏟아졌다.[110] 寶鏡寺 圓眞國師가 오랫동안 날이 가물었을 때 精勤하여 밤이 새도록 徹夜했더니, 갑자기 豪雨가 쏟아졌다.[111] 그밖에 여러 승려들이 기우제를 설행해 비를 내리게 하는 異蹟을 연출했다.[112] 기우제를 지낼 때 비가 오는 능력을 보이는 고승들은 크게 존숭받았다. 나라의 큰 고통을 해결하는 초능력을 발휘했기 때문이다.

국왕에 따라 기우제를 베푸는 방식에 큰 차이가 있었다. 숙종 6년 (1101)의 기우제는 다양한 종교의례를 통해 진행되었다. 천지와 종묘·산천에 대한 기우제를 시작으로, 초제를 지냈으며 무당을 불러 기우제를 베풀었다. 불교 형식의 용왕도량과 인왕도량을 개설하기도 했다. 비가 내리도록 하기 위해 부채를 잘라버리고 저자를 옮기는 조치를 취하기도 했다.[113] 도교의 초제, 무속, 불교의식을 모두 동원하고 있으며, 종묘와 천지·산천까지 기우제를 올리고 있는 것이다. 거의 모든 종교의식을 설행하면서 기우제를 베풀고 있는 것이다. 그런데 5월 10일에 큰 비가 내렸다고 하므로,[114] 가뭄은 해소되었을 것으로 보인다.

예종 16년(1121)의 기우제는 불교의례 중심으로 설행되었다. 5월 가뭄이 들어 5월 30일부터 기우제를 베풀었다. 처음 기우제는 흥국사에

融國師碑文」.

110) 한국역사연구회, 1996 『譯註 羅末麗初金石文(上)』, 혜안, 「葛陽寺惠居國師碑」.

111) 李智冠 譯註, 1997 『歷代高僧碑文(高麗篇4)』, 「淸河寶鏡寺 圓眞國師碑文」.

112) 七長寺 慧炤國師, 般若寺 元景王師, 雲門寺 圓應國師, 華藏寺 靜覺國師가 그들이다 (李智冠 譯註, 1995 『歷代高僧碑文(高麗篇2)』, 「竹山七長寺 慧炤國師塔碑文」; 李智冠 譯註, 1996 『歷代高僧碑文(高麗篇3)』, 「陜川般若寺 元景王師碑文」; 李智冠 譯註, 1996 『歷代高僧碑文(高麗篇3)』, 「淸道雲門寺 圓應國師碑文」; 李奎報, 「故華藏寺住持王師定印大禪師追封靜覺國師碑銘」『東國李相國全集』권35).

113) 『高麗史』권11, 世家11, 肅宗 6년 4월, 6년 5월 ; 『高麗史』권54, 志8, 五行2, 金, 旱, 肅宗 6년 4월, 6년 5월.

114) 『高麗史』권54, 志8, 五行2, 木, 大雨, 肅宗 6년 5월 庚午(날짜는 국사편찬위원회에서 제공하는 한국사데이터베이스 『고려사』 번역본에 의거했음, 이하 같음).

서 5일간 열었으며, 또 승려 德緣을 불러 건덕전에서 5일간 기우제를 설행했다. 기우제가 설행된 사찰로는 흥국사, 왕륜사, 일월사, 법운사 등이 보인다. 6월 14일 큰 비가 내림으로써 비로소 가뭄은 해소되었다.115) 세 달 정도 지속한 가뭄이 큰 비로 일시에 해갈되는 것이다.

인종 11년(1133)의 기우제는 무격 중심으로 진행되었다. 4월 19일 가뭄이 재앙이 된다는 국왕의 제서가 보였다. 이에 지방관들에게 친히 감옥을 살펴 중죄수를 너그럽게 처리하고 경죄수를 석방하도록 했다. 5월 12일 무당 300여 인을 都省廳에 모아 비를 빌었으며, 5월 16일 여성 무당 300여 인을 도성청에 모아 비를 빌었다. 5월 18일에 큰 비가 왔다. 6월 16일에 무당을 모아 비를 빌었으며, 6월 18일 백료로 하여금 齋를 베풀어 비를 빌게 했다. 6월 22일 재차 기우제를 설행했으며, 6월 27일 3차 기우제를 설행했다. 7월 18일에 이르러 큰 비가 왔다.116) 봄에 가뭄이 들어 기우제를 설행하자 5월 18일 큰 비가 왔으나 완전한 해갈에 이르지 못했고, 다시 가뭄이 와서 6월에 3차례 기우제를 설행했으며, 7월 18일에 가서야 큰 비가 내렸다는 것이다. 기우제는 무속 중심으로 거행된 것이다.

공민왕 22년(1373)의 기우제는 群望, 사원, 궁궐 등에서 다양하게 베풀어졌다. 3월 가뭄에 대한 언급이 보이며, 4월 9일 廟社·群望에서 비를 빌었고, 4월 20일 저자를 옮기고 강안전에서 인왕도량을 7일간 베풀

---

115) 『高麗史』권14, 世家14, 睿宗 16년 5월, 16년 윤5월, 16년 6월 ; 『高麗史』권54, 志8, 五行2, 木, 大雨, 睿宗 16년 6월 ; 『高麗史』권54, 志8, 五行2, 金, 旱, 睿宗 16년 5월, 16년 윤5월, 16년 6월 ; 『高麗史節要』권8, 睿宗 16년 5월, 16년 윤5월.

116) 『高麗史』권16, 世家16, 仁宗 11년 4월, 11년 5월, 11년 6월, 11년 7월 ; 『高麗史』권54, 志8, 五行2, 金, 旱, 仁宗 11년 5월, 11년 6월 ; 『高麗史』권54, 志8, 五行2, 木, 大雨, 仁宗 11년 5월, 11년 7월; 『高麗史節要』권10, 仁宗 11년 4월, 11년 5월.

었다. 4월 28일 내전에서 비를 빌었다. 5월 7일 비가 왔으며, 5월 8일 강안전에서 기우도량을 베풀었다. 6월 7일 강안전에서 기우도량을 베풀었으며, 7월 17일 큰 비가 왔다.[117] 봄 가뭄으로 기우제를 설행하자 5월 7일 비가 왔으나 소량에 그친 것으로 보인다. 다음날 다시 기우제를 설행하는 데서 알 수 있다. 5월과 6월의 가뭄이 이어진 뒤 7월 17일에 큰 비가 내려 가뭄이 해소된 것으로 보인다.

고려시기 기우제는 왕대별로 많은 차이를 보이면서 설행되었다. 장소에서도 차이를 보이고 있고, 의거하는 종교에서도 상이함이 있으며, 주관자도 다르고, 지내는 순서도 동일하지 않았다. 기우제가 국가의례 차원에서 일률적으로 제도화되지는 않은 것 같다. 이점에서 조선의 기우제와 상당한 차이가 있다.[118]

가뭄을 맞아 취한 여러 조치들은 나름대로 민심을 수습하는 의미도 있고, 실제로 가뭄으로 어려운 처지에 놓인 이들에게 직접 도움을 주는 경우도 있었다. 가뭄을 맞아 취한 조치는 개별적으로 이루어지는 수도 있었지만 여러 조치가 동시에 함께 취해지는 수도 많았다.

성종 10년(991) 7월 교서를 내렸는데, 그 가운데 가뭄 관련해서 보이는 조치는 다음과 같다.

감옥을 열어 죄수를 풀어주었으며, 正殿을 피하고 식사에서 반찬을

---

117) 『高麗史』권44, 世家44, 恭愍王 22년 4월, 22년 5월 ; 『高麗史』권54, 志8, 五行2, 金, 旱, 恭愍王 22년 4월, 22년 5월, 22년 7월 ; 『高麗史』권54, 志8, 五行2, 木, 大雨, 恭愍王 22년 7월 ; 『高麗史節要』권29, 恭愍王 22년 3월.

118) 조선전기의 기우제에 대해서는 다음의 논저가 참고된다. 최종성, 2007 『『기우제등록』과 기후의례 - 기우제·기청제·기설제 -』, 서울대 출판부 ; 河正男, 2002 「朝鮮初期 祈雨祭의 性格 變化」『靑藍史學』6, 한국교원대 청람사학회.

줄였으며, 하늘에 빌고 부처에게 기도했고, 山川에 제사도 지냈다.119)

죄수의 사면, 국왕의 근신, 기우제 설행 등이 모두 행해졌다. 현종 2
년(1011) 4월에는 종묘에 기우제를 베풂과 함께 저자를 옮기고 도축을
금지하며 日傘과 부채를 사용하지 못하게 하고, 억울한 옥사를 심사하
며, 가난하고 처지가 곤란한 사람을 구휼했다.120) 현종 16년 4월에는
가뭄을 맞아 정전을 피하고 상선을 줄이며 도축을 금지하고 음악을 연
주하지 않으며 억울한 옥사를 심리하며 군망에 기우제를 베풀었다.121)
선종 5년(1088) 4월에는 기우제를 설행함과 함께, 여러 조치를 병행
했다.

> 正殿을 피하고 御膳을 줄이며 음악을 물리쳤다. 해를 가리지 않은
> 채 앉아 정사를 듣고, 저자에서의 거래를 중지하며, 사람들이 모자
> 를 쓰거나 부채를 부치는 것을 금지했고, 나아가 종묘 · 社稷 · 산천
> 에 기도했다.122)

국왕의 근신, 해를 가리는 행위의 금지, 저자의 옮김 등 다양한 조치
가 있었다. 공민왕 17년 6월, 가뭄이 심하자 소를 도축하는 것을 금지하
고 억울한 옥사를 심리하도록 했다.123) 공양왕 3년(1391) 5월에는 가뭄
이 일어나자 옥수를 살펴 사형에 처할 자는 죽이고 사면할 자는 속히

---

119) 『高麗史』권54, 志8, 五行2, 金, 旱, 成宗 10년 7월.
120) 『高麗史』권4, 世家4, 顯宗 2년 4월 丁未 ; 『高麗史』권54, 志8, 五行2, 金, 旱, 顯宗 2
  년 4월 丁未 ; 『高麗史節要』권3, 顯宗 2년 4월.
121) 『高麗史』권5, 世家5, 顯宗 16년 4월 甲子 ; 『高麗史』권54, 志8, 五行2, 金, 旱, 顯宗
  16년 4월 甲子 ; 『高麗史節要』권3, 顯宗 16년 4월.
122) 『高麗史節要』권6, 宣宗 5년 4월.
123) 『高麗史』권54, 志8, 五行2, 金, 旱, 恭愍王 17년 6월 庚申.

결정해 지체하지 않도록 했다.124) 가뭄이 발생했을 때 이처럼 다양한 방식으로 대처했다.

앞에서 언급한 여러 대책들은 의례적·관념적인 것이 대부분이었다. 여러 대책은 가뭄을 그치게 하고 비가 내리도록 하는 염원이 담긴 것이었지만 과학적·합리적·실제적인 조치라고 보기는 힘들다. 가뭄을 맞아 실질적인 조치도 강구되었다. 時政得失의 청취가 그 하나였다. 가뭄을 맞아 관원들의 의견을 듣는 조치도 여러 차례 취해졌다. 시정의 득실이나 시폐를 청취함으로써 민심을 수습한다는 의미도 있지만 실제로 정사에 반영하기도 했기 때문에 현실적인 의미도 없지 않았다.

시정의 득실에 대해, 3품 이상의 관원, 재추에게 개진토록 한 일도 보이고, 담당 유사에게 아뢰도록 한 일도 있으며, 여러 도의 사신들에게 올리도록 하기도 했다.125) 이렇게 시정을 논하는 글을 제시토록 하는 것은 상징적인 의미도 있지만 그 내용을 실제로 반영하는 실질적인 의미도 적지 않았을 것으로 추정된다. 의종 16년(1162) 4월 가뭄이 오래되어 재차 기우제를 지낸 뒤 문무 4품 이상에게 각각 시정득실과 민간

---

124) 『高麗史』권46, 世家46, 恭讓王 3년 5월 戊子 ; 『高麗史節要』권35, 恭讓王 3년 5월.
125) 가뭄이 발생하자 시정득실을 개진토록 한 것

·各上封事 指陳時政得失(의종 6년 3월 : 세가17)
·各上封事 直言時弊(예종 1년 6월 : 세가12, 절요7)
·各上封事 陳時政得失(의종 6년 3월 : 절요11)
·卿等各言時政得失(충렬왕 9년 5월 : 절요20)
·其文武四品以上 各言時政得失民間利害 以備採擇(의종 16년 4월 : 세가18, 절요11)
·命宰樞各言時政得失(충렬왕 9년 5월 : 세가29)
·三品以上 各上封事 陳弊政民瘼 無有所諱(인종 12년 5월 : 세가16, 절요10)
·有司具以奏聞(靖宗 8년 6월 : 세가6)
·有司具奏(靖宗 8년 6월 : 절요4)
·諸道使臣等 察吏臧否 問民疾苦 具狀以聞(명종 25년 3월 : 세가20, 절요13)

의 利害를 말하도록 해서 채택에 대비토록 한 것이[126] 그것이다.

가뭄을 맞아 구체적이고 실제적인 조치를 취하는 것은 매우 중요했다. 민인의 부담을 줄이고 구휼의 조치를 취하는 일은 그런 의미를 갖는 것이었다. 役徒의 방면, 토목공사의 축소는 민인의 부담을 덜어주는 조치였다. 가뭄이 있으면 역도들의 고통이 더욱 중대하므로 이러한 조처는 민인의 부담을 줄여주는 실질적인 의미를 갖는 것이었다.

가뭄을 맞아 역도들을 돌려보내는 조치는 여러 사례를 볼 수 있다. 덕종 1년(1032) 3월 가뭄으로 奉恩寺와 重光寺의 役夫를 파했으며,[127] 靖宗 9년(1043) 5월 가뭄을 맞아 尙食局에게 鷹鶻軍을 내보내도록 했다.[128] 문종 29년(1075) 4월 가뭄으로 여러 곳의 토목 역부를 돌려보내는 조치가 있었고,[129] 예종 16년 윤5월 가뭄을 맞아 급하지 않은 역을 일으키는 것을 금지토록 했다.[130]

충렬왕 33년(1307) 8월 典法判書 李瑱이 前王에게 上書한 내용에 근년에 가뭄의 피해가 있으니 급하지 않은 역을 파하라는 내용이 있었는데, 국왕이 기꺼이 받아들였다.[131] 공민왕 16년 4월 오랜 가뭄으로 影殿役夫를 돌려 보냈으며,[132] 공민왕 17년 윤7월 가뭄으로 影殿役徒를 귀향시켰다.[133] 우왕 7년(1381) 5월 서운관에서 가뭄이 심하므로 토목

---

126) 『高麗史』권18, 世家18, 毅宗 16년 4월 甲申 ; 『高麗史節要』권11, 毅宗 16년 4월.
127) 『高麗史』권5, 世家5, 德宗 1년 3월 庚子 ; 『高麗史』권54, 志8, 五行2, 金, 旱, 德宗 1년 3월 庚子 ; 『高麗史節要』권4, 德宗 1년 3월.
128) 『高麗史』권6, 世家6, 靖宗 9년 5월 丁卯 ; 『高麗史節要』권4, 靖宗 9년 5월.
129) 『高麗史』권9, 世家9, 文宗 29년 4월 丙戌 ; 『高麗史節要』권5, 文宗 29년 4월.
130) 『高麗史節要』권8, 睿宗 16년 윤5월.
131) 『高麗史節要』권23, 忠烈王 33년 8월.
132) 『高麗史』권41, 世家41, 恭愍王 16년 4월 丙寅.
133) 『高麗史』권41, 世家41, 恭愍王 17년 윤7월 ; 『高麗史』권54, 志8, 五行2, 金, 旱, 恭愍王 17년 윤7월.

의 역을 파할 것을 건의했다.[134] 가뭄이 발생했을 때 역을 중지시키거나 줄이는 것은 민인의 부담과 고통을 줄이는 의미있는 조치였다.

가뭄의 피해는 농사로 나타나며 이 경우 작황을 고려한 부세의 감면 조치가 중요했다. 성종 7년 12월 水旱 虫霜의 재해를 입었을 때 감면 규정을 마련했다.[135] 문종 4년 11월 수한 충상의 재해가 발생했을 때 감면을 받는 구체적인 절차를 제정했다.[136] 감면 규정에 따른 일상적이고 관례적인 조치는 기록으로 남기 어렵지만, 그럼에도 가뭄의 피해를 입는 경우 특별하게 부세를 감면하는 조치는 다수 찾을 수 있다.

문종 5년 11월 肅州·通海·永淸縣·安戎鎭이 봄·여름에 가물고 이른 가을에 우박이 내려 곡식이 익지 못해 금년의 조세를 면제시켰다.[137] 문종 13년 2월 楊州界內의 見州를 置邑한 것이 이미 105년인데 여러 차례 水旱을 겪어 비척이 고르지 않으니 사신을 보내 고르게 정하도록 했다.[138] 예종 16년 윤5월 가뭄이 재해가 되었으므로 荒田之租를 징수하지 못하도록 했다.[139] 고종 16년(1229) 12월 최우가 올해 크게 가물어 곡식이 부실하니 五道에 사신을 보내 損實을 조사하라고 청하니 국왕이 이를 따랐다.[140] 충렬왕 34년 8월 충선왕이 복위한 11월에 하

---

134) 『高麗史』권134, 列傳47, 辛禑 7년 5월.
135) 『高麗史』권80, 志34, 食貨3, 賑恤, 災免之制, 成宗 7년 12월.
136) 『高麗史』권78, 志32, 食貨1, 田制, 踏驗損實, 文宗 4년 11월.
137) 『高麗史』권80, 志34, 食貨3, 賑恤, 災免之制, 文宗 5년 11월. 이밖에도 災免之制 조항에서 가뭄으로 피해를 입은 경우 부세를 감면하는 기사를 여럿 확인할 수 있다. 『高麗史』권80, 志34, 食貨3, 賑恤, 災免之制, 文宗 6년 4월, 肅宗 6년 6월, 肅宗 6년 11월, 肅宗 7년 3월, 忠烈王 17년 7월, 辛禑 1년 2월, 恭讓王 3년 6월.
138) 『高麗史』권78, 志32, 食貨1, 田制, 經理, 文宗 13년 2월 ; 『高麗史節要』권5, 文宗 13년 2월.
139) 『高麗史』권14, 世家14, 睿宗 16년 윤5월 乙亥 ; 『高麗史節要』권8, 睿宗 16년 윤5월.
140) 『高麗史』권78, 志32, 食貨1, 田制, 踏驗損實, 高宗 16년 12월 ; 『高麗史節要』권15, 高宗 16년 12월.

교하기를, 수한이 지나간 곳은 각도에서 提察이 檢聞해 1년의 租賦를 蠲免하라고 했다.[141] 공민왕 12년 5월 한발이 재해가 되니 경자년(공민왕 9) 이전 여러 道 州縣의 三稅雜貢으로 관에 도착하지 않은 것은 추징을 면제하라고 했다.[142] 우왕 3년 7월 가뭄으로 국가 재정이 고갈되었으며 생일의 進馬를 면제했다.[143] 공양왕 2년 8월 도당에서 계하여, 동서 양계가 상국과 국경이 연결되어 있고 또 수한으로 인해 민생이 어려우니 鹽稅를 감할 것을 청하자, 국왕이 이를 따랐다.[144] 가뭄으로 피해를 입은 경우, 부세 부담을 줄이는 다양한 조치였다. 부세의 견감은 가뭄의 고통을 겪은 이들에게 실질적인 도움을 주는 조치였다.

지방관으로 부임인 崔祐甫의 경우, 서해도 안렴사가 되었을 때 심한 가뭄이 들자, 세금을 가볍게 해 백성을 소생시키는 공적을 세웠다.[145] 가뭄을 맞아 부세 견감 조치를 취한 것이다. 가뭄이 있는 지역의 관원으로 부임하는 이에게 부세와 부역을 가벼이 해야 함을 당부한 일이 있었다.[146] 가뭄으로 농사에 큰 지장을 초래한 경우, 외방에서의 조치는 지방관의 중요한 소임이었다. 부세의 감면은 민인에게 혜택을 주는 것이기는 했지만 적극적인 것으로 보기는 어렵다.

가뭄을 맞아 官穀을 풀어 궁핍한 이를 구제하는 것은 적극적인 대책이었다. 현종 2년 4월 가뭄이 있자 종묘에서 기우제를 지내고, 궁핍한 이들을 구휼하는 조치를 취했다.[147] 현종 3년 5월 지난해 서경이 수한

141) 『高麗史』권79, 志33, 食貨2, 農桑, 忠烈王 34년 8월.
142) 『高麗史節要』권27, 恭愍王 12년 5월.
143) 『高麗史』권133, 列46, 辛禑 3년 7월.
144) 『高麗史』권79, 志33, 食貨2, 鹽法, 恭讓王 2년 8월.
145) 金龍善 編著, 2012 『高麗墓誌銘集成』, 한림대 출판부, 「崔祐甫墓誌銘(1171년)」.
146) 權近, 「送前知申事權公 執經 出牧尙州序」『陽村集』권19.
147) 『高麗史』권4, 世家4, 顯宗 2년 4월 丁未 ; 『高麗史』권54, 志8, 五行2, 金, 旱, 顯宗 2

의 재해를 입었기 때문에 담당관에게 창고를 열어 진휼케 했다.[148] 靖宗 6년 7월 홍수와 가뭄의 피해를 입은 민들을 창고를 열어 진휼케 했다.[149] 충선왕 5년(1313) 8월 상왕이 교서를 내려, 근래 수한으로 인해 백성들이 생을 꾸려가지 못하니 民部의 창고를 이미 열어 진휼했으나 미흡함이 있으니 有備倉의 곡식을 추가로 내서 진휼하라고 했다.[150] 창왕 1년(1389) 8월 楊廣道都觀察使 成石璘이 도내의 민이 수한으로 인해 농사를 짓지 못하고 종자와 식량이 모두 결핍되었으니 금후에 주군에 의창을 둘 것을 청하니, 국왕이 이를 따랐다.[151] 가뭄이 발생하면 농사의 피해를 입는 농민들을 위해 다양한 진휼 대책을 수립해 그들의 생존을 도왔다. 가뭄으로 인한 흉년의 고통을 겪는 이들을 위한 적극적인 진휼조치였다. 부세견감이 소극적 조치라면 진휼은 상대적으로 적극적인 시책으로 볼 수 있다.

가뭄은 발생하기 전에 미리 그것을 예방하는 조치가 중요했다. 가뭄이 발생했을 때 대응 방책을 마련하는 것이 용이하지 않았기 때문에 미리 대

년 4월 丁未 ; 『高麗史節要』권3, 顯宗 2년 4월.

148) 『高麗史』권80, 志34, 食貨3, 賑恤, 水旱疫癘賑貸之制, 顯宗 3년 5월 ; 『高麗史節要』권3, 顯宗 3년 5월.

149) 『高麗史』권80, 志34, 食貨3, 賑恤, 水旱疫癘賑貸之制, 靖宗 6년 7월 ; 『高麗史節要』권4, 靖宗 6년 7월. 가뭄으로 피해를 입었을 때 진대하는 것을 보이는 자료는 다음과 같이 여럿을 찾을 수 있다. 『高麗史』권80, 志34, 食貨3, 賑恤, 水旱疫癘賑貸之制, 文宗 1년 5월 ; 『高麗史節要』권4, 文宗 1년 5월 ; 『高麗史』권80, 志34, 食貨3, 賑恤, 水旱疫癘賑貸之制, 文宗 6년 3월 ; 『高麗史』권81, 志35, 兵1, 兵制, 五軍, 文宗 6년 3월 ; 『高麗史節要』권4, 文宗 6년 3월 ; 『高麗史』권80, 志34, 食貨3, 賑恤, 水旱疫癘賑貸之制, 宣宗 11년 2월 ; 『高麗史節要』권6, 宣宗 11년 2월 ; 『高麗史』권80, 志34, 食貨3, 賑恤, 水旱疫癘賑貸之制, 仁宗 9년 6월 ; 『高麗史節要』권9, 仁宗 9년 6월.

150) 『高麗史』권80, 志34, 食貨3, 賑恤, 鰥寡孤獨賑貸之制, 忠宣王 5년 8월 ; 『高麗史節要』권23, 忠宣王 5년 8월.

151) 『高麗史』권80, 志34, 食貨3, 常平義倉, 辛昌 1년 8월.

비하는 것이 절실했다. 우선 저수지를 축조해 물을 저장해 둔다면 농사에 필요한 물의 공급을 다소 보장할 수 있어서 가뭄의 피해를 줄일 수 있었다. 저수지가 가뭄에 도움이 된다는 구체적 내용은 조선초 확인할 수 있다. '堤堰者 所以備旱澇也'라는[152] 것은 제언이 가뭄과 장마를 방비하는 시설이라는 것이다. 얼음이 풀리는 한가한 시기에 '預爲堤坊 以備旱暵'하자는[153] 주장이 있는데, 제방이 가뭄에 대비하는 것임을 알려 준다.

저수지를 축조하는 것이 어려운 일이었고, 또 축조한다고 해도 대규모로 만들기 힘들었다. 다수의 저수지를 만들어 농사에 충분한 물을 안정적으로 공급하는 것은 용이한 일이 아니었다. 고려시기 저수지의 축조는 그리 많지 않은 것으로 보인다. 그렇기 때문에 가뭄이 발생하면 농업용수를 공급하는 것은 매우 어려운 일이었다고 생각된다. 저수 시설 축조 노력은 높이 평가하기 어려워 보인다.[154]

공민왕 8년 12월 慶尙道賑濟使 禮部侍郎 全以道가 義城縣을 순시하다가, 옛 제언이 있는데 제방을 추가로 쌓으면 비록 가뭄이 들어도 관개할 수 있는데 수령이 수축하지 않았다 해서 국왕의 뜻을 받들어 장을 친 일이 있다.[155] 제언이야말로 가뭄에 대비한 좋은 대책인 것이다.

산림의 보호 역시 가뭄에 대비하는 하나의 방책이 될 수 있었다. 나무가 우거지면 비가 오는 경우 바로 흐르지 않고 저장해 둘 수 있으며 그 결과 지하수와 지표수가 넉넉해질 수 있었다. 무성한 산림의 존재는 가뭄을 예방하는 방법의 하나였다. 고려시기 가뭄에 대비해 적극적으

---

152) 『太祖實錄』권8, 太祖 4년 7월 辛酉(30일), 1-82.
153) 『世祖實錄』권10, 世祖 3년 12월 甲戌(17일), 7-245.
154) 고려시기 저수 시설의 축조에 관해서는 이정호, 2009 앞의 책, p.223이 참조된다.
155) 『高麗史』권114, 列傳27, 全以道 ; 『高麗史節要』권27, 恭愍王 8년 12월.

로 나무를 식재하는 일은 확인되지 않는다. 나무의 식재에 노력하지 않은 것은 아니지만156) 가뭄에 대비한다는 관념 속에서 적극 진행한 것으로 보이지 않는다.

산림의 상태와 가뭄의 관계에 대해서는 조선초 상당히 합리적·과학적 설명을 하고 있다. 산림이 훼손되면 조금만 가물어도 천택이 마르게 된다는 것,157) 산림이 훼손되어 민둥산이 되면 물의 흐름이 마르게 된다는 것,158) 산에 초목이 없으면 물줄기의 근원이 마르게 된다는 것,159) 그리고 산에서 벌목하고 화전을 하면 水根이 끊어진다는 것160) 등의 표현들은 산림이 훼손되면 물의 흐름이 끊기게 되어 조금만 가물어도 천택이 말라 피해를 입는다는 것을 지적한 것이다. 산림이 무성해야 가뭄이 재앙이 되지 않을 수 있는 것이다.161) 결국 가뭄을 막으려면 산림을 우거지게 해야 한다는 논리가 된다. 산림과 가뭄의 관계에 대해서는 조선초에 이르면 이처럼 대단히 명료한 이해를 보인다. 고려시기에도 이런 인식이 없었다고 할 수 없지만 체계적으로 표현하고 있지는 않다.

가뭄으로 많은 피해가 나타남에 따라 다양한 대처방안을 택했다. 국왕은 근신하면서 정전을 피하고 상선을 줄였으며, 刑政을 살피고 억울한 이들을 사면하는 조치를 취했다. 가뭄의 피해를 줄이는 합리적인 예

---

156) 이정호, 2013 「高麗時代 숲의 개발과 環境變化」『사학연구』111, 한국사학회 ; 한정수, 2013 「조선 태조~세종 대 숲 개발과 重松政策의 성립」『사학연구』111 ; 이병희, 2017 「고려시기 松木政策과 그 한계」『靑藍史學』26, 한국교원대 청람사학회(본서 수록).

157) 『世祖實錄』권3, 世祖 2년 1월 甲戌(4일), 7-110.

158) 『世祖實錄』권10, 世祖 3년 12월 甲戌(17일), 7-245.

159) 『成宗實錄』권263, 成宗 23년 3월 甲戌(4일), 12-154.

160) 『中宗實錄』권36, 中宗 14년 6월 乙亥(13일), 15-544.

161) 『太祖實錄』권8, 太祖 4년 7월 辛酉(30일), 1-82.

방책은 저수지의 축조와 나무의 식재였는데, 부분적으로 실천에 옮겨지기는 했지만 적극적이었다고 보기는 어렵다. 이것은 당시 가뭄 대처의 한계를 나타내는 것이라 하겠다.

5. 맺음말

고려시기 자연재해 가운데 가장 무서운 것은 가뭄이었다. 하늘의 異常인 天變은 不吉한 현상이었지만 농업에 큰 영향을 주지 않는 수가 많았다. 그렇지만 홍수나 서리·태풍은 농업에 큰 영향을 주었고, 가뭄 역시 그러했다. 가뭄은 서서히 다가와 긴 기간 동안 피해를 입히는 것으로 농업생산에 치명적이었다.

가뭄은 대체로 여러 달 비가 오지 않을 때 나타나며 대개 기록으로 표기되는 것은 3월부터이며, 3~6월 사이에 많이 발생하는 것으로 전한다. 농사에 큰 지장이 없으면 강수가 부족해도 기록으로 남지 않는다. 겨울 가뭄에 대한 언급이 거의 없는 것은 이 때문이다. 가뭄은 단기간 지속하다가 그치는 수도 있지만 여러 달 지속하는 경우도 적지 않았다. 가뭄은 고려 전체 시기에서 186회가 확인되어 대략 2~3년에 한번 꼴로 발생한 것으로 보인다. 그런데 가뭄은 바로 이어지는 큰 비로 일거에 해갈되는 수가 많았다. 가뭄 끝에 홍수가 이어져 해갈은 물론 수해까지 입는 수가 적지 않은 것으로 보인다. 그렇기 때문에 水旱을 동시에 언급하는 수가 많았다. 수한이 동시에 나타나는 경우 그해의 총 강수량은 예년과 큰 차이가 없었을 것으로 추정된다. 가뭄은 비교적 넓은 지역에서 발생하는 것이지만, 전국에서 동시에 가뭄이 발생하는 일은 흔치 않은 것 같다. 가뭄이 특정 지역에 한정해서 언급된 수가 많은데, 그것은 가뭄이 국지적이었다는 것을 의미한다. 가뭄이 발생하는 원인에 대해서는 人事라고 보는 경향이 강해 천인감응설이 작동하고 있었다. 국왕의 잘못이나 형정의 오류 및 죄수의 억울함 등이 가뭄을 유발한다는 관념을 갖고 있었다. 인사의 잘못, 失政에 대한 하늘의 경고가 가뭄이라는 인식이다.

가뭄은 생태계 전체의 물 부족을 초래하는 것으로 하천수와 지하수의 부족을 가져오는 것은 필지의 일이다. 동물과 식물 전체에도 큰 고통을 준다. 농작물의 성장을 저해하며, 起耕이나 播種을 불가능하게 하고, 곡식의 등숙을 저지하기도 한다. 그 결과 농사 작황이 여의치 못해 흉년으로 이어지며, 백성의 식량 부족으로 귀결된다. 많은 아사자를 배출하고 유망민을 대거 발생시키는 것이다. 굶주림으로 질병에 대한 저항력이 떨어져 전염병이 크게 확산되게 만든다. 그리고 농작물에 치명적인 황충을 대거 발생시키기도 한다. 대기 전체가 건조해짐으로써 화재가 발생할 소지가 커지고, 발생하면 대형 화재로 번질 위험성이 있다. 가뭄이 국지적인 경우가 많기 때문에 가뭄 피해 역시 제한적이다. 그렇기 때문에 가뭄으로 전국이 동시에 흉년에 이르는 일은 많지 않은 것으로 판단된다. 이 때문에 전국적인 아사자의 발생을 막을 수 있었다고 생각한다. 지하수의 부족을 가져와 식수와 생활용수의 결핍을 초래하는 일은 흔치 않았다.

가뭄이 발생하면 우선 그 원인을 인사로 보았기 때문에, 국왕의 근신이 요구되었다. 정전을 피하고 상선을 줄이는 것이 일차적이고 우선하는 대응이었다. 그리고 원억을 없애기 위해 刑政을 살펴 억울한 이들을 풀어주는 조치를 취했다. 그리고 저자를 옮기고, 금주조치를 취하며, 양산·우산·모자·갓의 사용을 억제했다. 기우제를 설행하는 것도 가뭄에 대처하는 중요한 방법의 하나였다. 기우제를 설행할 때 비가 내리는 경우, 그 설행의 담당자는 크게 존숭되었다. 기우제는 국왕에 따라 다양한 형식으로 설행되었는데, 국가 차원의 일률적인 제도가 마련된 것은 아니었다. 시정의 득실을 진술하게 함으로써 실제 정책에 반영하는 것은 현실적인 조치였다. 부세를 감면하는 일, 토목공사를 중단하는 일이나 진휼책을 펼치는 것 등은 어려운 처지에 있는 민에게 직접적인 도움을 주는 조치였다. 저수지의 축조나 산림 보호는 가뭄을 예방하는 조치였지만 적극적으로 시행되지 못한 한계를 보이고 있었다.

고려시기 가뭄의 원인을 천수보다는 인사에서 찾기 때문에 대책도 그런 방향에서 마련되었다. 그렇지만 가뭄에 대해 실제적인 차원에서 도움을 주기 위한 대책 역시 소홀하지 않았다고 할 수 있다. 그러나 예방을 위한 대책에는 충실했다고 보기 어렵다. 지금까지 가뭄을 큰 비와 관련짓지 않고 일면적으로 이해했는데, 이 점을 보완할 필요가 있다. 가뭄이 발생하지만 같은 해에 큰 비가 내리는 경우 특정 해를 가뭄이 지배했다고 단정하는 것은 매우 곤란하다고 판단된다. 그리고 가뭄의 발생이 국지적인 수가 많았고, 따라서 그 피해 또한 전국적이지 않았다는 것은 주목할 사항이라고 하겠다. 가뭄은 기후의 여러 요소 가운데 하나에 불과하기 때문에 홍수라든지 서리·태풍 등과 함께 종합적으로 파악할 때 피해의 실상과 수준 및 당시인의 재해에 대한 인식을 이해할 수 있을 것이다.

『사회과학연구』20, 2019.12. 한국교원대 사회과학연구소. 揭載)

[부록] 가뭄과 大雨의 발생

* 『高麗史』와 『高麗史節要』를 기초로 작성함
* 가뭄은 '旱'으로 표현되거나 혹은 祈雨祭가 설행된 경우를 중심으로 정리함
* 순번의 ( )로 표시한 경우는 대우가 발생하고 가뭄이 없는 해 (단 8·31·42는 예외)
* 가뭄 관련 내용 : 특정 지역이 언급되지 않은 경우, 혹은 개경의 경우에 한정함
* 지역이 명기된 가뭄 : 가뭄의 발생 지역이 외방으로 明記된 경우, 진한 글씨는 유념할 사항이 있는 기사, 기울임체는 개경을 포함해 다른 지역을 언급한 경우

순번	연도	가뭄관련(祈雨, 旱)	가뭄지속기간(3개월 이상)	지역이 명기된 가뭄	홍수(大水, 祈晴)
1	934			(太祖 17년) 西京 旱·蝗	
(1)	961				大水(4월), 水溢·漂沒(4월)
2	984	祈雨(3월)			
3	991	旱(7월)			
4	1011	祈雨(4월)			大雨(4월)
5	1012	旱(6월)			
6	1016			南界의 州縣에 가뭄과 황충 (9월)	
7	1017	旱(9월)			
8	1019	祈雨(4월), 旱(4월, 5월)			
9	1020	久旱(7월)			大雨(7월)
10	1021	祈雨(4월, 5월)			
11	1022	祈雨(5월)			大雨(10월)
12	1023	旱(6월)			
13	1024	自春暵甚(5월), 祈雨(4월, 5월)	4개월?		大雨(5월)
14	1025	旱(4월)			
(2)	1026				大雨, 漂毁(7월)
15	1027	祈雨(5월)			
16	1031	祈雨(4월)			
17	1032	旱(3월), 祈雨(4월)			
(3)	1035				祈晴(5월)
18	1036	祈雨(4월, 5월, 6월)	3개월		

(4)	1039				大雨(6월)
19	1040	祈雨(4월, 5월)			大雨(5월)
20	1041	祈雨(5월)			
21	1042	祈雨(6월)			
22	1043	時雨愆期(4월), 旱(5월)			
(5)	1045				久雨(윤5월)
23	1046			(가뭄)	
24	1047	自春不雨(4월), 不雨(4월)	3개월?	지난해 오랜 가뭄으로 邊民이 굶주려 의창을 통해 진휼함(5월) * 1046년의 가뭄임	大雨(5월)
25	1048	祈雨(3월)			
(6)	1049				大雨(4월)
26	1051	祈雨(3월, 4월, 5월)	3~4개월?	雲中道監倉使가 蕭州·通海·永淸縣·安戎鎭에 봄·여름 가뭄이 들어 금년 조세의 면제를 요청(11월) * 11월 가뭄으로 보기 어려움	
27	1052	旱(5월), 祈雨(6월)		· 東北路의 여러 州鎭이 변방 수자리하는 병졸이 여러 해 이어진 가뭄으로 饑饉이 이어져 賑恤토록 함(3월) ·雙阜·萬頃·沃溝·利城 등 4현이 지난해 오랜 가뭄으로 곡식이 익지않음(4월) *아래 기사는 1051년의 가뭄	大雨(6월)
(7)	1055				大雨(5월)
28	1057	祈雨(5월)		廣州의 田野가 마름, 광주 등 군현에서 기우제를 지내게 함(5월)	
29	1058	旱(5월)			
30	1064	自春亢旱(4월)	3개월?	廣州牧에 봄부터 가을까지 가물며 비가 오지 않아 곡식 수확을 하나도 하지 못함(11월)	
31	1066	祈雨(4월, 5월)			
32	1068	自春徂夏 時雨愆期(5월)	4개월?		
33	1069	旱(4월), 祈雨(5월)			
34	1070	祈雨(4월)			

35	1071	祈雨(4월, 5월, 6월)	3개월		
36	1074	旱(4월)			大雨(4월)
37	1075	旱(4월), 自春至夏亢陽不雨(5월)	4개월?		
38	1081	祈雨(4월)			
39	1082	祈雨(3월, 5월)			大雨(5월)
40	1083	旱, 祈雨(6월)			
41	1085	旱(4월), 祈雨(4월, 5월)			
42	1086	祈雨(3월, 4월), 久旱(4월)			
43	1087	祈雨(4월, 5월)			
44	1088	三月不雨(5월), 祈雨(4월)			
45	1089	祈雨(5월, 6월)			
46	1090	時雨愆期(6월)			大雨(10월, 12월)
47	1091	祈雨(5월, 6월)			
48	1096	祈雨(5월)			大雨(6월, 10월)
49	1098	祈雨(4월)			祈晴(7월)
50	1099	祈雨(5월, 6월)			大雨(6월), 祈晴(8월)
51	1100	祈雨(6월)			
52	1101	天久不雨(4월), 祈雨(4월, 5월)		東京 관내 군현에 가뭄이 매우 심함(11월)	大雨(5월, 11월)
(8)	1102			동경 관내 州·郡·鄕·部曲 19곳이 지난해 가뭄으로 민의 다수가 굶주리고 있음(3월) * 지난해인 1101년의 가뭄임	
53	1104			남경에 행차해 삼각산 승가굴에서 기우제를 설행(8월)	大雨(12월)
54	1106	祈雨(6월, 7월)			大雨·祈晴(5월)
55	1107	祈雨(4월, 5월)			
56	1108	祈雨(4월, 6월)			
57	1109	祈雨(4월)			
58	1111	祈雨(4월, 5월)			
59	1112	祈雨(5월)			
60	1113	祈雨(4월)			祈晴(6월), 大

					雨(7월)
61	1114	祈雨(5월, 6월)			
62	1116	祈雨(3월, 4월)		개경의 川上·松岳 등과 서경의 木覓·東明祠 등에서 祈雨(4월)	
63	1120	自夏至八月 不雨(7월), 祈雨(5월, 6월, 7월), 自夏不雨(8월)	4개월		
64	1121	自四月旱 至是乃雨(6월), 祈雨(5월, 윤5월, 6월)	4개월		大雨(6월)
65	1123	祈雨(5월)			大雨(10월)
(9)	1124				大雨(7월)
66	1125	祈雨(4월, 5월, 6월)	3개월		大雨(1월)
67	1126	祈雨(5월)			
68	1128	祈雨(5월)			
(10)	1129				久雨, 祈晴(8월)
69	1130	今旱甚(4월), 祈雨(4월, 7월)			大雨(5월)
70	1131	祈雨(4월)		鹽州에 가뭄과 기근(6월)	大雨(5월), 大風暴雨(9월), 大雨(10월, 12월)
(11)	1132				大雨(8월)
71	1133	祈雨(5월, 6월)			大雨(5월, 7월, 12월)
72	1134	祈雨(5월, 6월)			大雨(4월, 7월)
73	1137	祈雨(5월)			大雨(5월, 6월)
74	1140	祈雨(6월, 윤6월)			大雨(12월)
(12)	1144				大雨(10월)
(13)	1147				大雨(5월), 京畿大水(7월)
(14)	1148				大雨(6월)
75	1149	祈雨(4월, 5월)			
76	1151	累月不雨(7월), 祈雨(4월, 윤4월, 6월	4~5개월?	貞州의 배 위에서 기우제를 7일간 설행(7월)	

		월, 7월)			
77	1152	祈雨(4월, 7월)			
(15)	1153				大雨(9월)
(16)	1156				大雨(6월)
(17)	1157				大雨(11월)
78	1158	祈雨(4월)			大雨(6월, 10월, 11월)
79	1160	祈雨(5월)			
80	1161	祈雨(4월, 6월)			
81	1162	祈雨(4월), 久旱(4월), 久旱再雩(4월), 旱(5월)			
82	1164	旱甚(5월)			
(18)	1165				大雨(6월), 大水(6월)
83	1169	祈雨(4월), 自正月不雨(4월)	4개월		
(19)	1170				大雨(3월)
84	1173	自正月不雨(4월), 祈雨(4월, 5월)	4개월		
85	1175	祈雨(7월)			
86	1178	祈雨(5월)			
(20)	1179				大雨(6월)
87	1181	祈雨(4월, 5월), 自正月至此不雨(4월)	5개월		大雨(6월)
88	1184	久旱(4월, 5월)			
89	1188	久旱不雨(5월)			
90	1189	久旱(윤5월), 祈雨(윤5월)			
(21)	1190				大雨(9월)
91	1191	祈雨(7월)			
92	1194	祈雨(6월)			大雨(6월)
93	1195	祈雨(6월)			
94	1196	久旱(3월)			
95	1198	祈雨(6월)			
96	1201	祈雨(6월)			
97	1202	祈雨(5월)			
(22)	1203				大雨(6월)
98	1213	祈雨(5월)			
99	1215	旱(4월)			大雨(7월)
100	1216	自四月至是月不雨	3개월		大雨(7월)

		(6월), 早(4월), 祈雨(5월, 6월)		
(23)	1217			大雨(1월)
101	1219	祈雨(5월)		大雨(5월)
(24)	1225			大雨(5월), 是夏恒雨(6월)
102	1226	早(6월)		
103	1229	祈雨(4월, 5월)		금년 큰 가뭄으로 禾穀이 부실하므로 五道에 사신을 보내 損實을 조사함(12월) *12월 가뭄으로 보기 어려움
104	1230	祈雨(5월)		
105	1231	早(4월), 久早(5월), 祈雨(5월)		
106	1232	祈雨(5월)		
107	1242	久早(8월)		
108	1243	早(5월, 6월)		大雨(6월)
(25)	1245			大雨(9월)
109	1246	祈雨(6월)		
110	1250	祈雨(5월)		
111	1251	早(5월)		
112	1252	祈雨(5월)		
113	1254	早(4월)		大雨(7월)
114	1255		5개월	·청주 이남이 봄부터 7월까지 크게 가뭄(7월) ·3월에서 7월까지 청주 이남이 크게 가뭄
(26)	1256			大水, 漂沒(7월)
(27)	1258			自六月至七月 恒雨(6월)
115	1260	早(3월), 早(5월), 大早(6월)		경기에 가물고 황충이 발생함(5월)
116	1261	祈雨(4월)		
117	1263	早(5월)		大雨(5월)
118	1272	祈雨(4월)		
(28)	1273			大雨(윤6월)
119	1274	祈雨(5월)		
120	1276	祈雨(4월, 6월)		
121	1279	早(4월, 5월)		
122	1280	自三月至五月 不	3개월	

		雨(3월), 旱甚(4월), 祈雨(5월)			
123	1281	久旱(5월)			
124	1282	旱(4월, 5월)			
125	1283	旱(5월, 6월)			
126	1284	祈雨(5월)			
127	1285	旱(3월, 4월)			
128	1286	久旱(5월, 9월)			
129	1287	旱(윤2월), 祈雨(3월, 4월, 5월)	4개월		大雨(5월)
130	1289	旱(4월), 祈雨(5월)			大雨水(8월)
131	1290	旱(5월)			
132	1291	旱荒(7월)		가뭄으로 禾穀이 不實하자 여러 도에 안집별감을 보냄 (7월)	
(29)	1292				大雨(6월)
(30)	1295				大雨(5월, 12월)
133	1296	旱(5월)			大水(2월, 8월)
134	1301	自正月不雨(8월)	8개월	東界에 정월부터 8월까지 비가 오지 않음(8월)	大雨(6월)
135	1303	祈雨(윤5월)		肅州에 심각한 가뭄(8월 또는 9월) * 8월 가뭄으로 봄	大雨(윤5월)
136	1304	祈雨(4월)			
137	1306	祈雨(6월, 7월)			
(31)	1307			尙州에서 가뭄이 있을 때 尹諧가 죄인을 죽이자 비가 내림 * 年月이 不明(1307년 尹諧 卒記에서 언급) : 가뭄 전체 통계에서 제외	
138	1308	祈雨(5월)			
139	1309	祈雨(4월)			大水(6월)
(32)	1310				大雨(7월)
140	1311	自四月不雨(8월)	5개월		
141	1312	旱(5월), 自四月不雨(8월)	5개월		
142	1313	祈雨(4월, 5월)			大雨(11월)
143	1315	祈雨(5월)			大雨(6월)

144	1316	祈雨(5월)			大雨(6월)
145	1317	自三月至四月 不雨(3월, 4월)			大雨(4월)
146	1318	旱(2월), 祈雨(4월, 5월)			大雨(6월)
(33)	1319				大雨(9월)
147	1320	祈雨(4월)			
148	1321	祈雨(3월, 4월, 5월, 6월)	4개월		
149	1324	祈雨(3월, 4월, 5월)	3개월		
150	1325	祈雨(4월), 旱(5월)			
151	1329	自四月至五月 旱(5월), 祈雨(5월)			大雨(7월)
152	1332	祈雨(5월)			
153	1335	自三月不雨(4월), 祈雨(5월)	3개월		大雨(7월)
154	1336	祈雨(4월)			
155	1339	祈雨(6월)			
156	1341	祈雨(5월)			
157	1343	自春徂夏不雨(4월)	3개월?		
158	1344	旱(4월)			
159	1345	旱(5월), 祈雨(7월)			
160	1346	祈雨(5월)			
161	1347	旱(4월), 祈雨(5월)			
(34)	1348			서해·양광·개경 등 3곳이 지난해부터 가뭄과 장마서리로 모든 것이 마르고 굶어죽은 이들이 심히 많음(2월) * 1047년의 가뭄(가뭄 전체 통계에서 제외)	大雨(5월)
(35)	1352				大水(5월)
162	1354	祈雨(5월)			大雨(5월)
(36)	1355				大雨(1월)
(37)	1356				大雨(7월)
163	1358	自正月至今 旱氣太甚(4월), 祈雨(4월), 自春至夏 旱暵漸極(5월)	5개월		
164	1359			楊廣·全羅·慶尙道가 크게	

				가뭄(6월)	
165	1360	久旱(4월), 祈雨(4월), 自二月 至是月 旱甚(4월)	3개월		大水(6월)
166	1361	祈雨(5월)			
(38)	1362				大雨(10월, 11월)
167	1363	祈雨(4월), 旱(5월)			
168	1365	祈雨(4월), 久旱(5월)			
169	1367	久旱(4월)		南方이 크게 가물어 行旅가 물을 얻을 수 없음(5월)	大雨(5월)
170	1368	旱甚(6월), 旱(윤7월)			
171	1369	旱(4월), 大旱(5월)			
(39)	1370				久雨(5월), 恒雨·祈晴(5월)
(40)	1371				久雨(5월)
172	1372	祈雨(4월), 旱(5월)			大雨(5월, 6월)
173	1373	祈雨(4월, 5월, 6월)	3개월		大雨(7월)
(41)	1374				大雨(11월)
174	1375	祈雨(7월)			大雨(6월, 한양부) 雷雨大風(10월), 大雨(11월)
175	1376	久旱不雨(5월), 祈雨(5월), 大旱(6월)			大雨(11월)
176	1377	旱(4월), 祈雨(5월, 6월)	3개월	朴淵·臨津에서 기우제를 지냄(5월)	大雨(3월, 5월, 6월)
177	1378	祈雨(5월)		여러 도가 해를 이어 가물어 軍食이 부족하고 민들이 溝壑에서 구르고 있음(8월)	
178	1379	久旱不雨(5월), 祈雨(5월)		가뭄으로 圓丘·宗廟·社稷·朴淵·開城大井·貞州 등에서 기우제를 지냄(5월)	
179	1381	祈雨(4월, 5월, 7월)			大雨(7월)
180	1382	祈雨(4월, 5월)			大雨(5월)
181	1383	旱(3월), 祈雨(4월, 5월)	3개월		大雨(5월, 10월)

182	1384	祈雨(6월)			大雨(8월)
(42)	1386			윤환이 낙향했을 때 칠원지 방에 큰 기근이 들었음(우 왕 12년 4월 尹桓 卒記에서) * 연월이 불명(가뭄 통계에 서 제외)	
183	1387	祈雨(4월, 5월)			
(43)	1388				大水(6월)
184	1389	旱(4월)			4월에서 8월 까지 恒雨(8 월), 大雨(10 월)
(44)	1390				祈晴(5월), 久 雨(6월), 大雨 (9월)
185	1391	久旱(4월), 旱(6 월), 天久不雨(7월)			大雨(4월, 10 월), 大水(7 월)
186	1392	自正月不雨(4월)	4개월		大雨(6월)

II.
開京의
生態環境과
遷都論

- 高麗時期 松木政策과 그
  한계
- 高麗時期 開京 일대
  野生動物의 출몰과 그 의미
- 高麗時期 遷都論의 提起와
  生態環境

高麗時期 松木政策과 그 한계

1. 머리말

역사 연구에서 생태환경에 대해 관심을 갖는 것은 매우 중요하다. 생태환경을 전제로 사람들이 생존하고 사회가 유지되기 때문이다. 고려시기에도 마찬가지이다. 생태환경을 활용해 인간이 노동을 가해 농업생산을 했으며, 그 농업생산에 의거해서 생존하고 문명을 창출했다. 농업생산이 여의치 못할 경우 생태환경을 기반으로 수렵 · 어로 · 채집 활동을 함으로써 생존할 수 있었다.

생태환경의 시각에서 보면, 모든 생명체는 상호 관계를 맺고 있다. 동물과 식물의 각 개체는 서로 의존하는 존재인 것이다. 인간도 그러한 생명체의 하나로서 동물 · 식물과 유기적으로 관계를 맺고 있다. 동물로서는 호랑이를, 식물 가운데서는 소나무를[1] 우선적으로 이해할 필요가 있다. 호랑이는 동물 생태계의 극상층에 있으며 우리의 생명과 관련해 매우 중요했다.[2] 소나무는 나무 가운데 고려시기 사람의 생활과 가

---

1) 본문에서는 소나무라는 용어를 사용하고, 제목에서는 松木을 사용했다. 언어 조합의 어울림을 생각해서 제목에서 송목으로 표현한 것이다.

장 깊이 관련되었다. 소나무는 전국 도처에 서식하면서 다양한 분야에서 활용되었다. 산림정책은 소나무에 국한되어 있다고 할 정도로 국가에서 소나무를 중시했다. 고려 왕조와 소나무의 유대는 왕건의 조상 때에 이미 형성되었으며, 고려의 수도 개성이 松岳으로 일컬어지는 데서 알 수 있듯이 소나무는 수도의 상징이었다. 그만큼 고려 왕조의 운명과 깊은 연관을 가진 것이 소나무였다.

소나무는 고려시기 재목으로 가장 널리 사용되었다. 삼국시기까지의 건축목재는 참나무가 주종이고, 소나무가 부차적이었지만, 고려에 와서 건축자재의 중심 지위는 소나무가 차지했다. 국가 차원에서 관심을 기울인 나무에는 과실수도 있지만3) 무엇보다도 중시한 것은 소나무였다.

소나무는 늘 중시되는 樹種이었지만 고려시기의 그것에 대해서 지금까지의 연구에서는 깊은 관심을 기울이지 않았다. 專論한 글이 거의 없는 것으로 보인다.4) 이 글에서는 고려시기의 소나무를 국가 정책의 차원에서 접근해 보려고 한다. 우선 고려시기 소나무의 사용처를 확인해 그 중요성을 명확히 하고, 국가에서 소나무에 대해 어떠한 정책을 펼쳤

---

2) 金東珍, 2009 『朝鮮前期 捕虎政策 硏究』, 선인 참조.
3) 과실수는 권농정책 차원에서 중시했으며, 반면 소나무는 산림정책 차원에서 깊은 관심을 기울였으므로 정책의 차원이 구분되었다.
4) 소나무에 관해 포괄적으로 언급한 저서는 다음과 같다. 임경빈, 1995 『소나무』, 대원사 ; 공우석, 2003 『한반도 식생사』, 아카넷 ; 전영우, 2004 『우리가 정말 알아야 할 우리 소나무』, 현암사 ; 이정호 엮음, 2004 『소나무, 또 하나의 겨레 상징』, 사단법인 숲과 문화 연구회 ; 강판권, 2013 『조선을 구한 신목, 소나무』, 문학동네 ; 김진수 외, 2014 『소나무의 과학』, 고려대 출판문화원. 최근 이정호씨는 환경변화의 관점에서 숲의 개발로 인해 산림이 훼손되며, 그 결과 자연환경이 변화했다는 점을 지적했다(이정호, 2013 「高麗時代 숲의 개발과 環境變化」『사학연구』111). 이정호씨의 연구는 새로운 접근이라고 할 수 있지만 소나무에 초점을 둔 글은 아니다.

는가를 검토하고자 한다. 소나무의 식재에 노력하고 수급에 힘쓴 사항을 구명할 것이다. 고려후기에 소나무 훼손이 심각해진 양상을 지적하고, 조선초 국가 차원의 송목정책이 강화되는 과정을 명확히 하고자 한다. 국가 정책의 시각에서 접근하는 것은 소나무에 대한 이해의 출발이란 의미를 갖는다고 생각한다.

2. 소나무의 속성과 이용

고려시기 소나무는 다양한 방면에서 활용했으며, 나무 가운데 가장 중시했다. 고려 건국에 앞서 개성에서 소나무를 열심히 가꾼 것도 그 때문이었다. 흔히 "松栢 百木長也"라고 일컬어졌다.[5] 잣나무와 더불어 소나무가 모든 나무의 으뜸이라는 것이다. 소나무의 현재 분포지역은 함경도와 평안도의 고원지대를 제외한 한반도 전역에 걸쳐 있다.[6] 소나무가 현재의 남한에서 차지하는 면적은 단일 수종으로는 전체의 43%로서 으뜸의 지위에 있다. 소나무는 전국에 걸쳐 나타나고 해발고도는 주로 150~1,420m 사이이며, 경사는 평탄지(3도)에서 급경사지(60도)에 이르기까지 다양하다.[7]

소나무는 비옥한 토양보다는 거친 땅에서 잘 자라는 성질을 갖고 있다. 소나무는 황폐한 지역을 복구하기 좋은 수종으로서 자연상태의 경우 휴한지에 가장 먼저 입성하는 나무이다. 비옥한 토양에서는 오히려

---

5) 『高麗史』권85, 志39, 刑法2, 禁令, 顯宗 4년 3월.
6) 임경빈, 1995 앞의 책, pp.20~21 : 이현숙, 2016 「화분분석으로 본 신라 통일기의 소나무」『생태환경과 역사』1.
7) 공우석, 2003 앞의 책, p.162.

낙엽송이 잘 자라기 때문에 상대적으로 소나무는 번성하지 않는다. 화강암이 많고 지표의 유기물이 두텁게 형성되지 않은 산악 조건에서 소나무는 낙엽활엽수보다 생존력이 강하다.

우리나라 소나무 숲은 인공적으로 조성한 것보다는 天然更新에 의한 것이 대부분이다.[8] 천연갱신이란 기존의 나무에서 종자가 숲·땅에 떨어져, 그 뒤 자연적으로 어린 나무가 자라나 후계림을 만드는 것을 가리킨다. 재목으로 사용할 수 있으려면 수십 년 이상 성장해야 한다. 조선 성종대 소나무를 선박제작의 목재로 사용하려면 100년이 걸린다는 표현이 보이고,[9] 적어도 40~50년이 필요하다고 보았다.[10]

한반도에서 소나무 화석은 백악기, 즉 약 1억 3,500만 년 전부터 6,500만 년 전까지의 지층에서 발견되었다. 또한 경북의 포항, 연일, 감포 지역과 강원도의 통천, 북평 등지에 있는 신생대 제3기, 즉 6,500만 년 전부터 250만 년 전까지에 해당하는 지층에서 많은 양의 소나무류 화석이 보고되었다. 이처럼 소나무는 인간과는 비교할 수 없는 엄청난 세월을 한반도에서 살아왔다.[11] 화분 분석 결과 소나무가 널리 식생한 시기는 1400년 전으로 대략 7세기 무렵이었다.[12] 그리고 목재로 소나무가

---

8) 임경빈, 1995 앞의 책, 대원사, p.79.
9) 『成宗實錄』권48, 成宗 5년 10월 庚戌(28일), 9-159(국사편찬위원회 영인본 9册, p.159를 뜻함, 이하 같음).
10) 『成宗實錄』권68, 成宗 7년 6월 丙子(5일), 9-349.
11) 이현숙, 2016 앞의 논문.
12) 金遵敏, 1980 「韓國의 環境變遷과 農耕의 起源」『한국환경생태학회지』3, p.47.

연대(Yr.B.P)	특징
17000 ~ 15000	가문비나무屬, 전나무屬, 五葉松亞屬, 落葉松의 시대
15000 ~ 10000	草本類, 羊齒類의 시대
10000 ~ 6700	졸참나무亞屬의 시대

널리 사용된 것은 고려시기부터로 보인다.

고려시기 문인들은 소나무가 사철 내내 푸르름을 간직하고 있음을 칭송하고 있다. 고려중기 李仁老는 오래 사는 식물로 소나무와 잣나무만한 것이 없다고 보았다. 그는 소나무가 비와 이슬을 먹고 자라며 낮과 밤으로 성장하는 것은 다른 초목과 마찬가지이지만, 얼음이 얼고 서리가 내려 땅바닥이 갈라질 때에 이르러서는, 홀로 푸르러 한결같이 변하지 않는다고 지적했다.[13] 소나무는 네 계절을 통하여 가지와 잎을 바꾸지 않으니 君子가 취하는 바라는 표현도 보인다.[14]

鄭道傳도 소나무의 푸른 수염과 굽은 형상을 군자의 덕 있는 모습으로 보았다. 그는 엄동 추위에 초목이 꺾이지만 소나무는 우뚝 서서 나중에 시들며, 한여름 무더위에 생물이 시들지만 소나무는 울창하여 변하지 않는다고 하면서, 이는 군자가 절개를 굳게 지켜서 貧賤에도 변하지 않으며, 위엄과 무력으로도 굽힐 수 없는 것과 비슷하다고 언급했다.[15] 소나무 속성에 대한 당대인의 인식을 잘 나타내는 표현이다.

소나무는 群落을 이루어 서식하는 예가 많았다. 仙槎郡의 남쪽 흰 모래가 평평한 둑에 어린 소나무 수천여 그루가 있었다는 것이 그것이다.[16] 平海郡 인근 5리 지점에 소나무가 만 그루가 있었다는 기록도 보

6700 ~ 4500	소나무속, 졸참나무아속, 개서나무屬의 시대
4500 ~ 1400	졸참나무아속, 소나무속, 개서나무속, 개암나무속, 느릅나무속, 호두나무속의 시대
1400 ~ 현재	소나무屬, 草本類의 시대

13) 李仁老, 「雙明齋記」『東文選』권65.
14) 李穡, 「六益亭記」『牧隱詩藁』권24.
15) 鄭道傳, 「君子亭記」『三峯集』권4.
16) 安軸, 「翠雲亭記」『東文選』권68.

인다.17) 동래현 裁松浦에 소나무 수만 그루가 있다고 한다.18) 양양도호
부 祥雲亭은 바다 곁에 있는데 소나무가 10리를 연달아 푸르게 그늘져
서 해가 보이지 않는다고 한다.19) 또한 양양도호부 降仙驛을 소재로 한
시에서 천 그루 소나무 밑에 물결이 모래를 씻는다는 鄭樞의 시가 보인
다.20) 소나무는 흩어져 서식하는 수도 있었지만, 한 지점에 수천 내지 1
만 그루가 군락을 이루어 서식하는 수가 많았던 것이다.

소나무는 다양하게 이용할 수 있었다. 소나무는 집을 짓는 재목, 선박
을 만드는 목재, 관을 제작하는 자재로 중요했다. 그리고 땔감, 救荒食
料로 사용되었다. 송화가루는 기호식품으로 활용되었고, 송이버섯, 송
진 등 소나무 부산물은 활용가치가 컸다.21)

고려시기 자료를 근거로 소나무가 이용된 여러 사례를 확인해 보고
자 한다. 우선 소나무는 목재로 적극 활용했다. 궁궐과 관아를 조영하
거나 사원을 조영하는 경우 중요한 목재는 대부분 소나무로 충당했다.
개인이 집을 조영하는 경우에도 소나무가 중요한 자재였다. 건축자재
로 사용된 소나무는 삼국시대 6%, 고려시대 71%, 조선전·중기 73%,
조선후기 88%였으며, 삼국시대에는 참나무가 57%였다.22) 따라서 고

---

17) 李穀, 「東遊記」『稼亭集』권5.
18) 『新增東國輿地勝覽』권23, 慶尙道, 東萊縣, 山川.
19) 『新增東國輿地勝覽』권44, 江原道, 襄陽都護府, 樓亭, 祥雲亭.
20) 『新增東國輿地勝覽』권44, 江原道, 襄陽都護府, 驛院, 降仙驛.
21) 임경빈, 1995 『소나무』, 대원사, pp.80~83 ; 공우석, 2003 앞의 책, pp.163~164.
22) 박원규·이광희, 2007 「우리나라 건축물에 사용된 목재 수종의 변천」『건축역사연
구』16-1, p.12.
　　<표> 시대별 우리나라 집터유적 및 건축물 목재수종

시기	수종
선사시대	참나무(94%), 소나무(5%), 벚나무(1%), 기타
삼국시대	참나무(57%), 굴피나무(21%), 밤나무(13%), 소나무(6%), 느티나

려시기 나무를 베어내 건축 자재로 활용한다고 했을 때 그것은 대부분 소나무였다고 볼 수 있다.

건축자재로 소나무가 사용되는 것은 여러 기록에서 확인할 수 있다. 정자를 세웠는데 소나무를 베어 서까래를 걸었다는 기록이 보인다.[23] 조선초 태종 6년(1406) 5월 당시 公卿 이하의 관리들이 정릉 백보 바깥의 집터를 다투어 차지하고서 소나무를 斫伐해 집을 짓는 일이 성행한다는 지적이 보인다.[24] 소나무가 집을 짓는 자재로 활용됨을 표현한 것이다. 세종 5년(1423) 3월의 기록에서는 "松木 造家 … 所用最緊"이라고 언급했다.[25]

소나무는 선박을 제조하는 데에도 중요한 소재였다. 배를 만들 때는 대형의 나무가 필요하고 또 견고해야 했는데 소나무가 가장 선호되었다. 선박을 제조함에 소나무를 적극 활용한 것은 조선초의 기록에서 다수 확인할 수 있다. "造船之材 必須松木",[26] 또 "松木 乃是造船之材"라는 것이[27] 그것이다. 병선을 비롯한 선박의 제작에는 대부분 소나무가 사용되었다. 서해와 남해의 해저에서 발굴된 고려시기 선박은 모두 소

	무(1%), 기타
고려시대	소나무(71%), 느티나무(22%), 잣나무(5%), 참나무(1%), 피나무(1%)
조선 전·중기	소나무(73%), 참나무(14%), 느티나무(9%), 전나무(2%), 잣나무(2%), 기타
조선후기	소나무(88%), 전나무(5%), 참나무(4%), 기타
근대	잣나무(35%), 소나무(23%), 잎갈나무(16%), 가문비나무(11%), 기타

23) 李崇仁, 「秋興亭記」 『陶隱集』 권4.
24) 『太宗實錄』 권11, 太宗 6년 5월 辛卯(2일), 1-356.
25) 『世宗實錄』 권19, 世宗 5년 3월 甲申(3일), 2-529.
26) 『世宗實錄』 권5, 世宗 1년 8월 癸未(11일), 2-331.
27) 『世宗實錄』 권34, 世宗 8년 10월 丁丑(17일), 3-46.

나무 배였다.28)

소나무에서 채취하는 송화·송진도 생활에 중요한 자재였다. 소나무의 꽃가루인 송화는29) 다식의 원료이면서 약재로 널리 활용되었다. 소나무 상처에서 나오는 송진 역시 접착제의 원료나 도료·연료로서 널리 이용되었다.

소나무 뿌리에서 자라는 버섯은 중요한 식자재 혹은 약재였다. 송이버섯은 버섯 가운데 으뜸되는 맛을 보유하고 있어 사람들이 선호했으며 松蕈·松菌 등으로 불렀다. 우리나라 소나무숲은 송이가 자라는 데 적합한 환경이기 때문에 송이가 많이 채취되고 있다.30)

李奎報는 시에서 송이버섯을 언급하고 있다.

버섯은 썩은 땅에서 나거나(菌必生糞土)
아니면 나무에서 나기도 하네(不爾寄於木)
모두가 썩은 데서 나기에(朽腐所蒸出)
흔히들 중독이 많다 하네(往往多中毒)
이 버섯만은 소나무에서 나(此獨産松下)
항상 솔잎에 덮였다네(常爲松葉覆)
소나무 훈기에서 나왔기에(爲有松氣熏)
맑은 향기 어찌 그리도 많은지(淸香何馥馥)
향기 따라 처음 얻으니(尋香始可得)
두어 개만 해도 한 웅큼이네(數箇卽盈掬)31)

---

28) 김진수 외, 2014 앞의 책, p.330.
29) 李奎報, 「松花」『東國李相國後集』권1.
30) 구창덕 외, 1993 「소나무림, 송이 생산을 위해서는 어떻게 할 것인가?」『소나무와 우리문화』(전영우 편), 수문출판사 참조.
31) 李奎報, 「食松菌」『東國李相國全集』권14.

소나무에서 나는 송이버섯의 향기가 짙음을 표현한 것이다. 이규보는 또한 "官軍은 東京(慶州)을 떠나 雲門山으로 들어가 주둔했는데, 草賊이 또한 조금 없어져 軍中에 별일이 없으므로, 다만 소나무 등걸에 새로 돋은 버섯을 따 불에 구워 씹는 맛이 매우 좋았다."고 언급하고 있다.[32]

소나무에서 채취하는 그을음은 먹을 만드는 원료로서 松烟(松煙)·松媒라고 불리었다. 송연은 좋은 먹을 만드는 재료였다. 먹은 아교를 녹여 넣은 물에 그을음을 반죽하여 만드는데 그을음 중에서는 소나무 태운 것을 으뜸으로 여겼다. 송나라 사신 徐兢은 松煙墨은 猛州(평안북도 孟山) 것을 귀히 여기나 색이 흐리고 아교가 적으며 모래가 많다고 언급했다.[33]

그리고 소나무 자체는 땔나무로서도 매우 우수했다. 화력이 좋았기 때문이다. 온돌의 난방용으로도 소나무 장작이 뛰어났다. 이러한 속성 때문에 숯을 만드는 원료로 소나무가 사용되기도 했다. 고종 4년(1217) 1월 나무꾼이 태묘에서 소나무를 베어냈다는 표현이 보인다.[34] 이는 소나무가 땔나무로 사용되었음을 알려준다. 監試主司 閔思平 집의 노비가 땔나무를 하려고 성 밖으로 나가서 생 소나무를 벤 일에서도[35] 소나무가 땔나무로 사용되었음을 볼 수 있다. "밥 짓는 부엌엔 솔가지를 때고"[36]라는 구절에서도 소나무가 땔나무로 이용되었음을 알 수 있다. 땔나무는 거래되는 대상이었다. 白任至라는 인물은 藍浦縣人인데, 의

---

32) 李奎報, 「答全朴兩友生自京師致問手書」『東國李相國全集』권27.
33) 『高麗圖經』권23, 雜俗2, 土産.
34) 『高麗史節要』권15, 高宗 4년 1월.
35) 李穡, 「坡平君尹公墓誌銘 并序」『牧隱文藁』권18.
36) 『新增東國輿地勝覽』권12, 京畿, 長湍都護府, 古跡, 摠持寺.

종대 개경에 와서 땔나무를 팔아서 생활했다.[37] 땔나무의 중심은 소나무였을 가능성이 크다.

숯은 땔나무에서 한 단계 진전된 고급 연료였다. 고려시기 국가 차원에서 숯을 징수하고 있고, 또 그것은 거래되기도 했다. 나무를 가공하여 숯을 만들면 보존하기도 편리하고 사용하기도 용이했다. 일찍이 광종은 柴炭(숯)을 京外의 도로에서 施與한 일이 있었다.[38] 숯은 뇌물로서 사용되기도 했다.[39] 그리고 시탄은 공물로서도 납부되었다.[40] 시탄은 참나무로도 만들지만, 소나무도 중요한 소재였다.

소나무는 구황식료로서도 주목을 끌었다. 소나무의 속껍질은 먹을 수 있는 식료였다. 흉년이 들어 '草根木皮'로 연명하는 경우, 목피는 곧 소나무 껍질이었다. 삼국시기에 松皮가 구황식료로 사용되었다. 訥祇麻立干 16년(432) 봄에 곡식이 귀하자 사람들이 '松樹皮'를 먹었다는[41] 구절에서 알 수 있다.

조선초 세종 16년(1434) 2월 경상도 진제경차관이 계문한 내용에, "救荒之物 橡實爲上 松皮次之"[42]라는 표현에서 송피가 구황식료로서

---

37)『高麗史』권100, 列傳13, 白任至 ;『高麗史節要』권13, 明宗 21년 2월.
38)『高麗史』권2, 世家6, 光宗 19년 ;『高麗史』권93, 列傳6, 崔承老 ;『高麗史節要』권2, 光宗 19년.
39) 金龍善 編著, 2012『高麗墓誌銘集成』, 한림대 출판부,「金須妻 高氏墓誌銘(1327년)」.
40)『高麗史』권80, 志34, 食貨3, 賑恤, 災免之制, 忠烈王 17년 9월 ;『高麗史』권80, 志34, 食貨3, 賑恤, 恩免之制, 忠烈王 24년 忠宣王 즉위년 1월 ;『高麗史』권82, 志36, 兵2, 站驛, 恭愍王 12년 5월. 고려전기에는 국가에서 필요한 시탄은 주로 炭所에서 공급되었던 것으로 생각된다. 중기 이후 소의 감소와 소멸에 따라 시탄의 공급이 원활하지 못하자 그것을 각 驛에 부과했다. 고려후기의 시탄공은 일반 백성들에게 보편적으로 적용된 세목은 아니었다(박종진, 2000『고려시기 재정운영과 조세제도』, 서울대 출판부, pp.221~222).
41)『三國史記』권3, 新羅本紀3, 訥祇麻立干 16년.
42)『世宗實錄』권63, 世宗 16년 2월 乙亥(27일), 3-546.

중요했음을 알 수 있다. 그리고 前 永同縣監 郭珣이 영동현에서 失農한 이가 매우 많아, "人之絶食者十之八九 惟草葉松皮是資"라고 했다.[43] 송피가 구황식료로 사용된 것이다.

조경 분야에서도 소나무가 가장 널리 이용되었다. 그늘을 만들고 좋은 향을 배출하는 나무를 심고자 할 때 소나무가 선호되었다. 궁궐 주변을 조경하는 경우 소나무를 배치하는 일이 많았다. 定宗 1년(946) 1월 국왕이 현릉을 배알하고 치제하는 날 저녁에 御殿 東山의 松林에서 왕의 이름을 부르는 소리가 들렸다.[44] 여기에서 궁궐 부근에 소나무가 있었음을 알 수 있다. 공민왕 14년(1365) 올빼미가 경령전 소나무에서 울었다.[45] 경령전 인근에 소나무가 있는 것이다.

사원의 주변에 소나무를 심어 조경을 하는 일은 흔했다. 개경 주변의 사원이나 외방의 사원 주변에는 늘 소나무가 있었다. 찾는 이들에게 휴식을 제공하는 나무로서 소나무가 중요했기 때문이다. 수행하는 승려들도 소나무를 가까운 곳에 두고자 했다.[46] 대부분의 사원은 주변 경관에 소나무를 배치했다고 할 수 있다.[47]

인종 8년(1130) 귀법사 산 위의 소나무에 벼락이 친 것,[48] 인종 10년 송림사 소나무에 벼락이 친 것,[49] 명종 11년(1181) 윤3월 어떤 기운이 홍국사 소나무에서 발생한 것이 전한다.[50] 이처럼 귀법사·송림사·홍

---

43) 『世宗實錄』권74, 世宗 18년 8월 庚寅(27일), 4-28.
44) 『高麗史』권2, 世家2, 定宗 1년 1월.
45) 『高麗史』권53, 志7, 五行1, 火, 恭愍王 14년 11월.
46) 李炳熙, 2002 「高麗時期 寺院의 新設과 可用空間의 擴大」『靑藍史學』6.
47) 전영우, 2016 『한국의 사찰 숲』, 모과나무.
48) 『高麗史』권53, 志7, 五行1, 水, 仁宗 8년 6월.
49) 『高麗史』권53, 志7, 五行1, 水, 仁宗 10년 6월.
50) 『高麗史』권54, 志8, 五行2, 金, 明宗 11년 윤3월 甲申.

국사 인근의 소나무 존재를 확인할 수 있다.

안화사에 들어가는 입구에 소나무가 있었으며,[51] 국청사 주변도 높은 소나무가 둘러싸고 있었다.[52] 영통사 부근에도,[53] 묘련사 주변에도 소나무가 서식했다.[54]

봉선사 부근에도 소나무가 조경으로 갖추어져 있었다. 공민왕 16년 4월 왕이 걸어 봉선사 소나무 언덕에 가서 격구를 구경한 것,[55] 공민왕 23년 8월 왕이 폐행을 거느리고 걸어서 봉선사 소나무 언덕에 이르러 유희한 것,[56] 신돈이 奇顯의 집에 있으면서 봉선사 소나무 언덕을 경유해 왕궁에 출입한 것[57] 등에서 봉선사 인근에 소나무가 있었음을 알 수 있다. 사원의 조경과 관련한 소나무를 주목할 수 있는 것이다.

불은사에도 소나무가 있었다. 공민왕 21년 5월 孫內侍가 불은사 소나무에서 자결했다.[58] 봉은사 부근에도 소나무 숲이 있었다. 우왕 2년 (1376) 윤9월 順靖王后 韓氏를 화장한 뒤 유골을 수습해 봉은사 송림에 두었다는 데서[59] 확인할 수 있다.

공민왕 16년 4월 진주 단속사의 누운 소나무가 스스로 일어났다는 데에서도[60] 단속사의 소나무를 확인할 수 있다. 봉두사 일대에도 소나무가 있었다.[61] 그밖에도 다수의 비슷한 예를 볼 수 있다. 여산사,[62] 안

---

51) 『高麗圖經』권17, 祠宇, 靖國安和寺.
52) 『高麗圖經』권17, 祠宇, 國淸寺.
53) 釋月窓, 「靈通寺西樓次古人韻」『東文選』권16.
54) 李齊賢, 「妙蓮寺中興碑」『益齋亂藁』권6.
55) 『高麗史』권41, 世家41, 恭愍王 16년 4월 甲子.
56) 『高麗史』권44, 世家44, 恭愍王 23년 8월 壬戌.
57) 『高麗史』권132, 列傳45, 叛逆6, 辛旽.
58) 『高麗史』권43, 世家43, 恭愍王 21년 5월 癸酉 ; 『高麗史節要』권29, 恭愍王 21년 5월.
59) 『高麗史』권133, 列傳46, 辛禑 2년 윤9월 ; 『高麗史節要』권30, 辛禑 2년 윤9월.
60) 『高麗史』권54, 志8, 五行2, 木, 恭愍王 16년 4월.

국사,[63] 부흥사,[64] 앙암사,[65] 보문사,[66] 속리사,[67] 미륵암[68] 등에서도 확인할 수 있다.

왕릉 주변이나 국가의 종묘 인근에도 소나무를 배치했다. 조상들이 편히 쉬는 장소 주변에 소나무를 조성한 것이다. 개인의 경우에도 무덤 근처에 소나무를 배치하는 일이 많았다. 宣宗 7년(1090) 8월 乾陵의 소나무에 벼락이 친 일이 있다.[69] 건릉 주변의 소나무의 배치를 볼 수 있다. 큰 바람이 불어 祧廟寢園의 소나무가 뽑혔다는 사실에서도[70] 국왕의 사당과 왕릉에 소나무가 있음을 알 수 있다.

묘소의 조경으로 소나무가 이용된 것은 죽어서 소나무 밑에 묻힌다는 관념이 있는 데서 엿볼 수 있다.

> 썩은 뼈는 부질없이 소나무 아래 흙이 되고(枯骨謾爲松下土)
> 한 조각 마음은 영원히 물 속의 연꽃이다(片心長似水中蓮)[71]

그리고 東宮妃主의 애책문에서 "네 金屋을 버리고 소나무 있는 언덕(松阡)으로 가는구나"[72]라는 표현에서도 확인할 수 있다. 강릉부에 소

---

61) 李奎報, 「題鳳頭寺」『東國李相國全集』권6.
62) 權漢功, 「廬山寺枕碧樓」『東文選』권10.
63) 李穡, 「記安國寺松亭看雨」『牧隱詩藁』권9.
64) 卞季良, 「宿復興寺」『東文選』권10.
65) 李仁老, 「仰巖寺」『東文選』권13.
66) 朴孝修, 「普門社西樓」『東文選』권16.
67) 朴孝修, 「偶題俗離寺」『東文選』권16.
68) 金克己, 「贈彌勒住老」『東文選』권19.
69) 『高麗史』권53, 志7, 五行1, 水, 宣宗 7년 8월 ; 『高麗史節要』권6, 宣宗 7년 8월.
70) 『高麗史』권45, 世家45, 恭讓王 1년 12월 ; 『高麗史節要』권34, 恭讓王 1년 12월.
71) 李奎報, 「次韻康先輩哭丈大禪帥 幷序」『東國李相國全集』권18.
72) 李奎報, 「同前哀册文」『東國李相國全集』권36, .

재한 朴澄 모친의 산소 부근에 소나무가 있었다.[73] 고려시기 무덤 주변에 소나무가 위치하고 있음은 여러 자료에서 확인할 수 있다. 蔡仁範의 묘지에,[74] 柳邦憲의 무덤에,[75] 그리고 吳闡猷의 무덤 부근에 소나무가 있었다.[76]

정자를 세우거나 유흥장소를 꾸미고자 하는 경우에도 소나무는 필수적이었다. 이러한 소나무는 인위적으로 식재하는 수도 있었고, 소나무 인근에 시설을 세움으로써 자연스럽게 소나무를 주변 경관으로 갖출 수도 있었다. 越松亭의 소나무,[77] 君子亭의 소나무,[78] 月波亭의 소나무,[79] 六松亭의 소나무[80] 등의 사례가 보인다.

인종 8년(1130) 7월 오정리 인가의 소나무에 벼락이 쳤다는 데서,[81] 개인 집의 조경에 소나무가 이용되었음을 알 수 있다. 최충헌이 집에 소나무를 심은 것이나,[82] 李府監이 집 동쪽에 箕谷溪堂을 짓고 소나무 백 그루를 심은 것[83] 역시 개인집 조경에 소나무가 활용된 예이다. 趙冲의 별장인 獨樂園의 조경수가 소나무였으며,[84] 金光載의 경우 자신의 집을 소나무를 심어 조경했다.[85]

---

73) 李穀,「高麗國江陵府艷陽禪寺重興記)」『稼亭集』권2.
74) 金龍善 編著, 2012『高麗墓誌銘集成』,「蔡仁範墓誌銘(1024년)」.
75) 金龍善 編著, 2012『高麗墓誌銘集成』,「柳邦憲墓誌銘(1051년)」.
76) 金龍善 編著, 2012『高麗墓誌銘集成』,「吳闡猷墓誌銘(1238년)」.
77) 李穀,「次越松亭詩韻」『稼亭集』권20.
78) 鄭道傳,「君子亭記」『三峯集』권4.
79) 權近,「月波亭記」『陽村集』권13.
80) 申槩,「六松亭記」『東文選』권81.
81) 『高麗史』권55, 志9,五行3, 土, 仁宗 8년 7월 辛亥.
82) 『高麗史』권129, 列傳42, 叛逆3, 崔忠獻.
83) 李詹,「箕谷溪堂記」『東文選』권77.
84) 金龍善 編著, 2012『高麗墓誌銘集成』,「趙冲墓誌銘(1220년)」.
85) 金龍善 編著, 2012『高麗墓誌銘集成』,「金光載墓誌銘(1363년)」.

고려시기 소나무는 널리 활용되는 대표적인 나무였다. 소나무는 개인 차원에서도 중요했지만 국가 차원에서는 더욱 중요했다. 국가 운영에 필요한 소나무 재목의 안정적 조달은 매우 중요한 일이었다. 그렇기 때문에 소나무의 확보를 위해 국가 차원에서 대책을 수립하지 않을 수 없었다.

3. 소나무의 관리와 수급

고려시기 국가 사회적으로 엄청난 중요성을 갖는 소나무에 대해 국가 차원에서 각별한 대책을 수립해 실천했다. 무엇보다도 소나무를 심는 일에 적극 관심을 기울였다.

이미 태조 왕건이 태어나기 전부터 개경 일대에는 다수의 소나무를 심었다. 부소군이 부소산의 북쪽에 있었는데 풍수에 밝은 신라의 監干八元이 산의 남쪽으로 옮기고 소나무를 심어 바위를 드러나지 않게 한다면 삼한을 통합하는 자가 나올 것이라고 했다. 이에 康忠(왕건의 4대조)이 소나무를 대대적으로 부소산의 남쪽에 식재했다. 강충과 부소군의 사람들이 부소산의 남쪽으로 옮기고 소나무를 두루 심고 군의 이름을 송악군으로 고쳤다.[86]

이처럼 고려의 전국 이전부터 개성에 다수의 소나무를 심었던 것이다. 고려의 수도는 엄청난 소나무를 확보한 데에서 출발한 것이다. 松岳(松嶽)·松京에서 알 수 있듯이 松(소나무)은 개성의 상징이었고 고려의 나무였다. 그리고 왕건의 왕릉인 顯陵의 벽화에도 소나무가 그려져

---

86) 『高麗史』, 高麗世系.

있다.87) 그만큼 소나무는 고려 국가에서 중시하는 나무였다.

뒷날 개성이 고려의 도읍이 되면서 궁궐·관아와 사원 등 엄청난 건축물이 만들어졌을 텐데, 필요한 소나무는 강충때 심은 소나무에서 공급받았을 가능성이 크다. 왕건이 태어나기 전에 심은 소나무는 918년에는 이미 100년 이상 자랐기 때문에 재목으로 널리 활용될 수 있었을 것이다.88)

고려가 건국되기 이전부터 개경 일대에 소나무의 식재가 있었지만 이후에도 풍수지리를 고려해 다수의 소나무를 식재했다. 土風을 강조하는 분위기가 고양될 때마다89) 소나무의 식재가 중요시되었다.

공민왕 6년(1357) 윤9월 사천소감 于必興이 토풍에 따라 여러 산에 소나무를 심어 무성하게 하라고 건의하자, 국왕이 이를 따랐다.90) 공민왕대에도 토풍을 강조하는 풍수가는 소나무를 적극 심어야 한다는 논리를 피력했다. 소나무는 고려 국가의 운명을 좌우할 정도로 중요한 나무였던 것이다.

고려시기 소나무를 심는 일은 흔히 찾아볼 수 있다. 靖宗 1년(1035) 4월 개경의 명산에 두루 나무를 심는 조치가 있었다.91) 이때 심은 나무는 소나무였을 것이다. 씨를 뿌려 묘목을 육성하고 그것을 옮겨 심는

---

87) 김진수 외, 2014 『소나무의 과학』, 고려대 출판문화원, p.330 ; 지민경, 2011 「10~14세기 동북아 벽화고분 예술의 전개와 고려 벽화고분의 의의」『미술사연구』25.

88) 이현숙씨는 강충이 소나무를 심은 시점을 750년대로 추정했다(이현숙, 2016 앞의 논문). 이와 달리 798~838년 무렵으로 비정하는 견해도 있다(김진수 외, 2014 앞의 책, p.329).

89) 고려시기 토풍에 관해서는 구산우, 2015 「고려시기 제도와 정책의 수용과 배제 - 成宗代 華風과 土風의 공존과 갈등을 중심으로 -」『한국중세사연구』42 참조.

90) 『高麗史』권39, 世家39, 恭愍王 6년 윤9월 戊申 ; 『高麗史節要』권26, 恭愍王 6년 윤9월.

91) 『高麗史』권6, 世家6, 靖宗 1년 4월.

것이 아니라 자연적으로 자란 기존의 소나무를 옮겨 심는 방식으로 식
재했다.

고려에서 개경에 궁궐을 조영하는 경우, 경관을 위해 소나무를 식재
했다. 靖宗 7년 2월 송악산의 동서 산록에 소나무를 심어 궁궐을 장엄
하게 했다.[92] 개경 주변 송악산에 소나무를 심어 궁궐 조경을 도모했음
을 볼 수 있다. 예종 1년(1106) 2월 송악은 경도의 진산인데 오랜 비로
사토가 표류하고 암석이 드러나 초목이 무성하지 못하다고 하면서 栽
植하도록 해야 한다고 日官이 아뢰자 국왕이 이를 따랐다.[93] 송악에 원
래부터 소나무가 많았음을 생각하면, 이때 재식한 나무는 대부분 소나
무였을 것으로 보인다.

소나무는 산림정책의 차원에서 식재한 것이었다. 따라서 권농의 일
환으로 식재하는 나무와는 크게 구분되었다. 권농의 일환으로 나무를
심는 일도 적지 않았다.[94] 대개 뽕나무·밤나무·칠나무·닥나무를 심
게 한 것이다. 이것은 임야의 관리보다는 과실의 획득, 누에·칠·종이
생산에 필요한 원료의 취득에 목적을 둔 식재이다.

고려 건국 이전부터 개경 일대에는 대대적인 소나무 식재가 이루어
져 고려 건국 무렵에는 개경 일대가 소나무 숲으로 덮혀 있었을 것으로
사료된다. 국가 차원의 적극적인 소나무 식재는 정종 1년과 7년, 예종 1
년, 공민왕 6년에 확인된다. 궁궐·왕릉·사원 등에 소나무를 심는 일은
허다한 예를 찾을 수 있다. 그러나 국가적 차원에서의 식재는 개경 일

---

92) 『高麗史』권6, 世家6, 靖宗 7년 2월.
93) 『高麗史』권12, 世家12, 睿宗 1年 2월 ; 『高麗史節要』권7, 睿宗 1년 2월.
94) 『高麗史』권79, 志33, 食貨2, 農桑, 仁宗 23년 5월 ; 『高麗史』권79, 志33, 食貨2, 農
桑, 明宗 18년 3월.

대에 한정되었다고 판단된다.

고려에서는 이렇게 소나무의 식재에 힘써 다수의 소나무를 심었을 뿐만 아니라 관리에도 관심을 기울였다. 소나무를 크게 해치는 병충해가 발생하면 그것의 퇴치에 힘을 기울였다. 가장 눈에 띄는 조치는 松蟲의 퇴치였다. 소나무를 먹는 송충의 발생은 자주 있는 일인데, 그러한 일이 발생하면 그것의 퇴치를 위해 노력했다. 사람들을 동원해 직접 잡아서 없애는 방법도 있었고, 법회를 베풀어 물러가기를 기원하기도 했다.

숙종 6년(1101) 4월 태사가 송충이 소나무를 먹는 것은 병란의 징조라고 하면서 灌頂・文豆婁・寶星 도량과 老君符法을 행해 물리치자고 하니, 이에 국왕이 따랐다.95) 숙종 7년 승려를 모아 기양하기도 했고, 병졸 500명을 징발해 송악의 송충을 잡도록 했다.96) 소나무에 큰 손상을 입히는 것이 송충이었고, 그것의 퇴치를 위해 노력하는 것은 소나무 관리의 일환이었다. 명종 16년(1186) 5월 서해 풍주 경계에서 송충이 소나무 잎을 갉아먹었는데, 재를 베풀어 물리쳤다.97) 공민왕 3년(1354) 6월 벌레가 송악의 소나무를 먹자 잡도록 명했다.98) 잡도록 한 벌레는 당연히 송충으로 보인다. 공양왕 3년(1391) 벌레가 송악산의 소나무 잎을 먹자 各里 各領을 징발해 잡도록 했다.99) 송충이 발생하면 직접 사람을 동원해 잡기도 했고, 불교의례를 거행해 퇴치를 빌기도 했다. 불교의례가 송충 퇴치를 목적으로 설행하고 있음이 주목된다. 국가적 차원에서 송충의 퇴치에 노력한 지역은 대개 개경 일대였다. 외방에서의 송충 퇴

---

95) 『高麗史』권54, 志8, 五行2, 木, 肅宗 6년 4월 辛丑.
96) 『高麗史』권54, 志8, 五行2, 木, 肅宗 7년 6월 ; 『高麗史節要』권6, 肅宗 7년 6월.
97) 『高麗史』권54, 志8, 五行2, 木, 明宗 16년 5월.
98) 『高麗史』권54, 志8, 五行2, 木, 恭愍王 3년 6월.
99) 『高麗史』권54, 志8, 五行2, 木, 恭讓王 3년 4월.

치가 없지는 않았지만, 국가 차원의 조치는 개경 인근에 국한되었다.

국가는 소나무 남벌에 대해 제한했다. 성종 7년(988) 2월 李陽이 月令에 따르면 정월 중순 이후 벌목을 금지한다는 것을 언급한 바 있고,[100] 성종 역시 이양의 발언을 인용하면서 '禁伐木'을 언급했다.[101] 성종대의 벌목 금지는 월령 준수 차원에서 내려진 것으로 나무의 생장을 뒷받침하려는 것이었다. 벌목을 정월 중순 이전에 하라는 의미이지, 전국적인 벌목 금지, 禁松은 아니다. 이어지는 현종대의 조치와는 차원이 다르다고 판단된다.

현종 4년(1013) 3월 교하기를, 근래에 듣건대 백성들이 때 아닌 때에 송백을 벤다고 하니, 지금부터는 公家에서 사용하는 것을 제외하고 때를 어겨 소나무 벌채하는 것을 일체 금한다고 했다.[102] 때를 어기면서 소나무 베는 것을 금지한 것이다. 때에 맞게 베는 것은 허여한 것이다. 그리고 공가에서 필요한 경우에는 때와 관계 없이 벨 수 있다는 것이다. 소나무 남벌에 대한 현종대의 통제 조치인 것이다. 거란 침입으로 불탄 궁궐 등 시설 조영으로 소나무 소비가 급증한 것이 이러한 조치를 취하게 된 원인으로 보인다. 소나무를 특정한 엄한 조치로 보인다.

현종 22년 判한 내용에, 입춘을 지난 뒤에는 벌목하지 말라는 것이 보인다.[103] 아마 월령의 준수를 의미할 것인데, 벌목에 대한 제한 규정임은 분명하다. 벌목은 입춘 이전에 하라는 것이다. 이 역시 소나무에 국한된 조치는 아니었다.

---

100) 『高麗史』권3, 世家3, 成宗 7년 2월 ; 『高麗史節要』권2, 成宗 7年 2월.
101) 『高麗史』권3, 世家3, 成宗 7년 2월.
102) 『高麗史』권85, 志39, 刑法2, 禁令, 顯宗 4년 3월 ; 『高麗史節要』권3, 顯宗 4년 3월.
103) 『高麗史』권85, 志39, 刑法2, 禁令, 顯宗 22년.

인종 9년(1131) 3월 制하여 벌목을 금하도록 했다. 나무를 베지 말며, 짐승의 새끼와 새알을 없애지 말며, 짐승의 뼈와 썩은 살 붙은 뼈를 묻어 주게 하고, 東西大悲院과 濟危鋪를 수리하여 백성의 질병을 치료하게 하라는 것이다.104) 월령의 준수 차원에서 내려진 벌목 금지 조항이다. 나무가 활발하게 생장하는 절기에는 벌목해서는 안 된다는 것이다. 월령을 원용한 조치는 소나무를 특정한 禁松은 아니다.

고종 4년(1217) 1월 나무꾼이 베서 거의 민둥산이 된 태묘의 소나무 벌채를 금하도록 한 일이 있다.105) 태묘의 소나무 보존을 위해 노력한 것이다. 물론 큰 성과를 거두지는 못한 것으로 보인다.

충렬왕 3년(1277) 5월 官과 私人의 소나무 처마[松簷]를 금했다.106) 소나무 볕 가리개의 사용을 금한 것이다. 소나무 벌목을 직접 언급한 것은 아니지만 송첨 사용의 제한은 결국 소나무 벌목의 축소를 의미하는 것으로 이해된다.

충혜왕 후3년(1342) 무렵에도 성밖의 소나무를 베는 행위가 금지되고 있었던 것으로 보인다. 閔思平(1292~1359)의 집 노비가 성 밖에서 땔나무 마련을 위해 소나무를 베자 印安이 법으로 마땅히 금해야 했으므로 그것을 저지한 일이 있다.107)

벌목 금지의 경우 월령의 준수를 표방한 것은 왕성한 생장기에 벌목을 해서는 안 된다는 것이다. 전국을 대상으로 한 것이며, 소나무에 한정한 조치도 아니다. 월령에 따른 입춘 이후 벌목 금지 조치는 늘상 내

---

104) 『高麗史』권16, 世家16, 仁宗 9년 3월 ; 『高麗史節要』권9, 仁宗 9년 3월.
105) 『高麗史』권22, 世家22, 高宗 4년 1월 庚辰.
106) 『高麗史』권28, 世家28, 忠烈王 3년 5월 辛亥. 松簷은 처마 끝에 생솔가지를 엮어 달아 차양의 구실을 한 것이다.
107) 李穡, 「坡平君尹公墓誌銘 幷序」『牧隱文藁』권18.

려지는 것으로 소나무에도 적용되었을 것이지만 소나무에 한정된 조치는 아니다. 소나무에 대한 적극적 금벌 조치, 즉 禁松은 아닌 것으로 판단된다. 동물과 식물이 생식하는 절기에 나무를 훼손하지 말라는 것은 일상적인 규정일 뿐, 특별히 소나무를 대상으로 한 조치는 아니었다. 소나무에 한정해 구속력을 갖는 것은 현종·고종·충렬왕대의 조치로 보인다. 소나무 벌목 제한, 태묘에서의 소나무 벌목 금지, 소나무 차양 사용 금지뿐이다. 적극적이고 전면적인 금송조치는 아니었다.

그리고 樵牧·樵採·樵蘇 등에 대한 금지 조처도 땔나무 채취에 대한 내용이지만 그 대상이 되는 나무는 주로 소나무였다. 송악에서 멋대로 나무하는 것을 금하는 임무를 맡은 군인이 있었다. 松岳左右樵人檢點軍이 그것인데, 將校 각 1명, 散職將相 각 2명, 軍人 각 2명 도합 10명이 배치되었다.[108] 좌군이 5명, 우군이 5명이었다. 송악에서 함부로 나무를 베는 것을 금하는 일은 맡은 군인으로 보인다. 이들은 송악에서의 땔나무 벌채에 대한 관리를 담당했을 텐데, 아마도 소나무 보호가 가장 중요한 임무였을 것이다.

靖宗 1년 4월 경성 명산에서 초채하는 것을 금하는 조치가 취해졌다.[109] 靖宗 2년 5월에도 내외 명산에서 초채하는 것을 금지했다.[110] 개경만이 아니라 외방의 명산에서도 땔나무를 하지 못하도록 금령을 내린 것이다. 땔나무 하는 것을 금한 조치는 실은 소나무를 대상으로 한 것이다. 초채의 금지는 결국 소나무 벌채를 금하는 것으로 이해할 수 있다.

---

108) 『高麗史』권83, 志37, 兵3, 檢點軍.
109) 『高麗史』권6, 世家6, 靖宗 1년 4월 ; 『高麗史節要』권4, 靖宗 1년 4월.
110) 『高麗史』권6, 世家6, 靖宗 2년 5월 ; 『高麗史節要』권4, 靖宗 2년 5월.

문종 13년(1059) 5월 양경 백료의 樵蘇地를 馬首嶺을 한계로 해 금표
를 세우도록 하고 위반하는 자는 엄히 다스리도록 했다.[111] 아마도 마
수령의 범위 안에서는 땔나무를 해서는 안 된다는 것으로 이해된다. 그
것을 벗어난 지역에서의 땔나무 채취는 허용한다는 것으로 해석된다.
땔나무 할 수 있는 곳을 제한한 것으로 보인다. 초소 금지의 명분 하에
금송 조치를 취한 것이다. 따라서 초소 금지는 금송으로 치환해 이해해
도 무방할 것이다. 그렇게 본다면 금송은 현종·정종·문종대에 적극적
이었다고 볼 수 있다.

고려시기 국가 차원에서 엄청난 재목을 필요로 했다. 소나무의 需給
은 국가 차원의 중요한 과제였다. 개경 일대에서의 공급이 여의치 못하
면 외방에서 적극 조달할 수밖에 없었다. 국도의 건설과정에서 궁궐·
관아·사원을 다수 조영하게 되는데 이때 상당한 재목이 필요했다. 민
간 차원에서도 가옥 조성이나 생활의 필요 때문에 소나무를 널리 소비
하지 않을 수 없었다. 대개의 경우 개경 인근에 소재한 소나무를 활용
했지만 그것이 여의치 않을 때 외방에서 조달하지 않을 수 없었다. 일
시에 다량으로 필요한 경우 외방으로부터의 공급은 불가피했다.

태조 2년(919)에 송악의 남쪽에 도읍을 정한 뒤 많은 시설을 조영하
게 되었다. 궁궐을 세우고 관아를 설치하고 시전을 조성하며 대규모 사
원 10곳을 창건했다.[112] 이때 엄청난 재목이 소요되었을 것으로 보인
다. 그 재목은 대체로 소나무였을 것으로 보이며 개경 인근에서 조달했
을 것이다. 강충 때에 식재한 소나무가 널리 소비된 것 같다. 국초 개경
시설의 조성에 필요한 소나무는 대부분 개경 인근에 있었던 소나무를

---

111) 『高麗史』권8, 世家8, 文宗 13년 5월.
112) 『高麗史』권1, 世家1, 太祖 2년 1월 ; 『高麗史節要』권1, 太祖 2년 1월.

활용한 것으로 보인다.

전란으로 궁궐과 여러 시설이 불에 탄 경우, 짧은 기간 안에 복구하기 위해서 소나무를 개경 일대에서 안정적으로 조달하는 것은 어려웠을 것이다. 2차 침입 때 개경에 쳐들어온 거란은 현종 2년 太廟를 불질렀고, 궁궐과 민가에도 그 해가 미쳤다.[113] 100년 가까이 걸려 조성한 개경이 거란의 침입으로 소실된 것이다. 개경을 되찾은 뒤 수도의 면모를 갖추기 위해 많은 시설을 다시 조영하지 않으면 안 되었다. 현종대 개경의 복구에 엄청난 재목이 소요되었을 것이며, 중요한 재목은 대부분 소나무에서 조달되었을 것이다. 그렇지만 현종대 현화사를 조영할 때 필요한 나무를 다른 산에서 가져오지 않았다는 데서[114] 알 수 있듯이, 개경 일대에서 어느 정도 소나무 재목을 확보할 수 있었던 것으로 보인다.

외방으로부터 다량의 소나무를 조달한 것은 문종대였다. 문종 12년 7월 국왕이 耽羅와 靈巖에서 재목을 벌채해 大船을 제조해서 장차 송나라와 통교하고자 했다. 이때 반대 의견을 올린 내사문하성의 발언 가운데 지난해 가을에 재목을 벌채해서 바다를 건너 불사를 새로 창건했다는 것이 보인다.[115] 지난해 불사의 조영을 위해 벌채한 곳은 탐라와 영암으로 보인다. 탐라와 영암에서 벌채해 조영한 사원은 바로 興王寺로 추측된다. 당시 홍왕사 조영공사가 한창이기 때문이다. 2,800칸에 달하는 규모의 전각을 건립하는 데 소요되는 재목은 상상을 초월할 정도였을 것이다. 아마도 홍왕사 조영에 소요되는 나무의 주종은 소나무였을

---

113) 『高麗史節要』 권3, 顯宗 2년 1월.
114) 許興植 編著, 1984 『韓國金石全文』(中世上), 亞細亞文化社, 「開豊 玄化寺碑」.
115) 『高麗史』 권8, 世家8, 文宗 12년 8월. 이때 탐라와 영암에서 벌목해 대선을 제작하는 일은 실행에 옮겨지지 않았다.

것이며, 개경 일대의 소나무로는 부족하기 때문에 외방에서 재목을 공급한 것이다. 처음으로 외방에서 소나무를 조달한 것으로 보인다. 이전에는 대부분 개경 부근에서 확보한 소나무를 사용했지만, 문종대에 이르러 그것으로 부족하자 외방에서까지 조달한 것으로 이해된다.

인종 4년 2월 이자겸의 난이 일어났을 때에도 궁궐이 모두 불탔다. 그 상황은 '宮禁焚蕩 唯山呼賞春賞花三亭及內帝釋院廊廡數十間僅存'이라고 표현했다.116) 궁궐이 불에 탔으며, 다만 산호정 · 상춘정 · 상화정 등 3개의 정자와 내제석원의 낭무 수십 칸만이 남았다는 것이다. 궁궐이 처참하게 화재로 불탔음을 알 수 있다. 이것의 복구에 소요되는 소나무가 엄청났을 것이다. 개경 일대에서도 필요한 소나무 재목을 제공했을 것이고 부족한 것은 외방에서 공급받게 되었다. 인종 9년 6월 지난 겨울에 궁궐을 조영하느라고 3도에서 벌목했는데 役으로 인해 죽은 자가 자못 많았다고 한다.117) 소실된 궁궐을 다시 營造하는 과정에서 외방으로부터 재목을 공급받는 것으로 이해된다. 문종대에 이어 인종대에도 재목을 외방에서 조달한 것이다. 물론 전적으로 외방에서 조달한 것은 아니겠지만, 상당한 분량을 외방에서 조달한 것은 분명해 보인다.

이규보는 신종 3년(1200) 12월 斫木使로서 扶寧郡 邊山에 伐木하는 일을 감독하러 간 적이 있다. 이규보에 따르면 변산은 고려의 材木倉으로서 宮室을 수리 영건하기 위해 해마다 재목을 베어내지만 아름드리 나무와 치솟은 나무는 항상 없어지지 않는다고 했다.118) 개경의 궁궐

---

116) 『高麗史節要』권9, 仁宗 4년 2월 壬戌.
117) 『高麗史』권16, 世家16, 仁宗 9년 6월 ; 『高麗史節要』권9, 仁宗 9년 6월.
118) 李奎報, 「南行月日記」『東國李相國全集』권23.

수리 · 조영에 필요한 소나무를 변산에서 공급하고 있었음을 알 수 있다. 1200년 경에 중앙의 소나무 공급의 주된 지역은 변산이었던 것이다. 문종대 영암 · 탐라에서 공급하던 것에서 이곳으로 이동해 왔음을 확인할 수 있다.

1270년 강화에서 개경으로 환도한 뒤, 시설 복구에 재목이 엄청나게 필요했다. 개경의 궁궐과 관아 · 사원 등을 회복하는 데 많은 재목이 소요되었으며, 게다가 원에서 대량의 재목을 요구해 그것의 조달에도 많은 소나무 벌목이 불가피했다.

원종 13년(1272) 12월 원에서 李樞와 몽골인 2명을 보내와서 궁실의 재목을 요구했다.[119] 원의 궁실 건축에 필요한 목재를 요구한 것이다. 건축용 재목은 대체로 소나무였을 것으로 보인다. 원종 14년 2월 첨서추밀원사 허공을 울릉도 작목사로 임명해 이추와 동행케 했으며,[120] 국왕이 주청해서 울릉도에서의 작목을 혁파하도록 했다.[121] 작목의 대상이 된 나무의 중심은 소나무였을 것으로 보인다. 원의 재목 요구가 원종 13년 12월에 있었지만 다음해 2월 폐기됨으로써 재목을 조달하는 일은 없게 되었다.

그런데 원종 13년 12월 이전에도 한 차례 원에서 재목을 징발해 간 것으로 보인다.[122] 이때 대목을 10척의 배로 수송했으며, 벌목한 장소

---

119) 『高麗史』권27, 世家27, 元宗 13년 12월 壬辰 ; 『高麗史節要』권19, 元宗 13년 12월.
120) 『高麗史』권27, 世家27, 元宗 14년 2월 癸丑.
121) 『高麗史』권27, 世家27, 元宗 14년 2월 癸丑.
122) 『高麗史』권130, 列傳43, 叛逆4, 趙彛附 李樞. 李樞의 열전에 따르면, 원에서 이추를 보내 대목을 찾자 이추가 침요함이 그치지 않았다. 국왕이 이추의 마음을 즐겁게 하고자 장군에 임명했다. 이추가 대목을 벌채해서 10척의 배로 실어 나르는데 아울러 노비와 재화를 싣고서 갔다. 얼마 안 있어 원에서 이추를 보내 다시 재목을 구하자 이추가 울릉도에 들어가 작목하게 하고 국왕이 대장군 강위보로 하여금 반행케

는 명확하지 않다. 울릉도일 가능성이 크지만 단정하기는 힘들다. 침요한 데서 알 수 있듯이 개경보다는 외방으로 보인다. 이때 원에 보낸 재목은 주로 소나무였을 것으로 보인다.

충렬왕 2년(1276) 여러 도에서 정부를 징발해 交州道界에서 벌목해 개경으로 옮기도록 했는데, 이때 얼고 굶주려 죽은 이가 많았다.[123] 이때 교주도에서 벌목해 개경으로 수송케 한 나무는 궁궐이나 관아 조영에 사용했을 것으로 보여, 소나무가 중심인 것으로 여겨진다.

1274년 · 1281년 두 차례의 일본 정벌 때 엄청난 수의 선박이 필요했다. 원종 15년 원의 요구로 일본정벌에 사용될 전선을 제작하기 위해 전주도 변산과 나주도 천관산에서 재목을 공급했다. 이때 대소 선박 900척을 만들었다.[124] 全羅州道 인부 35,000명이 선박 제조에 동원된 것에서[125] 목재 수요가 상당한 양에 달했음을 짐작해 볼 수 있다. 변산과 장흥 천관산의 소나무가 대대적으로 벌채된 것으로 보인다. 그 후에도 충렬왕 5년 6월 다시 전함 900척을 제작하자 9월에 허공을 경상도 도지휘사로 삼고, 홍자번을 전라도 도지휘사로 삼아 전함을 건조하게 했다.[126] 충렬왕 20년 1월 '甲戌 · 辛巳兩年之役 濱水材木 斫伐殆盡'이라는 표현이 보인다.[127] 갑술년(1274)과 신사년(1281) 두 차례의 일본

했더니 이추가 3품 관인 강위보의 품계가 낮다고 해서 함께 갈 수 없다고 했다. 이에 첨서추밀사 허공으로 대신케 했다. 그렇지만 국왕이 원에 청하여 마침내 혁파되었다. 결국 원종 13년 12월 이전에도 원에서 대목을 요구하면서 이추를 파견한 적이 있음을 알 수 있다.

123) 『高麗史』권28, 世家28, 忠烈王 2년 12월.
124) 『高麗史』권27, 世家27, 元宗 15年 6월.
125) 『高麗史』권27, 世家27, 元宗 15年 3월.
126) 『高麗史』권29, 世家29, 忠烈王 5年 6월 ; 『高麗史』권29, 世家29, 忠烈王 5年 9월.
127) 『高麗史』권31, 世家31, 忠烈王 20년 1월 癸酉.

정벌을 위해 바닷가의 재목이 거의 다 벌채되었다는 것이다. 일본 정벌을 위한 선박제작에 해안가의 소나무가 크게 벌채되어 남은 것이 거의 없다는 것이다.

개경의 복구 과정에서 엄청난 재목이 소비되었고, 원의 요구로 인해서 또 일본정벌을 위한 선박제조를 위해서 원 간섭기 초반 엄청난 재목이 소비되었다. 개경 일대의 소나무, 바닷가의 소나무 등이 소비되었다.

충혜왕이 삼현에 신궁을 일으키면서 개경 근처 여러 군에서 丁夫를 징발해 재목을 벌채해 강을 따라 내려가게 하니 人馬가 이어지고 주군이 騷然했으며 농사가 중단되었다.[128] 아마 임진강이나 예성강 부근에서 벌목한 것으로 보인다. 신궁을 조영하면서 다량의 재목이 필요하게 되었고 그것을 개경 인근의 여러 군에서 벌목해 수송했던 것이다. 개경 인근이 아니라 개경에서 다소 떨어진 지점에서 재목을 조달한 것이다.

공양왕대에도 연복사의 중창을 위해 교주 일도에서 斫木輸材하는데 사람과 가축이 모두 지쳐 있다는 지적이 보인다.[129] 연복사 중수를 위해 교주도에서 나무를 베서 운반하는 것이다. 개경 주위에서 공급하지 않고 다소 떨어진 교주도에서 소나무를 조달한 것이다. 개경에서 소비되는 소나무 재목은 대부분 개경 인근에서 조달했지만 공급이 부족할 경우 외방에서 조달했다. 문종·인종대에 그런 사실을 확인할 수 있다. 원 간섭기에는 원의 요구로 인해 또 일본 정벌을 위한 선박제조로 인해 해안가의 소나무가 소진되다시피 했다. 충혜왕·공양왕대에도 먼 외방은 아니지만 개경을 벗어난 지역에서 소나무 재목을 공급했다.

---

128) 『高麗史』권124, 列傳37, 嬖幸2, 盧英瑞附 宋明理. 그런데 忠惠王 後4년 5월 新宮別造成都監이 보여(『高麗史』권83, 志37, 兵3, 工役軍) 그 무렵의 일로 보인다.
129) 『高麗史』권120, 列傳33, 金自粹.

고려시기 토지 분급제에서 柴地를 설정한 것도 개경 일대의 소나무를 비롯한 땔나무 보호를 위한 것으로 보인다.130) 시지는 통상 樵採地로 지칭되었다.131) 이른바 땔나무를 채취하는 장소였다. 개경이 도회로 성장하면서 다수의 사람들이 거처하게 되자 엄청난 柴木이 필요했을 것이고, 그 시목은 일차적으로 개경 일대의 산림에서 채취할 수밖에 없었다. 송악산의 소나무도 피해가기 힘들었을 것이다. 이에 양반 지배층에게 개경에서 떨어진 곳에서 별도로 시목을 확보할 수 있도록 배려하는 조치를 취할 필요가 있었다. 그것은 시지의 설정으로 나타났다. 개경에서 일정하게 떨어진 곳에서 시목을 확보하게 함으로써 개경 주변의 소나무, 송악산의 소나무를 어느 정도 보호할 수 있었을 것으로 생각된다. 시목이 안정적으로 공급받을 수 없는 조건 하에서는 별도로 시지를 분급하지 않으면 개경 일대의 임야는 철저히 훼손될 수밖에 없었던 것이다.132)

고려시기에는 이처럼 소나무의 확보를 위해 식재에 힘을 기울였고, 식재한 소나무가 안정적으로 성장할 수 있도록 배려했으며, 벌목을 금지하는 조치를 취했다. 또한 수급문제에 대해 각별한 관심을 기울였다. 개경에서 소비되는 소나무는 대부분 개경 인근에서 조달했지만, 때때로 외방에서 조달하는 경우가 보인다. 일시에 대량의 목재가 필요해 개경 소나무로 공급이 여의치 못한 경우에, 또 그것이 부족할 때 외방에서 공급받았다. 국초 대대적인 건설이 있을 때, 현종대 불탄 궁궐 조영

---

130) 고려시기 전시과 제도에 의해 분급된 시지에 관해서는 다음의 논문이 참고된다. 홍순권, 1987 「고려시대의 柴地에 관한 考察」 『震檀學報』64 ; 李景植, 1988 「고려시기의 兩班□分田과 柴地」 『歷史敎育』44.
131) 『高麗史』 권78, 志22, 食貨1, 田制 序文.
132) 이정호, 2013 「高麗時代 숲의 개발과 環境變化」 『사학연구』111 참조.

시에는 외부로부터 공급을 받지 않았다. 그러나 문종·인종대에는 외 방으로부터의 공급이 중요했다. 이규보의 작목사 사례에서 외방 공급 이 없지 않았음을 확인할 수 있다.

고려시기 송목정책을 적극 펼친 지역은 개경 일대였다. 육림도 개경 일 대였고, 송충 퇴치도 개경을 중심으로 했으며, 소나무의 보호와 관리 역 시 개경을 중심무대로 했다. 그러나 개경 일대에서 소나무를 공급하는 방 식은 개경 일대의 삼림 훼손을 막지 못했다. 외방 조달이 적극적이지 않 은 실정에서 개경 일대 소나무만으로 소나무 수요를 해결할 수 없었다.

4. 소나무 훼손의 심화와 조선초 관리 강화

고려시기 소나무의 식재와 관리에 관심을 크게 기울였지만 소나무 의 훼손은 피할 수 없었다. 그 계기는 여러 가지였다. 우선 松蟲의 피해 였다. 소나무를 먹는 송충의 출현은 소나무의 손실을 가져오는 중요한 요인이었다. 소나무가 송충의 피해를 입은 예는 흔히 찾아볼 수 있다. 숙종 5년(1100) 5월 벌레가 평주 관내 白州와 兎山의 소나무를 갉아먹 었다.[133] 이를 통해 소나무에 생기는 벌레의 존재를 알 수 있다. 숙종 6 년 4월 首押山의 소나무를 송충이 갉아먹은 일이 있고,[134] 태사가 송충 이 소나무를 먹고 있다고 아뢰었으며,[135] 숙종 7년 4월 송충이 소나무 를 갉아 먹은 일이 있다.[136] 인종 즉위년(1122) 7월 송충이 소나무를 갉

---

133) 『高麗史』권54, 志8, 五行2, 木, 肅宗 5년 5월.
134) 『高麗史』권54, 志8, 五行2, 木, 肅宗 6년 4월.
135) 『高麗史』권54, 志8, 五行2, 木, 肅宗 6년 4월 辛丑.
136) 『高麗史』권54, 志8, 五行2, 木, 肅宗 7년 4월.

아먹은 일,[137] 인종 11년 4월 송충이 소나무를 갉아먹은 일,[138] 인종 11년 5월 경기 산야에서 황충이 솔잎을 갉아먹는 일 등이 발생했다.[139] 의종 5년(1151) 8월 해주에서 송충이 소나무를 먹었다.[140] 명종 16년 (1186) 5월 서해 豊州 경계에서 송충이 소나무 잎을 갉아먹었다.[141]

송충이 발생해 소나무에 피해를 주는 일은 12세기에 집중적으로 확인된다. 13세기에는 그런 내용이 거의 전하지 않고 다시 14세기 중반 이후 많은 사례가 찾아진다. 공민왕 3년(1354) 6월 송충이 송악의 소나무를 갉아먹었으며,[142] 10년 5월 송충이 소나무를 갉아먹었다.[143] 공양왕 2년(1390) 4월 송충이 송악의 소나무를 갉아먹었고,[144] 4년 5월 송충이 송악의 소나무 잎을 갉아먹었다.[145]

송충이 먹으면 소나무는 말라서 결국에는 죽게 된다. '栽松培養 近年 蟲食 過半枯槁',[146] '蟲食葉則松必枯矣'[147]라고 표현했다. 구체적인 모습은 뒷시기이지만, 소나무가 '爲蟲所損 或處處枯死 或全數枯死'[148]한다는 것이다. 송충이 소나무의 잎을 먹어 결국에는 소나무가 말라죽는다. 이처럼 소나무는 송충의 공격에 취약했다.

송충이 발생해서 소나무에 피해를 준 일이 기록으로 전하는 것은 대

---

137) 『高麗史』권54, 志8, 五行2, 木, 睿宗 17년 7월.
138) 『高麗史』권54, 志8, 五行2, 木, 仁宗 11년 4월.
139) 『高麗史』권16, 世家16, 仁宗 11년 5월.
140) 『高麗史』권54, 志8, 五行2, 木, 毅宗 5년 8월.
141) 『高麗史』권54, 志8, 五行2, 木, 明宗 16년 5월.
142) 『高麗史』권54, 志8, 五行2, 木, 恭愍王 3년 6월.
143) 『高麗史』권54, 志8, 五行2, 木, 恭愍王 10년 5월 庚申.
144) 『高麗史』권54, 志8, 五行2, 木, 恭讓王 2년 4월.
145) 『高麗史』권54, 志8, 五行2, 木, 恭讓王 4년 5월 丙午.
146) 『文宗實錄』권7, 文宗 1년 4월 丙戌(18일), 6-377.
147) 『太宗實錄』권5, 太宗 3년 4월 丁卯(21일), 1-263.
148) 『中宗實錄』권22, 中宗 10년 6월 辛巳(26일), 15-90.

부분 개경 일대였다. 일부 개경에 가까운 지점도 물론 포함하고 있다. 송충의 피해를 입어 소나무가 훼손되는 일은 흔했지만, 그 정도는 명확하지 않다. 당시의 기록으로 남는다는 것은 엄청난 피해를 입혔음을 뜻하는 것으로 보인다.

바람의 피해를 입어 소나무가 사라지는 수도 많았다. 태풍이 불어 소나무가 뿌리채 뽑히는 일이 비일비재했다. 충혜왕 후2년(1341) 12월 바람이 세차게 불어 소나무 수천 그루를 뽑아버렸다.[149] 충정왕 1년(1349) 윤7월 큰 바람이 불어 송악산·용수산의 소나무가 모두 뽑혔다.[150] 우왕의 즉위 무렵 큰 바람이 불어 선왕을 제사지내는 사당과 국왕 무덤의 소나무가 태반이나 뽑혔다고 한다.[151] 태풍으로 소나무가 뽑히는 일이 있었지만, 그 범위가 넓지는 않았을 것으로 추정된다.[152] 지반이 약하거나 소나무가 부실한 경우에 한정된 것으로 보인다. 소나무가 듬성 분포한 것도 한 요인이 되었을 가능성이 있다.

때로는 큰 비로 인해 피해를 입는 경우도 있었다. 폭우로 인해 소나무가 쓸려 내려가는 수도 있었다. 아마도 산림의 훼손이 진행되는 경우 폭우로 인한 손실은 더욱 클 수밖에 없었을 것이다.

신종 6년(1203) 6월 큰 비가 내려 송악산 소나무 다수가 漂流되었

---

149) 『高麗史』권55, 志9, 五行3, 土, 忠惠王 후2년 12월 丁卯.

150) 『高麗史』권55, 志9, 五行3, 土, 忠定王 1년 윤7월 甲子 ; 『高麗史節要』권26, 忠定王 1년 윤7월 甲子.

151) 『高麗史』권45, 世家45, 恭讓王 1년 12월 癸亥 ; 『高麗史』권45, 世家45, 恭讓王 2년 4월 甲午.

152) 조선초 태풍으로 나무가 뽑혔을 때 백악산의 소나무 21그루, 성산의 소나무 14그루가 피해를 입었다(『太宗實錄』권24, 太宗 12년 7월 庚子(17일), 1-643). 태풍으로 소나무가 피해를 입은 경우 그 수는 많지 않았을 것이다. 충혜왕 후2년 수천 그루 소나무의 피해는 특이한 사례로 보인다.

다.153) 물에 떠서 흘러 내려 갔다는 것이다. 이 사태로 송악산의 소나무가 많이 훼손되었을 가능성이 있다. 다른 곳이 아니라 송악산이기에 특별히 언급된 것으로 보인다.

드물지만 벼락으로 인해 소나무가 손상을 입는 일도 보인다. 인종 8년 7월 오정리 인가의 소나무에 벼락이 쳤다.154) 그러나 벼락의 피해를 입은 소나무는 극히 소수였을 것이므로 훼손의 정도는 미미한 것으로 보인다. 자연재해로 인해 소나무가 피해를 입는 수가 있었지만, 송충의 피해를 제외하면 그 범위가 크지 않았을 것으로 보인다.

개경 일대의 소나무가 훼손되는 것은 무엇보다도 개경의 확대에 기인한 것으로 보인다. 개경의 도시 발달에 따라 인근의 소나무가 입은 피해는 엄청났을 것으로 추정된다. 개경에 각종 시설이 화려하게 갖추어지고 다수의 사람들이 몰려들어 생활하게 되면서 엄청난 공간이 정주공간, 생활공간으로 변모해 갔다. 그 과정에서 임야가 파괴되고 또 엄청난 소나무가 훼손되었을 것이다. 시설을 조영하는 데 필요한 목재도 일차적으로 도읍 인근의 소나무를 이용할 수밖에 없었다. 개경 일대의 소나무 훼손은 불가피했다.

궁궐의 조영이 늘어감에 따라 산림의 훼손은 불가피했다. 조영에 필요한 목재의 확보를 위해 산림의 훼손은 피할 수 없었다. 인종대 궁궐 복구를 위해 외방에서 재목을 조달하는 데서 미루어 알 수 있다. 외부로부터의 조달에 앞서 개경 일대의 소나무가 먼저 소비되었을 것이다.

왕릉의 조영 공사를 위해서도 나무가 필요했다. 공민왕 15년 5월 정릉 공사를 위해 덕릉의 송백 나무를 거의 다 벌목해 사용했지만, 덕릉

---

153) 『高麗史』 권53, 志7, 五行1, 水, 神宗 6년 6월.
154) 『高麗史』 권55, 志9, 五行3, 土, 仁宗 8년 7월 辛亥.

을 지키는 자가 감히 금하지 못했다.[155] 능의 조영 과정에 소나무가 벌목되는 것이다.

개경 일대에는 다수의 사원이 조영되었다. 사원은 산을 배후에 둔 지점에 건립되는 수가 많아 산림의 훼손은 불가피했다. 산림 자체를 파괴하면서 사원이 들어서는 경우도 있고, 또 사원 조영에 필요한 목재의 조달을 위해서 소나무가 훼손되는 수도 있었다.[156] 사원의 조영은 결국 엄청난 소나무의 벌채를 동반하는 것이라 할 수 있다. 예컨대 현화사를 세운 곳은 소나무와 삼나무가 있는 곳이었다.[157] 결국 현화사를 조영할 때 터에 편입된 곳의 소나무가 손상되는 것이다. 長安寺를 중수할 때 '取材於山'이라고[158] 한 것은 근처 산에서 재목을 조달했음을 표현한 것이다. 乾洞禪寺를 조영할 때에는 '伐材于林'으로 표현했는데,[159] 역시 근처에서 재목을 조달한 것으로 이해된다. 사원 조영에 필요한 재목을 공급하기 위해서 대량의 소나무 벌채는 불가피했다. 대개의 경우 일차적으로 사원의 인근에서 조달했을 것으로 여겨진다.

소나무를 베서 사원 조영에 이용하는 것은 조선초 기록에서 명확히 확인할 수 있다. 문종 2년(1452) 3월 국왕이 공조에게 명한 내용에 "津寬寺造成材木 伐道峯山三角山松木用之"가 보인다.[160] 도봉산·삼각산의 소나무를 베어서 진관사 조영의 재목으로 사용하라는 것이다. 고려시기 개경 일대에는 100개 이상의 사원이 조성되었으므로[161] 소비된

---

155) 『高麗史』권41, 世家41, 恭愍王 15년 5월 ; 『高麗史節要』권28, 恭愍王 15년 5월.
156) 예컨대 공양왕대에 연복사 탑을 보수할 때, 5천 株의 목재가 소요되었다고 한다 (『高麗史』권119, 列傳32, 鄭道傳).
157) 許興植 編著, 1984 『韓國金石全文』(中世上), 亞細亞文化社, 「開豊 玄化寺碑」.
158) 李穀, 「金剛山長安寺重興碑」『稼亭集』권5.
159) 李齊賢, 「重修乾洞禪寺記」『益齋亂藁』권6.
160) 『文宗實錄』권12, 文宗 2년 3월 丁未(14일), 6-474.

재목이 상당했을 것이며, 또 사원 터로 편입된 지점의 소나무 역시 대부분 훼손되었을 것이다.

민가의 조성으로 인해서도 산림이 훼손되었다. 민가의 조성은 평지에서도 이루어지고 산지에서도 이루어졌다. 소나무 서식지에 민가가 들어서는 일은 매우 흔한 것으로 보인다. 민가의 조영에는 다수의 목재가 필요한 것인데, 그 목재의 조달을 위해서도 다수의 소나무가 필요했다.

개경이 500년 도읍의 땅으로서 산록이 局內를 가로질러 달리는 것이 한양의 배가 되며, 민가의 많은 수가 산맥과 산허리에 있다고 했다.[162] 민가가 산 허리에 있을 정도로 높은 지점에도 마을이 자리잡고 있는 것을 알 수 있다.

개경에 몰려든 사람들이 주변의 땅을 농경지로 전환시키는 일도 많을 수밖에 없었다. 낮은 지역을 개간하는 일도 있었을 것이고, 산림을 개간하는 경우도 있었을 것이다. 아마 후자의 개발이 매우 성행했을 것으로 보인다. 임야의 개간은 곧 소나무의 손상으로 연결되지 않을 수 없다. 고려를 방문한 宋人 徐兢은 고려의 농지가 계단과 같다고 했는데,[163] 주로 개경 부근의 농지 분포상을 지적한 것이라고 생각된다. 농지의 개간으로 인한 산림, 소나무의 훼손이 상당했음을 추측할 수 있겠다.

현종대 축조를 시작한 羅城 건설의 과정에서도 상당수의 소나무가 훼손되었을 것이다. 나성 터로 편입된 지역의 소나무는 당연히 벌목될

---

161) 현재 이름을 확인할 수 있는 개경 및 인근 사원은 100개를 상회하며, 조선 중기 유명한 사원이 300개에 달한다는 기록도 보인다(박종진, 2000 「고려시기 개경 절의 위치와 기능」『역사와 현실』38 ; 박종진, 2022 『개경 – 고려왕조의 수도 –』 눌와, pp.233~256).
162) 『成宗實錄』권125, 成宗 12년 1월 丁酉(22일), 10-190.
163) 『高麗圖經』권23, 雜俗2, 種蓺.

수밖에 없었고 공사에 소요되는 목재 공급의 필요 때문에도 소나무가 손상되지 않을 수 없었다. 예컨대 충청도 황간현 邑城 조영 과정에서 나무를 베어내고 돌을 쪼개서 축조했다는 언급이 보인다.164) 성곽의 축조를 위해서는 소나무의 훼손이 불가피했다.

　땔나무 때문에 개경 일대의 소나무가 훼손되는 일도 매우 흔했다. 최충헌의 사노비인 만적이 북산에서 나무하면서 함께 했던 노비들을 독려해 변란을 도모한 일이 있다.165) 최충헌의 사노가 개경 북산에서 여러 무리와 함께 땔나무를 한 것은 권세가의 노비이기 때문에 가능했을 것이다. 송악에 樵人檢點軍이 배치되어 있으므로 일반 노비라면 쉽게 땔나무를 하기는 어려웠을 것이다. 고종 4년(1217) 1월 나무꾼이 태묘의 소나무를 베어 거의 민둥산이 되었다.166) 땔나무의 부족으로 인해 불가피하게 태묘의 소나무까지 베기에 이른 것으로 보인다. 고려말에도 권세가의 노비가 금령에도 불구하고 땔나무를 해서 문제된 일이 있는데,167) 권세가 있는 집안의 노비이기 때문에 가능했을 것이다.

　사원에 왕래하는 사람들에 의해서, 사원에 이르는 도로 주변의 소나무가 피해를 보는 수도 있었다.

　　　이처럼 큰 절이(此大伽藍)
　　　서울 안에 있다(介于京師)
　　　사방에서 모여드는 곳이라(四方之會)
　　　수레와 말이 짓밟는다(車馬偪側)

---

164)『新增東國輿地勝覽』권16, 忠淸道, 黃澗縣, 城郭, 邑城.
165)『高麗史』권129, 列傳42, 叛逆3, 崔忠獻.
166)『高麗史』권22, 世家22, 高宗 4년 1월 庚辰.
167) 李穡,「坡平君尹公墓誌銘 幷序」『牧隱文藁』권18.

옆에 풀포기도 남아나지 않는데(傍無草卉)

하물며 송백이야 말할 것 있나(何況松柏)[168]

이 시는 이규보가 普濟寺를 대상으로 읊은 것이다. 보제사는 개경 내의 중요한 사원이었는데, 보제사에 이르는 주변에 소나무가 자랄 수 없다는 것이다.

개경의 도회 발달로 개경 일대의 소나무는 심각하게 손상되었다. 특히 대도회로의 발전 과정에서 파괴되었고, 또 대도회의 유지를 위해서도 끊임없이 훼손되지 않을 수 없었다.

개경 일대의 산림이 훼손된 것은 여러 사료에서 그 정황을 확인할 수 있다. 현종 4년(1013) 3월 때를 어기면서 소나무 베는 것을 금지한 조치가 있었다.[169] 벌목 금지는 거란의 2차 침입 뒤 개경 복구 과정에서 엄청난 소나무가 손실되었기 때문에 취해진 조치였다. 이 시기에 엄청난 소나무 벌채가 있었음을 알려준다. 靖宗 7년(1041) 2월 송악산의 동서 산록에 소나무를 심어 궁궐을 장엄하게 했는데,[170] 이것은 이 무렵에 송악산 특히 동서 산록에 나무가 매우 부족해졌음을 의미하는 것으로 보인다. 김부식이 창건한 관란사의 북산에 나무가 없었다는 것은[171] 그 북산 일대가 훼손되었음을 뜻하는 것으로 보인다. 관란사 북산처럼 나무가 없는 산이 개경 부근에 적지 않았을 것으로 여겨진다. 고려전기에 이미 개경 부근의 소나무는 상당히 훼손된 것으로 보인다.

신종 6년 6월 큰 비가 내려 송악산 소나무 다수가 漂流되었다.[172] 이

---

168) 李奎報, 「畫老松贊 幷序」『東國李相國全集』권19.

169)『高麗史』권85, 志39, 刑法2, 禁令, 顯宗 4년 3월 ;『高麗史節要』권3, 顯宗 4년 3월.

170)『高麗史』권6, 世家6, 靖宗 7년 2월 庚辰.

171)『高麗史』권98, 列傳11, 金富軾附 敦中 ;『高麗史節要』권11, 毅宗 19년 3월.

러한 사태는 송악산의 소나무가 많이 남벌되었기 때문에 초래된 것으로 추정할 수 있다. 고종 4년 1월 나무꾼이 태묘 주변에서 땔나무를 하는 것이 확인되는데, 그것을 금지했지만 금할 수 없었다고 한다.[173] 태묘 주변의 소나무마저 땔나무로 이용하는 시점에서는 개경 일대의 다른 지점은 말할 필요가 없었을 것이다. 개경 주변 대부분에서 이미 소나무가 훼손되어 태묘 일대마저 소나무를 베는 지경에 이른 것이다. 이 시점이 되면 개경 일대의 소나무는 거의 고갈되었다고 볼 수 있다.

대몽항쟁을 거치면서 개경 일대의 임야는 어느 정도 회복되었을 것이다. 전쟁으로 인해 사람이 거처하지 않으면서 소나무가 상당히 회복된 것으로 보인다. 그렇지만 환도 이후 대대적인 복구 사업이 진행되자 역시 파괴되지 않을 수 없었다. 궁궐과 관아를 조영하고, 사원을 복구하고, 민가를 대대적으로 조영하면서 개경 일대의 임야가 크게 훼손되었을 것이다. 소나무 역시 엄청나게 벌채되지 않을 수 없었다. 짧은 시간 안에 개경 일대의 소나무가 줄어들었다.

공민왕 1년 2월 즉위 즈음해 발표한 유서에서 陵直에게 소나무를 심도록 하는데,[174] 이는 능 근처 소나무가 훼손되었음을 의미하는 것으로 이해된다. 능 부근의 소나무마저 훼손이 심각한 것이다. 공민왕 6년 윤9월 토풍을 강조하면서 소나무 식재를 강조한 것은[175] 이 시점에 소나무가 엄청나게 훼손되었음을 전제한 것으로 여겨진다.

공민왕 15년 5월 정릉 공사를 위해 덕릉의 나무를 거의 다 벌목해 사

---

172) 『高麗史』권53, 志7, 五行1, 水, 神宗 6년 6월 庚子.
173) 『高麗史節要』권15, 高宗 4년 1월.
174) 『高麗史』권38, 世家38, 恭愍王 1년 2월 丙子.
175) 『高麗史』권39, 世家39, 恭愍王 6년 윤9월 戊申.

용했지만, 능을 지키는 자가 감히 금하지 못했다.[176) 정릉 공사를 위한 나무 공급이 원활하지 못해 다른 왕릉인 덕릉의 나무를 벌목하는 것이다. 소나무 훼손의 심각성, 공급의 심각한 부족을 읽을 수 있다. 14세기 중엽 이후 태풍으로 인해 소나무가 뽑히는 일이 많은 것[177) 또한 산림의 훼손과 깊이 관련된 것으로 판단된다.

공민왕 10년 개경의 大井의 물이 누렇게 끓었다는 것[178) 역시 임야의 훼손과 관련이 있을 것이다. 연복사 우물이 말라버렸다는 것도[179) 곧 지하수가 축소되었음을 의미하는 것이고, 그것은 임야의 파괴에서 초래된 것이다.

송악산 일대에서 산사태가 자주 발생하는 것도 산림의 훼손, 소나무 남벌에 기인할 가능성이 크다.[180) 송악이 무너졌다는 것(松岳頹, 松岳崩, 石頹 등)은[181) 산림훼손과 직결된 것으로 판단된다. 갑작스러운 폭우로 인

---

176) 『高麗史節要』권28, 恭愍王 15년 5월.
177) 『高麗史』권55, 志9, 五行3, 土, 忠惠王 후2년 12월 丁卯 ; 『高麗史』권55, 志9, 五行3, 土, 忠定王 1년 윤7월 甲子 ; 『高麗史節要』권26, 忠定王 1년 윤7월 甲子 ; 『高麗史』 권45, 世家45, 恭讓王 1년 12월 癸亥 ; 『高麗史』권45, 世家45, 恭讓王 2년 4월 甲午.
178) 『新增東國輿地勝覽』권4, 開城府上, 山川, 大井.
179) 權近, 「演福寺塔重創記」『陽村集』권12.
180) 이정호씨도 산림의 훼손과 자연재해 발생의 관련성을 지적했다(이정호, 2013 앞의 논문).
181) <표> 개경 송악 일대 산사태

연월	기사	전거
顯宗 3년(1012) 2월	乙卯 松岳大石頹	『고려사』권55, 志9, 五行3, 土
顯宗 4년(1013) 6월	癸酉 松嶽崩	『고려사』卷四, 世家4, 顯宗 4年 ; 『고려사』권55, 志9, 五行3, 土
顯宗 18년(1027) 7월	癸亥 松岳崩	『고려사』권五, 世家5, 顯宗 18년 7월 ; 『고려사』권55, 志9, 五行3, 土
靖宗 6년(1040) 2월	辛丑 松岳大石頹	『고려사』권55, 志9, 五行3, 土
靖宗 9년(1043) 5월	辛卯 松岳神祠大石頹	『고려사』권55, 志9, 五行3, 土
文宗 4년(1050) 3월	丁酉 松岳西麓大石頹	『고려사』권55, 志9, 五行3, 土
文宗 27년(1073) 7월	戊午 松岳祠東南大石頹	『고려사』권55, 志9, 五行3, 土

한 송악의 산사태 역시 산림훼손이 원인일 가능성이 매우 높다.

송악에서 산사태가 나는 것도 나무의 부족이나 지하수의 부족과 관련될 것이다. 산에 나무가 무성하지 않으면 적은 양의 강수에도 산사태의 위험이 높게 된다. 산에 나무가 없어 지하수가 발달하지 않은 상태에 있을 때에도 붕괴의 위험이 높아진다. 산에서 소리가 나는 것 역시 지하 층석에서의 갈라짐이나 충격에서 올 가능성이 높은데 이것 역시 지하수 부족, 나무의 결핍과 깊이 연결될 것이다. 이러한 산사태 및 산울림은 실상 송악 일대의 소나무 훼손에서 기인할 가능성이 매우 높은데, 불안을 일으키는 조짐으로 해석되었을 것으로 사료된다. 개경의 산사태는 11세기 내내 이어지고 있고, 의종·명종·신종대에 각 1회씩 확

宣宗 8년(1091) 4월	丁未 松岳石頹	『고려사』권55, 志9, 五行3, 土
肅宗 4년(1099) 4월	庚辰 松岳大石頹	『고려사』권55, 志9, 五行3, 土
毅宗 2년(1148) 6월	丁酉 夜 大雨 靈通寺山 水湧出 人多漂沒 又松 嶽諸山 大水暴出 土石 崩毀	『고려사』권53, 志7, 五行1, 水
明宗 6년(1176) 5월	乙丑 松嶽兩祠間大石 自拆爲三	『고려사』권55, 志9, 五行3, 土
神宗 6년(1203) 6월	庚子 大雨 松嶽山松樹 多漂流	『고려사』권53, 志7, 五行1, 水
忠宣王 2년(1310) 7월	丙戌 大雨 水暴漲 人多 溺死 松嶽南崖崩爲壑	『고려사』권53, 志 7, 五行1, 水
忠肅王 後元年(1332) 7월	丙子 松岳大石頹 裂爲五	『고려사』권55, 志9, 五行3, 土
忠惠王 후3년(1342) 7월	戊戌 夜 松岳鳴	『고려사』권53, 志7, 五行1, 水
忠穆王 1년(1345) 3월	丁酉 松岳西峯上石 墜	『고려사』권55, 志9, 五行3, 土
忠穆王 3년(1347) 7월	己巳 松岳鳴	『고려사』권53, 志7,五行1, 水
忠穆王 4년(1348) 5월	乙丑 大雨 松岳崩 水溢 飄沒人家 甚多	『고려사』권37, 世家37, 忠穆王 4年 5月 ; 『고려사』권53, 志7, 五行1, 水
恭愍王 1년(1352) 6월	丙寅 松岳西麓大石頹	『고려사』권55, 志9, 五行3, 土
恭愍王 16년(1367) 2월	丁巳 松岳祠南虎岩頹	『고려사』권55, 志9, 五行3, 土
辛禑 11년(1385) 7월	地震 聲如陣馬之奔 墻 屋頹北 人皆出避 松岳 西嶺石崩 禑曰 此地震	『고려사절요』권32, 辛禑3

인된다. 다시 14세기에 와서 빈번해지고 있다.

　조선초 개경을 유람한 兪好仁은 "도읍 가운데를 내려다보니 몇 번의 화재를 겪고 몇 번의 전쟁을 치러 地靈은 이미 죽었고"라고 지적했다.[182] 지령이 죽었다는 것은 '地氣滋潤'하지 않다는 것을 의미한다. 결국 산림이 무밀하지 못했다는 것이다.

　　산림이 무성한 뒤에 땅 기운이 윤택해서 가물어도 재해가 되지
　　않으며, 상수리를 주워서 흉년을 방비할 수 있다.[183]

　산림이 무성해야 지기가 자윤하게 되며, 그렇게 된다면 가뭄이 재앙이 되지 않고 橡實을 收拾할 수 있어 흉년에 대비할 수 있다는 것이다. 산림이 무성하지 않은 것은 地氣가 윤택하지 않음을 의미하는 것이다. 지령이 죽었다는 것은 지기가 윤택하지 못함을 뜻하고, 그것은 결국 산림이 무밀하지 못한 것, 즉 산림이 크게 훼손된 것을 의미하는 것이다.[184] 그렇기 때문에 "斫木耕田 故地力淺薄"하다고[185] 달리 표현할 수 있었다. 나무를 베어내고 경전한다면, 즉 개간한다면 지력이 천박해진다는 것이다. 고려말 개경 일대의 소나무 파괴는 地氣를 윤택하지 못하게 하며, 가뭄과 홍수에 견딜 수 있는 힘을 저하시켰다. 산사태의 빈발 역시 소나무 파괴와 깊이 관련되는 것이다. 지기의 척박은 곧 不吉한 조짐을 갖게 하며 不安心을 일으키게 된다.

　조선초 한양이 수도로서 개발되기 위해 엄청난 소나무가 필요했다.

---

182) 兪好仁, 「遊松都錄」『續東文選』권21.
183) 『太祖實錄』권8, 太祖 4년 7월 辛酉(30일), 1-82.
184) 地靈이 죽은 요인을 유호인은 화재와 전쟁에서 찾고 있지만, 대도회의 유지 발전이 더 큰 요인이었을 것이다.
185) 『文宗實錄』권10, 文宗 1년 10월 甲午(29일), 6-449.

궁궐, 관아, 종묘, 민가 등의 건축물이 활발하게 조영되었다. 조선에 들어와서 소나무의 수요는 더욱 증대했다. 건축자재에서 소나무는 고려 시기보다 더욱 많이 사용되었다.[186] 한양의 신도시 건설을 위해 많은 목재가 필요했는데, 그것은 대부분 소나무에서 확보한 것이었다.

조선은 고려와 같은 전철을 밟지 않기 위해 소나무 문제에 더욱 높은 차원의 정책을 마련해 운영했다. 그리하여 조선초에 송목정책이 더욱 치밀하고 정교화되었다. 소나무에 대한 관리를 크게 강화시켜 가면서 소나무 훼손을 막으려고 노력했다. 그것은 몇 가지 방향으로 나타났다.[187] 소나무 식재의 적극화, 금송정책의 강화, 외방에서의 소나무 공급 확대, 그리고 송충 퇴치의 노력 등이다.

우선 소나무 식재를 크게 확대한 것이다. 주로 수도 한양 일대에서 대대적으로 소나무를 심도록 한 것이다.

태종 10년(1410) 1월 창덕궁에 소나무를 심도록 명한 일이 있었다.[188] 태종 11년 1월 공조판서 박자청을 漢京에 보내 隊長 · 隊副 500명 및 경기 丁夫 3천 명을 거느리고 남산 및 태평관 북에서 20일 동안 소나무를 심도록 했다.[189] 새로운 수도 한양 일대에서 대대적인 소나무 식재가 이루어졌음을 의미한다. 태종 13년 6월 각사의 노비에게 명해 장의동에 소나무를 심도록 명했으며,[190] 세종 9년(1427) 2월 성균관

---

186) 조선시대의 경우. 궁궐건물에는 소나무가 93%로 높은 비율로 사용되었고, 관아 건물 또한 소나무가 93%였으며. 사원 건물은 상대적으로 소나무가 차지하는 비율(67%)이 적고 대신에 느티나무(21%), 참나무(6%), 단풍나무, 피나무, 서어나무, 밤나무 등 다양한 활엽수들이 사용되었다(박원규 · 이광희, 2007 앞의 논문).
187) 조선초 소나무 정책 전반에 대해서는 한정수, 2013 「조선 태조~세종 대 숲 개발과 重松政策의 성립」 『사학연구』 111 참조.
188) 『太宗實錄』 권19, 太宗 10년 1월 庚午(3일), 1-523.
189) 『太宗實錄』 권21, 太宗 11년 1월 戊辰(7일), 1-573.

의 주산에 소나무를 심었다.[191] 그리고 세종 10년 1월 경복궁의 주산
및 좌측 산맥에 소나무를 심도록 했고,[192] 세종 15년 7월 청파역에서
남산에 이어지는 봉우리 및 홍천사 北峯에 소나무를 심었으며,[193] 세
종 17년 1월 경성 밖의 동서 新城터 안에 소나무를 심었다.[194] 그리고
종묘와 사직의 주변에 소나무를 심었다.[195] 왕릉 주변의 식재에도 노
력을 했다.[196] 이처럼 조선초 수도의 곳곳에 소나무를 식재하고 있었
다. 외방에서의 소나무 식재가 없지는 않았지만 역시 집중적으로 이루
어지는 곳은 수도 일대였다.

둘째, 수도 주변에서의 소나무 남벌에 대해 강력한 처벌 규정을 둔
것이다. 조선에 들어와 소나무 남벌에 대한 처벌을 강화했다.[197]

태조 1년(1392) 9월 고려조 宗廟洞 송목을 베지 못하도록 했다.[198]
조선 개국초에 고려 종묘 일대의 소나무 훼손을 막는 조처였다. 태종 7
년 4월 소나무가 성장하는 산에서는 禁火禁伐토록 했다.[199] 이 조치는
대단히 중요한 것이었다. 소나무를 함부로 베지 못하도록 하는 이때의

---

190) 『太宗實錄』권25, 太宗 13년 6월 丙寅(19일), 1-674.
191) 『世宗實錄』권35, 世宗 9년 2월 庚申(2일), 3-60.
192) 『世宗實錄』권39, 世宗 10년 1월 己丑(6일), 3-106.
193) 『世宗實錄』권61, 世宗 15년 7월 壬申(21일), 3-494.
194) 『世宗實錄』권67, 世宗 17년 1월 己卯(7일), 3-607.
195) 『世宗實錄』권148, 地理志, 京都, 漢城府, 5-613.
196) 『太宗實錄』권17, 太宗 9년 1월 辛酉(18일), 1-471 ; 『太宗實錄』권19, 太宗 10년 1월
   庚午(3일), 1-523 ; 『太宗實錄』권21, 太宗 11년 1월 己卯(18일), 1-575 ; 『世宗實錄』
   권11, 世宗 3년 1월 壬申(9일), 2-420 ; 『世宗實錄』권18, 世宗 4년 윤12월 甲戌(21
   일), 2-518.
197) 김무진, 2010 「조선전기 도성 四山의 관리에 관한 연구」 『한국학논집』40, 계명대.
198) 『太祖實錄』권2, 太祖 1년 9월 戊申(30일), 1-32.
199) 『太宗實錄』권13, 太宗 7년 4월 辛卯(7일), 1-389. 이때 수령으로 하여금 친히 감독
   해 소나무를 식재토록 했다. 벌목금지와 식재확대 조치가 동시에 취해진 것이다.
   전국에 걸친 松木政策의 첫 사례로 판단된다.

조치는 이후 지속적으로 구속력을 발휘했다. 이 규정을 어긴 이들을 처벌하는 일이 있어 규정의 강력한 구속성을 확인할 수 있다.

태종 17년 11월 禁山內의 松木을 베어 사용한 죄로 劉旱雨를 의금부에 가둔 일이 있다.[200] 세종 28년 11월 경성 4山에서 소나무를 斫伐한 백여 호를 색출해 의금부에서 추핵하도록 했다.[201] 태종 7년의 조치를 위반한 자에 대한 처벌인 것이다.

태종 7년의 禁伐조치는 이후 계속 재확인되고 있다.[202] 조선초 소나무 금벌 조치는 엄격하다고 인식되었다. 소나무를 함부로 베는 것을 금하는 법령은 엄했다고 언급하는 일이 많았다.[203]

셋째, 확대된 수요의 소나무를 외방으로부터 공급받으려고 했다. 건물을 조영하거나 병선을 제작하기 위해 조선초 엄청난 소나무가 필요했는데 그것을 대개 국도가 아닌 외방에서 공급받도록 조치했다. 이를 위해 외방의 소나무 서식지에 대한 파악을 강화했다.

세종 30년(1448) 소나무 서식에 마땅한 곳을 파악하고 樵採를 금지하고 아울러 나무가 없으면 심도록 해서 미래의 소나무 쓰임에 대비하도록 했다.[204] 장기적인 소나무 공급원의 확보조치인 것이다. 宜松地를 파악하고 소나무를 집중 관리해 필요할 때 사용할 수 있도록 한 것이

---

200) 『太宗實錄』권34, 太宗 17년 11월 甲戌(23일), 2-193.
201) 『世宗實錄』권114, 世宗 28년 11월 庚辰(16일), 4-712.
202) 『世宗實錄』권4, 世宗 1년 7월 辛未(28일), 2-328 ; 『世宗實錄』권5, 世宗 1년 8월 癸未(11일), 2-331 ; 『世宗實錄』권10, 世宗 2년 11월 辛未(7일), 2-415 ; 『世宗實錄』권33, 世宗 8년 8월 丁亥(26일), 3-41 ; 『世宗實錄』권34, 世宗 8년 10월 丁丑(17일), 3-46 ; 『世宗實錄』권44, 世宗 11년 6월 戊戌(23일), 3-186 ; 『世宗實錄』권58, 世宗 14년 12월 癸卯(18일), 3-433 ; 『世宗實錄』권86, 世宗 21년 9월 癸丑(8일), 4-235.
203) 『世祖實錄』권24, 世祖 7년 4월 丁酉(27일). 7-461 ; 『成宗實錄』권6, 成宗 1년 6월 壬子(5일), 8-506 ; 『成宗實錄』권44, 成宗 5년 윤6월 戊申(25일), 9-123.
204) 『世宗實錄』권121, 世宗 30년 8월 庚辰(27일), 5-96.

다. 의송지는 전국에 걸쳐 주로 해안가에 소재했다.205)

그리고 송충의 퇴치에도 적극적이었다. 태종 3년 4월 승추부·순위부·유후사·오부 및 군기감 장인 그리고 백관이 品에 따라 제공한 사람 등 모두 만여 명을 동원해 송충을 잡았는데 1인당 3升을 잡아서 묻도록 했다.206) 태종 4년 4월 송악산 송엽을 벌레가 먹자 5部人과 各品 從人을 징발해 잡아서 묻었다.207) 태종 5년 4월 송악과 용수산에서 송충을 잡도록 명했다.208)

세종 4년 1월 제릉의 소나무를 송충이 먹자, 당성군 홍해, 동지총제 허권을 보내 개성유후사의 人丁을 징발해 잡도록 했다.209) 세종 7년 4월 송악산의 소나무를 송충이 먹자, 坊里丁夫를 징발해 잡도록 했다.210) 세종 8년 4월 개성의 제릉·후릉에서 송충이 송엽을 먹자 丁夫를 징발해 잡도록 했다.211) 불교 행사를 통해 송충을 퇴치하는 것이 아니라 직접 잡아서 없애는 방식을 택했다. 고려시기에는 불교의례를 설행함으로써 송충을 퇴치하려는 시도가 있었지만, 그러한 의례는 사라지고 직접 잡는 방식으로 단순화되었다.

고려의 소나무 정책은 국도를 중심으로 한 것인데 비해 조선에 와서는 외방까지 대상으로 해서 소나무 정책을 수립 운영하고 있던 것이 특징이라고 하겠다. 조선에서는 수도 일대에서 소나무를 적극 식재하고

---

205) 宜松地 전체 소재지는 한정수, 2013 「조선 태조~세종 대 숲 개발과 重松政策의 성립」『사학연구』111, pp.69-72에 표로 잘 정리되어 있다.
206) 『太宗實錄』권5, 太宗 3년 4월 丁卯(21일), 1-263.
207) 『太宗實錄』권7, 太宗 4년 4월 壬申(2일), 1-293.
208) 『太宗實錄』권9, 太宗 5년 4월 己卯(14일), 1-324.
209) 『世宗實錄』권15, 世宗 4년 1월 丙戌(28일), 2-473.
210) 『世宗實錄』권28, 世宗 7년 4월 丁卯(28일), 2-667.
211) 『世宗實錄』권32, 世宗 8년 4월 壬申(9일), 3-18.

남벌을 금함으로서 소나무를 관리했다. 소나무가 필요한 경우 외방에서 조달하는 방식을 택했다. 이렇게 함으로써 한양 일대의 소나무는 어느 정도 안정적으로 보존될 수 있었다. 고려시기 개경처럼 소나무가 크게 훼손되는 사태를 막았다.

5. 맺음말

고려시기 소나무는 당시인의 생존 및 생활에 매우 중요했다. 소나무가 갖는 중요성으로 인해 국가 차원에서 관리에 나서지 않을 수 없었다. 개경을 중심으로 소나무의 훼손이 심해지자 조선은 전철을 밟지 않기 위해 적극적인 송목정책을 수립했다.

소나무는 고려시기 나무의 으뜸이라 여겼으며, 가장 많은 개체수를 갖는 나무로서 군락을 이루어 서식하는 수가 많았다. 당대인은 소나무를 君子의 덕목을 갖는 나무라고 생각했다. 소나무는 목재로서 건축자재나 선박자재로 널리 사용되었으며, 소나무에서 생산되는 송화와 송진은 생활에 긴요한 물품이었다. 송이버섯은 귀한 식자재였으며 소나무 껍질은 중요한 구황식료였다. 소나무 그을음은 먹을 제조하는 원료로 사용되었다. 소나무는 땔나무로서도 우수하여 널리 이용되었다. 고려인들의 생활과 관련해 소나무가 널리 이용된 것은 무엇보다도 조경 분야였다. 궁궐과 사원 및 왕릉의 조경에 소나무를 활용했으며, 정자나 유흥장소에서도 소나무를 주변에 배치했다.

소나무의 다양한 이용으로 인해 국가 차원에서 정책을 수립했다. 특히 목재 확보 정책을 펼쳤는데 그것은 식재 · 관리와 需給문제로 집약할 수 있다. 국도 주변이나 궁궐 · 사원 및 왕릉 주변에 적극적으로 소나무를 식재했다. 무엇보다도 고려가 성립하기 전에 송악에 소나무를 대대적으로 식재한 사실이 주목된다. 고려 건국 이후에도 개경 주변 소나무의 식재에 각별한 관심을 기울이고 있었다. 소나무에 큰 손상을 입히는 송충의 퇴치에도 힘을 쏟았는데 직접 잡아 없애기도 했지만 불교의식을 거행해 물리치기도 했다. 현종 4년부터 남벌 금지책이 마련되고 있었으며, 고종대에는 태묘 부근 소나무 벌목을 금하기도 했다. 국왕이 솔선하여 소나무 사용을 축소한 일도 있다. 개경 일대 소나무 禁伐은 1340년대에도 있었던 것으로 보인다. 개경 일대의 소나무로 수요를 충당할 수 없을 때 외방에서 조달하는 수도 있었지만 항상적인 것은 아니었다. 전시과의 柴地가 개경에서 벗어난 지점에 설정된 것 역시 개경 일대의 소나무 보존과 깊은 관련이 있는 것으로 판단된다. 고려시기 소나무 관리가 집중적으로 이루어진 지역은 개경 주변에 한정되었다. 외방에서의 소나무 관리에 대해서는 적극적인 대책이 마련되지 않은 것으로 보인다.

국가의 소나무 관리 노력에도 불구하고 개경 일대의 소나무는 훼손을 피할 수 없었다. 소나무가 손상을 입는 것은 송충, 바람, 폭우 등의 자연 요인에 의한 경우가 있었지만 이보다는 개경의 대도회로의 발전이 가장 중요한 요인이었다. 개경에 궁궐과 관아, 사원 등이 들어서고 민가가 엄청나게 조성됨에 따라 산지가 훼손되지 않을 수 없었다. 이 과정에서 소나무 서식지가 크게 파괴되었을 것은 분명해 보인다. 그리고 다수의 사람이 거처하기 때문에 땔나무와 관련해서도 엄청난 훼손이 끊임없이 이어지지 않을 수 없었다. 소나무 식재나 남벌 금지는 역으로 소나무 훼손의 심각성을 표현하는 것으로 보인다. 11세기 중반 송악 산록에 소나무를 심도록 한 것은 그 시점에서 소나무 훼손이 매우 심각했음을 알려 준다. 고종대 태묘 주변의 소나무까지 땔나무로 남벌

한 것은 개경 일대 소나무 훼손의 심각성을 상징하는 것으로 보인다. 공민왕대 왕릉 주변의 소나무가 남벌되는 것, 소나무 식재를 더욱 강조하는 것 역시 소나무 훼손을 의미한다. 송악 일대에서 산사태가 자주 발생하는 것 역시 소나무 훼손과 깊이 연관된 것으로 보인다. 개경의 地德·地氣가 쇠했다는 것은 곧 개경 일대의 산림이 엄청나게 파괴된 것을 가리키는 표현으로 이해된다. 고려의 전철을 피하기 위해 조선에서는 신도시 한양의 소나무 식재에 더욱 깊은 관심을 기울였으며, 태종 7년 소나무 남벌을 금지하는 조치를 취하기도 했다. 그리고 외방에서 안정적으로 소나무를 공급받기 위해 서식지를 파악하고 식재와 관리에 힘을 쏟도록 지방관을 독려했다. 빈번히 발생하는 송충에 대해서는 다수의 사람을 동원해 직접 잡아서 없애는 방식을 취했다.

고려는 잘 육성한 소나무를 기반으로 출발해 소나무 훼손으로 인해 멸망했다고 할 수 있을지도 모르겠다. 고려 건국 훨씬 이전에 다수의 소나무를 심은 것이 개경을 국도로 만들 수 있었던 요인으로 보인다. 고려 시기 지속적으로 관심을 기울여 소나무의 관리 보존에 힘을 쏟았지만 외방 공급의 부진과 개경 주변 소나무의 남벌로 인해 큰 성과를 거두지는 못한 것으로 보인다. 새로운 차원의 대책은 조선의 건국 이후 마련되었다. 국가의 정책에 초점을 맞춘 결과 소나무가 생태계에서 차지하는 위상이나 역할에 대해서는 충분히 검토하지 못했다. 소나무와 다른 초본식물, 다른 나무와의 관계, 동물과의 관계 등 생태 전반에 대한 고찰이 이루어지지 못했는데 이에 대해서는 후속의 작업이 필요하다고 하겠다.

(『靑籃史學』26, 2017. 12. 揭載)

高麗時期 開京 일대 野生動物의
출몰과 그 의미

1. 머리말

고려시기 개경인의 삶을 이해하기 위해서는 생태환경을 파악하는 것이 중요하다.[1] 개경이 대도회로 발전함에 따라 개경 일대의 생태환경은 많은 변화를 겪었다. 인구의 증가, 도시의 확대가 있었으며, 그로 인한 산림의 파괴, 임야의 훼손은 끊임없이 진행되었다. 잦은 천도론의 제기는 개경 일대 생태환경의 동요와 파괴를 배경으로 한 것이라 해석할 수 있다.[2]

개경 일대의 생태환경을 구성하는 요소는 다양하지만, 그 가운데 식물과 동물이 갖는 중요성이 매우 크다. 당시인의 생활에 큰 영향을 주

---

1) 근래에 생태환경사에 대한 관심이 높아지고 있다. 생태환경사에 대한 소개의 글도 다음과 같이 여러 편 발표되었다. 김기봉, 1999 「환경사」『역사비평』46 ; 이필렬, 2003 「환경사 연구의 여러 갈래들」『한국방송통신대학교 논문집』36 ; 홍금수, 2005 「環境史 硏究 序說」『문화역사지리』17 ; 김기봉, 2009 「환경사란 무엇인가」『서양사론』100 ; 홍금수, 2012 「환경사 어떻게 해야 할 것인가」『진단학보』116 ; 양홍석, 2022 「자연과 환경 그리고 미국 역사가들」『미국사연구』55.
2) 이병희, 2018 「高麗時期 遷都論의 提起와 生態環境」『歷史敎育』148(본서 수록).

기 때문이다. 개경은 송악으로도 불리는 데서 알 수 있듯이 소나무와 깊은 관련을 갖는 도시이다. 태조 왕건의 先代에 많은 소나무를 송악 일대에 심은 사실이 전한다.3) 그 소나무는 개경의 궁궐, 관아, 사원 및 가옥의 건설에 많이 활용되었을 것이다. 그 때문에 개경 일대의 소나무 훼손이 여러 차례 문제된 적이 있다.4)

소나무를 제외한 다른 식물에 대해서는 접근하는 것이 쉽지 않다. 그런데 야생동물에 관해서는 어느 정도 파악이 가능하다. 개경의 도성 안에 출몰한 야생동물은 『高麗史』五行志에5) 비교적 풍부하게 기록되어 있기 때문이다. 그 자료를 통해 개경 일대 야생동물의 실상에 대한 개략적인 素描가 가능하다. 특히 포유류와 조류에 관해서는 기록이 비교적 상세한 편이다.

개경에 관해서는 기존에 많은 성과가 발표되어 여러 권의 저서로 정리된 바 있다.6) 대체로 개경의 궁궐, 성곽, 사원, 행정제도, 도시 구획, 개경인의 생활상 등이 집중적으로 조명되었다. 개경의 자연 지리에 관

---

3) 『高麗史』, 高麗世系.
4) 이병희, 2017 「고려시기 송목정책(松木政策)과 그 한계」 『靑藍史學』26, 청람사학회(본서 수록).
5) 『高麗史』五行志에 관해서는 다음의 논저가 참고된다. 이희덕, 2000 『고려시대 천문사상과 오행설 연구』, 일조각 ; 김기덕, 2002 「역주 고려사 오행지(1)」 『고려시대연구』Ⅳ, 정신문화연구원 ; 김기덕, 2004 「역주 고려사 오행지(2)」 『고려시대연구』Ⅶ, 정신문화연구원 ; 김일권, 2011 『『고려사』의 자연학과 오행지 역주』, 한국학중앙연구원 출판부.
6) 박용운, 1996 『고려시대 開京 연구』, 일지사 ; 김창현, 2002 『고려 개경의 구조와 그 이념』, 신서원 ; 한국역사연구회 개경사연구반, 2002 『고려의 황도 개경』, 창작과 비평사 ; 한국역사연구회, 2007 『개경의 생활사 - 고려 500년 -』, 휴머니스트 ; 김창현, 2011 『고려의 불교와 상도 개경』, 신서원 ; 김창현, 2017 『고려 도읍과 동아시아 도읍의 비교연구』, 새문사 ; 정은정, 2018 『고려 開京・京畿 연구』, 혜안 ; 박종진, 2022 『개경 - 고려왕조의 수도 -』, 눌와.

해서도 일부 관심을 기울이고 있다. 그렇지만 생태환경, 그 가운데서도 포유류 및 조류 등 야생동물에 대한 관심은 거의 찾아지지 않는다.

개경을 포함한 전국의 생태환경에 관한 연구는 다소 진행되었다. 재해의 발생이 검토되었고,[7] 물에 대한 관심이 있었으며,[8] 숲과 나무에 대한 정리도 이루어졌다.[9] 그렇지만 야생동물에 대한 심층적인 검토는 행해지지 않았다. 야생동물은 당시인의 삶과 깊은 관련을 맺고 있다. 현재와 달리, 야생동물과 인간의 접촉이 빈번했고 양자가 상호 깊은 영향을 주었다. 호랑이를 비롯한 육식 포유동물은 공포심을 갖게 했으며, 일부 야생동물의 출현은 상서롭지 못한 일로 받아들여 災變으로 인식되기도 했다.

이 글에서는 오행지의 자료를 기초로 해서 개경 일대에 출몰한 야생동물에 관해 종합적으로 정리하고자 한다. 야생동물에 관해 포유류와 조류로 구분해 접근할 것이다. 그리고 그 동물이 당시인에게 어떻게 인식되었는지를 검토하고, 야생동물이 출몰할 때 설행된 의식을 파악하고자 한다. 이러한 작업은 개경 일대 생태환경에 관한 이해의 단초를 제공하는 의미를 가질 수 있다고 생각한다. 나아가 개경인과 생태환경의 관계를 파악하는 데 다소의 도움을 줄 수 있을 것이다.

---

7) 이정호, 2007「高麗前期 自然災害의 발생과 勸農政策」『역사와 경계』62, 부산경남사학회 ; 이정호, 2010「여말선초 자연재해 발생과 고려·조선정부의 대책」『한국사학보』40 ; 이정호, 2012「高麗中期 自然災害의 발생과 生活環境」『韓國史研究』157.
8) 박종진, 2003「고려시기 개경의 물과 생활」『인문과학』10, 서울시립대 ; 이병희, 2015「高麗時期 食水의 調達」『文化史學』44(본서 수록).
9) 이정호, 2013「高麗時代 숲의 개발과 環境變化」『사학연구』111 ; 이병희, 2017 앞의 논문.

2. 야생동물의 종류와 출몰 빈도

『高麗史』五行志 金 毛蟲之孼에는10) 개경 일대에 출몰한 야생동물이 다수 수록되어 있다. 대개는 포유류가 중심이다([부록]의 일련번호). 그리고 오행지 水 豕禍條에는11) 돼지와 관련한 내용이 수록되어 있다. 돼지 관련 기사 가운데 야생돼지가 개경에 출몰한 내용이 확인된다([부록]의 水1·2·3·4). 그리고 오행지 火 羽蟲之孼에는12) 조류가 개경 일대에 출몰한 사항이 기록되어 있다([부록]의 火1·2·3·4). 그 밖에 오행지의 다른 항목에 단편적으로 관련 기록이 보인다.13)

다른 지역에서 출현한 동물은 생략하고 개경 일대(경기 포함)에 나타난 포유류·조류 야생동물의 내용을 표로 정리한 것이 [부록]이다.14) 강화 천도 시기에 출현한 경우는 개경이 아니므로 생략한다. 돼지를 제외한 포유류는 모두 136건이 확인되고, 야생돼지는 4건이 보인다. 조류는 96건이 확인되며, 기타 3건이 찾아진다.15)

고려시기 개경에 출몰한 동물의 종류는 <표 1>과 같다.

---

10) 毛蟲은 털 달린 짐승을 총칭한다. 毛蟲之孼 항목은 모충에 속하는 동물인 호랑이, 이리, 여우, 노루, 곰 등 산에 사는 야생 포유류와 관련된 내용들이 채록되어 있다(김일권, 2011 앞의 책, p.450). 孼은 재앙을 의미하므로 모충지얼 항목은 상서롭지 못한 현상을 기록한 것이다.

11) 豕禍는 彘禍, 猪禍라고 부른다. 시화 항목은 돼지와 관련한 내용이 포함되어 있다(김일권, 2011 앞의 책, p.214 참조).

12) 羽蟲之孼은 날개 달린 鳥禽類에 관계된 재이 편목이다(김일권, 2011 앞의 책, p.308).

13) 『高麗史』권53, 志7, 五行1, 水, 黑眚黑祥에 1건, 『高麗史』권53, 志7, 五行1, 火, 夜明에 1건, 『高麗史』권54, 志8, 五行2, 金, 白眚白祥에 1건 수록되어 있다.

14) 이 기록은 개경에 출몰한 모든 동물의 내용이 망라된 것은 아닐 것이다. 기록의 누락도 있을 수 있다. 그렇기 때문에 기록 내용을 절대화할 수는 없을 것이지만, 상당한 신뢰를 가진다고 할 수는 있을 것이다.

15) 기타는 水흑(958), 金백(1029), 火야(1287)의 3건을 뜻한다.

<표 1> 출몰 야생동물 종류

포유류	虎, 獐, 狐, 鹿, 猪, 野豕, 狼, 豹, 熊, 狸, 羚羊, 山羊, 兎
조류	鵂鶹, 鵩, 雉・野鷄, 群烏, 烏, (白)鸛, 雀, 野鳥, 大鳥, 馴狐, 鴟鳥, 野鵞, (玄)鶴, 野鶴, 山鳥, 怪鳥, 鶉, 鳶, 鳥(如烏而白翼者), 鵲

포유류로서 기록된 것은 虎(호랑이), 獐(노루), 狐(여우), 鹿(사슴), 猪(돼지), 野豕(멧돼지), 狼(이리), 豹(표범), 熊(곰), 狸(삵),[16] 羚羊, 山羊, 兎(토끼) 등이다. 상식적으로 볼 때 대부분은 출몰이 예상되지만 의외의 동물도 여럿 보인다. 특히 羚羊, 山羊은 매우 특이한 동물로 보인다. 虎, 狐, 猪, 野豕, 狼, 豹, 熊, 狸 등은 사람에게 위협이 되는 동물이다. 이들은 맹수로 분류할 수 있을 것이다. 반면에 사람에게 위해를 가하지 않는 동물도 여럿 보인다. 獐, 鹿, 羚羊, 山羊, 兎 등이 그것이다. 야생동물 가운데 실제로 출현했겠지만 기록이 없는 경우는 고슴도치[猬], 족제비[黃鼠・鼠狼], 날다람쥐[靑鼠], 다람쥐[栗鼠・山鼠], 水獺, 쥐[鼠], 담비[貂], 고양이[猫] 등이다. 의미가 크지 않은 동물은 출현했을지라도 기록으로 남기지 않은 것으로 추측된다.

오행지에서 파악할 수 있는 개경 출몰 포유류 야생동물은 현재 멸종하거나 거의 사라진 것이 적지 않다. 호랑이・여우・이리・표범・곰・삵・영양・산양 등이 그러하다. 고려시기 인간과 접촉하는 야생동물이 현재의 그것과 크게 달랐음을 알 수 있다.

조류로서 기록에 남은 것은 鵂鶹(부엉이), 鵩(올빼미),[17] 雉・野鷄(꿩),[18]

---

16) 狸는 삵, 너구리로 해석되지만, 오행지에는 대체로 상서롭지 못한 동물을 기재하고 있으므로 삵으로 보는 것이 타당할 것이다. 조선왕조실록의 번역에서도 삵(살쾡이)으로 옮기고 있다(『世宗實錄』권59, 世宗 15년 2월 己亥(15일), 3-444(국사편찬위원회 영인본 3冊 p.444를 의미함, 이하 같음) ; 『世宗實錄』권149, 地理志, 忠淸道, 忠州牧, 堤川縣, 5-626).

群烏(까마귀 떼), 烏(까마귀), (白)鸛(황새),[19] 雀(참새), 野鳥, 大鳥, 訓狐(올빼미),[20] 鴟鳥(올빼미),[21] 野鶩(청둥오리),[22] (玄)鶴(학),[23] 野鶴(두루미),[24] 山鳥(멧새), 怪鳥, 鶉(메추리), 鳶(솔개), 鳥(如鳥而白翼者), 鵲(까치) 등이다. 이들 조류 가운데 맹금류인 부엉이, 올빼미 등이 주목되며, 철새인 청둥오리, 학, 두루미, 메추리 등이 보인다. 이들 중 현재 보기

17) 鵩을 김일권은 산올빼미로 번역했다(김일권, 2011 앞의 책, p.312). 국사편찬위원회에서 제공하는『高麗史』에서는 (산)올빼미로 번역했다.

18) 野鷄를 김일권은 야계로 번역했다(김일권, 2011 앞의 책, p.345). 네이버 중국어 사전은 꿩으로 해석했다(https://zh.dict.naver.com/). 조선왕조실록 번역에서는 꿩으로 보았다(『世宗實錄』권52, 世宗 13년 6월 庚申(28일), 3-328 ;『成宗實錄』권50, 成宗 5년 12월 丙申(15일), 9-172).

19) 국사편찬위원회에서 제공하는『高麗史』에서는 白鶴을 흰 황새로 보았다. 네이버 한자사전에서도 백관을 황새로 보았다(https://hanja.dict.naver.com/). 김일권은 백관을 흰 황새로 번역했다(김일권, 2011 앞의 책, p.464). 鸛은 조선왕조실록에서 황새로 번역했으며(『世宗實錄』권79, 世宗 19년 11월 戊申(22일), 4-115), 김일권도 황새로 번역했다(김일권, 2011 앞의 책, p.309).

20) 訓狐를 김일권은 집에서 기르는 여우로 번역했다(김일권, 2011 앞의 책, p.310). 火항목에서는 조류를 언급하고 있으므로 포유류인 여우는 아닐 것이다. 국사편찬위원회에서 제공하는『高麗史』에서는 올빼미로 번역했다. 네이버 한자 사전에서도 올빼미로 해석하고 있다.

21) 鴟鳥를 김일권은 소리개로 번역했다(김일권, 2011 앞의 책, p.310). 국사편찬위원회에서 제공하는『高麗史』에서는 올빼미로 번역했다. 소리개는 뒤에서 알 수 있듯이 '鳶'으로 별도 표기했으므로 소리개로 보기는 어렵다. 그렇지만 한국고전번역원에서 鴟鳥를 솔개로 번역한 경우도 보인다(https://db.itkc.or.kr/search/group?q=query%E2%80%A0%E9%B4%9F%E9%B3%A5).

22) 野鶩을 국사편찬위원회에서 제공하는『高麗史』에서는 들오리로 번역했다. 네이버 한자사전에서는 청둥오리로 번역했다. 조선왕조실록에서는 들따오기로 번역하기도 하고(『燕山君日記』권62, 燕山君 12년 6월 辛酉(13일), 14-55), 또 물오리로 번역하기도 했다(『成宗實錄』권291, 成宗 25년 6월 己巳(12일), 12-544). 김일권은 '따오기'로 번역했다(김일권, 2011 앞의 책, p.310).

23) 玄鶴을 김일권은 검은 학으로 번역했다(김일권, 2011 앞의 책, p.266). 국사편찬위원회에서 제공하는『高麗史』에서도 검은 학으로 번역했다.

24) 野鶴을 국사편찬위원회에서 제공하는『高麗史』에서는 두루미로 번역했다. 조선왕조실록에서도 두루미로 번역했다(『仁祖實錄』권50, 仁祖 27년 4월 庚子(12일), 35-349). 김일권은 야학으로 표현했다(김일권, 2011 앞의 책, p.309).

힘든 것은 황새, 학, 메추리이다. 그밖에 부엉이와 올빼미도 지금은 찾아보기 쉽지 않은 조류이다. 반면, 꿩, 까마귀, 참새 등은 지금도 흔히 볼 수 있는 새이다.

조류의 경우 보통의 새 종류는 기록하고 있지 않다. 예컨대 텃새인 비둘기[鳩], 매[鷹] 등은 기록으로 남아 있지 않다. 여름새인 뻐꾸기[鳲鳩 · 戴勝], 제비[燕]. 꾀꼬리[鶯 · 黃鳥] 등이 보이지 않으며, 겨울새인 고니[鵠 · 天鵝] · 白鷺 · 기러기[雁] · 독수리[鷲]도 언급되고 있지 않다. 이러한 조류는 불길한 징조를 나타내는 새가 아니기 때문일 것이다.

출현한 동물의 빈도를 보면 동물에 따라 큰 차이가 난다. 포유류는 모두 13종류이고, 출현한 수치는 146건이다.[25] 146건 가운데 가장 많은 빈도로 출현한 동물은 호랑이로 54건이고, 그 다음은 노루로 32건이며, 여우가 26건, 사슴이 18건으로 뒤를 잇는다. 다른 동물은 10건 이하로 출현한 횟수가 매우 적다(<표 2>). 야생 포유류 가운데 호랑이 · 노루 · 여우 · 사슴 4종류가 가장 많이 개경에 출몰한 동물이다. 4종 포유류의 출현 횟수를 합하면 130회로 압도적이다(전체의 89%). 여우가 많이 출몰한 것은 지금의 시각으로 볼 때 매우 이채롭다고 할 수 있다.

<표 2> 출현 야생 포유류 집계

동물명	虎	獐	狐	鹿	猪	野豕	狼	豹	熊	狸	羚羊	山羊	兎	계
횟수	54	32	26	18	3	1	3	2	2	2	1	1	1	146

다른 동물은 대체로 1~3회이므로, 개경에 출몰한 사례가 많지 않았

---

25) [부록]에 보이는 136개의 기록, 수1 · 2 · 3 · 4의 기록, 1개의 자료에 2종류 이상의 동물을 언급한 내용(2(2종), 78(2종), 83(3종류), 109(3종))을 모두 합하면 146건이 된다.

음을 알 수 있다. 멧돼지는 猪와 野豕를 포함하고 있어 4회에 이르고 있지만 앞의 4종류 동물에 비하면 적은 수치이다.

개경에 출현한 동물 가운데 조류를 정리하면 다음의 <표 3>과 같다.

<표 3> 출현 야생 조류 집계

종류	鵂鶹	鵬	雉·野鷄	群鳥	烏	(白)鸛	雀	野鳥	大鳥	訓狐	鷗鳥	野鷲	(玄)鶴	野鶴	山鳥	怪鳥	鶉	鳶	鳥	鵲	계
횟수	27	22	19	10	4	4	2	1	1	1	1	1	2	1	1	2	1	2	1	1	104

20종류의 야생 조류가 104회에 걸쳐 출몰했다.[26] 평균하면 조류 1종당 약 5회이지만, 종류에 따라 횟수에 큰 차이가 있다. 부엉이, 올빼미, 꿩 및 까마귀가 집중 출몰했음이 주목된다. 부엉이는 27회로 가장 많으며 올빼미류는 복 22건, 훈호 1건, 치조 1건 등 24건이고, 꿩은 19건이된다. 그리고 까마귀는 14회에 이른다. 4종의 조류가 84건으로 압도적인 수치를 보인다(전체의 80.8%). 다른 조류는 1~4회로 매우 적은 수치를 보인다. 불길한 징조를 의미하는 새는 부엉이, 올빼미, 꿩 및 까마귀가 대표적인 것으로 볼 수 있다. 꿩을 상서롭지 못한 조류로 인식한것은 특이한 점이다.

황새, 청둥오리, 학, 두루미, 메추리, 솔개 등이 출현한 횟수는 매우적다. 참새가 기록으로 남은 것은 2회인데, 아마 참새는 이보다는 훨씬많이 출현했을 것으로 추정된다. 정확한 실체를 알 수 없는 조류도 여

---

26) [부록]의 火로 분류한 96건, 水혹 1건, 火야 1건, 金백 1건, 1개의 자료에 2종류 이상의 동물을 언급한 건수(화8(2종), 화48(3종), 화88(2종), 화96(2종))를 모두 합치면 104건이 된다.

럿 보인다. 大鳥, 野鳥, 怪鳥, 鳥 등이 그러하다.

　각 왕대별로 출현한 횟수를 보면 특정 국왕대에 집중된 양상을 보인 다. 포유류의 경우 5회를 넘는 국왕은 현종(7회), 명종(6회), 고종(7회), 충렬왕(27회), 충숙왕(6회), 충혜왕(7회), 충정왕(6회), 공민왕(30회), 우 왕(21회), 공양왕(5회)이다(<표 4>). 고려전기에는 현종대가 유일하 며, 원 간섭기에서 말기에 이르는 시기에 압도적으로 많다. 공민왕과 충렬왕대에 가장 많이 출현하고 있다. 비교적 짧은 재위 기간임에도 불 구하고 많은 횟수를 보인 때는 충정왕대이다.

<표 4> 각 왕대별 야생 포유류 출현 횟수

	虎	獐	狐	鹿	猪	野豕	狼	豹	熊	狸	羚羊	山羊	兎	계
태조														
혜종														
정종														
광종														
경종														
성종														
목종														
현종	5	1	1											7
덕종	1													1
정종	1													1
문종	2													2
순종														
선종														
헌종														
숙종	3													3
예종	2													2
인종		1	2											3
의종	3													3

명종	5							1						6
신종														
희종														
강종														
고종	2	1	1	1					2					7
원종	1													1
충렬왕	13		2	11							1			27
충선왕	2		1									1		4
충숙왕	2	2	1	1										6
충혜왕	3	2	1	1										7
충목왕	1	2		1										4
충정왕		1	2	1	1								1	6
공민왕	5	11	6	1	1		3	1		2				30
우왕	2	9	8		1	1								21
창왕														
공양왕	1	2	1	1										5
계	54	32	26	18	3	1	3	2	2	2	1	1	1	146

조류가 출몰한 것을 보아도 특정 국왕대에 많은 횟수를 보인다. 5회 이상 출현한 왕대를 보면, 현종(7회), 인종(6회), 명종(10회), 신종(7회), 고종(5회), 충렬왕(6회), 충숙왕(7회), 충목왕(7회), 충정왕(7회), 공민왕(23회), 우왕(6회) 등이다(<표 5>). 공민왕대에 가장 많이 출현하고 다음은 명종대로 나타난다. 포유류와 마찬가지로 야생 조류도 원 간섭기와 말기에 많이 출현한 것을 알 수 있다.

<표 5> 각 왕대별 야생 조류 출현 횟수

	鶺鴒	鵬	雉·野鷄	群烏	烏	(白)鸛	雀	野鳥	大鳥	訓狐	鴟鳥	野鷺	(玄)鶴	野鶴	山鳥	怪鳥	鶉	鳶	鳥	鵲	계
태조																					
혜종																					
정종																					
광종													1								1
경종	1																				1
성종																					
목종																					
현종			4	1		1	1														7
덕종																					
정종																					
문종						1	1														2
순종																					
선종																1					1
헌종																					
숙종																					
예종	1																				1
인종				2						1	1	1		1							6
의종			1																		1
명종		1	2		1	2		1	1					1	1						10
신종	1	5		1																	7
희종																					
강종																					
고종	3		1	1																	5
원종																	2				2
충렬왕	3		3																		6
충선왕			1																		1
충숙왕	4				1													1		1	7
충혜왕																					
충목왕	4	1	2																		7
충정왕	7																				7
공민왕	1	13	3	5															1		23
우왕	1	1	2		1														1		6
창왕																					
공양왕	1	1			1																3
계	27	22	19	10	4	4	2	1	1	1	1	1	1	2	1	1	2	1	2	1	104

포유류와 조류를 합해 10회 이상을 보이는 경우는 현종(14회), 명종(16회), 고종(12회), 충렬왕(33회), 충숙왕(13회), 충목왕(11회), 충정왕(13회), 공민왕(53회), 우왕(27회)이다(<표 4>와 <표 5> 참조). 공민왕대에 가장 많이 출몰했으며, 다음은 충렬왕대, 그 다음은 우왕대이다. 야생동물이 가장 많이 출현한 시기는 이 세 왕대이다. 이 시기가 가장 재변이 많이 발생해 당시인이 매우 불안하다고 생각한 시기로 볼 수 있겠다. 전기와 후기로 구분해 보면 의종대까지의 전기보다는(42건) 명종대 이후의 후기에 압도적으로 야생동물의 출몰이 잦았다(208건).

포유류 동물이 출몰한 달을 살펴보면 편차가 크다. 가장 많이 출현한 달은 4월로 28회이며, 그 다음으로는 2월(18회), 5월(16회), 9월(15회), 3월(11회), 8월(10회) 순이다. 반면 가장 출몰이 적은 달은 윤달을 제외하면 12월(3회), 6월(5회), 10월(7회) 순이다. 2·3·4·5·8·9월이 많이 출현한 달이고, 6·10·12월이 적게 출현한 달이다. 계절별로 살펴 보면, 봄 41회(1월~윤3월), 여름(4월~6월) 50회, 가을(7월~윤9월) 35회, 겨울(10월~12월) 20회로 봄과 여름이 가을·겨울보다 많다(<표 6>). 오행지를 기초로 볼 때 고려시기 개경인이 도성 내에서 포유류 야생동물과 빈번하게 접촉한 계절은 봄과 여름이었음을 알 수 있다. 반면 가을과 겨울에는 포유류 야생동물과의 만남이 잦지 않았음을 확인할 수 있다.

<표 6> 야생 포유류 월별 출현 횟수

	1	윤1	2	윤2	3	윤3	4	5	윤5	6	7	8	9	윤9	10	윤10	11	12	계
虎	4	1	12	1	4	0	6	6	1	0	5	3	5	0	1	0	4	1	54
獐	0	0	3	0	2	2	14	6	0	0	0	1	2	0	0	1	1	0	32
狐	4	0	3	0	3	0	2	1	0	1	2	2	4	0	2	0	2	0	26
鹿	0	0	0	0	1	0	2	3	0	3	1	2	2	0	2	0	1	1	18
猪	0	0	0	0	1	0	0	0	0	0	0	0	0	0	1	0	1	0	3
野豕	0	0	0	0	0	0	0	0	0	0	0	0	0	0	0	0	1	1	1

																		계
狼	0	0	0	0	0	0	1	0	0	1	0	0	1	0	0	0	0	0	3
豹	0	0	0	0	0	0	2	0	0	0	0	0	0	0	0	0	0	0	2
熊	0	0	0	0	0	0	0	0	0	0	0	1	0	0	1	0	0	0	2
狸	0	0	0	0	0	0	0	0	0	0	0	0	2	0	0	0	0	0	2
羚羊	0	0	0	0	0	0	1	0	0	0	0	0	0	0	0	0	0	0	1
山羊	0	0	0	0	0	0	0	0	0	0	0	1	0	0	0	0	0	0	1
兎	0	0	0	0	0	0	0	0	0	0	0	1	0	0	0	0	0	0	1
월계	8	1	18	1	11	2	28	16	1	5	8	10	15	2	7	1	9	3	146
계절계	41						50				35				20				146

조류 동물이 월별로 출현한 횟수를 보면 <표 7>과 같다. 가장 많이 출현한 달은 10월(17회), 7월(12회)과 8월(12회)이며, 반면 적게 출현한 달은 4월(4회), 12월(4회), 1월(5회), 3월(5회) 등이다. 계절별로 구분해 보면, 봄 21회, 여름 18회, 가을 35회, 겨울 30회이다(<표 7>). 가을과 겨울에 더 많이 출몰했고 반면 봄과 여름에는 적게 출현했다. 이것은 포유류가 봄·여름에 많이 출몰했던 것과는 반대 현상이라고 할 수 있다.

<표 7> 야생 조류 월별 출현 횟수

	1	윤1	2	3	4	5	6	7	윤7	8	9	10	11	12	계
鴟鵂	3	0	0	0	0	3	1	1	2	3	3	7	3	1	27
鵬	0	0	0	0	0	3	2	5	0	5	4	1	2	0	22
雉·野鷄	1	0	3	1	1	0	0	0	0	2	2	7	0	2	19
群鳥	1	0	2	0	2	0	2	1	0	0	0	0	1	1	10
鳥	0	0	0	2	0	0	0	1	0	1	0	0	0	0	4
(白)鶴	0	1	1	0	0	0	0	2	0	0	0	0	0	0	4
雀	0	1	0	0	0	0	1	0	0	0	0	0	0	0	2
野鳥	0	0	1	0	0	0	0	0	0	0	0	0	0	0	1
大鳥	0	0	1	0	0	0	0	0	0	0	0	0	0	0	1
訓狐	0	0	0	0	0	0	0	0	0	0	0	1	0	0	1
鴟鳥	0	0	0	0	0	0	0	0	0	0	0	1	0	0	1
野鶩	0	0	0	0	0	0	0	0	0	0	0	0	1	0	1
(玄)鶴	0	0	1	0	0	1	0	0	0	0	0	0	0	0	2
野鶴	0	0	0	0	0	0	0	1	0	0	0	0	0	0	1

山鳥	0	0	0	0	0	1	0	0	0	0	0	0	0	0	1
怪鳥	0	0	0	1	1	0	0	0	0	0	0	0	0	0	2
鶌	0	0	0	0	0	0	0	0	0	0	0	0	1	0	1
鳶	0	0	0	0	0	0	0	1	0	0	0	0	1	0	2
鳥	0	0	0	1	0	0	0	0	0	0	0	0	0	0	1
鵲	0	0	0	0	0	0	0	0	0	1	0	0	0	0	1
계	5	2	9	5	4	8	6	12	2	12	9	17	9	4	104
	21			18			35			30					

야생 포유류와 야생 조류가 출현한 달을 합쳐 보면 다음의 <표 8>
과 같다. 가장 많이 출몰한 달은 4월(32회)이고 그 다음은 2월(27회), 5
월(24회), 9월(24회), 10월(24회), 8월(22회), 7월(20회)이다. 반면 적게
출현한 달은 윤달을 제외하면 12월(7회), 6월(11회), 1월(13회) 순이다.
어떤 특징이나 경향성을 지적하기 힘들어 보인다.

<표 8> 야생 동물(포유류＋조류) 월별·계절별 출몰 횟수

월	1	윤1	2	윤2	3	윤3	4	5	윤5	6	7	윤7	8	9	윤9	10	윤10	11	12	계
월별 계	13	3	27	1	16	2	32	24	1	11	20	2	22	24	2	24	1	18	7	250
계절별 계	62						68				70					50				

계절별로 구분해 보면, 봄(1월~윤3월)은 62회, 여름(4월~6월)은 68
회, 가을(7월~윤9월) 70회, 겨울(10월~12월)은 50회로 겨울이 가장
출현 빈도가 낮다. 결국 오행지의 기록을 전제로 한다면, 겨울철에 개
경 사람이 야생동물과의 접촉이 가장 적었음을 확인할 수 있다. 개경
사람들은 도성 내에 출몰한 야생동물을 자주 볼 수 있었는데, 4계절 가
운데 가을이 가장 잦았고, 겨울이 가장 드물었다고 할 수 있다.

3. 출몰 주요 야생동물의 생태적 특징

개경 일대에 출몰한 동물 가운데 포유류는 호랑이, 노루, 여우, 사슴이 대표적이었으며, 조류는 부엉이, 올빼미, 꿩, 까마귀가 많았다. 여타의 동물도 출몰하고 있었지만 이들 8종의 동물에 비하면 매우 드물었다. 주요 동물의 생태적 특징을 검토하면 주변의 생태환경을 이해하는데 시사를 받을 수 있다.

1) 호랑이[虎]

개경에 출현한 야생 포유류로서 가장 횟수가 많은 동물은 호랑이로서 모두 54회 출현했다. 다른 동물보다 월등히 많이 출현한 것이다. 아마도 다른 동물은 누락된 경우가 있을지라도 호랑이 출몰은 누락됨이 적어 많은 횟수를 남겼을 것으로 추정된다. 출몰한 시기를 보면 전기에서 후기에 걸쳐 비교적 고루 확인된다.

호랑이가 가장 빈번하게 나타난 달은 2월로 12회에 달한다. 다음은 4월(6회), 5월(6회)이다. 가장 적게 출현한 달은 윤달을 제외하면 10월(1회)과 12월(1회)이다. 6월에는 출몰하지 않았다. 계절별로 구분해 보면, 봄 22회, 여름 13회, 가을 13회, 겨울 6회로 봄이 가장 많고 겨울이 가장 적다(<표 9>).

<표 9> 호랑이 출현 연월

출현 해	1015, 1016, 1019, 1020, 1029, 1032, 1036, 1066, 1067, 1101, 1103(2회), 1111, 1118, 1147(2회), 1158, 1176, 1178, 1180, 1189, 1197, 1219, 1220, 1274, 1283(2회), 1284, 1287, 1289, 1292, 1293, 1295, 1296(2회), 1297, 1303(2회), 1311(2회), 1316, 1337, 1342, 1344(2회), 1348, 1352(2회), 1365(2회), 1370, 1375, 1378, 1391(총 54회)

출현 달	1	윤1	2	윤2	3	4	5	윤5	6	7	8	9	10	11	12
	4	1	12	1	4	6	6	1	0	5	3	5	1	4	1
계절별	22					13				13			6		

　호랑이가 궁궐 내에 들어온 경우는 매우 많은데, 이는 상당한 위협으로 다가왔을 것이다. 그리고 호랑이가 직접 사람과 가축에게 해를 입힌 경우도 여럿 확인된다. 호랑이의 개체수는 언급하고 있지 않은데 대개 1마리였을 것으로 보인다. 호랑이는 집단으로 활동하지 않고 단독으로 생활하기 때문에 그렇게 보는 것이 타당할 것이다.

　호랑이의 주된 먹이는 멧돼지·노루·산양·곰·사슴 등이다. 가축인 개·말·소·염소도 좋아한다. 설치류, 조류, 물고기, 곤충, 양서류, 파충류 등도 먹는다. 소화작용을 돕기 위하여 여름부터 가을에는 여러 가지 잡초를 먹는 외에 도토리, 산림 속의 여러 가지 과실, 즙액이 많은 머루·다래 같은 것도 잘 먹는다.[27] 이러한 먹이가 여유치 못할 경우, 호랑이가 도성 내에 출몰했던 것으로 여겨진다. 2월의 먹이 사정이 제일 불리했던 것으로 추측된다.

　호랑이는 길에서 멀리 떨어진 깊숙한 곳에서 서식하고 있었다. "길이 깊숙하니 자주 호랑이를 만나고(路幽逢虎熟)"라는[28] 표현에서, 호랑이는 기본적으로 인가와 멀리 떨어진 깊숙한 곳에 서식하는 것을 알 수 있다. 또 산 언덕이 깊숙하고 멀며, 초목이 무성하게 얽혀 있는 곳에서

---

27) 호랑이의 생태 특징에 관한 설명은 네이버에서 제공하는 한국민족문화대백과사전(http://encykorea.aks.ac.kr/), 두산백과(https://www.doopedia.co.kr/), 위키백과(https://ko.wikipedia.org/) 등에 의거했다. 이하 동물의 생태 특징 서술도 주로 이들 사전의 도움을 받았다.
28) 李奎報, 「玄上人見和復用前韻」『東國李相國全集』권15.

호랑이가 출몰한다는 언급도 보인다.29) 호랑이가 굴 속에 살고 있었던 것은 虎穴의 존재에서 알 수 있다.30)

산에서는 호랑이가 최상위 포식자의 위치에 있으므로 호랑이가 떠나가면 여우가 춤추었다고 한다.31) 호랑이가 없는 곳에서 여우가 여유를 부릴 수 있었음을 의미한다. 호랑이가 있으면 다른 동물은 공포에 떨지 않을 수 없었을 것이다.

호랑이 가죽[虎皮]은 매우 가치가 있는 물품이었다. 호랑이 가죽은 지방에서 바치는 공물의 하나였다.32) 全羅道王旨別監 權宜가 호랑이 가죽 20장을 충선왕에게 바치면서 여행 비용을 돕고자 한 일이 보인다.33) 이를 통해 호랑이 가죽이 여행 경비를 도울 수 있는 고가의 물품이었음을 알 수 있다. 또 원의 사신이 왔을 때 그에게 호랑이 가죽을 선물한 일이 보인다.34) 호랑이 가죽이 고가의 물품이었기 때문에 선물한 것이다.

당시에 호환은 언제나 만날 수 있는 위험이었다. 崔婁伯의 아버지 崔尙耆가 사냥하다가 호랑이에게 해를 당한 것이 보인다.35) 사냥을 하는 능력을 보유하고 있음에도 불구하고 최상저가 호랑이에게 해를 당한 것이다. 일반 민인들이 호랑이를 만나 해를 입는 것은 흔한 일이었다. 방에서 자고 있을 때 호랑이가 벽을 뚫고 들어가 해를 입히는 수도 있었다. 柳宗이란 자가 누이와 한 방에서 잘 때 호랑이가 벽을 뚫고 들어

---

29) 金富軾,「惠陰寺新創記」『東文選』권64.
30) 李奎報,「八月五日聞羣盜漸熾」『東國李相國全集』권6.
31) 林椿,「悼金閑甫」『東文選』권13.
32) 『高麗史』권78, 志32, 食貨1, 田制, 貢賦, 忠烈王 22년 6월 ;『高麗史』권85, 志39, 刑法2, 禁令, 明宗 18년 3월.
33) 『高麗史』권33, 世家33, 忠宣王 總序.
34) 『高麗史』권35, 世家35, 忠肅王 후7년 8월 乙亥.
35) 『新增東國輿地勝覽』권9, 京畿, 水原都護府, 孝子, 崔婁伯.

와 그 누이를 잡아먹고, 유종의 한쪽 어깨를 물어서 끊었다.[36]

　호환이 있기 때문에 호랑이가 길을 막고 있으면 지나가기 힘들었다.[37] 사람을 해치는 동물이었기 때문에 쉽사리 통과할 수 없었다. 兵部侍郞 趙冬曦가 일찍이 왕업을 연장할 땅을 살펴보기 위해 西海道에 갔다가 무신란 발발의 소식을 듣고 장차 東界로 가서 거병하여 그들을 토벌하고자 鐵嶺에 이르렀는데, 사나운 호랑이가 길을 막고 있어 나아가지 못했다.[38]

　가뭄이 들 때 호랑이 머리를 사용하면 감응이 있다는 얘기가 전한다. 錦山郡 進樂山 소재의 石穴은 용이 사는 곳인데, 가물 때 호랑이 머리를 물 속에 넣으면 감응이 있다고 한다.[39] 평안도 맹산현의 圓池에 날이 가물 때 호랑이 머리를 담가 놓으면 비가 온다고 한다.[40] 호랑이 머리가 가뭄 해소의 비를 내리도록 하는 데 영험함을 지니고 있었던 것이다.

2) 노루[獐]

　노루는 야생 포유류로서 두 번째로 빈번하게 출현한 동물이다. 모두 32회 출몰했으며, 그 가운데 29회가 14세기였다. 원 간섭기 및 말기에 집중적으로 출현했음을 알 수 있다.

　노루가 가장 많이 출몰한 달은 4월로 14회에 이른다. 그밖에 많은 달은 5월(6회)였다. 결국 노루는 4월에 집중적으로 출몰한 야생동물로 볼 수 있다. 전혀 출현하지 않은 달은 1월, 6월, 7월, 10월, 12월 등이다. 봄

---

36) 『高麗史』권130, 列傳43, 叛逆4, 洪福源.
37) 『高麗史』권98, 列傳11, 崔奇遇.
38) 『高麗史節要』권11, 毅宗 24년 9월 乙卯.
39) 『新增東國輿地勝覽』권33, 全羅道, 錦山郡, 山川, 進樂山.
40) 『新增東國輿地勝覽』권55, 平安道, 孟山縣, 山川, 圓池.

에 7회, 여름 20회, 가을 3회, 겨울 2회로 여름에 집중적으로 출현하고
있다(<표 10>).

<표 10> 노루 출현 연월

출현 해	1012, 1133, 1219, 1325, 1329, 1343(2회), 1347, 1348, 1349, 1352, 1353, 1355, 1363(2회), 1366, 1367(3회), 1373, 1374, 1375, 1376, 1381(4회), 1383, 1384(2회), 1390, 1392 (총 32회)												
출현 달	1	2	3	윤3	4	5	6	7	8	9	10	윤10	11	12
	0	3	2	2	14	6	0	0	1	2	0	1	1	0
계절	7				20			3			2			

   노루의 출현은 대부분 '入城'으로 표현되고 있으며, 노루가 궁궐에
출현한 경우도 적지 않다. 그러나 노루가 사람에게 직접적인 위해를 입
힌 경우는 보이지 않는다. 실제로 노루가 사람에게 해를 가한 일은 거
의 없었을 것이다. 노루가 2마리 출현한 경우도 보이는데(75 · 99 ·
121). 수를 표현하지 않는 경우는 대체로 1마리였을 것으로 여겨진다.

   노루는 초식동물로 풀, 나무줄기, 나뭇잎, 나무순 등을 먹는다. 노루
의 서식장소는 시기에 따라서 달라지는데, 초목이 우거져서 숨을 곳이
많은 10월 경까지는 산 중턱 이하에서 서식하고 겨울이 되면 점차 높은
곳으로 올라간다. 12월 하순부터는 먹이 때문에 다시 낮은 곳으로 내려
온다. 호랑이 · 표범 · 곰 · 이리는 물론 독수리까지 노루를 습격한다. 4
월에 집중적으로 도성에 출현한 것은 그때가 먹이 사정이 가장 열악했
기 때문으로 추측된다.

   노루는 여름철 풀이 우거질 때 새벽에 나와 풀을 먹고 배가 부르면 숲
속에 들어가 누워 있는 습속을 갖고 있다.[41] 노루가 주로 풀을 먹고 있는

---

41) 成俔, 『慵齋叢話』권5, 金束時.

것이다. 노루 3마리가 떼를 지어 움직이는 예도 확인된다.[42]

노루는 사냥의 대상이었다. 사냥을 할 때 노루가 급한 나머지 사람을
피하지 못했다는 언급이 보인다.[43] 노루를 잡기 위해 그물을 사용하기
도 했는데,[44] 그물보다는 활을 사용해 포획하는 것이 일반적이었다. 충
렬왕 5년(1279) 국왕이 사냥을 해서 노루를 잡은 일이 보인다.[45] 또 이
성계가 노루를 洪原縣 照浦山에서 사냥한 내용이 전한다.[46] 충렬왕과
이성계는 화살로 노루를 포획한 것이다.

노루 고기는 훌륭한 단백질 식료였다. 그렇기 때문에 노루를 선물로
제공하는 수가 많았다. 서경의 林令公이 이색에게 새끼 노루를 보내주
자 이색이 고마워한 일이 있다.[47] 이색이 문생으로부터 乾獐(노루포)을
선물로 받은 일도 있다.[48] 또 廉東亭이 이색에게 노루 고기를 보내주었
다.[49] 議政府에서 산 노루를 보내 주자 권근이 사례하고 있다.[50] 노루
고기는 식료로서 좋은 선물이 될 수 있었다.

3) 여우[狐]

여우는 야생 포유류로서 세 번째로 빈번하게 출현한 동물이다. 총 26
회 나타났으며, 14세기에 출현한 것이 20회로서(77%) 원 간섭기 및 고

---

42) 『新增東國輿地勝覽』권49, 咸鏡道, 洪原縣, 古跡, 照浦山.
43) 郭預, 「壽康宮觀獵」『東文選』권9.
44) 李穡, 「解嘲吟」『牧隱詩藁』권4.
45) 『高麗史』권29, 世家29, 忠烈王 5년 10월 辛巳.
46) 『新增東國輿地勝覽』권49, 咸鏡道, 洪原縣, 古跡, 照浦山.
47) 李穡, 「謝西京林令公惠小鹿」『牧隱詩藁』권13.
48) 李穡, 「得門生平章安集池鱗起書 云送乾獐因索崖蜜」『牧隱詩藁』권25.
49) 李穡, 「廉東亭送獐肉日 分呈兩老人故甚小 以小詩致謝」『牧隱詩藁』권30.
50) 權近, 「謝議政府惠生獐」『陽村集』권10.

려말기에 집중적으로 출몰했음을 알 수 있다.

여우가 출몰한 횟수는 달을 기준으로 보면 1~4회로 대체로 비슷하게 나타나며, 다만 12월에는 전혀 없다. 봄에 10회, 여름 4회, 가을 8회, 겨울 4회이다. 봄과 가을에 출현한 경우가 많고 여름과 겨울은 상대적으로 적다(<표 11>).

<표 11> 여우 출현 연월

출현 해	1015, 1128, 1137, 1217, 1287(2회), 1313, 1337, 1344, 1349, 1351, 1353(2회), 1354(2회), 1365(2회), 1377, 1379(2회), 1382, 1383(2회), 1385, 1387, 1390 (총 26회)											
출현 달	1	2	3	4	5	6	7	8	9	10	11	12
	4	3	3	2	1	1	2	2	4	2	2	0
계절	10			4			8			4		

여우가 직접 사람에게 해를 입힌 기록은 보이지 않는다. 대개 여우가 우는[鳴] 것을 언급하고 있으며, 어디에 들어갔다는 내용이 많다. 궁궐에 들어가거나 궁궐에서 우는 것을 지적한 사례가 여럿 확인된다. 명확하게 두 마리가 출현한 경우도 있다(66).

여우는 잡식성으로 우제류(고라니, 노루 새끼), 설치류(들쥐, 집쥐), 조류, 조류의 알, 개구리, 물고기, 식물 열매, 곤충 등 먹이가 다양하다. 그 중에서도 설치류 같은 작은 포유류는 사계절 가장 즐겨 먹는다. 먹이가 풍부한 여름철에는 가장 다양한 종류의 먹이를 먹고, 양서·파충류는 주로 봄철에만 먹는다.

여우는 주로 수풀에서 생활했다. 빈 수풀에서 여우가 춤추고 있다는 시구에서 이를 확인할 수 있다.[51] "여우와 삵은 숲 속에서 울고(狐狸啼

---

51) 南孝溫, 「義塚詩」『續東文選』권3.

林中)"에서도[52] 그것을 알 수 있다. 골짜기가 깊으면 여우가 많다고 했다.[53] 여우는 주로 밤에 활동하는 것으로 보인다. 고려 태조의 현릉에 밤에 여우가 모여든다는 표현에서[54] 추정할 수 있다. 여우는 교활한 동물로 표현하고 있으며, 굴을 파고서 생활하고 있었다.[55]

겨울철에 농가에서 매와 개를 데리고 사냥가서 여우와 토끼를 잡고 있다. 농가에서 사냥하는 주 대상 가운데 여우가 있음을 알 수 있다. 사냥 뒤에 포식하는 것으로 보아,[56] 여우는 식용으로 활용된 것으로 보인다. 매와 개를 사용해 여우를 사냥하는 것은 여러 자료에서 확인된다.[57] 물론 여우도 활을 사용해 잡는 일이 많았을 것이다.

여우는 식용으로도 사용되었지만, 가죽의 쓰임이 중요했다. 여우 가죽으로 만든 털옷인 狐裘는 종종 확인할 수 있다.[58] 십년의 세월이 가면 여우 갖옷이 해지는 법인 듯하다. "십 년의 눈서리에 여우 갖옷이 다 해졌어라(十年霜雪弊狐裘)"라는[59] 언급에서 엿볼 수 있다.

4) 사슴[鹿]

사슴은 포유류 야생동물 가운데 네 번째로 빈번하게 출현한 동물이다. 모두 18회가 확인된다. 고려전기에는 보이지 않고 13세기 이후부터

---

52) 李穡, 「古意」『牧隱詩藁』권23.
53) 『新增東國輿地勝覽』권42, 黃海道, 兎山縣, 題詠.
54) 『新增東國輿地勝覽』권5, 開城府下, 陵寢, 太祖陵.
55) 李奎報, 「次韻李侍郎需 河郎中千旦見和 幷序」『東國李相國後集』권8.
56) 金克己, 「田家四時」『東文選』권4.
57) 李穡, 「是日正午 日光穿漏 西南始晴 行幸之際 鷹犬效才 天顔怡懌 蓋可想也 臣穡以病留司 又不能出門 獨坐有感」『牧隱詩藁』권20 ; 徐居正, 「歸來亭記」『四佳文集』권2.
58) 李穡, 「立秋」『牧隱詩藁』권3 ; 李穡, 「杏店途中風雪」『牧隱詩藁』권4.
59) 徐居正, 「書懷 示士顧平仲」『四佳詩集』권3.

나타난다. 사슴은 무리를 지어 생활하는 경우가 많은 것 같다. 황해도 登山串 白沙汀에서 조수가 물러가면 흰 모래가 평평하며 넓고, 진흙탕이 없어서 말을 달려 사냥을 할 만했는데, 사슴이 많아서 천백 마리씩 떼를 지어 다닌다고 한다.[60] 사슴이 항상 많은 수가 무리를 지어 다니는 것은 아니겠지만 여건이 되면 이렇게 무리를 지어 생활하는 수가 적지 않았던 것 같다.

사슴은 달마다 1~3회 고루 나타난다. 다만 1월과 2월에는 출현하지 않았다. 봄에 1회, 여름에 8회, 가을에 5회, 겨울에 4회로 봄에 가장 적게 출현했다(<표 12>). 사슴은 초식동물로 사람에게 직접적인 해를 입히는 경우는 보이지 않는다.

<표 12> 사슴 출현 연월

출현 해	1222, 1277(2회), 1278, 1279(2회), 1280, 1283, 1292, 1293(2회), 1296, 1324, 1341, 1348, 1351, 1352, 1392(총 18회)											
출현 달	1	2	3	4	5	6	7	8	9	10	11	12
	0	0	1	2	3	3	1	2	2	2	1	1
계절	1			8			5			4		

사슴은 대부분 '入城'한 사실을 전하고 있다. 궁궐에 출몰한 경우도 4회 확인된다(39 · 41 · 54 · 82). 2마리로 개체수가 명확히 언급된 경우는 3번이다(36 · 82 · 90).

사슴은 낙엽활엽수림 지역에서는 벼과 초본류, 나무의 잎, 조릿대류, 견과 등을 계절에 따라 채식하지만, 상록활엽수림대에서는 나무의 잎을 주식으로 한다. 사슴은 집단생활을 하므로 홀로 움직이는 것은 대개 무리에서 이탈한 경우로 보인다.

---

60) 『新增東國輿地勝覽』 권43, 黃海道, 康翎縣, 山川, 登山串.

사슴은 우거진 풀밭에서 생활하고 있었다. "우거진 풀밭에 고라니 · 사슴이 뛰는구나(碧草芊芊走麋鹿)"에서[61] 볼 수 있듯이 사슴은 풀밭을 선호했다. "한가로운 사슴은 깊은 풀숲에 잠들고"라는[62] 표현에서도 그것을 엿볼 수 있다. 그리고 사슴은 깊은 골짜기에 주로 서식하고 있었다.[63] 사슴은 노루와 마찬가지로 여름이 되어 풀이 우거질 때에는 새벽에 나와서 풀을 먹고 배가 부르면 숲속에 들어가 누워 있었다.[64] 양지 바른 곳의 풀을 사슴이 먹고 있다는 언급도 보인다.[65] 사슴이 풀을 주로 먹고 있음을 확인할 수 있다.

사슴은 대개 활을 사용해 포획했다.[66] 충렬왕이 남쪽 교외에서 사냥을 해 사슴을 잡았다.[67] 이때 화살로 포획한 것으로 보인다. 이의풍이란 인물이 화살을 쏴서 수레 앞에 뛰어 오른 사슴을 쓰러뜨렸다.[68] 우왕이 화살을 쏴서 사슴을 사냥했으며,[69] 이성계가 장단도호부의 화장산에서 사슴을 사냥했다.[70] 활을 사용해 사냥하는데 이를 피하고 도망친 경우에는 그물로 잡는다는 언급도 보인다.[71] 화살과 그물이 모두 사슴을 잡는 데 사용된 것이다.

사슴은 매우 중요한 식료였다. 때문에 사슴을 선물로 제공하는 사례

61) 曹偉,「半月城」『續東文選』권5.
62) 『新增東國輿地勝覽』권39, 全羅道, 南原都護府, 驛院, 槧樹驛.
63) 釋圓鑑,「幽居」『東文選』권11.
64) 成俔,『慵齋叢話』권5, 金末時.
65) 李奎報,「遊妙巖寺次板上洪書記題位金巖詩韻」『東國李相國全集』권17.
66) 成俔,『慵齋叢話』권3, 我外舅安公 ; 『新增東國輿地勝覽』권8, 京畿, 利川都護府, 人物, 徐弼.
67) 『高麗史』권29, 世家29, 忠烈王 5년 10월 辛巳.
68) 『高麗史』권124, 列傳37, 嬖幸2, 崔安道附 李宜風 ; 『高麗史節要』권24, 忠肅王 11년 9월.
69) 『高麗史』권135, 列傳48, 辛禑 11년 3월.
70) 『新增東國輿地勝覽』권12, 京畿, 長湍都護府, 山川, 華藏山.
71) 成俔,『慵齋叢話』권5, 金末時.

가 찾아진다. 전주의 황보 병마사가 이색에게 鹿脯를 보내주자 이색이
사례하는 시를 짓고 있다.[72] 사슴은 祭肉으로도 사용되었다. 전주에서
는 매달 초하루에 사슴 한 마리를 제육으로 충당하고 있었다.[73] 사슴이
육류로서의 가치가 있었기 때문에 제육으로 사용된 것이다. 그리고 사
슴 가죽도 널리 활용되었다.[74]

5) 부엉이[鵂鶹]

야생 조류 가운데 부엉이는 27회 출몰해 수위를 차지한다. 전기부터
출현하고 있지만 후기에 더 빈번하게 나타나고 있다. 10월에 가장 많이
출현해 7회에 이르며 나머지 달은 1~3회 출현한 것으로 나온다. 다만
2월, 3월, 4월에는 출몰한 것이 확인되지 않는다. 절기를 기준으로 보
면, 봄에 3회, 여름에 4회, 가을에 9회, 겨울에 11회이다(<표 13>). 가
을과 겨울에 많이 출현하고 봄과 여름에는 횟수가 적다. 여름과 겨울
모두 출현하므로 텃새임을 알 수 있다.

<표 13> 부엉이[鵂鶹] 출현 연월

출현 해	976, 1121, 1200, 1221, 1223, 1227, 1278, 1293(2회), 1325(4회), 1346(2회), 1347, 1348, 1349(2회), 1351(5회), 1355, 1382, 1392(총 27회)											
출현 달	1	2	3	4	5	6	7	윤7	8	9	10	11	12
	3	0	0	0	3	1	1	2	3	3	7	3	1
계절	3			4			9				11		

부엉이는 맹금류로서 대체로 밤에 활동하며, 낮에는 물체를 잘 보지

---

72) 李穡,「奉謝全州皇甫兵馬使送鹿脯」『牧隱詩藁』권27.
73) 李奎報,「祭神文 全州祭城隍致告文」『東國李相國全集』권37.
74) 成俔,『慵齋叢話』권5, 尹斯文統.

못한다. 낮이나 오후에 나타나는 일은 매우 특이한 사례이다. 부엉이에 관해서는 주로 우는 것을 언급하고 있는데, 궁궐에서 우는 일도 여럿 확인된다.

부엉이는 새끼를 멧토끼 · 꿩 · 집쥐 · 개구리 · 뱀 등으로 키운다. 민속에서는 한밤중에 우는 부엉이 소리가 죽음을 상징하는데, 예로부터 부엉이가 동네를 향해 울면 그 동네의 한 집이 상을 당한다고 했다. 이를 통해 부엉이는 凶鳥임을 알 수 있다.

6) 올빼미[鵩, 訓狐, 鴟鳥]

올빼미를 나타내는 한자어는 鵩, 訓狐, 鴟鳥이다. 복은 22회, 훈호와 치조는 각각 1회 출몰했는데, 모두 합하면 24회에 이른다. 복은 고려전기에는 보이지 않고 명종 11년(1181)부터 확인되기 시작하여 14세기에 자주 출몰한 것으로 나온다. 훈호와 치조는 모두 인종 7년(1128) 10월에 출현했다.

출현한 달은 올빼미류 전체를 보면 7월과 8월이 각 5회로 가장 많다. 반면 1월, 2월, 3월, 4월, 12월에는 나타나지 않은 것으로 기록되어 있다. 절기를 기준으로 보면 봄에는 출현한 적이 없고, 여름에 5회, 가을에 14회, 겨울에 5회이다(<표 14>). 가을에 집중되었음을 알 수 있다. 여름 · 겨울 모두 확인되므로 텃새임을 알 수 있다.

<표 14> 올빼미[鵩, 訓狐, 鴟鳥] 출현 연월

鵩	출현 해	1181, 1199(2회), 1202, 1203(2회), 1348, 1352(3회), 1354, 1357(2회), 1358, 1359(2회), 1363, 1365(2회), 1374, 1380, 1390(총 22회)										
	출현 달	1	2	3	4	5	6	7	8	9	10	11	12
		0	0	0	0	3	2	5	5	4	1	2	0

訓狐	출현 해	1128(총 1회)											
	출현 달	1	2	3	4	5	6	7	8	9	10	11	12
		0	0	0	0	0	0	0	0	0	1	0	0
鴟鳥	출현 해	1128(총 1회)											
	출현 달	1	2	3	4	5	6	7	8	9	10	11	12
		0	0	0	0	0	0	0	0	0	1	0	0
계절(鵩+訓狐+鴟鳥)		0				5				14			5	

올빼미류가 궁궐에 출현하거나 그곳에서 우는 경우는 매우 많다. 치조 수천 마리가 함께 나는 경우는(火13) 매우 드문 일일 것이다.

올빼미는 야행성의 맹금류이다. 올빼미는 농촌과 인가 부근의 고목 속, 나무구멍에 번식하는 드문 텃새이다. 우리나라의 전역에서 볼 수 있었지만 현재는 멸종위기 동물이다. 들쥐 외에 작은 조류나 곤충류도 잡아먹는데, 새끼는 주로 들쥐를 먹여 키운다. 겨울철 심야에 울어대는 독특한 울음소리는 마치 어린 아기의 소리와도 같다.

7) 꿩[雉·野鷄]

꿩은 매우 많이 서식하고 있는 야생 조류였다. 개경 일대에 모두 19회 출현한 것으로 기록되어 있다. 전기부터 말기까지 골고루 분포하고 있다. 출현한 달을 보면 10월이 7회로 가장 많으며, 5월, 6월, 7월, 11월에는 출현한 적이 없다. 다른 달은 1~3회이다. 절기를 기준으로 보면 봄에 5회, 여름에 1회, 가을에 4회, 겨울에 9회이다. 여름에 가장 적게 출현했고 겨울에 가장 많이 출현했다(<표 15>).

<표 15> 꿩[雉・野鷄] 출현 연월

출현 해	1015, 1016, 1021(2회), 1150, 1179, 1183, 1219, 1287, 1290, 1292, 1312, 1347, 1348, 1365, 1366, 1373, 1380, 1388(총 19회)											
출현 달	1	2	3	4	5	6	7	8	9	10	11	12
	1	3	1	1	0	0	0	2	2	7	0	2
계절	5			1			4			9		

꿩 관련 내용은 모여들거나[集], 들어오는[入] 것이 중심이다. 궁궐에 꿩이 모여들거나 들어오는 일은 매우 흔했다. 일반 꿩은 좋은 의미를 나타내지 않지만 흰 꿩[白雉]은 상서로움을 보이는 것이어서 그 출현은 慶賀할 일이었다.[75] 흰 꿩의 출현을 賀禮하는 글을 작성한 것이 그것을 나타낸다.[76]

꿩은 한자어로 雉라고 하나, 華蟲・介鳥・野鷄라고도 했으며, 우리말로는 수컷을 '장끼', 암컷은 '까투리'라 한다. 찔레 열매를 비롯하여 수십 종의 나무 열매, 풀씨・곡물과 거미류・다족류・갑각류・복족류 등의 각종 동물을 먹는 잡식성이나 식물성 먹이를 많이 먹는 편이다.

꿩은 성질이 음탕하기를 좋아하고 싸우기를 잘하며, 숫놈 한 마리가 여러 암놈을 거느렸다. 그리고 매양 봄・여름 사이 수풀이 우거진 속에서 암놈이 꿕꿕 우는데 숫놈이 한 번 그 소리를 들으면 날개를 치고 달려 온다. 다른 숫놈이 암놈과 더불고 있는 것에 성이 난 때문이었다.[77]

꿩은 북쪽 지방의 것이 아름답고 맛이 좋았다. 평안도 강변의 꿩은 크기가 집오리만 하고 기름이 많이 엉겨 있으며, 북쪽에서 남쪽으로 가면서 꿩이 점점 마르다가 호남・영남의 남쪽 변방에 이르면 고기 비린

---

75) 광종대에 임진현에서 흰 꿩을 바친 것이 보인다(『高麗史』권54, 志8, 五行2, 金, 白眚白祥, 光宗 7년).
76) 尹淮,「賀白雉表」『東文選』권32 ; 趙末生,「賀白雉箋」『東文選』권33.
77) 姜希孟,「訓子五說 幷序」『續東文選』권17.

내가 나서 먹을 수가 없다고 한다.78)

꿩은 식료로 매우 가치가 있어 선물로 제공하는 경우가 자주 보인다. 고부 태수가 이규보에게 生雉(산 꿩)를 보내주자 사례하는 시를 지었다.79) 이규보가 꿩을 받고 사례하는 시를 지은 예가 더 보인다.80) 우정 조안석이 꿩을 보내오자, 권근도 사례하는 시를 지었다.81)

유응규의 경우 남경에 수령으로 있을 때 남에게서 티끌 하나도 취하지 않았는데, 그의 아내가 해산하다가 병을 얻었으나 다만 나물국뿐이어서 관아의 아전 하나가 몰래 꿩 한 마리를 보냈더니 아내가 받지 않은 일이 전한다.82)

꿩이 가치있는 식료이기 때문에 祭肉으로 사용되는 예도 보인다. 전주에서 매월 초하루에 꿩을 제육에 충당했다는 것이 그것이다.83) 꿩이 저자에서 판매되기도 했다.84) 꿩이 당시 매우 널리 유통되고 있음을 알 수 있다.

꿩은 매를 사용해 사냥하는 것이 보통이지만,85) 화살로 잡는 수도 있었다. 권근의 노비 好珍이 꿩을 화살로 사냥해 온 것이 그것이다.86) 그리고 배후문이란 인물은 출중한 활 솜씨를 보유해 꿩을 화살로 잡았다.87)

---

78) 成俔,『慵齋叢話』권7, 余於辛未年間.
79) 李奎報,「次韻謝古阜大守送薦枕及美酒生雉兼詩」『東國李相國全集』권17.
80) 李奎報,「又謝雉」『東國李相國後集』권2.
81) 權近,「雨亭趙安石惠雉 仍有詩 次其韵以謝」『陽村集』권10.
82) 『高麗史』권99, 列傳12, 庾應圭.
83) 李奎報,「祭神文 全州祭城隍致告文」『東國李相國全集』권37.
84) 『高麗史』권90, 列傳3, 宗室, 肅宗王子 帶方公俌.
85) 郭預,「壽康宮觀獵」『東文選』권9 ; 成俔,『慵齋叢話』권3, 我外舅安公 ; 成俔,『慵齋叢話』권6, 崔斯文勢遠.
86) 權近,「奴好珍射雉爲具 以詩誌之」『陽村集』권3.
87) 成俔,『慵齋叢話』권4, 裵珝文李石貞.

8) 까마귀[群烏 · 烏]

까마귀는 까마귀 떼[群烏]로 표현된 것이 10회이고, 까마귀[烏]로만 표현된 것이 4회이다. 무신란 이전에 3회 확인되고, 14세기에 8회 확인되어 14세기에 출현한 횟수가 많다. 출현한 경우 달마다 대체로 1~2회 정도에 머물고 있는데, 전혀 출몰하지 않은 달은 5월, 9월, 10월이다. 봄에 5회, 여름에 4회, 가을에 3회, 겨울에 2회 출몰했으므로(<표 16>), 텃새임을 알 수 있다.

<표 16> 까마귀[群烏 · 烏] 출현 연월

群烏	출현 해	1015, 1126, 1136, 1220, 1352(2회), 1354, 1378, 1381, 1392(총 10회)											
	출현 달	1	2	3	4	5	6	7	8	9	10	11	12
		1	2	0	2	0	2	1	0	0	0	1	1
烏	출현 해	1196, 1204, 1325, 1377(총 4회)											
	출현 달	1	2	3	4	5	6	7	8	9	10	11	12
		0	0	2	0	0	0	1	1	0	0	0	0
계절(群烏+烏)		5			4			3			2		

까마귀 관련 기사 가운데는 서로 싸우다 죽는 일이 언급된 경우가 여럿 보이는 점이(火11 · 16 · 36 · 72 · 89) 특징이다. 아마 까마귀가 서로 싸우다 죽는 일은 상서롭지 못하기 때문에 기록에 자주 나타나는 듯 하다. 궁궐에 나타나거나 둥지를 만드는 일은 3회로서(火26 · 34 · 67) 상대적으로 많지 않다. 까마귀는 무리지어 출몰하는 경우가 많았다.

까마귀는 한자어로 慈烏가 표준이고, 烏 · 慈鴉 · 孝鳥 · 寒鴉 · 老鴉 · 烏鴉라고도 했다. 비번식기에는 가족 단위의 큰 무리를 이루기도 하며,

반경 20～30㎞ 범위에서 잠자리로 모여들기도 한다. 까마귀는 들쥐 · 파리 · 벌 · 딱정벌레 · 갑각류 따위를 비롯하여 다른 새의 알이나 새끼도 잡아먹고 곡류나 열매도 먹는 잡식성이지만, 번식기에는 주로 동물성 먹이를 많이 먹는다. 까마귀의 집단은 리더가 없는 단순한 집합체인데, 이 때문에 '烏合之卒'이라는 말이 생겼다. 까마귀가 울면 그 동네에 초상이 난다고 믿고 있고, 전염병이 돌 때 까마귀가 울면 병이 널리 퍼진다고 하며, 길 떠날 때 까마귀가 울면 재수가 없다고 한다. 까마귀 울음소리는 불길한 조짐으로 알려져 있다.

이상에서 언급한 8종의 야생동물이 개경 일대에 출몰한 대표적인 야생동물인데, 이들이 생존하기 위해서는 그러한 먹이를 제공하는 생태환경이 뒷받침되지 않으면 안 되었다. 작은 포유동물, 조류, 양서류, 파충류 등의 척추동물은 물론, 풍부한 곤충류, 그리고 식물의 열매나 잎 등이 먹이로 제공되어야 8종의 동물은 살아갈 수 있었다. 물론 8종 이외의 야생동물도 이러한 먹이를 확보할 수 있어야 했다. 복잡하게 연결된 생태환경을 전제로 야생동물이 생존하고 있었던 것이다. 야생동물이 개경 일대에 출몰하는 것은 다양한 요인이 있겠지만 주변 생태환경의 열악화가 가장 중요한 요인이었을 것으로 여겨진다. 개경인들은 야생동물의 출몰을 아름답게 생각하지 않고, 불길한 조짐으로 받아들였다.

4. 야생동물 출몰의 의미

고려시기 개경 일대에 야생동물이 빈번하게 출몰했다. 일반적으로 야생동물과 인간은 서로 피하면서 살아가는 존재이다. 사람이 많이 거주하면 야생동물은 떠나가고, 인간이 떠나가면 야생동물은 다시 몰려오는 것이 보통이다. 인간과 야생동물은 동일 공간에서 共生하지 않는 것이다. 사람이 먹는 곡식을 선호하는 야생동물이 아니라면 사람이 있으면 야생동물이 떠나가고, 사람이 없으면 동물이 잠식해 와서 산다. 그러므로 사람이 많이 모여사는 개경에 야생동물이 출몰하는 것은 범상한 일이 아니었다. 통상의 경우라면 인간이 모여 있는 도회를 피하기 때문이다.

인간과 야생동물이 공생하지 못함을 알려주는 많은 자료가 있다. 경상도 寧海의 경우, 왜적의 침입으로 고을이 비게 되자, 범과 멧돼지가 그곳에 와서 살았다고 하며,[88] 경상도 淸河縣은 왜구의 침입으로 인해 사람이 떠나가면서 그곳이 풀밭이 되었는데, 그곳에서 노루와 사슴이 놀았다고 한다.[89] 서해도 谷州 역시 왜구의 침입으로 황량해지자, 여우와 토끼만이 뛰노는 공간이 되었다.[90] 강화도 왜구의 침입으로 사람이 떠나가면서, 초목이 무성하고 여우와 토끼가 구멍을 파고 살고 있다는 것이다.[91] 남해 또한 왜구의 침입으로 인해 모두 풀이 무성한 사슴의 놀이터로 되어버렸다고 한다.[92] 사람이 떠나가자 그 공간에 호랑이 · 멧돼지 · 노루 · 사슴 · 여우 · 토끼가 서식하고 있는 것이다. 호랑이가 자주 출몰하자 여행자의 안전을 확보하기 위해 院을 조성한 것은[93] 사람과 호랑이가 상호 회피하고 있음을 뜻한다. 야생동물은 사람을 피해 서식하고 있는 것이다.

---

88) 『新增東國輿地勝覽』권24, 慶尙道, 寧海都護府, 樓亭, 西樓.

89) 『新增東國輿地勝覽』권23, 慶尙道, 淸河縣, 名宦, 閔寅.

90) 李穡, 「谷州公館新樓記」『牧隱文藁』권3.

91) 『新增東國輿地勝覽』권12, 京畿, 江華都護府, 宮室, 公廨.

92) 『新增東國輿地勝覽』권31, 慶尙道, 南海縣, 城廓, 邑城.

93) 金富軾, 「惠陰寺新創記」『東文選』권64 ; 權近, 「德方院記」『陽村集』권13.

야생동물은 사람이 모여 사는 곳에는 나타나지 않으므로, 대도회인 개경에 야생동물이 출현하는 것은 특이한 일이 아닐 수 없다. 개경 일대에 야생동물의 출몰은 대체로 불길한 징조로 받아들여졌다. 실제로 큰 피해를 주는 동물도 있었다. 대표적인 동물은 호랑이였다.[94] 호랑이가 출몰해 피해를 주는 사례는 적지 않았다. 호랑이가 나타나 사람과 가축을 물거나 해를 입히는 수가 많았다(5 · 11 · 14 · 49 · 74 · 117). 호랑이는 먹이사슬의 최상위 포식자의 위치에 있는 동물로서 당시 사람들에게 해를 입히는 수가 많았다. 虎患이 그것이었다.

사냥을 나갔다가 호랑이의 해를 당한 일도 있었다. 수원의 향리 崔尙翥가 사냥을 나갔다가 호랑이에게 해를 당해 죽자 아들 최루백이 호랑이를 찾아서 죽여 아버지의 원수를 갚은 일화가 전한다.[95] 사냥을 나갔다가 호랑이의 해를 당한 것이다. 君萬이란 광대는 부친이 밤에 호랑이에게 물려가자 활과 화살을 지니고 산으로 들어가 호랑이를 만나 화살로 쏴 죽이고 칼을 빼어 들고 그 배를 가르고 남아 있던 유해를 거두어 화장했다.[96] 밤에 호랑이의 해를 입은 것이다.

회양부 사람 權金이 밤에 호랑이에게 붙잡혀 가려 하자 집에 있던 장정 7, 8인이 겁에 질려 감히 나오지 못했으나 권금의 처가 남편의 허리를 붙잡고 문지방에 버티고 선 채 큰 소리로 울부짖으니 호랑이가 권금을 놓아주고 암소를 물고 가버렸다.[97] 집안에 있던 권금을 호랑이가 해

94) 조선시기 궁궐에 출몰한 범과 표범에 관해 환경사의 관점에 체계적으로 정리한 논고가 참고된다(홍형순, 2018 「환경사 관점에서 본 조선시대 궁궐에 범과 표범의 출몰」『韓國傳統造景學會誌』36-3).
95)『高麗史』권121, 列傳34, 孝友, 崔婁伯.
96)『高麗史』권121, 列傳34, 孝友, 君萬.
97)『高麗史』권121, 列傳34, 烈女, 權金妻.

치려는 것이다.

피해가 컸으므로 호랑이가 출몰하면 퇴치하고자 했다. 이규보가 남산에 호랑이가 자주 나타나 사람을 해치자 군사를 거느리고 가서 사로잡은 일이 있다.[98] 그러나 호랑이의 포획은 어려운 일이었다. 원종대에 원에서 호랑이 사냥꾼 9명을 파견해 개 100마리를 끌고 와서 호랑이 포획에 나섰지만, 개는 많이 죽고 호랑이는 잡지 못했다.[99]

호랑이가 도성에 출몰하면 그것을 잡기 위해 병사들이 동원되었던 것으로 보인다. 숙종 8년(1103) 경기에 호랑이가 빈번하게 출몰하자 군사에게 잡도록 명한 데서 알 수 있다(13). 출몰한 모든 호랑이를 포획하지는 못했을 것이다. 스스로 성을 넘어 달아난 호랑이도 적지 않았을 것이다. 아무튼 호랑이의 도성 내 출현은 도성인에게 공포를 불러일으키는 일이었다. 전주에서 사록 겸 장서기였던 朴元桂가 경내에 호랑이 소동이 나자 말을 타고 좁은 지역에서 한 화살로 적중시켜 호랑이를 죽이는 공적을 세웠다.[100] 우왕 1년(1375) 이성계가 활로 호랑이를 쏘아 잡아서 바치자 우왕이 웃옷 1벌을 하사했다.[101] 우왕 4년 이성계가 도성에 들어온 호랑이를 사살했다.[102] 개경 도성에 호랑이가 들어오자 이성계가 그 호랑이를 쏴 죽인 것이다.

표범이나 곰의 출현도 호랑이와 비슷하게 공포를 불러일으켰을 것으로 여겨진다. 대체로 군사를 동원해 포획하려고 했을 것이다. 이리[狼]와 멧돼지[猪·豕], 삵[狸]의 출현도 상당한 불안감을 갖게 했을 것이다.

---

98) 李奎報, 「自貽雜言」『東國李相國全集』권9.
99) 『高麗史』권27, 世家27, 元宗 14년 12월 辛酉.
100) 『新增東國輿地勝覽』권33, 全羅道, 全州府, 名宦, 朴元桂.
101) 『高麗史』권133, 列傳46, 辛禑 1년 10월.
102) 『高麗史』권133, 列傳46, 辛禑 4년 8월.

맹수로 일컬어지는 이런 동물의 출현은 도성인에게 매우 큰 공포감을 갖게 했을 것임은 분명하다. 그 맹수가 궁궐 안에 들어온다면 더욱 큰 위협이 되었을 것이다.

호랑이가 궁궐에 출현한 경우(12 · 15 · 20 · 22 · 26 · 27 · 29 · 31 · 52 · 56), 멧돼지와(水3) 삵이 궁궐에 출현한 경우(97 · 98)가 그러했다. 또 여우(18 · 47 · 66 · 72 · 93 · 94 · 103 · 105 · 116 · 118 · 125 · 126 · 130 · 131 · 132), 사슴(39 · 41 · 54 · 82), 노루(70 · 106 · 108), 토끼(63) 등이 궁궐에 출몰한 것도 심각한 일이었다. 불길한 야생 포유류가 도성에 그치지 않고 궁궐 안까지 들어오는 일이 있었으며, 이것은 비상한 상황임을 가리키는 것이었다.

호랑이, 멧돼지, 표범, 삵의 출현은 직접 위해를 줄 수 있었다. 초식동물은 사람에게 직접적인 위협이 되지는 않았지만 이들이 궁궐에 출현하는 일도 상서로운 일이 아니었다. 맹수류를 제외한 포유동물은 현실적으로 사람에게 직접적인 위해를 주지는 않았을 것이다. 예컨대 노루와 사슴, 영양과 산양, 토끼 등은 상서롭지 못한 동물이기는 했을지라도 당시인에게 직접적인 위해를 가하는 동물은 아니었을 것으로 여겨진다. 그것을 물리치는 데에도 큰 어려움은 없었을 것이다.

야생 조류 역시 불길한 조짐을 의미하는 것이지만 사람들에게 직접적인 위해를 입히는 동물은 아니었다. 부엉이, 올빼미, 꿩, 까마귀 등이 사람에게 직접적인 해를 입히는 일은 거의 없었을 것이며, 여타의 다른 조류도 역시 그러했을 것이다. 그렇지만 이들의 출현은 불길한 조짐 · 징조를 의미하므로 '孽'로 표현했다.

조류의 출현 가운데 궁궐 내에 둥지를 만드는 일, 우는 것, 모이는 것은 흔히 확인할 수 있다. 궁궐에 둥지를 만드는 조류로 꿩(火2), 황새(火8), 참새(火8), 학(火21), 대조(火7), 까마귀(火26·34) 등이 보인다. 궁궐 부근에서 우는 야생조류로는 부엉이(火10·30·37·38·39·41·45·46·53·54·55·59·60·61·62·66·93), 올빼미(火22·28·29·31·32·33·58·70·71·73·78·83·87·95), 怪鳥(火40·42) 등이 찾아진다. 그리고 궁궐에 들어오거나 궁궐 부근에서 무리지어 모이거나 나는 조류로 꿩(火2·4·5·6·17·20·22·23·35·43·44·56·84·86·91·94), 부엉이(火64·65), 올빼미(火13·90), 野鳥(火25), 鳥(火9), 두루미(火12), 청둥오리(火15), 까마귀(火67) 등의 사례가 보인다.

야생동물이 출현하는 것에 대해 당시인은 상서롭지 못한 일로 여기고 있었다. 태조(918) 1년 8월 철원에서 호랑이가 도성 흑창 담안에 들어오자 쏴서 잡았는데, 점을 쳐보니 호랑이는 맹수로 상서롭지 못하며, 이는 전쟁을 주관한다고 했다.[103] 호랑이의 출몰에 대해 상서롭지 못한 것으로 받아들이고 있음을 알 수 있다. 전쟁을 주관한다는 것은 결국 전쟁의 조짐이 있다는 의미로 읽힌다.

의종 1년(1147) 7월 밤에 호랑이가 선군과 병부·형부·홍국사 및 거리에 들어오자 태사가 아뢰었다. 호랑이는 산림의 맹수라고 하면서, 握鏡에 이르기를, 호랑이와 이리가 나라에 들어오면 府中이 장차 황폐해질 것이라고 했다(19). 호랑이의 출현은 곧 도성 내를 황폐하게 만들 조짐이라는 것이다. 호랑이의 도성 출몰은 매우 불길한 조짐이라고 인식한 것이다.

호랑이만이 아니라 노루의 출몰도 상서로운 일이 아니었다. 우왕 7

---

103) 『高麗史』권54, 志8, 五行2, 金, 毛蟲之孽, 太祖 1년 8월 戊辰.

년(1381) 4월 노루가 도성에 들어오자 日官이 아뢰기를, "秘記를 살펴보면, 노루가 도성 안으로 들어오면 그 나라는 망한다고 했습니다. 바라건대, 조심히 마음을 닦고 살피되, 사냥을 일삼지 마십시오."라고 했다(122). 노루의 출현은 매우 불길한 조짐을 의미하는 것이니 조심하고 修省해 사냥을 일삼지 말라는 것이다. 노루가 도성 안에 들어오면 나라가 망할 조짐이라는 것이다. 호랑이·노루 이외에 다른 포유류 동물이 도성 내에 출현한 것도 재변이었다.

야생 사슴이 성 안에 들어오는 것 역시 재앙으로 인식하고 있었다. 충렬왕 27년(1301) 폐행들이 "지난 달에 야생 사슴이 城에 들어왔으며 지금은 또 혜성이 나타났으니, 마땅히 교외에 머물면서 재앙을 물리쳐야 합니다."라고[104] 한 발언에서 읽을 수 있다. 사슴이 성 안에 들어온 것은 혜성의 출현과 함께 재앙으로 인식하고 있는 것이다.

포유류 야생동물만이 아니라 조류의 출몰 역시 불길한 조짐으로 받아들였다. 명종 13년(1183) 10월 꿩이 선경전에 올라왔는데, 識者들이 꿩은 火에 속하니 건물이 반드시 다시 화재를 입을 것이다고 했다(火23). 꿩의 출현은 곧 건물의 화재가 발생할 조짐이라는 것이다. 상서롭지 못한 꿩의 출현인 것이다.

명종 14년 6월 西部 香川坊의 민가에서 작은 참새가 새끼를 낳았는데, 그 크기가 산까치[山鵲]만 했다. 점을 쳤더니, "날짐승들의 재앙[羽蟲之孼]이란 그 종류가 아닌 것을 낳는 것으로서 국가에 난리가 있을 조짐이다."라고 했다(火24). 작은 참새가 다른 종류의 큰 새를 부화한 것으로 보인다.[105] 이것은 재앙이므로 국가에 난리가 있을 조짐이라는

---

104) 『高麗史』권32, 世家32, 忠烈王 27년 8월 己丑.
105) 예컨대 뻐꾸기는 스스로 둥지를 만들지 않고 때까치·멧새·할미새·종달새 등 다

것이다. 야생 조류에서 이상한 새끼가 부화한 일이 매우 불길한 조짐을
의미하고 있는 것이다.

명종 27년 5월 멧새[山鳥]가 떼를 지어 날며 성으로 들어왔는데, 그
생김새가 뻐꾸기[戴勝] 같으면서도 부리는 검고 길었다. 사람들이 그
울음소리를 따라 이름 붙이기를 '獵人足項'이라 했다. 담당 관리에게 명
하여 액막이를 하게 했다. 세상에서는 이 새를 兵鳥라고 불렀다(火27).
뻐꾸기 비슷한 멧새가 떼를 지어 도성으로 날아 드는 현상 역시 불길한
조짐으로 보고 있다. 병조란 곧 전쟁의 조짐을 알리는 새란 의미로 읽
힌다. 특이한 모양의 새가 무리지어 도성 내에 오는 것은 전쟁의 조짐
을 의미하는 것이다. 특이한 모양의 새 출현, 다른 종류의 새끼를 부화
하는 일은 불길한 일이었다. 여타 야생 조류의 출현 역시 상서로운 일
이 아니었다.

붉은 여우가 울고 검은 까마귀가 날아와 울어대자 몹시 두려워했
다.106) 우왕 8년 判書雲觀事 張補之와 副正 吳思忠 등은 "지금 변괴가
자주 나타나서 들짐승이 도성에 들어오고 까마귀 떼가 궁중에 날아들
며 우물이 끓고 물고기가 싸우니 청하건대 도읍을 옮겨 재앙을 피하십
시오."라고 상서했다.107) 야생 포유동물이 들어오고, 까마귀 떼가 궁중
에 날아드는 것을 재앙으로 여기고 있는 것이다.

야생동물의 도성 내 출몰은 상서롭지 못한 일이었다. 직접 포획해 퇴치
함과 더불어 닥쳐올 재앙을 미리 막기 위한 액막이 행사를 베풀었다. 미

른 새의 둥지에 알을 낳아 그 새들이 부화하고 먹이를 먹이도록 하고 있다. 다른 새
들이 자신보다 몸집이 큰 뻐꾸기 새끼에게 먹이까지 주고 있는 것이다.
106) 權近, 「廣明寺 行狐鳴群鴉鷲鳥爭噪毘盧舍那道場兼太一祈禳疏」『陽村集』권27.
107) 『高麗史』권126, 列傳39, 姦臣, 李仁任.

래의 재앙을 막기 위한 여러 종류의 행사를 베풀었던 것이다. 승려가 불교식으로 거행하는 수도 있었고, 관리가 다른 방식으로 수행하기도 했다.

공민왕 15년(1366) 9월 이리가 도성 안에 들어오자 金經道場을 베풀었다(107). 이리가 출몰하는 것이 상서롭지 못한 조짐이므로 나쁜 일을 예방하기 위해 금경도량을 설행하는 것이다. 직접 포획하기도 하지만 이렇게 도량을 베풀어 액막이를 하고 있다. 불길한 조짐을 의미하는 동물의 출현에 대해 액막이를 하고자 도량을 베푸는 것이다.

우왕 3년 7월 승려를 모아 용수산·오산 등에서 법석을 베풀어 까마귀·솔개 출현에 대해 액막이를 했다(火88). 까마귀와 솔개가 출몰하자 미래의 액흉을 막기 위해 승려를 불러 법석을 베푼 것이다. 까마귀와 솔개의 출현이 상서롭지 못한 일, 불길한 조짐을 의미하므로 닥칠 재해를 막기 위해 승려를 모아 법석을 베푼 것이다. 창왕 즉위년(1388) 9월 꿩이 수녕궁에 모여들자, 金經道場을 열어 기양했다.108) 여우가 울고 뭇 까마귀가 울자 광명사에서 毘盧舍那道場을 베풀고 아울러 太一에 기도한 일도 보인다.109) 불교식·도교식 祈禳 행사를 함께 진행한 것이다.

국가기관 가운데 書雲觀에서도 액막이 행사를 베푸는 역할을 했다. 우왕 7년 7월 까마귀 떼가 동쪽으로부터 와서 하늘 가득 날아다녔는데, 進鳳山과 龍首山 등에 모였다가 또 社稷壇으로 옮겨가기를 열흘 동안 계속하다 그쳤다. 서운관에 명하여 이 재앙이 물러가도록 빌게 했다(火 92). 까마귀 떼의 출현이 상서롭지 못한 일이기 때문에 서운관에게 닥

---

108) 『高麗史』권137, 列傳50, 辛昌 즉위년 9월. 오행지에는 꿩이 수녕궁에 몰려든 사실만 기록되어 있고 도량을 언급하지 않았다. 그런데 다른 자료에서 금경도량이 베풀어졌음을 기록하고 있다. 여기에서 알 수 있듯이 오행지에 야생동물이 출몰한 경우, 오행지에서 언급한 내용보다 훨씬 빈번하게 도량이 설행되었던 것이 분명하다.
109) 權近, 「廣明寺 行狐鳴群鴉鷲鳥爭噪毘盧舍那道場兼太一祈禳疏」『陽村集』권27.

칠 재앙을 미연에 막을 수 있도록 기도하라는 것이다.

공양왕 2년(1390) 9월 호랑이가 새 도읍의 門下府로 들어와 사람을 치고 도망갔다. 당시 漢陽으로 천도한 지 며칠밖에 안 되었는데 호랑이가 많은 사람과 가축을 해치니 사람들이 모두 두려워했다. 왕이 사신을 보내서 白岳, 木覓, 城隍에 제사를 지내어 재앙이 물러가도록 빌게 했다.[110] 호랑이가 출현하자 그것을 물리치기 위해 제사를 지내 빌고 있는 것이다.

야생동물이 도성 내에 출현하는 것은 상서롭지 못한 일, 불길한 조짐을 의미했다. 이에 대해 직접 포획하는 수도 있었고, 승려를 동원한 법석이나 도량을 설행하기도 했다. 서운관에게 액막이를 위해 빌게 하기도 했으며 산에 제사를 올리기도 했다.

야생동물 출몰을 불안한 조짐으로 보고 재변으로 인식하는 데 머물고 있었다. 그러한 재변이 발생한 원인을 파악하고 출몰을 줄이려는 시도는 보이지 않았다. 야생동물의 출현이 개경 일대의 생태환경 파괴와 일정한 상관관계에 있음을 인식하지 못했다.[111] 개경 일대의 산림의 훼손, 임야의 축소와 깊은 관련을 갖는 것으로 이해하고 있지는 않았다.

5. 맺음말

고려시기 개경 일대에는 많은 야생동물이 서식했다. 그 가운데 일부는 도성 내에 출몰해 기록으로 남게 되었다. 야생동물의 출현은 아름다운 일이 아니었기 때문에 기록한 것이다. 야생동물 출몰에 관한 풍부한 내용이 『고려사』 오행지에 수록되어 있다.

---

110) 『高麗史』 권54, 志8, 五行2, 金, 毛蟲之孽, 恭讓王 2년 9월 甲寅.
111) 이병희, 2018 앞의 논문.

오행지는 야생동물이 개경에 출몰한 것을 여러 항목으로 나누어 기재하고 있다. 그 가운데 毛蟲之孼, 羽蟲之孼, 豕禍 등에 집중되어 수록되어 있다. '孼'·'禍'에서 알 수 있듯이 재앙의 성격을 띤 것이었다. 오행지의 다른 항목에서도 일부 언급되고 있는데 그 내용도 특이한 현상을 담고 있다. 출현한 야생동물 가운데 포유류는 호랑이, 노루, 여우, 사슴이 중심이며 기타 표범, 곰, 멧돼지, 이리, 삵 등의 맹수류가 있었으며, 영양, 산양, 토끼 등의 초식동물이 있었다. 그렇지만 앞의 4종류의 포유류가 대표라 할 수 있다. 조류의 경우에는 부엉이, 올빼미, 꿩, 까마귀가 가장 빈번하게 출현했다. 그밖에도 까치, 참새, 멧새, 학, 황새, 두루미, 메추리도 보였다. 조류 역시 앞의 4종류 이외에는 출현한 횟수가 매우 적다. 기록상으로는 8종의 야생동물이 당시 개경 사람과 가장 접촉이 많았던 동물로 보인다. 따라서 당시인에게 가장 큰 영향을 준 야생동물 역시 이들 8종이었다고 할 수 있겠다. 포유류는 봄과 여름에 많이 출현했으며, 조류의 경우에는 가을과 겨울에 빈번하게 나타났다. 포유류와 조류를 합친 전체를 보면 충렬왕, 공민왕, 우왕대에 가장 많이 출현한 것으로 집계된다. 시기적으로는 전기보다 후기에 훨씬 빈번하게 출몰했음을 알 수 있다.

오행지에 기록되지 않은 야생동물도 매우 많았을 것으로 보인다. 포유류 가운데 고슴도치, 족제비, 날다람쥐, 다람쥐, 水獺, 쥐, 담비, 고양이 등은 기록하고 있지 않다. 조류로서는 매, 고니, 기러기가 보이지 않으며, 흔히 볼 수 있는 제비와 뻐꾸기, 꾀꼬리 등도 기록에 남아 있지 않다. 이런 야생동물은 나쁜 징조가 아니기 때문에 기록에 남지 않은 것으로 여겨진다. 그리고 까치와 참새 역시 매우 흔하게 보였을 것이지만 기록에서는 극히 일부만 전하고 있다. 따라서 오행지의 자료를 근거로 당시인이 접촉한 야생동물 전체상을 이해하는 것은 타당하지 못하다. 그렇지만 오행지에 기록된 야생동물은 당시인에게 가장 의미있고 영향을 끼친 동물임에는 틀림없다.

야생동물이 생존하기 위해서는 먹이를 제공하는 생태환경이 뒷받침되지 않으면 안 되었다. 작은 포유동물, 조류, 양서류, 파충류 등의 척추동물뿐만 아니라 다종다양한 곤충류, 그리고 온갖 식물의 열매나 잎 등이 먹이로 제공되어야 동물이 살아갈 수 있었다. 복잡하고 긴밀하게 연결된 생태환경을 전제로 야생동물이 생존하고 있었다.

야생동물과 인간은 동일한 공간에서 共生하지 않고 相避함이 일반적이었다. 그럼에도 야생동물이 개경 내에 자주 출몰했는데 중요 요인은 개경 주변 생태환경의 열악화였을 것이다. 야생에서 먹이를 확보하는 것이 여의치 못한 경우 위험을 무릅쓰고 사람이 모여 있는 도성 내에 진출하는 것이다. 대개는 각 개체 가운데 밀려난 약자가 사람이 밀집한 도성에 출몰하는 것으로 판단된다. 포유류는 특히 그러했을 것이지만, 조류는 다소 의미가 다를 수 있을 것이다. 조류는 이동성이 높기 때문에 개경 일대에 한정해 서식하지 않으므로 개경 일대 생태환경의 영향을 덜 받았다고 여겨진다. 그렇다고 개경 일대의 생태환경과 무관한 것은 아니라고 생각된다.

야생동물이 개경에 출몰하는 경우, 직접적인 위해를 가해 공포를 야기하기도 했지만, 그보다는 불길한 징조를 의미하는 것이기 때문에 심각하게 받아들여졌다. 야생동물의 출몰은 상서로운 일이 아니었다. 호랑이의 출현은 전쟁이 일어날 조짐이라는 지적이 보이고, 노루가 출몰한 것은 도시가 황폐해질 것이라는 관념이 있었다. 또 꿩의 출현은 화재가 발생할 것을 미리 알리는 의미를 갖는 것으로 받아들였다. 불길한 야생동물의 출현이 있을 경우, 미래의 액흉을 막기 위한 행사를 베풀었다. 불교식으로 법석이나 도량을 베풀기도 했으며, 관원이 액막이 행사를 주관하기도 했다. 때로는 산천에 제사를 지내기도 했다. 그러나 야생동물이 도성 내에 출현하는 원인을 찾아 그 출몰을 줄이려는 노력은 보이지 않는다. 개경 일대의 생태환경의 파괴, 좀더 구체적으로는 산림의 훼손, 임야의 파괴가 야생동물이 도성에 출몰하는 중요한 원인이라는 인식은 찾아지지 않는다. 또 출몰한 야생동물을 퇴치하려고 했을 뿐, 이들을 보호하고 관리해야 한다는 인식은 볼 수 없었다.

오행지의 기록을 통해 개경인이 접촉한 야생동물의 종류와 빈도는 파악했지만, 그것이 실제로 당시인이 접촉한 야생동물의 전체상은 아니었다. 야생동물 가운데 불길한 것, 의미있는 것을 중심으로 기록에 남기고 그렇지 않은 야생동물은 기록하지 않았기 때문이다. 그 전체상을 복원하는 일은 추후의 과제가 될 것이다. 개경에 머물지 않고 전국의 야생동물 생태에 관해서도 향후 많은 작업이 진행될 필요가 있다.[112] 야생동물의 실상이 파악될 때 인간과 접촉한 내용이나, 인간에 대한 영향이 더욱 높은 수준에서 정리될 수 있겠다. 그리고 인간이 전체 야생동물에 끼친 영향 역시 의미있게 파악할 수 있을 것이다. 야생동물에 한정하지 않고, 생태환경 전반에 걸쳐서, 생태환경의 실상, 생태환경이 인간에 끼친 영향, 반대로 인간이 생태환경에 미친 영향, 그리고 생태환경에 대한 인간의 인식·관념 및 태도 등도 연구될 필요가

---

112) 참고로 제주에는 虎·豹·熊·羆·豺·狼 등 사람을 해하는 짐승이 없고 또 狐·兎·鵂·鵲 등속이 없었다(『新增東國輿地勝覽』권38, 全羅道, 濟州牧, 風俗).

있다. 생태환경을 생물적 요소과 비생물적 요소로 구분한 뒤 각 요소별로 깊이 있는 작업이 진행되어야 생태환경을 충실하게 이해할 수 있고, 나아가 사람들의 생존 조건과 생활 모습을 파악할 수 있을 것이다. 그것은 고려시기 역사를 기저에서 인식하는 하나의 방법이 될 수 있겠다.

(『歷史敎育論集』81, 2022. 10. 揭載)

[부록] 야생동물 출몰

* 『高麗史』五行志를 근거로 작성
* 개경일대을 중심으로 함(외방 내용은 생략, 경기는 포함)
* 야생동물이 아닌 경우 생략(예컨대 집돼지)
* 오행1 水 豕禍 : 멧돼지 4건(水1·2·3·4로 번호붙임)
* 오행1 火 羽蟲之蘗 : 야생 조류 96건(火1·2·3·4·5로 번호붙임)
* 오행2, 金 毛虫之蘗 : 야생 포유류 136건(1·2·3·4·5로 번호붙임)
* 기타 3건 : 오행1, 水 黑眚黑祥(水흑으로 표기) / 오행1, 火 夜明(火야로 표기) /
오행2, 金 白眚白祥(金백으로 표기)

번호	날짜		내용	출전
水흑	958	광종 9년 5월	검은 학[玄鶴]이 含德殿에 모여들었다.	五行1, 水
火1	976	경종 1년 11월	부엉이[鵂鶹]가 대낮에 하늘 가득 날면서 울었다.	五行1, 火
1	1012	현종 3년 윤10일 임신	노루[獐]가 毬庭에 들어왔다.	五行2, 金
火2	1015	현종 6년 정월	꿩[雉]이 含福門에 둥지를 틀었다.	五行1, 火
火3	1015	현종 6년 2월 임자	까마귀 떼[群烏]가 떼를 지어 서쪽으로 날아가기를 5일 동안 계속하다가 그쳤다.	五行1, 火
2	1015	현종 6년 3월	여우[狐]가 右倉의 곳집 위에 올라가 사람들을 향하여 울부짖었다. 또 호랑이[虎]가 歸仁門으로 들어왔다.	五行2, 金
火4	1016	현종 7년 2월 병술	꿩이 壽昌宮의 含福門에 모여들었다.	五行1, 火
3	1016	현종 7년 7월 임술	호랑이가 성 안으로 들어왔다.	五行2, 金
4	1019	현종 10년 5월	京畿에 호랑이가 많이 나타났다.	五行2, 金
5	1020	현종 11년 9월 임신	호랑이가 성에 들어와 사람을 물었다.	五行2, 金
火5	1021	현종 12년 2월 신해	꿩이 壽昌宮에 들어왔다.	五行1, 火
火6	1021	현종 12년 3월 신사	꿩이 壽昌宮에 모여들었다.	五行1, 火
金백	1029	현종 20년 2월 병술	흰 황새[白鸛]가 날아와 神鳳樓 망새에 둥지를 틀었다.	五行2, 金
6	1029	현종 20년 4월 을미	호랑이가 개경으로 들어왔다.	五行2, 金
火7	1035 ?	현종 26년(?) 2월 정해	큰 새[大鳥]가 神鳳門의 鴟尾에 둥지를 틀었다.	五行1, 火
7	1032	덕종 1년 2월 임술	호랑이가 宣喜門 안으로 들어왔다.	五行2, 金
8	1036	靖宗 2년 8월 정미	호랑이가 개경 안으로 들어왔다.	五行2, 金
9	1066	문종 20년 2월 갑오	호랑이가 宮城 북쪽에서 싸우다가 죽었다.	五行2, 金

火8	1067	문종 21년 윤정월	황새[鸛]와 참새[雀]가 廣化門과 閶闔門의 망새에 둥지를 틀었다.	五行1, 火
10	1067	문종 21년 윤정월	호랑이가 여러 차례 개경 안으로 들어왔다.	五行2, 金
火9	1089	선종 6년 3월 갑오	생김새는 까마귀[烏] 같고 날개는 흰 새가 乾德殿 문 앞에 모여들었다.	五行1, 火
11	1101	숙종 6년 12월 계묘	호랑이가 성안으로 들어와 사람을 해쳤다.	五行2, 金
12	1103	숙종 8년 11월 무술	호랑이가 禁苑의 山呼亭으로 들어왔다.	五行2, 金
13	1103	숙종 8년 11월 임인	京畿에 호랑이가 많이 나타나자 軍士들에게 명령하여 호랑이를 잡게 했다.	五行2, 金
14	1111	예종 6년 11월	호랑이가 都城 안에 들어와 사람과 가축을 많이 해쳤다.	五行2, 金
15	1118	예종 13년 2월 무오	호랑이가 太子의 行宮으로 들어왔다.	五行2, 金
火10	1121	예종 16년 정월 신해	밤에 부엉이가 神鳳門 위에서 울었다.	五行1, 火
火11	1126	인종 4년 2월 정사	까마귀 떼가 靈通寺 북쪽 산에 모여서 서로 싸우며 물어 죽이다가 며칠 후에야 그쳤다.	五行1, 火
火12	1128	인종 6년 7월 을유	두루미[野鶴] 수천 마리가 동쪽으로부터 와서 성 안 시가지와 궁궐 안을 빙빙 돌며 날아 다녔다.	五行1, 火
火13	1128	인종 7년 10월 정축	해질녘에 올빼미[鴟鳥] 수천 마리가 廣化門 위를 날아다니다 밤에 壽昌宮에 와서 한참 동안을 빙빙 돌고는 동남쪽을 향하여 흩어지기를 10여 일 동안 계속했다.	五行1, 火
16	1128	인종 7년 10월 병술	여우가 都省廳 및 大倉의 북쪽 담에서 울었다.	五行2, 金
火14	1128	인종 7년 10월 병술	올빼미[訓狐]가 서남쪽에서 울었다.	五行1, 火
17	1133	인종 11년 5월 병인	노루가 兵部의 앞길로 들어왔다.	五行2, 金
火15	1134	인종 12년 11월 계축	청둥오리[野鶩] 100여 마리가 壽昌宮에 날아들어 모였다.	五行1, 火
火16	1136	인종 14년 12월 경자	까마귀 떼가 靈通寺 남쪽 고개에 모여 나르고 울며 서로 싸우기를 5일 동안 계속했는데, 종종 산 골짜기에 떨어져 죽기도 했다.	五行1, 火
18	1137	인종 15년 2월 신축	여우가 壽昌宮 안에서 울었다.	五行2, 金
19	1147	의종 1년 7월 임신	밤에 호랑이가 選軍에 들어오자 太史가 아뢰기를, "근래 호랑이가 선군, 兵部와 刑部, 興國寺 및 마을에 들어오고 있습니다. 무릇 호랑이라는 것은 山林의 짐승입니다. 『握鏡』에 이르기를, '호랑이나 이	五行2, 金

			리가 도성으로 들어오면, 府中이 장차 텅 비고 황폐해진다.'라고 했습니다."라고 했다.	
20	1147	의종 1년 8월 기해	밤에 호랑이가 大明宮으로 들어왔다.	五行2, 金
火17	1150	의종 4년 9월 을미	꿩이 康安殿에 모여들었다.	五行1, 火
21	1158	의종 12년 7월 기미	호랑이가 개경으로 들어왔다.	五行2, 金
22	1176	명종 6년 9월 갑진	호랑이가 大明宮으로 들어왔다.	五行2, 金
火18	1177	명종 7년 7월 무오	황새들이 시가지에서 떼를 지어 날아다 녔다.	五行1, 火
火19	1177	명종 7년 7월 기미	(황새들이) 또 毬庭을 빙빙 돌며 날아다 녔다.	五行1, 火
23	1178	명종 8년 9월 무자	호랑이가 개경으로 들어왔다.	五行2, 金
火20	1179	명종 9년 12월 경인	2일 동안 꿩이 泰定門에 모여들었다.	五行1, 火
24	1180	명종 10년 정월 무인	호랑이가 성 안의 시장[城市]으로 들어 왔다.	五行2, 金
火21	1180	명종 10년 2월 정유	鶴이 廣化門 鴟尾에 둥지를 틀었다.	五行1, 火
火22	1181	명종 11년 8월 계해	올빼미[鵩]가 泰定門에서 울었다.	五行1, 火
火23	1183	명종 13년 10월 병신	꿩이 宣慶殿에 오르자 識者들이 이르기 를, "꿩은 火에 속하니, 반드시 전각에 다 시 화재가 날 것이다."라고 했다.	五行1, 火
火24	1184	명종 14년 6월 계유	西部 香川坊의 민가에서 작은 참새[小 雀]가 새끼를 낳았는데, 그 크기가 산까 치[山鵲]만했다. 점을 쳤더니, "날짐승 들의 재앙[羽蟲之孼]이란 그 종류가 아 닌 것을 낳는 것으로서 국가에 난리가 있 을 조짐이다."라고 했다	五行1, 火
25	1188	명종 18년 4월 신미	표범[豹]이 성안으로 들어왔다.	五行2, 金
26	1189	명종 19년 11월 을축	호랑이가 延慶宮 안으로 들어왔다.	五行2, 金
火25	1192	명종 22년 2월 병술	들새[野鳥]가 儀鳳門 오른쪽 鴟尾에 깃 들었다.	五行1, 火
火26	1196	명종 26년 3월 정해	까마귀가 大觀殿의 나무 판[榜]에 둥지 를 틀었다.	五行1, 火
27	1197	명종 27년 정월 계묘	호랑이가 穆淸殿으로 들어왔다.	五行2, 金
火27	1197	명종 27년 5월	멧새[山鳥]가 떼를 지어 날며 성으로 들 어왔는데, 그 생김새가 뻐꾸기[戴勝] 같 으면서도 부리는 검고 길었다. 사람들이 그 울음소리를 따라 이름 붙이기를 '獵人 足項'이라 했다. 담당 관리에게 명하여 액막이를 하게 했다. 세상에서는 (이 새 를) 兵鳥라고 불렀다.	五行1, 火

火28	1199	신종 2년 8월 을축	올빼미가 棣通門과 大定門에서 울었다.	五行1, 火
火29	1199	신종 2년 8월 정축	(올빼미가) 또 儀鳳門에서 울었다.	五行1, 火
火30	1200	신종 3년 5월 갑술	부엉이가 儀鳳門, 棣通門, 大定門 등에서 울었다.	五行1, 火
火31	1202	신종 5년 7월 갑진	올빼미가 宣慶殿에서 울었다.	五行1, 火
火32	1203	신종 6년 5월 임신	올빼미가 宣慶殿에서 울었다.	五行1, 火
火33	1203	신종 6년 5월 을해	또 올빼미가 宣慶殿에서 울었다.	五行1, 火
火34	1204	신종 7년 3월	까마귀가 大觀殿 나무 판에 둥지를 틀었다.	五行1, 火
28	1217	고종 4년 3월 임오	여우가 궁궐 과수원에서 울었다.	五行2, 金
29	1219	고종 6년 4월 임진	호랑이가 賞春亭에 들어왔다.	五行2, 金
30	1219	고종 6년 11월 병진	노루가 廣化門으로부터 나왔다.	五行2, 金
火35	1219	고종 6년 12월 갑자	꿩이 康安殿에 들어왔다.	五行1, 火
火36	1220	고종 7년 4월 경신	초하루 까마귀 떼가 男山에 모여 시끄럽게 싸우다 많이 죽었다.	五行1, 火
31	1220	고종 7년 4월 병자	호랑이가 壽昌宮 寢殿에 들어왔다.	五行2, 金
火37	1221	고종 8년 정월 기유	부엉이가 儀鳳樓에서 울었다.	五行1, 火
32	1222	고종 9년 9월 정미	사슴[鹿]이 저자에 들어왔다.	五行2, 金
火38	1223	고종 10년 10월 병신	부엉이가 儀鳳樓에서 울었다.	五行1, 火
33	1226	고종 13년 8월 경술	곰[熊]이 성 안으로 들어왔다.	五行2, 金
34	1226	고종 13년 10월 정유	곰이 또 市街로 들어왔다.	五行2, 金
火39	1227	고종 14년 8월 병진	부엉이가 儀鳳樓에서 울었다.	五行1, 火
火40	1273	원종 14년 4월 병오	이상하게 생긴 새가[怪鳥]가 궁궐 안에서 울었다.	五行1, 火
35	1274	원종 15년 4월 기유	호랑이가 대낮에 개경으로 들어왔다.	五行2, 金
36	1277	충렬왕 3년 7월 신해	사슴 두 마리가 저자에 들어왔다.	五行2, 金
37	1277	충렬왕 3년 11월 을미	사슴이 성 안으로 들어왔다.	五行2, 金
38	1278	충렬왕 4년 5월 임인	사슴이 성 안으로 들어왔다.	五行2, 金
火41	1278	충렬왕 4년 10월 경오	부엉이가 밤에 沙坂宮에서 울었다.	五行1, 火
39	1279	충렬왕 5년 6월 을사	사슴이 沙坂宮에 들어왔다.	五行2, 金
40	1279	충렬왕 5년 10월 정해	사슴이 성 안으로 들어왔다.	五行2, 金
41	1280	충렬왕 6년 10월 경진	사슴이 沙坂宮에 들어왔다.	五行2, 金
42	1283	충렬왕 9년 4월 경술	호랑이가 성 안에 들어와 사람을 물었다.	五行2, 金
43	1283	충렬왕 9년 5월 신유	호랑이가 시장에 들어왔다.	五行2, 金
44	1283	충렬왕 9년 6월 병술	사슴이 성 안에 들어왔다.	五行2, 金
45	1284	충렬왕 10년 2월 무술	호랑이가 시장에 들어왔다.	五行2, 金
46	1287	충렬왕 13년 윤2월 갑자	호랑이가 성 안으로 들어왔다.	五行2, 金
火42	1287	충렬왕 13년 3월 신유	이상하게 생긴 새가 大殿 남쪽에서 울었는데, 세상에서는 (이 새를) '山休鳥'라고 불렀다.	五行1, 火

47	1287	충렬왕 13년 4월 을해	여우가 대낮에 大殿으로 들어왔다.	五行2, 金
48	1287	충렬왕 13년 4월 기묘	여우가 성 안에 들어왔다.	五行2, 金
火야	1287	충렬왕 13년 10월 을축	밤에 (갑자기) 환해지더니 서남쪽에서 꿩[野鷄]들이 한꺼번에 울었다.	五行1, 火
49	1289	충렬왕 15년 5월 갑신	호랑이가 성 안으로 들어와 사람을 물었다.	五行2, 金
火43	1290	충렬왕 16년 10월 무자	꿩이 궁중에 들어왔다.	五行1, 火
火44	1292	충렬왕 18년 4월 기묘	꿩이 궁중으로 들어왔다.	五行1, 火
50	1292	충렬왕 18년 7월 병술	호랑이가 성 안으로 들어왔다.	五行2, 金
51	1292	충렬왕 18년 8월 계축	사슴이 성 안으로 들어왔다.	五行2, 金
52	1293	충렬왕 19년 2월 계사	호랑이가 王宮에 들어왔다.	五行2, 金
53	1293	충렬왕 19년 3월 기축	사슴이 성 안으로 들어왔다.	五行2, 金
54	1293	충렬왕 19년 4월 기축	사슴이 宮中에 들어왔다.	五行2, 金
火45	1293	충렬왕 19년 5월 경오	밤에 부엉이가 壽康殿에서 울었다.	五行1. 火
火46	1293	충렬왕 19년 7월 기미	밤에 부엉이가 大殿에서 울었다.	五行1, 火
55	1295	충렬왕 21년 2월 임진	호랑이가 성 안으로 들어왔다.	五行2, 金
56	1296	충렬왕 22년 2월 계해	호랑이가 壽寧宮에 들어왔다.	五行2, 金
57	1296	충렬왕 22년 3월 정축	호랑이가 성 안으로 들어왔다.	五行2, 金
58	1296	충렬왕 22년 4월 경술	사슴이 성 안으로 들어왔다.	五行2, 金
59	1297	충렬왕 23년 2월 을미	호랑이가 성 안으로 들어왔다.	五行2, 金
60	1303	충렬왕 29년 5월 병신	호랑이가 성 안으로 들어왔다.	五行2, 金
61	1303	충렬왕 29년 윤5월 신사	호랑이가 저자로 들어왔다.	五行2, 金
62	1308	충렬왕 34년 4월	羚羊이 行省에 들어왔다.	五行2, 金
63	1309	충선왕 1년 8월 임술	토끼[兎]가 壽宮에서 나왔다.	五行2, 金
64	1311	충선왕 3년 4월	호랑이가 연달아 성 안으로 들어왔다.	五行2, 金
65	1311	충선왕 3년 5월 정해	호랑이가 성 안으로 들어왔다.	五行2, 金
火47	1312	충선왕 4년 10월 정해	꿩이 시가로 들어왔다.	五行1, 火
66	1313	충선왕 5년 5월 기해	여우 두 마리가 延慶宮에 들어왔다.	五行2, 金
67	1316	충숙왕 3년 2월 계미	호랑이가 성 안으로 들어왔다.	五行2, 金
68	1324	충숙왕 11년 5월 을미	사슴이 성 안으로 들어왔다.	五行2, 金
火48	1325	충숙왕 12년 8월 무술	부엉이가 저자 지붕에서 울자 까마귀와 까치[鵲]도 따라서 울었다.	五行1, 火
68	1325	충숙왕 12년 9월 병자	노루가 旻天寺에 들어왔는데, 털색이 이상했다.	五行2, 金
火49	1325	충숙왕 12년 9월 갑술	부엉이가 旻天寺 三層閣에서 울었다.	五行1, 火
火50	1325	충숙왕 12년 9월 을해	부엉이가 또 旻天寺 三層閣에서 울었다.	五行1, 火
火51	1325	충숙왕 12년 11월 갑인	메추리[鶉]가 市廛으로 들어왔다.	五行1, 火
火52	1325	충숙왕 12년 11월 정묘	부엉이가 演福寺에서 울었다.	五行1, 火
70	1329	충숙왕 16년 4월 갑오	노루가 康安殿에 들어왔다.	五行2, 金

71	1337	충숙왕 후6년 5월 무신	호랑이가 성 안으로 들어왔다.	五行2, 金
72	1337	충숙왕 후6년 11월 계축	여우가 왕이 거처하고 있는 궁궐[時坐宮]에서 울었다.	五行2, 金
73	1341	충혜왕 후2년 5월 기묘	사슴이 성 안으로 들어왔다.	五行2, 金
74	1342	충혜왕 후3년 3월 정유	호랑이가 성 안으로 들어와 사람을 물었다.	五行2, 金
75	1343	충혜왕 후4년 3월 신묘	노루 두 마리가 성 안으로 들어왔다.	五行2, 金
76	1343	충혜왕 후4년 4월 임인	노루가 성 안으로 들어왔다.	五行2, 金
77	1344	충혜왕 후5년 2월 갑오	호랑이가 성 안으로 들어왔다.	五行2, 金
78	1344	충혜왕 후5년 2월 정유	호랑이가 성 안으로 들어왔고, 또 여우가 市廛의 행랑 위에서 울었다.	五行2, 金
火53	1346	충목왕 2년 10월 기사	부엉이가 時坐宮의 동쪽 모퉁이에서 울고, 또 북쪽 모퉁이에서도 울었다.	五行1, 火
火54	1346	충목왕 2년 10월 경오	부엉이가 時坐宮 북쪽에서 울었다.	五行1, 火
79	1347	충목왕 3년 5월 기사	노루가 성 안으로 들어왔다.	五行2, 金
火55	1347	충목왕 3년 8월 병신	부엉이가 延慶宮 동쪽과 서쪽 모퉁이에서 울었다.	五行1, 火
火56	1347	충목왕 3년 8월 경신	꿩 한 쌍이 迎慶宮에 떨어졌다.	五行1, 火
80	1348	충목왕 4년 2월 을미	호랑이가 성 안으로 들어왔다.	五行2, 金
火57	1348	충목왕 4년 2월 을유	꿩이 저자로 들어왔다.	五行1, 火
81	1348	충목왕 4년 4월 경진	노루가 성 안으로 들어왔다.	五行2, 金
82	1348	충목왕 4년 8월 병자	사슴 두 마리가 壽德宮에 들어왔다.	五行2, 金
火58	1348	충목왕 4년 9월 정사	올빼미가 寢殿에서 울었다.	五行1, 火
火59	1348	충목왕 4년 10월 임신	부엉이가 延慶宮 東門에서 울었다.	五行1, 火
火60	1349	충정왕 1년 윤7월 기묘	부엉이가 延慶宮 동쪽 성에서 울었다.	五行1, 火
火61	1349	충정왕 1년 윤7월 계묘	부엉이가 延慶宮 동쪽에서 울었다.	五行1, 火
83	1349	충정왕 1년 9월 정축	山羊과 여우, 노루가 성 저자[城市]에 들어왔다.	五行2, 金
84	1351	충정왕 3년 정월 계해	여우가 성 안으로 들어왔다.	五行2, 金
火62	1351	충정왕 3년 5월 무오	부엉이가 紫門에서 울었다.	五行1, 火
火63	1351	충정왕 3년 9월 경술	부엉이가 울었다.	五行1, 火
85	1351	충정왕 3년 9월 신해	사슴이 성으로 들어왔다.	五行2, 金
火64	1351	충정왕 3년 10월 병술	부엉이가 延慶宮에서 죽었다.	五行1, 火
火65	1351	충정왕 3년 10월 무자	午時에 부엉이가 旻天寺에 날아와 멈추었다가 또 沙峴宮과 毬庭으로 날아가 멈추었다.	五行1, 火
水1	1351	충정왕 3년 11월 기유	돼지 세 마리가 도성으로 들어왔다.	五行1, 水
火66	1351	충정왕 3년 12월 병자	부엉이가 延慶宮에서 울었다.	五行1, 火
86	1352	공민왕 1년 정월 신미	호랑이가 성 안으로 들어왔다.	五行2, 金
火67	1352	공민왕 1년 정월	까마귀 떼가 宮苑에 날아와 모였다.	五行1, 火
87	1352	공민왕 1년 3월 임신	호랑이가 성 안으로 들어왔다.	五行2, 金

88	1352	공민왕 1년 4월 임술	표범이 성 안으로 들어왔다.	五行2, 金
89	1352	공민왕 1년 4월 계해	노루가 성 안으로 들어왔다.	五行2, 金
火68	1352	공민왕 1년 4월,5월	4월부터 5월까지 까마귀 떼가 烽山으로 날아와 모였다.	五行1, 火
火69	1352	공민왕 1년 7월 기축	올빼미가 料物庫에서 울었다.	五行1, 火
火70	1352	공민왕 1년 7월 임진	올빼미가 延慶宮에서 울었다.	五行1, 火
火71	1352	공민왕 1년 7월 무술	또 올빼미가 延慶宮에서 울었다.	五行1, 火
90	1352	공민왕 1년 12월	사슴 두 마리가 성 안으로 들어왔다.	五行2, 金
91	1353	공민왕 2년 4월 임자	노루가 성 안으로 들어왔다.	五行2, 金
92	1353	공민왕 2년 8월 신해	여우가 성 안으로 들어왔다.	五行2, 金
93	1353	공민왕 2년 9월 신묘	여우가 延慶宮에서 울었다.	五行2, 金
火72	1354	공민왕 3년 6월	까마귀 떼가 봄부터 龍首山과 松嶽山에 날아들었는데, 이때에 이르러 서로 싸우다가 죽은 것들도 있었다.	五行1, 火
火73	1354	공민왕 3년 8월 기해	올빼미가 時坐宮에서 울었다.	五行1, 火
94	1354	공민왕 3년 9월 을해	여우가 延慶宮에서 울었다.	五行2, 金
95	1354	공민왕 3년 10월 갑오	여우가 豊儲倉으로 들어갔다.	五行2, 金
96	1355	공민왕 4년 4월 정사	노루가 성 안으로 들어왔다.	五行2, 金
火74	1355	공민왕 4년 11월 신축	부엉이가 울었다.	五行1, 火
火75	1357	공민왕 6년 9월 신사	올빼미가 演福寺에 모여들었다.	五行1, 火
火76	1357	공민왕 6년 9월 갑오	올빼미가 울었다.	五行1, 火
97	1357	공민왕 6년 윤9월 임술	삵[狸]이 延慶宮 후원 안으로 들어왔다.	五行2, 金
98	1357	공민왕 6년 윤9월 경오	삵이 궁궐 안으로 들어와 죽었다.	五行2, 金
水2	1358	공민왕 7년 3월 무신	멧돼지[山猪]가 도성 안으로 들어왔다.	五行1, 水
火77	1358	공민왕 7년 10월 갑오	밤에 올빼미[鵬]가 울었다.	五行1, 火
火78	1359	공민왕 8년 5월 기유	올빼미가 延慶殿에서 동쪽에서 울었다.	五行1, 火
火79	1359	공민왕 8년 8월 갑오	올빼미가 저자 위[市上]에서 울었다.	五行1, 火
99	1363	공민왕 12년 윤3월 계미	노루 두 마리가 성 안으로 들어왔다.	五行2, 金
100	1363	공민왕 12년 윤3월 무자	노루가 성 안으로 들어왔다.	五行2, 金
火80	1363	공민왕 12년 6월 정사	밤에 올빼미가 울었다.	五行1, 火
101	1364	공민왕 13년 6월 기유	이리[狼]가 성 안으로 들어왔다.	五行2, 金
102	1365	공민왕 14년 7월 신사	호랑이가 성 안으로 들어왔다.	五行2, 金
103	1365	공민왕 14년 7월 계미	여우가 궁궐 북쪽에서 울었다.	五行2, 金
104	1365	공민왕 14년 9월 정묘	밤에 호랑이가 성으로 들어왔다.	五行2, 金
火81	1365	공민왕 14년 9월 계미	밤에 올빼미가 울었다.	五行1, 火
火82	1365	공민왕 14년 10월 정유	꿩이 內乘 뜰에 들어왔다.	五行1, 火
105	1365	공민왕 14년 11월 계축	여우가 景靈殿에서 울었다.	五行2, 金
火83	1365	공민왕 14년 11월 임자	밤에 올빼미가 景靈殿의 소나무에서 울었다.	五行1, 火
106	1366	공민왕 15년 4월 신사	노루가 東宮에서 울었다.	五行2, 金

火84	1366	공민왕 15년 8월 갑술	까투리[雌雉]가 王后殿에 떨어져 죽었다.	五行1, 火
107	1366	공민왕 15년 9월 정미	이리가 성에 들어오니 金經道場을 열었다.	五行2, 金
108	1367	공민왕 16년 4월 임자	노루가 時坐宮이 있는 마을[坊]로 들어왔다.	五行2, 金
109	1367	공민왕 16년 4월 계해	이리와 노루가 저자로 들어왔고, 또 노루가 성으로 들어왔다.	五行2, 金
火85	1369	공민왕 18년 11월 을미	솔개[鳶]가 하늘 가득히 날아올라 白鹿山에 모이더니 세 무리로 나뉘었는데, 한 무리가 5,000마리 정도나 되었다.	五行1, 火
110	1370	공민왕 19년 10월 임진	호랑이가 성 안으로 들어왔다.	五行2, 金
111	1373	공민왕 22년 5월 갑진	노루가 성으로 들어왔다.	五行2, 金
火86	1373	공민왕 22년 10월 병술	꿩이 時坐宮로 날아들었다.	五行1, 火
112	1374	공민왕 23년 4월 병신	초하루 노루가 성으로 들어왔다.	五行2, 金
火87	1374	공민왕 23년 11월 기사	올빼미가 大室에서 울었다.	五行1, 火
113	1375	우왕 1년 정월 기사	호랑이가 宣義門을 통해 성으로 들어왔다.	五行2, 金
114	1375	우왕 1년 4월 임자	노루가 성으로 들어왔다.	五行2, 金
115	1376	우왕 2년 5월 갑인	초하루 노루가 都省의 毬庭으로 들어왔다.	五行2, 金
116	1377	우왕 3년 3월 신사	여우가 궁중으로 들어왔다.	五行2, 金
火88	1377	우왕 3년 7월 신묘	승려들을 모아서 龍首山과 蛾山 등지에 法席을 열어 까마귀와 솔개의 재앙이 물러가기를 빌었다.	五行1, 火
117	1378	우왕 4년 8월 병오	호랑이가 개경으로 들어와 많은 사람과 가축에 해를 끼쳤다.	五行2, 金
火89	1378	우왕 4년 11월 정유	眞觀寺의 主山과 南山에 까마귀 떼가 날아들어 우짖으며 서로 싸우기를 7일간 계속했는데, (일부는) 떨어져 죽기까지 했다.	五行1, 火
118	1379	우왕 5년 정월 신묘	여우가 本闕에서 울었다.	五行2, 金
119	1379	우왕 5년 8월 계사	여우가 毬庭에서 울었다.	五行2, 金
火90	1380	우왕 6년 6월 병자	올빼미가 궁으로 들어왔다.	五行1, 火
火91	1380	우왕 6년 10월 기미	꿩이 궁중으로 들어왔다.	五行1, 火
120	1381	우왕 7년 2월 기축	노루가 성으로 들어왔다.	五行2, 金
121	1381	우왕 7년 2월 경인	노루 두 마리가 성에 들어왔다.	五行2, 金
122	1381	우왕 7년 4월 갑자	노루가 성에 들어왔다. 日官이 아뢰기를, "秘記를 살펴보면, 노루가 도성 안으로 들어오면 그 나라는 망한다고 했습니다. 바라건대, 조심히 마음을 닦고 살피되 사냥을 일삼지 마십시오."라고 했다.	五行2, 金
123	1381	우왕 7년 5월 경술	노루가 성에 들어왔다.	五行2, 金

			까마귀 떼가 동쪽으로부터 와서 하늘 가	
火92	1381	우왕 7년 7월	득 날아다녔는데, 進鳳山과 龍首山 등에 모였다가 또 社稷壇으로 옮겨가기를 열 홀 동안 계속하다 그쳤다. 書雲觀에 명하 여 이 재앙이 물러가도록 빌게 했다.	五行1. 火
水3	1381	우왕 7년 10월 을해	멧돼지가 時坐宮 남쪽 부근으로 들어왔다.	五行1, 水
火93	1382	우왕 8년 정월 신축	부엉이가 時座宮의 소나무에서 울었다.	五行1, 火
124	1382	우왕 8년 2월 갑술	여우가 성에 들어왔다.	五行2, 金
125	1383	우왕 9년 정월 을사	요망한 여우가 대궐 옆에서 울었다.	五行2, 金
126	1383	우왕 9년 3월 기유	여우가 花苑에서 울었다.	五行2, 金
127	1383	우왕 9년 8월 정축	노루가 성에 들어왔다.	五行2, 金
128	1384	우왕 10년 2월 기묘	노루가 성에 들어왔다.	五行2, 金
129	1384	우왕 10년 4월 기묘	노루가 성에 들어왔다.	五行2, 金
130	1385	우왕 11년 7월 계유	여우가 康安殿에서 울었다.	五行2, 金
水4	1385	우왕 11년 12월 신해	들돼지[野豕]가 성 안으로 들어왔다.	五行1, 水
131	1387	우왕 13년 9월 기묘	여우가 時坐所에서 울었다.	五行2, 金
火94	1388	우왕 14년 9월 기축	꿩이 壽寧宮에 모여들었다.	五行1, 火
132	1390	공양왕 2년 정월 신미	여우가 壽昌宮 西門에서 나와서 思親觀 서쪽 언덕으로 달려 들어갔다.	五行2, 金
133	1390	공양왕 2년 3월 갑신	노루가 성 안으로 들어왔다.	五行2, 金
火95	1390	공양왕 2년 7월 을사	올빼미가 景福殿에서 울었다.	五行1, 火
134	1391	공양왕 3년 9월 병오	호랑이가 성으로 들어왔다.	五行2, 金
135	1392	공양왕 4년 5월 정해	노루가 孝思觀으로 들어갔다.	五行2, 金
136	1392	공양왕 4년 6월 병진	노루가 개경으로 들어왔다.	五行2, 金
火96	1392	공양왕 4년 6월 기묘	부엉이가 解慍亭에서 울었다. 이달 까마 귀 떼가 演福寺와 花園, 白鹿山에 모여들 어 하늘 가득 날아다녔다.	五行1, 火

高麗時期 遷都論의 提起와 生態環境

1. 머리말

고려시기에는 주지하듯이 수도를 개경에서 다른 곳으로 옮기자는 주장이 여러 번 제기되었다. 신라시기에도 경주에서 다른 곳으로 천도하자는 주장이 없지 않았고, 조선시기에도 간혹 천도의 주장이 있었지만, 고려시기처럼 빈번하고 강력하게 제기되지는 않았다. 고려시기의 잦은 천도 주장에는 그만한 사정이 전제되어 있었을 것이다.

천도한다는 것은 왕의 거처인 궁궐을 옮기는 것이고, 관아를 새로이 조영하는 것이며, 관원과 백성의 주거를 만드는 것을 의미한다. 그밖에 수도로서 필요한 각종 시설을 새로이 갖추는 것도 뜻한다. 궁극적으로 천도는 한 국가의 정치 · 경제 · 사회 · 문화의 중심이 옮겨가는 것이 된다. 그렇기 때문에 천도는 국가의 命運과 직결되는 엄청난 사안이라 하지 않을 수 없다.

고려시기 천도운동에 관해서는 많은 연구 성과가 있다. 그 결과 천도운동의 전말에 관한 기본적인 사실은 명확히 밝혀졌다. 그리고 천도론의 근거로 제시된 風水圖讖說 자체에 대해서도 상당한 연구가 진행되었다.[1] 개국한 지 일정한 시간이 지났기 때문에 천도해야 한다든지, 개경의 地氣가 쇠약해졌다든가 地德이 쇠퇴했다든가 하는 등 매우 추상적인 표현으로 천도의 이유를 설명하고 있다. 재앙을 피해야 한다는 것[避災]도 자주 언급되는 이유였다. 천도의 이유는 이처럼 매우 신비적·추상적 언어로 표현되고 있다. 이와는 달리 천도 대상지로 거론되는 남경이나 서경의 위상 고양을 천도의 배경으로 지적하기도 했다.[2]

천도의 주장에는 특정 개인만이 아니라 국왕을 비롯한 많은 관인들이 동조했다. 이것은 천도 주장이 당시인들에게 널리 수용되고 있었음

---

1) 고려시기 천도와 관련된 풍수도참설에 관해서는 많은 연구 성과가 있다. 李丙燾, 1946『高麗時代의 研究』, 乙酉文化社(간행위원회, 2012『두계이병도전집』6, 한국학술정보, 재판) ; 최창조, 1984『한국의 풍수사상』, 민음사 ; 장지연, 2015『고려·조선 국도풍수론과 정치이념』, 신구문화사 ; 李龍範, 1975「風水地理說」『한국사』6(고려), 국사편찬위원회 ; 崔柄憲, 1975「道詵의 生涯와 羅末麗初의 風水地理說」『한국사연구』11 ; 최창조, 1994「풍수지리·도참사상」『(신편)한국사』16, 국사편찬위원회 ; 최창조, 1996「풍수도참사상」『(신편)한국사』21, 국사편찬위원회 ; 장지연, 2000「여말선초 천도논의에 대하여」『한국사론』43, 서울대 국사학과 ; 김기덕, 2001「고려시대 개경의 풍수지리적 고찰」『한국사상사학』17 ; 김기덕, 2004「고려시대 개경과 서경의 풍수지리와 천도론」『한국사연구』127 ; 김기덕, 2005「高麗 中·後期 遷都論議와 風水·圖讖說」『역사민속학』20 ; 김기덕, 2006「韓國中世社會에 있어 風水·圖讖思想의 전개과정」『한국중세사연구』21 ; 馬宗樂, 2006「고려시대 風水圖讖과 儒教의 교섭」『한국중세사연구』21. 천도 관련 연구 성과에 대한 검토는 김기덕, 2006 위의 논문, 머리말 및 장지연, 2015 위의 책, 서론에 잘 정리되어 있다.

2) 최혜숙, 2004『高麗時代 南京研究』, 景仁文化社 ; 김창현, 2006『고려의 남경, 한양』, 신서원 ; 하현강, 1967「고려서경고」『역사학보』35·36합집 ; 姜玉葉, 1995「麗初 西京經營과 西京勢力의 推移」『同大史學』1, 同德女大 國史學科 ; 강옥엽, 1998「인종대 서경천도론의 대두와 서경세력의 역할」『史學研究』55·56합집 ; 박종기, 2003「고려시대 남경지역의 개발과 경기제」『연구논문집』1, 서울역사박물관 ; 이익주, 2005「고려시대 남경 연구의 현황과 과제」『도시역사문화』3, 서울역사박물관 ; 박종기, 2006「고려중기 남경 건설의 배경과 경영」『향토서울』68.

을 뜻한다. 그것은 관념적인 이유만이 아니라 실재하는 요인이 있었기 때문으로 여겨진다. 이 글에서는 천도의 이유를 생태환경의 변화에서 찾고자 한다.[3] 천도를 주장할 만큼 지기가 쇠약해졌다는 것은 개경에 상당히 구체적인 '나쁜' 변화가 있었음을 의미한다고 보고자 한다.[4]

본고에서는 천도의 근거 논리인 地氣(地德) 쇠약이 야생동물의 출몰, 우물과 연못의 이상 현상, 화재의 발생 등 재이와 깊은 관련을 갖고 있음을 밝히고자 한다.[5] 세 가지 재이 각각에 대해 검토해 보고 그것이 천도론과 연결되고 있음을 분명히 하고자 한다. 그리고 세 재이의 근본 요인은 임야 축소와 산림 훼손이며, 그것은 개경이 대도회로 발전함에 따른 산물임을 드러내고자 한다. 이에 본고는 천도론에 대해 새로운 시각에서 접근하려는 試論的 성격의 글이 될 것이다.

2. 천도론의 제기와 논리

태조 왕건이 918년 철원에서 왕위에 오른 뒤 다음해 정월 자신의 출신지인 개경으로 도읍을 옮겼다.[6] 이때부터 고려말까지 개경은 대부분

---

3) 물론 당시인의 관념에서 풍수도참이 차지하는 중요성은 충분히 인정해야 할 것이다.
4) 천도의 주장은 개경 생태환경의 열악화가 바탕이 되었지만, 양자가 즉자적으로 연결되는 것은 물론 아니다. 천도론의 제기는 정치상황과 깊이 연관되어 있기 때문이다. 예컨대 무인집권기나 원 간섭기에는 천도론이 제기될 수 없었다.
5) 고려시기 다양한 유형의 재이가 빈번하게 발생했지만, 개경에 한정해 검토할 때 3가지가 대표적이라 할 수 있다. 水災와 旱災는 범위가 넓어 개경에 한정된 현상으로 보기 힘들다.
6) 태조 왕건이 철원에서 개경으로 수도를 옮긴 것은 일차적으로 출신지라는 연고가 중요했고, 또한 송악산 일대에 선대가 조성한 풍부한 소나무가 있었던 점도 고려했을 것이다.

의 기간 동안 고려의 수도로 기능했다. 개경이 고려의 대표적인 도회였지만 서경도 매우 중요한 위치에 있었다.

왕건은 즉위 초부터 서경의 건설에 힘을 기울였다. 관아를 조영하고, 학교 등 중요한 시설을 갖추었으며, 많은 이들을 사민시켰다. 서경은 고려의 중요한 정치기반이자 북진정책의 보루 성격을 지닌 대도회로서 손색이 없었다.[7]

서경으로의 천도 시도는 아주 이른 시기부터 확인된다. 3대 국왕 定宗은 서경에 왕성을 축조하고 그곳으로 도읍을 옮기고자 했다.[8] 국왕이 사망함으로써 천도가 실현되지는 못했다. 국초 중앙 정계의 불안 속에서 좀 더 안정적인 분위기의 서경으로 천도하고자 한 것으로 이해된다.[9]

천도는 아니지만 문종 10년(1056) 西江 餠岳의 남쪽에 長源亭을 짓는 일이 주목된다.[10] 도선의『松岳明堂記』에 따르면 태조가 통일한 120년 뒤 이곳에 정자를 세우면 국업이 연장될 것이라고 해서 장원정을 세운 것이다. 그리고 문종 22년 南京에 新宮을 창건했으며,[11] 35년에는 서경의 궁궐이 오래되어 퇴락했으므로 보수토록 했다.[12] 이처럼 문종대에 이르면 서강에 장원정을 조영하고, 남경에 궁궐을 창건했으

---

7) 왕건이 서둘러 서경을 개척한 것은 서경 이북 지역에 산재해 있던 고구려계의 말갈족을 군사적 필요에서 적극 끌어들이려는 의도가 크게 작용한 것으로 판단된다(이병희, 2022『고려시기 사냥꾼 양수척과 정주사회』, 경인문화사, pp.35~59).
8)『高麗史』권2, 世家2, 定宗 4년 3월. 이때의 천도 논의는 국초의 정치사정이 고려된 것이며, 도참론이 주된 근거로 제시되고 있다. 개경이 도회로 발전함에 따라 제기되는 천도론과는 구분된다.
9) 李泰鎭, 1977「金致陽亂의 性格」『韓國史研究』17 ; 이혜옥, 1982「高麗初期 西京 勢力에 대한 一考察」『韓國學報』26 ; 姜玉葉, 1995 앞의 논문 ; 김창현, 2005「고려 초기 정국과 서경」『史學研究』80.
10)『高麗史節要』권5, 文宗 10년 12월.
11)『高麗史』권8, 世家8, 文宗 22년 12월.
12)『高麗史』권9, 世家9, 文宗 35년 8월.

며, 서경의 궁궐을 새로이 보수했다. 개경을 벗어난 지점에 국왕과 관련한 시설을 적극 조영하는 것이다.

숙종대에 이르면 남경 건설에 박차를 가하고 있다. 숙종 1년(1096) 衛尉丞 同正 金謂磾가 『道詵記』를 인용해 남경으로 천도할 것을 청했다.[13] 숙종 4년 양주에 남경 건설할 것을 의논케 했으며,[14] 6년 南京開創都監을 설치했다.[15] 숙종 9년 삼각산 남쪽에 남경 궁궐의 조영이 완료되었다.[16] 남경으로 천도한 것은 아니지만, 남경에 궁궐을 조영함으로써 그 위상을 크게 향상시킨 것이다.[17] 예종 2년(1107) 송악에 도성을 정한 지 2백여 년이 되었으니 기업을 연장하려면 서경 龍堰 옛터에 새로운 궁궐을 별도로 짓고 옮겨가서 조회를 받아야 한다는 주장이 있었다.[18]

본격적인 천도론은 인종대 제기되었다. 이자겸의 난으로 궁궐이 불타자, 정지상 등은 개경의 기업이 쇠퇴했다고 하면서 王氣가 있는 서경으로 천도하자고 주장했다. 인종 6년(1128)부터 본격적으로 천도론이 전개되었다.[19] 인종 7년에는 서경의 新宮이 완성되었으며, 국왕이 행차해 신궁에 들어가기도 했다.[20] 묘청·백수한 등은 국왕에게 자주 서경에 행차해 무궁한 업을 누리라고 주장했다. 서경으로의 천도가 여의

---

13) 『高麗史』권122, 列傳35, 方技, 金謂磾 ; 『高麗史節要』권6, 肅宗 1년 8월.
14) 『高麗史』권11, 世家11, 肅宗 4년 9월.
15) 『高麗史』권11, 世家11, 肅宗 6년 9월.
16) 『高麗史』권12, 世家12, 肅宗 9년 5월.
17) 최혜숙, 2004 앞의 책 ; 權純馨, 1990 「高麗中期 南京에 對한 一考察」『향토서울』 49 ; 나각순, 1997 「고려시대 남경의 도시시설」『성대사림』12·13합집 ; 金甲童, 2005 「高麗時代의 南京」『서울학연구』18 ; 박종기, 2006 앞의 논문.
18) 『高麗史』권96, 列傳9, 吳延寵 ; 『高麗史節要』권7, 睿宗 2년 9월.
19) 『高麗史節要』권9, 仁宗 6년 8월.
20) 『高麗史』권16, 世家16, 仁宗 7년 2월.

치 못하자, 묘청 등이 난을 일으킨 것은 잘 알려진 바이다.[21) 인종대의
천도론이 가장 강력하고 본격적인 주장으로 보인다.

개경에서 벗어나려는 시도는 의종대에도 지속되고 있었다. 의종 12
년(1158) 太史監候 劉元度가 白州 兎山 牛月崗이 重興地라고 하면서 궁
궐의 조영을 주장하자, 국왕이 그곳에 別宮을 창건했다.[22) 국왕은 백주
에 별궁을 조영하고 순행했다.[23)

武人에 의해 왕으로 추대된 명종대에도 새 궁궐을 조성하고자 했다.
명종 4년(1174) 左蘇 白岳山, 右蘇 白馬山, 北蘇 箕達山에 延基宮闕造成
官(三蘇造成都監)을 두었다.[24) 개경을 벗어난 세 지점에 궁궐을 조영하
려는 것으로 수도 개경의 위상이 약화된 것을 의미한다.

고종 4년(1217) 松山의 王氣가 다해 별궁으로 옮겨가야 한다는 술사
의 건의에 따라, 최충헌이 조영한 竹坂宮으로 국왕이 옮겨간 일이 있으
며,[25) 白岳에 신궐을 조영한 일이 있다.[26) 기존의 궁궐이 권위를 잃었
음을 보이는 것이라 여겨진다. 이후 몽골의 침입을 맞아 고종 19년 강
화로 천도를 단행했다. 江都 시절에도 국가의 기업 연장을 위해 摩利山

---

21) 서경 천도운동 전말에 대한 근래의 연구는 다음과 같다. 강옥엽, 1998 앞의 논문 ;
白南赫, 1998「妙淸의 西京遷都運動의 硏究」『漢城史學』10, 漢城史學會 ; 김당택,
2001「고려 인종조의 西京遷都, 稱帝建元, 金國征伐論과 김부식의『삼국사기』편
찬」『역사학보』170 ; 민현구, 2005「묘청 일파 서경천도론의 허와 실」『한국사시
민강좌』36.

22)『高麗史』권18, 世家18, 毅宗 12년 8월 ;『高麗史』권18, 世家18, 毅宗 12년 9월.

23) 국왕의 巡御 전반에 대해서는 김창현, 2006「고려시대 國王巡御와 도읍경영」『한
국중세사연구』21 참조.

24)『高麗史』권77, 志31, 百官2, 諸司都監各色, 三蘇造成都監 ;『高麗史節要』권12, 明
宗 4년 5월. 정은정씨는 삼소 천도론에 대해 적극적인 의미를 부여했다(정은정,
2018『고려 開京·京畿 연구』, 혜안, pp.248~261).

25)『高麗史』권22, 世家22, 高宗 4년 4월.

26)『高麗史』권22, 世家22, 高宗 4년 12월.

남쪽에 離宮을 창건한 일이 있으며,[27] 三郎城 및 神泥洞에 假闕을 조영한 일도 있었다.[28]

원종 11년(1270) 환도한 뒤, 개경에 여러 시설을 다시 조성하기 시작했다. 원 간섭기에는 국왕이 제어당하는 상황이었으므로 천도를 주장하는 것은 어려운 일이었다. 또 신료들도 천도를 제기할 상황이 못 되었다.

천도론이 다시 강력하게 제기되는 것은 공민왕대부터였다. 원으로부터 어느 정도 벗어난 시점에 천도가 논의될 수 있었다. 공민왕 5년(1356) 王師 普愚가 남경 천도를 건의했으며,[29] 이어서 判書雲觀事 陳永緖에게 명해 남경(한양)에서 땅을 살피게 했고,[30] 6년 李齊賢에게 漢陽에 궁궐을 축조하게 했다.[31] 남경에 대한 공민왕의 깊은 관심의 표명이었다. 공민왕 7년에는 遂安과 谷州에서 도읍할 곳을 살피게 한 일도 있다.[32] 공민왕 9년에는 白岳에 행차해 천도할 땅을 살피기도 했다.[33] 공민왕은 천도할 곳으로 한양, 수안, 곡주, 백악 등을 고려하고 있었던 것이다. 공민왕 16년 신돈이 『道詵記』의 송도 지기가 쇠약해졌다는 내용을 근거로 국왕에게 천도를 권하고 본인이 직접 평양에서 땅을 살핀 일도 있다. 그러나 노국공주 영전 공사에 몰두한 공민왕은 천도를 고려할 여유가 없었다.[34]

우왕대에도 천도 문제가 자주 제기되었다. 우왕 1년(1375) 재앙을 피

---

27) 『高麗史』권22, 世家24, 高宗 46년 2월.
28) 『高麗史節要』권17, 高宗 46년 4월.
29) 『太古集』, 太古普愚行狀.
30) 『高麗史』권39, 世家39, 恭愍王 5년 6월.
31) 『高麗史』권39, 世家39, 恭愍王 6년 2월.
32) 『高麗史』권39, 世家39, 恭愍王 7년 9월.
33) 『高麗史』권39, 世家39, 恭愍王 9년 7월.
34) 『高麗史』권132, 列傳45, 叛逆6, 辛旽 ; 『高麗史節要』권28, 恭愍王 16년 4월.

하고자 천도를 논의하기 시작했다.35) 우왕 3년 왜구로 인해 鐵原에 궁
성의 축조를 시도한 일이 있고,36) 漣州에서 터를 살폈으나 부적절하다
는 보고가 있었다.37) 우왕 4년에 峽溪로 천도하려는 시도가 있었으
며,38) 5년에는 천도를 위해 檜巖의 터를 살핀 일도 있다.39) 우왕 7년에
는 한양으로 천도할 것을 논의하기도 했으며,40) 8년 한양으로의 천도
를 논의해 정한 일도 있었다.41) 이처럼 우왕대에는 철원, 연주, 협계, 회
암, 한양 등 여러 곳이 천도의 대상지로 거론되었다. 약간의 시설을 조
영한 일은 있지만 천도를 단행하지는 않았다.

공양왕대에는 한양으로 직접 천도한 것으로 보인다. 공양왕 2년
(1390) 한양으로 천도를 논의한 뒤 9월 한양으로 천도했으며,42) 이듬해
2월 개경으로 환도한 일이 있다.43) 몇 개월 동안 한양이 수도로 기능한
것을 알 수 있다.

개경을 벗어난 지점에 궁궐을 세우는 일이 많았고, 수도를 옮기자는
주장도 여러 차례 보였다.44) 이것은 모두 개경이 주는 불안감에서 오는

---

35) 『高麗史』권133, 列傳46, 辛禑 1년 8월.
36) 『高麗史』권133, 列傳46, 辛禑 3년 5월.
37) 『高麗史』권133, 列傳46, 辛禑 3년 7월.
38) 『高麗史』권133, 列傳46, 辛禑 4년 11월.
39) 『高麗史』권134, 列傳47, 辛禑 5년 10월.
40) 『高麗史』권134, 列傳47, 辛禑 7년 8월.
41) 『高麗史』권134, 列傳47, 辛禑 8년 8월.
42) 『高麗史』권45, 世家45, 恭讓王 2년 7월 ;『高麗史』권45, 世家45, 恭讓王 2년 9월.
43) 『高麗史節要』권35, 恭讓王 3년 2월.
44) 천도 전말과 풍수도참에 관해서는 다음의 여러 논저에서도 상세히 기술했다. 李丙
   燾, 1946 앞의 책 ; 金基德, 2006 앞의 논문 ; 장지연, 2015 앞의 책. 이병도는 圖讖
   의 관점에서 建國 및 統一中心의 도참(전기 : 태조~현종), 延基·巡住中心의 도참
   (중기 : 문종~무인집권), 移御·遷都중심의 도참(후기 : 공민왕~공양왕)으로 시기
   구분했고, 김기덕은 風水思想의 관점에서 풍수사상 확산기(태조~문종이전), 풍수
   사상 전성기(이궁 및 천도논의)(문종~인종), 풍수도참에 의한 이궁건설기(의종~

것이며, 개경을 벗어나려는 시도라고 할 수 있다.

천도가 제기될 때 많은 이들이 호응했다. 남경으로의 천도에 대해 宰相 및 여러 관료가 찬동한 것이나,[45] 묘청의 서경 천도 운동을 많은 이들이 지지한 것,[46] 그리고 공민왕대 신돈이 천도를 주장했을 때 李春富, 金達祥과 宦者 禮儀判書 尹忠佐 등이 따른 것에서[47] 알 수 있다.[48]

개경에서 다른 곳으로 천도해야 한다는 풍수도참의 논리는 다양하게 표현되었다.[49] 인종 6년 묘청 일파가 천도를 주장할 때는 基業 쇠퇴라는 논리를 표방했다.

上京의 基業이 이미 쇠퇴했고 궁궐이 모두 불에 타 남은 것이 없
으나, 서경에는 王氣가 있으니 마땅히 移御해서 上京으로 삼으라.[50]

정지상은 기업이 이미 쇠퇴한 개경을 떠나 왕기가 있는 서경을 수도로 삼자고 주장한 것이다. 그리고 인종 10년 2월 묘청과 백수한은 개경의 地勢가 쇠퇴했으니 자주 서경에 어거해 무궁한 업을 누리라고 아뢰었다.[51] 개경의 기업과 지세 쇠퇴를 천도의 근거로 제시한 것이다. 공민왕대 신돈이 천도를 청할 때에도 지기쇠약설이 동원되었다.[52]

원종), 풍수도참에 의한 천도 시도기(원간섭기~공양왕)로 파악했으며, 장지연은
國都風水論의 관점에서 형성(태조~현종), 전개(정종~무인집권기), 변화(원간섭기
이후), 퇴조(조선초)로 체계화했다.

45) 『高麗史』권95, 列傳8, 柳伸.
46) 『高麗史節要』권9, 仁宗 6년 8월 ; 『高麗史』권16, 世家16, 仁宗 7년 2월.
47) 『高麗史』권132, 列傳45, 叛逆6, 辛旽.
48) 천도운동이 많은 이들의 호응을 받고 있음은 馬宗樂, 2006 앞의 논문에서도 지적했다.
49) 풍수와 도참에 대해 논리적 근거가 있으면 풍수로, 그렇지 않으면 도참으로 구분해
   야 한다는 견해도 있다(김기덕, 2005 · 2006 앞의 논문).
50) 『高麗史節要』권9, 仁宗 6년 8월.
51) 『高麗史節要』권10, 仁宗 10년 2월.

우왕은 4년에 국왕이 左使 洪仲宣과 政堂文學 權仲和 등을 불러, 地氣에는 衰旺이 있는데 定都한 지 이미 오래되었으므로 장소를 택해 천도하고자 한다면서 도선의 글을 참고해 아뢰라고 지시했다.[53] 개경이 이미 수도가 된 지 오래되어 지기가 쇠약해졌다는 것이다. 개경의 지기 쇠약을 이유로 천도하자는 주장은 공양왕 2년에도 확인된다.[54]

지기쇠약설[55] 달리 재이 발생을 계기로 천도하자는 주장도 있다. 우왕 1년 8월 서운관에서 재이 발생을 천도의 근거로 언급했다.

> 근래에 天文이 이상함을 보이고 災變이 자주 일어나니 마땅히 移御해 재이를 피하라.[56]

天文의 이상 현상과 災變의 잦은 발생으로 인해 옮겨가서 재이를 피하자는 것이다. 이에 우왕은 천도를 논의했다. 재이의 발생이 천도론으로 이어지고 있는 것이다.

우왕 8년 2월 判書雲觀事 張補之 등이 상소한 내용에서도 재이가 발생하므로 천도해서 피재하자는 것이 보인다.

> 『道詵密記』에 三京을 巡御해야 한다는 내용이 있는데, 지금 變怪가 자주 나타나고, 野獸가 성에 들어오고, 많은 새들이 궁중에 날아

---

52) 『高麗史』권132, 列傳45, 叛逆6, 辛旽 ; 『高麗史節要』권29, 恭愍王 16년 4월.
53) 『高麗史』권133, 列傳46, 辛禑 4년 11월.
54) 『高麗史』권112, 列傳25, 朴宜中 ; 『高麗史節要』권34, 恭讓王 2년 7월.
55) 基業 · 地勢 · 地氣의 쇠퇴(쇠약)와 뒤에 언급하는 地德 · 地理의 쇠퇴는 각각 표현현상 약간의 차이가 있지만 동일한 내용을 가리키는 것으로 보여, 지기 쇠약으로 통일해 표현하고자 한다. 지기와 지덕을 명확히 구분하는 견해도 있다(장지연, 2015 앞의 책, pp.75~80).
56) 『高麗史』권133, 列傳46, 辛禑 1년 8월.

와 모이며, 우물이 끓고 물고기가 싸움을 하니, 청컨대 도읍을 옮겨
재이를 피하라[移都避災].57)

도성 안으로 야수가 들어오고 새들이 몰려들며, 우물물이 끓어오르
고 그곳에서 물고기가 다투는 등 이상 현상이 발생하니 이러한 재이를
피하기 위해 천도하자고 주장한 것이다. 避災를 위한 천도 주장은 刑曹
判書 安瑗이 상언하면서 인용한 술사의 발언에서도 확인할 수 있다.58)
    천도 주장의 핵심적인 논리 근거는 지기 쇠약과 재이 발생이었다. 이
두 가지는 별개의 사항이 아니라 상호 깊은 관련을 가졌다. 묘청과 정
지상의 주장에서도 확인할 수 있다. 개경의 지세가 쇠퇴해 하늘에서 재
앙을 내린다는 것이다.59) 공양왕 2년(139) 12월 어느 術士의 발언에서
도 그것을 분명히 확인할 수 있다.

    天災가 위[하늘]에서 자주 나타나고 地怪가 아래[땅]에서 매번
    발생하는데 이것은 모두 지덕의 쇠퇴이니, 남경에 순행한다면 재앙
    을 늦출 수 있다.60)

    하늘의 天災와 아래에서의 地怪는 지덕의 쇠퇴를 의미한다면서 남경
에 순행하면 재앙을 늦출 것이라는 주장이다. 천재와 지괴의 발생이 지
덕 쇠퇴를 의미함을 분명하게 보여주고 있다. 지덕 쇠퇴의 결과 재이가
발생하고, 역으로 재이가 발생하는 것은 지덕 쇠퇴를 가리킨다는 것이

---

57) 『高麗史』권126, 列傳39, 姦臣, 李仁任.
58) 『高麗史節要』권34, 恭讓王 2년 12월.
59) 『高麗史節要』권10, 仁宗 10년 2월.
60) 『高麗史』권45, 世家45, 恭讓王 2년 12월.

다. 천도론에서 재이 발생과 지기 쇠약을 논리의 근거로 제시하고 있는데 둘은 깊이 연관된 현상이다.

그런 점에서 개경의 地德을 쉬게 해 주어야 한다는 주장이 주목된다. 공양왕 2년 서운관에서 『道詵密記』의 地理衰旺說을 인용하면서 한양으로 옮겨가 송도의 지덕을 쉬게 하자고 상소했다.[61] 개경이 너무 지쳐 있으니 휴식을 제공함으로써 지덕을 회복시키자는 것이다. 개경에 휴식을 주면 지덕을 회복해 생태계가 복원력을 발휘하며, 그 결과 초목이 무성해지고[62] 야생동물의 개체수가 늘어나며, 水源이 안정되어 가뭄의 피해도 줄어들 수 있을 것이다.

지기 쇠약이나 재이 발생 등과 같은 구체적인 논리 근거를 제시하지 않고, 일정한 시간이 경과한 뒤에 개경을 벗어난 곳에 정자를 짓거나 도읍을 옮겨야 한다는 주장도 있다. 즉 태조가 통일한 丙申年(936)부터 120년 뒤에 국업 연장을 위해 개경을 벗어난 西江邊에 長源亭을 조영한 것,[63] 개국한 지 160여 년 뒤 木覓壤에 도읍해야 한다는 것,[64] 송악에 도성을 정한 지 200년 뒤에 기업 연장을 위해 서경 龍堰 옛터에 새로운 궁궐을 조영해야 한다는 것[65] 등이 그것이다. 개경이 발전함에 따라 일정한 시간이 경과되면, 다른 곳으로 수도를 옮기지 않을 수 없을 것이라는 직관적 · 예언적 주장으로 보인다.[66]

---

61) 『高麗史』권112, 列傳25, 朴宜中 ; 『高麗史節要』권34, 恭讓王 2년 7월.
62) 조선초 유람한 이들이 개경 곳곳에 나무와 풀이 우거진 것을 보고 쓸쓸하다고 표현했지만(한희숙, 2012 「조선 초기 개성의 경관 변화」『조선시대사학보』62 참조), 실은 생태환경이 회복되고 있는 모습이라고 달리 볼 수도 있다.
63) 『高麗史』권56, 志10, 地理1, 王京 開城府, 開城縣, 貞州 ; 『高麗史節要』권4, 文宗 10년 12월.
64) 『高麗史節要』권6, 肅宗 1년 8월.
65) 『高麗史』권96, 列傳9, 吳延寵 ; 『高麗史節要』권7, 睿宗 2년 9월.

지기 쇠약과 재이가 깊이 연관되지만, 그 재이 현상은 매우 다양하다. 『高麗史』五行志와[67) 天文志에[68] 재이에 관한 풍부한 내용이 수록되어 있다. 오행지의 항목은 다음 <표>와 같다.

<표> 『高麗史』오행지의 항목 분류[69]

오행지 구분	오행지 세부 항목
水行	①大水 ②水異(井, 水, 池水, 江河) ③恒寒 ④鼓妖 ⑤虹(虹霓) ⑥龍蛇 ⑦魚孽 ⑧馬禍 ⑨豕禍 ⑩人痾(多産) ⑪服妖 ⑫雷電 ⑬霜 ⑭雪 ⑮雨雹 ⑯黑眚黑祥 ⑰地鏡
火行	①火災 ②恒燠(無氷) ③無雪 ④草妖 ⑤雨穀 ⑥羽蟲之孽(鵂鶹, 雉, 群鳥, 雀) ⑦羊禍 ⑧瑞草(瑞芝朱草) ⑨赤眚赤祥 ⑩夜光
木行	①木妖祥(連理木, 木氷) ②恒雨 ③卿雲 ④雞禍 ⑤鼠妖 ⑥靑眚靑祥 ⑦自頹
金行	①金異 ②恒陽 ③介蟲之孽(蝗災, 蟲食桑) ④訛言 ⑤毛蟲之孽 ⑥犬禍 ⑦白眚白祥
土行	①大饑 ②大疫 ③恒風(大風, 折木) ④霧 ⑤夜妖 ⑥雨土 ⑦地震 ⑧山崩(石頹, 隕石) ⑨蠃蟲之孽 ⑩螟 ⑪牛禍 ⑫黃眚黃祥 ⑬地陷地拆 ⑭土堆(沙土) ⑮像頭自落忽亡

통상 재이가 발생하는 경우, 天人感應說에 따라 다양하게 대처했다.

---

66) 개경 이외의 지역에 별궁이나 정자를 건설해 자주 순행하는 것, 또 서경이나 남경에 자주 행차하는 것은 개경에 다소나마 휴식을 주는 의미를 갖는 것으로 풀이할 수 있다.

67) 『高麗史』오행지에 관해서는 다음의 글이 참고된다. 李熙德, 1984 『高麗儒敎政治思想의 硏究』, 一潮閣, pp.94~151 ; 김일권, 2011 『『高麗史』의 자연학과 오행지 역주』, 한국학중앙연구원 출판부.

68) 『高麗史』천문지에 관해서는 다음의 글이 참고된다. 李熙德, 1984 앞의 책, pp.61~93 ; 李熙德, 1995 「高麗時代의 天文思想 - 『高麗史』天文志 硏究 -」 『國史館論叢』61.

69) 이정호, 2011 「『高麗史』五行志의 체재와 내용 - 자연재해의 발생추세를 중심으로 -」 『한국사학보』44, pp.13~14 참조. 이정호씨는 자연재해는 12세기 전반기와 14세기 후반기에 가장 많은 기록을 남기고 있다고 보았다. 이정호씨는 전국을 대상으로 재이를 분석했기 때문에 개경 일대의 재이를 중점적으로 다루는 이 글과는 공간 범위가 다르다. 재이를 다룰 때 공간 범주를 고려하지 않으면 실상과 거리가 있는 경우가 많다. 예컨대 한재와 수재는 대개 특정 지역에 국한되어 나타나기 때문에 전국적인 현상으로 이해하는 것은 타당하지 않다.

군주의 修德과 自省, 責躬이 강조되기도 했으며,[70] 신하에게 求言하는
일도 있었다.[71] 국왕이 施政을 전면적으로 개선하기도 했는데[72] 죄수
의 사면은 그 가운데 하나였다. 재이를 물리치기 위해 도량이나 법석을
개설하는 일도 적지 않았다.[73] 천도는 재이에 대한 여러 대책 가운데
가장 강력한 방안이었다. 각종 재이를 천도함으로써 피할 수 있다는 것
이다.

그러나 모든 재이가 천도론으로 연결되는 것은 아니었다. 『고려사』
천문지에 보이는 行星의 이상 현상, 일식과 월식의 발생 등 天變은 천
도론으로 이어질 수 없었다. 지상이 아니라 하늘에서의 재이이며, 또
개경에 국한된 것이 아니기 때문이다. 재이가 지상에서 발생할 때 그것
도 개경 일대에서 나타날 경우에 천도와 연결될 소지가 있었다. 旱災,
水災, 霜災 등은 개경에 한정된 것이 아니기 때문에 천도의 이유가 될
수 없는 재이였다.[74] 개경 일대에서 발생한 심각한 재이지만 다른 지역

---

70) 『高麗史』권6, 世家6, 靖宗 2년 6월 ; 『高麗史』권6, 世家6, 靖宗 2년 7월 ; 『高麗史』
   권8, 世家8, 文宗 12년 7월.
71) 『高麗史』권40, 世家40, 恭愍王 11년 10월 ; 『高麗史』권98, 列傳11, 林完 ; 『高麗史』
   권111, 列傳24, 金續命 ; 『高麗史節要』권10, 仁宗 12년 5월.
72) 『高麗史』권4, 世家4, 顯宗 2년 4월 ; 『高麗史』권6, 世家6, 靖宗 2년 8월 ; 『高麗史』
   권15, 世家15, 仁宗 5년 3월 ; 『高麗史』권20, 世家20, 明宗 24년 6월 ; 『高麗史』권
   39, 世家39, 恭愍王 7년 11월.
73) 『高麗史』권27, 世家27, 元宗 14년 4월 ; 『高麗史』권34, 世家34, 忠肅王 卽位年 8월
   八月 戊午 ; 『高麗史』권37, 世家37, 忠穆王 4년 6월 ; 『高麗史』권38, 世家38, 恭愍王
   2년 11월 ; 『高麗史』권38, 世家38, 恭愍王 4년 7월 丁亥.
74) 災異 전반에 대해서는 다음과 같이 많은 연구가 이루어졌다. 진영일, 1986 「고려전
   기 災異사상에 관한 일고」 『고려사의 제문제』, 삼영사 ; 이태진, 1997 「고려~조선
   중기 天災地變과 天觀의 변화」 『한국사상사방법론』, 小花 ; 한정수, 2003 「고려전
   기 천변재이와 유교정치사상」 『한국사상사학』21 ; 한정수, 2006 「고려후기 천재
   지변과 왕권」 『역사교육』99 ; 李正浩, 2007 「高麗前期 自然災害의 발생과 勸農政
   策」 『역사와 경계』62 ; 이정호, 2011 앞의 논문 ; 이정호, 2012 「高麗中期 自然災害

에서 보이지 않을 경우 천도론으로 이어지는 수가 많았다. 천도론으로 연결되는 대표적인 재이는 야생동물의 출몰(<표> 金行 ⑤毛蟲之蘖), 우물물과 연못물의 이상 현상(<표> 水行 ②水異), 화재의 발생(<표> 火行 ①火災) 등이었다.

3. 재이의 발생과 천도론

1) 야생동물의 출몰과 천도론

천도와 연결되는 재이에는 여러 가지가 있지만, 우선 야생동물의 출몰이 주목된다. 고려시기 개경 안에 다양한 야생동물이 출현했다. 태조 1년(918) 8월 호랑이가 도성 黑倉 담 안에 들어오자 활로 쏴서 잡았다.[75] 이때의 수도는 철원이기 때문에 호랑이가 출몰한 지역 역시 철원이었다.

현종대에는 호랑이가 네 차례 성안에 들어왔으며, 노루와 여우도 출몰했다.[76] 덕종대와 정종대에도 호랑이가 성 안에 출현했다. 문종대와 숙종대에도 호랑이가 출몰한 것이 보인다.

예종대에는 호랑이가 도성 안에 출몰했고, 인종대에는 여우와 노루

의 발생과 生活環境」『韓國史硏究』157 ; 이정호, 2016「高麗前期 異變現象 기록을 통해본 災異觀과 위기인식」『역사와 담론』80.

75)『高麗史』권54, 志8, 五行2, 金, 太祖 1년 8월.

76)『高麗史』권54, 志8, 五行2, 金, 毛蟲之蘖, 顯宗 3년 윤10월, 6년 3월, 7년 7월, 11년 9월, 20년 4월. 이하 본문에서의 야생동물 출몰은『高麗史』권54, 志8, 五行2, 金, 毛蟲之蘖 내용을 기술한 것이어서, 전거 제시를 생략한다. 개경에 출몰한 야생동물에 대한 상세한 내용은 이병희, 2022「高麗時期 開京 일대 野生動物의 출몰과 그 의미」『歷史敎育論集』81(본서 수록) [부록] 참조.

가 출몰하고 있다. 의종대에는 주로 호랑이가 출몰했다. 고려전기에는 호랑이의 출몰이 잦았으며, 여우와 노루도 성 안에 들어왔다. 그리고 현종대 야생동물이 가장 많이 출현했다.

명종대에는 호랑이가 5차례 출몰했으며 표범이 출현하기도 했다. 고종대에는 여우와 호랑이, 노루, 곰 등 다양한 야생동물이 도성에 출몰했다. 무인집권기에는 출몰한 야생동물의 종류가 늘어났다. 이전에 보이지 않던 곰과 표범이 보였다. 江都에도 호랑이가 있었다. 원종대 강도에 호랑이, 사슴, 여우가 출몰했고, 환도 후 호랑이가 낮에 성안에 들어온 일이 있었다.

충렬왕대에는 야생동물의 출몰이 매우 잦았다. 사슴이 12회, 호랑이가 13회, 여우가 2회 출몰했으며, 특이하게도 羚羊이 나타나기도 했다. 충선왕대에도 호랑이와 여우, 토끼 등 야생동물의 출몰이 확인된다.

충숙왕대에는 호랑이와 사슴, 노루, 여우 등이 출현했다. 충혜왕대에도 야생동물이 출몰했다. 사슴과 노루, 여우 그리고 호랑이가 그것이다. 충목왕대도 노루와 호랑이, 사슴이 도성 안에 들어왔다. 충정왕대에도 산양과 노루, 여우, 사슴이 성 내에 들어왔다. 원 간섭기에는 출몰한 야생동물도 다양해지며 출몰 빈도도 높아졌다.

공민왕대의 야생동물 출몰은 더욱 빈번했다. 호랑이가 5회, 표범이 1회, 노루가 11회, 사슴이 1회, 여우가 6회, 삵[狸]이 2회, 이리[狼]가 3회 나타난 것이 확인된다. 우왕대에도 도성 안에 야생동물이 출현하는 일은 매우 많았다. 호랑이가 2회, 여우가 8회, 노루가 9회 출몰한 것이 확인된다. 공양왕대에도 여우가 1회, 노루가 2회, 사슴이 1회, 호랑이가 1회 출현했다. 공민왕대와 우왕대, 공양왕대에는 다양한 야생동물이 보이며, 그 출몰 빈도가 매우 높아졌다.

야생동물이 도성 내에 출몰하는 것은 초기부터 말기까지 확인된다. 현종대에 비교적 빈번했고, 충렬왕대 및 공민왕·우왕·공양왕대 다수가 출몰했다. 이러한 출몰은 야생동물의 서식처가 불안정하고 생태계가 동요하고 있음을 의미하는 것으로 이해된다.[77]

다른 야생동물보다 호랑이의 출몰은 사람들에게 큰 위협이 되었다. 실제로 호랑이가 성 내에 들어와 사람을 잡아 먹거나 해를 입히는 일이 많았다. 현종 11년(1020) 성 안에 들어온 호랑이가 사람을 물었고,[78] 숙종 6년(1101) 성 안에 들어온 호랑이가 사람에게 해를 끼쳤으며,[79] 예종 6년(1111) 호랑이가 도성에 들어와 많은 이들을 해쳤다.[80] 원종 6년(1265) 江都에서 호랑이가 궁궐 동문에 들어와 사람을 물어죽였다.[81] 충렬왕 9년(1283)과 15년에도 호랑이가 성에 들어와 사람을 물었다.[82] 우왕 4년(1378) 호랑이가 성에 들어와 많은 사람을 해쳤다.[83]

사람을 해치는 호랑이가 궁궐 안팎에 출몰하는 것은 엄청난 위협이었다. 문종 20년(1066) 궁성의 북에서 호랑이가 싸우다 죽은 일이 있었으며,[84] 숙종 8년 호랑이가 금원 산호정에 들어온 일이 있었다.[85] 의종

---

77) 물론 야생동물의 도성내 출몰에는 개체수의 증가, 기후조건의 변화 등 다른 요인도 작용했을 것이지만, 지속적인 출몰은 일차적으로 서식지의 불안정과 관련되었다고 생각된다.
78) 『高麗史』권54, 志8, 五行2, 金, 顯宗 11년 9월.
79) 『高麗史』권54, 志8, 五行2, 金, 肅宗 6년 12월.
80) 『高麗史』권54, 志8, 五行2, 金, 睿宗 6년 11월.
81) 『高麗史』권54, 志8, 五行2, 金, 元宗 6년 7월.
82) 『高麗史』권54, 志8, 五行2, 金, 忠烈王 9년 4월, 15년 5월.
83) 『高麗史』권54, 志8, 五行2, 金, 辛禑 4년 8월.
84) 『高麗史』권54, 志8, 五行2, 金, 文宗 20년 2월.
85) 『高麗史』권54, 志8, 五行2, 金, 肅宗 8년 11월.

1년(1147) 호랑이가 대명궁에 들어왔으며,[86] 명종 6년(1176)에도 대명
궁에 들어왔다.[87] 명종 19년 호랑이가 연경궁 안에 들어왔으며,[88] 27
년에 목청전에 들어왔다.[89] 고종 7년(1219) 호랑이가 수창궁 침전에 들
어온 일도 있다.[90] 충렬왕 19년 2월 호랑이가 왕궁에 들어왔으며,[91] 22
년 수녕궁에 들어왔다.[92] 호랑이의 궁궐 내 출현은 상당한 불안감을 갖
게 했다.

성 안에 여러 야생동물이 들어오는 것은 불길함을 뜻했다. 태조 1년
8월에 호랑이가 도성 흑창 담 안에 들어왔을 때 활을 쏴 잡고서 점을 쳤
는데, 호랑이는 맹수로 상서롭지 못하며 전쟁를 주관한다는 점괘가 나
왔다.[93]

의종 1년 호랑이가 選軍에 들어왔는데, 태사는 호랑이는 산림의 짐
승으로서 나라에 들어오면 府中이 장차 空荒에 이른다는 『握鏡』을 인
용했다.[94] 호랑이가 들어오면 결국 도성이 비게 된다는 의미로 읽힌다.
野鹿이 성 안에 들어오는 것도 재이로 받아들이고 있었으며,[95] 노루도
좋은 조짐이 아니었다. 우왕 7년 4월 노루가 성 안에 들어왔을 때, 일관
은 노루가 국중에 들어오면 나라가 망한다는 비기의 말을 인용하면서

---

86) 『高麗史』권54, 志8, 五行2, 金, 毅宗 1년 8월.
87) 『高麗史』권54, 志8, 五行2, 金, 明宗 6년 9월.
88) 『高麗史』권54, 志8, 五行2, 金, 明宗 19년 11월.
89) 『高麗史』권54, 志8, 五行2, 金, 明宗 27년 1월.
90) 『高麗史』권54, 志8, 五行2, 金, 高宗 7년 4월.
91) 『高麗史』권54, 志8, 五行2, 金, 忠烈王 19년 2월.
92) 『高麗史』권54, 志8, 五行2, 金, 忠烈王 22년 2월.
93) 『高麗史』권54, 志8, 五行2, 金, 太祖 1년 8월.
94) 『高麗史』권54, 志8, 五行2, 金, 毅宗 1년 7월. 『握鏡』은 중국 梁나라 도사 陶弘景이
    편찬한 책으로 보인다(김일권, 2011 앞의 책, p.453).
95) 『高麗史』권32, 世家32, 忠烈王 27년 8월.

국왕에게 마음을 다해 수성하고 사냥에 몰두하지 말 것을 아뢰었다.[96]
공양왕 2년 일시 한양으로 천도했을 때 맹호가 사람을 해친 일이 있는
데 變怪로 받아들여졌다.[97]

　야생동물의 도성 출현은 재앙으로 받아들여 消災道場을 개설하는 일
도 있었다. 공민왕 15년 이리가 성 안에 들어왔을 때 金經道場을 설행
했다.[98] 이리의 도성 출현이 큰 재이여서 소재를 위한 행사를 베푼 것
이다. 공양왕 2년 9월, 호랑이가 新都 한양의 문하부에 들어와 사람을
물고 갔을 때 국왕이 사신을 보내 白岳·木覓·城隍에서 제사지내 물리
치도록 했다.[99] 재앙이기 때문에 물리치는 재를 올리는 것이다.

　야생동물의 도성 내 출몰은 상서로운 일이 결코 아니었다. 사슴·노
루·이리도 그러하고 호랑이의 출몰은 더욱 그러했다. 큰 재앙으로 받
아들여서 이를 물리치려는 도량이 개설되거나 재를 올리기도 했다. 심
한 경우 다른 곳으로 도읍을 옮겨야 한다는 천도의 주장도 나오게 되었
다. 우왕 8년 判書雲觀事 張補之와 副正 吳思忠 등이 野獸가 성 안에 들
어오니 避災를 위해 도읍을 옮겨야 한다고 上書한 것이[100] 그것이다.
천도의 이유가 되는 재앙 가운데 하나가 야생동물의 성 안 출현이었다.
야생동물의 빈번한 출몰은 공민왕대와 우왕대 천도론의 배경이 된 것
이다.

---

96) 『高麗史』권54, 志8, 五行2, 金, 辛禑 7년 4월.
97) 『高麗史節要』권34, 恭讓王 2년 12월.
98) 『高麗史』권54, 志8, 五行2, 金, 恭愍王 15년 9월.
99) 『高麗史』권54, 志8, 五行2, 金, 恭讓王 2년 9월.
100) 『高麗史』권126, 列傳39, 姦臣, 李仁任.

2) 우물 · 연못의 이상 현상과 천도론

우물과 연못에서 특이한 현상을 보이는 일이 많았다. 지하수 체계가 동요하면 샘과 우물에서 이상 현상이 나타나게 된다. 그렇기 때문에 샘과 우물의 이상 현상은 매우 심각하게 받아들여졌다.[101] 연못물의 변동 역시 지하수와 일정한 관련을 맺는 수가 있었다. 연못물은 인간의 활동으로 인한 변화도 크기 때문에 그 변동이 모두 지하수와 관련한 것은 아닐 수 있다. 그럼에도 연못물 이상 현상 역시 매우 심각한 것으로 받아들여졌다.

지하수와 관련한 이상 현상에 관해서는 많은 내용을 찾을 수 있다 ([부록] 참조). 인종 5년(1127) 6월 廣德坊의 우물이 울었다.[102] 우물에서 소리가 났다는 것은 지하수 체계의 변동과 관련이 있을 것이다. 명종 9년(1179) 1월 南部里의 우물물이 3일 동안 붉어지고 끓어올랐으며,[103] 신종 2년(1199) 5월 남부의 北井 우물물이 붉어지고 끓어올랐는데 소 울음과 같은 소리가 10여일 지속했다.[104]

충렬왕 24년(1298) 1월 壽寧宮 서문 밖에서 땅이 갈라지면서 샘이 數尺이나 솟아올랐는데, 午時에서 시작해 酉時에 이르러 그쳤다.[105] 지하수 체계의 변동으로 갑자기 샘이 솟아 오른 것이다. 공민왕 10년(1361) 6월 개성의 大井이 누렇게 되어 끓어올랐고,[106] 11년 4월에도 탁해지

---

101) 고려시기 식수의 중요성에 관해서는 다음의 글이 참고된다. 박종진, 2003 「고려시기 개경의 물과 생활」『인문과학』12, 서울시립대 ; 이병희, 2015 「高麗時期 食水의 調達」『文化史學』44(본서 수록).
102) 『高麗史』권53, 志7, 五行1, 水, 仁宗 5년 6월.
103) 『高麗史』권53, 志7, 五行1, 火, 明宗 9년 1월.
104) 『高麗史』권53, 志7, 五行1, 火, 神宗 2년 5월 ; 『高麗史節要』권14, 神宗 2년 5월.
105) 『高麗史』권55, 志9, 五行3, 土, 忠烈王 24년 1월 ; 『高麗史節要』권22, 忠烈王 24년 1월.
106) 『高麗史』권55, 志9, 五行3, 土, 恭愍王 10년 6월.

고 끓어오르는 현상이 나타났으며,[107] 21년 2월 개성의 우물물이 3일 간 붉어지고 끓어올랐다.[108] 공민왕 17년 6월 即知峴의 우물물이 붉은 색으로 변해 끓어올랐다.[109]

우왕대에는 더욱 그런 현상이 잦았다. 우왕 1년(1175) 8월 泥峴의 人家 우물에서 무지개가 나타났으며 끓고 솟아올랐다.[110] 1년 9월 政坐坊里의 우물이 뜨거워져 끓어올랐으며 흑색이었다.[111] 3년 3월 梅介井이 흑색으로 변하고 끓어올랐다.[112] 이후 매개정에서의 이상 현상은 이어졌다.[113] 3년 10월 개성 대정이 붉은 색으로 변하고 끓어올랐으며,[114] 11년 7월 開城井이 붉은 색으로 변해 끓어올랐다.[115] 8년 정월 演福寺의 우물이 탁해져 끓어올랐으며, 많은 물고기가 4일간 다투어 뛰어 올랐다.[116] 우왕대에 지하수 체계가 크게 동요하고 있음을 알 수 있다. 공양왕 2년(1390) 윤4월 茶房里의 우물이 소리를 내는데 마치 소의 울음 같았다.[117] 이러한 우물물의 이상 현상을 당시인은 큰 재이로 받아들였다. 고려시기 지하수인 우물에 이상 현상이 많이 나타나는 것은 공민왕대와 우왕대이다. 이 시기에 이르면 개경의 지하수 체계에 큰 문제가 발생한 것이 아닌가 추정된다.

---

107) 『高麗史』권53, 志7, 五行1, 水, 恭愍王 11년 4월.
108) 『高麗史』권53, 志7, 五行1, 火, 恭愍王 21년 2월. 여기의 開城井 역시 개성의 大井을 가리키는 것으로 보인다.
109) 『高麗史』권53, 志7, 五行1, 火, 恭愍王 17년 6월.
110) 『高麗史』권53, 志7, 五行1, 水, 辛禑 1년 8월.
111) 『高麗史』권53, 志7, 五行1, 水, 辛禑 1년 9월.
112) 『高麗史』권53, 志7, 五行1, 水, 辛禑 3년 3월.
113) 『高麗史』권53, 志7, 五行1, 火, 辛禑 5년 5월, 5년 6월, 5년 7월.
114) 『高麗史』권53, 志7, 五行1, 火, 辛禑 3년 10월.
115) 『高麗史』권53, 志7, 五行1, 火, 辛禑 11년 7월.
116) 『高麗史』권53, 志7, 五行1, 水, 辛禑 8년 정월.
117) 『高麗史』권53, 志7, 五行1, 水, 恭讓王 2년 윤4월.

지표수인 연못에서의[118] 이상 현상도 다수 확인된다. 연못은 지하수와 연결된 경우도 있고, 지표수를 모아 만든 경우도 있을 것이다. 명종 9년 4월 蓮花院 연못의 물이 붉어지는 현상이 나타났다.[119] 명종 9년 5월 龍化院 연못물이 피처럼 붉어졌으며,[120] 24년 5월 용화원 남쪽의 연못물이 10여일 동안 피처럼 붉어졌다.[121] 신종 4년 2월 廣明寺 南池의 물이 붉어졌고,[122] 4년 4월에는 開國寺 南池의 물이 붉어졌으며,[123] 4년 6월 馬市의 연못물이 붉어졌다.[124] 연못물이 붉은 색으로 변하는 일이 자주 발생하는 것을 알 수 있다.

고종 10년 4월 東池의 물이 3일간 탁해졌으며 魚鼈이 모두 떠올랐는데 죽은 것도 있었다.[125] 고종 11년 2월 金吾衛 연못의 물고기가 모두 죽어서 수면에 떠 올랐다.[126] 고종 15년 6월 용화원 연못의 물고기가 모두 물에 떠서 며칠 있다가 죽었으며, 그것을 먹은 사람 역시 사망했다.[127] 고종대에는 연못에서 물고기가 죽는 일이 여러 차례 발생했다. 강도 시절인 고종 46년 5월 慈雲寺 오른쪽 작은 연못에서 피처럼 붉은 거품이 일었다.[128] 원종 11년 5월 慈恩寺 연못물이 피처럼 붉어졌다.[129]

---

118) 연못[池]은 감상과 연회의 장소로서 중요했지만, 생활용수나 消火水를 공급하는 데에도 중요한 의미를 가졌다.
119) 『高麗史』권53, 志7, 五行1, 火, 明宗 9년 4월.
120) 『高麗史』권53, 志7, 五行1, 火, 明宗 9년 5월.
121) 『高麗史』권53, 志7, 五行1, 火, 明宗 24년 5월.
122) 『高麗史』권53, 志7, 五行1, 火, 神宗 4년 2월.
123) 『高麗史』권53, 志7, 五行1, 火, 神宗 4년 4월.
124) 『高麗史』권53, 志7, 五行1, 火, 神宗 4년 6월.
125) 『高麗史』권53, 志7, 五行1, 水, 高宗 10년 4월.
126) 『高麗史』권53, 志7, 五行1, 水, 高宗 11년 2월.
127) 『高麗史』권53, 志7, 五行1, 水, 高宗 15년 6월.
128) 『高麗史』권53, 志7, 五行1, 火, 高宗 46년 5월.

개경으로 환도한 뒤에도 연못의 이상 현상이 계속 나타났다. 충렬왕 7년 2월 용화원 연못의 물고기가 죽어서 떠올랐는데 그 수를 알지 못했다.[130] 엄청난 수의 물고기가 죽은 것이다. 충렬왕 28년 5월 다시 용화(원)의 연못물이 5색으로 변했으며 조수처럼 찼다가 줄어들었다 했다.[131] 충렬왕 14년 6월 西蓮池에서 며칠 동안 물고기가 죽어서 떠올랐으며,[132] 19년 12월 朴淵의 물이 갑자기 말라버렸다.[133]

공민왕 14년 3월 연복사 연못의 물이 끓었다.[134] 공양왕 2년 4월 籍田의 甄池가 끓어올랐는데 소리가 우레와 같았으며,[135] 甄池는 다음달에도 진동했고 쌍무지개가 나타났으며 물에서 북치는 것과 같은 소리를 냈다.[136] 공양왕대에 개경 일대의 지하수에 많은 문제가 있었음을 연복사의 예에서도 확인할 수 있다. 연복사 승려 法狷가 연복사의 3개 연못, 9개 우물이 퇴폐한 지 오래되었다고 발언했다.[137] 연복사의 연못과 우물 다수가 폐기되어 사용되지 않는 것이다. 개경 중심가에 있는 연복사[138] 일대 지하수 체계가 크게 훼손된 것을 알 수 있다.

연못물의 이상 현상은 명종대부터 보이기 시작해 고려말까지 이어지고 있다.[139] 우물이나 연못물의 이상 현상은 당시인들이 재앙으로

129) 『高麗史』권53, 志7, 五行1, 火, 元宗 11년 5월.
130) 『高麗史』권53, 志7, 五行1, 水, 忠烈王 7년 2월 ; 『高麗史』권122, 列傳35, 方技, 伍允孚.
131) 『高麗史』권53, 志7, 五行1, 水, 忠烈王 28년 5월.
132) 『高麗史』권53, 志7, 五行1, 水, 忠烈王 14년 6월.
133) 『高麗史』권53, 志7, 五行1, 水, 忠烈王 19년 12월.
134) 『高麗史』권53, 志7, 五行1, 水, 恭愍王 14년 3월.
135) 『高麗史』권53, 志7, 五行1, 水, 恭讓王 2년 4월.
136) 『高麗史』권53, 志7, 五行1, 水, 恭讓王 2년 윤4월.
137) 『高麗史』권45, 世家45, 恭讓王 2년 정월.
138) 高裕燮, 2007 『松都의 古蹟』(又玄 高裕燮全集7), 悅話堂, pp.155~166.
139) 지하수와 지표수의 변동은 생태환경 열악화가 한참 진행된 뒤에 나타날 것이므로 국초가 아니라 명종대부터 나타나는 것이 자연스럽다.

받아들였기 때문에 풍부하게 기록으로 남을 수 있었다.[140]

우물물과 연못물의 이상 현상은 상서롭지 못한 징조로 인식되었다. 신종 2년 5월 남부 北井의 물이 10여 일간 붉어져 끓어오르고 소 우는 소리를 냈을 때 그 현상에 대한 점괘는 賤人이 장차 귀해진다는 불길한 내용이었다.[141] 우물물이 붉어지고 끓어오르며 소 우는 소리를 내는 현상은 좋은 징조가 아닌 것이다. 고종 46년 5월 자운사의 작은 연못이 피처럼 붉어져 거품이 일자, 寶門閣校勘 姜度가 "신라 호경왕(태종무열왕)대에도 대관사 연못의 물이 붉어져 그 해에 왕이 훙거했다."고 하면서, 지금도 국왕이 병이 들었으니 위태롭다고 했다.[142] 또 용화원 연못의 물고기가 죽어 떠올라 그 수를 알 수 없을 지경이었는데, 伍允孚는 갑술년(원종 15) 東池에서 이러한 변괴가 있은 뒤 국왕이 죽었다고 하면서 국왕에게 修省할 것을 청했다.[143] 우물이나 연못물이 붉어지거나 그곳의 물고기가 죽는 일은 천인이 귀해진다거나 국왕이 죽는 등 매우 좋지 않은 조짐으로 받아들여지고 있었다.

우물물과 연못물의 이상 현상은 이처럼 매우 심각한 재이였다. 그런 현상이 발생하는 경우, 그 재앙을 피하기 위해 다른 곳으로 도읍을 옮겨야 한다는 주장이 나올 수 있었다. 우왕 8년 判書雲觀事 張補之 등이 우물물이 끓어오르고 물고기가 싸움하는 것은 큰 재앙이므로 그것을 피해 천도하라는 것이[144] 그것이다. 우물물의 이상 현상이 천도의 이

---

140) 우물이나 연못의 이상 현상은 지진의 발생이나 지상에서 이물질의 투입도 그 원인이 될 수는 있을 것이다.
141) 『高麗史』권53, 志7, 五行1, 火, 神宗 2년 5월 ; 『高麗史節要』권14, 神宗 2년 5월.
142) 『高麗史』권53, 志7, 五行1, 火, 高宗 46년 5월 ; 『高麗史節要』권14, 高宗 46년 5월.
143) 『高麗史』권122, 列傳35, 方技, 伍允孚.
144) 『高麗史』권126, 列傳39, 姦臣, 李仁任.

유가 됨을 알 수 있다. 공민왕대와 우왕대 천도론은 우물물과 연못물의 이상 현상과 깊은 연관이 있었던 것이다.

3) 화재의 발생과 천도론

화재의 발생 또한 매우 심각한 재이로 받아들여졌다. 특히 궁궐이 불타는 것은 국왕에게 왕업이 중단될 수 있다는 엄청난 두려움을 갖게 했다. 관아가 화재를 당하는 것, 수백에 이르는 민가가 화재 피해를 입는 것 역시 재앙으로 인식되었다. 관아의 화재는 관료의 심리적 동요를 일으킬 수 있었으며, 다수 민가가 불에 타는 경우는 민심을 불안케 했다.

화재가 발생하는 것은 불가피한 일이다. 사람의 부주의로 발생할 수도 있고, 자연 발화할 수도 있다. 당시인이 큰 재앙으로 여긴 화재는 궁궐이 불타는 경우였다. 목종대 궁전의 일부인 千秋殿이 불에 탄 일이 있었다.[145] 궁궐의 일부 건물이 화재를 입은 것이지 궁궐 전체가 피해를 입은 것은 아니었다. 현종 2년(1011) 거란의 침입으로 궁궐이 모두 불타는 큰 피해를 입었다.[146] 국초부터 건설했던 궁궐이 모두 타버리는 참상을 겪은 것이다. 예종 즉위년(1105) 大寧宮이 불에 탄 일이 있으며,[147] 14년 乾明殿에 불이 났다가 곧 꺼졌다. 인종 4년(1126) 이자겸의 난으로 궁궐 대부분이 불에 타고 山呼 · 賞春 · 賞花의 3개 정자 및 內帝釋院의 廊廡 수십 칸이 겨우 남았다.[148] 현종대에 이어 궁궐의 전면적

---

145) 『高麗史』권53, 志7, 五行1, 火, 穆宗 12년 1월 ;『高麗史節要』권2, 穆宗 12년 1월.

146) 『高麗史』권4, 世家4, 顯宗 2년 1월 ;『高麗史』권94, 列傳7, 楊規 ;『高麗史節要』권2, 顯宗 2년 1월.

147) 『高麗史』권53, 志7, 五行1, 火, 睿宗 즉위년 12월. 이하 화재의 내용은 대부분『高麗史』권53, 志7, 五行1, 火에 수록되어 있다. 전거는 오행지에 수록된 것은 제시하지 않고, 주목할 만한 것은 일부 제시하겠다.

화재인 것이다. 인종 6년에는 仁德宮에 화재가 있었고, 21년에는 延德宮에 화재가 있었다. 의종 7년에는 穆淸殿이 화재를 입었고, 12년에는 萬寶殿이 불에 탔으며, 13년 1월 禁中 十員殿이 화재의 피해를 입었다. 명종 1년에는 다시 궁궐이 화재를 당해 모든 건물이 사라지는 피해를 입었다. 세 번째의 궁궐 전소인 것이다. 명종 5년 2월 內史洞宮이 화재를 당했다.

고종 12년(1225)에는 儲祥殿·奉元殿·睦親殿·含元殿이 화재를 당했다. 강도 시절에도 큰 화재가 많았다. 강화에서 개경으로 환도한 뒤, 충렬왕 9년(1283) 4월 궁중에서 큰 불이 일어나 대부분을 태운 일이 있었다. 충숙왕 11년(1324)에는 延慶宮門이 화재를 입었다. 공민왕 11년(1362)에는 홍건적의 침입으로 궁궐이 모두 불타는 피해를 입었다.[149] 이처럼 개경의 궁궐이 여러 차례 화재의 피해를 입었다. 궁궐은 국왕을 비롯한 왕실의 거처 공간이자 국가의 상징 시설인데, 이렇게 화재가 나면 국왕이 불안해하고 민심이 흉흉한 지경에 놓이게 된다.

대규모 민가가 화재의 피해를 입는 경우도 많았다. 현종 2년 거란의 침입 때에는 궁궐만이 아니라 民屋도 모두 불에 탔으므로[150] 피해를 입은 민가는 엄청난 수에 달했을 것이다. 현종 12년 2월 仁壽門 밖 2천 戶가 화재를 입었고, 靖宗 4년(1038) 2월에는 中部의 민가 860호가 불에 탔다. 문종 5년(1051) 2월에는 京市署에 불이 나서 120호를 延燒시켰다. 선종 9년(1092) 3월에는 경성의 민가 640호가 화재의 피해를 입었다. 숙종 5년(1100) 8월에는 국가기관의 화재로 수백의 民戶가 연소

---

148) 『高麗史』권127, 列傳40, 叛逆1, 李資謙 ; 『高麗史節要』권9, 仁宗 4년 2월.
149) 『高麗史』권40, 世家40, 恭愍王 11년 3월 ; 『高麗史』권40, 世家40, 恭愍王 11년 8월.
150) 『高麗史』권4, 世家4, 顯宗 2년 1월 ; 『高麗史節要』권2, 顯宗 2년 1월.

했다. 의종 12년(1158) 4월에는 新倉舘里의 320여 호가 화재를 입었다.

강도 시절인 고종 21년 1월에 大風이 불어 闕南里의 수천 家가 불에 탔다.[151] 좁은 공간에 많은 사람이 밀집해 생활했던 강도에서 다수의 민가가 동시에 화재 피해를 입는 경우가 종종 있었다.

개경으로 환도한 뒤인 원종 12년(1271) 2월 楮市橋邊의 민가 3백여 호가 화재를 당했다. 환도 직후 밀집해 모여 살던 곳에서 화재가 발생해 큰 피해를 낸 것으로 여겨진다. 원종 13년 2월 大風이 불어, 環餠洞里의 백여 호가 화재를 당했다. 충렬왕 2년 윤3월에는 鹽店洞의 1천여 호가 화재를 당했고, 3년 3월 大府에서 화재가 일어나 민가 8백여 호를 연소시켰으며, 17년 4월 巡馬南里에서 불이 나서 백여 호를 연소시켰다.

충숙왕 9년 3월에서 4월에 이르는 동안에는 城中 各里의 3백여 가가 화재의 피해를 입었다. 충숙왕 11년 3월 鶯溪里의 民戶 백여 가와 地藏坊里의 3백여 가가 불에 탔다.

화재가 발생하는 경우, 건물만 불에 타는 재산상의 피해를 입는 데 그치지 않았다. 인명의 피해도 발생하는 수가 많았다. 예컨대 충렬왕 17년 4월 巡馬南里의 백여 호가 화재를 당했을 때 사람과 가축이 불에 타 죽었다.[152] 충숙왕 11년 3월 槐洞里의 화재는 바람이 없이 저절로 불이 붙어 발생했는데 죽은 사람이 심히 많았다.[153] 충숙왕 16년 3월 奉先庫에서 失火로 불이 나서 민가 36호를 연소시켰는데, 이때 老小가 다수 불에 타 죽었다.[154]

---

151) 『高麗史』권53, 志7, 五行1, 火, 高宗 21년 1월 ; 『高麗史節要』권16, 高宗 21년 1월.
152) 『高麗史』권53, 志7, 五行1, 火, 忠烈王 17년 4월 ; 『高麗史』권30, 世家30, 忠烈王 17
    년 4월.
153) 『高麗史』권53, 志7, 五行1, 火, 忠肅王 11년 3월 ; 『高麗史』권35, 世家35, 忠肅王 11
    년 3월.

국가 기관이 불에 타는 일도 적지 않았다. 화재가 난 주요 부서로서 內史門下省, 御史臺, 京市署, 將作監, 中尙署, 三司, 樞密院 등이 보이고, 화재 피해를 입은 중요 창고시설로서는 大府油庫, 新興倉,[155] 大倉, 國贐庫, 奉先庫, 影殿庫 등이 확인된다. 市廛의 화재는 매우 빈번했다.

관청이 불에 타면 관청에 보관하던 다량의 자료와 재화가 사라지는 수가 많았다. 큰 피해를 보면, 선종 7년 3월 큰 지진과 번개로 新興倉에서 불이 났는데 창고에 보관한 곡식 등이 모두 날라다니고 불길이 하늘을 덮었다.[156] 신흥창에 보관한 국가 재물이 모두 불에 탔음을 알 수 있다. 명종 19년 5월 대창에서 화재가 3일간 이어지면서 62개의 창고를 불태웠다.[157] 창고에 보관된 곡식이나 재물이 화재의 피해를 입었음이 분명해 보인다.[158]

궁궐이 화재를 입으면 국왕은 큰 충격을 받았다. 왕실 권위의 동요, 국가의 위기를 상징하는 것으로 여겨졌다. 大府油庫에서 화재가 발생해 千秋殿을 연소시켰을 때 목종이 殿宇와 府庫가 불에 타는 것을 보고 비탄해 하면서 병에 걸려 정사를 돌보지 못했다.[159] 천추전의 화재가 목종에게 엄청난 충격을 주었음을 알 수 있다. 목종은 그 화재를 자신의 不德 때문에 발생한 것으로 자책했다.[160]

선종 9년 3월 市巷의 민가 640호가 화재를 당했는데, 그 달에 국왕이

---

154) 『高麗史』 권53, 志7, 五行1, 火, 忠肅王 16년 3월.
155) 『高麗史』 권10, 世家10, 宣宗 7년 3월 ; 『高麗史節要』 권6, 宣宗 7년 3월.
156) 『高麗史』 권53, 志7, 五行1, 火, 宣宗 7년 3월.
157) 『高麗史』 권53, 志7, 五行1, 火, 明宗 19년 5월.
158) 고려시기 화재에 대해서는 많은 내용이 오행지에 실려 있다. 오행지에 수록된 화재 내용은 정은정, 2018 앞의 책, pp.242~246에 표로 정리되어 있다.
159) 『高麗史』 권3, 世家3, 穆宗 12年 정월.
160) 『高麗史』 권3, 世家3, 穆宗 12년 2월.

근심하면서 몸이 편치 않았다.[161] 국왕의 병과 화재 사이에 일정한 상관성이 있다고 추측해 볼 수 있다.

이자겸의 난으로 궁궐이 불에 타자 밤에 걸어서 山呼亭에 이른 인종은 깊이 탄식했다.[162] 명종 1년 10월 궁궐의 화재가 있자 승려와 군인들이 와서 불을 끄고자 했으나 당시 집정인 정중부·이준의·이의방 등이 변이 있을까 해서 자성문을 닫고 들이지 않아 궁궐의 건물이 모두 불에 탔다. 이때 왕이 산호정으로 나와 통곡했다.[163] 궁궐의 화재가 국왕에게 갖는 의미를 읽을 수 있다.

화재는 큰 재앙으로 받아들여졌다. 묘청 등이 서경 천도 운동을 펼치면서 서경에 여러 시설을 조영할 때 西京의 重興寺塔에 화재가 났다. 혹자가 서경 행차를 요청함은 재앙을 누르기 위한 것인데 어떤 연고로 이러한 큰 재이가 있는가 라고 묻자 묘청이 얼굴이 붉어지면서 능히 답하지 못했다.[164] 탑의 화재가 큰 재앙으로 인식되고 있음을 확인할 수 있다.

화재를 입은 경우 복구하더라도 다시 들어가 생활하는 것이 마음에 내키지 않는 경우도 있었던 것 같다. 명종은 화재를 입어 복구한 궁궐로 돌아가는 것을 매우 꺼려했다. 명종 1년에 궁궐이 화재의 피해를 입고 이후 복구했으나, 명종은 오래도록 그곳에 임어하지 않았다.[165]

대규모의 화재는 큰 재앙으로 받아들여져 개경인에게 큰 불안감을 갖도록 했다. 특히 궁궐의 화재는 왕조의 위기로 인식되어 천도론의 계기가 되었다. 인종 6년 8월 정지상은 개경은 궁궐이 모두 불에 탔으니

---

161) 『高麗史』권10, 世家10, 宣宗 9년 3월.
162) 『高麗史節要』권9, 仁宗 4년 2월.
163) 『高麗史』권19, 世家19, 明宗 1년 10월.
164) 『高麗史』권127, 列傳40, 叛逆1, 妙淸 ; 『高麗史節要』권9, 仁宗 8년 9월.
165) 『高麗史』권129, 列傳42, 叛逆3, 崔忠獻 ; 『高麗史節要』권13, 明宗 26년 5월.

왕기가 있는 서경으로 이어해 그곳을 상경으로 삼으라고 주장했다.[166] 인종 10년 2월 국왕이 서경에 행차했을 때 묘청과 백수한은 개경의 지세가 쇠퇴하여 하늘에서 재앙을 내리고 궁궐이 불탔으니, 서경에 자주 이어해 무궁한 업을 향유하라고 주장했다.[167] 궁궐의 화재를 이유로 천도하라는 것이다.

4. 재이 발생의 원인과 생태환경

지기 쇠약을 상징해서 천도론으로 연결되는 재이는 야생동물의 출몰, 우물물과 연못물의 이상, 화재의 발생 등이었다. 야생동물의 출현은 임야가 축소되고 산림이 훼손되면서 서식 공간이 축소되고 열악화되는 것과 깊은 관련이 있다. 개경이 대도회로 발전하면서 동식물의 서식지는 축소되고, 열악화되지 않을 수 없다. 서식지가 심각하게 훼손된다면 야생동물은 먹이를 제대로 확보하는 것이 힘들어지기 때문에 인간이 사는 곳에 빈번히 기웃거리게 된다.[168]

우물물과 연못물의 이상은 강수와 관계가 깊지만, 개경 일대의 임야의 훼손도 관련이 있다. 산림의 상태가 양호하다면 지하수가 발달해, 보통의 가뭄에 큰 영향을 받지 않을 수 있다. 그렇지만 산림의 훼손이

---

166) 『高麗史節要』권9, 仁宗 6년 8월.
167) 『高麗史』권127, 列傳40, 叛逆1, 妙淸 ; 『高麗史節要』권10, 仁宗 10년 2월.
168) 생태환경사는 근래에 많은 주목을 받고 있어 한국생태환경사학회도 결성되고 (2015), 다음과 같은 연구 성과도 있다. 김동진, 2017 『조선의 생태환경사』, 푸른역사 ; 이정호, 2013 「高麗時代 숲의 개발과 環境變化」 『사학연구』111. 그밖에 이 분야에 대한 학계의 소개는 이병희, 2022 앞의 논문, 주1) 참조.

심각하다면 강수가 풍부해도 임야에 축적되지 않고 바로 유출되어 지하수와 지표수가 부족하게 된다. 水源은 모두 산에서 나오는 것이므로 백성들이 산림을 훼손해 산의 나무가 무성하지 않으면, 물의 근원이 끊어진다는 지적은[169] 이러한 점을 잘 표현한 것이다. 산의 나무를 잘 보존해야 지표수와 지하수가 풍부해지며, 그 결과 우물물·연못물의 이상 현상을 막을 수 있는 것이다.

화재의 발생은 불가피한 일이다. 가뭄 때 발생하는 화재가 큰 피해를 입혔다. 가뭄이 들면 지하수·지표수가 부족해지고 대기가 극도로 건조해지며 건물이나 자연환경도 모두 마르게 되므로 화재에 취약해진다. 가뭄 자체는 강수와 관련이 있지만 산림이 잘 유지되면 그 피해는 크게 완화될 수 있다. 산림이 무성하다면 대기의 건조도 완화되고 진화에 사용할 물도 풍부해 대규모 화재를 어느 정도 막을 수 있다.

화재는 가뭄이 있을 때 더욱 심각한 것은 기록에서도 명확히 확인된다. 명종 3년(1173) 정월부터 4월까지 비가 오지 않아 하천과 우물이 모두 마르고, 禾麥이 말라버렸으며, 화재가 많이 발생하고 있다는 것이다.[170] 가뭄이 심하면 지하수·지표수가 고갈되고 대기가 건조해지기 때문에 화재가 발생할 소지가 커지는 것이다.

가뭄과 화재의 상관성은 다음에서도 알 수 있다. 충숙왕 11년 3월 연복사에서 기우제를 거행했으므로 심각한 가뭄 상태였음을 알 수 있다. 그 무렵 鶯溪里에서 백여 가가 화재를 입었으며, 이틀 뒤 地藏坊里의 삼

---

169) 『中宗實錄』 권36, 中宗 14년 6월 乙亥(13일), 15-544(국사편찬위원회 영인본 15冊 p.544를 뜻함, 이하 같음).
170) 『高麗史』 권19, 世家19, 明宗 3년 4월.

백여 가가 화재를 당했고, 다시 이틀 뒤 槐洞里에서 화재가 발생했는데
바람이 없이도 스스로 熾盛해 사람과 물건을 연이어 태워서 죽은 자가
심히 많았는데 사람들은 天火라 했다.171) 심한 가뭄이 있을 때 화재가
앵계리, 지장방리, 괴동리에서 연이어 발생해서 많은 피해를 낸 것이다.

 야생동물의 출몰, 우물물과 연못물의 이상, 대규모 화재의 발생은 모
두 산림의 훼손이나 임야의 파괴와 관련된다고 볼 수 있다.172) 임야의
축소, 산림의 파괴는 개경이 큰 도시로 성장한 결과 발생한 것이다.173)
태조 2년(919) 1월에 개경에 도읍을 정한 뒤, 궁궐과 여러 행정 부서를
설치하고, 市廛을 세웠다.174) 이후 궁궐의 규모도 커지고, 관아도 증설
되며, 관료나 일반 백성의 가옥도 크게 늘어갔다.175) 또한 태조 2년 3월
법왕사 · 왕륜사 등 10개의 사원을 건립했다.176) 이후 사원의 조영은 계
속 이어졌다.177) 성종 2년 10월에는 개경에 酒店 6곳을 설치했다.178)

171) 『高麗史』권35, 世家35, 忠肅王 11년 3월.
172) 산림의 훼손과 자연재해 발생의 관련성에 대해 이정호씨가 주목하고 있다(이정호,
 2013 앞의 논문).
173) 개경 일대의 임야 축소, 산림 파괴에 관해서는 이병희, 2017 「고려시기 松木政策과
 그 한계」 『청람사학』26, 한국교원대 청람사학회(본서 수록)에서 상세히 정리했다.
 이하에서는 가급적 중복된 내용을 줄이면서 언급하고자 한다.
174) 『高麗史』권1, 世家1, 太祖 2년 1월.
175) 개경의 여러 시설 조성에 관해서는 많은 연구 성과가 있다. 한국역사연구회, 2002
 『고려의 황도 개경』, 창작과비평사, pp.44~82 ; 정은정, 2018 앞의 책, pp.66~83 ;
 朴平植, 2000 「高麗時期의 開京市廛」 『韓國史의 構造와 展開 - 河炫綱敎授定年紀念
 韓國史學論叢 -』, 논총간행위원회 ; 서성호, 2000 「고려시기 개경의 시장과 주거」
 『역사와 현실』38 ; 정은정, 2001 「고려전기 개경의 도시기능과 그 변화」 『한국중
 세사연구』11 ; 정학수, 2006 「고려 개경의 범위와 공간구조」 『역사와 현실』59 ; 장
 지연, 2006 「고려후기 개경 궁궐 건설 및 운용방식」 『역사와 현실』60 ; 홍영의,
 2010 「고려시기 개경의 궁궐 조영과 운영」 『한국중세사연구』28.
176) 『高麗史』권1, 世家1, 太祖 2년 3월.
177) 개경 일대의 사원에 관해서는 다음의 연구가 참고된다. 한국역사연구회, 2002 앞의
 책, pp.83~113 ; 김창현, 2011 『고려의 불교와 상도 개경』, 신서원, pp.11~186 ; 박

이렇게 되면서 개경은 대도회로 발전해 가게 되었다. 현종대 나성을 축조함에 따라 도성의 안과 밖이 확연하게 구분되었다.[179] 여러 시설이 조영되면서 임야가 크게 축소되지 않을 수 없었다.[180]

도성 내에 많은 민가가 거주함은 5부 35방 344리의 구분에서 알 수 있다.[181] 도성 내에 다수의 주민이 거처하고 있음은 수만 명의 飢民을 구휼하는 데서도 확인할 수 있다. 문종 6년(1052) 3월 경성에 기근이 들어 유사에게 명해 기민 3만여 명에게 쌀·조·소금·메주를 주어 진휼했다.[182] 모여든 기민이 3만여 명이라는 데서 개경의 많은 인구를 짐작하게 한다. 민가가 밀집되어 있음은 대규모 화재에서 확인할 수 있다. 또한 대규모 공사가 있을 경우 다수의 민가를 철거하는 데서도[183] 민가의 밀집을 알 수 있다.

성 안만이 아니라 성 밖에도 다수의 민인이 거처했다. 무인집권기 명종 4년(1174) 중광사·홍호사 등의 승려 2천여 명이 동문에 모였는데,

---

　　종진, 2022 『개경 - 고려왕조의 수도 -』, 눌와, pp.235~256 ; 박윤진, 1998 「高麗時代의 開京 一帶 寺院의 軍事的·政治的 性格」『韓國史學報』3·4합집 ; 박종진, 2000 「고려시기 개경 절의 위치와 기능」『역사와 현실』38.

178) 『高麗史』권3, 世家3, 成宗 2년 10월.

179) 신안식, 2000 「고려시대 개경의 나성」『명지사론』11·12합집 ; 신안식, 2000 「고려전기의 축성과 개경의 황성」『역사와 현실』38 ; 신안식, 2010 「고려시기 개경 都城의 범위와 이용」『한국중세사연구』28.

180) 물론 하천 유역의 낮은 지역에도 시설을 조성하는 일이 있었지만 그보다는 수해에서 안전한 낮은 구릉이나 임야에 조성하는 경우가 많았을 것으로 생각된다.

181) 朴龍雲, 1996 「高麗開京의 五部坊里制」『韓國史學報』1 ; 홍영의, 2000 「고려전기 개경의 五部坊里 구획과 영역」『역사와 현실』38.

182) 『高麗史節要』권4, 文宗 6년 3월.

183) 『高麗史』권45, 世家45, 恭讓王 2년 7월 ; 『高麗史』권120, 列傳33, 金子粹 ; 『高麗史節要』권14, 熙宗 6년 4월 ; 『高麗史節要』권25, 忠惠王 후4년 3월 ; 『高麗史節要』권34, 恭讓王 2년 7월.

문을 닫자 성 외의 인가를 태워 숭인문을 연소시키고 들어가 이의방 형제를 죽이고자 했다.[184] 동문 밖에 인가가 있었음을 알 수 있다.

고종 4년(1217) 거란이 쳐들어 왔을 때 백관에게 성을 지키게 하고 또 城底의 인가를 허물고 隍塹을 파도록 했다.[185] 성에 인접한 밖에 많은 인가가 있었음을 알 수 있다. 전쟁이 발발할 때 성 밖의 사람들이 성 내로 피난한 것에서도[186] 성 밖에 다수의 사람이 거처하고 있음을 확인할 수 있다. 19세기에 편찬한 자료에는 고려가 번성할 때 도성 내에 閭閻이 즐비했고, 五正門 밖으로부터 西江에 이르기까지 집들이 거의 이어져 있었다고 했다.[187] 도성 밖에 다수의 사람들이 거처하고 있었기 때문에 四郊의 편제가 가능한 것이다.[188]

몽골이 고려에 쳐들어왔을 때 개경의 인구는 10만 호에 이르렀다.[189] 10만 호면 거의 50만에 달하는 사람을 가리킬 것이다. 50만의 숫자에는 도성 내 거주민만이 아니라 四郊에 사는 사람도 포함될 것이다.[190]

성 밖에는 민가 이외에도 여러 시설이 들어섬에 따라 그 임야가 축소되었다. 국왕의 능은 성의 외곽에 존재하는 중요 공간이었다. 태조릉과 현종릉의 경우 송악 서록에 위치했으며, 혜종릉은 송악의 동쪽에 자리했다. 다른 왕릉도 개경에서 멀지 않은 곳에 분포했다.[191] 그리고 관인

---

184) 『高麗史』권128, 列傳41, 叛逆2, 李義方.
185) 『高麗史』권129, 列傳42, 叛逆3, 崔忠獻 ; 『高麗史節要』권15, 高宗 4년 1월.
186) 『高麗史節要』권3, 顯宗 10년 1월 ; 『高麗史』권16, 世家16, 仁宗 13년 1월.
187) 『中京誌』권2, 戶口.
188) 정은정, 2018 앞의 책, pp.98~104 ; 신안식, 2004 「고려 개경의 '都內와 郊'」 『역사민속학』18 ; 신안식, 2004 「고려시대 개경의 四郊와 그 기능」 『명지사론』14 ; 정은정, 2008 「12·13세기 개경의 영역 확대와 郊外 편제」 『역사와 경계』67.
189) 『高麗史』권102, 列傳15, 俞升旦.
190) 朴龍雲, 『고려시대 開京 연구』, 一志社, 1996, pp.156~167.

을 비롯한 지배층이나 일반민의 무덤도 나성 밖에 다수 조성되었다.[192] 왕릉이나 지배층, 일반 민인의 무덤 조영으로 인해 개경 외곽의 임야가 잠식되는 수가 많았다.

개간에 의해서도 도성 안팎의 임야가 농지로 전환되었을 것이다. 徐兢이 묘사한 계단 모습의 농지는[193] 주로 개경 인근의 것을 가리킬 것이다. 묘소 부근까지도 개간하는 것을[194] 고려하면, 도성 밖 임야를 농지로 만드는 일은 매우 활발했다고 볼 수 있다.[195]

이처럼 도성 밖에는 민가도 있었고, 사원도 조성되었으며, 왕릉을 비롯한 지배층의 무덤이 널리 분포했다. 또 농지로 개간되는 수도 많았다. 개경이 발전해 감에 따라 정주공간이나 생활공간, 사후공간으로 활용됨으로써 임야가 엄청나게 잠식되었다. 성 내의 임야는 물론이고 성밖 교외에서의 임야도 크게 축소되었다.

임야의 축소와 함께 산림도 엄청나게 훼손되지 않을 수 없었다. 산림의 훼손은 활용공간의 확대만이 아니라 伐木에 의해서도 크게 진행되었다. 벌목은 주로 건축자재와 땔나무 공급을 위해 행해졌다.[196] 그리고 사냥에 의해서도 산림이 훼손되었다.

---

191) 정은정, 2018 앞의 책, pp.98~100 ; 장호수, 2000 「개성지역 고려왕릉」『韓國史의 構造와 展開 - 河炫綱教授定年紀念 韓國史學論叢 -』, 논총간행위원회 ; 정학수, 2006 앞의 논문.

192) 『高麗史節要』권11, 恭讓王 3년 3월 ; 정은정, 2018 앞의 책, pp.178~183.

193) 『高麗圖經』권23, 雜俗2, 種蓺.

194) 『高麗史』권85, 志39, 刑法2, 禁令, 恭讓王 3년 3월.

195) 鄭殷禎, 2005 「고려중기 경기지역의 공한지 개발」『지역과 역사』16 ; 鄭龍範, 2016 「고려 중·후기 別墅의 운영과 도시근교농업의 발달」『역사와 경계』99.

196) 이정호, 2013 앞의 논문 ; 한정수, 2013 「조선 태조~세종 대 숲 개발과 重松政策의 성립」『사학연구』111 ; 이병희, 2017 앞의 논문.

궁궐이나 관아, 그리고 사원 및 민가 조성을 위해서는 엄청난 목재가 필요했다. 그 목재는 일차적으로 개경 일대의 임야에서 확보하는 것이기 때문에 개경 주변 산림의 훼손과 파괴는 피할 수 없었다.

다수의 사람들이 생활해 가기 위해서는 또한 난방과 취사용 땔나무가 필요했다. 땔나무 공급으로 인해서도 개경 주변의 산림은 훼손되지 않을 수 없었다. 개경 일대의 임야에서 땔나무를 채취하는 구체적인 모습은 萬積에서 확인할 수 있다.[197] 또 신종 6년(1203)에도 家僮들이 땔나무하는 것을 핑계대고 東郊에서 대오를 나누어 전투를 연습한 일이 있다.[198] 노비들이 무리지어 다니면서 땔나무를 마련하고 있었던 것이다. 고종 4년 1월 나무꾼[樵人]들이 태묘의 소나무를 베는 일이 있었다.[199] 충렬왕대 장작서의 其人이 허름한 布衫을 입고 땔나무를 지고 궁문에 들어가는 일이 보인다.[200] 충선왕이 복위한 해 11월에 하교한 내용에, 寢園과 祖宗墳墓에서 땔나무를 하는 일이 확인된다.[201] 노비나 기인, 나무꾼, 기타 다양한 사람들이 개경 내외의 임야 곳곳에서 땔나무를 했던 것이다.

사냥으로 인한 산림 훼손도 빈번했다. 불을 질러 사냥하는 경우가 많았기 때문이다. 충렬왕 8년 9월 불을 질러 사냥하다가[火獵] 농작물에 해를 끼치면 보상하라는 조치가 보이는 데서[202] 알 수 있듯이, 화렵이 성행했음을 알 수 있다. 화렵은 농작물만이 아니라 임야에도 상당한 피해를 입혔다.

---

197) 『高麗史節要』권14, 神宗 1년 5월.
198) 『高麗史』권129, 列傳42, 叛逆3, 崔忠獻 ; 『高麗史節要』권14, 神宗 6년 4월.
199) 『高麗史節要』권15, 高宗 4년 1월.
200) 『高麗史』권33, 世家33, 忠宣王 總序.
201) 『高麗史』권33, 世家33, 忠宣王 復位年 11월.
202) 『高麗史』권29, 世家29, 忠烈王 8년 9월.

공민왕 1년(1352) 2월 경내에 宣宥한 내용 가운데, 3, 4월에 방화하면서 사냥하지 말라는 것이 보인다.[203] 당시에 불을 놓고 사냥하는 일이 매우 흔했던 것으로 보인다. 사냥을 위한 방화로 인해서도 임야가 훼손되는 경우가 없지 않았을 것이다.

개경이 확대됨에 따라 주변의 산림이 크게 훼손되었다. 주거공간의 확보, 건축용 목재의 공급, 땔나무의 조달 등으로 인해 임야는 축소되었고, 산림은 파괴되었다.[204] 그것을 알려 주는 여러 정황 자료가 있다. 현종 4년 3월 松柏 벌목의 금지 조치,[205] 정종 1년(1035) 4월 개경 명산에 두루 나무를 심는 조치,[206] 7년 2월 송악의 동서 산록에 소나무를 심어 궁궐을 장엄하게 하는 조치 등이 있었다.[207] 이것은 개경 일대의 소나무가 많이 훼손되었음을 알려 준다.

고종 4년 1월 나무꾼들이 태묘의 소나무를 베서 민둥산이 되었다는 사실이 보인다.[208] 태묘의 소나무를 벨 정도라면 개경 인근 임야의 나무 또한 엄청나게 남벌되었을 것으로 보인다. 충렬왕 22년 공신의 분묘 일원에서 땔나무를 하는 일이 성행해, 이를 금하는 조치가 취해질 정도였다.[209] 뿐만 아니라 국왕의 능이나 왕실 무덤에서의 땔나무 채취를 금하는 조치가 있었다.[210] 무덤 주위에서까지 땔나무를 채취하고 있는

---

203) 『高麗史』 권38, 世家38, 恭愍王 1년 2월.
204) 이정호, 2013 앞의 논문 ; 이병희, 2017 앞의 논문.
205) 『高麗史節要』 권3, 顯宗 4년 3월.
206) 『高麗史』 권6, 世家6, 靖宗 1년 4월 ; 『高麗史節要』 권4, 靖宗 1년 4월.
207) 『高麗史』 권6, 世家6, 靖宗 7년 2월.
208) 『高麗史節要』 권15, 高宗 4년 1월.
209) 『高麗史』 권331, 世家31, 忠烈王 22년 1월 甲申.
210) 『高麗史』 권33, 世家33, 忠宣王 復位年 11월 辛未 ; 『高麗史』 35, 世家35, 忠肅王 12년 10월 乙未.

것은 다른 지점에서의 조달이 용이하지 않기 때문이다. 왕릉에서 건축용 목재를 베는 일도 있었다.[211] 다른 곳에서 건축 목재를 확보하기 어렵기 때문에 그런 일이 발생한 것으로 보인다. 교외의 무덤 일대가 훼손되고 있음은 공양왕 3년 3월 中郞將 방사량의 상소에서도 명확히 확인할 수 있다. 그는 4문 밖의 무덤 주변에서 꼴을 베고 사냥하고 농지로 만드는 일이 많다고 지적했다.[212]

대소신민의 무덤 및 왕릉 부근에서까지 땔나무를 하고, 건축용 목재를 베며, 농지를 만드는 것에서 알 수 있듯이 개경 일대의 임야가 축소되고 산림이 크게 훼손되었던 것이다. 산림 파괴의 문제점에 대한 명확한 지적이 조선전기 여럿 보인다. 임야가 축소되고, 산림이 파괴되면 地氣가 윤택하지 않게 되고 水流가 고갈되어 빗물이 많을 경우 곳곳에서 사태가 발생한다고 언급했다.[213] 또 물의 근원[水源]은 산에서 나오는 것인데, 산의 나무를 벌목하고 불태워 밭으로 만들면 물의 근원이 끊어진다고도 표현했다.[214] 사냥과 말 사육으로 혹은 경작으로 초목을 불태우면, 지기가 不潤해져 조금만 가물어도 川澤이 말라버린다고 했다.[215] 이런 표현은 산림이 파괴될 때의 피해를 대개 지기와 관련해 설명하고 하천 고갈이 초래됨을 지적한 것이다.

반면 산림이 茂密하면 지기가 滋潤해져, 가뭄이 재앙이 되지 않는다고 언급했다.[216] 잡목이 무성할 때에는 비가 많이 오더라도 산사태가

---

211) 『高麗史節要』권28, 恭愍王 15년 5월.
212) 『高麗史』권85, 志39, 刑法2, 禁令, 恭讓王 3년 3월.
213) 『世祖實錄』권10, 世祖 3년 12월 甲戌(17일), 7-245.
214) 『中宗實錄』권36, 中宗 14년 6월 乙亥(13일), 15-544.
215) 『世祖實錄』권3, 世祖 2년 1월 甲戌(4일), 7-110.
216) 『太祖實錄』권8, 太祖 4년 7월 辛酉(30일), 1-82.

발생하지 않는다고 설명했다.[217] 나무가 무성하면 가뭄의 피해를 줄일 수 있고 산사태를 막을 수 있다는 것이다. 결국 산림이 잘 보존되면 수원이 풍부해져 지하수와 지표수가 넉넉해지며, 가뭄의 피해를 방지할 수 있고, 야생동물 서식처의 안정도도 높아진다.

임야의 축소 및 산림의 훼손이 3대 재해를 야기하는 주된 요인이었다. 산림이 훼손되면 야생동물의 서식 공간이 축소되어 먹이를 찾아 개경의 성 안으로 들어오게 된다. 또한 강수가 있어도 저장되지 않고 유수로 흘러가는 수가 많아, 지하수가 발달하지 않고 지하수 체계가 동요한다. 그렇게 되면 우물과 연못에서 이상 현상이 나타날 수밖에 없다. 산림의 훼손, 지하수 및 지표수의 부족은 대기의 건조로 연결되고, 그렇게 되면 큰 화재가 발생할 소지가 커진다.

5. 맺음말

이 글은 고려시기 천도론에 대해 생태환경의 관점에서 재해석을 시도한 것이다. 개경이 대도회로 발전함에 따라 개경 주변의 임야가 축소되고 산림이 파괴되었으며, 결국 생태환경 악화를 초래했다. 이로 말미암아 재이가 빈번하게 발생했는데, 그 재이는 지기 쇠약의 표현이었다.

고려시기 잦은 천도론이 제기되었는데, 地氣의 쇠약을 이유로 들었다. 지기의 쇠약은 재이의 발생으로 표현되었다. 다양한 재이 가운데 개경에서 발생하고 地變과 관련된 것이 천도의 이유가 되었다. 구체적으로는 야생동물의 출몰, 우물물과 연못물의 이상 현상, 궁궐 및 대형

---

217) 『文宗實錄』 권10, 文宗 1년 10월 甲午(29일), 6-449.

화재의 발생이 천도와 관련된 재이였다. 이러한 재이는 엄청난 불안을 느끼게 했고, 상당한 위기의식을 갖도록 했으며, 避災를 위해 개경을 벗어나야 한다는 관념을 갖게 했다.

호랑이 · 사슴 · 노루 · 이리 · 여우 등 다양한 야생동물이 도성 내에 자주 출몰했는데 이는 매우 불길한 조짐을 의미했다. 실제로 호랑이는 도성 내에 들어와 많은 이들을 살상했다. 특히 궁성 내의 야생동물 출몰은 심각한 위험을 의미했다. 야생동물 출몰이라는 재이는 천도의 논리 근거 가운데 하나였다. 우물이나 연못에서 이상 현상이 나타나는 수가 흔했다. 우물물이 끓어오른다거나 변색하는 일이 발생했다. 그리고 연못에서도 물색이 변하거나 물고기가 죽는 특이한 현상이 나타났다. 우물물 및 연못물의 이상 현상은 상서롭지 못한 징조로 받아들여서 천도론 주장의 계기가 되었다. 화재의 발생, 특히 궁궐의 화재는 왕실의 위기감을 극대화시켰다. 대규모 민가의 화재도 종종 발생했는데, 역시 큰 재앙으로 받아들여졌다. 이 때문에 화재의 발생이 천도를 주장하는 한 이유가 되었다. 물론 이상의 세 가지 재이 발생이 곧바로 천도론으로 연결되는 것은 아니었다. 천도 문제는 국왕의 자세, 신료의 처지, 정치의 지형과 깊이 관련되기 때문에 재이와 즉자적으로 연결될 수는 없었다.

야생동물의 도성 내 출몰은 그들이 서식하는 공간의 열악화 및 축소에 기인하는 것이었다. 우물물 · 연못물의 변동 역시 강수에 영향을 받기도 했지만 개경 부근 임야의 축소, 산림의 파괴에서 오는 수가 많았다. 대규모의 화재는 대기의 건조가 한 원인이 되었지만, 대기의 건조 역시 산림의 훼손에서 초래되는 면이 짙었다. 이 세 가지 재이 발생에는 다른 요인도 작용했지만, 개경 일대의 임야의 축소, 산림의 훼손이 가장 중요한 요인이었다고 볼 수 있겠다.

개경 일대의 임야 축소, 산림 파괴라는 생태환경 열악화는 개경이 거대 도시로 발전함에 따라 불가피하게 나타난 현상이었다. 궁궐이나 관아·사원이 조영됨에 따라, 또 많은 민가가 들어섬에 따라 임야가 축소되지 않을 수 없었다. 성 밖에도 왕릉을 비롯한 지배층의 무덤이 다수 조영되었으며, 민가가 널리 자리했고, 농지의 개간도 활발하게 전개되었다. 그리고 건축 자재 공급을 위한 엄청난 벌목이 개경 일대의 산림에서 진행되었다. 다수 사람들의 생활을 위한 땔나무 역시 개경 일대의 임야에서 제공되었다. 사냥을 위한 방화도 산림의 훼손을 부르는 중요한 요인이었다. 임야의 축소, 산림의 파괴로 인해 현종대 이후 개경 일대의 나무 부족이 문제되었고, 식목이 자주 거론되었다. 그럼에도 생태환경의 악화를 피하지 못했다.

결국 생태환경의 열악화가 야생동물의 출몰이나 우물물·연못물의 이상 현상, 대형 화재의 발생 등 재이를 자주 불러왔으며, 그것이 지기 쇠약으로 인식되어 빈번하게 천도론이 제기된 것이다. 당시인이 제시한 천도의 논리 근거는 신비적·주술적인 언어로 표현되었지만, 전혀 근거가 없는 허황된 것만은 아니라고 생각한다.218) 그렇지만 생태환경 변화에 대해 합리적·과학적 설명을 하는 데에는 미치지 못했다.219)

생태환경의 측면에서 보면, 고려시기 수도인 개경은 지속가능한 도

---

218) 기존의 풍수도참론이나 국도풍수론을 부정하는 것은 아니다. 거기에 보이는 추상성과 모호성을 구체적이고 합리적으로 풀이해보고자 한 것이다.

219) 조선초 農業經營에서 風土論이 강조되는 경향을 보이는데, 이것은 기후와 토양에 대한 심화된 인식을 전제로 한다. 풍토론에서는 기온과 강수, 서리, 바람 등의 기후 조건을 깊이 고려하고, 또 토양의 肥瘠이나 토질의 종류를 심층적으로 파악하려고 했다. 이 점에서 풍토론은 고려의 풍수도참설에 보이는 지리 인식보다는 한층 객관적·합리적·과학적이라고 하겠다.

시로서 관리 운영하는 데 많은 한계가 있었다고 여겨진다. 조선에 와서 도성의 운영은 한층 수준이 높아져 생태환경을 적극 고려하게 되었다. 도성 주변에 식목을 확대하고 禁松政策을 펼침으로써 산림 보호에 적극 노력한 것이 그것이다.[220] 이러한 조치는 한양이란 도시의 안정성을 높이는 데 크게 기여했다.

(『歷史教育』148, 2018. 12. 揭載)

---

220) 김무진, 2010「조선전기 도성 四山의 관리에 관한 연구」『한국학논집』40, 계명대 ; 한정수, 2013 앞의 논문 ; 이병희, 2017 앞의 논문.

번호	날짜	내용	전거
1	인종 5년 6월 계미	廣德坊의 우물[井]이 울음	五行1, 水
2	명종 9년 정월 계해	南部里 우물물이 3일간 붉어지고 끓어오름	五行1, 火
3	명종 9년 4월 경술	蓮花院의 연못물이 붉어짐	五行1, 火
4	명종 9년 5월 을축	龍化院의 연못물이 피처럼 붉어짐	五行1, 火
5	명종 24년 5월 계유	龍化院 南池의 물이 10여일 피처럼 붉어짐	五行1, 火
6	신종 2년 5월	南部 北井의 물이 붉어지고 끓어올랐으며 10여 일간 소 우는 소리를 냈는데, 점괘에서 賤人이 장차 귀해진다고 함	五行1, 火 / 節要14
7	신종 4년 2월 임인	廣明寺 南池의 물이 붉어짐	五行1, 火
8	신종 4년 4월 계묘	開國寺 南池의 물이 붉어짐	五行1, 火
9	신종 4년 6월 기묘	馬市의 연못 물이 붉어짐	五行1, 火
10	고종 10년 4월 신축	東池의 물이 3일간 탁해져 魚鼈이 모두 나왔는데 간혹 죽은 것도 있었음	五行1, 水
11	고종 11년 2월 정해	金吾衛 연못 물고기가 모두 죽어서 수면에 떠오름	五行1, 水
12	고종 15년 6월 계축	龍化院 연못의 물고기가 모두 물에 떠올라 며칠 있다가 죽었으며 그것을 먹은 자도 역시 죽음	五行1, 水
13	고종 46년 5월 을묘	慈雲寺 오른쪽 작은 연못이 피처럼 붉게 거품이 일어나니 寶門閣校勘 姜度가 新羅 虎景王 때에도 大觀寺 연못 물이 붉어지자 그해에 왕이 훙거했는데 지금 왕의 병도 아마 낫지 않을 것으로 봄	五行1, 火 / 節要14
14	원종 11년 5월 병오	慈恩寺 연못물이 피처럼 붉어짐	五行1, 火
15	충렬왕 7년 2월 경인	龍化院 연못의 물고기가 죽어 물에 떴는데 그 수를 알 수 없음	五行1, 水 / 列傳35(伍允孚)
16	충렬왕 14년 6월 갑자	西蓮池의 물고기가 며칠 동안 모두 죽어 떠오름	五行1, 水
17	충렬왕 19년 12월	朴淵의 물이 갑자기 모두 마름	五行1, 水
18	충렬왕 24년 정월 임인	壽寧宮 西門 밖 땅이 갈라져 샘이 수 척 높이로 솟아올랐는에 午時에 시작해 酉時에 그침	五行3, 土 / 節要22
19	충렬왕 28년 5월 경술	龍化池의 물이 오색으로 변했으며 조수처럼 찼다가 줄어들었다 함	五行1, 水

20	공민왕 10년 6월 계묘	開城 大井이 누렇게 되고 끓어오름	五行3, 土
21	공민왕 11년 4월 병신	開城 大井이 탁해져 끓어오름	五行1, 水
22	공민왕 14년 3월 경오	演福寺 연못물이 끓어오름	五行1, 水
23	공민왕 17년 6월 무신	卽知峴의 우물이 붉어져 끓어오름	五行1, 火
24	공민왕 21년 2월 경인	開城 井의 물이 3일간 붉어져 끓어오름	五行1, 火
25	우왕 1년 8월 병오	泥峴 人家의 우물에 무지개가 나타나고 끓으며 솟구쳐 오름	五行1, 水
26	우왕 1년 9월 기미	政坐坊里의 우물이 뜨거워지고 끓어올랐으며 흑색이 됨	五行1, 水
27	우왕 3년 3월 무술	梅介井이 검은 색으로 변해 끓어오름	五行1, 水
28	우왕 3년 10월 계해	開城 大井이 붉어지고 끓어오름	五行1, 火
29	우왕 5년 5월 계사	梅介井의 물이 3일간 붉어지고 끓어오름	五行1, 火
30	우왕 5년 6월 정해	梅介井의 물이 붉어짐	五行1, 火
31	우왕 5년 7월 정사	梅介井이 붉어지고 끓어오름	五行1, 火
32	우왕 8년 정월 무자	演福寺의 우물이 탁해져 끓어오르고 4일간 많은 물고기가 다투어 뛰어오름	五行1, 水
33	우왕 11년 7월 무인	開城井이 붉어지고 끓어오름	五行1, 火
34	공양왕 2년 4월 임술	籍田 甑池가 끓고 솟아오르며 우레와 같은 소리를 냄	五行1, 水
35	공양왕 2년 윤4월 병인	밤에 甑池가 진동하며 쌍무지개가 나타났으며 북치는 소리를 냈고, 물색이 피처럼 붉어졌으며 수중기가 연기처럼 올라옴	五行1, 水
36	공양왕 2년 윤4월 무자	茶房里의 우물이 소 우는 소리를 냄	五行1, 水

III.

사냥 활동과

生態環境

高麗時期 사냥의 盛行과 대책

1. 머리말

고려시기 사냥은 매우 중요한 生業이었다. 당시인이 생활하기 위해서는 각종 물품이 필요했다. 사냥은 식자재를 비롯한 다양한 생활자료를 조달하는 중요한 활동이었다. 사냥은 취미활동이나 오락생활의 성격을 띠며 또 군사훈련의 의미도 갖는 것이었지만, 그에 그치지 않고 실제의 삶에 필요한 각종 물자를 마련하는 중요한 수단이었다. 그렇기 때문에 상하 계층을 막론하고 대부분의 사람들이 사냥에 관계했다.

고려의 생업을 농업을 중심으로 이해한 것은 타당하고 바람직한 것이지만 그와 아울러 사냥을 살피는 것은 매우 중요하다. 가축의 사육이 활발하지 못한 상황에서는 더욱 그러하다. 가축의 사육은 이른 시기부터 시작된 것이지만 농업부산물을 필요로 하므로 크게 확대되기는 어려운 일이었다. 야생동물은 가축과 함께 인간에게 필요한 여러 자원을 공급했다.

고려시기의 사냥에 대해 관심을 기울이지 않은 것은 아니다. 매 사냥과 관련있는 기구인 鷹坊을 주목한 연구는 활발한 편이다.[1] 매 사냥을 언급했지만, 사냥이 당시인의 중요한 생업이라는 인식을 보이지는 않았다. 지금까지의 연구에서는 이처럼 사냥이 당시의 경제활동에서 갖는 의미를 제대로 파악하지 못했다. 또 그 사냥이 널리 성행함으로써 당시 전체 사회가 尙武的 성향을 갖게 됨을 인식하지 못했다. 사냥은 활쏘기와 말타기 능력을 필요로 하며, 또한 용감성과 민첩성을 요구하므로 상무적 속성을 갖고 있다

이 글에서는 사냥에서 포획하는 각종 야생동물의 종류를 정리하고 그것이 다양한 용도로 쓰이고 있음을 구명하고자 한다. 야생동물이 식자재만이 아니라 다양한 사용처를 갖고 있음을 밝히고자 한다. 야생동물이 갖는 가치로 인해 그것이 사회에서 유통되는 양상과 사회의 구성원들이 대부분 사냥에 관계하고 있는 사실을 지적하고자 한다. 국가 차원에서 사냥활동이 갖는 문제점을 인식하고, 대책의 하나로 가축 사육의 확대에 관심을 기울였음을 주목할 것이다. 사냥이 고려시기 중요한 경제활동인 점과, 그것이 상당히 성행한 사실을 강조하는 데 중점을 두고자 한다.

2. 사냥 대상 야생동물의 종류

고려시기 사냥을 통해 많은 야생동물이 포획되었다. 우선 도성 내에 출몰한 야생동물이 포획의 대상이 되었다. 도성 내에 출몰한 야생동물

---

1) 旗田巍, 1935 「高麗の鷹坊(1·2)」 『歷史敎育』 10-6·7 ; 內藤雋補, 1955 「高麗時代の鷹坊について」 『朝鮮學報』 8 ; 鄭鎭禹, 1979 「高麗鷹坊考」 『淸大史林』 3 ; 朴洪培, 1986 「高麗鷹坊의 弊政 - 主로 忠烈王대를 중심으로 -」 『慶州史學』 5 ; 李仁在, 2000 「高麗後期 鷹坊의 設置와 運營」 『韓國史의 構造와 展開 - 河炫綱敎授定年紀念論叢 -」, 논총간행위원회 ; 임형수, 2020 「고려 충렬왕대 鷹坊의 구조와 기능에 대한 재검토」 『역사와 담론』 93.

로 虎, 豹, 獐, 鹿, 狼, 狸, 狐, 羚羊과 山羊, 熊, 兎, 雉 등이 보인다.[2] 이 가운데 가장 빈번하게 출현한 것은 호랑이였다. 실제로도 그럴 수 있지만, 가장 위협적이었기 때문에 많은 기록을 남겼을 것으로 보인다. 노루·여우·사슴 역시 많이 출몰한 야생동물이었다. 이들은 도성민들이 합심해서 사냥함으로써 포획되는 수가 많았을 것이다. 다만 도성 내에 나타난 조류, 예컨대 꿩이나 부엉이 등은 포획되지 않은 경우가 훨씬 많은 것으로 보인다.

야생동물 가운데 호랑이는 惡獸로 여겨지며, 퇴치의 대상이었다. 호랑이는 인간이나 가축에게 큰 피해를 주는 동물이었다. 호랑이의 출몰은 당시인에게 공포를 불러 있으켰다. 虎患이 빈번하게 발생하는 사정 하에서 호랑이는 사냥의 가장 중요한 대상이 될 수밖에 없었다. 충렬왕 22년(1296) 국왕이 사냥하는 명분으로 호랑이 퇴치를 들고 있다.[3]

호랑이 퇴치는 일반인들이 쉽게 할 수 있는 일이 아니었다. 전문 군사가 담당하는 것이 보통이었다. 숙종 7년(1102) 국왕이 牛陀川에 행차했을 때 호랑이가 나타나자 牽龍校尉 宋宗紹가 때려 죽였다.[4] 숙종 8년 경기에 호랑이가 많이 나타나자 군사들에게 명령해 잡도록 했다.[5] 남산에 호랑이가 자주 나타나 사람을 해치므로 군사를 거느리고 잡은 사실이 보인다.[6] 일반인이 아닌 군인을 동원해 호랑이를 잡은 것이다. 호

---

2) 『高麗史』권53, 志7, 五行1, 火 ; 『高麗史』권53, 志7, 五行1, 水 ; 『高麗史』권54, 志8, 五行2, 金 ; 이병희, 2018 「高麗時期 遷都論의 提起와 生態環境」『歷史教育』148(본서 수록) ; 이병희, 2022 「高麗時期 開京일대의 野生動物의 출몰과 그 의미」『歷史教育論集』81(본서 수록).

3) 『高麗史』권31, 世家31, 忠烈王 22년 2월 丙寅 ; 『高麗史節要』권21, 忠烈王 22년 2월.

4) 『高麗史』권11, 世家11, 肅宗 7년 11월 壬午.

5) 『高麗史』권54, 志8, 五行2, 金, 毛蟲之孽, 肅宗 8년 11월 壬寅.

6) 李奎報, 「自貽雜言 八首」『東國李相國全集』권9.

랑이를 잡는 일은 위험하고 어려웠기에 퇴치한 이를 捉虎侍御醫라는
관직에 임명하는 경우도 있었다.[7]

全州府의 사록 겸 장서기였던 朴元桂는 경내에 호랑이 소동이 있자,
말을 타고 화살로 명중시켜 죽였다.[8] 王冲도 寶城郡의 수령으로 있을
때, 경내에 호랑이 떼가 들어와 사람과 가축을 해치자 함정을 설치해
잡았다.[9] 지방 관원이 호랑이를 포획하는 것은 큰 치적으로 평가받고
있었다. 호랑이를 잡는 것은 대단한 능력을 필요로 했다. 이성계가 우
왕 1년(1375) 활을 쏴 잡은 호랑이를 바치자 우왕이 웃옷 1벌을 하사했
다.[10] 우왕 4년에도 이성계가 도성에 들어온 호랑이를 사살했다.[11] 조
선초에도 호랑이 사냥으로 이름을 날린 이들이 여럿 보인다.[12] 李陽生,[13]
韓奉連,[14] 金束時가[15] 그들이었다.

호랑이 포획과 관련해 주목되는 사실이 있다. 원종 14년(1273) 원에
서 파견한 호랑이 사냥꾼 9명이 개 100마리를 끌고 왔는데, 호랑이 사
냥이 성과를 거두지 못했다. 호랑이 사냥에 나섰지만 다수의 개만 죽고
결국 실패했다.[16] 호랑이 사냥이 쉬운 일이 아니었음을 알려 준다.

곰 사냥의 예는 많지 않았다. 개체수 자체가 다른 야생동물에 비해 많

---

7) 『高麗史』권25, 世家25, 元宗 1년 1월 戊寅 ; 『高麗史節要』권18, 元宗 1년 1월.
8) 『新增東國輿地勝覽』권33, 全羅道, 全州府, 名宦, 朴元桂 ; 金龍善 編著, 2012 『高麗
　墓誌銘集成』, 한림대 출판부, 「朴元桂墓誌銘(1355년)」.
9) 金龍善 編著, 2012 『高麗墓誌銘集成』, 「王冲墓誌銘(1159년)」.
10) 『高麗史』권133, 列傳46, 辛禑 1년 10월.
11) 『高麗史』권133, 列傳46, 辛禑 4년 8월.
12) 조선전기 호랑이 포획에 관해서는 김동진, 2009 『朝鮮前期 捕虎政策 硏究』, 선인 참조.
13) 成俔, 『慵齋叢話』권4, 雞城君 李陽生.
14) 成俔, 『慵齋叢話』권6, 韓奉連.
15) 成俔, 『慵齋叢話』권5, 金束時.
16) 『高麗史』권27, 世家27, 元宗 14년 12월 辛酉.

지 않았기 때문으로 보인다. 熊皮가 자주 언급되므로[17] 곰이 희귀한 것은 아닌 것 같다. 조선초 유명한 사냥꾼 김속시가 곰 사냥의 방법을 설명하고 있는 것으로 보아,[18] 곰 사냥이 드물지만은 않았던 것으로 보인다.

이리는 도성 내 출몰 사례가 있어, 종종 목격할 수 있는 동물로 보인다. 이리 출몰을 막기 위해 공민왕 15년(1366) 金經道場을 개설하기도 했다.[19] 구체적인 포획의 사례는 찾아지지 않는다.

여우는 매우 흔한 야생동물이었으며, 도성 내에 자주 출몰했다. 황해도 兎山縣의 경우 골짜기가 깊어 여우가 많다고 했다.[20] 고려말 鄭瑎 역시 들판에 사냥의 대상이 되는 여우가 있음을 언급하고 있다.[21] 골짜기나 들판에서 흔히 볼 수 있는 동물이 여우였다. 촌가에서 겨울철에 매와 사냥개를 데리고 사냥 나가서 잡는 동물로 여우가 보인다.[22] 李穡도 시에서 매·개와 동행해 여우를 사냥하는 것을 표현하고 있다.[23]

멧돼지 역시 사냥의 대상이 되는 중요한 동물이었다. 우왕이 사냥할 때 돼지를 쏘자 그 돼지가 우왕이 탄 말에 돌진해 우왕이 놀라 말에서 떨어졌는데, 이때 密直副使 潘福海가 말을 타고 달려 화살 한 발로 돼지를 쏘아 죽였다. 이에 우왕이 화를 면할 수 있었다.[24] 멧돼지는 사냥하

17) 『高麗史』권85, 志39, 刑法2, 禁令, 明宗 18년 3월 ; 『高麗史』권78, 志32, 食貨1, 田制, 貢賦, 忠烈王 22년 6월 ; 『高麗史』권35, 世家35, 忠肅王 후7년 8월 乙亥.
18) 成俔, 『慵齋叢話』권5, 金束時.
19) 『高麗史』권54, 志8, 五行2, 金, 毛蟲之孼, 恭愍王 15년 9월 丁未.
20) 『新增東國輿地勝覽』권42, 黃海道, 兎山縣, 題詠,
21) 鄭瑎, 「古燕途中」『東文選』권20.
22) 金克己, 「田家四時」『東文選』권4.
23) 李穡, 「是日正午 日光穿漏 西南始晴 行幸之際 鷹犬效才 天顏怡懌 蓋可想也 臣穡以病留旬 又不能出門 獨坐有感」『牧隱詩藁』권20.
24) 『高麗史』권124, 列傳37, 嬖幸1, 潘福海 ; 『高麗史節要』권32, 辛禑 12년 10월 ; 李穡, 「賜贊成事潘卜海教書」『牧隱文藁』권11 ; 鄭夢周, 「賀潘二相」『圃隱集』권2 ; 權近, 「賀潘二相賜姓詩 時王田于西海 射猪墜馬 潘一矢亡之 名福海」『陽村集』권4.

다 자주 만날 수 있는 동물이며, 공격성 때문에 사람이 위험에 빠지는
일이 있었던 것이다. 집돼지의 사육이 활기를 띠고 있지 않았으므로[25]
멧돼지를 사냥하는 일은 매우 흔했다.

가장 보편적인 사냥 대상 야생동물은 사슴이었다. 특히 사슴이 많은
곳은 康翎縣 등산곶이었다. 등산곶의 白沙汀에는 사슴이 천백 마리씩
떼를 지어 다녔다.[26] 신라말 이천 지방에서도 사슴을 사냥하는 일이 보
인다.[27] 충렬왕이 남쪽 교외에서 사냥을 하면서 사슴 1마리와 노루 2마
리를 잡은 일이 있다.[28] 충숙왕 11년(1324) 李宜風이란 인물이 사냥을
나간 왕을 따라갔는데, 사슴이 왕의 행차 앞에 달려오자 화살을 쏘아 사
슴을 넘어뜨렸다.[29] 우왕이 古新平縣으로 가서 화살로 사슴을 쏜 일이
있다.[30] 이성계가 장단도호부 華藏山에서 사슴을 쏘아 잡은 예도 있
다.[31] 普覺國師 混脩의 부친이 龍州의 수령으로 있을 때 사냥을 나가 달
아나는 사슴을 보았는데 사슴 새끼가 뒤따라 오고 있음을 알고 쏘지 않
은 일이 있다.[32] 사냥꾼이 租를 사슴으로 내는 데서 알 수 있듯이[33] 사
슴은 사냥 대상 야생동물의 대표적 위치에 있었다고 할 수 있다.

노루는 사슴과 함께 언급되는 수가 많아, 속성도 비슷한 면을 많이

---

25) 김태연, 2017 「조선 전기 양과 돼지의 飼育 정책」, 한국교원대 석사학위논문 참조.
26) 『新增東國輿地勝覽』권43, 黃海道, 康翎縣, 山川, 登山串.
27) 『高麗史』권94, 列傳7, 徐熙附 訥 ; 『新增東國輿地勝覽』권8, 京畿, 利川都護府, 人
　　物, 徐弼 ; 李齊賢, 『櫟翁稗說』前集2, 徐神逸.
28) 『高麗史』권29, 世家29, 忠烈王 5년 10월 辛巳.
29) 『高麗史』권124 列傳37, 嬖幸2, 崔安道附 李宜風 ; 『高麗史節要』권24, 忠肅王 11년 9월.
30) 『高麗史』권135, 列傳48, 辛禑 11년 3월.
31) 『新增東國輿地勝覽』권12, 京畿, 長湍都護府, 山川, 華藏山.
32) 權近, 「有明朝鮮國承仁順聖神懿王后齊陵神道碑銘 幷序」『陽村集』권37 ; 李智冠 譯
　　註, 1999 『歷代高僧碑文(朝鮮篇1)』, 伽山佛教文化研究院, 「忠州青龍寺 普覺國師幻
　　庵定慧圓融塔碑」.
33) 李奎報, 「馬巖會賓友 大醉夜歸 記所見 贈鄉校諸君」『東國李相國全集』권6.

가지고 있음을 알 수 있다. 경기 풍덕군에서 말을 타고 매를 동원한 사냥에서, 노루가 곤경에 처해 사람을 피하지 못함을 읊은 시가 전해진다.34) 함경도 홍원현 조포산에서 노루 3마리를 이성계가 활을 쏴서 잡은 일이 있다.35)

토끼 역시 사냥의 대상으로서 큰 비중을 차지하는 야생동물이었다. 삼국시기에도 매와 개를 활용해 토끼를 잡았음을 언급하고 있다.36) 고려시기 농가에서, 겨울철에 매와 개를 데리고 사냥갈 때 포획하는 대상으로 토끼가 언급되고 있다.37) 토끼는 매를 가지고 포획하는 수가 많았던 것으로 보인다. 원에 매를 진헌하면서 매의 토끼 사냥 능력을 언급하고 있는 데서도38) 그것을 확인할 수 있다. 사냥개를 끌고 말을 타고 교활한 토끼를 쫓는다는 시구가 보인다.39) 이색의 시에서, 토끼를 개가 쫓아 잡는 것으로 언급하고 있다.40) 토끼 사냥에 개가 활용되는 것이다. 토끼를 화살로 잡는 것을 전하는 시도 보인다.41) 토끼는 이처럼 매·개·활을 활용해 사냥했다.

獺皮의 존재에서 수달이 사냥의 대상임을 알 수 있지만, 수달을 사냥한 구체적인 사례는 거의 찾아지지 않는다. 고종 40년(1253) 東北界에

---

34) 『新增東國輿地勝覽』권13, 京畿, 豊德郡, 古跡, 壽康宮 ; 郭預, 「壽康宮觀獵」『東文選』
권9.
35) 『新增東國輿地勝覽』권49, 咸鏡道, 洪原縣, 古跡, 照浦山.
36) 金后稷, 「上眞平王書」『東文選』권52.
37) 金克己, 「田家四時」『東文選』권4.
38) 金坵, 「進奉表」『東文選』권44.
39) 李穡, 「望獵騎」『牧隱詩藁』권35.
40) 李穡, 「是日正午 日光穿漏 西南始晴 行幸之際 鷹犬效才 天顏怡懌 蓋可想也 臣穡以病留司 又不能出門 獨坐有感」『牧隱詩藁』권20.
41) 徐居正, 「李次公 用僕前日菊花盛開對月獨酌詩韻 有次見寄 奉酬 三首」『四佳詩集』
권22.

서 수달을 사냥하는 자들이 있다고 언급하고 있으나[42] 구체적 실체를
파악하기 힘들다. 충렬왕대에 趙仁規가 南京民 8호를 유인해 獺戶로 삼
은 일이 있는데,[43] 이들은 수달 포획을 전담했을 것이다.

　조류 가운데 중요한 포획 대상 야생동물은 매였다. 매는 사냥할 때
널리 활용했으므로 다치지 않게 포획하는 것이 중요했다. 매는 일찍부
터 인간이 활용한 것으로 보아, 포획 역시 오랜 연원을 가졌을 것이다.
왕건의 先系인 虎景이란 인물은 마을 사람과 함께 平那山에서 매를 잡
은 일이 있다.[44]

　매는 원 간섭기에 원의 요구로 인해 포획이 급격히 확대되었다. 원
간섭기 매의 포획, 사육, 훈련과 관련된 기구가 응방이었다.[45] 충렬왕 1
년에 응방의 吳淑富와 方文大 등이 나주와 장흥 관내의 여러 섬의 민을
매 잡는 데 소속시킬 것, 洪州 曲陽村의 민호를 편적해 모두 응방에 소
속시킬 것, 三道 내에서 능히 매를 잡을 수 있는 자들의 수를 한정하지
말고 모두 요역을 면제시킬 것을 청했다. 이것에 崔文本이 반대했지만
그대로 시행되었다.[46]

　충렬왕 2년 원에서 매 포획의 임무를 띤 이들을 고려에 보내오기도
했다.[47] 충렬왕 3년 散員 田裕라는 자가 매를 잡기 위해 안동을 지나간
일이 보인다.[48] 충렬왕 9년 東界에 사람을 보내 매를 잡게 했으며, 또
윤수·이정·원경·박의가 자신의 부하를 여러 도에 보내 착응별감이

---

42) 『高麗史』권24, 世家24, 高宗 40년 9월 戊寅.
43) 『高麗史』권105, 列傳18, 趙仁規.
44) 『高麗史』, 高麗世系.
45) 주1)과 같음.
46) 『高麗史』권99, 列傳12, 崔惟淸附 文本 ; 『高麗史節要』권19, 忠烈王 1년 6월.
47) 『高麗史節要』권19, 忠烈王 2년 7월 ; 『高麗史節要』권19, 忠烈王 2년 11월.
48) 『高麗史』권123, 列傳36, 嬖幸1, 李汾禧附 榗 ; 『高麗史節要』권19, 忠烈王 3년 8월.

라 칭하게 했는데 그 수를 셀 수 없었다.[49] 엄청난 사람들이 여러 도에 파견되어 매의 포획에 나섰음을 알 수 있다.

꿩은 도성 내에 자주 출몰하는 매우 친숙한 조류였다. 꿩을 사냥하는 일은 흔한 것으로 보인다. 꿩은 주로 매를 활용해 사냥했는데, 활을 사용해 잡는 수도 있었다. 흰 꿩은 상서로운 것으로 여겨 잡았을 경우 국가에 바치고 있다.[50] 꿩은 비교적 손쉽게 사냥할 수 있는 조류였다. 꿩이 매로 인해 곤궁에 처했는데 다시 또 개를 만났다는 내용을 시로 표현한 것이 보인다.[51] 꿩을 잡기 위해 매와 사냥개를 풀어놓는다는 비유적인 표현도 찾아진다.[52] 이색은 매가 꿩을 덮치려 함을 시에서 표현하고 있다.[53] 매를 보유하고 있으면 쉽게 잡을 수 있는 것이 꿩이었던 것이다. 권근의 노비 好珍이 화살을 사용해 꿩을 잡은 사실을 전하고 있다.[54] 꿩은 노비도 잡을 수 있을 정도로 포획이 어렵지 않은 조류였다. 꿩은 대부분 매를 활용해 잡았지만 활을 사용하는 수도 있었다.

기러기가 사냥 대상이 된 예는 많이 보이지 않지만, 적지 않았던 것 같다. 후삼국시기 申崇謙이 태조 왕건을 따라 사냥하다가 三灘에 와서 점심을 먹었다. 이때 기러기 세 마리가 공중에 떠돌았는데, 왕건이 세 번째 기러기의 왼쪽 날개를 쏘라고 하자 신숭겸이 정확히 맞혔다.[55] 놀란 기러기가 화살을 피해 나는 것을 閔思平이 언급하고 있다.[56] 기러기

---

49) 『高麗史節要』권20, 忠烈王 9년 3월.
50) 『高麗史』권54, 志8, 五行2, 金, 白雉白祥, 光宗 7년.
51) 郭預, 「壽康宮觀獵」『東文選』권9 ; 『新增東國輿地勝覽』권13, 京畿, 豊德郡, 古跡, 壽康宮.
52) 『高麗史節要』권13, 明宗 16년 8월.
53) 李穡, 「晨興」『牧隱詩藁』권7 ; 李穡, 「演雅 三首」『牧隱詩藁』권9.
54) 權近, 「奴好珍射雉爲具 以詩誌之」『陽村集』권3.
55) 『新增東國輿地勝覽』권41, 黃海道, 平山都護府, 人物, 申崇謙.
56) 閔思平, 「與門生出游東郊」『及菴詩集』권3.

가 사냥의 대상이 됨을 알 수 있다.

고니가 사냥의 대상이 되는 일은 흔치 않았지만 몇 가지 예가 전한다. 윤수가 큰 못 가운데에서 놀고 있는 고니를 활로 쏴서 잡은 일이 있다.[57] 충렬왕이 안남에서 사냥할 때 朴義가 고니 한 마리를 잡아 바친 일이 있다.[58] 고니는 흔히 잡히는 조류는 아닌 것으로 여겨진다.

참새는 사람의 거주지 가까이 살고 있는 조류였기 때문에 손쉽게 잡을 수 있는 새였다. 잡는 데 큰 힘이 들지 않았으므로 기록에 많이 남아 있지는 않다. 李珤이라는 인물이 항상 매를 사육하고 놀이사냥을 일로 삼았으며, 鳥雀을 산 채로 잡아 매에게 먹이로 제공했다.[59] 조작은 일차적으로 참새를 가리키는 것으로 보이나, 그 밖의 새도 포함한 것으로 추측된다. 참새의 포획 방법은 명확하지 않은데 그물을 설치하거나 덫을 사용했을 것으로 추정된다. 충혜왕이 미행해 東郊에서 참새를 잡았다.[60] 우왕 6년 국왕이 林樸 등을 데리고 민간에서 장대를 들고 참새를 잡았다고 하는데[61] 장대 사이에 그물을 설치한 것으로 짐작된다. 우왕 9년 국왕이 여러 명의 기병을 거느리고 橐駝橋 가에서 참새를 잡았다.[62]

고려시기 사냥의 대상이 되는 야생동물은 이처럼 다양했다. 사냥에 의해 가장 많이 포획되는 야생동물은 토끼와 꿩, 사슴, 노루였다. 호랑이는 인간에게 해를 끼쳐 퇴치의 일환으로 사냥했다. 매는 사냥수단으로 확보하기 위해 포획했다.

---

57) 『高麗史』권124, 列傳37, 嬖幸2, 尹秀.

58) 『高麗史』권124, 列傳37, 嬖幸2, 朴義 ; 『高麗史節要』권20, 忠烈王 8년 9월 丁丑.

59) 『高麗史』권124, 列傳37, 嬖幸2, 李貞附 李珤 ; 『高麗史節要』권21, 忠烈王 15년 8월.

60) 『高麗史節要』권25, 忠惠王 후4년 6월.

61) 『高麗史』권134, 列傳47, 辛禑 6년 10월.

62) 『高麗史』권135, 列傳48, 辛禑 9년 10월 癸未.

여러 종류의 야생동물이 동시에 포획되는 수가 많았다. 비슷한 서식 환경에서 살고 있는 동물이 동시에 사냥의 대상이 된 것이다. 사냥할 때 동시에 포획되는 동물의 묶음은 다양했다. 토끼와 여우,[63] 사슴과 노루,[64] 멧돼지와 사슴,[65] 새·토끼·여우,[66] 토끼·여우·호랑이[67] 등 이 보인다. 사냥할 때는 한 종류만이 대상이 된 것이 아니라 여러 종류 의 야생동물이 함께 포획되었다.

토끼와 꿩은 가장 쉽게 포획할 수 있었던 것 같다. 조선초 송도를 여 행하면서 먹거리를 확보하기 위해 사냥할 때 토끼와 꿩이 잡히는 것에 서 알 수 있다.[68] 명나라 사람 張寧의 시에 사냥하러 나가면 토끼와 꿩 이 많다는 언급이 있다.[69] 이렇게 포획된 야생동물은 여러 분야에서 요 긴하게 활용되었다.

3. 야생동물의 쓰임새와 가치

어려움을 무릅쓰고 상당한 위험을 감내하면서 야생동물을 포획한 것은 그것이 실제의 쓰임새가 컸기 때문이었다. 야생동물은 당시인의 衣食 생활에 매우 중요한 소재를 제공했다. 우선 동물은 인간의 삶에

---

63) 金克己, 「田家四時」『東文選』권4 ; 李穡, 「是日正午 日光穿漏 西南始晴 行幸之際 鷹 犬效才 天顔怡懌 蓋可想也 臣穡以病留司 又不能出門 獨坐有感」『牧隱詩藁』권20 ; 鄭誧, 「古燕途中」『東文選』권20 ;『新增東國輿地勝覽』권42, 黃海道, 兎山縣, 題詠.
64)『高麗史』권29, 世家29, 忠烈王 5년 10월 辛巳.
65) 成俔, 『慵齋叢話』권3, 我外舅安公.
66) 李穡, 「是日正午 日光穿漏 西南始晴 行幸之際 鷹犬效才 天顔怡懌 蓋可想也 臣穡以 病留司 又不能出門 獨坐有感」『牧隱詩藁』권20.
67) 徐居正, 「雪後有興 題寄太初德輿兩集賢」『四佳詩集』권2.
68) 蔡壽, 「遊松都錄」『續東文選』권21.
69)『新增東國輿地勝覽』권3, 漢城府, 宮室, 大平館.

긴요한 가죽을 공급했다. 호랑이 · 표범 · 곰 · 담비 · 수달 등이 가죽을 공급하는 중심 동물이었다.

虎皮는 널리 확인된다. 호랑이 가죽은 극상품으로 매우 고가였던 것으로 보인다. 전라도 왕지별감인 權宜가 충선왕이 원에 가는 비용을 돕고자 호피 20장을 바친 일에서 알 수 있다.[70] 호랑이 가죽은 매우 고가이므로 여행 경비로 사용할 수 있었던 것이다.

호피 외에 豹皮 · 熊皮도 고가의 물품이었다. 명종 18년(1188) 웅피, 호피, 표피를 민에게 징수하고 있음을 언급한 내용이 보인다.[71] 충렬왕 22년(1296) 洪子藩이 호피, 표피, 웅피를 공물로 징수하고 있는 문제점을 지적했다.[72] 야생동물의 가죽 가운데 곰 · 호랑이 · 표범의 가죽이 대표적인 품목이었음을 알 수 있다. 충숙왕과 재추가 원의 사신에게 값비싼 선물을 제공했는데, 그 품목에 호피, 표피, 웅피가 있었다.[73] 이들은 국제적으로 인정받는 귀한 물품이었다.

貂皮도 자주 보인다. 예종 12년(1117) 書經을 강론하게 하고 참여한 이들에게 초피를 사여했다.[74] 귀한 담비 가죽을 내려 준 것이다. 고려 말 조준의 상소문에, 권세가가 경쟁적으로 교역에 참여하면서 초피를 강제로 징수한다는 내용이 보이고, 초피를 불법적으로 뇌물로 바치는 일이 언급되어 있다.[75] 초피는 매우 귀한 것으로 보인다. 鐵利國과[76]

---

70) 『高麗史』권123, 列傳36, 嬖幸1, 權宜 ;『高麗史節要』권21, 忠烈王 13년 10월.
71) 『高麗史』권85, 志39, 刑法2, 禁令, 明宗 18년 3월.
72) 『高麗史』권78, 志32, 食貨1, 田制, 貢賦, 忠烈王 22년 6월.
73) 『高麗史』권35, 世家35, 忠肅王 后7년 8월 乙亥.
74) 『高麗史』권14, 世家14, 睿宗 12년 12월 癸酉.
75) 『高麗史』권118, 列傳31, 趙浚 ;『高麗史節要』권33, 辛禑 14년 8월.
76) 『高麗史節要』권3, 顯宗 5년 2월 ;『高麗史』권5, 世家5, 顯宗 21년 4월 己亥 ;『高麗史』권5, 世家5, 德宗 즉위년 6월 乙未 ;『高麗史』권5, 世家5, 德宗 2년 1월 辛未.

동·서 여진에서 그것을 고려에 상납하고 있다.[77] 또 여진족의 특징을 상술하면서, 그들이 고려에 내조할 때에 초피를 가지고 왔음을 언급하고 있다.[78] 초피는 당시 동아시아에서 가치가 높게 평가되고 있었으므로 그것을 상대국에 바치는 일이 종종 있었다.

獺皮도 중요했다. 충렬왕 19년 국왕과 제국대장공주가 皇太子 眞金(친킴)의 妃인 闊闊眞(코코진)의 궁전으로 나아가 증여한 물품 가운데 수달피 27장이 보인다.[79] 매우 귀한 물품이기 때문에 달피를 증여한 것으로 보인다. 국제적으로 통용되고 있는 호랑이·표범·곰·담비·수달의 가죽은 매우 귀한 것이다.

조선초 영남의 한 고을에 鹿皮 7장, 狐皮 수십 장이 보관되어 있는데,[80] 사슴과 여우의 가죽 역시 귀한 것이었음을 알 수 있다. 아마 호피·표피·웅피보다는 가치가 많이 떨어졌을 것이다.

사냥에서 포획한 동물을 의류의 소재로 활용하는 경우도 종종 있었다. 추위에 대비하기 위해서는 난방용 의류가 필요했는데, 그것은 야생동물 가죽으로 만들었다. 狐裘와 貂裘가 중심이었다.

이색은 시에서 호구를 언급하고 있다.[81] 또한 이색은 겨울에 狐貉을 사용한다고 표현하고 있는데,[82] 여우와 담비의 가죽으로 만든 옷을 가리키는 것으로 보인다. 조선초에도 호구가 십 년의 눈서리에 해졌다는

---

77) 『高麗史』권4, 世家4, 顯宗 9년 1월 壬子 ; 『高麗史』권4, 世家4, 顯宗 9년 2월 己卯 ; 『高麗史』권4, 世家4, 顯宗 9년 윤4월 戊戌 ; 『高麗史』권4, 世家4, 顯宗 12년 3월 乙酉.
78) 『高麗史』권14, 世家14, 睿宗 10년 1월.
79) 『高麗史』권30, 世家30, 忠烈王 19년 12월 乙巳.
80) 成俔, 『慵齋叢話』권5, 斯文 尹統.
81) 李穡, 「杏店途中風雪」 『牧隱詩藁』권4.
82) 李穡, 「圓齋少年 按行關東 奇觀絶景 … 故發之於詠歌耳 又作一篇趣其行」 『牧隱詩藁』권21 ; 李穡, 「立秋」 『牧隱詩藁』권3.

표현이 보이는데,[83] 여우 가죽으로 만든 갖옷을 십년 착용했음을 알 수 있다. 겨울철 의류로 여우 가죽옷이 활용되고 있는 것이다. 공훈이 있는 상층인에게 초구를 사여하는 경우가 종종 보이므로,[84] 그것이 귀한 것이었음을 알 수 있다. 초구나 호구는 보통의 사람이 아니라 상층의 사람들이 착용할 수 있는 것으로 보인다.

야생동물이 귀한 것이었으므로 祭需에 활용되었다. 각종 제례에 진설되는 품목으로 야생동물로 만든 제수가 포함되어 있었다. 국가 차원의 제향에 사용한 것은 鹿脯(사슴육포), 鹿醢(사슴젓), 兔醢(토끼젓), 雁醢(기러기젓)가 확인된다.[85] 이것들은 아마도 오랜 연원을 갖는 제수용품이었을 것이다. 제수용품으로 활용되는 야생동물은 사슴, 토끼, 기러기로 한정되었으며, 生肉이 아닌 脯·醢로 가공한 것이었다. 외방 고을에서의 여러 제향에 야생동물이 진설됨도 보인다. 전주에서 성황에 관례적으로 매월 초하루에 제사지낼 때 사슴 한 마리, 꿩 또는 토끼를 제육으로 바치고 있었음을 이규보가 언급하고 있다.[86] 고려시기에는 각종 제례에서 야생동물을 사용하는 경우가 많았다.

무엇보다도 야생동물의 가장 큰 쓰임새는 식료였다.[87] 식료의 확보

---

83) 徐居正, 「書懷 示士顧 平仲」『四佳詩集』권3.

84) 『高麗史』권93, 列傳6, 韓彦恭 ; 『高麗史節要』권2, 穆宗 7년 6월 ; 『高麗史』권105, 列傳18, 鄭可臣 ; 『高麗史』권122, 列傳35, 宦者, 方臣祐 ; 『高麗史』권39, 世家39, 恭愍王 5년 9월 癸未 ; 『高麗史』권111, 列傳24, 廉悌臣.

85) 『高麗史』권59, 志13, 禮1, 吉禮大祀, 圜丘, 親祀儀 ; 『高麗史』권59, 志13, 禮1, 吉禮大祀, 社稷 ; 『高麗史』권60, 志14, 禮2, 吉禮大祀, 太廟, 有司攝事儀 ; 『高麗史』권60, 志14, 禮2, 吉禮大祀, 太廟, 禘祫親享儀 ; 『高麗史』권61, 志15, 禮3, 吉禮大祀, 太廟, 太廟四孟月及臘親享儀 ; 『高麗史』권62, 志16, 禮4, 吉禮中祀, 藉田, 親享儀 ; 『高麗史』권62, 志16, 禮4, 吉禮中祀, 先蠶, 享儀 ; 『高麗史』권62, 志16, 禮4, 吉禮中祀, 文宣王廟. 仲春仲秋上丁釋奠儀 ; 『高麗史』권62, 志16, 禮4, 吉禮中祀, 文宣王廟, 視學酌獻儀 ; 『高麗史』권63, 志17, 禮5, 吉禮小祀, 諸州縣文宣王廟, 釋奠儀.

86) 李奎報, 「祭神文 全州祭城隍致告文 無韻」『東國李相國全集』권37.

를 위해 고통을 감내하면서 사슴·노루·토끼·멧돼지·꿩을 포획했다. 그리고 여우도 식용으로 사용된 듯 하다.[88] 포획한 동물은 다양한 방식으로 가공되어 먹거리로 전환되었다. 대부분 익혀 먹은 것으로 보인다.

꿩은 평안도 강변의 것이 크기가 집오리만 하고 기름이 많이 엉겨, 그 맛이 아주 좋으며, 남쪽으로 가면서 꿩이 점차 마르고 비린내가 나서 먹기에 나쁘다고 했다.[89] 이것은 조선초의 내용을 언급한 것이지만, 고려시기에도 비슷하게 북방의 꿩이 남방의 꿩보다 맛이 훌륭했을 것이다.

손님을 접대할 육류가 부족할 경우, 야생동물을 사냥하는 것이 종종 보인다. 수령이 賓客 접대를 위해 사냥하고 있음을 조준이 언급하고 있다.[90] 조선초 김수온은 손님 접대를 위해 꿩과 토끼를 사냥한다고 했다.[91] 꿩과 토끼가 손님 접대를 위한 중요한 식자재였음을 알 수 있다.

농가에서의 모습을 읊은 金克己의 시에서도 사냥한 여우와 토끼를 온 이웃이 기뻐하면서 모여 앉아 먹고 있음을 표현하고 있다.[92] 사냥해

---

87) 고려시기 야생동물과 가축을 포함한 고기 식품[肉食]의 다양한 종류에 대한 소개는 박용운, 2019 『고려시대 사람들의 식음(食飮) 생활』, 경인문화사, pp.77~127이 참고된다. 16세기에 동물성 식품 가운데 꿩고기·노루고기·닭고기의 순으로 이용 빈도가 높았다(차경희, 2007 「『쇄미록』을 통해 본 16세기 동물성 식품의 소비 현황」 『한국식품조리과학회지』23-5, 한국식품조리과학회). 16세기에도 가축보다 야생동물을 더 많이 식용으로 하고 있는데 이런 소비 성향은 고려시기에도 비슷했을 것이다. 결국 고려시기에 야생동물이 가축보다 단백질 공급원으로서 큰 역할을 했으며, 그 야생동물을 포획하는 사냥이 중요한 생업이었음을 알 수 있다.

88) 金克己, 「田家四時」『東文選』권4. 당연히 육식동물인 猛獸類, 예컨대 호랑이·표범·곰·이리 등은 식자재로 사용하지 않았다.

89) 成俔, 『慵齋叢話』권7, 雉之美者.

90) 『高麗史』권118, 列傳31, 趙浚.

91) 金守溫, 「告夢文」『續東文選』권18.

92) 金克己, 「田家四時」『東文選』권4.

획득한 여우와 토끼를 여럿이 어울려 함께 포식하는 것이다. 서민의 먹거리로서 야생동물이 활용되고 있음을 볼 수 있다.

술 안주에 사냥한 고기를 사용하고 있음을 언급한 이색의 시도 보인다.[93] 권근의 노비 호진은 사냥한 꿩을 삶아 찬을 만들고 있다.[94] 富昌驛史의 아들인 효자 趙錦이 효도를 다했는데, 어머니의 환갑날에 산의 사슴이 제 발로 집에 들어왔다고 한다.[95] 조선초 양녕대군이 꿩과 토끼를 섬돌 위에 쌓아놓고 굽는 내용이 전한다.[96] 꿩, 사슴과 토끼가 식료로 소비됨을 알 수 있다. 이렇듯이 단백질의 공급이 여의치 않은 상황에서 야생동물은 아주 귀한 식자재였다. 구워 먹기도 하고 삶아 먹기도 했다.

야생동물 가운데 아주 특이한 용도를 갖는 것은 매였다.[97] 매는 완상용으로도 사육되었지만,[98] 다른 동물을 사냥하는 중요한 수단이었다. 매를 포획한 뒤 사냥에 적합하도록 조련해야 했으며, 사육을 잘 해야 했다. 매를 사육하는 데에는 많은 육류가 필요했는데, 닭과 개가 중심이었다.[99]

야생동물은 다양한 용도로 사용하고 있었다. 가죽이나 의류로 활용하는 것은 호랑이·표범·곰·담비·수달 등이었는데, 대체로 포획에

---

93) 李穡, 「柳巷樓上 與廉東亭飮 東亭取野鷄東海魚 而柳巷酒絶佳 近所未有 醉中又約同 訪安簽書 明日吟成一首」『牧隱詩藁』권19 ; 李穡, 「紀事」『牧隱詩藁』권30.

94) 權近, 「奴好珍射雉爲具 以詩誌之」『陽村集』권3.

95) 『新增東國輿地勝覽』권46, 江原道, 春川都護府, 孝子, 趙錦.

96) 成俔, 『慵齋叢話』권5, 孝寧大君.

97) 이병희, 2022 「高麗時期 매의 포획과 활용」『石堂論叢』84, 동아대 석당학술원(본서 수록) 참조.

98) 『高麗史節要』권29, 恭愍王 20년 11월.

99) 『高麗史』권123, 列傳36, 嬖幸1, 李汾禧附 栢 ; 『高麗史』권124, 列傳37, 嬖幸2, 尹秀.

상당한 위험이 있고 수량도 많지 않기 때문에 고가였으며, 따라서 상층의 사람들의 수요에 응할 수밖에 없었다. 식재료로 사용하는 것은 일반 농민들도 가능했다. 특히 토끼와 꿩이 그러했을 것이다. 사슴과 노루도 비교적 기층민의 식료로 사용하는 것이 가능했을 것으로 추정된다. 멧돼지도 중요한 식자재였다.

야생동물 및 그 가공품은 귀중품 · 사치품으로서 또 식자재로서 사람과 사람 사이에서 이동했다. 그 형식은 거래도 있고, 선물 증정이나 뇌물 공여도 있었다. 그리고 상납, 공물의 형식을 띠는 수도 있었다. 원 간섭기에는 進獻의 대상이 되기도 했다.

야생동물이 상품으로서 저자에서 거래됨이 보인다. 구매하는 이들이 있기 때문에 가능했다. 자료상 확인되는 것은 꿩의 거래뿐이다. 명종대 추밀부사 曺元正의 家奴가 시장에서 죽은 꿩 두 마리를 팔았다.[100] 아마 꿩이 거래되는 일은 개경 내에서 매우 흔한 일이었을 것이다. 토끼나 사슴, 노루 등도 자주 거래되는 품목의 하나였을 것으로 여겨진다.

교역에 참여하기 위해 권세가가 초피를 抑買하는 일이 보이는데,[101] 이것은 초피가 거래되고 있음을 의미한다. 또 국제 교역에서 매우 중요한 위치에 있던 호피 · 표피 등도 국내 시장에서 유통되는 일이 적지 않았을 것이다. 결국 사냥을 통해 획득한 야생동물과 그 가공품은 유통되는 중요한 상품이었다.

귀한 것이기에 타인에게 선물로 주거나 뇌물로 공여하는 일도 흔했다. 꿩 · 노루 · 사슴 및 호피 · 초피 등이 대상이었다. 명종대에 庾應圭의 처

---

100) 『高麗史』권90, 列傳3, 宗室, 肅宗 王子 帶方公 王俌 ; 『高麗史節要』권12, 明宗 12년 12월.
101) 『高麗史』권118, 列傳31, 趙浚 ; 『高麗史節要』권33, 辛禑 14년 8월.

가 해산하다 병을 얻었을 때 관아의 아전 하나가 몰래 꿩 한 마리를 보낸 일이 있었다.[102] 나물국만을 먹는 유응규의 처에게 꿩을 제공한 것은 꿩이 매우 가치있는 먹거리였기 때문이다. 또 고부 태수가 이규보에게 生雉를 보내온 일이 있다.[103] 이규보는 자신에게 꿩을 보내준 데 사례하는 시를 지었다.[104] 이색은 식료로서 노루·사슴을 여러 사람으로부터 선물받고 있다.[105] 권근도 꿩과 노루를 선물로 받았음이 확인된다.[106] 꿩, 사슴과 노루가 당시 사람들 사이에 선물로 널리 제공되고 있었던 것이다.

호피·표피·웅피는 매우 고가였으므로 그것을 선물하는 것은 대단한 가치를 제공하는 것이었다. 권의는 충렬왕 13년 충선왕이 세자로 원에 갈 때 여행경비를 돕기 위해 호피 20장을 바친 일이 있다.[107] 충혜왕 즉위년(1330) 3월 大護軍 崔誠 등이 호피와 표피를 가지고 가서 원에 있는 충혜왕에게 바쳤다.[108] 호피·표피가 경비에 도움이 되는 고가의 물품이었음을 알 수 있다.

충숙왕 후7년 국왕과 재추들이 원의 사신에게 호피, 표피, 웅피를 선물한 일이 있다.[109] 충렬왕 27년 경상도 안렴 朱印遠이 뇌물로 표피 등을 받은 일

---

102) 『高麗史』권99, 列傳12, 庾應圭 ; 『高麗史節要』권12, 明宗 5년 9월.
103) 李奎報, 「次韻謝古阜大守送薦枕及美酒生雉兼詩 二首」『東國李相國全集』권17.
104) 李奎報, 「又謝雉」『東國李相國後集』권2.
105) 李穡, 「謝西京林令公惠小鹿」『牧隱詩藁』권13 ; 李穡, 「答安州朴元帥」『牧隱詩藁』권13 ; 李穡, 「得西海按廉金震陽書 云送乾鹿 然鹽州鮒魚 又所欲者 因賦一首以寄」『牧隱詩藁』권24 ; 李穡, 「得門生平章安集池鱗起書 云送乾獐 因索崖蜜」『牧隱詩藁』권25 ; 李穡, 「奉謝全州皇甫兵馬使送鹿脯」『牧隱詩藁』권27 ; 李穡, 「廉東亭送獐肉日 分呈兩老人故甚小 以小詩致謝」『牧隱詩藁』권30.
106) 權近, 「雨亭趙安石惠雉 仍有詩 次其韵以謝」『陽村集』권10 ; 權近, 「謝議政府惠生獐」『陽村集』권10.
107) 『高麗史』권123, 列傳36, 嬖幸1, 權宜 ; 『高麗史節要』권21, 忠烈王 13년 10월.
108) 『高麗史』권36, 世家36, 忠惠王 즉위년 3월 丁巳.
109) 『高麗史』권35, 世家35, 忠肅王 후7년 8월 乙亥.

이 있었다.[110] 고가인 호피·표피·웅피가 선물과 뇌물로 활용되는 것이다.

야생동물은 귀한 것이어서 국가에 공물로 납부되는 일도 적지 않았다.[111] 웅피·호피·표피가 확인된다.[112] 柳墩이 合浦府의 수령으로 갔을 때, 그곳에서는 매년 공물로 말린 사슴 1,000마리를 바쳤다고 한다.[113] 공물로 엄청난 수의 사슴을 합포부에서 바치고 있었음을 알 수 있다.

매는 당시에 귀한 것이어서 상납하는 일이 흔했다. 특히 원 간섭기에 매는 매우 중시된 야생동물이어서 포획에 힘썼으며, 포획한 것을 상납하는 일도 많았다. 충렬왕 10년 국왕이 중화현에 행차했을 때 원의 착응사와 동녕부 達魯花赤(다루가치) 등이 와서 매를 국왕에게 바쳤다.[114] 우왕 10년(1384) 서북면 도순문사 金用輝가 국왕에게 매를 바쳤으며, 그 외에도 여러 도의 원수들이 국왕의 환심을 사려고 다투어 매를 바쳤다.[115] 타국인이 고려에 매를 바치는 일도 종종 보인다.[116] 매

---

110) 『高麗史節要』권22, 忠烈王 27년 9월.

111) 사냥을 통해 획득한 야생동물 및 그 가공품이 공물로 납부되는 것에 관해서는 추후 깊이 있는 연구가 진행될 필요가 있다. 참고로 조선초 『세종실록』 지리지에 보이는 각도의 공물을 보면, 야생동물과 관련된 것이 많다. 충청도와 황해도의 예만 아래에 제시하는데, 다른 도도 약간의 차이가 있지만 비슷한 내용을 보인다. 고려시기에도 야생동물 관련 공물이 상당했을 것이다.

도명	야생동물 관련 공물 내용
충청도	虎皮, 豹皮, 熊皮, 狐皮, 狸皮, 獐·鹿·山水獺皮, 豹·虎尾, 熊毛, 黃毛, 猪毛, 雜羽, 雄猪, 乾鹿, 乾獐, 乾猪, 天鵝, 鹿醢, 兎醢, 班狐
황해도	乾鹿, 乾獐, 乾猪, 兎醢, 雁醢, 天鵝, 虎皮, 豹皮, 熊皮, 鹿皮, 猪皮, 獐皮, 山獺皮, 水獺皮, 狐皮, 狸皮, 黃毛, 雜羽, 鹿角肋

112) 『高麗史』권85, 志39, 刑法2, 禁令, 明宗 18년 3월 ; 『高麗史』권78, 志32, 食貨1, 田制, 貢賦, 忠烈王 22년 6월.

113) 金龍善編著, 2012 『高麗墓誌銘集成』, 「柳墩墓誌銘(1349년)」.

114) 『高麗史』권29, 世家29, 忠烈王 10년 4월 戊戌.

115) 『高麗史』권135, 列傳48, 辛禑 10년 8월 ; 『高麗史節要』권32, 辛禑 10년 8월.

가 동아시아에서 귀한 것으로 평가받기에 그런 일이 있었던 것이다.

가치있는 야생동물은 원 간섭기에 원에 다량 진헌되었다.[117] 가장 대표적인 것은 매였으며, 호피·표피·웅피·초피·달피도 진헌되었다. 드물게 고니가 원에 진헌된 예도 보인다.

국초부터 고려의 매는 우수성과 아름다움을 인정받고 있었던 것으로 보인다. 성종 14년(995) 李周楨을 契丹에 보내 방물과 아울러 매를 진헌했다.[118] 아마 고려의 매는 동아시아에서 높이 평가받는 귀한 야생 조류였던 것으로 여겨진다.

원 간섭기 야생동물의 진헌은 원의 요구에 따른 것이었다. 몽골과 접촉하던 초기인 고종 18년(1231) 몽골의 사신 8명이 鷹鶻를 요구해 왔다.[119] 아마 고려 매의 우수성이 알려져 있기 때문으로 추측된다. 이후 원 간섭기에 고려에서 여러 차례 매를 진헌했다. 한 번에 수십 마리 정도였을 것으로 보이나, 그것의 마련은 매우 힘든 일이었다.

원종 3년(1262) 원에서 매의 진헌을 요구하자,[120] 禮部郎中 高汭를 몽골에 보내 鶻子 20마리를 진헌했다. 원에 여러 차례 매를 보내고 있지만[121] 한 번에 많은 수를 확보하는 것은 어려운 일이었다. 야생의 매

---

116) 『高麗史』권35, 世家35, 忠肅王 7년 9월 癸卯 ; 『高麗史』권37, 世家37, 忠穆王 4년 11월 ; 『高麗史節要』권28, 恭愍王 15년 8월 ; 『高麗史』권134, 列傳47, 辛禑 5년 12월 ; 『高麗史』권134, 列傳47, 辛禑 7년 11월 ; 『高麗史』권134, 列傳47, 辛禑 8년 윤2월.

117) 고려가 몽골·원에 바치는 朝貢과 歲貢의 성격 및 변천 전반에 대해서는 최근의 다음 글이 참고된다. 정동훈, 2020 「고종대 고려-몽골 관계에서 '조공'의 의미」 『한국중세사연구』61 ; 鄭東勳, 2020 「1260-70년대 고려-몽골 관계에서 歲貢의 의미」 『震檀學報』134.

118) 『高麗史』권3, 世家3, 成宗 14년 2월.

119) 『高麗史』권23, 世家23, 高宗 18년 12월 辛酉 ; 『高麗史節要』권16, 高宗 18년 12월.

120) 『高麗史』권25, 世家25, 元宗 3년 9월 庚午.

121) 朴洪培, 1986 앞의 논문, p.29 ; 임형수, 2020 앞의 논문, pp.53~54.

를 다수 포획하는 것이 쉬운 일이 아니었고, 잡은 뒤에 조련하는 일도 만만치 않았다. 포획과 조련에 긴 기간이 소요되는 것이었으므로 짧은 기간 안에 다수의 매를 진헌할 수는 없었다.

드물지만 鵠肉을 원에 진헌한 예도 보인다. 충렬왕 25년 장군 李白超를 원에 파견하여 곡육을 바쳤다.[122] 충렬왕 23년 낭장 黃瑞를 원에 보내 꿩을 바친 일이 있다.[123] 원 간섭기에 매와 고니, 꿩 등 조류가 집중적으로 진헌되고 있다.

각종 야생동물 가죽의 진헌도 엄청난 양에 달한 것으로 보인다. 호피, 표피, 초피, 달피가 중심이었다. 몽골과의 관계 초기에는 달피가 집중적으로 보내졌다([부록] 참조). 새로 등장하는 명과의 관계에서도 호피·표피·달피 등 야생동물의 가죽이 활용되었으며,[124] 일본·유구와의 외교에서도 호피와 표피가 사용되었다.[125]

원 간섭기 이후 국제 관계에서 다량의 야생동물과 그 가공품이 소요되었는데, 그것의 포획은 고단한 일이었다. 짧은 기간 안에 다수를 포획하는 것은 고려 야생동물의 생태계에 적지 않은 영향을 주었을 것으로 사료된다.

4. 사냥 참여층

다양한 쓰임새를 가지며, 높은 가치를 갖는 야생동물을 사냥하는 일

---

122) 『高麗史』권31, 世家31, 忠烈王 25년 12월 戊申 ; 『高麗史節要』권22, 忠烈王 25년 12월.
123) 『高麗史節要』권21, 忠烈王 23년 1월.
124) 『高麗史』권39, 世家39, 恭愍王 7년 7월 甲辰 ; 『高麗史』권44, 世家44, 恭愍王 23년 6월 壬子 ; 『高麗史』권46, 世家46, 恭讓王 4년 2월 辛未.
125) 『高麗史』권133, 列傳46, 辛禑 4년 10월 ; 『高麗史』권137, 列傳50, 辛昌 1년 8월.

은 매우 중요했다. 그렇기 때문에 사냥에 참여하는 이들이 많았다. 전적으로 종사하는 이들도 있고, 부수적으로 관계하는 이들도 있었다. 사회 모든 계층이 사냥에 관심을 갖고 참여한다고 할 수 있다. 부수적이든 전업이든 사냥은 소중한 생업이었다

고려초기 安紹光이란 인물은 매와 말을 매우 좋아했다고 하는데, 아마도 그는 매를 활용해 적극 사냥에 나섰을 것으로 여겨진다. 안소광은 상서우복야의 관직에서 졸한 것으로 되어 있는데,[126] 최상층의 인물들은 정도의 차이가 있지만 사냥을 매우 좋아했던 것으로 보인다. 閔瑛은 호방하고 의협심이 있었으며, 어려서부터 매와 개를 데리고 사냥하는 일을 좋아했다.[127] 盧卓儒는 매를 날리고 사냥개를 부려서 가는 곳마다 自適하지 않음이 없었다고 한다.[128] 시위호군 河元瑞는 慶源의 士族으로 언급되어 있는데, 그가 사냥에 나선 일이 확인된다.[129] 고종대 공신도 사냥에 참여했다. 고종 46년(1259) 여러 공신이 강 밖에서 사냥을 했다는 기록이 보인다.[130] 재추로 표현되는 최상층도 사냥에 종사한 일이 보인다. 충선왕 3년(1311) 재추 이하가 祈恩을 구실로 江外로 나가 사냥을 하면서 매를 풀어놓는 것을 모두 금지하도록 했다.[131] 당시 상층 지배층은 사냥에 참여하는 일이 많았던 것으로 보인다.[132]

사냥은 홀로 하는 것보다는 다수의 사람과 함께 하는 것이 효율성이

---

126) 『高麗史節要』권3, 顯宗 8년 7월.
127) 金龍善 編著, 2012 『高麗墓誌銘集成』, 「閔瑛墓誌銘(1152년)」.
128) 金龍善 編著, 2012 『高麗墓誌銘集成』, 「盧卓儒墓誌銘(1191년)」.
129) 李齊賢, 「重修乾洞禪寺記」 『益齋亂藁』 권6.
130) 『高麗史節要』권17, 高宗 46년 10월.
131) 『高麗史』권84, 志38, 刑法1, 職制, 忠宣王 3년 6월.
132) 말타기와 활쏘기 능력, 즉 騎射 능력을 보유한 지배층들이 사냥에 참여하는 것은 일상적인 일이었다.

높을 수밖에 없다. 그렇기 때문에 다수를 몰이꾼으로 동원할 수 있는 위치에 있는 이들이 사냥에 적극적인 경우가 많았다. 다수를 부릴 수 있는 이들은 지방의 수령과 군 지휘관이 중심이었다.

지방관으로서 경내에 출몰한 호랑이 퇴치에 큰 공을 세운 이들이 있다. 왕충과 박원계였다.[133] 무인집권기 金俊琚는 황주목의 수령으로 용사들을 모집해 사냥을 일삼았다.[134] 義州副使 金孝巨도 사냥을 한 것이 확인된다.[135] 혼수의 부친은 용주의 수령으로서 사냥에 나섰다.[136] 조준은 수령이 사냥을 나가는 것을 금지할 것을 주장했다.[137] 수령이야말로 민인을 동원할 수 있는 위치에 있었기 때문에 사냥에 몰두할 수 있었던 중심층이었다. 군현에서 야생동물 내지 그 가공품을 공납하는 일이 적지 않았는데, 그것의 마련은 지방관의 책임이었을 것이다. 따라서 지방관이 주도하는 사냥은 매우 성행했을 것으로 여겨진다.

군 지휘관 역시 휘하 병사를 이끌고 사냥에 종사한 일이 많았다. 공민왕 12년(1363) 각 처의 방어군관들이 군사들을 거느리고 사냥을 하는 일이 보인다.[138] 慶復興과 崔瑩이 가뭄과 병충해가 있을 때에 私兵을 거느리고 동교에서 사냥한 적이 있었다.[139] 공민왕 14년 최영이 고봉현에서 사냥한 적이 있는데, 그 때문에 문책당해 계림윤으로 좌천되

---

133) 金龍善 編著, 2012 『高麗墓誌銘集成』, 「王冲墓誌銘(1159년)」; 金龍善 編著, 2012 『高麗墓誌銘集成』, 「朴元桂墓誌銘(1355년)」.
134) 『高麗史』권129, 列傳42, 叛逆3, 崔忠獻; 『高麗史節要』권14, 神宗 2년 8월.
135) 『高麗史』권130, 列傳43, 叛逆4, 崔坦; 『高麗史節要』권18, 元宗 10년 10월.
136) 權近, 「普覺國師碑銘 幷序」『陽村集』권37; 李智冠 譯註, 1999 『歷代高僧碑文(朝鮮篇1)』, 「忠州靑龍寺 普覺國師幻庵定慧圓融塔碑」.
137) 『高麗史』권118, 列傳31, 趙浚.
138) 『高麗史』권84, 志38, 刑法1, 職制, 恭愍王 12년 5월.
139) 『高麗史』권111, 列傳24, 慶復興.

었다.140) 우왕 2년(1376) 폄출되어 있던 강순룡 · 정사도 등을 우왕의 명령으로 도당에서 용서하고자 할 때 최영은 사냥을 나가 있어 그 의논에 참여하지 않았다.141) 방어군관이나 무장인 최영 · 경복흥 등이 활발하게 사냥하고 있음을 알 수 있다. 이들은 단독이 아니라 휘하의 병사를 거느리고 사냥했을 것이다.

무장 이성계 역시 탁월한 사냥 능력을 보유한 인물이었다. 이성계가 洪原縣의 照浦山에서 사냥할 적에 세 마리의 노루가 떼를 지어 나왔는데, 먼저 노루 한 마리를 쏘아 죽이고 노루 두 마리가 함께 달아나는 것을 보고 또 쏘니 한 화살이 두 마리의 노루를 겹쳐 꿰뚫고 나무의 밑동에 매우 깊이 박혀 있었다고 한다.142) 또 이성계가 장단도호부 화장산에서 사슴을 쫓아가는 중, 절벽의 높이가 수십 척이라 사람이 갈 수가 없는데 사슴이 미끄러져 내려가니 이성계의 말도 미끄러져 내려가 밑에까지 이르자 말이 엎어져 미처 일어나기도 전에 즉시 사슴을 쏘아 죽인 사실이 전한다.143) 이성계 역시 휘하 병력을 거느리고 사냥했을 것이다. 우왕대 각 도의 翼軍 두목이 일이 없을 때에도 군사들을 돌려보내 농사짓게 하지 않고, 거느리고 다니면서 사냥한다는 언급이 보인다.144) 익군의 두목이 군사를 이끌고 사냥하고 있음을 알 수 있다.

향촌사회에서 사냥에 종사하는 대표적인 부류는 향리였다. 수원의 향리 崔尙翥가 사냥 나갔다가 호랑이에게 해를 당했다.145) 최상저처럼

---

140) 『高麗史』권113, 列傳26, 崔瑩 ; 『高麗史節要』권28, 恭愍王 14년 5월.
141) 『高麗史』권113, 列傳26, 崔瑩.
142) 『新增東國輿地勝覽』권49, 咸鏡道, 洪原縣, 古跡, 照浦山.
143) 『新增東國輿地勝覽』권12, 京畿, 長湍都護府, 山川, 華藏山.
144) 『高麗史』권81, 志35, 兵1, 兵制, 辛禑 5년 윤5월.
145) 『高麗史』권121, 列傳34, 孝友, 崔婁伯 ; 『高麗史節要』권11, 毅宗 9년 8월 ; 『新增東國輿地勝覽』권9, 京畿, 水原都護府, 孝子, 崔婁伯.

향리가 외방에서 사냥에 나서는 일은 흔했을 것으로 여겨진다.

고려시기 농가에서도 겨울철에 사냥에 참여한 것이 보인다. 매와 개를 데리고 사냥을 나가 여우와 토끼를 잡는다는 기록이 있다.[146] 사냥은 겨울철 지방 촌락에서 흔히 볼 수 있는 일이었다. 평안도 의주의 경우, 風氣가 굳세어서 활쏘기와 말타기를 잘 하고 사냥을 좋아한다고 지적했다.[147] 고려후기 白文寶는 산간 사람들이 매를 많이 기르고 있음을 언급하고 있다.[148] 고려시기 북방이나 산간에서는 사냥에 종사한 이들이 적지 않았을 것이다.

낮은 신분 출신이 개별적으로 사냥하는 사례도 여럿 확인된다. 達空首座의 경우, 언제나 동굴 속에서 살았는데, 사냥꾼 두어 사람이 그 곁에 막사를 치므로, 그들이 보고서 사람들에게 말할까 염려하여, 곧 나갔다가 와서 그들과 함께 자며, 마치 지나가다가 길을 잃은 사람처럼 하다가 다음 날은 또 다른 곳으로 옮겼다고 한다.[149] 사냥꾼들이 막사를 치면서 사냥에 몰두하고 있음을 볼 수 있다.

원종 5년(1264) 橫川縣의 백성 屎加大가 아들 8명 및 사위 1명과 함께 산골짜기에 거주하면서 물고기를 잡고 사냥하여 먹고 살았다.[150] 대몽항쟁기에 생존을 위해 산골짜기에 들어간 이들이 사냥으로 생계를 유지해 가고 있었던 것이다. 포획한 것을 식료로 활용했을 것이고, 일부는 판매했을 것으로 추정된다.

노비가 사냥에 참여한 예도 보인다. 노비 호진이 화살로 꿩을 사냥해

---

146) 金克己, 「田家四時」『東文選』권4.
147) 『新增東國輿地勝覽』권53, 平安道, 義州牧, 風俗.
148) 『新增東國輿地勝覽』권42, 黃海道, 牛峯縣, 題詠.
149) 權近, 「達空首座問答法語序」『陽村集』권17.
150) 『高麗史』권26, 世家26, 元宗 5년 5월 ; 『高麗史節要』권18, 元宗 5년 5월.

왔음을 권근이 시에서 표현하고 있다.[151] 사냥에는 사회의 최하층인 노비도 참여하고 있는 것이다. 이렇듯이 사냥에는 지배층이나 피지배층 할 것 없이 다양한 층이 참여하고 있는 것이다.

원 간섭기에는 국왕이 사냥에 적극 참여하였는데, 그것은 원의 사냥 문화 및 육식 문화의 영향으로 보인다. 충렬왕, 충숙왕, 충혜왕이 사냥에 활발하게 참여하였으며, 뒷시기의 우왕도 사냥에 병적으로 탐닉했다. 다수의 사람이 동원되거나 긴 기간 동안 사냥한 몇몇 사례를 언급하고자 한다.

충렬왕은 친히 활과 화살을 이용하고, 매를 부리며, 또 말을 달리면서 사냥을 했다. 충렬왕 2년(1276) 국왕과 공주가 덕수현 마제산에서 사냥했는데, 친히 弓箭과 매를 부리면서 종횡으로 말을 달렸다.[152] 13년 서해도에서 사냥을 했는데 사냥하는 기병이 1,500명이었다.[153] 상당히 많은 수를 거느리고 사냥에 나선 것이다. 충렬왕의 사냥에는 응방 소속 인물들이 크게 활약한 것으로 보인다.

충렬왕의 뒤를 이은 충선왕은 사냥에 대해 호의적이지 않았다. 충선왕의 뒤를 이어 왕위에 오른 충숙왕은 사냥에 적극적이었다. 충숙왕은 여러 날 사냥한 일이 종종 있었다. 4년 온천에서 8일 동안 사냥했으며,[154] 5년 경천사의 들판에서 사냥하고 10일 만에 돌아왔다.[155] 6년에도 양광도에서 10여일 동안 사냥을 했다.[156] 다수의 사람과 함께 사냥

---

151) 權近, 「奴好珍射雉爲具 以詩誌之」『陽村集』권3.
152)『高麗史』권28, 世家28, 忠烈王 2년 8월 甲戌.
153)『高麗史』권30, 世家30, 忠烈王 13년 4월 癸酉 ;『高麗史節要』권21, 忠烈王 13년 4월 癸酉.
154)『高麗史節要』권24, 忠肅王 4년 12월.
155)『高麗史節要』권24, 忠肅王 5년 9월.
156)『高麗史節要』권24, 忠肅王 6년 2월.

하는 경우도 확인된다. 4년 三司使 洪戎 등 다수의 관원과 기병 300여 명이 국왕의 사냥에 동행했다.[157]

충혜왕 역시 부왕인 충숙왕과 마찬가지로 사냥에 매우 탐닉했다. 충혜왕 후2년(1341) 국왕이 매일 사냥을 일삼았기 때문에 수행하는 자들이 고통스러워했다는 데서[158] 알 수 있다. 충혜왕의 뒤를 이은 충목왕과 충정왕은 사냥한 것이 확인되지 않는다. 공민왕대에도 국왕이 사냥하는 일은 보이지 않는다.

우왕대에는 공민왕대와 달리 사냥에 탐닉하면서 여러 가지 일탈하는 모습을 보였다. 우왕 8년 국왕이 교외로 사냥을 나가서 날이 저물도록 돌아오지 않았는데, 여러 신하들이 국왕이 간 곳을 몰랐으며, 밤이 깊어서야 돌아왔다.[159] 신하들이 국왕이 간 곳을 모를 정도로 독자적으로 말을 타고 달렸음을 알 수 있다. 우왕이 사냥하다 말에서 떨어진 일도 있었다.[160] 우왕은 며칠씩 연이어 사냥하는 일도 종종 있었다.[161] 우왕의 사냥에 동참하는 부류에 頑童, 惡少輩, 소인배, 환관, 內乘 등이 보인다.[162]

고려시기에 다양한 부류의 사람이 사냥에 참여했지만, 가장 활발하게 전업적으로 참여한 이들은 楊水尺이었다.[163] 양수척은 물과 풀을 따

---

157) 『高麗史』권34, 世家34, 忠肅王 4년 2월 辛酉.
158) 『高麗史』권36, 世家36, 忠惠王 후2년 8월 丁卯.
159) 『高麗史』권134, 列傳47, 辛禑 8년 12월 ; 『高麗史節要』권31, 辛禑 8년 12월.
160) 『高麗史』권135, 列傳48, 辛禑 10년 윤10월 ; 『高麗史』권135, 列傳48, 辛禑 11년 3월.
161) 『高麗史』권134, 列傳47, 辛禑 6년 8월 ; 『高麗史』권135, 列傳48, 辛禑 11년 3월 ; 『高麗史』권136, 列傳49, 辛禑 12년 2월.
162) 『高麗史』권134, 列傳47, 辛禑 6년 11월 ; 『高麗史』권134, 列傳47, 辛禑 8년 윤2월 ; 『高麗史節要』권32, 辛禑 10년 윤10월 ; 『高麗史節要』권32, 辛禑 11년 2월 ; 『高麗史』권135, 列傳48, 辛禑 11년 3월.
163) 楊水尺에 관해서는 연구가 매우 부진하다. 최근에 양수척을 언급한 연구로 다음의

라 일정한 거처가 없이 옮겨 다니면서 사냥을 일삼고 柳器를 만들었으며, 판매를 생업으로 삼았다.164) 양수척이 떠돌아다니며 사냥에 종사한 것을 알 수 있다. 양수척에서 연원하는 禾尺·才人 역시 사냥에 종사한 것으로 보인다. 이들은 농사를 짓지 않으면서 민의 租를 먹고 살며, 일정한 생업도 없어 항심도 없고, 산골짜기에 모여 산다고 했다.165) 이들이 산골짜기에 모여 산다는 것에서 사냥에 몰두했을 가능성이 높아 보인다. 이들과 계보가 이어지는 조선의 白丁이 사냥에 탁월한 능력을 발휘하고 있었으므로166) 화척·재인이 사냥에 종사했을 것은 당연한 일로 보인다.

고려시기 양수척은 직업적으로 사냥에 종사했으며 많은 야생동물을 포획해 스스로 소비하는 한편 개경을 비롯한 도시 및 지방사회에 공급했다. 이들은 사냥에 종사하기 때문에 가축의 도축에서도 탁월한 능력을 발휘했다. 또 말타기와 활쏘기 능력도 출중해 武士로서 활약할 수 있는 부류였다. 지방 수령의 사냥에 동원된 민인 가운데에는 사냥에 탁월한 솜씨를 보유한 양수척도 포함되었을 것이다.

고려시기 사냥에는 거의 모든 계층의 사람들이 참여했다. 향리·농민·노비도 참여했다. 전업적으로 참여한 이는 양수척·화척이었다. 말을 타고 사냥하는 이들은 상층에 속하거나 전문적으로 종사한 부류였을 것이며, 기층민은 활을 소유하고 매나 개를 이용해 사냥했을 것으로 추측된다.

글이 참고된다. 이병희, 2022 『고려시기 사냥꾼 양수척과 정주사회』, 경인문화사 ; 허인욱, 2019 「후백제 멸망과 그 유민」『한국중세사연구』56.
164) 『高麗史』권129, 列傳42, 叛逆3, 崔忠獻 ; 『高麗史節要』권14, 高宗 3년 9월.
165) 『高麗史』권118, 列傳31, 趙浚.
166) 이병희, 2020 「조선전기 사냥의 전개와 위축」『사회과학연구』21, 한국교원대 사회과학연구소(이병희, 2022 앞의 책 재수록).

5. 사냥의 문제점과 대책

사냥은 고려시기 많은 이들이 관심을 갖는 당시인의 중요한 생업이었다. 그러나 한편으로 사냥은 위험하고 고단한 것이며 많은 시간이 소요되는 것이기도 했다. 사냥이 여러 종류의 자재를 확보하는 수단이었지만 필요할 때에 충분한 양을 안정적으로 확보하는 것은 어려운 일이었다. 사냥에 농민이 동원되면 농사에 지장을 줄 수도 있었다. 이런 문제를 안고 있기에 정부는 사냥에 대한 관심을 기울이지 않을 수 없었다. 가축 사육에 대한 관심 제고는 사냥 문제 해결의 한 방법이기도 했다. 위험하고 고통스러운 일이었지만 생업으로서의 사냥을 전적으로 금지시킬 수는 없었다.

사냥은 야생동물을 상대로, 때로는 맹수를 대상으로 전개하는 것이었기 때문에 매우 위험한 일이었다. 사냥하는 행위가 위험한 일임은 향리 최상저가 산에 가서 사냥을 하다가 호환을 만난 것에서 알 수 있다.167) 사냥을 하다가 맹수인 호랑이에게 도리어 해를 당한 것이다. 맹수인 표범·호랑이·곰의 사냥은 특히 위험 부담이 컸을 것이다. 표피·호피·웅피의 마련으로 인한 백성의 고통을 언급한 것은168) 결국 이들 동물 사냥의 위험성 때문이었다.

사냥 중에는 돌발 상황도 발생했다. 충숙왕이 사냥하고 있던 중에 사슴이 국왕의 수레 앞으로 뛰어 올랐는데, 이의풍이 하나의 화살로 사슴을 쓰러뜨렸다.169) 사냥하는 경우 이처럼 동물이 뛰어 오르는 긴급 상

---

167) 『高麗史』권121, 列傳34, 孝友, 崔婁伯.
168) 『高麗史』권85, 志39, 刑法2, 禁令, 明宗 18년 3월 ; 『高麗史』권78, 志32, 食貨1, 田制, 貢賦, 忠烈王 22년 6월.
169) 『高麗史節要』권24, 忠肅王 11년 9월.

황을 만나는 수가 매우 많았을 것이다. 사냥의 과정은 이처럼 위험한 일이었다.

사냥을 하다가 落馬하는 수도 있었다. 맹수의 공격으로 혹은 맹수의 돌발 출현으로 말에서 떨어지는 일이 종종 발생했다. 우왕 11년(1385) 국왕이 화살로 사슴을 쏘던 중 말에서 떨어져 기절했다가 다시 깨어났다.[170] 우왕 12년 국왕이 옹진에 이르러 멧돼지를 쏘자 화살을 맞은 멧돼지가 독기를 품고 돌진해 우왕이 탄 말을 들이받았다. 이에 우왕이 놀라 말에서 떨어지는 사고가 있었다.[171]

사냥에 능숙한 반복해란 인물도 낙마한 일이 있었다. 우왕을 따라 사냥 갔다가 말에서 떨어지자 우왕은 자신이 타고 있는 말을 그에게 주었다.[172] 우왕 10년 우왕이 사냥하면서 여러 내시들을 거느리고 東池에서 말을 씻기고는 그들과 함께 말을 달렸는데, 金元吉이 말에서 떨어져 다리를 다쳤다.[173] 유능한 무장 이성계도 낙마한 일이 있었다. 공양왕 4년(1392) 3월 이성계가 해주에서 사냥하다가 말에서 떨어져 크게 다쳤다.[174] 이성계와 같은 노련한 무장도 사냥하는 도중에 말에서 떨어질 수 있는 것이었다.

사냥은 식료와 가죽 등 자재를 공급하는 수단이었지만 제때에 필요한 양을 확보하는 것은 용이하지 않았다. 필요한 것보다 적게 포획되는 수도 있었고, 소요되는 시간이 예상보다 훨씬 길어질 수도 있었다. 사냥은 식자재를 공급받을 수 있는 수단으로서의 안정성이 많이 부족했다.

---

170) 『高麗史』권135, 列傳48, 辛禑 11년 3월.
171) 『高麗史』권124, 列傳37, 嬖幸2, 潘福海 ; 『高麗史節要』권32, 辛禑 12년 10월.
172) 『高麗史』권124, 列傳37, 嬖幸2, 潘福海.
173) 『高麗史節要』권32, 辛禑 10년 2월.
174) 『高麗史』권46, 世家46, 恭讓王 4년 3월 戊戌 ; 『高麗史』권117, 列傳30, 鄭夢周.

수령이나 군 지휘관, 국왕이 사냥에 많은 사람들을 동원하는 문제점도 있었다. 이때 동원된 이들은 직접 사냥하기도 하고 또 몰이꾼 역할을 담당했을 것인데, 이 역시 매우 고통스러운 일이었다. 고려말 주군에서 朔膳과 使客 접대 등의 일로 인하여 한창 농사철이라 하더라도 농민들을 강제로 모아서 가시덤불 속으로 몰고 다니면서 열흘이나 한 달 동안 사냥을 시키고 있는 실정을 조준이 비판했다.175) 수령이 주도하는 사냥에 동원된 백성들이 긴 기간 동안 사냥하면서 심한 고통을 겪고 있다는 것이다.

또 사냥으로 인한 주변 민들의 피해도 있었다. 충렬왕과 공주가 서해도에서 사냥을 할 때 말을 타고 함께 사냥에 나선 이가 1,500명이나 되었다. 재상들이 가뭄이 너무 심하고 백성들은 바야흐로 밭을 매는데, 사냥 행차가 백성들의 원망을 사게 될까 두렵다는 지적을 했다.176) 농사철에 사냥해서 백성의 농사에 지장을 준다는 것이다. 수령이나 국왕 등 지배층의 사냥에는 이처럼 민인의 고통 내지 부담이 따르고 있었던 것이다.

절기를 무시한 사냥은 동물의 번식에 큰 지장을 주는 것이었다. 봄철 새끼를 낳고 알을 까는 시절에는 사냥을 해서는 안 되는 것이었다. 충렬왕과 공주가 서해도에서 사냥을 할 때, 재상들은 짐승들이 바야흐로 새끼를 밸 때이니 사냥을 해서는 안 된다고 간했다.177) 동물의 번식에 장애를 준다는 것이었다. 공민왕 12년 5월 각처의 방어군관들이 사냥

---

175) 『高麗史』권118, 列傳31, 趙浚 ; 『高麗史節要』권34, 恭讓王 1년 12월.
176) 『高麗史』권30, 世家30, 忠烈王 13년 4월 癸酉 ; 『高麗史節要』권21, 忠烈王 13년 4월 癸酉.
177) 『高麗史』권30, 世家30, 忠烈王 13년 4월 癸酉 ; 『高麗史節要』권21, 忠烈王 13년 4월 癸酉.

을 하는 데 새끼나 알을 품고 있는 짐승을 죽이거나 상하게 하고 있어, 인정에 어그러지는 것이라는 지적이 보인다.[178] 봄과 여름에 사냥을 하게 되면 새끼를 배고 있는 포유류나 알을 품고 있는 조류를 죽이거나 상하게 해 번식을 막는다는 것이다. 생태환경 보존의 측면에서 큰 문제를 일으키는 것이었다.

이처럼 사냥은 여러 문제를 안고 있었다. 이런 문제들을 해소하기 위해 다양한 대책이 강구되었다. 크게 보면 사냥의 비중을 낮춰가는 방향의 조치를 취했다. .

고려시기 국가가 특별히 관심을 둔 사냥 문제는 매 사냥이었다. 국가에서는 매 사냥을 전담하는 부대인 鷹鷂軍을 편성하고 있었다. 아마 응요군은 매를 포획하고, 조련하며 사육함은 물론 매를 활용해 사냥하는 일도 담당했을 것으로 추정된다. 靖宗 9년(1043) 5월 가뭄이 발생하고 누차 재변이 있자 응요군을 방면하는 조치가 있었다.[179] 이는 매의 포획과 사육을 막고 나아가 매를 활용한 사냥을 중단시키는 조치였다. 매 사냥 과정에서 초래되는 피해를 제거하려는 것이었다.

고종 14년(1227) 어사대가 마을에서 비둘기와 매를 키우는 것을 금했다. 유직자가 公務를 폐지하고 무직자가 쟁송을 일으키기 때문이었다.[180] 매를 키우고 사냥하면서 직무를 소홀히 하는 경우가 있었던 것을 알 수 있고, 또 쟁송이 발생했음도 엿볼 수 있다. 매 사냥의 문제점을 해소하기 위한 조치였다. 매 사육 및 매 사냥을 억제하려는 정부의 노

178) 『高麗史』 권84, 志38, 刑法1, 職制, 恭愍王 12년 5월.
179) 『高麗史』 권6, 世家6, 靖宗 9년 5월 丁卯 ; 『高麗史節要』 권4, 靖宗 9년 5월.
180) 『高麗史』 권22, 世家22, 高宗 14년 12월 乙丑 ; 『高麗史』 권84, 志38, 刑法1, 職制, 高宗 14년 12월 ; 『高麗史節要』 권15, 高宗 14년 12월.

력을 읽을 수 있다.

好佛 성향의 군주가 왕위에 있을 때에는 사냥을 제한하는 조치가 자주 취해졌다. 충선왕과 공민왕이 대표적이었다. 충선왕 2년(1310) 야생동물 사냥을 3년간 금지했다.[181] 또 충선왕 3년 재추 이하가 기은을 구실로 강 밖으로 나가 사냥을 하면서 매를 풀어놓는 것을 금지하도록 했다.[182] 충선왕은 세자 시절에 충렬왕의 사냥에 대해 몹시 비판적인 생각을 가졌으며, 충렬왕을 사냥으로 이끄는 부류에 대해서도 매우 부정적인 태도를 보였다.[183] 그런 연장 선상에서 취해진 조치로 이해된다.

공민왕은 살생을 꺼려 이를 제한하는 조치를 여러 번 취했다. 공민왕 5년 서울과 지방에서 사냥하는 것을 금지했다.[184] 공민왕 12년 교서에서 근래에 각처의 防禦軍官들이 군사를 거느리고 사냥을 해 새끼나 알을 품고 있는 짐승을 죽이거나 상하게 하고 있다고 하면서 여러 도의 存撫使와 按廉使는 방어군관의 그와 같은 행위를 통렬히 금지시키라고 했다.[185] 공민왕 21년 圓丘壇 및 모든 祭壇·山陵·鎭山·裨補所에서 사냥하는 것을 금지하고, 또 매를 기르는 것을 금지했다.[186] 공민왕대에는 이처럼 사냥을 금지하는 조치가 여러 차례 내려졌다. 고려말 조준은 수령이 사냥 나가는 것을 금지할 것을 주장했다.[187] 지방 사회에서 사냥을 주도하는 수령의 행위를 금하자는 것이다.

사냥의 여러 문제를 해소하기 위해서는 사냥이 차지하는 비중을 낮

---

181) 『高麗史』권33, 世家33, 忠宣王 2년 12월 戊申.
182) 『高麗史』권84, 志38, 刑法1, 職制, 忠宣王 3년 6월.
183) 『高麗史』권33, 世家33, 忠宣王 總序 ; 『高麗史節要』권20, 忠烈王 9년 2월.
184) 『高麗史』권85, 志39, 刑法2, 禁令, 恭愍王 5년 12월.
185) 『高麗史』권84, 志38, 刑法1, 職制, 恭愍王 12년 5월.
186) 『高麗史』권85, 志39, 刑法2, 禁令, 恭愍王 21년 11월.
187) 『高麗史』권118, 列傳31, 趙浚.

출 필요가 있었다. 그렇기 위해서는 야생동물을 대체할 수 있도록 가축 사육을 확대해야 했다. 야생동물이 담당한 식자재 공급은 가축으로 대체하는 것이 가능했다. 가축을 사육하면 필요할 때에 안정적으로 육류를 공급받을 수 있었다. 그렇지만 가축을 사육하려면 농업부산물이 확보되어야 했다. 닭이나 개, 돼지, 우마의 사육에는 사료가 필요하며, 안정적인 사육의 공간도 확보해야 했다. 그렇기 때문에 가축의 사육을 확대해 가는 것은 용이한 일이 아니었다.

충숙왕 12년(1325) 교서에서, 가축의 사육을 강조하고 있다. 산림천택을 점거하고서 다른 사람이 가축 기르는 것을 막고 있는데, 이것을 문제로 지적했다. 또 우마의 도살을 함부로 하지 말고, 닭이나 돼지, 거위나 오리 등을 길러 손님 접대와 제사의 용도에 대비하도록 했다.[188] 우마의 도축을 줄이는 방도로 가축 사육의 확대를 언급한 것이다. 산림천택의 이용 독점을 막아서 가축을 자유로이 사육할 수 있도록 하라는 것이다. 가축의 사육이 확대된다면 당연히 사냥의 필요성 또한 크게 감소할 것이다.

조준은 직접적으로 사냥 대신에 가축 사육을 늘릴 것을 주장했다. 각 지방에서 매달 초하루에 국왕에게 바치는 음식 선물과 사신 접대 등의 일로 인하여 장기간 민인을 사냥에 동원하고 있는 실정을 비판했다. 닭이나 돼지 같은 가축은 우리 안에서 얻을 수 있으니 민에게 해가 되지 않는다는 것이다. 그러니 이제부터는 경기에 닭과 돼지를 기르는 장소 두 곳을 만들어, 하나는 典廐署가 맡아서 종묘의 제사에 쓰이게 하고, 다른 하나는 司宰寺에서 맡아서 궁궐 주방과 빈객의 용도로 공급하게

---

188) 『高麗史』 권85, 志39, 刑法2, 禁令, 忠肅王 12년 2월.

할 것을 주장했다. 그리고 외방의 州郡과 각 驛에서도 모두 가축을 길러 새끼와 알을 해치지 않는다면 몇 년 지나지 않아서 供上·제사·빈객 접대에 충분할 것이라고 단언했다.[189] 닭과 돼지를 널리 사육해 국가의 용도나 민간의 쓰임에 도움을 주자는 주장이다. 그렇게 되면 사냥의 수고도 줄일 수 있다는 것이다. 사냥의 문제점을 지적하고 그 해결책으로 가축의 사육을 확대하자는 주장이다. 야생동물과 가축의 길항관계를 조준은 명확하게 지적하고 있는 것이다.

그러나 조선초에도 가축의 사육은 매우 부진했다. 조선초 명나라 사람 董越이, 조선에서는 소와 말을 사육해 무거운 짐을 운반하고 있는 것, 돼지를 기르지 않는다는 것, 목축에도 양을 전혀 볼 수 없다는 것을 지적했으며, 촌늙은이가 돼지 고기 맛을 거의 보지 못하고 있음을 언급했다.[190] 조선초에도 가축 사육은 크게 확대되지 않은 것이다. 반면 사냥은 지속되었으며, 15세기 말 농지 개간이 확대됨에 따라 야생동물의 개체수가 감소했으며, 그 결과 사냥은 크게 후퇴했다.[191]

고려시기 사냥에 전업적으로 종사한 양수척의 처리 문제는 사냥과 관련한 중요한 과제였다. 貫籍이 없고 부역을 부담하지 않으면서 사냥을 전업적으로 했던 양수척을 사냥에서 분리하는 정책이 필요했다.[192]

---

189) 『高麗史』 권118, 列傳31, 趙浚 ; 『高麗史節要』 권34, 恭讓王 1년 12월.
190) 『新增東國輿地勝覽』 권1, 京都上, 國都.
191) 이병희, 2020 앞의 논문.
192) 姜萬吉, 1964 「鮮初白丁考」 『史學研究』 18 ; 文喆永, 1991 「高麗末·朝鮮初 白丁의 身分과 差役」 『韓國史論』 26, 서울대 국사학과 ; 李俊九, 1998 「朝鮮前期 白丁의 犯罪相과 齊民化 施策」 『大丘史學』 56 ; 한희숙, 1999 「朝鮮 太宗·世宗代 白丁의 생활상과 도적 활동」 『한국사학보』 6 ; 李俊九, 2000 「조선시대 白丁의 前身 楊水尺, 才人·禾尺, 韃靼 - 그 내력과 삶의 모습을 중심으로 -」 『朝鮮史研究』 9 ; 朴鍾晟, 2003 「朝鮮 白丁의 社會的 不滿과 政治化 - 『朝鮮王朝實錄』을 中心으로 -」 『사회과학연구』 16, 서원대 미래창조연구원 ; 金東珍, 2009 「朝鮮前期 白丁에 대한 齊民化 政策

그 방향은 농민으로 전환시켜 호적에 등재하는 것이었다. 이를 위해 이들에게 농지를 지급해 농촌에 정착시키고, 아울러 일반민과 혼인토록 하는 방안을 실행에 옮겼다. 그리고 이들에 대한 칭호도 양수척·화척 대신에 백정으로 변경해, 차별을 하지 않도록 배려했다. 농업 인구의 증가이고, 사냥의 축소인 것이다.

6. 맺음말

고려시기 사냥은 군사훈련이나 취미활동에 그치는 것이 아니라 당시인의 매우 중요한 생업이었다. 생활에 필요한 여러 자재를 야생동물로부터 공급받고 있었다. 사냥을 둘러싸고 인간과 동물은 매우 긴장된 관계를 보이고 있었다.

고려시기 사냥의 대상이 되는 동물은 매우 다양했다. 호랑이·표범·곰·이리 등 맹수류도 있었고, 노루와 사슴, 토끼, 멧돼지도 있었다. 조류로는 매와 꿩이 가장 중요했다. 참새와 고니도 사냥의 대상이 되기는 했지만 그 비중이 낮았다. 사냥할 때는 한 종류의 동물만이 포획되는 것이 아니라 여러 동물이 함께 잡히기도 했다. 가장 많이 포획된 것은 토끼와 꿩, 사슴, 노루, 여우, 멧돼지로 여겨진다. 호랑이는 악수이기 때문에 퇴치의 대상이 되어 기록에 많이 나온다. 곰·이리 등은 많이 포획되지 않은 것으로 보인다.

포획된 야생동물은 실제의 구체적인 쓰임새를 갖고 있었다. 우선 가

의 成果」『역사민속학』29 ; 김중섭, 2013 「'조선시대 백정'의 기원에 대한 역사사회학적 고찰」『東方學志』164 ; 김중섭, 2014 「조선 전기 백정 정책과 사회적 지위 - 통합, 배제, 통제의 삼중주 -」『조선시대사학보』68.

죽으로 사용되었다. 호랑이·표범·곰·담비·수달 등은 귀한 가죽을 공급하는 중요 동물이었다. 그리고 사슴과 노루 역시 가죽을 공급한 것으로 보인다. 난방용 의류의 소재로서도 야생동물이 중요했는데, 담비와 여우가 대표적 동물이었다. 초구와 호구는 당시 지배층이 착용하는 귀한 겨울철 옷이었다. 그리고 사슴과 토끼, 기러기가 국가의 중요 제사에 제물로 제공되기도 했다. 무엇보다도 야생동물의 중요한 쓰임은 식료였다. 사슴, 노루, 토끼, 멧돼지, 꿩은 대표적인 식자재였다. 여우도 식용으로 사용된 듯하다. 야생동물은 이처럼 높은 가치를 갖고 있기 때문에 시중에서 거래되기도 했고, 선물이나 뇌물로 활용되기도 했다. 국제적 가치를 인정받은 매와 호피, 웅피, 표피, 초피, 달피는 외교관계에서 매우 요긴하게 사용되었다. 특히 원에 진헌하는 물품으로 다량 활용되었다.

야생동물의 가치가 매우 크기 때문에 고려시기 거의 전계층이 사냥에 참여한 것으로 보인다. 취미삼아 사냥을 하는 이도 물론 있었고, 전업적으로 사냥에 몰두하는 이도 있었다. 양수척은 사냥에 전업적으로 몰두한 부류였다. 그리고 지방관이나 군 지휘관이 다수의 사람을 사역시켜 사냥에 종사하는 일이 많았다. 원 간섭기에는 국왕이 사냥에 탐닉한 모습을 보이기도 했다. 충렬왕, 충숙왕, 충혜왕이 그러했으며 뒷 시기의 우왕 역시 그러했다.

사냥은 매우 위험한 일이었고 농사를 방해하는 경우가 많았다. 절기를 무시한 사냥은 동물의 번식에 큰 지장을 주는 것이었다. 사냥이 국가 혹은 사회 차원에서 매우 중요했으므로 위정자나 정부는 사냥 문제를 고민하지 않을 수 없었다. 대체로 매 사냥을 제한하는 조치를 취하는 데 그쳤다. 호불적인 충선왕과 공민왕은 사냥에 대해 금지조치를 취하기도 했다. 가축 사육을 적극 도모하는 것도 사냥과 깊은 관련을 갖는 것이었다. 가축 사육의 확대는 곧 사냥 필요성의 감소로 연결되기 때문이었다. 사냥에 전업적으로 종사한 양수척을 사냥에서 분리시켜 농업에 종사토록 하는 방안이 적극 모색되었다.

사냥이 생업으로서 중요한 자재를 확보하는 행위였으며 대부분의 사람들이 거기에 관계를 맺음으로써 고려시기의 사냥이 매우 성행했다. 사냥이 활발하면 활쏘기 및 말타기를 중시하게 되고, 용감성과 민첩성을 강조하게 되므로 사회가 상무적 성향을 띨 수밖에 없다. 사냥의 성행은 이처럼 사회 성격과도 깊이 연결되는 것이었다. 그리고 사냥의 문제점을 지적하고 가축의 사육을 늘리는 방안은 곧 생업으로서의 사냥의 비중을 축소시키는 것이었다. 가축 사육의 확대는 농업부산물의 증대를 전제로 하는 것이므로 농업생산력이 뒷받침되지 않으면 어려운 일이었다. 15세기 말 사냥이 축소된 데에는 가축 사육의 증대, 농지 개간의 확대, 농업생산력의 향상 등이 전제되어 있었다.

(『한국중세사연구』67, 2021. 11. 揭載)

[부록] 몽골·원에 진헌된 야생동물 가죽

*『高麗史』世家 및 『高麗史節要』를 근거로 정리함

연도	내용
고종 6년 1월	몽골장수 哈眞이 蒲里帒完 등 10인을 보내 강화를 청했는데, 이들이 돌아갈 때 水獺皮를 증여함
고종 8년 8월	몽골에서 사신을 보내 각종 물품을 요구했는데, 그 품목에 獺皮가 포함됨
고종 11년 1월	몽골의 사신이 선물을 가지고 돌아가다가 압록강에 이르러 紬布 등은 버리고 獺皮만을 가지고 감
고종 12년 1월	몽골의 사신이 서경을 떠나 압록강을 건넜는데 獺皮만을 가지고 가고 나머지 紬布 등은 모두 들에 버리고 갔는데 중도에서 도적에게 살해됨
고종 18년 12월	撒禮塔이 말과 옷감, 동남·동녀 등과 함께 水獺皮 2만 개도 요구함
고종 18년 12월	撒禮塔에게 獺皮 75장을 보냈으며, 처자 및 휘하 장수에게 獺皮 164장을 줌
고종 19년 4월	몽골에 각종 예물을 바치고 칭신하는 표문을 올렸는데, 그때 바친 물품 가운데 獺皮가 포함되어 있었으며, 몽골에서 水獺皮 1,000장을 요구했지만 그것을 채울 수 없었음
고종 40년 9월	大將軍 高悅을 보내 也窟에게 서한을 전달하고 아울러 獺皮 등을 보냄
고종 40년 11월	也窟이 사람을 보내어 達魯花赤을 설치하는 것과 성을 헐어버리는 일에 대해 말했는데, 그 官人인 胡花가 獺皮 등의 물건을 요구함
고종 40년 11월	몽골 관인 胡花에게, 獺皮는 전쟁이 일어난 이후 백성들이 모두 놀라 숨어버려 준비가 어렵다고 함
고종 44년 7월	車羅大의 태자 입조 요구를 받아들이고, 金軾을 車羅大의 진지로 보내 송별하게 했는데, 이때 獺皮 등을 갖고 그의 둔소에 감
원종 3년 12월	陸子襄과 于琔의 처자를 몽골에 보내며 예물을 바쳤는데, 獺皮 77장이 포함되어 있었음
원종 4년 4월	몽골에 공물을 바치며 역우 설치 등의 문제를 해명하는 표문을 보냈는데, 이때 보낸 다양한 공물 가운데 獺皮 500장이 포함됨
원종 14년 1월	원에서 火熊皮(불곰가죽)를 요구함
충렬왕 3년 6월	將軍 車信을 元에 보내, 虎皮를 바침
충렬왕 19년 12월	국왕과 제국대장공주가 皇太子 眞金의 妃인 闊闊眞의 궁전으로 나아가 증여한 물품 가운데 虎皮 9장, 豹皮 9장, 水獺皮 27장이 보임
충렬왕 20년 4월	원의 황태자가 성종 황제로 즉위했을 때 충렬왕과 제국공주가 바친 물품 가운데, 豹皮 18장, 水獺皮 81장이 있음
충렬왕 22년 11월	충렬왕과 제국공주가 원의 황제를 알현했을 때 虎皮 13장, 豹皮 13장, 水獺皮 76장을 바침
충숙왕 후7년 8월	원의 사신에게 재추가 虎皮·豹皮와 熊皮를 증여함
충목왕 1년 7월	원에서 熊·羔皮를 요구함
공민왕 2년 1월	원에 熊·羔皮를 바침
우왕 3년 3월	북원이 고려국왕 책명을 내려준 데 대해 사의를 표하고 豹皮를 예물로 보냄

高麗時期 사냥의 방법과 尙武性

1. 머리말

고려사회는 武勇을 숭상하는 尙武的인 사회였다. 많은 전쟁을 맞아 나름대로 선전할 수 있었던 것은 상무적 사회가 뒷받침했기 때문이다. 고려사회의 상무적 성향은 이미 조선중기 許筠도 지적했고,[1] 일제시기 사회경제사가였던 白南雲氏도 시사한 바 있다.[2] 고려사회에서 상무적 분위기가 강했음은 여러 측면에서 확인할 수 있다. 그 중에서도 두드러진 모습을 찾을 수 있는 영역이 사냥이다.

사냥은 주지하듯이 야생동물을 대상으로 인간이 다양한 방법을 활용해 포획하는 행위였다. 매우 사납고 기민한 동물을 사냥하는 일은 심히

---

1) 許筠, 『惺所覆瓿藁』권11, 兵論.
2) 白南雲, 1937 『朝鮮封建社會經濟史(上)』, 改造社, pp.283~297, pp.353~356, pp.450~452, pp.645~659, pp.842~844 참조.

위험하고 어려운 일이 아닐 수 없다. 사냥에서 성과를 거두려면 상당한 武藝와 독특한 기질을 갖추지 않으면 안 되었다. 많은 사람이 사냥에 종사한다는 것은 사회 전반이 상무적 환경에 친숙했음을 의미하는 것이다.

그렇지만 지금까지 고려시기 사냥에 대해서 충실한 연구가 이루어지지 않았다.[3] 나아가 사냥이 함축하고 있는 상무적 속성도 제대로 해명하지 못했다. 이 글에서는 사냥문화에 보이는 상무적 성향을 강조하고자 한다. 고려시기에는 사냥이 매우 보편적인 활동이었으므로 상무적 성향 역시 상하 모든 계층에서 확인할 수 있을 것이다. 사냥의 방법을 검토하고, 그 사냥에 함축된 위험성을 명확히 하고 실제로 발생한 사고를 확인할 것이다. 騎射 능력과 사냥 활동이 깊은 연관성을 가짐을 명확히 하고자 한다. 능숙하게 사냥하기 위해서는 용감성을 갖추어야 하고, 살생을 기피하지 않아야 했는데, 이 글에서는 이런 측면도 부각시키고자 한다. 사냥이 일상 문화였던 고려사회에서 기사 능력과 용감성으로 상징되는 상무 성향이[4] 두드러졌음을 이 글에서 강조하고자 한다. 사냥에 관한 구체적인 사실을 풍부하게 제시함으로써 논지가 충실하도록 하겠다.

2. 사냥의 방법과 위험성

고려시기 사냥의 방법은 다양했다. 활과 화살을 사용하기도 하고, 매

---

3) 고려시기에 사냥이 중요한 生業이었음은 이병희, 2021 「고려시기 사냥의 성행(盛行)과 대책」『한국중세사연구』67, 한국중세사학회(본서 수록) 참조.
4) 상무 성향에는 무엇보다도 말타기와 활쏘기 능력 등 武的 소양이 포함되고, 정신적인 측면에서 용감성과 민첩성 등이 포함될 것이다.

를 활용하기도 하며, 시설물을 설치하기도 했다. 동물을 몰아서 사냥하는 방법도 있었다.5) 하나의 사냥 행위에는 다양한 방법이 혼용되는 수가 많았다. 어떤 방법을 사용하든 사냥은 위험한 행위였다.

가장 대표적인 사냥 방법은 활과 화살을 사용하는 것이었다. 이 방식은 그 유래가 매우 오래된 것이었다. 비교적 먼 거리에서 사냥꾼의 안전을 확보하면서 야생동물을 포획할 수 있는 방식이었다. 활과 화살을 사용해 포획하는 야생동물은 매우 다양했다. 각종 포유류가 잡히는 것이 확인되고 몇몇 조류가 포획되는 것이 찾아진다.

활과 화살을 갖춰 사냥하는 기본적인 모습을 우왕에게서 볼 수 있다. 우왕은 직접 활과 화살을 차고 팔에 매를 앉히고 사냥을 나갔다고 하며,6) 또 활과 화살로 무장을 하고 사냥을 나섰다고 한다.7) 활과 화살로 무장하는 것은 모든 사냥의 기본이었다.

활과 화살을 사용해 사냥하는 가장 대표적인 동물은 사슴이었다. 사슴을 활로 쏴서 잡는 일은 매우 흔했다. 신라 말기 徐神逸이 화살을 맞아 도망온 사슴을 사냥꾼 몰래 숨겨 준 일이 있다.8) 李宜風은 사냥을 나간 왕을 따라 갔다가 사슴이 왕의 행차 앞으로 달려가자 화살로 사슴을 쏘아 넘어뜨렸다.9) 우왕이 古新平縣으로 가서 화살로 사슴을 쏘다가 사고를 겪은 일이 있다.10) 활과 화살로 사슴을 사냥하는 것이다.

---

5) 사냥의 여러 가지 방법에 관해서는 김광언, 2007『韓·日·東시베리아의 사냥 - 狩獵文化 比較誌 -』, 민속원이 크게 참고된다. 다만 통시대적으로 접근하여 역사 시기별 특징이 부각되지 않은 것은 아쉬운 점이다.

6)『高麗史』권134, 列傳47, 辛禑 6년 8월 ;『高麗史節要』권31, 辛禑 6년 8월.

7)『高麗史』권135, 列傳48, 辛禑 9년 2월.

8)『高麗史』권94, 列傳7, 徐熙附 訥 ; 李齊賢,『櫟翁稗說』前集2, 徐神逸 ;『新增東國輿地勝覽』권8, 京畿, 利川都護府, 人物, 徐弼.

9)『高麗史』권124, 列傳37, 嬖幸2, 崔安道附 李宜風 ;『高麗史節要』권24, 忠肅王 11년 9월.

普覺國師 混脩의 부친이 사냥을 갔다가 어미 사슴 한 마리를 보고 활을 쏘려다 중지한 일이 있다. 사슴 새끼가 어미를 따라 오고 있었기 때문이다.[11] 李成桂도 長湍都護府 華藏山에서 활로 사슴을 쏘아 잡았다.[12]

노루를 화살로 쏴 포획하는 경우는 이성계의 사례에서 볼 수 있다. 이성계가 함경도 洪原縣 照浦山에서 세 마리의 노루를 만나 먼저 한 마리를 쏘아 죽이고 뒤쫓아 가서 한 화살로 달아난 두 마리를 겹쳐 꿰뚫어 잡았다.[13] 토끼 역시 화살로 사냥하는 경우가 보인다. 李穡이 평원의 교활한 토끼가 화살에 맞았음을 읊고 있다.[14]

멧돼지의 사냥에서도 활이 중요했다. 우왕이 맞닥뜨린 멧돼지를 潘福海가 화살 한 발로 쏘아 죽였다.[15] 활과 화살을 사용해 잡은 동물로 사슴과 멧돼지를 동시에 언급하기도 했다. 조선초 成俔의 외삼촌 安公은 활쏘기를 잘해 사슴과 멧돼지를 맞히지 못함이 없었다고 한다.[16]

활과 화살로 사냥할 수 있는 동물 가운데 가장 위험한 것은 호랑이였다. 맹수인 호랑이는 사람과 가축에 큰 해를 끼치는 동물이었다. 그것을 사냥하는 것은 담력을 필요로 하는 매우 위험한 일이었다. 태조 1년(918) 도성의 흑창 담 안으로 들어온 호랑이를 활을 쏘아 잡았다.[17] 전주 경내

10) 『高麗史』권135, 列傳48, 辛禑 11년 3월.
11) 權近, 「有明朝鮮國普覺國師碑銘 幷序」『陽村集』권37 ; 李智冠 譯註, 1999 『歷代高僧碑文(朝鮮篇1)』, 伽山佛敎文化硏究院, 「忠州靑龍寺 普覺國師幻庵定慧圓融塔碑」.
12) 『新增東國輿地勝覽』권12, 京畿, 長湍都護府, 山川, 華藏山.
13) 『新增東國輿地勝覽』권49, 咸鏡道, 洪原縣, 古跡, 照浦山.
14) 李穡, 「西村金龍內官 以酒食來」『牧隱詩藁』권35.
15) 『高麗史』권124, 列傳37, 嬖幸2, 潘福海 ; 『高麗史節要』권32, 辛禑 12년 10월 ; 李穡, 「賜贊成事潘卜海敎書」『牧隱文藁』권11 ; 鄭夢周, 「賀潘二相」『圃隱集』권2 ; 權近, 「賀潘二相賜姓詩」『陽村集』권4.
16) 成俔, 『慵齋叢話』권3, 我外舅安公.
17) 『高麗史』권54, 志8, 五行2, 金, 毛蟲之孽, 太祖 1년 8월 戊辰.

에 호랑이 소동이 있었는데, 전주 사록 겸 장서기였던 朴元桂가 말을 타고 좁은 지역에서 하나의 화살로 명중시켜 호랑이를 죽였다.[18] 우왕 1년 (1375) 이성계도 활로 호랑이를 잡아 바친 일이 있으며,[19] 또 우왕 4년에도 이성계는 개경 도성에 들어와 인명 피해를 준 호랑이를 활로 쏴 죽였다.[20] 위험한 맹수도 활과 화살로 사살할 수 있었던 것이다.[21]

포유류 동물만이 아니라 조류도 화살로 잡을 수 있었다. 화살로 꿩을 맞힌다는 표현에서[22] 꿩 역시 화살로 잡았음을 알 수 있다. 권근의 노비가 산에 가서 화살로 꿩을 사냥한 사례도 있었다.[23] 기러기도 활로 쏴 잡았다. "놀란 기러기는 화살을 피해 힘껏 나네"라는 구절에서[24] 알 수 있다. 그리고 후삼국시기 申崇謙은 공중에 떠도는 기러기를 화살로 맞혔다.[25] 꿩과 기러기를 동시에 언급한 예도 보인다. 조선초 활을 잘 쏘는 李石貞이 사냥을 나가면 꿩이나 기러기를 화살 수대로 잡아왔다.[26] 그는 백발백중의 실력을 발휘해 꿩과 기러기를 잡은 것이다. 고니를 화살로 잡은 일도 있다. 윤수가 연못에서 놀고 있던 고니를 활로 쏴서 포획했다.[27] 꿩, 기러기, 고니를 화살을 쏴 잡은 것이다.

활과 화살은 당시 사냥을 나간다면 반드시 갖춰야 하는 장비였다. 거

---

18) 『新增東國輿地勝覽』권33, 全羅道, 全州府, 名宦, 朴元桂.
19) 『高麗史』권133, 列傳46, 辛禑 1년 10월.
20) 『高麗史』권133, 列傳46, 辛禑 4년 8월.
21) 주로 자료에 보이는 내용은 人家에 출몰한 호랑이 퇴치이다. 호랑이 포획을 목적으로 직접 사냥에 나서는 수도 많았는데, 그것은 虎皮의 조달과 관련한 것이다. 이때에도 활과 화살을 사용해 호랑이를 포획했을 것이다.
22) 徐居正, 「送洪元戎 伯涓 赴幕」『四佳詩集』권30.
23) 權近, 「奴好珍射雉爲具 以詩誌之」『陽村集』권3.
24) 閔思平, 「與門生出游東郊」『及菴詩集』권3.
25) 『新增東國輿地勝覽』권41, 黃海道, 平山都護府, 人物, 申崇謙.
26) 成俔, 『慵齋叢話』권4, 裴珝文·李石貞.
27) 『高麗史』권124, 列傳37, 嬖幸2, 尹秀.

의 모든 동물을 이 도구로 사냥할 수 있었다. 동물에 가까이 다가갈수록 사냥에 성공할 확률이 높았다. 다소 떨어져 있어도 명중률이 높으면 큰 효과를 거둘 수 있었다. 이 방법은 사냥꾼의 안전을 어느 정도 확보한 상태에서 사냥할 수 있는 장점이 있었다.

고려시기에는 매 사냥이 매우 성행했다. 매를 활용해 여러 야생동물을 포획했다.[28] 매 사냥을 할 때는 대개 개를 데리고 갔다. 개가 대상 동물을 찾아내 달아나게 하거나 하늘을 날도록 해 매가 잡을 수 있게 도왔다. 또 매가 사냥에 성공했을 경우 포획한 지점을 알려주는 역할을 했다. 그렇기 때문에 '鷹犬'이란 표현이[29] 자주 보이는 것이다. 물론 포획할 수 있는 야생동물은 매우 제한적이었다. 꿩, 토끼, 여우가 중심이었다. 그 중에서도 꿩과 토끼가 대표적이었다. 무게가 많이 나가는 큰 야생동물은 포획할 수 없었다.

매와 개가 사냥에서 동반자 관계에 있었음은 여러 자료에 보인다. 尹秀가 사냥용 매와 개로 왕의 환심을 얻었다는 것,[30] 兵馬都統使 崔瑩이 매와 개를 바쳐 우왕을 사냥으로 이끌었다는 것에서[31] 확인된다. 郭預의 시에서 "한 마리 매는 빠르기 화살같고, … 꿩은 곤경에 빠졌는데 또 개를 만났고"라고 했다.[32] 매와 개가 함께 사냥에서 활약한 것이다. 매

28) 이병희, 2022 「高麗時期 매의 포획과 활용」 『石堂論叢』84, 동아대 석당학술원(본서 수록) 참조.
29) 『高麗史』권124, 列傳37, 嬖幸2, 尹秀 ; 『高麗史』권124, 列傳37, 嬖幸2, 李貞附 李玶 ; 李穡, 「是日正午 日光穿漏 西南始晴 行幸之際 鷹犬效才 天顏怡懌 蓋可想也 臣穡以病留司 又不能出門 獨坐有感」 『牧隱詩藁』권20 ; 李穡, 「伏値駕出西郊 以病不能從 吟成一首」 『牧隱詩藁』권30.
30) 『高麗史節要』권19, 元宗 15년 9월.
31) 『高麗史』권137, 列傳50, 辛昌 즉위년 7월.
32) 郭預, 「壽康宮觀獵」 『東文選』권9 ; 『新增東國輿地勝覽』권13, 京畿, 豐德郡, 古跡, 壽康宮.

사냥에는 대부분 개를 데리고 가서 활용했다.

매를 활용해 사냥하는 사례는 다수 찾아진다. 閔瑛은 매와 개를 데리고 사냥하는 일을 즐겼다고 한다.[33] 盧卓儒란 인물도 밖에 나가면 매를 날리고 사냥개를 부려 가는 곳마다 自適했다고 했다.[34] 매 사냥이 매우 보편화되어 있었음을 알 수 있다. 충선왕 3년(1311) 宰樞 이하가 祈恩을 구실로 江 外로 나가 사냥을 하면서 매를 풀어놓는 것을 모두 금지하도록 하고, 어기는 자는 罷職할 것이라고 傳旨했다.[35] 재추 이하의 관료가 매 사냥함을 알 수 있다. 조선초 매를 팔뚝에 얹고 누런 개를 끌며 어린 종 수십 명과 함께 사냥에 나서는 예도 찾아진다.[36]

국왕이 매 사냥하는 예도 매우 흔했다. 충렬왕, 충혜왕, 우왕에서 확인할 수 있다. 충렬왕 2년(1276) 국왕이 덕수현의 馬堤山에서 사냥할 때 매와 새매를 다루며 종횡으로 달렸다.[37] 충렬왕 9년 국왕이 승천부에서 매를 풀어 사냥했다.[38] 충혜왕 즉위년(1330) 국왕이 平則門 밖에서 무릇 6일 동안 매를 풀어 사냥했다.[39] 충혜왕 후4년(1343) 2월 국왕이 동교에서 매 사냥을 했으며,[40] 같은 해 6월 靑郊에서 매 사냥을 했다.[41]

우왕도 매 사냥을 몹시 즐겼다. 우왕 2년 국왕이 처음으로 말 달리고 매 사냥하는 것을 익혔다.[42] 우왕 6년 국왕이 도성 남쪽에서 5일 동안

---

33) 金龍善 編著, 2012『高麗墓誌銘集成』, 한림대 출판부, 「閔瑛墓誌銘(1152년)」.
34) 金龍善 編著, 2012『高麗墓誌銘集成』, 「盧卓儒墓誌銘(1191년)」.
35)『高麗史』권84, 志84, 刑法1, 職制, 忠宣王 3년 6월.
36) 成俔, 『慵齋叢話』권3, 我外舅安公
37)『高麗史』권28, 世家28, 忠烈王 2년 8월 甲戌.
38)『高麗史』권29, 世家29, 忠烈王 9년 2월 丁未.
39)『高麗史』권36, 世家36, 忠惠王 즉위년 2월 癸巳 ;『高麗史節要』권24, 忠肅王 17년2월.
40)『高麗史』권36, 世家36, 忠惠王 후4년 2월 己酉.
41)『高麗史』권36, 世家36, 忠惠王 후4년 6월 丁未.
42)『高麗史』권133, 列傳46, 辛禑 2년 9월 ;『高麗史節要』권30, 辛禑 2년 9월.

사냥을 했는데, 직접 사냥도구를 지참하고 팔에 매를 앉히고 나갔다.[43] 우왕 9년 3월 팔에 매를 앉히고 교외에서 사냥했으며,[44] 같은 해 10월 국왕이 몇 명의 騎士를 거느리고 槖駝橋 부근에서 매 사냥을 했다.[45] 우왕 11년 2월 국왕이 해주에서 매 사냥을 할 때 崔瑩·李成琳 등이 따랐는데, 국왕이 팔에 매를 올려놓고 新月·鳳加伊와 함께 말고삐를 잡고 달렸다.[46] 우왕이 자주 매 사냥을 하고 있는 것이다.

매 사냥을 할 때 포획되는 야생동물의 대표는 꿩이었다. 꿩이 매를 피해 도망하다 개를 만난다는 언급이 보인다.[47] 꿩을 대상으로 매 사냥을 하는 것이다. 이색도 그런 내용을 시에서 언급하고 있다. "깍지 벗은 매는 넓은 하늘에 꿩을 치려 하고",[48] "맑고 찬 가을 하늘엔 매가 꿩을 덮치려 하고"라는 언급에서[49] 매가 꿩을 잡음을 확인할 수 있다. 매가 토끼를 사냥하기도 했다. 金坵가 작성한 매를 진헌하는 進奉表에서, 매는 훈련을 거쳐서 숲속의 토끼를 잡을 수 있다고 했다.[50] 매 사냥으로 꿩과 토끼를 둘다 잡는다는 내용도 보인다. 삼국시기 金后稷이 眞平王에게 올린 글에 매와 개를 활용해 꿩이나 토끼를 쫓고 있다는 언급이 보인다.[51] 매 사냥을 통해 여우도 잡을 수 있었다. 매와 개를 데리고 사냥 나가면 여우와 토끼를 쫓아 달린다고 했다.[52] 개가 쫓고 매가 잡는

---

43) 『高麗史』권134, 列傳47, 辛禑 6년 8월 ; 『高麗史節要』권31, 辛禑 6년 8월.
44) 『高麗史』권135, 列傳48, 辛禑 9년 3월.
45) 『高麗史』권135, 列傳48, 辛禑 9년 10월 癸未.
46) 『高麗史』권135, 列傳48, 辛禑 11년 2월 庚申.
47) 郭預, 「壽康宮觀獵」『東文選』권9 ; 『新增東國輿地勝覽』권13, 京畿, 豊德郡, 古跡, 壽康宮.
48) 李穡, 「晨興」『牧隱詩藁』권7.
49) 李穡, 「演雅 三首」『牧隱詩藁』권9.
50) 金坵, 「進奉表」『東文選』권44.
51) 金后稷, 「上眞平王書」『東文選』권52.
52) 金克己, 「田家四時」『東文選』권4.

방식으로 진행되었을 것이다. 꿩, 토끼와 여우를 모두 매 사냥으로 포획할 수 있었다. 매 사냥은 위험성이 덜하기는 하지만 상황 전개에 신속하게 대처해야 했다. 매가 꿩을 잡았을 때는 빨리 접근해야 했다.

매 사냥 이외에도 사냥하는 방법은 다양했다. 함정을 파서 잡기도 하고, 그물을 설치해 포획하기도 했으며, 불을 지름으로써 동물을 몰아 잡기도 했다. 그리고 다수의 몰이꾼을 동원한 사냥도 보인다. 겨울철 눈 내린 뒤에 사냥하는 것은 야생동물의 이동이 어렵기 때문에 효과가 컸다. 창을 활용해 사냥하는 것은 흔치 않은 것으로 보인다. 창으로 야생동물을 사냥하려면 아주 가까이 접근해야 하는데, 접근이 어려울 뿐만 아니라 동물로부터 危害를 당할 소지가 컸다. 그래서인지 창으로 사냥하는 예가 없지 않겠지만 기록상으로는 거의 확인되지 않는다.

사냥에 그물을 사용하는 것은 사냥하는 아이가 그물을 짠다는 표현에서[53] 알 수 있다. 우왕 6년 장대를 들고 참새를 잡아 불에 구워 먹었다는 사실이 보이는데,[54] 이때 장대를 이용해 그물을 설치함으로써 참새를 잡은 것으로 추정된다.

이색의 시에서 "노루 보고 그물 진다는 속담도 있거니와"라는 구절이[55] 보인다. 노루를 잡기 위해 그물을 지고 간다는 의미이다. 사향 노루에게 그물 친 곳을 함부로 가지 말라는 표현도 보인다.[56] 토끼를 잡으려면 그물을 가져야 한다는 표현이[57] 보이는 데서 그물을 사용해 토끼를 포획했음을 알 수 있다. 그물로 잡는 야생동물은 새, 사슴, 노루,

---

53) 『新增東國輿地勝覽』권41, 黃海道, 平山都護府, 驛院, 寶山驛.
54) 『高麗史』권134, 列傳47, 辛禑 6년 10월.
55) 李穡, 「解嘲吟」 『牧隱詩藁』권4.
56) 徐居正, 「花樹走獸圖 十首」 『四佳詩集』권46.
57) 釋宓菴, 「丹本大藏經讚疏」 『東文選』권112.

토끼가 확인된다. 그물을 사용하는 사냥은 위험이 크지는 않은 것으로 보인다.

함정 사냥은 동물에 가까이 접근하지 않아도 되므로 위험 부담이 적었다. 함정을 사용하는 것은 맹수를 사냥하는 데 편리한 사냥법이었다. 이규보가 지은 시에서 함정 사냥이 있었음을 볼 수 있다. "함정을 일찍 깊이 파지 않아서, 승냥이 · 호랑이가 각처에 꽉 찼으니"라는 표현에서[58] 함정을 깊게 파서 승냥이와 호랑이를 잡을 수 있음을 알려준다. 王冲이 보성군 수령이었을 때 호랑이 떼가 경내에 들어와 사람과 동물을 해치자 백성들이 고통스러워했는데, 함정을 설치해 다 잡았다고 한다.[59] 맹수가 다니는 길목에 깊은 함정을 설치해 포획하는 방식이었다. 함정에 빠진 동물은 최종적으로 활이나 창을 사용해 사살했을 것이다.

불을 질러 동물을 달아나게 함으로써 사냥하는 방법도 있었다. 숨어 있는 동물을 사냥하는 데 유익했다. 일정한 지역 내에 있는 모든 동물이 사냥의 대상이 되었다. 충렬왕 8년 들판에 불을 질러 사냥한 것이 보이고,[60] 우왕 7년 우왕이 성 동쪽 교외에서 불을 놓아 사냥한 예도 있다.[61] 남쪽 교외에서의 火獵은 이미 관례로 굳어진 일이라는 이색의 언급이 보인다.[62] 권근은 봄 사냥에서 들판에 사냥 불길이 하늘을 찌른다고 했다.[63] 불을 질러 사냥하고 있음을 알려 준다.

불을 질러 사냥할 때 포획되는 동물은 다양했다. 사냥 불이 치솟고

---

58) 李奎報, 「感興」『東國李相國全集』권8.

59) 金龍善 編著, 2012『高麗墓誌銘集成』, 「王冲墓誌銘(1159년)」.

60) 『高麗史』권29, 世家29, 忠烈王 8년 9월 壬午.

61) 『高麗史』권134, 列傳47, 辛禑 7년 3월 ; 『高麗史節要』권31, 辛禑 7년 3월.

62) 李穡, 「病中末由扈駕觀獵 吟成短律 馳一騎奉呈李二相馬前 幸與廉政堂竝轡一覽 如蒙分惠所餘 亦所不辭也」『牧隱詩藁』권28.

63) 權近, 「城東迎駕 次尹紹宗待制詔」『陽村集』권3.

아울러 화살을 쏘니, 멧돼지가 뛰다 죽고, 노루와 여우 또한 죽고 있다고 한다.[64] 언덕 머리 무성한 잡초들을 다 태워버리고, 말을 달리면서 여우와 토끼를 잡는다는 표현도 보인다.[65] 이것은 조선전기의 모습을 표현한 것이지만 고려시기에도 비슷했을 것이다. 불을 질러 사냥했을 때 포획되는 동물로 확인되는 것은 멧돼지, 노루, 여우, 토끼 등이다. 사슴이나 호랑이도 대상이 될 수 있었을 것이다.

불을 질러 사냥하는 방식은 도망치는 동물을 활을 사용하거나 그물로 포획하는 것인데, 그 과정에서 사냥꾼은 상해를 입을 수 있었다. 또 이렇게 불을 지르면 수확이 끝나지 않은 농작물에 피해를 줄 수도 있었다. 그리고 불탄 지역의 산림이 훼손되어 생태환경의 파괴를 동반하기도 했다. 이런 사냥은 다수의 사람이 함께 진행해야 성과를 거둘 수 있을 것이다.

다수의 몰이꾼을 동원한 사냥은 매우 흔했다. 일정한 공간으로 몰고, 그곳으로 몰려든 동물을 활로 쏘거나 그물을 설치해 잡을 수 있었다. 지방관이나 군 지휘관이 휘하 사람들을 동원해 사냥하는 경우 대체로 다수가 참여하는 몰이 사냥이었을 것이다. 남산에 큰 호랑이가 자주 나와 사람을 해치자, 李奎報가 군사를 거느리고 가서 사로 잡은 일이 있다.[66] 아마 다수의 군사를 동원해 잡았을 것이다.

黃州牧 수령 金俊琚가 정사를 돌보지 않고 용사들을 모집하여 항상 사냥을 일삼았다고 한다.[67] 용사들을 모아 사냥하는 경우, 다수를 활용

---

64) 李胄, 「觀郡伯獵獸」『續東文選』권5.
65) 徐居正, 「題村居八詠圖」『四佳詩集』권40.
66) 李奎報, 「自貽雜言 八首」『東國李相國全集』권9.
67) 『高麗史』권129, 列傳42, 叛逆3, 崔忠獻 ; 『高麗史節要』권14, 神宗 2년 8월.

한 몰이 사냥일 가능성이 크다. 원종대에 義州副使 金孝巨는 사냥하러 들로 나갔는데[68] 개인 차원에서 사냥이 진행될 수도 있겠지만, 다수의 사람을 동원한 사냥일 가능성도 있다. 騎士들이 장군을 옹위하고서 사슴이 숨은 산림 속에 달려 들어가 잡음을 읊은 시가 있다.[69] 다수가 무리지어 사냥하고 있는 것이다. 慶復興이 崔瑩과 함께 사병을 거느리고 동교에서 크게 사냥한 일이 있는데,[70] 이 경우 사병을 몰이꾼으로 사역시켰을 것이다. 공민왕 12년(1363) 각 처의 방어군관들이 군사를 거느리고 사냥하고 있음이 보인다. 때를 살피지 않고 사냥해 새끼나 알을 품고 있는 짐승을 죽이거나 상하게 하고 있어 문제가 되었다.[71] 군관들이 군사를 거느리고 사냥하는 데서 몰이 사냥임을 알 수 있다.

국왕이 사냥에 나선 경우 몰이 사냥인 경우가 많았을 것으로 보인다. 충렬왕과 제국공주가 西海道에서 사냥할 때 말을 타고 사냥에 나선 자가 1,500명이나 되었다.[72] 충숙왕이 한양에서 사냥할 때 사냥 기병 300여 명이 따라갔다.[73] 다수를 동원해 일정한 공간으로 야생동물을 몰아 활과 화살을 사용해 포획했을 것이다. 우왕이 성 동쪽에서 사냥하고 또 伯顏郊에서 사냥했다. 이때 최영 등이 동물을 몰아서 왕 앞쪽에 놓으면 우왕이 활을 쏴 명중시켰다.[74] 몰이 사냥과 활 사냥이 함께 이루어진 것이다.

국왕이 사냥을 하면 많은 경우 다수의 騎兵을 동원한 것으로 보인다.

---

68) 『高麗史』권130, 列傳43, 叛逆4, 崔坦 ; 『高麗史節要』권18, 元宗 10년 10월.
69) 李穡, 「判三司與諸將擊獸以助餞宴」『牧隱詩藁』권20.
70) 『高麗史』권111, 列傳24, 慶復興.
71) 『高麗史』권84, 志38, 刑法1, 職制, 恭愍王 12년 5월.
72) 『高麗史』권30, 世家30, 忠烈王 13년 4월 癸酉 ; 『高麗史節要』권21, 忠烈王 13년 4월 癸酉.
73) 『高麗史』권34, 世家34, 忠肅王 4년 2월 辛酉.
74) 『高麗史』권134, 列傳47, 辛禑 6년 3월 ; 『高麗史節要』권31, 辛禑 6년 3월.

이미 언급한 바와 같이 충숙왕의 사냥에 기병이 300여 명 수행했다.[75]
또 "일만 기병 벽옥 말발굽 바람을 일으키리, 매와 개는 무리 지어 국왕
의 깃발 뒤따르고"라는 표현에서도[76] 읽을 수 있다. 국왕이 사냥에 나
서는 경우 다수의 기병을 활용한 몰이 사냥으로 진행되었을 것이다.

다수의 몰이꾼을 동원한 사냥은 매우 조직적으로 전개되었을 것이
다. 높은 곳에 올라 소리를 지르며 몰면 동물은 일정한 방향으로 달아날
것이고, 중요 길목을 지키고 있다가 활을 쏴서 잡았을 것이다. 일부는
그물을 활용해 포획할 수 있었을 것이다. 이 사냥법은 국왕이나 군 지휘
관, 지방 수령이 할 수 있는 방식이었다. 몰이 사냥을 하면 다수의 동물
을 일거에 포획할 수 있는 장점이 있었다. 몰이 사냥은 일사분란하게 진
행되지 않으면, 안전사고의 위험이 높았고 효율성이 크게 떨어졌다.

그밖에도 도끼로 동물을 때려 잡은 예도 보인다. 崔尙翥가 사냥 나갔
다가 호랑이에게 해를 당하자 그 아들 崔婁伯이 도끼를 메고 호랑이를
추적해 찾아내 꾸짖은 다음 도끼로 내리쳐 죽였다.[77] 매우 특이한 사례
이지만 도끼로 호랑이를 사냥한 것이다. 그밖에도 유인책을 써서 동물
을 잡는 수도 많았을 것이다. 숫꿩의 경우는 암꿩으로 유혹하면 어렵지
않게 잡을 수 있었던 것으로 보인다.[78] 미끼를 사용해 덫에 걸리게 하
는 일도 흔했을 것이다.

눈이 내린 것을 이용해 사냥하는 방법도 있었다. 눈이 많이 내리면
야생동물의 이동이 어렵기 때문에 이때를 활용해 사냥하면 성과가 컸

---

75) 『高麗史』권34, 世家34, 忠肅王 4년 2월 辛酉.
76) 李穡, 「伏値駕出西郊 以病不能從 吟成一首」 『牧隱詩藁』권30.
77) 『高麗史』권121, 列傳34, 孝友, 崔婁伯 ; 『高麗史節要』권11, 毅宗 9년 8월 ; 『新增東
    國輿地勝覽』권9, 京畿, 水原都護府, 孝子, 崔婁伯.
78) 姜希孟, 「訓子五說 幷序」 『續東文選』권17.

다. 이색은 자신의 詩에서 눈이 그쳐 사방이 새하얗게 되었을 때 사냥
개를 끌고 몇 사람이 말을 타고서 교활한 토끼를 쫓는다고 언급했다.[79]
눈 온 뒤에 말을 타고 개를 끌고 토끼 사냥을 하는 것을 알 수 있다.

야생동물과 조우하는 사냥은 매우 위험한 일이었다. 달아나는 동물
을 추적하는 것은 쉬운 일이 아니었고, 맹수와 맞닥뜨릴 경우 危害를
당할 소지가 컸다. 그렇기 때문에 사냥하는 과정에서 사고가 종종 발생
할 수 있었다. 落馬 사고가 가장 흔했다. 부주의로 낙마하기도 하고, 동
물의 돌진을 피하다가 낙마하기도 했다. 물론 맹수가 직접 공격해 오는
수도 있었다.

야생동물이 돌진해 옴은 사냥에서 늘상 있을 수 있었다. 일찍이 충숙
왕이 사냥하고 있던 중에 사슴이 국왕의 수레 앞으로 뛰어 오르는 돌발
상황이 발생했다.[80] 사냥하는 경우 이처럼 동물이 뛰어 오르는 긴급 상
황을 만나는 수가 매우 많았을 것이다. 갑작스러운 동물의 출몰은 사고
로 연결될 소지가 컸다.

낙마는 흔히 발생하는 사고였다. 우왕이 용수산에서 놀다가 술에 취
한 채 말을 타고 달리다가 말에서 떨어진 일이 있다.[81] 낙마는 항상 있
을 수 있는데, 술에 취해 말을 타는 경우는 그럴 위험이 컸을 것이다. 사
냥을 하는 경우 도중에 음주하는 수가 많고 그렇게 되면 낙마의 위험성
이 한층 높아졌을 것이다. 우왕이 사냥하면서 화살로 사슴을 쏘던 중
말에서 떨어져 기절했다가 다시 깨어난 일도 있다.[82] 국왕이 말에서 떨

---

79) 李穡,「望獵騎」『牧隱詩藁』권35.
80) 『高麗史節要』권24, 忠肅王 11년 9월.
81) 『高麗史』권134, 列傳47, 辛禑 7年 6월.
82) 『高麗史』권135, 列傳48, 辛禑 11년 3월.

어져 기절하는 사태에 이른 것이다. 사냥에 집중하다 보면 낙마하는 수가 적지 않았을 것이다. 낙마로 큰 위험에 처한 사건은 우왕 12년 발생했다. 국왕이 옹진에 이르러 멧돼지를 쏘자 화살을 맞은 멧돼지가 독기를 품고 돌진해 우왕이 탄 말을 들이받았다. 이에 우왕이 놀라 말에서 떨어지는 사고가 있었다.[83]

사냥에 능숙한 潘福海란 인물도 낙마한 일이 있다. 일찍이 우왕을 따라 사냥 갔다가 말에서 떨어지자 우왕은 자신이 타고 있는 말을 그에게 주었다.[84] 사냥에 참여한 이들이 낙마 사고를 당하는 예는 꽤 흔했다. 우왕이 사냥하면서 여러 내시들을 거느리고 東池에서 말을 씻기고는 그들과 함께 말을 달렸는데, 金元吉이 말에서 떨어져 다리를 다쳤다.[85] 유능한 무장 이성계도 낙마한 일이 있었다. 공양왕 4년(1392) 3월 이성계가 海州에서 사냥하다가 말에서 떨어져 병세가 심각했다.[86] 이성계와 같은 노련한 무장도 사냥하는 도중에 말에서 떨어질 수 있는 것이었다.

사냥하는 과정에서 부주의로 말에서 떨어지는 일도 있었고, 야생동물의 갑작스러운 출몰에 놀라 낙마하기도 했다. 동물이 공격해 와서 말에서 떨어지는 수도 있었다. 낙마가 큰 부상으로 이어져 회복을 못하는 경우도 있었다. 金亘은 말에서 떨어져 병을 얻었기 때문에 정상적인 관직 생활을 할 수 없었다.[87] 낙마가 큰 상해로 이어지면 정상적인 생활을 하기 힘들어지는 수도 있었음을 알 수 있다.

야생동물이 직접 공격해 오는 수도 있었는데 가장 위협이 되는 동물

83) 『高麗史』권124, 列傳37, 嬖幸2, 潘福海 ; 『高麗史節要』권32, 辛禑 12년 10월.
84) 『高麗史』권124, 列傳37, 嬖幸2, 潘福海.
85) 『高麗史節要』권32, 辛禑 10년 2월.
86) 『高麗史』권46, 世家46, 恭讓王 4년 3월 戊戌 ; 『高麗史』권117, 列傳30, 鄭夢周.
87) 金龍善 編著, 2012 『高麗墓誌銘集成』, 「金亘墓誌銘(1305년)」.

은 호랑이였다. 호랑이의 출현은 공포였고, 그 공격으로 해를 입는 수도 있었다. 몇몇 예를 들면, 원종 6년(1265) 호랑이가 대궐 동문 밖까지 들어와 사람을 물어 죽였으며,[88] 충렬왕 9년 호랑이가 성 안에 들어와 사람을 물었다.[89] 충혜왕 후3년 호랑이가 성 안에 들어와 사람을 물었고,[90] 또 우왕 4년 호랑이가 개경으로 들어와 많은 사람과 가축에 해를 끼쳤다.[91] 불의에 호랑이가 도성 내에 들어와 해를 끼친 것이다. 사냥 중에 호랑이를 만나도 포획하는 것이 용이하지 않았다.

사냥할 때 호랑이의 출현은 모두를 긴장시켰다. 숙종 7년(1102) 국왕이 牛陀川 들판에 행차했다가 호랑이가 뛰어나온 일이 있다. 牽龍校尉 宋宗紹가 그것을 때려 죽였으므로 그에게 옷 한 벌을 하사했다.[92] 사냥할 때 호랑이의 출현은 모든 이들에게 엄청난 공포를 불러일으켰을 것이다. 이때 호랑이를 잡은 인물에게는 공을 인정해 상을 수여한 것이다.

원종 14년 원에서 파견한 호랑이 사냥꾼 9명이 개 100마리를 끌고 왔는데, 개가 호랑이를 쫓았으나 개는 많이 죽고 호랑이는 잡지 못했다.[93] 사냥개를 다수 동원해 호랑이 사냥에 나섰지만 성공을 거두지 못한 것이다. 호랑이 사냥의 어려움과 위험성을 알려주는 것이다.

사냥하는 과정에서 부주의로 동료 사냥꾼이 쏜 화살에 맞는 수도 없지 않았다. 달아나는 동물을 추적하면서 활을 쏘다 보면 잘못해 동료를 맞히는 수도 없지 않았을 것이다. 사냥은 이처럼 사고와 危害를 동반한

---

88)『高麗史』권54, 志8, 五行2, 金, 毛蟲之孼, 元宗 6년 7월 壬戌.
89)『高麗史』권54, 志8, 五行2, 金, 毛蟲之孼, 忠烈王 9년 4월 庚戌.
90)『高麗史』권54, 志8, 五行2, 金, 毛蟲之孼, 忠惠王 후3년 3월 丁酉.
91)『高麗史』권54, 志8, 五行2, 金, 毛蟲之孼, 辛禑 4년 8월 丙午.
92)『高麗史』권11, 世家11, 肅宗 7년 11월 壬午.
93)『高麗史』권27, 世家27, 元宗 14년 12월 辛酉.

매우 위험한 행위였다. 산야에서 달아나는 야생동물을 추격해 쫓아가는 과정에서 나무에 부딪치는 일도 있고 장애물을 만나는 수도 있었으며, 절벽에서 떨어지는 경우도 비일비재했다. 사냥은 위험할 뿐만 아니라 고단한 일이기도 했다.[94] 아무나 능숙하게 사냥할 수 있는 것이 아니었다. 실력이 있어야 하고 담력도 갖추어야 했다.

3. 騎射 능력과 사냥

사냥을 능숙하게 하기 위해서는 실제 사냥할 수 있는 능력이 뒷받침되어야 했다. 그것은 騎射 혹은 射御로 표현되었다. 말타기 능력과 활쏘기 능력이 출중해야 했다. 이 능력이 없다면 사냥에서 솜씨를 발휘할 수 없었다. 말타기와 활쏘기 가운데 후자가 사냥에서 더욱 중요했다. 말이 없다고 하더라도 출중한 활 쏘는 능력을 보유하고 있다면 야생동물을 사냥할 수 있었다.

사냥을 잘 하는 이들은 대체로 善射御, 善騎射, 好射御했다([부록] 참조).[95] 조선초 평안도 의주의 풍속을 언급하면서, 활쏘기와 말타기를

---

94) 유희적 성격을 띤 사냥이나 취미의 일환으로 진행되는 사냥은 위험에 덜 노출되었을 것이지만, 생업의 일환으로 또 貢物의 마련을 위해 사냥하는 경우 위험을 피해갈 수 없었다. 그리고 야생동물의 종류에 따라 위험의 정도에 큰 차이가 있었을 것은 자명하다. 호랑이 · 표범 · 곰 등의 맹수를 사냥하는 경우에는 위험성이 높았을 것이며, 반면 꿩이나 토끼 · 노루 · 사슴 등의 사냥은 덜 위험했을 것이다. 후자의 경우, 야생동물의 공격에 따른 위험은 적었지만 사냥 행위 자체가 긴장감 속에서 위험하게 전개되는 일이었음은 분명하다.

95) 활쏘기는 유교에서도 중시하고 있다. 그러나 유교에서의 활쏘기는 예법을 중시하고 심성을 수양하며 연장자를 존중하는 의미가 크지만, 사냥에서의 활쏘기는 과녁을 정확하게 맞추는 능력과 기민성을 중시한다.

잘 하고 사냥을 좋아한다고 했다.96) 능숙한 활쏘기와 말타기는 사냥으로 이어지는 것이다. 기사 능력을 갖춰야 사냥에 나설 수 있는 것이다.

사냥하는 이들이 말 타고 있는 것으로 묘사되는 수가 많았다. 사냥에 騎士가 나섰음이 보인다. 이색이 사냥을 기록한 시에서 "우림위의 뭇 호걸 騎士들이 모였을 제"라고 언급하고 있다.97) 말 타고 사냥하기 때문에 이런 표현을 볼 수 있는 것이다. 조선초에도 사냥에 나선 기사를 종종 볼 수 있다. "사냥한 기사 돌아오네"라는 언급도 보이고,98) 또 함경도 三水郡 鎭戎樓를 배경으로 한 權敏手의 시에서 "사냥꾼 기사들은 숲을 의지해 모아드는데"라는 구절도 보인다.99) 사냥꾼은 말 탄 기사인 경우가 많았을 것이다.

말타기와 활쏘기의 능력을 보유했다고 해서 모두 사냥에 탐닉하는 것은 아니었다. 그렇지만 사냥에 몰입한 이들은 대체로 그런 능력을 보유하고 있었다. 사냥을 잘 한다는 것은 곧 기사 능력이 출중하다는 의미였다. 활쏘기와 말타기는 武藝이기 때문에 전투 훈련과 깊은 관계를 갖고 있었다. 사냥에서 동물을 쫓아 말을 달리면서 활을 쏘는 행위는 곧 실제의 전투 상황에서의 그것과 유사한 것이었다.

활쏘기와 말타기를 능숙하게 하려면 상당 기간 그것을 연마하지 않으면 안 되었다. 짧은 기간에 그런 능력을 갖출 수 있는 것이 아니었다. 어려서부터 활시위를 당기고 말을 달리면서 생활을 한 여진족은 말타기와 활쏘기에 출중한 능력을 갖고 있었다.100) 때문에 여진족은 사냥

---

96) 『新增東國輿地勝覽』권53, 平安道, 義州牧, 風俗.
97) 李穡, 「記打圍」『牧隱詩藁』권5.
98) 『新增東國輿地勝覽』권41, 黃海道, 黃州牧, 樓亭, 廣遠樓.
99) 『新增東國輿地勝覽』권49, 咸鏡道, 三水郡, 樓亭, 鎭戎樓.
100) 『高麗史』권14, 世家14, 睿宗 10년 1월 ; 『高麗史節要』권8, 睿宗 10년 1월.

에도 탁월했다.

충렬왕과 함께 사냥에 나섰던 康允紹와 李之氐가 능력을 발휘하지 못하자, 국왕이 그들에게 자주 사냥하면서 연습하는 것이 좋겠다고 했다.[101] 그들은 사냥에 필수적인 활쏘기와 말타기의 능력을 소지하고 있었지만 실전 경험이 부족해 사냥을 제대로 하지 못한 것으로 보인다. 사냥에서 경험이 중요함을 알 수 있다.

騎射 능력이 있더라도 실제 상황에서 그 능력을 발휘하려면 경험이 필요했다. 이른바 실전 경험이 중요했다. 전투 훈련 뒤에 사냥 훈련을 하는 것은 그런 면에서 매우 중요했다. 崔瑀가 전투 연습을 마친 군사에게 다시 사냥하는 법을 익히게 한 것은[102] 그 때문이었다. 전투 훈련에서는 가상의 상황에서 무예를 익히는 것이고 그 무예를 잘 발휘하려면 사냥이란 실제 상황에서 연습할 필요가 있었던 것이다. 사냥이 실전 연습하는 군사 훈련인 셈이었다. 사냥을 많이 하면 그만큼 실전 능력이 함양되어, 실제의 전투 상황에서 실력을 발휘할 수 있는 것이다.

말타고 활쏘는 능력은 사냥에서 필수적인 것이다. 이 능력은 군인으로서도 갖춰야 하는 소양이었다. 정도전은 "활 쏘고 말 달리는 기술을 연습하게 하면 강무하는 방법은 거의 구비하게 될 것이다."라고 했다.[103] 평소 전쟁이 없을 때에 武事는 사냥을 통해서 강습해야 한다는 정도전의 주장이 보인다.[104] 사냥에서 활 쏘고 말 달리는 것은 군사 훈련의 의미를 갖는 것이다. 기사 능력을 전제로 한 사냥 행위와 실제 전

---

101) 『高麗史節要』권20, 忠烈王 5년 10월.
102) 『高麗史』권129, 列傳42, 叛逆3, 崔忠獻附 怡 ; 『高麗史節要』권15, 高宗 16년 11월.
103) 鄭道傳, 『三峯集』권7, 陣法, 正陣.
104) 鄭道傳, 『三峯集』권14, 朝鮮經國典下, 政典, 總序.

투에서 발휘하는 능력이 서로 밀접히 관련됨을 알 수 있다.

출중한 기사 능력을 전제로 실제의 사냥에 나선 구체적 인물은 여럿 찾을 수 있다. 申崇謙, 穆宗, 元卿, 韓希愈, 李宜風, 金倫, 權廉, 潘福海, 祸王, 君萬, 李成桂 등이 그들이다. 사냥에서 대단한 기사 능력을 발휘했던 인물을 구체적으로 살펴보도록 한다.

왕건의 선계인 虎景은 활을 잘 쏘아 사냥을 일삼았다고 한다.[105] 사냥에 전념하기 위해서는 활을 쏘는 능력을 갖추지 않으면 안 되었다. 신숭겸은 대단한 활솜씨를 보유하고 있었다. 일찍이 태조 왕건을 따라 사냥하다가 三灘에 와서 점심을 먹었다. 그때 기러기 세 마리가 공중에 떠돌았는데 태조가 활과 화살, 안장 갖춘 말을 신숭겸에게 주고 세 번째 기러기의 왼쪽 날개를 쏘라고 했다. 신숭겸이 그대로 맞혔다.[106] 왕건의 지시대로 나는 기러기의 날개를 맞춘 것이다. 대단한 활솜씨를 보유하고서 사냥에 나선 것이다.

사냥을 좋아했던 목종은 궁술과 기마를 잘 했다.[107] 활을 잘 쏘고 말타기를 능숙하게 했기 때문에 사냥을 좋아할 수 있었던 것이다. 기사 능력이 뒷받침되지 않고서 사냥을 좋아할 수는 없었을 것이다.

충렬왕대에 元傅의 아들인 원경은 好射御했는데, 능력을 인정받아 鷹坊都監의 副使가 될 수 있었다.[108] 활쏘기와 말타기를 좋아해 응방도감의 관원이 된 것이다. 한희유는 매번 왕을 따라 사냥을 할 때면 활을 쏜 것이 명중했다.[109] 이의풍은 활쏘기와 말타기를 잘 했는데, 국왕 앞

---

105)『高麗史』, 高麗世系.
106)『新增東國輿地勝覽』권41, 黃海道, 平山都護府, 人物, 申崇謙.
107)『高麗史』권3, 世家3, 穆宗 12년 2월 己丑 ;『高麗史節要』권2, 穆宗 總序 ; 鄭道傳,
　　『三峯集』권12, 經濟文鑑 別集下, 君道.
108)『高麗史節要』권22, 忠烈王 28년 6월.

에 나타난 사슴을 말 타고 달려가 화살로 쏘았다.110) 말타고 달려가 화살로 쏘는 대단한 능력을 보유하고 있음을 알 수 있다.

사냥에서 솜씨를 발휘한 김륜도 기사 능력을 보유하고 있었다. 원의 사신이 왔을 때 함께 사냥을 했는데, 그가 이리저리 달리면서 활을 당기자 족족 맞혔다.111) 김륜이 탁월한 기사 능력을 보유했기 때문에 사냥에서 큰 성과가 있었던 것이다. 권렴은 활 쏘고 말 달리기에 능하여 사냥하는 데 정도가 아닌 詭遇의 법을 쓰지 않아도 얻는 것이 매우 많아서 武夫들도 모두 그의 능란함을 칭찬했다.112) 말타기와 활쏘기 능력이 탁월해 사냥에서 편법을 쓰지 않아도 많은 동물을 잡을 수 있었다는 것이다.

위험에 직면해 있던 우왕을 위기에서 구한 반복해 역시 탁월한 기사 능력을 보유하고 있었다. 국왕에게 달려든 멧돼지를 반복해가 말을 달려 곧장 앞으로 나와 화살 한 대로 멧돼지를 쏘아 죽였다.113) 대단한 기사 능력을 보유한 반복해가 말을 타고 달려가서 화살로 멧돼지를 죽인 것이다.

사냥을 즐겼던 우왕은 기사 능력이 범상치 않았던 것으로 보인다. 우왕이 직접 활과 화살을 차고 팔에 매를 앉히고 사냥을 나갔음에서114) 알 수 있듯이 우왕은 활쏘기를 할 수 있었다. 또 말을 달리면서 민가의 닭과 개를 죽이는 일이 있었던 데서 볼 수 있듯이,115) 우왕은 말을 달릴 능력도 보유한 것으로 보인다.

---

109)『高麗史』권104, 列傳17, 韓希愈 ;『高麗史節要』권23, 忠烈王 32년 7월.

110)『高麗史』권124, 列傳37, 嬖幸2, 崔安道附 李宜風 ;『高麗史節要』권24, 忠烈王 11년 9월.

111) 李齊賢,「有元高麗國輸誠守義協贊輔理功臣壁上三韓三重大匡彦陽府院君 贈謚貞烈公金公墓誌銘 幷序」『益齋亂薰』권7.

112) 李穡,「重大匡玄福君權公墓誌銘 幷序」『牧隱文薰』권16.

113)『高麗史』권124, 列傳37, 嬖幸2, 潘福海.

114)『高麗史』권134, 列傳47, 辛禑 6년 8월.

115)『高麗史』권134, 列傳47, 辛禑 6년 10월.

광대인 군만은 공양왕 1년(1389)에 부친이 밤에 호랑이에게 물려가자, 활과 화살을 지니고 산으로 들어갔다. 호랑이가 그 부친을 거의 다 먹고서 산모퉁이를 등지고 숨어 있다가 군만을 보더니 포효했는데, 군만이 화살로 단번에 호랑이를 죽여버렸다.116) 군만은 화살로 호랑이를 잡을 수 있는 능력을 갖고 있었다.

대단한 기사 능력을 보유하고 사냥한 유명 인물은 이성계였다. 장단도호부 화장산에서, 그가 사냥하다가 사슴을 쫓아가는 중, 절벽의 높이가 수십 척이라 사람이 갈 수가 없는데 사슴이 미끄러져 내려가니 그의 말도 미끄러져 내려가 밑에까지 이르자 말이 엎어져 미처 일어나기도 전에 즉시 사슴을 쏘아 죽였다.117) 말을 타고 절벽을 미끄러져 내려가는 대단한 실력을 보였으며, 말이 일어나기도 전에 활을 당겨 사슴을 쏴 죽였다.

조선초에도 사냥에 능한 이들이 출중한 기사 능력을 보유하고 있음이 보인다. 성현의 외삼촌은 항상 튼튼한 말을 타고 천 길이나 되는 언덕을 달려 내려가도 빠르기가 나는 새와 같았으며, 화살촉이 서로 연달아 이어져 보는 사람이 탄복하지 않는 이가 없었다.118) 양녕대군은 출중한 활솜씨를 보유해 새를 맞추는 실력을 발휘했다. 太宗이 궁중에 감나무를 심고 그 열매를 무척 사랑했는데, 새가 쪼아 먹으므로 태종이 활 잘 쏘는 사람을 구하자, 좌우의 사람들이 모두 양녕대군을 추천했다. 태종이 곧 양녕대군에게 명하니, 번번이 맞추었다.119) 李陽生은 말 달리기와 활쏘기를 잘했으며, 매양 호랑이를 잡고 도적을 잡을 일이 있

---

116) 『高麗史』권121, 列傳34, 孝友, 君萬.
117) 『新增東國輿地勝覽』권12, 京畿, 長湍都護府, 山川, 華藏山.
118) 成俔, 『慵齋叢話』권3, 我外舅安公.
119) 成俔, 『慵齋叢話』권4, 讓寧大君.

으면 조정에서는 이 사람에게 위임했다.[120]

　탁월한 기사 능력을 보유하고 사냥하는 여러 사람들을 살펴보았는데, 역으로 사냥을 좋아하거나 능숙하게 하는 이들은 기사 능력을 갖췄다고 볼 수 있다. 그런데 말타기는 보통의 백성이 갖출 수 있는 능력이 아니었을 것이다. 지배층의 위치에 있다면 당연히 말타기의 능력을 보유하고[121] 사냥에 나섰을 것이다. 사냥을 즐기는 자, 사냥에 적극적으로 참여하는 자들은 말타기와 활쏘기 가운데 최소한 활쏘기의 능력은 갖고 있었다고 보아야 할 것이다.

　사냥에서 나선 사람들을 살펴봄으로써 그들의 기사 능력을 추측하고자 한다. 崔婁伯의 부친 崔尙翥가 사냥을 나갔다가 호랑이에게 해를 당했는데,[122] 최상저가 사냥 능력을 보유하고 있었기 때문에 사냥에 나설 수 있었다고 판단된다. 불의에 호환을 입었지만 최상저가 기사 능력을 보유한 것은 인정할 수 있을 것이다. 고종 46년(1259) 여러 공신이 강 밖에서 사냥을 해 여론의 비판을 받았다.[123] 공신이 기사 능력을 갖추고 있기에 사냥이 가능했다.

　고려시기 사냥에 몰두했던 양수척은 탁월한 사냥 능력을 보유하고 있었다고 여겨진다. 양수척은 太祖가 百濟를 공격할 때 제압하기 어려웠던 사람들의 후손들로서 본래 貫籍과 부역이 없었으며, 水草가 자라는 곳을 따라 일정한 거처가 없이 옮겨 다니면서 사냥을 일삼고 柳器를 만들었으며, 판매를 생업으로 삼았다.[124] 사냥을 일삼았던 양수척은 기사 능력을

---

120) 成俔,『慵齋叢話』권4, 雞城君 李陽生.
121) 이병희, 1999「高麗時期 僧侶와 말[馬]」『韓國史論』41·42합집, 서울대 국사학과 참조.
122)『高麗史』권121, 列傳34, 孝友, 崔婁伯.
123)『高麗史節要』권17, 高宗 46년 10월.

보유했을 것으로 판단된다.125) 적어도 활쏘기에서는 탁월했을 것이다.

원종대 횡천현의 백성 屎加大가 아들 8명 및 사위 1명과 함께 산골짜기에 거주하면서 물고기를 잡고 동물을 사냥하여 먹고살았다.126) 시가대 무리들은 사냥을 함으로써 생활해 가고 있었는데, 그들은 탁월한 활쏘기 능력을 보유하고 있었을 것으로 여겨진다.

趙瑋는 송사를 처리하고 난 뒤의 여가에는 술을 마시고 사냥을 하며 시간을 보냈다고 한다.127) 사냥을 하는 것을 취미로 했음을 알 수 있다. 기사 능력이 전제된 일이겠다. 侍衛護軍 河元瑞는 경원의 士族인데, 일찍이 사냥을 나왔다가 乾洞禪寺에 이르러 무너진 담장과 부서진 주춧돌을 보고 황폐한 사원을 다시 일으켰다.128) 그가 사냥을 나왔다는 것은 사냥 능력, 곧 기사 능력을 갖추었음을 뜻한다.

慶復興이 일찍이 최영과 함께 私兵을 거느리고 東郊에서 크게 사냥했다.129) 공민왕대에 최영이 高峯縣에서 사냥하니 신돈이 왕에게 참소한 일이 있다.130) 경복흥이나 최영은 사냥 능력을 보유하고 있었을 것이다. 그 능력은 다름 아닌 말타기와 활쏘기였다.

곳곳에서 사냥에 몰두한 사냥꾼이 존재한 것을 볼 수 있다. 達空 首座가 언제나 동굴 속에서 살았는데 사냥꾼 두어 사람이 그 곁에다 막사를 치므로, 그들이 보고서 사람들에게 말할까 하여, 곧 나갔다가 와서

---

124) 『高麗史』권129, 列傳42, 叛逆3, 崔忠獻 ; 『高麗史節要』권14, 高宗 3년 9월.

125) 이병희, 2022 『고려시기 사냥꾼 양수척과 정주사회』, 경인문화사 참조.

126) 『高麗史』권26, 世家26, 元宗 5년 5월 ; 『高麗史節要』권18, 元宗 5년 5월.

127) 李穀, 「高麗國重大匡僉議贊成事上護軍平壤君趙公墓誌」『稼亭集』권12 ; 金龍善 編著, 2012 『高麗墓誌銘集成』, 「趙瑋墓誌銘(1349년)」.

128) 李齊賢, 「重修乾洞禪寺記」『益齋亂藁』권6.

129) 『高麗史』권111, 列傳24, 慶復興.

130) 『高麗史』권113, 列傳26, 崔瑩.

그들과 함께 자며, 마치 지나가다가 길을 잃은 사람처럼 하다가 다음 날은 또 다른 곳으로 옮겼다.131) 사냥을 위해 떠돌아다니는 이들을 볼 수 있으며 그들은 기사 능력을 갖추었을 것이다. 기마 능력은 아닐지라도 활쏘는 솜씨는 출중했을 것이다.

사냥에 탐닉한 지방관을 볼 수 있는데,132) 기사 능력을 갖추고 있었기에 그럴 수 있었다. 고려말 수령들이 사냥에 나서는 일이 많아 이를 금지하자는 趙浚의 주장이 있었다.133) 사냥에 몰두하는 수령들은 기사 능력을 보유하고 있었을 것이다.

전라도 무장현의 풍속은 고기잡이와 사냥을 숭상한다고 한다.134) 무장 사람들이 사냥을 즐겨했고, 사냥에 능한 이들이 상당히 많이 있었음을 뜻하는 것으로 보인다. 기사 능력을 갖춘 이들이 많다는 의미로 해석된다.

사냥을 능숙하게 하기 위해서는 기사 능력을 갖추어야 했다. 상당한 수준의 실력은 오랜 기간의 연마 과정을 거쳐야 가능했다. 기사 능력이 있더라도 사냥이란 실제 상황에서 실력을 발휘하려면, 여러 차례 사냥을 직접 해 보아야 했다. 사냥에 종사한 많은 이들은 적어도 활솜씨를 갖추고 있었다고 보아야 할 것이다. 그 능력이 전제되어야 긴급 상황에 대처하면서 성과를 내고 안전을 보장받을 수 있었다. 사냥을 능숙하게 하려면 기민한 대처능력도 필요했으며, 위급한 상황에서의 용감함도 갖추어야 했다.

---

131) 權近,「達空首座問答法語序」『陽村集』권17.
132)『高麗史』권129, 列傳42, 叛逆3, 崔忠獻 ;『高麗史』권130, 列傳43, 叛逆4, 崔坦 ;『高麗史節要』권14, 神宗 2년 8월 ;『高麗史節要』권18, 元宗 10년 10월.
133)『高麗史』권118, 列傳31, 趙浚.
134)『新增東國輿地勝覽』권36, 全羅道, 茂長縣, 風俗.

4. 勇敢・殺生과 사냥

사냥하는 이들은 기사 능력을 갖춤과 아울러 용감하지 않으면 안 되었다. 겁이 많으면 동물이 출몰할 때 주춤하거나 피하게 되게 된다. 육식동물인 맹수를 조우하더라도 겁을 먹지 않고 대결할 수 있는 담력이 있어야 했다. 용감하다고 모두 사냥을 잘 하는 것은 아니겠지만, 유능한 사냥꾼이 되려면 반드시 담력을 갖추어야 했다. 용감한 기질을 보유해야 사냥에서 많은 성과를 낼 수 있었다.

사냥할 때 위험에 용감하게 대처하는 많은 예들을 볼 수 있다. 사냥을 즐겨하는 이, 사냥에서 유능함을 발휘하는 이들은 대부분 용감한 기질을 갖추고 있었다. 용감함을 발휘하면서 사냥한 대표적인 인물로 李珚, 李宜風, 韓希愈, 潘福海, 李成桂 등을 제시할 수 있다. 이들은 앞에서 언급한 바와 같이 대체로 기사 능력도 출중했다. 여기서는 용감한 측면을 중심으로 기술하고자 한다.

숙종이 牛陀川 들판에 행차했다가 호랑이가 뛰어나오자 때려죽인 牽龍校尉 宋宗紹는[135] 매우 용감한 군인이었을 것이다. 용감함을 갖추고 있어서 돌출한 호랑이를 때려 죽일 수 있었을 것이다. 閔瑛이란 인물은 사람됨이 호방하고 의협심이 있었으며, 어려서부터 사냥하는 일과 말을 달려 擊毬하는 것을 좋아했다.[136] 호방하고 의협심이 강한 것과 사냥을 좋아함은 상관 관계가 높았을 것이다.

충렬왕의 총애를 받았던 이병은 용맹함을 좋아하고 말타기와 활쏘기를 잘했으며, 관직이 將軍에 이르렀다. 항상 매를 길러 사냥하기를

---

135)『高麗史』권11, 世家11, 肅宗 7년 11월 壬午.
136) 金龍善 編著, 2012『高麗墓誌銘集成』,「閔瑛墓誌銘(1152년)」.

일삼았다.137) 용감한 사람으로서 사냥에 종사하고 있었음을 알 수 있
다. 사냥에 몰두하는 이들은 대체로 용감한 사람이었다.

원나라 출신 이의풍은 사슴이 국왕 앞으로 달려가는 상황에서 용감하고
기민하게 나서서 활을 쏴서 사슴을 넘어뜨렸다.138) 사슴의 돌출로 인해 매
우 긴박한 상황이었지만 용감함을 발휘해 국왕의 안전을 지킬 수 있었다.

충혜왕은 豪俠하고 말타고 활쏘는 것을 좋아했다.139) 그는 사냥에도
매우 활발한 모습을 보였다.140) 호협함과 사냥의 상관 관계를 볼 수 있
다. 얌전한 유형의 사람은 사냥을 즐기지 않았을 것이다. 또 文弱한 이
들도 사냥을 좋아할 수 없었을 것이다.

한희유는 嘉州吏 출신이었는데 膽略이 있었다. 일찍이 고향 사람들과 함
께 火獵을 행했는데 말을 채찍질해 불 가운데로 출입함이 나는 듯했다.141)
용감함을 가지고 불 사냥 시에 불속을 넘나들면서 동물을 포획한 것이다.

반복해는 매우 용감함을 보였다. 우왕이 사냥하다 멧돼지의 공격을
받았을 때 좌우에 있던 신하들이 얼굴빛이 변하여 어쩔 줄 몰랐다. 이
때 密直副使 반복해가 말을 달려 곧장 앞으로 나아가 멧돼지를 제압해
우왕이 화를 면할 수 있었다.142) 멧돼지의 공격이라는 위급 상황에서
다른 사람들이 주춤하고 있었는데 그가 용감하게 나서서 멧돼지를 죽

---

137) 『高麗史』권124, 列傳37, 嬖幸2, 李貞附 李珚 ; 『高麗史節要』권21, 忠烈王 15년 8월.
138) 『高麗史』권124, 列傳37, 嬖幸2, 崔安道附 李宜風 ; 『高麗史節要』권24, 忠肅王 11년 9월.
139) 『高麗史節要』권25, 忠惠王 總序.
140) 『高麗史節要』권25, 忠惠王 1년 1월 ; 『高麗史節要』권25, 忠惠王 1년 2월 ; 『高麗史
    節要』권25, 忠惠王 1년 3월 ; 『高麗史節要』권25, 忠惠王 1년 4월 ; 『高麗史節要』권
    25, 忠惠王 1년 10월 ; 『高麗史節要』권25, 忠惠王 後2년 8월 ; 『高麗史節要』권25,
    忠惠王 後2년 10월 ; 『高麗史節要』권25, 忠惠王 後2년 12월 ; 『高麗史節要』권25,
    忠惠王 後3년 2월 ; 『高麗史節要』권25, 忠惠王 後4년 6월.
141) 『高麗史』권104, 列傳17, 韓希愈.
142) 『高麗史』권124, 列傳37, 嬖幸2, 潘福海.

임으로써 국왕을 보호했다.

가장 사나운 맹수인 호랑이를 잡는 일은 대단한 용감성을 전제로 했다. 태조 1년(918) 호랑이가 都城의 黑倉 담 안으로 들어왔으므로 활을 쏘아 잡았다.[143] 쏘아 잡은 이는 대단히 용감했을 것이다. 호랑이 사냥 내지 퇴치에 나서는 이는 지극히 용감하지 않으면 안 되었을 것이다. 호랑이를 사살한 이성계의 용감성은 말할 나위 없는 것이었다. 우왕 1년(1375)과 우왕 4년에 이성계가 호랑이를 잡은 일이 있다.[144] 호랑이를 화살로 죽인 이성계는 대단히 용감한 사람으로 평가받았을 것이다. 조선초 河敬復은 사냥하다 맹호를 만나 피할 수 없는 상황에서 몸싸움을 하다가 조금씩 물웅덩이로 호랑이를 밀어 넣어 물을 마시게 했으며 이에 힘이 빠진 호랑이를 나무와 돌을 가지고 때려죽였다.[145] 보통의 담력이 아니면 해낼 수 없는 일이었다.

사냥을 잘 하려면 용감하지 않으면 안 되었다. 용감성이 전제되지 않으면 맹수의 공격이나 야생동물의 출몰에 대처할 수 없었다. 때문에 유능한 사냥꾼은 용감함을 갖추고 있었다. 위급 상황에 기민하게 대처하는 능력도 매우 중요했다. 그런 용감함과 기민함을 갖추지 않으면 유능한 사냥꾼이 될 수 없었다. 豪俠 · 豪放으로 표현되는 성품 소지자들이 사냥을 즐길 수 있었다.

사냥을 즐기는 사람이나 사냥에서 유능함을 발휘하는 사람은 대체로 용감한 사람이었다. 그리고 사태에 민첩하게 대처하는 능력을 가지고 있었다. 또 동물을 죽이는 것을 꺼리지 않아야 했다. 나아가 잔인한

---

143) 『高麗史』권54, 志8, 五行2, 金, 毛蟲之孽, 太祖 1년 8월 戊辰.
144) 『高麗史』권133, 列傳46, 辛禑 1년 10월 ; 『高麗史』권133, 列傳46, 辛禑 4년 8월.
145) 成俔, 『慵齋叢話』권3, 河敬復.

측면도 있어야 했다. 사냥을 즐겼던 이병, 충렬왕, 충혜왕, 우왕에게서 그런 면을 확인할 수 있다.

이병이란 인물은 항상 매를 길러 사냥하기를 일삼았는데, 참새 같은 새를 생포하여 털을 제거하고 입으로 씹어 매를 먹이거나 또는 생닭을 쪼개서 그 반을 남겨 매에게 먹였다.146) 살아 있는 새와 닭을 매우 잔인하게 대우함을 볼 수 있다. 동물에 대해 잔혹한 모습을 보이는 것이다.

사냥을 즐긴 충렬왕도 매에게 먹이를 줄 때 잔인한 모습을 보였다. 충렬왕은 닭이나 고니의 배와 등에 있는 털을 산 채로 뽑은 후 놓아준 다음 새매를 풀어 쪼아 먹게 했다.147) 충혜왕은 밤에 承信의 집에 행차하여 술자리를 열고 매우 즐거워하다가 닭이 울자, 칼을 뽑아들어 닭의 머리를 베어버렸다.148)

사냥에 탐닉했던 우왕은 정무를 보지 않고 날마다 군소배들과 함께 민가에서 말을 달리면서 닭과 개를 때려 죽였다.149) 우왕은 또 타인의 말을 빼앗아 타고 나가 놀면서 쇠몽둥이로 만나는 개마다 쳐서 죽였는데 하루에 20여 마리에 이르기도 했다.150) 민가의 닭과 개를 때려 죽이는 잔인함을 보이고 있었다. 살생에 대해 거침없는 모습을 보이는 것이다. 崔瑩이 매와 사냥개를 바쳐 우왕을 사냥으로 이끌고 또 형벌과 살육을 가르쳐 위세와 잔악함을 즐기게 했다는 표현이 보인다.151) 사냥과 잔악은 함께 가는 것이다. 사냥을 즐기는 이들은 잔악할 가능성이 높아 보인다.

---

146) 『高麗史』권124, 列傳37, 嬖幸2, 李貞附 李珝 ; 『高麗史節要』권21, 忠烈王 15년 8월.
147) 『高麗史』권123, 列傳36, 嬖幸1, 李汾禧附 㮇.
148) 『高麗史』권36, 世家36, 忠惠王 후4년 7월 癸未.
149) 『高麗史』권134, 列傳47, 辛禑 6년 10월.
150) 『高麗史』권134, 列傳47, 辛禑 7년 6월.
151) 『高麗史』권137, 列傳50, 辛昌 즉위년 6월 辛亥.

사냥은 야생동물을 잡는 것이었으므로, 살생을 꺼리지 않아야 했다. 야생동물의 살생을 부담스러워하거나 야생동물에 대해 연민의 정을 가져서는 사냥할 수 없었다. 야생동물에 대한 자비심을 가져서는 곤란했다. 때로는 잔인함도 발휘할 수 있어야 했다. 이에 반해 유약한 사람, 겁 많은 사람은 사냥에 적합하지 않았다. 살생을 꺼리는 사람 역시 사냥을 좋아하지 않았다. 好佛的인 사람은 대개 살생을 꺼려했으므로 사냥에 적극적이기 어려웠다.[152] 사냥을 좋아하지 않았던 군주로 충선왕과 공민왕을 들 수 있고, 신료로서는 廉承益, 張舜龍, 韓康, 辛旽을 찾을 수 있다.

충선왕은 세자 시절에 父王인 충렬왕이 사냥하는 것을 좋아하지 않았으며, 부왕을 사냥으로 이끄는 朴義를 비난했다. 相師 天一이 어린 충선왕을 보고 인자한 눈을 가져 매와 개를 좋아하지 않을 것이라고 했다.[153] 과연 충선왕은 왕위에 올라 사냥에 거의 참여하지 않고 사냥을 제한하는 조치를 취했다. 충선왕 1년 매 사냥과 관련된 응방을 혁파했으며,[154] 2년에 이제부터 3년을 기한으로 사냥을 금지했다.[155] 3년 宰樞 이하 관원이 매 사냥하는 것을 금지했다.[156] 충선왕 본인이 매와 개를 놓아 보내고 놀러 나가 사냥하는 것을 끊었다고 자부했다.[157]

공민왕 역시 성품이 자애로워 동물을 차마 해치지 못했다. 공민왕 5

---

152) 불교 이념이 지배하는 사회에서 살생은 매우 부담스러운 일이었다. 그러나 중요한 생업의 하나였으므로 사냥은 불가피했다. 식료를 조달하고 중요한 자재를 확보하기 위해 사냥에 나서지 않을 수 없었다. 그렇지만 사냥에 專業的으로 종사하는 이들은 사회적으로 천대를 받는 위치에 있었다. 楊水尺이 그러했다.
153) 『高麗史』권33, 世家33, 忠宣王 總序.
154) 『高麗史節要』권23, 忠宣王 1년 4월.
155) 『高麗史』권33, 世家33, 忠宣王 2년 12월 戊申.
156) 『高麗史』권84, 志38, 刑法1, 職制, 忠宣王 3년 6월.
157) 『高麗史』권34, 世家34, 忠肅王 1년 1월 甲辰.

년 서울과 지방에서 사냥하는 것을 금지했다.158) 12년 教書에 이르기를, "근래에 각처의 防禦軍官들이 군사를 거느리고 사냥을 하는 것이 때가 없어서 새끼나 알을 품고 있는 짐승을 죽이거나 상하게 하고 있어서 仁政에 어그러지는 것이 있으니, 명령을 내리건대 여러 道의 存撫使와 按廉使는 그런 행위는 통렬히 금지시키라."라고 했다.159) 각 처의 방어군관들이 무시로 사냥하는 행위를 금지한 것이다.

또 공민왕 15년 遼陽의 平章 高家奴가 새매[鷳]를 바쳤는데, 왕이 풀어주었다. 사냥을 하지 않겠다는 의미이다. 또 일찍이 개가 다급하게 우는 것을 보고 말하기를, "이것은 필시 복통일 것이다."라 하고 궁중의 약을 내어오라고 명령했는데, 약이 오지 않자 왕이 곁에 서서 기다렸다. 공민왕이 왕위에 있는 동안 거의 사냥의 즐거움을 누리지 않았다.160) 동물을 해치지 못하는 자애로움을 가진 이들은 사냥을 즐기기 힘들었을 것이다. 그리고 21년 원구단 및 여러 祭壇 · 山陵 · 鎭山 · 裨補所에서 사냥하는 것과 매의 사육을 금지했다.161) 공민왕은 사냥을 금지하고 매를 풀어주고 있는 것이다. 복통을 앓는 개에 대해서도 연민의 정을 갖고 있었다.

好佛 · 信佛의 성향이 강한 이들도 사냥에 소극적이었다. 살생이 따르기 때문이었다. 염승익은 불교에 대한 신심이 매우 도타웠다.162) 충렬왕이 자주 사냥을 나갔는데, 염승익이 불교의 법을 가지고 권하자 충렬왕이 사냥 나가는 것이 조금 뜸해졌다.163) 불교를 독신하는 염승익

---

158) 『高麗史』권85, 志39, 刑法2, 禁令, 恭愍王 5년 12월.
159) 『高麗史』권84, 志38, 刑法1, 職制, 恭愍王 12년 5월.
160) 『高麗史』권41, 世家41, 恭愍王 15년 8월 己卯 ; 『高麗史節要』권28, 恭愍王 15년 8월.
161) 『高麗史』권85, 志39, 刑法2, 禁令, 恭愍王 21년 11월.
162) 김종민, 2019 「감지금자『百千印陁羅尼經四經合部』사경을 통해 본 고려시대 왕실 발원 사경 - 충렬왕대의 국왕발원사경을 중심으로 -」『불교미술사학』28, 불교미술 사학회 참조.

이 충렬왕의 사냥에 대해 부정적인 입장을 보인 것이다.

장순룡도 염승익과 비슷한 성향을 보였다. 忠烈王이 馬堤山으로 사냥을 갈 때 壽康宮에 道場을 설치하고 대거 승려들을 모아들이자 장순룡이 말하기를, "왕께서 부처를 받들고 飯僧하면서도 또한 이와 같이 사냥하니 어떠한 공덕이 있겠습니까?"라고 했다.164) 부처를 받들고 반승을 해도 사냥을 한다면 공덕이 없게 된다는 지적이었다. 불교와 사냥은 서로 대립적인 가치를 지향하고 있었다. 불교는 살생에 대해 매우 부정적인 입장을 보였기 때문이다.

한강은 몹시 호불적 인물이었다.165) 충렬왕이 정치의 자문을 구하자, 한강은 佛法을 인용해 사냥에 대해 부정적인 내용을 주장했다. 즉 "동물을 놓아주어 생명을 살린다면 가히 천수를 증가시킬 수 있을 것이니, 청하건대 이제부터 도살을 엄격히 금지하고 사냥하는 즐거움을 멈추며 맛 좋은 고기의 진상을 줄이기 바란다."라고 했다.166) 동물을 놓아주어 생명을 살리면 천수를 늘릴 수 있다는 것이다. 또한 사냥의 즐거움을 멈춰 살생을 중지하라는 것이다.

불교계의 대표인 國師 역시 그러했다. 충렬왕 22년(1296) 왕이 西郊에서 사냥을 했을 때, 國師僧이 서한을 올려 이르기를, "전하께서는 환갑의 나이가 되었으니 의당 조심하면서 덕을 닦아야 하며, 사냥에 빠지는 것은 옳지 않다." 라고 했다.167) 불교를 대표하는 위치에 있던 국사

---

163) 『高麗史』권123, 列傳36, 嬖幸1, 廉承益 ; 『高麗史節要』권20, 忠烈王 9년 6월.
164) 『高麗史』권123, 列傳36, 嬖幸1, 張舜龍.
165) 강혜진, 2019 「高麗後期 淸州韓氏家 人物의 政治活動」『高麗時期 家門 硏究』, 한국교원대 출판문화원 참조.
166) 『高麗史節要』권21, 忠烈王 22년2월 ; 『新增東國輿地勝覽』권15, 忠淸道, 淸州牧, 人物, 韓康.
167) 『高麗史節要』권21, 忠烈王 22년 2월.

가 국왕이 사냥에 빠지는 것이 옳지 않다고 비판하는 것이다. 살생은 불교 계율에서 엄히 금했으므로 국사가 이런 주장을 펼치는 것이다. 승려 출신 辛旽 역시 사냥개를 무서워하고 활쏘기와 사냥을 싫어했다.[168]

보각국사 혼수의 부친이 龍州의 수령으로 있을 때 하루는 사냥을 나갔는데, 사슴 한 마리가 달아나다가 우뚝 서서 두 번씩이나 뒤돌아보는 것을 보고 활을 당기려 하다가 이상한 생각이 들어 뒤돌아보니, 사슴 새끼가 그 어미를 뒤따라오고 있었다. 그는 "짐승이 새끼를 생각하는 것이 사람과 무엇이 다르랴." 하고 탄식하면서 곧 사냥을 그만두었다.[169] 자비로운 마음으로는 사냥을 하기 힘든 것이었다.

사냥은 누구나 능숙하게 할 수 있는 것은 아니었다. 겁이 많거나 마음이 약한 사람, 자비심이 두터운 사람은 사냥을 즐기기 힘들었다. 살생에 주저함이 없고, 기사 능력을 갖추어야 사냥을 능숙하게 할 수 있었다. 이러한 기질과 능력은 상무적 속성에 포함되는 것이라고 할 수 있다.

5. 맺음말

고려시기 사냥은 모든 이들이 참여하는 활동이었다. 사냥의 보편화는 고려 사회가 상무적인 성향을 짙게 갖도록 했다. 騎射 능력과 용감한 기질을 갖춘 상무적 성향의 사람들이 사냥에서 크게 활약했다. 이들은 사냥만이 아니라 사회의 곳곳에서 영향력을 행사했다.

사냥은 다양한 방법을 사용하고 있지만, 야생동물을 상대로 하는 것

---

168) 『高麗史』권112, 列傳25, 李達衷 ; 『高麗史』권132, 列傳45, 叛逆6, 辛旽 ; 『高麗史節要』권29, 恭愍王 20년 7월.
169) 權近, 「有明朝鮮國普覺國師碑銘 幷序」 『陽村集』권37.

이기에 매우 위험한 일이었다. 사냥의 방법으로 가장 고전적인 것은 활과 화살을 사용하는 것이었다. 포유류나 조류 등 대부분의 동물은 이 도구를 사용해 포획할 수 있었다. 그리고 매 사냥 역시 성행했다. 꿩과 토끼, 여우 등을 사냥할 때 매 사냥을 활용했는데 대개 개를 데리고 함께 했다. 그물을 설치하거나 함정을 파서 사냥하기도 했다. 국왕이나 군 지휘관, 수령 등은 다수의 사냥꾼을 동원한 몰이 사냥을 했다. 눈이 내렸을 때를 활용하면 쉽게 동물을 잡을 수 있었다. 사냥은 매우 위험하고 어려운 일이었다. 달아나는 야생동물을 뒤쫓는 과정에서 온갖 위험에 빠질 수 있었으며, 큰 사고를 당하는 수도 많았다. 동물의 직접적인 공격을 받아 상해를 입기도 했으며, 落馬의 사고를 겪는 수가 흔했다. 부주의로 낙마하는 경우도 있었고, 동물의 돌출로 낙마하는 수도 있었다.

위험한 사냥을 능숙하게 잘 하려면 일정한 기술 능력을 소지해야 했다. 그것은 활쏘기와 말타기로 집약되었다. 활쏘기와 말타기는 꽤 긴 기간의 수련을 전제로 했다. 이런 능력을 소지한 이들이 사냥에 적극적인 경우가 많았다. 신숭겸·목종·원경·한희유·이의풍·김륜·권렴·우왕·반복해·이성계 등은 모두 활쏘기와 말타기를 능숙하게 하면서 사냥에 적극적이었던 인물이다. 활쏘기와 말타기 능력을 언급함이 없이 사냥에 종사한 이들이 적지 않게 보이는데, 이들 역시 그런 능력을 소지하고 있었다고 여겨진다. 그런데 말은 지배층이 보유할 수 있는 것이기에 양자에 모두 능한 이는 지배층일 수밖에 없었다. 일반 민인이 사냥에 종사하는 경우에는 주로 활쏘기를 능숙하게 했다고 여겨진다. 활쏘기와 말타기라는 무예는 군인의 전투 능력과 깊이 연관되는 것이었다. 사냥에서 활쏘기와 말타기를 능숙하게 하는 이는 전쟁에서도 유능함을 발휘할 가능성이 컸다.

사냥은 기사 능력만으로 할 수 있는 것이 아니었다. 사냥은 위험한 일이고, 또 돌발 상황이 많이 발생하는 일이어서 상당한 용감성을 갖춰야 했다. 그리고 동물을 주저 없이 살상할 수 있는 마음을 갖지 않으면 안 되었다. 사냥을 즐긴 이들은 대부분 용감했다. 특히 호랑이를 퇴치한 이는 엄청난 용감성을 가진 것으로 평가받았다. 이성계라든지 하경복이 그러했다. 반면에 마음이 여리거나 담력이 약한 사람, 그리고 자비심이 많은 사람은 사냥을 즐기지 않았다. 호불·신불의 성향이 강한 사람 역시 사냥에 비판적이었다. 국왕으로는 충선왕과 공민왕이 사냥을 멀리했으며, 염승익·장순룡·한강·신돈 등이 사냥에 대해 비판적인 모습을 보였다.

고려시기 사냥문화가 보편화되어 있었기 때문에 상무적 분위기가 사회 구성원을 지배하고 있었다.[170] 성리학 수용 이후 상무적 분위기는 점차 퇴색해 갔다. 武藝보다는 文藝 혹은 禮治를 중시하게 되면서, 지배층에서 사냥은 점차 멀어져갔다. 사냥문화는 특히 15세기 후반 이후 급격히 퇴조했는데,[171] 이는 상무적인 사회 성향이 퇴색해 감을 의미하는 것이다.

(『東國史學』72, 2021. 12. 揭載)

---

170) 이 글은 고려 사회 전반을 함께 다루었기 때문에 시기별 변화 양상을 언급하지 못했다. 상무적 분위기는 고려 전체 시기에 걸쳐 공통이었지만, 무인집권기와 대몽항쟁기, 원 간섭기에 더욱 고조되었을 것이다. 사회의 상무적 성향은 사냥에 의해서만 영향을 받는 것은 물론 아니었다. 외부 세계와의 전쟁이나 내전을 겪는 경우 상무적 분위기가 강화될 것이다. 그리고 고려 이전시기에는 사냥이 생업으로서 갖는 비중이 더욱 컸을 것이므로 사냥문화의 영향이 사회 전반에 깊숙이 미쳤을 것이다. 따라서 상무적 성향도 고려보다 더욱 강했을 것으로 추측된다.

171) 이병희, 2020 「조선전기 사냥의 전개와 위축」『사회과학연구』21, 한국교원대 사회과학연구소 참조.

순번	인물명	내용	전거
1	郭輿	射御琴碁 廉所不治	『高麗史』권97, 列傳10, 郭尙附 輿 ;『高麗史節要』권9, 仁宗 8년 4월
2	奇卓誠	善射御	『高麗史』권100, 列傳13, 奇卓誠 ;『高麗史節要』권12, 明宗 9년 2월
3	金正純	善射御	『高麗史』권98, 列傳11, 金正純 ;『高麗史節要』권10, 仁宗 23년 8월
4	金行波	善射御	『高麗史』권88, 列傳1, 后妃, 小西院夫人金氏
5	穆宗	善射御	『高麗史』권3, 世家3, 穆宗 12년 2월 己丑 ;『高麗史節要』권2, 穆宗 總序
6	朴仁碩	善騎射	金龍善 編著, 2012『高麗墓誌銘集成』, 「朴仁碩墓誌銘(1212년)」
7	徐恭	善騎射	『高麗史』권94, 列傳7, 徐熙附 恭 ;『高麗史節要』권12, 明宗 1년 7월
8	王綽	善騎射	『高麗史』권90, 列傳3, 宗室, 顯宗王子 平壤公王基, 永寧公王綽
9	柳實	善騎射	『高麗史』권112, 列傳25, 柳淑附 實
10	尹可觀	善騎射	『高麗史』권113, 列傳26, 尹可觀
11	元卿	好射御	『高麗史』권124, 列傳37, 嬖幸2, 元卿 ;『高麗史節要』권22, 忠烈王 28년 6월
12	李琘	善騎射	『高麗史』권124, 列傳37, 嬖幸2, 李貞附 李琘 ;『高麗史節要』권21, 忠烈王 16년 8월
13	李孚	善射御	『高麗史』권129, 列傳42, 叛逆3, 崔忠獻 ;『高麗史節要』권15, 高宗 4년 3월
14	李宜風	善射御	『高麗史』권124, 列傳37, 嬖幸2, 崔安道附 李宜風
15	李子晟	善射御	『高麗史節要』권17, 高宗 38년 윤10월
16	李子春	稍長善騎射	李穡, 「高麗國贈純誠勁節同德輔祚翊贊功臣 … 榮祿大夫判將作監事李公神道碑銘 幷序」『牧隱文藁』권15
17	張侶	能射御	『高麗史』권134, 列傳47, 辛禑 8년 1월 ;『高麗史節要』권31, 辛禑 8년 1월
18	鄭沈	善騎射	鄭道傳, 「鄭沈傳」『三峯集』권4
19	趙延壽	尤工書畫射御	金龍善 編著, 2012『高麗墓誌銘集成』, 「趙延壽墓誌銘(1325년)」
20	澄曉大師 父 先憧	藝高弓馬	李智冠 譯註, 1994『歷代高僧碑文(高麗篇1)』, 「寧越興寧寺 澄曉大師寶印塔碑文」
21	蔡松年	衆藝備身 尤善琴碁射御書也	河千旦, 「除宰臣任景肅蔡松年金敏趙敦樞密院使崔璘麻制」『東文選』권26
22	崔弘宰	善射御	『高麗史』권125, 列傳38, 姦臣1, 崔弘宰 ;『高麗史節要』권9,

			仁宗 2년 2월
23	忠惠王	好騎射	『高麗史節要』권25, 忠惠王 總序
24	韓希愈	善騎射	『高麗史節要』권104, 列傳17, 韓希愈 ; 『高麗史節要』권23, 忠烈王 32년 7월

高麗時期 매의 포획과 활용

1. 머리말

매는 오래전부터 인간과 깊은 유대를 맺은 猛禽類이다. 매 자체가 아름다움을 지녀 많은 이들이 기르며 완상했다. 매를 활용해 사냥하는 것은 매우 이른 시기부터 확인된다. 매 사냥은 즐거움을 제공하는 수단이었으며, 또한 생업으로서도 큰 의미를 가졌다. 그러나 매는 가축으로 전환되지 않고 끊임없이 야생의 것을 길들여 인간이 활용해야 했다. 매가 지니는 가치는 높이 평가되어 동아시아의 국제 관계에서 예물로 주고받는 경우가 많았다. 고려의 매는 인삼과 더불어 동아시아에서 가치를 높이 인정받고 있었다.

매가 갖는 중요성으로 인해 이에 대한 관심은 일찍부터 있어 왔다. 특히 원 간섭기에 매를 관리하는 기구인 鷹坊에 대해서는 적지 않은 연구 성과가 축적되었다. 그리하여 응방의 설치와 운영에 대한 소상한 내용이 밝혀졌다.[1] 응방이 측근세력의 양성과 관련해 운영된 측면도 구

---

1) 旗田巍, 1935「高麗の鷹坊(1·2)」『歷史教育』10-6·7 ; 內藤雋輔, 1955「高麗時代の鷹坊について」『朝鮮學報』8 ; 鄭鎭禹, 1979「高麗鷹坊考」,『淸大史林』3, 청주대 사

명되었다.[2] 응방에 소속한 이들이 저지른 각종 폐해에 대해서도 상세히 알 수 있게 되었다.[3] 최근에는 원과의 국제교역에서 응방이 축적한 재화가 국왕에 의해 적극 활용되었다는 주장도 제기되었다.[4] 그리고 응방이 원의 怯薛(케식)에서 유래한 것이라는 점 또 중앙 응방관과 지방 응방인의 이원적 구성을 보였다는 점도 지적되었다.[5] 이러한 성과로 인해 응방에 관해서는 상세한 사항을 확인할 수 있게 되었다. 그렇지만, 매 자체에 대해서는 별로 관심을 기울이고 있지 않다. 매의 속성이나 활용, 그리고 매와 인간의 관계에 대해서는 많은 사실을 더 구명해야 할 여지가 있으며, 매와 생태환경의 관계에 대해서도 숙고할 필요가 있다.

본고에서는 매 자체에 초점을 두고 관련한 여러 사항을 다양한 자료를 활용해 살펴보고자 한다. 매의 종류와 속성을 당시인의 글을 통해 정리해 보고, 매의 포획와 사육의 방법, 그 과정에서 발생하는 가축과의 관계를 살피고자 한다. 그리고 매를 활용한 사냥에 대해 그 구체적인 방법과 포획하는 동물을 검토할 것이다. 매가 지니는 가치로 인해 동아시아 국가간에 교류되는 측면과 국내에서 뇌물이나 선물로 활용되는 점도 밝히고자 한다. 매가 국외로 다수 반출됨으로써 고려 국내의

학회 ; 李仁在, 2000 「高麗後期 鷹坊의 設置와 運營」『韓國史의 構造와 展開 - 河炫綱 教授定年紀念論叢 -』, 논총간행위원회.
2) 李益柱, 1988 「高麗 忠烈王代의 政治狀況과 政治勢力의 性格」『韓國史論』18, 서울 대 국사학과.
3) 朴洪培, 1986 「高麗鷹坊의 弊政 - 主로 忠烈王대를 중심으로 -」『慶州史學』5, 東國 大 國史學會.
4) 이강한, 2009 「1270~80년대 고려내 鷹坊 운영 및 대외무역」『韓國史研究』146.
5) 임형수, 2020 「고려 충렬왕대 鷹坊의 구조와 기능에 대한 재검토」『역사와 담론』 93, 湖西史學會.

매 개체수가 현저하게 감소한 점을 주목하고자 한다. 당시 文人들이 남긴 각종 글을 원용해 매에 접근할 것이다. 고려시기 전체 생태환경에 대한 파악이 전혀 이루어지지 않은 현 수준에서 이 글은 매에 관련한 여러 사실 내용을 종합 정리하는 데 머물 수밖에 없다.[6]

2. 매의 종류와 속성

매는 빠른 비행 능력과 날카로운 부리와 발톱을 가진 조류이다. 수명은 약 15년이고, 번식기 외에는 단독생활을 하며, 비행능력이 뛰어나 공중에서 먹이를 낚아채 사냥하기도 하고 땅 위의 먹이를 덮쳐 발톱으로 움켜쥐어 잡는다. 번식기인 3월 하순에서 5월 사이에 암수가 짝을 지어 생활한다. 알은 보통 3~4개 정도 낳으며 알을 품는 기간은 약 28~29일이며, 암수가 교대로 품는다.[7] 현재의 매는 대부분 텃새이지만, 일부 겨울철에 이동해 오는 철새도 있다.[8]

매의 종류에 대해서는 다양한 한자어로 표현하고 있다. 『高麗史』 및 『高麗史節要』에서 매를 표현한 한자어로 鷹(매), 鷂(새매), 鶻(송골매), 鷲, 海東靑 등을 확인할 수 있다. 원에 진헌하는 매도 다양한 한자로 표현

---

6) 생태학적 관점에서 매가 갖는 의미에 대해서는 소략한 수준의 언급에 그칠 수밖에 없다. 다만 현재 확인할 수 있는 매의 생태 실상이나 인간과의 관계가 고려시기의 그 것과 큰 차이가 있음을 지적하고자 한다.

7) https://terms.naver.com/entry.naver?docId=3386757&cid=46681&categoryId=46681 및 한국민족문화대백과사전(http://encykorea.aks.ac.kr/) 참조. 매에 대한 소개의 글은 대부분 沒歷史的인 내용 중심으로 역사성을 찾기 힘들다. 이 글에서는 당시의 문헌 자료를 통해 고려시기 매와 관련한 실상을 제시할 것이다.

8) 김연수, 2011 『바람의 눈 - 한국의 맹금류와 매사냥 -』, 수류산방, pp.64~66, p.74, pp.84~86, p.152, p.168, p.180, pp.186~188.

하고 있다([부록 2] 참조). 매와 새매로 구분하는 것을 흔히 볼 수 있다.

散員 田裕라는 자가 새매를 잡으려고 지방에 간 일이 언급되어 있어 새매의 존재를 확인할 수 있다.[9] 요로 표현되는 새매는 매우 풍부하게 확인할 수 있다. 새매의 꼬리 깃털은 많을수록 높이 평가받았던 것으로 보인다. 朴義가 한 마리의 새매를 기르고 있었는데, 郎哥歹(낭기아다이)가 새매의 꼬리깃털이 12개가 있는 경우도 드문데, 이 새매는 14개라고 하면서 원의 황제에게 바치면 후한 상을 내릴 것이라고 했다. 이에 박의가 낭가대를 따라 원에 가서 그 새매를 바쳤다.[10] 새매의 경우 꼬리깃털의 수가 많을수록 귀한 것으로 인정받고 있었음을 알 수 있다.[11]

매의 종류에는 해동청으로 표현되는 것도 있다. 충숙왕 6년(1319) 국왕이 덕수현에서 사냥했을 때 해동청이 폐사한 것을 보고 그곳의 城隍神祠를 불태워버린 일이 있다.[12] 민사평의 시에서도 가을 하늘에 해동청을 풀어 사냥할 것을 읊고 있다.[13] 조선초 서거정의 시에서도 해동청을 풀어 사냥하는 모습을 확인할 수 있다. "편평한 들에 시험삼아 해동청을 풀어놓아라(平郊試放海東靑), 버렁[鞲]에서 놓아 주니 이내 방울이 딸랑하네(爲解蒼鞲乍掣鈴)."[14] 버렁에서[15] 풀어주니 방울이 딸랑거

---

9) 『高麗史』권123, 列傳36, 嬖幸1, 李汾禧附 榾.
10) 『高麗史』권124, 列傳37, 嬖幸2, 朴義.
11) 매의 형체, 발, 부리, 깃 등의 상태에 대한 상세한 설명은 李兆年(李源天 譯), 1994 『校註國譯 鷹鶻方』, 慶北印刷, pp.39~44 참조. 『鷹鶻方』의 국내외 판본에 대한 상세한 검토는 김방울, 2020 「매사육과 매 사냥을 위한 지침서, 『응골방(鷹鶻方)』의 여정」『무형유산』8, 국립무형유산원에서 이루어졌다.
12) 『高麗史』권34, 世家34, 忠肅王 6년 8월 壬子 ; 『高麗史節要』권24, 忠肅王 6년 8월.
13) 閔思平, 「復次前韻」『及菴詩集』권4.
14) 徐居正, 「見放海東靑」『四佳詩集』권12.
15) 鞲는 버렁이다. 매를 올려 놓거나 활을 쏠 때에 소매를 걸어 매는 가죽 토시, 또는 매 사냥에서 매를 받을 때 끼는 두꺼운 장갑이다(유희(김형태 옮김), 2019 『物名考』상, 소명출판, p.53).

리는 데서 매에 방울을 달았음을 확인할 수 있다.

鶻로 매를 표현한 경우도 많다. "텅 빈 들판엔 일찍 나는 골이 교만 부리네(逈野晨飛快鶻驕)"라는[16] 것은 이규보의 시구의 일부이다. "단풍잎 건너편에 野鶻이 서리고(野鶻遠盤紅樹外)"에서[17] 골은 송골매를 가리킨다. 골로 표현한 송골매를 이색의 시에서도 확인할 수 있다.[18]

매의 종류는 현대의 학문에 따르면 <표 1>과 같이 매과와 수리과로 구분하고 있다.

<표 1> 매의 분류[19]

구분	특징	종류
매과(鶻屬) Falconidae	- 송곳니 같은 치상돌기가 있음 - 날개폭이 좁고 길며 비행 시 날개 끝 부분이 붙음 - 꼬리가 짧음 - 피부의 비늘이 겹치지 않고 통자임	매 헨다손매 새홀리기(새호리기) 황조롱이 등
수리과(鷹屬) Accipitridae	- 치상돌기가 없고 홀쭉함 - 날개폭이 넓고 짧으며 비행 시 날개 끝이 갈라짐 - 꼬리가 길음 - 피부의 비늘은 물고기 비늘처럼 겹침	참매 새매 조롱이 붉은배새매 등

조선초 세종 9년(1427)의 『世宗實錄』에는 <표 2>와 같이 7가지로 나누고 있다.[20]

---

16) 李奎報, 「次韻李侍郞需以廻文和長句雪詩三十韻」 『東國李相國後集』권9.
17) 都元興, 「次淸心樓韻」 『東文選』권17.
18) 李穡, 「演雅 三首」 『牧隱詩藁』권9 ; 李穡, 「自詠」 『牧隱詩藁』권19 ; 李穡, 「乍晴」 『牧隱詩藁』권34.
19) 조삼래 · 박용순, 2008 『맹금(猛禽)과 매 사냥』, 공주대 출판부, p.8 ; 김연수, 2011 앞의 책, pp.55~225.
20) 『世宗實錄』권35, 世宗 9년 2월 己卯(21일), 3-63(국사편찬위원회 영인본 3册, p.63

<표 2> 매의 종류

순번	종류	특징
1	貴松骨	털과 깃, 부리와 발톱이 모두 희고, 눈은 검고, 날개 끝은 검고, 발톱은 약간 노라며, 또 다른 이름으로 玉海靑이라고도 하는데, 혹은 날개 끝이 순수히 흰 것도 있다.
2	居辣松骨	흰 바탕에 검은 점이 菉豆 크기 만한 것이 있고, 날개 끝은 검고, 눈은 검고, 부리와 발톱은 푸르고, 다리와 발은 엷은 청색인데, 또 다른 이름으로 蘆花海靑이라고도 한다.
3	這揀松骨	흰 바탕에 검은 점이 개암[榛子] 크기 만한 것이 있고, 날개 끝은 검고, 눈은 검고, 부리와 발톱은 약간 검고, 다리와 발은 엷은 청색인데, 또 다른 이름으로 蘆花海靑이라고도 한다.
4	居擧松骨	등의 색깔이 약간 검은데, 엷고 흰 점이 菉豆 크기 만한 것이 있고, 가슴과 배 아래가 약간 누런데, 흰 점이 서로 섞여 있고, 눈은 검고, 부리와 발톱은 검고, 다리와 발은 청색인데, 또 다른 이름으로 靑海靑이라고도 한다.
5	堆昆	털과 깃이 희고, 눈은 누렇고, 부리와 발톱은 검고, 다리와 발은 누렇고, 혹 깃의 문채가 약간 노란 점이 있다. 점의 모양이 누런 매[黃鷹]와 같은데, 또 다른 이름으로 흰 매[白鷹]라고도 한다.
6	多落進	깃의 문채가 모두 흰색인데, 안에 검은 점이 있고, 눈은 누렇고, 모양은 누런 매[黃鷹]와 같다.
7	孤邑多遜松骨	그 모양과 빛깔은 자세히 알 수 없다.

그리고 『조선왕조실록』에는 매를 가리키는 한자어로 鷹, 鶻, 鸇, 鶻, 隼, 海靑, 那進, 松鶻, 堆困(堆昆) 등이 확인된다.[21]

을 의미함. 이하 같음). 조선전기 매 전반에 대해서는 이예슬, 2019 「조선전기 매[鷹]의 사육과 활용」, 한국교원대 석사학위논문 참조.

21) 『조선왕조실록』에서 검색하면, 鷹(1,826건), 鶻(30건), 鸇(122건), 鶻(191건), 隼(35건), 海靑(335건), 那進(10건), 松鶻(30건), 堆困·堆昆(16건) 등으로 확인된다. 색인어가 모두 매를 의미하지는 않지만 매를 가리키는 한자어의 빈도를 어느 정도 가늠할 수 있다. 매의 정확한 생물학적 분류는 그 분야 전공자의 도움을 필요로 한다. 여기서는 매가 다양한 한자어로 표기된 데서 알 수 있듯이 매우 종류가 많았다는 점을 지적하는 데 그치고자 한다. 그리고 그것을 당시에 정확하게 인식해 분류하고 있었다는 점을 확인하고자 한다. 조선후기 『靑莊館全書』에서는 매를 다음과 같이 분류하고 있다(李德懋, 『靑莊館全書』권68, 寒竹堂涉筆上).

매는 사냥하기 위해 기르는 것이 일반적이었지만 매의 용맹함과 준
수함을 좋아해 사육하는 수도 있었다. 사냥을 좋아하지 않은 공민왕도
응방을 설치해 매를 기르려고 했는데, 사냥을 위해서가 아니라 매의 猛
俊을 사랑하기 때문이었다.[22]

매는 야생의 동물이지만, 인간에 잡혀 제어당하는 존재였다. 허공을
자유롭게 나는 것이 매의 속성이지만, 그것을 못해 인간이 부리는 매는
울울한 처지에 있었다. 매가 자유롭게 날도록 풀어주는 것은 매를 배려
한 조치였다. 재변이 있을 때, 매를 자연으로 풀어주는 것은 그 때문이
었다. 매의 冤抑을 풀어주어야 재변이 물러간다는 관념이 있었다. 靖宗
9년(1043) 5월 여러 차례 재변이 발생하자 尙食局에 명령해 鷹鷂軍을
돌려보내고 통발이나 대어살로 물고기 잡는 것을 금지하라고 했다.[23]
매 사냥을 전문으로 하는 군인을 해산한 것인데,[24] 자연히 보유하고 있
던 매를 자연으로 풀어주는 조치가 뒤따랐을 것이다.

충렬왕 3년(1277) 7월 왕이 急患을 앓자 재추가 營繕을 중지하고 鷹
鷂를 놓아줄 것을 청하자 제국공주가 허락했다.[25] 사육하고 있던 응요

순번	이름	특징
1	보라매[甫羅鷹]	그 해에 태어나 길들인 햇 매
2	산진이[山陣]	산에서 오래 지낸 매
3	수진이[手陳]	집에서 오래 길든 매
4	송골매[松鶻]	가장 뛰어난 흰 매
5	海東靑	가장 뛰어난 푸른 매

22) 『高麗史』권43, 世家43, 恭愍王 20년 11월 戊辰 ; 『高麗史節要』권29, 恭愍王 20년 11월.
23) 『高麗史』권6, 世家6, 靖宗 9년 5월 丁卯 ; 『高麗史節要』권4, 靖宗 9년 5월.
24) 응요군이 상설적으로 운영된 것인지, 일시적으로 편성된 것인지 명확하지 않다. 관
련 기록이 거의 없는 것으로 보아, 일시적으로 운영되었던 매 포획 및 사냥을 담당
한 군인으로 추정할 수 있겠다.
25) 『高麗史』권28, 世家28, 忠烈王 3년 7월 ; 『高麗史』권89, 列傳2, 后妃2, 忠烈王 后妃
齊國大長公主 ; 『高麗史節要』권19, 忠烈王 3년 7월.

를 풀어줌으로써 왕의 병이 낫기를 기원한 것이다. 매가 인간에서 속박되어 있음은 매의 속성에 어긋나는 것이었다.

매의 서식지는 전국에 걸쳐 있었다. 충렬왕 1년 6월 응방 吳淑富 · 方文大 등이 李貞을 통하여 왕에게 아뢰기를, "羅州 · 長興府 관내의 여러 섬 및 洪州 曲陽村의 민호를 전부 응방에 소속시켜, 매를 잘 잡는 자는 소재지에서 모두 요역을 면제시키고 오숙부 등의 지휘를 듣게 해주십시오."라고 하니 왕이 곧바로 명령을 내려 시행했다.26) 나주 · 장흥부 관내의 여러 섬 그리고 홍주의 곡양촌에 매가 서식함을 읽을 수 있다.

나주에도 매가 서식하고 있던 듯 하다. 충렬왕 2년 7월 대장군 尹秀가 원에서 돌아와 원의 지시 사항을 고려에 전달했다. 원에서 鷹坊子 50인을 보내 나주에 거처하게 할 것, 응방에 속한 자는 침요하지 말 것, 朴義로 하여금 응방을 관리하도록 할 것 등인데, 이것은 윤수가 청한 것이었다.27) 실제로 원의 황제가 보내온 것은 낭가대 등 20인이었는데, 이들을 경상도의 河陽 · 永州 등지에 가게 했다.28) 매를 포획하기 위함이었다. 나주와 하양 · 영주가 매를 잡을 수 있는 곳이었다. 또 전유라는 자가 새매를 잡으려고 안동을 지나간 일이 언급되어 있는데,29) 안동도 매의 서식지였음을 알 수 있다.

옹진 일대에도 매가 서식한 것으로 추정할 수 있다. 충렬왕 6년 3월 대장군 印侯, 장군 高天伯이 塔納(타나)과 함께 원에서 돌아왔다. 탑납이 岊嶺站에 이르렀을 때 옹진 등 여러 현의 사람들이 晝食을 供饋해야

---

26) 『高麗史節要』 권19, 忠烈王 1년 6월.
27) 『高麗史節要』 권19, 忠烈王 2년 7월.
28) 『高麗史』 권124, 列傳37, 嬖幸2, 尹秀 ; 『高麗史節要』 권19, 忠烈王 2년 11월.
29) 『高麗史』 권123, 列傳36, 嬖幸1, 李汾禧附 楷 ; 『高麗史節要』 권19, 忠烈王 3년 8월.

했다. 어떤 이가 탑납에게 우리 고을의 민이 모두 응방에 소속되어 있어, 남은 빈민은 공억을 제공할 수 없다고 告했다.[30] 옹진 등 여러 고을의 민이 응방에 소속된 것으로 보아, 옹진 일대가 매의 서식지였음을 알 수 있다.

특히 동계 지방에는 매들이 풍부하게 서식하고 있었다. 충렬왕 4년 9월 오숙부를 동계에 보내 해동청을 잡게 했다.[31] 충렬왕 5년 4월 상장군 조윤통이 원에서 돌아왔는데, 원의 황제가 조윤통에게 명해 동계의 응방을 관리하게 했다.[32] 또한 충렬왕 9년 3월 사신을 동계에 보내 매를 잡게 했다.[33] 동북면 병마사가 해청을 국왕에게 바친 일이 있다.[34] 이런 사실에서 볼 때 매가 동계 지방에 널리 서식하고 있었음을 알 수 있다. 이상에서 볼 수 있듯이 매는 전라도 · 경상도 · 서해도 · 충청도 · 동계 등 전국 곳곳에 서식하고 있음을 알 수 있다. 이것은 조선초의 사정과는 크게 다르다.[35]

매는 다른 새가 몹시 두려워하는 존재였다. 물고기가 물개를 두려워하듯이 또 토끼가 사냥개를 두려워하듯이, 하늘을 나는 새는 매를 두려

---

30) 『高麗史』권29, 世家29, 忠烈王 6년 3월 壬寅.
31) 『高麗史』권28, 世家28, 忠烈王 4년 9월 甲申.
32) 『高麗史』권123, 列傳36, 嬖幸1, 曺允通 ; 『高麗史節要』권20, 忠烈王 5년 4월.
33) 『高麗史』권29, 世家29, 忠烈王 9년 3월 ; 『高麗史節要』권19, 忠烈王 9년 3월.
34) 『高麗史』권39, 世家39, 恭愍王 8년 11월 辛卯 ; 『高麗史節要』권27, 恭愍王 8년 11월.
35) 조선 초에는 하삼도 지방에서 매의 서식이 매우 드물었으며(『世宗實錄』권56, 世宗 14년 6월 乙巳(18일), 3-398 ; 『世宗實錄』권106, 世宗 26년 9월 癸未(8일), 4-584 : 『中宗實錄』권25, 中宗 11년 5월 壬辰(12일), 15-169), 매는 주로 함경도나 평안도 등 북쪽 지방에 풍부하게 서식하는 것으로 나타난다(『太宗實錄』권20, 太宗 10년 8월 己亥(5일), 1-560 : 『世宗實錄』권37, 世宗 9년 8월 丙辰(1일), 3-85 : 『端宗實錄』권14, 端宗 3년 5월 辛亥(7일), 7-38 ; 『世祖實錄』권11, 世祖 4년 1월 戊子(29일), 7-250 : 『成宗實錄』권45, 成宗 5년 7월 丁丑(24일), 9-132). 이예슬씨도 이점을 지적했다(이예슬, 2019 앞의 논문, p.12).

워한다는 것이다.36) 매가 하늘을 날면 뭇새들은 공포에 떨었음을 지적한 것이다. 참새는 죽은 매도 두려워한다고 한다.37) 매에 대한 조류의 공포를 읽을 수 있다. 조류의 최상위 포식자의 위치에 매가 자리하고 있는 것이다.

야생의 매를 사람이 다룰 때 먹는 것을 매개로 할 수밖에 없다. 매는 배가 부르거나 고픈 상태에 따라 반응이 매우 달랐다. 대체로 굶주리면 먹이를 주는 사람을 잘 따랐지만, 반대의 경우 그렇지 않았다. 이색은 매가 배고프면 먹을 것을 구해 사람에게 의지하게 됨을 언급했다. "매도 배고프면 사람에게 의지하고(鷹飢方附人), 범도 배부르면 동물을 안해치되(虎飽不害物)."라는38) 것이 그것이다. 매가 굶주리고 있으면 먹을 것을 주는 주인에게 의지하게 되는 것이다. 굶주린 매는 고기를 원한다는 것을 표현한 시구도 있다.39)

매는 굶주리면 주인을 따르다가 배가 부르면 날아가 버리는 속성을 가진 듯 하다. 비유적인 내용이지만 그런 것을 확인할 수 있다. "무릇 벼슬하는 자는 대부분이 자신을 팔려는 무리들로서 처음에는 꼬리를 흔들며 용납되지 못할까 두려워하다가 결국 제 배가 부르면 날아가는 매와 같이 도리어 그 주인을 미워하는 일이 왕왕 있게 된다."40) 매가 배를 굶주리고 있으면 주인에게 먹을 것을 기대하면서 따르지만 배가 부르게 되면 주인을 버리고 달아나 버리는 속성을 갖고 있다는 것이다.

배부른 매는 상대적으로 자유로웠다. 먹이를 생각할 필요가 없다는

---

36) 李奎報, 「畏賦」『東國李相國全集』권1.
37) 李奎報, 「題畫虎」『東國李相國全集』권3.
38) 李穡, 「有感」『牧隱詩藁』권26.
39) 李穡, 「晨興有微雨」『牧隱詩藁』권33.
40) 崔瀣, 「送盧教授西歸序」『東文選』권84.

의미이다. "배부른 매는 자유롭거니 왜 따르려 하랴(飽鷹自在寧思附)"
라는[41] 것은 곧 배부른 매는 자유로워 주인을 따를 생각을 하지 않는다
는 의미이다. 그렇기 때문에 매를 사육할 때에는 굶주리거나 배 부른
상태를 잘 살펴야 했다.

매를 길들여 길렀어도 종종 달아나 버리는 수가 있었다. "여름에는
시원하게 겨울에는 따뜻하게 잘 먹여 길러 곱게 살쪘거니, 무슨 일로
구름을 뚫고 가서 돌아오지 않는가, 저 제비는 일찍 한 알의 먹이도 주
지 않았건만, 해마다 돌아와 그림 들보 곁에서 날지 않는가."라는[42] 시
구에서 알 수 있다. 여름과 겨울 잘 먹여 길렀지만 매가 구름을 뚫고 달
아나 돌아오지 않는다는 것이다. 잘 사육하던 매도 이처럼 달아나는 일
이 흔히 발생한 것으로 보인다. 조선초 崔勢遠은 항상 매 한 마리를 길
렀는데, 꿩은 잘 잡지 못하고 아침저녁으로 닭을 잡아먹었다. 배불리 먹
고는 구름 속으로 날아가 버리자 최세원이 불러보았으나 돌아오지 않
았다.[43] 매가 배부를 경우 이처럼 달아나는 경우가 종종 있었던 것이다.

李兆年 저술로 전해지는 『鷹鶻方』에 수록된 시에 그런 점이 집약되
어 표현되어 있다. "오래 배부르게 해서도 안 되고, 오랫동안 굶겨서도
아니 된다. 굶기면 힘이 부족하고, 배가 부르면 사람을 배반하여 날아
가 버리노라."라는[44] 것이 그것이다. 매는 결국 배부름과 굶주림을 조
절해 관리하는 것이다.

매의 속성으로 가장 특징적으로 언급하는 것은 매우 빠르다는 점이

---

41) 李穡, 「遣興」『牧隱詩藁』권16.
42) 郭預, 「鷦逸」『東文選』권20.
43) 成俔, 『慵齋叢話』권6, 崔斯文勢遠 詼諧俊辯 常畜一鷹.
44) 이조년, 1994 앞의 책, pp.80~81.

다. 郭預가 사냥을 보면서 지은 시에 그것이 묘사되어 있다. 넓은 들판에서 비가 갠 뒤에 사냥을 하고 있는데 매가 화살처럼 빠르다는 것이다.[45] 매의 빠르기가 화살과 같다는 표현이 주목된다.

매의 움직임에 대해서는 揚, 飛揚, 盤, 擊 등의 표현이 보인다. 양은 매가 가을철에 높이 난다는 의미로 읽힌다. 매는 가을바람에 위로 날게 된다는 것이 주목된다. 최승우의 시에서 확인할 수 있다. "매는 가을바람에 비로소 날아오르네(鷹到金風始見揚)"에서[46] 알 수 있듯이, 매는 가을을 맞아 높이 날면서 사냥하는 것이다. 다음의 시구도 비슷한 지적이다. "하늘에 연한 모든 익조들은 매처럼 비양하고(連空盡鷁似鷹揚)"라는[47] 것은 하늘을 향해 날아 오름을 매의 속성으로 인지하고 있는 것이다.

매가 나는 것을 비양으로 표현하기도 한다. "당년에는 송골매처럼 몸을 날려(當年身似鶻飛揚)"라는[48] 시구에서 매가 나는 것을 비양으로 표현하고 있다. 위로 날아오른다는 의미이다. 매가 하늘에서 빙빙 도는 모습은 반으로 표현하고 있다. "갠 하늘엔 송골매가 빙빙 도누나(晴空野鶻盤)"라는 것이[49] 그것이다. 매가 동물을 채는 것은 격으로 표현하고 있다. 매가 꿩이나 토끼를 공격할 때 격이라는 단어를 사용했다.[50]

매는 빠르게 잘 날기 때문에 뭇 새들이 날아도 그에 미치지 못한다고 표현하고 있다. "그대는 보지 못했는가 새 중에 매가 있어(君不見鳥中

---

45) 郭預, 「壽康宮觀獵」『東文選』권9.
46) 崔承祐, 「贈薛雜端」『東文選』권12.
47) 李穡, 「紀事」『牧隱詩藁』권12.
48) 李奎報, 「老將 此與前篇皆自況」『東國李相國後集』권1.
49) 李穡, 「南窓」『牧隱詩藁』권27.
50) 李穡, 「夜詠」『牧隱詩藁』권19.

有鷹兮), 뭇 새들 힘껏 날아도 미칠 수 없는 것을(衆鳥翺翔莫能及)."이란51) 구절에서 새 중에서는 매가 가장 높고 빠르게 날고 있음을 알 수 있다. 매의 나는 모습을 이처럼 양, 비양, 반, 격 등으로 표현한 것이다.

그리고 송골매[鶻]의 눈동자는 번쩍이는 것으로 표현하고 있다. 判事 李東秀를 생각하면서 이색이 지은 시에서, '눈동자는 번쩍여라 가을 하늘 송골매와 같네' 라고 했다.52) 이동수의 눈동자가 송골매와 같이 번쩍인다고 언급한 것이다. '눈동자가 가을 송골매 눈처럼 반짝반짝해져'라는53) 것도 매의 눈동자가 반짝임을 표현한 구절이다.

매의 속성에 관해서 문인들은 이처럼 다양한 내용을 언급하고 있다. 빠르게 나는 모습, 굶주림과 배부름 상태에 따른 매의 성향 차이 등이 묘사되고 있으며, 다른 조류가 두려워하는 맹금류였음도 인지하고 있었다. 문인들이 많은 기록을 남기고 있음은 매가 당시인의 삶과 매우 밀접했음을 의미한다고 하겠다.54)

3. 매의 포획과 사육

매를 감상하거나 매 사냥을 하려면 매를 포획하지 않으면 안 되었다. 고려시기 다수의 매를 포획하려고 노력했다. 야생의 매를 포획하는 일

---

51) 鄭夢周, 「僮陽驛壁畵鷹熊 歌用陳敎諭韻」 『圃隱集』 권1.
52) 李穡, 「憶李判事 東秀」 『牧隱詩藁』 권9.
53) 李穡, 「秋風歌」 『牧隱詩藁』 권19.
54) 매가 역사적으로 사람과 밀접한 관계를 맺고 있었기 때문에 현대의 문학 작품에서도 매 관련 어휘가 풍부하게 확인된다. 예컨대 매부리코, 매만지다, 시치미, 매몰차다, 매섭다, 매정하다, 옹골지다 등이 그것이다(이봉일 · 김미경, 2017 「매와 매 사냥의 역사와 어휘 연구」 『비평문학』 65, 한국비평문학회).

은 용이한 일이 아니어서 특별한 노력이 필요했다. 개인 차원에서 매를 포획하는 일은 늘상 있었다. 특히 원 간섭기에는 매를 원에 진헌해야 했기 때문에 포획해야 할 매의 수가 급증했다. 그리고 고려 국왕 스스로 매 사냥을 즐겼기 때문에 매에 대한 수요가 매우 컸다. 엄청난 매를 조달하기 위해서는 다수의 사람을 조직적으로 동원해 포획하지 않을 수 없었다. 응방은 그런 필요에서 설치된 것이었다.[55] 원에서 직접 매를 잡는 기술자를 보내오기도 했다.

매를 포획하는 방법은 다양했다. 매의 속성을 숙지하고 있어야 매를 용이하게 잡을 수 있었다. 매가 이동하는 경로에 그물을 쳐놓고 비둘기나 산 닭 등을 미끼로 삼아 그물에 잡히게 하는 것, 매가 전에 잡아먹다가 남긴 먹이를 미끼로 해 덫을 설치해 잡는 것, 먹잇감 위에 올가미를 얹어 놓고 공격하는 과정에서 올가미에 걸리게 하는 것, 매의 둥지에서 새끼매를 잡아 양육하는 것 등의 방법이 있다.[56] 어떠한 방법으로 포획하든 깃털의 손상이 없어야 했다.

조선초의 기록을 보면, 포획자는 매가 다치지 않도록 하기 위해 노력했다. 그물을 활용해 매를 잡는 일은 흔히 확인할 수 있다.[57] 물론 網 이외에도 機械, 器械, 架子로[58] 불리는 것을 활용해 매를 잡았다. 명에 진헌할 송골매[松鶻]・해동청[海靑]을 잡는 시기는 8~10월이 가장 적합

---

55) 주1~5)의 논문 참조

56) 조삼래・박용순, 2008 앞의 책, pp. 89~91 참조.

57) 『世宗實錄』권39, 世宗 10년 3월 庚戌(28일), 3-122 ; 『世祖實錄』권34, 世祖 10년 8월 辛卯(10일), 7-645 ; 『燕山君日記』권55, 燕山君 10년 9월 戊戌(11일), 13-661. 매를 잡는 그물은 산 중턱 나무가 없이 트인 데 설치하고, 닭이나 비둘기의 발목에 끈을 매고 말뚝에 잡아둬 미끼로 사용했다고 한다(김광언, 2007 『韓・日・東시베리아의 사냥 - 狩獵文化 比較誌 -』, 민속원, pp.334~ 336).

58) 『成宗實錄』권285, 成宗 24년 12월 甲戌(14일), 12-451.

했으며, 11월과 12월 사이에도 간혹 잡을 수 있었다.[59]

고려시기의 기록에서 상세한 사항은 파악할 수 없지만, 매는 그물로 잡은 듯하다. 金坵가 매를 진봉하는 표문에서 그물로 잡았음을 언급한 내용에서 알 수 있다.[60] 또 응방인이 한 치 덫[寸機]으로 앉아서 높이 나는 매를 잡았으니라는[61] 표현도 보인다. 여기서는 매를 작은 기구, 덫을 사용해 잡았음을 알려 준다. 매는 이처럼 그물과 덫을 사용해 포획한 것이다.

고려초에도 매를 잡는 일이 확인된다. 왕건의 先系에 虎景이라는 이가 있는데, 백두산에서부터 두루 돌아다니다가 부소산의 왼쪽 골짜기에 이르러 장가를 들고 살림을 차렸다. 활을 잘 쏘아 사냥을 일삼았는데 하루는 같은 마을 사람 아홉 명과 平那山에서 매를 잡았다.[62] 여러 사람이 함께 다니면서 매를 잡고 있었음을 알 수 있다.

매 사냥을 위한 전제는 매의 확보 즉 포획이었다. 매 사냥은 오랜 연원을 갖는 것이므로[63] 고려시기에도 매의 포획(매받기) 역시 늘상 있는 일이었다. 원 간섭기에는 포획해야 할 매의 숫자가 급증하면서, 국가 차원에서 대대적으로 포획에 나서지 않을 수 없었다.

몽골의 침입이 시작된 고종 18년(1231) 12월 몽골의 사신이 와서 鷹

---

59) 『世宗實錄』권106, 世宗 26년 9월 辛巳(6일), 4-584 ; 『世宗實錄』권109, 世宗 27년 7월 辛卯(20일), 4-629.
60) 金坵, 「進奉表」『東文選』권44. 16세기 후반 강원도 평강지역에서 매를 잡을 때에도 그물을 설치했는데, 미끼로 닭 등을 사용했다(김인규, 2003 「16세기 후반 강원도 평강지역의 매 사냥 실태와 그 성격 - 오희문의 『瑣尾錄』을 중심으로 -」『문화재』 36, 국립문화재연구원).
61) 安軸, 「和州鷹坊人羅鷹示余」『謹齋集』권1.
62) 『高麗史』, 高麗世系.
63) 삼국 시기에도 매 사냥은 성행했다(전호태, 2014 「고구려의 매 사냥」『역사와 경계』 91, 부산경남사학회).

鶻를 요구한 일이 있었다.[64] 그리고 원종 3년(1262) 9월 몽골에서 사신을 보내 鶻子를 요구하자,[65] 원에 요자 20마리를 보냈는데 이 새매는 일찍이 때 맞춰 잡은 다음 장차 바치려고 기르고 조련했던 것이라고 한다.[66] 매를 잡아 조련과 사육을 하고 있었던 것을 알 수 있다. 매를 잡아 조련한 것은 원종 3년 이전부터의 일임을 알 수 있다.

고려는 원에 진헌할 매를 확보하기 위해 충렬왕 초부터 적극적으로 포획에 힘썼다. 충렬왕 1년(1275) 6월 나주·장흥부 관내의 여러 섬 및 홍주 곡양촌 민호를 모두 응방에 소속시켰으며, 또 매를 잘 잡는 이들에게 요역을 면제시켜 응방인 오숙부 등의 지휘를 받도록 했다.[67] 충렬왕이 즉위한 초기에 매를 잡기 위해 많은 이들을 동원하고 있음을 알 수 있다.[68] 절령 부근 옹진 등 여러 고을 사람도 응방에 소속되어 매의 포획에 동원되었다.[69] 매의 포획에는 많은 사람이 동원되는 일이 많았다. 다수의 매가 일시적으로 필요한 경우 특히 그러했다. 매를 포획하는 응방에 많은 사람들이 속하게 되어 문제가 발생하자 일부를 감축시키는 조치가 있었다. 충렬왕 3년 7월, 응방에 속한 민호가 205호인데, 102호를 감축하라고 지시했다.[70] 실제는 205호보다 훨씬 많은 수가 응방에 속하고 있었다. 매의 포획에 동원되는 민호 규모가 엄청났음을 알 수 있다.

---

64) 『高麗史』권23, 世家23, 高宗 18년 12월 辛酉 ; 『高麗史節要』권16, 高宗 18년 12월.
65) 『高麗史』권25, 世家25, 元宗 3년 9월 庚午 ; 『高麗史節要』권18, 元宗 3년 9월.
66) 『高麗史』권25, 世家25, 元宗 3년 9월 庚辰.
67) 『高麗史節要』권19, 忠烈王 1년 6월.
68) 원 간섭기 매의 포획을 응방이 전담하고 있었음은 기왕의 연구에서 소상하게 밝혀졌다(旗田巍, 1935 앞의 논문 ; 內藤雋輔, 1955 앞의 논문 ; 鄭鎭禹, 1979 앞의 논문 ; 李仁在, 2000 앞의 논문 ; 임형수, 2020 앞의 논문). 여기서는 중요한 몇 개의 예를 제시하는 데 그치고자 한다.
69) 『高麗史』권29, 世家29, 忠烈王 6년 3월 壬寅.
70) 『高麗史』권28, 世家28, 忠烈王 3년 7월 丙申.

국가 차원에서 매를 포획하는 인력을 확보함과 동시에 사사로운 포획은 금지했다. 충렬왕 1년(1275) 8월 원의 황제가 忻都 등이 새매를 제멋대로 잡는 것을 금했다. 다만 윤수·이정·원경으로 하여금 잡아 사육해 바치도록 했다. 왕이 이에 여러 도에서 새매를 잡는 것을 금지했다.71) 다만 윤수·이정·원경에게만 매를 잡아 바칠 수 있는 권한을 부여한 것이다. 이렇게 되면 개인이 사사로이 매를 포획하는 것은 어려워지는 것이다.

응방 소속에는 일반 민호에서 충당한 이들도 있었지만 伊里干으로 불리는 특수층도 소속되어 있었다.72) 충렬왕 5년 3월 윤수 등이 여러 도의 응방을 관장하면서 逋民을 초집하고 이리간이라 칭했다.73) 이리간은 응방에 소속되어 윤수 등의 지휘를 받아 매를 포획한 것이다.

충선왕 이후 원에 매를 진헌하는 일이 줄어들면서 국가 차원의 매 포획은 크게 축소된 것으로 보인다. 충선왕 3년(1311) 3월 傳旨해서, 매양 별감을 보내 새매를 探取하여 민이 그 해를 입고 있으니 지금 이후로는 提察司가 사람을 파견해 잡도록 하라고 했다.74) 매를 포획하는 일을 별감을 보내지 말고 제찰사에게 사람을 파견해 담당하도록 한 것이다. 민

---

71) 『高麗史』권28, 世家28, 忠烈王 1년 8월 辛亥.
72) 이리간은 공무 사행의 역을 담당하기 위해 조성된 마을을 일컫는 수가 많지만, 사냥 매의 조달을 위해 모여있는 촌락을 일컫기도 했다. 근자에 여러 논문이 발표되어 驛制 운영이나 국외 유민 쇄환의 측면에서 이리간이 조명되었다(임지원, 2016 「충렬왕대 營城伊里干 설치와 그 의미」『한국중세사연구』47 ; 김진곤, 2018 「원 간섭기 국외유민의 쇄환과 이리간의 설치」『역사와 현실』107). 매의 포획이나 응방 운영과 관련해 이리간을 주목하기도 했다(이인재, 2000 앞의 논문 ; 임형수, 2020 앞의 논문).
73) 『高麗史』권29, 世家29, 忠烈王 5년 3월 己未 ; 『高麗史』권124, 列傳37, 嬖幸2, 尹秀 ; 『高麗史節要』권20, 忠烈王 5년 3월.
74) 『高麗史』권84, 志38, 刑法1, 職制, 忠宣王 3년 3월.

이 피해를 입지 않도록 제찰사가 주도하도록 한 것이다. 그 이후 충숙왕대에도 매를 몇 차례 진헌하지만 그 수가 현저히 감소했다([부록 2] 참조). 국가 차원에서 매 포획은 원에 대한 진헌이 감소하면서 크게 축소되었다. 반면 사사로운 차원에서 포획은 성행한 것으로 보인다. 물론 우왕대에 매 사냥이 성행했으므로 매의 포획이 있었지만 국가 차원에서 전국적으로 또 조직적으로 매 포획이 진행된 것은 아닌 것으로 판단된다.

포획한 매는 조련해야 사람이 부릴 수 있었다. 매의 수가 많으면 조련에 동원되는 사람이 다수 필요했고 또 사육에 필요한 먹이가 다량 필요했다. 매의 조련이나 사육은 매우 전문적인 것이어서 보통의 사람이 수행할 수는 없었다. 전적으로 담당하는 유능한 기술자가 필요했다.75) 조선초의 경우 포획한 매를 사육하고 훈련하는 이는 鷹師였다.76)

매를 잡은 후 조련하는 과정은 용이하지 않았다. 우선 매를 일주일 동안 잠을 자지 못하게 하면서 사람이 많은 곳으로 데리고 다녀 사람과 친숙하게 만들어야 했다. 배고픈 상태로 만들어 씻은 닭고기를 먹도록 해 몸의 기름기가 빠지도록 해야 했다. 점차 가슴의 살이 빠지고 물렁물렁하며 물똥을 싸게 되면 이때부터 길들이는 연습을 했다. 가까운 거리에서 시작해 점차 멀게 하면서 조련을 거듭해야 했다.77)

원에 진헌하는 매에 관해 "이 새는 일찍이 그물에 걸려와서, 자못 훈련을 거쳤으며"라고 했다.78) 잡은 뒤 조련을 거쳤다는 것이다. 이색의

---

75) 16세기 후반에는 매를 소유한 이와 매를 사육하고 매 사냥에 종사하는 이가 구분되는 일이 많았다(김인규, 2003 앞의 논문). 고려시기에는 매의 소유자와 매 사냥하는 이는 동일인인 경우가 흔한 것으로 보인다.
76) 이예슬, 2019 앞의 논문, pp.25~26.
77) 이조년, 1994 앞의 책, pp.46~53 ; 조삼래·박용순, 2008 앞의 책, pp.91~101.
78) 金坵,「進奉表」『東文選』권44.

시구에 매를 조련하는 것을 암시하는 내용이 보인다. "무예 강습에 말을 빨리 달린들 상관 있으리오(講武豈妨馳馬疾), 다투어 길들인 매 바치며 재주를 선보이는구나(效才爭進養鷹馴)."라는[79] 것이 그것이다. 신료들이 길들인 매를 바치면서 재주를 선보인다는 것이다.

고려시기 개인 차원에서 매를 사육하는 경우가 적지 않았다. 대부분 사냥에 대비해서였다. 고려초 인물 安紹光은 매와 말을 좋아했다. 안소광은 洞州 土山縣 사람이며 대대로 장수를 지낸 집안 출신이다. 외형이 크고 훤칠했으며 힘이 있었고, 매와 말을 좋아했다.[80] 매를 사육하고 매 사냥을 즐겼던 것으로 보인다.

고려시기 매를 사육하는 일은 흔했다. 고종 14년(1227) 12월 어사대에서 비둘기와 매를 기르는 것을 금지시켰다. 有職者는 공무를 폐하기 때문이고 무직자는 쟁송을 일으키기 때문이었다.[81] 민간에서 매를 기르는 일이 많았다는 것, 공직자는 매를 키우는 과정에서 공무를 소홀히 했다는 것, 매를 둘러싼 쟁송이 발생했다는 것을 알 수 있다. 원 간섭기 이전에도 이처럼 매의 사육이 널리 이루어지고 있었던 것이다.

지배신분만이 아니라 기층민도 생업을 위해 매를 사육하는 경우가 흔했다. 白文寶의 시에서 牛峯縣의 "산간 사람들이 매를 많이 기르는데(山人多養鷹)" 라고[82] 표현했다. 산골에 사는 이들은 매를 길러 사냥하는 일이 많았던 것으로 보인다. 지배신분이 아닌 이들도 매를 기르고 있는 것이다.

---

79) 李穡, 「扈駕道中」 『牧隱詩藁』 권33.
80) 『高麗史』 권94, 列傳7, 安紹光 ; 『高麗史節要』 권3, 顯宗 8년 7월.
81) 『高麗史』 권22, 世家22, 高宗 14년 12월 乙丑 ; 『高麗史』 권84, 志38, 刑法1, 高宗 14년 12월.
82) 『新增東國輿地勝覽』 권42, 黃海道, 牛峯縣, 題詠.

공민왕대 재상들이 매를 키우고 있어 문제된 일이 있었다. 공민왕 6년(1357) 국왕이 兩府를 불러 경들이 매와 개를 키우고 있다고 들었는데 그런가라고 물었다. 시중 廉悌臣이 대답하기를, 신은 평소 좋아하지 않으며, 양부에서 鷹犬을 기르는 자가 있다는 것을 듣지 못했다고 말했다. 공민왕이 노해 지금 사방이 전쟁으로 민생이 심히 어려운데 경들은 나라를 걱정하지 않고 犬鷹을 풀어 禾穀을 유린해서 되겠는가라고 꾸짖었다. 이때 黃裳·慶千興·元顥가 모두 응견을 좋아해 부끄러워 얼굴이 붉어졌다.[83] 양부의 대신들이 매와 사냥개를 키우면서 사냥하고 있음을 알고서 공민왕이 지적한 것이다. 당시 황상, 경천흥, 원의 등이 모두 매를 키우고 사냥하고 있었던 것이다.

공민왕 21년 11월 圓丘壇 및 모든 祭壇·山陵·鎭山·裨補所에서 사냥하는 것을 금지하고, 또 매를 기르는 것을 금지했다.[84] 중요 지점에서 사냥하는 것을 금지함과 아울러 매를 기르는 것을 금지한 것이다. 민간의 매 사육을 금지한 것으로 보인다. 지켜지기 어려운 조치였지만 공민왕의 매 사육 금지에 대한 의지를 확인할 수 있다. 정작 공민왕은 응방을 설치해 매를 사육하면서도[85] 민간의 매 사육에 대해서는 금지하는 것이다.

창왕 즉위년(1388) 8월 여러 州縣의 安集使들이 權臣의 말과 소, 매, 개까지 길러 주면서 이를 미끼로 아첨하여 승진의 매개로 삼았다는 지적이 보인다.[86] 지방관이 권신의 매를 길러 주는 것이다. 당연히 상납되었고, 권신은 그것을 사냥에 활용했을 것이다. 지방관이 매를 잡아

---

83) 『高麗史』권114, 列傳27, 黃裳 ; 『高麗史節要』권26, 恭愍王 6년 9월.
84) 『高麗史』권85, 志39, 刑法2, 禁令, 恭愍王 21년 11월.
85) 『高麗史節要』권29, 恭愍王 21년 11월.
86) 『高麗史』권75, 志29, 選擧3, 銓注, 凡選用守令, 辛昌 즉위년 8월.

사육·조련해 결국 권신에게 뇌물로 바치고 있었던 것이다. 개인의 사사로운 매 사육이 보편적이었음을 알 수 있다.

국가 차원에서 매를 사육하는 일도 국초부터 있었던 것으로 보이나[87] 가장 활발한 것은 원 간섭기, 그 중에서도 충렬왕대라고 할 수 있다. 매의 사육은 포획한 지역에서 담당하고 일정한 조련을 거쳐 중앙으로 보내졌을 것이다.

다수의 민호가 응방에 소속하고 있으면서, 매의 포획·조련·사육을 맡고 있었다. 절령 부근의 여러 군현 민들의 다수가 응방에 예속되어 있었다.[88] 또 이리간이라 불리는 이들도 그 역할을 담당했다.[89] 惡少輩 역시 매의 관리에 유능했던 것 같다. 충혜왕 후3년 2월 왕이 강음현에서 사냥했는데, 왕을 호종하는 악소배들이 매를 먹인다고 하면서 마을을 침탈했다.[90] 매의 포획이 이루어지면 당연히 사육과 조련이 동반되었을 것으로 여겨진다. 이들은 매의 생태 정보를 풍부하게 소지했을 가능성이 크다.

매의 사육을 계기로 국왕의 총애를 받은 인물들은 여럿 확인된다. 그들은 대체로 포획, 조련, 사육을 모두 담당했던 것으로 보인다. 이것을 능숙하게 하려면 매의 생태적 속성을 잘 알아야 하며, 그럴 수 있는 사람은 사냥에 친숙한 사람이어야 했다. 사냥에 조예가 깊은 이들이 포획·조련·사육에 참여하는 것이다.[91] 매를 길러 국왕의 총애를 받은 자들

---

87) 靖宗대의 鷹鷂軍의 존재에서 알 수 있다(『高麗史』권6, 世家6, 靖宗 9년 5월).
88) 『高麗史』권29, 世家29, 忠烈王 6년 3월 壬寅.
89) 『高麗史』권124, 列傳37, 嬖幸2, 尹秀 ; 이인재, 2000 앞의 논문, pp. 476~478.
90) 『高麗史節要』권25, 忠惠王 후3년 2월.
91) 사냥꾼 양수척이 매의 포획·조련·사육에서 두드러진 활약을 보였을 가능성이 크다(이병희, 2022 『고려시기 사냥꾼 양수척과 정주사회』, 경인문화사, pp.60~75).

로 윤수·박의·金周鼎·曺允通·李貞·朴青 등이 확인된다.[92) 응방에
서 매를 기르는 사람은 時波赤(시파치)이라고 불렀다.[93) 시파적은 매의
사육과 조련에서 탁월한 능력을 보유한 전문가라고 할 수 있을 것이다.

매를 기르는 데에는 많은 먹이가 필요했다. 궁궐 내에도 매를 기르고
있었다. 충렬왕 8년 禁苑에 큰 집을 지어 張恭과 李平에게 매를 기르게
했다. 왕이 날마다 반드시 두 번씩 행차했는데, 두 사람은 성 안의 닭과
개를 헤아릴 수 없이 죽였다.[94) 궁궐 내의 매 사육에 엄청난 닭과 개가
소비되는 것이다.

매 사육에는 닭과 개가 먹이로 소요되므로, 민간의 그것을 구매하기
도 했겠지만 탈취해 공급하는 수가 많았다. 이습이 박경에게 편지를 보
내 매 사육을 위해 인가의 닭과 개를 죽이니 먼 지역으로 옮겨서 길러
야 할 것을 말하니, 박경이 응방의 이정에게 매와 새매 때문에 비방을
들을 수 없다고 하면서 다른 곳으로 옮길 것을 말했다. 이에 안남으로
옮겨 기르도록 했다.[95) 매 사육의 장소를 개경에서 안남으로 옮긴 것이
다. 이렇게 되면 도성 내의 닭과 개는 피해를 면할지라도 안남의 닭과
개는 피해를 입었을 것이다.

윤수·이정·원경·박의가 파견한 착응별감은 가는 곳마다 살아 있
는 동물을 잡아 매를 먹였으므로 민간의 닭과 개는 거의 씨가 말랐
다.[96) 착응별감이 매를 포획한 뒤 사육하기 위해 민간의 닭과 개를 씨

---

92) 『高麗史節要』권19, 元宗 15년 9월 ; 『高麗史節要』권19, 忠烈王 2년 4월 ; 『高麗史節
要』권21, 忠烈王 16년 3월 ; 『高麗史』권32, 世家32, 忠烈王 34년 7월. 史臣의 贊 ;
『高麗史』권123, 列傳36, 嬖幸1, 曺允通 ; 『高麗史』권124, 列傳37, 嬖幸2, 申靑附 朴靑.
93) 『高麗史』권77, 志31, 百官2, 諸司都監各色, 鷹坊.
94) 『高麗史』권29, 世家29, 忠烈王 8년 5월 甲戌 ; 『高麗史』권124, 列傳37, 嬖幸2, 李貞
附 李玶 ; 『高麗史節要』권20, 忠烈王 8년 5월.
95) 『高麗史』권123, 列傳36, 嬖幸1, 李汾禧附 槢.

가 마를 정도로 탈취한 것이다. 매의 사육으로 인해 가축 생태계가 큰 교란을 겪는 것이다.

매를 관리하는 이들이 민간의 가축에 피해를 주고 있는 일은 충렬왕 대 이후에도 확인된다. 충혜왕 후3년 2월 왕이 강음현에서 사냥했는데, 왕을 호종하는 惡小輩들이 매를 먹인다고 하면서 마을의 닭과 개를 다투어 노략질했지만 사람들이 감히 말을 하지 못했다.[97] 매의 먹이 공급을 위해 마을의 닭과 개를 닥치는 대로 잡았다는 것이다. 강음현에서 닭과 개의 개체수가 현저히 줄어들었을 것이다.

매를 사육하는 일은 다른 동물을 먹이로 제공하는 것이어서 다소 잔인한 측면도 있었다. 매 사육에 따르는 처참한 모습을 李玶이 잘 보이고 있다. 이병은 항상 매를 길러 사냥하기를 일삼았는데, 참새 같은 새를 생포하여 털을 제거하고 입으로 씹어 매를 먹이거나 또는 생닭을 쪼개서 그 반을 남겨 매에게 먹였다. 장공·이평도 매와 개를 바쳐 왕의 총애를 얻었는데, 直史館 秋適이 이평의 집을 방문했다가 거적 안에서 소리가 나는 것을 듣고 들추어 보니, 개가 한쪽 다리가 잘린 채 살아 있었다.[98] 잔혹한 장면을 연출하면서 매에게 먹이를 제공하는 것이다.

또 충렬왕 자신도 닭이나 고니의 배와 등에 있는 털을 산 채로 뽑은 후 놓아준 다음 새매를 풀어 쪼아 먹게 했다. 충렬왕은 이 장면을 관람하며 즐거워했다.[99] 매우 잔혹한 장면을 연출한 것이다.

충혜왕대에 응방에 속한 아전[吏]이 닭을 매의 먹이로 주었는데, 매

---

96) 『高麗史』 권124, 列傳37, 嬖幸2, 尹秀.
97) 『高麗史節要』 권25, 忠惠王 후3년 2월.
98) 『高麗史』 권124, 列傳37, 嬖幸2, 李貞附 李玶 ; 『高麗史節要』 권21, 忠烈王 15년 8월.
99) 『高麗史』 권123, 列傳36, 嬖幸1, 李汾禧附 榴.

가 닭의 날개 한쪽을 거의 다 먹어 죽을 지경에 있는 것을 전대 속에 넣어 두었더니 닭이 아침에 이르러 역시 울었다.[100] 매에게 산 닭을 먹이로 제공한 것을 알 수 있다. 불교의 교리에 몰입한 이들로서는 차마 하기 어려운 행동이었을 것이다.[101] 평소 살생을 많이 해왔던 집단, 도축을 많이 해왔던 집단, 사냥을 많이 하던 집단이 이런 일을 주도했을 것으로 여겨진다.[102] 매의 사육을 위해 다수의 닭과 개를 소비하는 것은 가축 생태계를 교란하는 것이며 사람이 소비할 수 있는 단백질의 현저한 감소를 뜻하는 것이었다. 매의 사육이 다른 동물이나 인간과의 깊은 관련 속에서 이루어지고 있던 것이다.

4. 매 사냥의 전개

매 사냥은 훈련된 매를 이용하여 사냥하는 것이다.[103] 사냥은 홀로 할 수 있는 것이 아니었다. 매를 부리는 사람이 필요하며, 사냥감을 찾아 날게 하거나 달아나게 하는 일을 맡은 몰이꾼도 중요했다. 개를 동반한 경우 개를 부리는 사람 역시 필요했다. 그렇기 때문에 무리를 이루어 매 사냥을 하는 것이다.

인간을 따르게 하려면 매를 배고프게 만들지 않으면 안 된다. 매가

---

100) 李詹, 「鷹鷄說」, 『東文選』권98.

101) 이병희, 2021 「高麗時期 不殺生과 不食肉」 『韓國史學報』85, 고려사학회(본서 수록).

102) 잔혹한 장면을 연출하며 매에게 먹이를 주는 것은 살생을 금지하는 불교 계율과 크게 배치되는 행위였다. 잔인한 살생을 많이 저지른 이들은 심적으로 큰 부담을 지고 있었던 것으로 보인다(『高麗史』권124, 列傳37, 嬖幸2, 尹秀 ; 『高麗史』권124, 列傳37, 嬖幸2, 李貞附 李玤).

103) 고려시기 매 사냥에 대한 간략한 정리는 김선풍 외, 1993 『매사냥 調査報告書』, 文化財管理局, pp.8~10에 보인다.

배부르면 먹이를 주는 인간을 떠나 자연으로 달아나 버리기 때문이다. 또 배부르면 사냥에 임해서도 적극성을 보이지 않게 된다. 그렇기 때문에 사냥할 때는 굶주린 상태에 놓이도록 해야 한다. 그렇다고 심히 굶주리면 사냥할 힘이 부족하게 될 것이다. 그렇기 때문에 매의 상태를 잘 관리하고 헤아리면서 사냥하는 것이 매우 중요하다.

매 사냥은 넓은 들판에서 하는 것이 유리한 듯 하다. 산림이 우거진 산악지대보다는 넓게 트인 벌판에서 사냥하는 편이 편리했을 것이다. 鄭思道가 지은 시에, "매를 놓아 넓은 들판에 한껏 날리고(放鷹窮野闊)"에서[104] 엿볼 수 있다.

매 사냥은 서리가 내린 가을철에 넓은 들판에서 하는 것이 바람직한 것으로 보인다.[105] 매 사냥은 가을철에 하는 것이 흔했다. 이색이 지은 시에서, "또 보노라니 가을바람이 급히 불어오자, 날마다 매 사냥하고 거나하여 돌아오누나."라고[106] 하면서 가을 바람이 불어오자 날마다 매 사냥을 함을 표현하고 있다. 가을만이 아니라 겨울에도 매 사냥을 했다. 성현은 「田家詞十二首」에서 매가 토끼를 잡는 것을 12월의 일로 언급하고 있다.[107] 매 사냥은 이처럼 가을에서 겨울에 걸쳐서 함을 알 수 있다. 풀이 우거지면 매 사냥을 하는 것은 어려운 일이었다.

사냥할 때 매를 팔뚝에 올려 놓고 있었다. 버렁[韝] 또는 토시라 불리는 것을 팔에 끼고 그 위에 매를 얹는 것이다. 그것을 '臂鷹'이라 표현했다. 사냥할 때 팔뚝에 올려 놓고 토끼를 쫓게 하는 것이 매라는 언급

---

104) 鄭思道, 「西江帥府」『東文選』권10.
105) 李穡, 「有懷柳巷」『牧隱詩藁』권19.
106) 李穡, 「有感」『牧隱詩藁』권19.
107) 成俔, 「田家詞十二首」『續東文選』권5.

이 보인다.108)

매는 개와 더불어 다니면서 사냥한 것으로 보인다. "매와 개는 무리지어 임금님 깃발 뒤따르고(鷹犬成群逐天仗)"라는109) 표현에서 엿볼 수 있다. 사냥할 때 매는 하늘을 날면서 포획할 것이고, 개는 지면을 달리면서 숨어 있는 동물을 찾아내 달아나게 해 매가 인지할 수 있도록 했다. 물론 직접 잡기도 했다. 이색의 시에서, "매는 곤새·붕새와 함께 하늘을 날 게고(鷹與鵾鵬落雲漢), 개는 여우·토끼 쫓아 들판에 가득하리(犬從狐兔滿郊墟)."라고110) 언급했다. 매는 하늘을 날면서 나는 꿩이나 지상의 동물을 잡을 것이고, 사냥개는 여우와 토끼를 쫓는 것이다. 지상에서 개가 여우와 토끼를 찾아 달아나게 하고, 하늘에서 매가 보고서 그것을 잡는 것이 일반적이었을 것이다.

매 사냥은 통상 말을 타고 행했다. 매 사냥을 청총마를 타고 한다는 표현이 보인다.111) 조선초 서거정의 시구이지만, 매 사냥을 하는 경우 말을 타고 하는 수가 일반적이었던 듯 하다. 지배층의 경우, 말을 소유하고 있었으므로, 말을 타고 매 사냥을 하는 수가 많았겠지만, 일반 민인의 경우는 그렇지 못했을 것이다. 민인들은 기마 매 사냥이 아니라 도보 매 사냥을 하는 것이 일반적이었을 것이다.112)

매 사냥에서 포획하는 주 동물은 꿩과 토끼였다. 명종 16년(1186) 8월 진주의 수령 金光允과 안동의 수령 李光實이 탐욕을 부리고 잔인하

---

108) 成俔, 『慵齋叢話』권4, 寧爲世子 淫於聲色 不務學業.
109) 李穡, 「伏値駕出西郊 以病不能從 吟成一首」『牧隱詩藁』권30.
110) 李穡, 「是日正午 日光穿漏 西南始晴 行幸之際 鷹犬效才 天顔怡懌 蓋可想也 臣穡以病留司 又不能出門 獨坐有感」『牧隱詩藁』권20.
111) 徐居正, 「寄書平安曹監司 求鷹」『四佳詩集』권8.
112) 매 사냥에서 기마 매 사냥과 도보 매 사냥으로 구분한 것은 전호태, 2014 앞의 논문에서도 찾아진다.

여 백성을 침해한 죄를 논하고 유배보냈는데, 이에 대한 史臣 權敬中의 발언에 "소와 말을 벼와 기장 밭에 풀어두고, 매와 사냥개를 꿩과 토끼가 있는 들판에 풀어두고서 그들이 뜯어먹고 물어뜯는 것을 금하고자 한다면 그것이 가능하겠는가."라는[113] 내용이 보인다. 매와 사냥개는 들판에서 꿩과 토끼를 잡음을 알 수 있다. 매와 사냥개가 주로 사냥하는 대상은 꿩과 토끼였다.

조선초 양녕대군이 매 사냥에서 꿩과 토끼를 포획하는 것을 볼 수 있다. 양녕대군이 첩 두어 명을 거느리고 매를 팔 위에 얹고 개를 끌고 와서, 잡은 꿩과 토끼를 섬돌 위에 쌓아놓는다는 구절에서[114] 매 사냥할 때 개를 끌고 간 것을 알 수 있고 포획한 것이 꿩과 토끼였음을 볼 수 있다. 조선초 매 사냥에서 꿩 이외에도 天鵝(고니)를 잡는 것이 보인다.[115]

삼국시기에도 매 사냥에 개를 동반하고 있고 대상은 꿩이나 토끼였다. 金后稷이 진평왕에게 올린 글에서, "지금 전하께서는 날마다 미친 자나 사냥꾼과 더불어, 매나 개를 놓고 꿩이나 토끼를 쫓으며, 산과 들을 달려 스스로 그칠 줄을 모르셔서야 되겠습니까."라는 표현이 있다.[116] 매 사냥에서는 개를 동반하고 있으며 꿩과 토끼를 잡는 것을 알 수 있다.

매 사냥을 할 때에는 술을 마시고 돌아오는 수가 많았던 것 같다. 이색이 "날마다 매 사냥하고 거나하여 돌아오누나(呼鷹日日半酣回)"라고

---

113) 『高麗史節要』권13, 明宗 16년 8월.
114) 成俔, 『慵齋叢話』권5, 孝寧大君酷信佛法.
115) 『端宗實錄』권13, 端宗 3년 2월 丙戌(10일), 7-13 ; 『世祖實錄』권3, 世祖 2년 2월 戊申(9일), 7-114.
116) 金后稷, 「上眞平王書」『東文選』권52.

언급했다.[117) 사냥한 동물을 포식하면서 술을 마셨을 것이다. 서거정
도 매 사냥을 나갔을 때 술 마심을 시로 읊고 있다.[118) 매 사냥을 나가
는 경우 술을 거나하게 마시는 일이 흔한 것으로 보인다.

매 사냥하는 구체적인 모습을 전하는 여러 자료가 찾아진다. 金克己
가 지은 「田家四時」에서 겨울철의 사냥을 기술하고 있다. "그래도 추
위를 겁내지 않고, 매와 개를 데리고 사냥 나가네, 여우와 토끼를 쫓아
달릴 때, 짧은 옷에는 흐르는 피 묻었네, 집에 돌아오자 온 이웃이 기뻐
하고, 모여 앉아 실컷 먹네."[119) 겨울철에 매와 개를 데리고 사냥 나가
는 것, 사냥에서 여우와 토끼를 쫓아 달리는 것, 사냥 후 집에 돌아오면
이웃이 기뻐하면서 모두 앉아 실컷 먹는다는 것 등을 읽을 수 있다. 여
우와 토끼를 사냥해 포식하고 있음에서 사냥이 단백질 공급의 중요한
수단이었음을 확인할 수 있다.

곽예의 시에서도 매 사냥 장면의 묘사를 볼 수 있다. "넓은 벌에 비가
갓 갠 뒤, 잔디밭 불탄 흔적, 봄빛이 새로워라, 매 한 마리 화살처럼 빠
르고, 말[馬]은 만 필인가 구름처럼 늘어섰네, 꿩은 도망치다 오히려 개
를 만나고, 노루는 급한 김에 사람도 못 피하네."[120) 비가 갠 뒤 넓은 들
판에서 매 사냥하는데, 매는 화살처럼 빠르다는 것, 매 사냥에 말도 다
수 참여하고 있다는 것, 매를 피해 도망가던 꿩이 개를 만나게 된다는
것 등을 확인할 수 있다. 수강궁에서의 사냥을 본 것이기에 국왕이 주
도하는 매 사냥의 구체적인 모습을 전하는 것으로 보인다.

---

117) 李穡, 「有感」『牧隱詩藁』권19.
118) 徐居正, 「奉寄許都巡察使 二首」『四佳詩集』권31.
119) 金克己, 「田家四時」『東文選』권4.
120) 郭預, 「壽康宮觀獵」『東文選』권9.

해동청으로 사냥하는 모습을 표현한 것도 볼 수 있다. "편평한 들에 시험삼아 해동청을 풀어놓아라, 버렁에서 놓아주니 이내 방울이 딸랑하네."[121] 해동청을 풀어 사냥하는데 팔찌에서 놓아주니 방울이 딸랑거린다는 것이다. 사냥에 해동청을 활용하고 있음을 볼 수 있다. 또 사냥을 통해 여우와 토끼를 포획하고 있음을 언급한 시가 찾아진다.[122]

개인 차원에서 매 사냥을 선호한 이들도 다수 확인할 수 있다. 지배층, 특히 장수 출신의 경우, 말을 타고 매 사냥을 하는 것이 흔한 일이었을 것이다. 일반 민인들도 매 사냥을 하는 수가 많았다. 산간 사람들이 매를 많이 기른다고 백문보가 언급했다.[123] 산간 사람들이 매 사냥을 통해 필요한 동물을 포획했을 것이며, 그것은 그들에게 매우 중요한 식료로 활용되었을 것이다.

閔瑛이란 인물은 어려서부터 매와 개를 데리고 사냥하는 일을 좋아했다고 한다.[124] 盧卓儒란 인물도 밖으로 나가면 매를 날리고 사냥개를 부려서 가는 곳마다 자적했다고 한다.[125] 매 사냥의 보편화를 읽을 수 있다. 개인이 매 사냥하는 일은 매우 흔했다. 고종 14년(1227) 12월 어사대에서 민가에서 비둘기와 매를 기르는 것을 금지시켰는데,[126] 매 사육의 금지는 곧 매 사냥을 못하도록 한 것이다. 개인이 매 사냥에 종사하는 일이 많았음을 볼 수 있다. 공민왕대에도 황상·경천홍·원의 등이 매를 키우면서 사냥에 종사하고 있는 것이 확인된다.[127]

---

121) 徐居正, 「見放海東靑」『四佳詩集』권12.
122) 徐居正, 「送洪元戎 伯涓 赴幕」『四佳詩集』권30.
123)『新增東國輿地勝覽』권42, 黃海道, 牛峯縣, 題詠.
124) 金龍善 編著, 2012『高麗墓誌銘集成』, 한림대 출판부, 「閔瑛墓誌銘(1152년)」.
125) 金龍善 編著, 2012『高麗墓誌銘集成』, 「盧卓儒墓誌銘(1191년)」.
126)『高麗史』권22, 世家22, 高宗 14년 12월 乙丑.
127)『高麗史』권114, 列傳27, 黃裳.

우왕대에 권신들이 매 사냥을 하고 있음이 확인된다. 우왕 6년 7월 국왕이 말하기를 나는 평소 응견을 좋아하지 않았는데 여러 재상들이 나를 이끌었다고 하면서 경 등이 遊畋을 좋아하는데 날아가면서 禾稼를 밟지 않을 수 있느냐고 했다.128) 이인임·최영 등의 재상들이 사냥하는 일이 많았던 것으로 보인다. 반드시 매 사냥하는 것은 아닐지라도 사냥 행위는 꽤 활발하게 했던 것으로 여겨진다. 매 사냥을 통해 획득한 꿩, 토끼, 여우는 당시 매우 중요한 식료였다. 가축의 공급이 여의치 못한 상황에서 사냥은 단백질 식료원을 확보하는 중요한 활동이었다.129)

개인만이 아니라 국가나 국왕 차원에서도 매 사냥이 성행했다. 국왕의 사냥은 유희의 성격을 띠는 수가 많았지만, 포획한 야생동물은 당연히 식료로서 소비되었을 것이다. 고려시기 국왕이 매 사냥에 적극 나선 것은 충렬왕대부터이다. 이후 여러 국왕들이 매 사냥에 종사했다. 충렬왕은 이미 원에 있을 때부터 매와 개를 동반한 사냥에 친숙해져 있었다.130) 충렬왕이 매 사냥에 나선 것은 모두 6회가 확인된다([부록 1] 참조). 물론 일반 사냥의 빈도도 매우 높았는데, 그 가운데 매 사냥으로 표기되지 않았지만 매 사냥이 진행된 경우도 없지 않을 것이다.

충렬왕 2년 8월, 국왕이 공주와 함께 덕수현의 마제산에서 사냥했다. 현의 동북에 마제산이 있었는데 국왕이 일찍이 명해 초가집 수 칸을 지었다. 국왕이 忽赤(코르치)과 응방을 거느리고 친히 활과 화살, 매와 새

---

128) 『高麗史』권134, 列傳47, 辛禑 6년 7월 ; 『高麗史節要』권31, 辛禑 6년 7월.
129) 매 사냥만이 아니라 일반 사냥 역시 단백질 식료를 확보하는 중요한 수단이었다(이병희, 2021 「고려시기 사냥의 성행(盛行)과 대책」, 『한국중세사연구』67(본서 수록)).
130) 충렬왕의 장인 원 世祖(재위 : 1260~1294)는 호사스런 매 사냥을 즐겼다. 세조는 해마다 3월이 되면 남쪽 바다가 있는 곳으로 가서 1만 명의 매꾼들과 5천 마리의 매를 동원한 대규모 매 사냥을 실시했다(마르크 폴로(김호동 역주), 2000 『동방견문록』, 사계절, pp.262~267).

매를 다루며 종횡으로 달렸다.[131] 매 사냥을 하고 있는데, 홀적과 응방이 함께 하고 있다. 충렬왕이 말타고 달리며, 활과 화살, 매를 모두 동원해 사냥하는 것이다.[132] 응방이 사냥에 동행한 것으로 보아 매 사냥이 중심이었을 것으로 보인다.

충렬왕 5년에는 4차례 매 사냥한 것이 확인된다.[133] 충렬왕은 능숙하게 말을 달리며, 활과 화살을 지참하고, 또 매를 팔에 얹고서 사냥에 임했다. 아주 유능한 사냥꾼의 모습이다. 그리고 응방과 관계된 인물들이 왕의 사냥을 도왔다. 윤수·이병·이정·박의·장공·이평 등이 그들이었다.

충렬왕은 매 사냥을 좋아했지만 아들인 충선왕은 매 사냥을 선호하지 않았다. 충선왕 3년(1311) 6월 傳旨하여, 재추 이하가 祈恩을 구실로 강 외로 나가 사냥과 매 사냥 하는 것을 모두 금지하도록 하고 어기는 자는 파직할 것이라고 했다.[134] 일반 사냥 및 매 사냥 모두를 금지한 것이다. 충선왕은 사냥을 좋아하지 않았고, 왕위에 있는 기간 대부분 원에 있었기 때문에 국내에서 사냥할 여지가 거의 없었다. 몸소 매 사냥을 비롯한 사냥을 즐겼던 충렬왕대와는 자못 상황이 달라진 것을 알 수 있다.

충선왕은 충숙왕 1년(1314) 1월 스스로 자신의 덕목을 적어 식목도감에 주었는데, 거기에서 자신은 매와 개를 놓아 보내고, 놀러나가 사

131) 『高麗史』권28, 世家28, 忠烈王 2년 8월 甲戌 ; 『高麗史節要』권19, 忠烈王 2년 8월.
132) 말 타고 달리면서 매 사냥을 하는 경우, 함께 한 군신 간에 매우 끈끈한 친밀감이 형성되는 것은 당연한 일이겠다.
133) 『高麗史』권29, 世家29, 忠烈王 5년 2월 辛卯 ; 『高麗史』권29, 世家29, 忠烈王 5년 9월 丙午 : 『高麗史』권29, 世家29, 忠烈王 5년 9월 甲子 ; 『高麗史』권29, 世家29, 忠烈王 5년 9월 乙丑.
134) 『高麗史』권84, 志38, 刑法1, 職制, 忠宣王 3년 6월.

냥하는 것을 끊어버렸다고 자부했다.[135] 사냥 자체를 하지 않았으니 매 사냥도 당연히 하지 않은 것이다.

충선왕의 뒤를 이은 충숙왕은 부왕과 달리 매 사냥에 나선 일이 보인다. 충숙왕 6년(1319) 8월 왕이 석수현에서 사냥을 하다가 성황신사를 불태우라고 명령했다. 해동청과 내구마가 폐사해 화가 났기 때문이었다.[136] 해동청이 폐사한 것으로 보아, 매 사냥을 했던 것으로 보인다. 충숙왕이 사냥에 나선 일은 흔했지만, 명확히 매 사냥임을 확인할 수 있는 사례는 하나뿐이다.

충숙왕에 뒤이은 충혜왕은 매 사냥을 몹시 좋아했다. 충혜왕 즉위년(1330) 2월 아직 원에 있을 때 왕이 平則門 밖에서 매를 놓아 사냥했는데 6일간 계속했다.[137] 같은 달 충혜왕은 우승상 燕帖木兒(엘테무르)와 함께 원의 柳林에서 매 사냥을 했다.[138] 충혜왕 후3년(1342) 2월 악소가 매를 데리고 국왕의 사냥에 동행했다.[139] 매를 거느리고 있는 것으로 보아 매 사냥인 것을 알 수 있다. 충혜왕 후4년 2월 국왕이 동교에서 매 사냥하고 돌아오면서 和妃의 宮에 가서 手搏戱를 관람했다.[140] 충혜왕 후4년 6월 국왕이 靑郊에서 매 사냥을 했다.[141] 충혜왕 이후 충목왕이나 충정왕은 나이가 어려 매 사냥에 나설 상황은 아니었다.

好佛 군주인 공민왕은 매 사냥을 선호하지 않았다. 공민왕 6년 9월 공민왕은 이미 양부의 대신들이 매 사냥하고 있음을 듣고 이를 비난했

---

135)『高麗史』권34, 世家34, 忠肅王 1년 1월 甲辰.
136)『高麗史節要』권24, 忠肅王 6년 8월.
137)『高麗史』권36, 世家36, 忠惠王 즉위년 2월 癸巳 ;『高麗史節要』권24, 忠肅王 17년 2월.
138)『高麗史』권36, 世家36, 忠惠王 즉위년 2월 己酉.
139)『高麗史』권36, 世家36, 忠惠王 후3년 2월 癸亥 ;『高麗史節要』권25, 忠惠王 후3년 2월.
140)『高麗史』권36, 世家36, 忠惠王 후4년 2월 己酉.
141)『高麗史』권36, 世家36, 忠惠王 후4년 6월 丁未.

다.142) 공민왕은 즉위 이후 10년이 넘도록 한 번도 사냥을 하지 않았다. 공민왕 15년 8월 遼陽 平章 高家奴가 새매를 바치자, 왕이 그것을 놓아 주었다. 왕의 성품이 자애로워서 차마 생물을 해치지 못했으므로, 왕위에 있은 지 10년이 지나도록 일찍이 한 번도 사냥을 즐겨하지 않았다.143) 이전의 충렬왕, 충숙왕, 충혜왕과는 매우 구별되는 태도를 보이고 있다.

공민왕과 달리 우왕은 매 사냥에 탐닉했다. 우왕 2년 9월 우왕이 처음으로 말 달리고 매 사냥하는 것을 익혔다.144) 이른 시기부터 우왕이 매 사냥을 익히는 것을 알 수 있다. 우왕이 직접 매 사냥을 한 것으로 명확히 확인되는 것은 모두 5차례이다([부록 1] 참조). 우왕 6년 8월 우왕이 도성 남쪽에서 5일(6일) 동안 사냥을 했다. 우왕은 직접 활과 화살을 차고 팔에 매를 앉히고 나갔다. 또 宦官과 小豎(어린 내수)를 시켜 오랑캐 노래를 부르고 胡笛을 불며, 거문고를 타고 북을 치면서 따르도록 했다.145) 국왕이 직접 활과 화살을 차고 팔에 매를 앉히고 나간 것으로 보아 매 사냥을 한 것으로 보인다. 매 사냥에 한정하지 않고 일반 사냥도 겸했을 것으로 보인다. 활과 화살을 차고 있기 때문이다.

우왕 9년 3월 우왕이 팔에 매를 앉히고 교외에서 사냥했다.146) 우왕 9년 10월 우왕이 몇 명의 기병을 거느리고 橐駝橋 가에서 매 사냥을 하고, 참새를 잡았다.147) 우왕 11년 2월 우왕이 해주로 사냥을 가자, 최영

142) 『高麗史』권114, 列傳27, 黃裳 ; 『高麗史節要』권26, 恭愍王 6년 9월.
143) 『高麗史節要』권28, 恭愍王 15년 8월.
144) 『高麗史』권133, 列傳46, 辛禑 2년 9월 ; 『高麗史節要』권30, 辛禑 2년 9월.
145) 『高麗史』권134, 列傳47, 辛禑 6년 8월. 『高麗史節要』에는 6일 동안 사냥한 것으로 되어 있다(『高麗史節要』권31, 辛禑 6년 8월).
146) 『高麗史』권135, 列傳48, 辛禑 9년 3월.
147) 『高麗史』권135, 列傳48, 辛禑 9년 10월 癸未.

· 이성림 등이 따라갔다. 우왕이 팔에 매를 올려놓고 기생 新月 · 鳳加伊와 함께 말고삐를 잡고 달렸다.[148] 팔에 매를 올려놓은 것에서 매 사냥에 나선 것을 알 수 있다. 우왕 13년 8월 우왕이 호곶에서 毅妃 · 淑妃의 宮으로 갔다가 다시 호곶으로 돌아갔다. 매를 부르고 개를 끌고 가는데 악기를 연주하고 춤을 추면서 따르는 무리가 길게 이어졌다.[149] 매를 부르고 개를 끌고 간다는 것에서 매 사냥으로 판단된다. 많은 이들이 동행하면서 매 사냥을 한 것으로 보인다. 우왕을 응견으로 이끈 이는 이인임 · 지윤 · 임견미였다.[150]

여러 국왕이 매 사냥에 나섰지만 약간의 차이를 보였다.[151] 충렬왕은 응방이나 홀적을 대동하는 수가 많았으며, 충혜왕은 악소를 거느린 경우도 있었다. 반면 우왕은 환관이나 내수 및 기생을 동반하는 예가 많았다. 매 사냥은 다양한 동물과의 관계 속에서 진행되는 것이었다. 매 사냥은 꿩 · 토끼 · 여우를 대상으로 하는 것이었으며, 포획한 야생동물은 식료로서 매우 중요한 의미를 지녔다. 가축의 공급이 여의치 못한 당시 사정에서 이들 야생동물은 단백질 공급원으로서 큰 비중을 차지했다.[152]

---

148) 『高麗史』 권135, 列傳48, 辛禑 11년 2월 庚申.
149) 『高麗史』 권136, 列傳49, 辛禑 13년 8월 ; 『高麗史節要』 권32, 辛禑 13년 8월.
150) 『高麗史』 권126, 列傳39, 姦臣, 李仁任.
151) 원 간섭기 고려 국왕이 매 사냥에 몰두한 것은 원 황실 내의 매 사냥 문화의 영향 때문으로 보인다. 고려 사회에서도 원래 매 사냥이 활발했지만, 원 간섭기 원의 영향을 받아 그것이 더욱 극성을 부리고 국왕까지 그에 몰두한 것으로 볼 수 있다.
152) 조선초에도 국가 차원에서 응방을 운영해 매 사냥을 함으로써 야생동물을 포획해 종묘에 천신하고 식료로 활용했다(이예슬, 2019 앞의 논문, p.48). 그리고 16세기 후반에도 매 사냥을 통해 획득한 꿩은 매우 중요한 식료였다(김인규, 2003 앞의 논문).

5. 국제관계에서의 매 활용

매는 야생 조류였지만 길들이면 사람과 교감하는 드문 새였다. 외관
상으로도 상당한 아름다움을 지녔으며, 사냥하는 모습은 매우 인상적
이었다. 그리하여 많은 이들이 매를 보유하고 싶어했으며, 매 사냥을
선호했다. 매가 높은 가치를 지니기 때문에153) 동아시아 국가 사이에
國信物로서 오고갔다. 가축을 제외하면 살아 있는 동물이 국가간 이동
하는 예는 많지 않은데 매는 드문 사례였다. 매는 고려초부터 국신물의
하나로 자리잡았다. 성종 14년(995) 2월 李周禎을 契丹에 보내 方物을
바쳤을 때 매[鷹]도 진헌했다.154)

원 간섭기 매는 원에 진헌하는 중요한 품목의 하나였다. 고종 18년
(1231) 12월, 몽골의 사신 8명이 와서 매와 새매[鷹鶻]를 요구했다.155)
고려의 매가 갖는 우수성이 알려졌기 때문에 이런 요구가 있었다고 여
겨진다. 당연히 몽골에서 매 사냥이 크게 성행해 매에 대한 수요가 매
우 컸던 점도 중요하게 작용했을 것이다. 또 원종 3년(1262) 9월 몽골에
서 사신을 보내와 새매[鶻子]를 요구했다.156) 고려에서 원 황제에게 보
낸 매에 대해 원나라 사람이 예찬한 글이 보이므로157) 원에서 고려의

---

153) 매의 가치는 국내에서도 매우 높았다. 조선초 동북면 鏡城에 거주하는 사람 殷實 등
　　이 海東靑 1連을 바치자 쌀·콩 10석을 내려 주었는데(『太祖實錄』권15, 太祖 7년
　　12월 戊辰(26일), 1-142), 이는 해동청 1마리가 쌀·콩 10석의 가치를 지니고 있었
　　음을 의미한다. 16세기 후반 매 1마리의 값이 포목 한 필 반에서부터 많게는 포목 8
　　필에 옷을 추가하는 등 가격의 편차가 매우 컸다(김인규, 2003 앞의 논문).
154) 『高麗史』권3, 世家3, 成宗 14년 2월. 거란의 상류 지배층 사회에서 매 사냥이 큰 인
　　기를 끌고 있었다(김기선, 2010 「한·몽 매의 어원과 상징성 연구」『몽골학』28).
155) 『高麗史』권23, 世家23, 高宗 18년 12월 辛酉 ; 『高麗史節要』권16, 高宗 18년 12월.
156) 『高麗史』권25, 世家25, 元宗 3년 9월 庚午 ; 『高麗史節要』권18, 元宗 3년 9월.
157) 조삼래·박용순, 2008 앞의 책, pp.58~59. "고려가 이 매를 천자에게 바치어(高麗

매를 몹시 선호했던 것 같다.

고려에서 원에 매를 진헌한 것은 충렬왕대에 집중되어 있다. 총 39회 가운데 32회가 충렬왕대였다. 원종대 2회, 충선왕대에 1회, 충숙왕대 4회가 확인되고 그 이후는 보이지 않는다([부록 2] 참조).[158] 충렬왕대는 거의 매년 진헌되었으며, 1년에 2차례 진헌한 경우도 종종 있었다. 진헌한 매의 종류는 다양했다. 원에 진헌한 매는 모두 4종류로 표현되었는데, 鷹, 鶻(鶻子), 鴉鶻, 鶻이 그것이었다.

<표 3> 원에 진헌한 매의 종류

매의 종류	진헌 시기
鷹 (9)	충렬왕 1년 6월, 충렬왕 8년 5월, 충렬왕 8년 9월, 충렬왕 9년 7월, 충렬왕 10년 윤5월, 충렬왕 11년 6월, 충렬왕 11년 7월, 충렬왕 31년 6월, 충선왕 2년 6월
鶻·鶻子 (28)	원종 3년 9월, 원종 4년 5월, 충렬왕 2년 6월, 충렬왕 3년 8월, 충렬왕 4년 7월, 충렬왕 4년 윤11월, 충렬왕 6년 6월, 충렬왕대(?), 충렬왕 12년 6월, 충렬왕 14년 6월, 충렬왕 14년 12월, 충렬왕 15년 6월, 충렬왕 15년 11월, 충렬왕 16년 6월, 충렬왕 17년 9월, 충렬왕 19년 6월, 충렬왕 20년 9월, 충렬왕 22년 6월, 충렬왕 22년 7월, 충렬왕 25년 5월, 충렬왕 25년 9월, 충렬왕 26년 9월, 충렬왕 27년 9월, 충렬왕 27년 12월, 충숙왕 6년 6월, 충숙왕 7년 6월, 충숙왕 8년 5월, 충숙왕 9년 윤5월
鴉鶻 (1)	충렬왕 29년 7월
鶻 (1)	충렬왕 33년 7월

이 가운데 가장 많이 진헌된 매는 요·요자로 28회가 확인된다(<표 3> 참조). 다른 매의 빈도보다 압도적으로 높은 비중을 차지하고 있다.

獻之天子處) / 그 용맹함에 모두 바로 보기 무섭네(萬人却立不敢豫) / 옥 발톱과 금
눈을 따를 님이 없고(玉爪金眸鐵作營) / 팔 위에 있어도 그 마음만은 하늘을 날으니
(心在寒空區在平) … "

158) 임형수, 2020 앞의 논문, pp.53~54에 충렬왕대 고려와 원의 鷹·鶻·鶻 왕래의 내
역이 간략히 표로 제시되어 있다.

충숙왕대 진헌된 매는 모두 요였다. 골은 드물게 진헌되는 매 종류였다. 원에서는 매 가운데 요를 가장 선호한 것으로 보인다.

　매를 진헌하는 달은 5월에서 7월 사이의 4달이(윤5월 포함), 8월 이후보다 두 배 많은 것이 확인된다(<표 4> 참조). 이것은 가을에서 겨울철에 매를 포획한 뒤 조련의 과정을 거치기 때문으로 보인다. 1월에서 4월까지는 진헌하는 달이 없다. 봄철 매의 번식, 그리고 운송의 어려움과 관련될 것으로 추정된다.

<표 4> 원에 매를 진헌하는 달

월	5월	윤5월	6월	7월	8월	9월	11월	윤11월	12월	불명
회수	4	2	14	6	1	7	1	1	2	1

　원에 진헌된 매의 규모를 자료를 통해 파악하기는 매우 어렵다. 유일하게 진헌의 규모를 전하는 것은 원종 3년 9월 요자 20마리였다.[159] 박의가 개인적으로 진헌한 매는 1마리로 보인다.[160] 매를 진헌한 수치를 사신의 규모에서 추정해 볼 수 있겠다. 매 진헌사의 규모가 확인되는 것은 충렬왕 1년 6월 元卿 등 10인([부록 2]의 3, 이하 같음), 충렬왕 8년 5월 장군 박의 등 25인(10), 충렬왕 10년 윤5월 獻鷹使 40인(13), 충렬왕 11년 6월 장군 李琜 등 28인(14) 등이다. 나머지는 사신의 규모를 알 수 없다.[161] 1인당 적어도 1마리의 매를 가지고 갔을 것으로 본다면

---

159) 『高麗史』권25, 世家25, 元宗 3년 9월 庚辰 ; 『高麗史節要』권18, 元宗 3년 9월.
160) 『高麗史』권124, 列傳37, 嬖幸2, 朴義.
161) 매가 원으로 운반하는 동안 斃死하는 경우도 적지 않았을 것이기 때문에, 매를 잘 돌보는 이가 동행하지 않으면 안 되었다. 조선초에도 명으로 매를 운송하다가 폐사한 일이 보인다(『世宗實錄』권37, 世宗 9년 9월 癸巳(8일), 3-91). 조선후기에도

1회의 매 진헌사 파견 때마다 10~40마리 정도가 원에 보내졌을 것으로 추정된다.[162] 평균 25마리 정도로 보면 39회에 걸쳐 모두 진헌된 매의 규모는 975마리에 달한다. 실제는 이보다 훨씬 많은 수의 매가 원에 보내졌을 것이다. 엄청난 수의 매가 원으로 유출된 것이다.[163] 그 규모는 고려 국내의 매 개체수 변동을 초래할 정도였을 것으로 추정된다.

진헌을 담당한 사신의 직함도 다양했다. 매의 진헌사로 가장 두드러진 활약을 한 층은 무반이며 그 가운데서도 관품이 높은 장군·대장군·상장군이었다.[164] 이들은 진헌사로 활약하면서 원과 깊은 유대를 형성했을 것이다. 매의 진헌사는 대부분 1회씩 파견되었는데, 다만 閔甫, 박의는

일본에 매가 지급되었는데, 도중에 폐사할 것을 대비해 여분의 매를 더 마련했다. 또 운반 도중에 있을지도 모를 여러 질병에 대비해 다양한 약재를 함께 싣고 갔다 (이승민, 2013 「조선후기 일본과의 매[鷹] 교역과 그 의미」『한일관계사연구』45).
162) 조선초 세종 10년 진응사가 鴉鶻 10連을 가지고 명에 갈 때 鷹師가 10인이었다 (『世宗實錄』권41, 世宗 10년 8월 癸未(4일), 3-137). 이 자료를 볼 때 응사당 1마리의 매를 운반했던 것으로 보인다.
163) 사신이나 상인이 오고갈 때도 매를 가지고 간 경우가 없지 않았을 것이므로 원 간섭기 고려에서 원으로 건너간 매의 수는 1천을 훨씬 상회했을 것이다.
164) <표> 원에 매 진헌사로 파견된 인명과 관직

관직명	인명([부록 2] 순번)	인원수
禮部郎中	高冽(1)	1
左正言	郭如弼(2)	1
密直	任瑞(38)	1
密直副使	柳有奇(39)	1
上將軍(上護軍)	崔世延(25), 閔甫(33), 李茂(34)	3
大將軍(大護軍)	尹秀(4), 朴義(17), 閔甫(28·30·32), 文天佐(35), 鄭允興(36), 尹吉甫(37)	8
將軍(護軍)	朴義(7·8·10), 李琲(14·18), 元卿(15·16), 南挺(19·23), 白挺仁(20), 金興裔(21), 閔甫(24), 李茂(26), 白孝珠(27), 閔丘(29), 崔涓(31)	16
中郎將	朴義(4)	1
郎將	南裕廷(12), 崔世延(15)	2
鷹坊	李魯漢(11)	1

모두 5회에 걸쳐 파견되었고, 그밖에 남정, 원경, 이무, 이병, 최세연 등이 각각 2회씩 파견되었다.[165] 응방과 관련되어 자주 언급되는 박의, 원경, 이병 등이 매의 진헌사로서도 중요한 구실을 하고 있음을 알 수 있다.

원 황제에 대한 직접적인 진헌은 아니지만 원의 황실 일원에 선물로 매를 제공한 경우도 있다. 고려 충렬왕과 제국공주가 원의 皇太子 眞金(친킴)의 妃인 闊闊眞(코코진)의 궁전으로 나아가서 여러 물품과 아울러 검은 매[黑鷹]와 송골매[鶻] 각 1마리씩을 선물로 주었다.[166]

원 간섭기 대부분의 경우 고려에서 원에 매를 진헌했지만 반대로 원에서 고려에 매를 보내온 경우도 있었다. 충렬왕 3년 10월 원에서 郞哥歹(낭기아다이)를 보내 鶻을 사여했다.[167] 충렬왕 4년 2월 해동청을 원의 황제가 사여했다.[168] 충렬왕 4년 7월 원의 황제가 해동청 1마리를 사여했다.[169] 충렬왕 26년 7월 원에서 해청과 요자를 사여한 일이 있었다.[170] 우왕 3년 2월 북원에서 해청을 보내온 일이 있다.[171] 원에서 고려에 보내준 매는 대개 1마리였을 것이고 많아야 2마리였을 것으로 보인다. 많은 수의 매를 국제간에 수송한다는 것은 어려운 일이고, 또 한 마리라 할지라도 상징하는 바가 커서 소기의 의미를 달성할 수 있었을 것이다.

---

165) <표> 매 진헌사로 파견된 횟수

* ( )안의 수치는 횟수
郭如弼(1), 高泇(1), 金興裔(1), 南裕廷(1), 南挺(2), 文天佐(1), 閔丘(1), 閔甫(5), 朴義(5), 李魯漢(1), 白挺仁(1), 白孝珠(1), 柳有奇(1), 尹吉甫(1), 尹秀(1), 元卿(2), 李茂(2), 李珤(2), 任瑞(1), 鄭允興(1), 崔世延(2), 崔涓(1)

166) 『高麗史』권30, 世家30, 忠烈王 19년 12월 乙巳.
167) 『高麗史』권28, 世家28, 忠烈王 3년 10월 乙酉 ; 『高麗史節要』권19, 忠烈王 3년 10월.
168) 『高麗史』권28, 世家28, 忠烈王 4년 2월 庚午 ; 『高麗史節要』권20, 忠烈王 4년 2월.
169) 『高麗史』권28, 世家28, 忠烈王 4년 7월 壬寅 ; 『高麗史節要』권20, 忠烈王 4년 7월.
170) 『高麗史』권31, 世家31, 忠烈王 26년 7월 壬午 ; 『高麗史節要』권22, 忠烈王 26년 7월.
171) 『高麗史』권133, 列傳46, 辛禑 3년 2월.

전체적으로 보면, 원 간섭기 고려에서 원으로 보내진 매의 수는 1천을 훨씬 상회하고 반면 원에서 고려에 내려준 매는 10마리도 되지 않는다.[172] 이러한 엄청난 규모의 매 유출은 고려 매의 개체수에 변동을 줄 수 있었다. 조선초 하삼도 매가 많이 보이지 않는다고 함은[173] 저간의 사정과 관련이 있을 듯 하다.

매는 엄청난 가치를 지니고 있어 동아시아에서 예물로서 오고갔다. 동북아시아에서 고려에 보내오는 동물은 羊과[174] 말[馬]이 많았다. 양은 식용으로서 의미가 크고, 말은 전투마로서 중요성을 갖고 있었다. 드물지만 낙타를 고려에 보내온 경우도 있다. 그러나 고려에서 살아있는 동물이 국외로 반출되는 예는 農牛를 제외하면 매우 드물다.

원 제국 내의 諸王들이 고려에 매를 보내오는 일도 많았다. 충렬왕 9년 也先大王이 사신을 보내 해동청을 바쳤다.[175] 충렬왕 27년 脫脫大王(톡토대왕)이 사람을 보내 해청 2마리를 바쳤다.[176] 충렬왕 28년 11월 安西王 阿難達(아난다)이 사신을 보내와 해청을 바쳤다.[177] 충렬왕대에 주로 해동청이 보이는데 수량이 확인되는 것은 2마리뿐이다. 다른 경우에도 한두 마리였을 것으로 보인다.

충숙왕 7년 遼陽人이 와서 매를 바쳤다.[178] 충목왕 4년(1348) 吳王이 完者帖木兒(올제이테무르)를 보내와 매를 바쳤다.[179] 공민왕 15년

---

172) 참고로 조선초에 명에 진헌된 매는 총 70건, 538마리 이상이었다(이예슬, 2019 앞의 논문, pp.35~47).
173) 주 35)와 같음.
174) 박새롬, 2020「고려시대 양(羊)의 유입과 활용」, 한국교원대 석사학위논문 참조.
175)『高麗史』권29, 世家29, 忠烈王 9년 3월 庚申.
176)『高麗史』권32, 世家32, 忠烈王 27년 2월 癸酉 ;『高麗史節要』권22, 忠烈王 27년 2월.
177)『高麗史』권32, 世家32, 忠烈王 28년 11월 丁巳 ;『高麗史節要』권22, 忠烈王 28년 11월.
178)『高麗史』권35, 世家35, 忠肅王 7년 9월 癸卯.
179)『高麗史』권37, 世家37, 忠穆王 4년 11월.

(1366) 요양 평장 高家奴가 새매를 바쳤다.[180] 충숙왕에서 공민왕대까지는 사례가 많지 않다.

그리고 우왕대에는 매를 고려에 보내온 일이 몇 건 확인된다. 우왕 2년(1376) 北靑千戶 金仁贊이 해동청을 바쳤으며,[181] 우왕 5년 納哈出(나하추)이 사람을 보내 매를 바쳤다.[182] 우왕 7년 海陽萬戶 土音不花가 사람을 보내 매를 바쳤고,[183] 우왕 8년 윤2월 金同不花가 사람을 보내 매를 바쳤다.[184]

매는 귀한 것이어서 신료가 국왕에게 바치는 일도 있었다. 국왕이 中和縣에 행차했을 때 원에서 파견된 착응사 낭가대, 동녕부 달로화적이 鷹馬를 바친 일이 있었다.[185] 이들은 고려에서 포획한 매를 고려 국왕에게 바친 것이다. 특히 매 사냥을 좋아하는 국왕의 경우, 신료들이 앞다투어 매를 바친 일도 있었다. 우왕 10년 8월 서북면도순문사 金用輝가 매를 바쳤다. 당시 우왕이 사냥을 몹시 좋아해 여러 도의 원수가 다투어 응견을 보내 총애를 받고자 했다.[186] 전국에서 다수의 매가 우왕에게 바쳐진 것이다.

매를 뇌물로서 권세가에게 바치는 일도 있었던 것으로 보인다. 고려 말 조준의 상소문에서 매와 새매를 권세가에게 사사로이 바치는 일을 금지해 달라는 내용이 있다.[187] 매와 새매가 매우 가치있는 동물이었

---

180)『高麗史』권41, 世家41, 恭愍王 15년 8월 己卯 ;『高麗史節要』권28, 恭愍王 15년 8월.
   공민왕은 성품이 자애롭고 해치는 것을 싫어하여 이 매를 자연으로 놓아주었다.
181)『高麗史』권133, 列傳46, 辛禑 2년 12월.
182)『高麗史』권134, 列傳47, 辛禑 5년 12월 ;『高麗史節要』권31, 辛禑 5년 12월.
183)『高麗史』권134, 列傳47, 辛禑 7년 11월.
184)『高麗史』권134, 列傳47, 辛禑 8년 윤2월.
185)『高麗史』권29, 世家29, 忠烈王 10년 4월 戊戌.
186)『高麗史』권135, 列傳48, 辛禑 10년 8월.
187)『高麗史』권118, 列傳31, 趙浚.

음을 알 수 있다.

　매는 높은 가치를 지닌 조류로서 국가간 이동하는 예가 많았다. 특히 원 간섭기에 다수의 매가 원에 진헌되었다. 그리고 원 제국 내의 여러 왕들이나 국내의 신료들이 고려 국왕에게 바치는 일도 있었다. 전체적으로 보면 엄청난 수의 고려 매가 국외로 유출되었다고 판단된다. 다수 매의 국외 유출은 매를 비롯한 야생동물 전반에 큰 영향을 주었을 것으로 사료된다.

6. 맺음말

　고려시기 매는 당시의 생태환경을 이해하기 위해 살펴야 할 중요한 동물의 하나이다. 매는 인간과 깊은 관계를 맺고 있고, 다른 야생동물과 긴장 관계에 있으며, 가축과도 밀접한 관련을 맺고 있는 맹금류였다. 매의 중요성은 일찍부터 인지되어 인간이 포획해 사냥에 활용하거나 다른 용도로 사용했다. 매의 변동은 곧 생태환경의 변화와 깊은 연관을 맺고 있었다.

　매라고 통칭되지만 鷹, 鶻, 鶻, 鸇, 海東靑 등 다양한 한자어로 표현되었다. 당연히 종류가 상이했다. 매는 전국적으로 서식하고 있는 것이 확인된다. 매를 잡아 관리하는 것은 매의 속성을 억압하는 것이라 여겨서, 災變이 발생할 경우 매를 자연으로 방생하는 조치를 취하기도 했다. 매는 다른 조류들이 몹시 두려워하는 맹금류였다. 인간이 매를 부리는 것은 매의 배고픔 상태를 조절하기 때문에 가능했다. 매가 배부르면 인간을 따르지 않고 달아나는 수가 많았다. 매의 움직임에 대해서 당시 文人들은 揚, 飛揚, 盤, 擊 등의 단어로 표현하고 있었다. 매의 눈은 매우 반짝이는 것으로 이해하고 있었다.

매는 일찍부터 인간이 포획하고 있었다. 그물을 사용하거나 다른 기구를 사용해 포획하는 것이지만 포획은 매우 힘들고 고통스러운 일이었다. 매는 전국 곳곳에서 포획하는 것이 확인된다. 전라도·경상도·충청도 및 황해도·동계 등 거의 전역에서 포획하는 것으로 보인다. 원 간섭기 원에 진헌할 매가 다수 필요해짐에 따라 국가 차원에서 응방을 설치해 매의 포획과 관리를 주관토록 했다. 개인 차원에서 매를 잡는 일은 늘상 있는 일이었지만 원 간섭기에는 그것이 위축되지 않을 수 없었다. 원 간섭기에 국가 차원에서 다수의 매가 포획됨으로써 매의 개체수가 현저히 감소되어 조선초 하삼도 지방에 매가 많지 않다는 지적이 나오게 된 것으로 보인다.

매를 포획하면 일정한 절차를 밟아 조련해야 했고 사육을 이어가야 했다. 매의 상태를 살피면서 점차적으로 인간과 친근하게 만들고, 인간은 먹이를 통해 매를 제어하고 따르도록 했다. 매의 사육은 개인 차원에서도 늘상 이루어지고 있었으며, 원 간섭기에는 국가 차원에서 대대적으로 진행되고 있었다. 매의 포획, 조련 및 사육에 탁월한 능력을 보이는 인물이 많았다. 윤수·원경·박의·김주정·이정·이병 등이 대표적인 인물이었다. 대규모의 매를 사육하는 데에는 엄청난 먹이가 소요되는데, 대개는 닭과 개가 활용되었다. 다량의 먹이를 안정적으로 확보하기 힘들기 때문에 민간의 닭과 개를 탈취해 먹이로 제공하는 일이 많았다. 민간의 닭과 개가 씨가 말랐다는 지적이 나올 정도였다. 엄청난 수의 매 사육으로 인해 가축의 현저한 감소를 가져오는 것이며, 그것은 인간이 섭취할 단백질의 부족을 초래하는 것이었다.

매를 가장 널리 활용하는 영역은 사냥이었다. 매 사냥은 가을에서 겨울에 걸쳐 진행되었다. 매를 다소 굶주린 상태에 놓이게 한 뒤에 사냥을 진행했다. 매가 배부르면 사냥을 하지 않기 때문이다. 매 사냥은 산악보다는 넓은 벌판을 끼고 있는 곳이 편리했다. 매 사냥을 하는 주인공은 말을 타고 팔에 매를 얹고 현장에 나가서 사냥을 했는데, 혼자서할 수 있는 것이 아니었다. 여러 몰이꾼을 활용해 꿩이나 토끼, 여우를찾아내 달아나게 해서 매가 포착할 수 있도록 해야 했다. 개인 차원에서 진행하는 매 사냥의 경우에는 노비를 비롯한 여러 사람을 동반하고진행했다. 그렇기 때문에 상층 지배층이 매 사냥을 하기에 훨씬 유리했다. 일반 기층민들도 주변의 농민과 함께 매 사냥을 할 수 있었다. 원 간섭기에는 국왕이 주도하는 매 사냥이 성행했다. 다수의 몰이꾼을 동원한 매 사냥이 충렬왕, 충숙왕, 충혜왕대에 이어지고 있었으며 우왕대에도 활발하게 전개되었다. 매 사냥의 성행은 꿩, 토끼, 여우 등의 개체수변화를 초래했을 가능성이 컸다.

매는 국제관계에서 國信物로서 널리 활용되었다. 고려초에 거란에매를 진헌한 일이 있었다. 원 간섭기에는 많은 매가 원에 보내졌는데,鶻 · 鶻子로 분류되는 새매가 가장 많이 진헌되었으며 그 다음은 鷹이었다. 특히 충렬왕대에는 거의 매해 매가 원에 보내졌다. 충숙왕대까지포함해 원에 진헌된 매의 개체수를 추산해 보면 1천 마리를 훨씬 상회한 것으로 보인다. 물론 원에서 고려에 매를 내려준 일도 있었지만 그것은 극히 소수에 불과해 결과적으로 고려의 매가 다수 원으로 유출되었다고 할 수 있겠다. 그리고 원 제국 영역 내의 여러 왕이 고려에 매를 바치는 일도 확인되며, 동북아의 여러 지역의 세력가가 고려에 매를 진헌하는 예가 보이나 그 수는 많지 않았다. 매가 갖는 귀중함으로 인해 관인이 국왕에게 뇌물로 매를 바치는 일도 보이고, 지방관이 중앙의 권세가를 위해 매를 길러 바치는 경우도 있었다.

이처럼 매를 중심에 두고 고려시기 생태환경, 국제관계 등을 살펴보면 몇 가지 중요한 사항을 파악할 수 있다. 우선 매가 국외로 엄청나게 유출됨으로써 고려 국내의 매 개체수가 감소했을 것이라는 점이다. 조선초 매가 하삼도에 거의 잡히지 않는다고 함은 이러한 개체수 감소와 연결될 소지가 있다. 그리고 다수의 매 사육을 위해 민간의 닭과 개가 다량 소비됨으로써 사람들이 단백질을 공급받을 소지가 크게 축소되었다. 원 간섭기 매 사육으로 인해 일반 민인들이 닭과 개를 식료로 삼는 것이 위축될 수밖에 없었을 것이다. 매 이외에도 여러 동·식물을 중심에 두고 생태환경을 살펴본다면 우리 역사의 다양한 측면을 파악할 수 있고, 또한 역사 이해의 깊이를 더할 수 있을 것이라 여겨진다.

(『石堂論叢』84, 2022. 11. 揭載)

[부록 1] 고려 국왕의 매 사냥

순번	연월일	매 사냥 내용
1	충렬왕 2년 8월 甲戌(12일)	왕이 공주와 함께 德水縣의 馬堤山에서 사냥했다. 왕이 忽赤(코르치)과 應坊을 거느리고 친히 활과 화살, 매와 새매[鷹鶻]를 다루며 종횡으로 달리니 이를 본 父老들이 모두 탄식했다(세가). / 왕이 공주와 더불어 德水縣에서 사냥을 했다. 현의 동북쪽에 馬堤山이 있는데, 왕이 일찍이 草屋을 여러 칸 짓도록 명령한 적이 있었다. 이때에 이르러 마침내 忽赤(코르치)와 鷹坊을 각각 50인씩 거느리고 이 지역에 가서 사냥을 했다(절요).
2	충렬왕 5년 2월 辛卯(14일)	왕이 壽康宮에서 매 사냥을 했다[放鷹](세가).
3	충렬왕 5년 9월 丙午(2일)	왕이 甑山에서 매 사냥을 했다(세가).
4	충렬왕 5년 9월 甲子(20일)	왕이 籍田에서 매 사냥을 했다(세가).
5	충렬왕 5년 9월 乙丑(21일)	왕이 猫串에서 2일 동안 매 사냥을 했다(세가).
6	충렬왕 9년 2월 丁未(22일)	왕이 昇天府에서 매 사냥을 했다(세가).
7	충숙왕 6년 8월	왕이 德水縣에서 사냥을 하다가 城隍神祠를 불태우라고 명령했다. 대개 海東靑과 內廐馬가 斃死한 일로 화가 났기 때문이었다(절요).
8	충혜왕 즉위년(1330, 충숙왕 17년) 2월 癸巳(12일)	(충혜)왕이 平則門 밖에서 무릇 6일 동안 매 사냥을 했다(세가, 절요). (원에서 사냥)
9	충혜왕 즉위년 2월 己酉(28일)	왕이 右丞相 燕帖木兒(엘테무르)와 함께 버드나무 숲[柳林]에서 매 사냥을 했다(세가). (원에서 사냥)
10	충혜왕 후3년 2월 癸亥(22일)	왕이 江陰縣에서 사냥을 했다. 호종하던 惡小들이 매에게 먹인다는 것을 구실로 마을의 닭과 개를 다투어 빼앗았으나, 사람들이 감히 말하지 못했다(세가, 절요).
11	충혜왕 후4년 2월 己酉(13일)	왕이 동쪽 교외에서 매 사냥을 하고, 和妃의 궁전으로 돌아와서 手搏戲를 구경했다(세가).
12	충혜왕 후4년 6월 丁未(13일)	왕이 靑郊에서 매 사냥을 했다(세가).
13	우왕 2년 9월	우왕이 (비로소) 승마와 매 사냥을 익혔다(신우열전, 절요).
14	우왕 6년 8월	우왕이 도성 남쪽에서 5일(6일 : 절요) 동안 사냥을 했다. 환관[宦者] 李得芬·金實을 守城元帥로 임명했고, 우왕은 직접 활과 화살을 차고 팔에 매를 앉히고 나갔다. 또 宦官과 어린 내수[小豎]를 시켜 오랑캐 노래[胡歌]를 부르고, 胡笛을 불며 거문고를 타고 북을 치면서 따르도록 했다(신우열전, 절요).
15	우왕 9년 3월	우왕이 팔에 매를 앉히고 교외에서 사냥했다(신우열전).

16	우왕 9년 10월 癸未(13일)	우왕이 기병 몇 명을 데리고 橐駝橋 가에서 매 사냥을 하고, 참새를 잡았다(신우열전).
17	우왕 11년 2월 庚申(28일)	우왕이 海州로 사냥을 가자, 崔瑩·李成琳 등이 따라갔다. 우왕이 팔에 매를 올려놓고 新月·鳳加伊와 함께 말고삐를 잡고 달렸다(신우열전).
18	우왕 13년 8월	우왕이 壺串에서 毅妃·淑妃의 궁궐로 갔다가 호곶으로 돌아왔다. 매를 부르고 개를 끌면서, 피리와 나팔을 불고 긴 노래도 부르고 춤까지 추었는데, 앞뒤로 이끌고 따르는 것이 길에 끊이지 않았다(신우열전). / 우왕이 壺串으로 가서 매를 부르고 개를 끌며 피리를 불고 나팔을 불며 노래를 불러대고 춤을 추었는데, 앞뒤로 이끌고 따르는 것이 길에 끊이지 않았다(절요).

[부록 2] 원에 매의 진헌

	연월일	내용
1	원종 3년 9월 庚辰(27일)	禮部郎中 高汭를 몽골에 파견하여 새매[鷂子] 20마리와 양질의 구리[好銅] 612斤, 누런 종이와 흰 종이[黃·白紙] 각각 100장씩 바쳤다(세가). / 禮部郎中 高汭를 보내 새매[鷂子] 20마리와 銅 612근을 바쳤다(절요).
2	원종 4년 5월 壬寅(23일)	左正言 郭如弼을 몽골에 파견하여 새매[鷂]를 바쳤다(세가, 절요).
3	충렬왕 1년(1275) 6월 壬寅(3일)	元卿 등 10인을 元에 보내어 매[鷹]를 바쳤다(세가, 절요).
4	충렬왕 2년 6월 丙寅(3일)	大將軍 尹秀와 中郎將 朴義를 元에 파견하여 새매[鷂]를 바쳤다(세가, 절요).
5	충렬왕 3년 8월 丁卯(10일)	趙仁規와 印侯를 元에 파견하여 새매[鷂子]를 바쳤다(세가).
6	충렬왕 4년 7월 己丑(8일)	왕이 원 황제와 태자에게 새매[鷂子]를 바쳤다(세가).
7	충렬왕 4년 윤11월 癸丑(4일)	將軍 朴義를 元에 파견하여 새매[鷂]를 바쳤다(세가).
8	충렬왕 6년 6월 辛巳(11일)	將軍 朴義를 元에 파견하여 새매[鷂子, 鷂]를 바쳤다(세가, 절요).
9	충렬왕대	박의는 평소 새매[鷂] 한 마리를 길렀는데, 郎哥歹(낭기아다이)가 말하기를, "새매 꼬리의 깃[鷂尾羽]이 12개인 것도 드문데 이 새매는 14개이니, 만약 (원) 황제에게 바치면 반드시 후한 상을 받게 될 것이오."라고 했다. 박의가 낭가대를 따라 원에 가서 그 새매를 바쳤다(박의열전).
10	충렬왕 8년 5월 丁亥(29일)	將軍 朴義 등 25명을 元에 파견하여 매[鷹]를 바쳤다(세가, 절요).
11	충렬왕 8년 9월 乙亥(19일)	鷹坊 李魯漢(보로칸) 등을 元에 파견하여 매[鷹]를 바쳤다(세가, 절요).
12	충렬왕 9년 7월 己巳(17일)	郎將 南裕廷을 元에 파견하여 매[鷹]를 바쳤다(세가, 절요).
13	충렬왕 10년 윤5월 丙戌(9일)	獻鷹使 40명이 元으로 갔다(세가).
14	충렬왕 11년 6월 戊申(7일)	將軍 李玶 등 28명을 元에 보내어 매[鷹]를 바쳤다(세가, 절요).
15	충렬왕 11년 7월 庚辰(10일)	將軍 元卿과 환관[宦者]인 郎將 崔世延을 元에 파견하여 매[鷹]를 바쳤다(세가, 절요).
16	충렬왕 12년 6월 戊申(13일)	將軍 元卿 등을 元에 파견하여 새매[鷂]를 바쳤다(세가, 절요).
17	충렬왕 14년 6월 丁巳(4일)	大將軍 朴義를 元에 보내어 새매[鷂]를 바쳤다(세가, 절요).
18	충렬왕 14년 12월 辛未(20일)	將軍 李玶을 元에 파견하여 새매[鷂]를 바쳤다(세가, 절요).
19	충렬왕 15년 6월 庚戌(3일)	大將軍 柳庇를 元에 파견하여 모시와 베를 바치고, 將軍 南挺은 새매[鷂]를 바쳤다(세가, 절요).
20	충렬왕 15년 11월 丙午(1일)	將軍 白挺仁을 元에 파견하여 새매[鷂]를 바쳤다(세가, 절요).
21	충렬왕 16년 6월 丙子(5일)	將軍 金興裔를 元에 파견하여 새매[鷂]를 바쳤다(세가, 절요).
22	충렬왕 17년 9월 癸丑(19일)	印侯를 元에 보내 새매[鷂]를 바쳤다(세가, 절요).

23	충렬왕 19년 6월 甲午(10일)	將軍 南挺을 元에 파견하여 새매[鷂]를 바쳤다(세가).
24	충렬왕 20년 9월 辛酉(14일)	將軍 閔甫를 元에 파견하여 새매[鷂]를 바쳤다(세가, 절요).
25	충렬왕 22년 6월 庚子(3일)(절요에는 5월로 나옴)	上將軍 崔世延을 元에 파견하여 새매[鷂]를 바쳤다(세가, 절요).
26	충렬왕 22년 7월 甲申(17일)	將軍 李茂를 元에 파견하여 새매[鷂]를 바쳤다(세가, 절요).
27	충렬왕 25년 5월 辛巳(1일)	將軍 白孝珠를 元에 파견하여 새매[鷂]를 바쳤다(세가, 절요).
28	충렬왕 25년 9월 己卯(1일)	大將軍 閔甫를 元에 파견하여 새매[鷂]를 바쳤다(세가, 절요).
29	충렬왕 26년 9월 壬寅(1일)	將軍 閔丘를 元에 파견하여 새매[鷂]를 바쳤다(세가, 절요).
30	충렬왕 27년 9월 丁巳(21일)	大護軍 閔甫를 元에 파견하여 새매[鷂]를 바쳤다(세가, 절요).
31	충렬왕 27년 12월 丙寅(1일)	護軍 崔涓을 元에 파견하여 새매[鷂]를 바치고, 司宰尹 鄭良은 酥油를 바쳤으며, 上護軍 李白超는 인삼을 바치게 했다(세가, 절요).
32	충렬왕 29년 7월 丁巳(1일)	大護軍 閔甫를 元에 파견하여 새매와 송골매[鷂鶻]를 바쳤다(세가, 절요).
33	충렬왕 31년 6월 甲申(9일)	上護軍 閔甫를 元에 파견하여 매[鷂]를 바쳤다(세가, 절요).
34	충렬왕 33년 7월 辛未(9일)	上護軍 李茂를 元에 파견하여 송골매[鶻]를 바쳤다(세가, 절요).
35	충선왕 2년(1310) 6월 癸丑(7일)	大護軍 文天佐를 元에 파견하여 매[鷹]를 바쳤다(세가, 절요).
36	충숙왕 6년(1319) 6월 丁亥(4일)	大護軍 鄭允興을 元에 파견하여 새매[鷂]를 바쳤다(세가, 절요).
37	충숙왕 7년 6월 辛未(23일)	大護軍 尹吉甫를 元에 파견하여 새매[鷂]를 바쳤다(세가, 절요).
38	충숙왕 8년 5월 辛丑(28일)	密直 任瑞를 元에 파견하여 새매[鷂]를 바쳤다(세가, 절요).
39	충숙왕 9년 윤5월 己酉(13일)	密直副使 柳有奇를 元에 파견하여 새매[鷂]를 바쳤다(세가, 절요).

高麗後期 국왕의 사냥 활동과
사냥 비판론

1. 머리말

고려후기는 여러 측면에서 색다른 면모를 보이는 시기였다. 원의 간섭이 강력했고, 그것을 벗어나려는 노력도 間斷없이 전개되었다. 대제국인 원의 문물도 고려에 엄청나게 밀려들어 왔다. 국왕의 위상도 종전과는 매우 달라져서, 국왕은 원의 영향력 하에 놓이게 되었다. 국왕의 활동 영역에서도 종전의 국왕과는 매우 상이한 모습을 보였다. 두드러진 현상은 국왕의 사냥이 매우 활발하게 전개된 점이라 할 수 있다.

이전 시기에도 고려 국왕의 사냥 활동이 없었던 것은 아니지만 이 시기에는 매우 특이할 정도로 활발하게 전개된 점에 특징이 있었다. 충선왕이나 어린 충목왕과 충정왕, 그리고 공민왕대에는 국왕의 사냥 행위가 거의 보이지 않았지만, 충렬왕, 충숙왕, 충혜왕 그리고 우왕대에는 국왕의 사냥 행위가 병적으로 전개되었다고 할 수 있겠다. 국왕이 사냥에 탐닉하게 된 것은 여러 요인이 작용한 것으로 판단된다. 국왕의 사냥은 개인의 취향에 따른 특이한 행위로만 규정할 수는 없을 것이다. 불안한 정치 상황에서 탈출하려는 무의식이 작동한 점도 중요했을 것이다. 사냥에 동참한 많은 사람들이 있었으며, 이들이 국왕의 사냥 행위를 뒷받침하고 있었다는 점도 주목할 필요가 있다. 고려 사회에서 사냥의 전통이 뿌리 깊었던 점이나 원의 유목·사냥문화가 영향을 준 점도 간과할 수 없을 것이다.

이 글에서는 특이한 모습을 보이는 국왕의 사냥 행위에 대해 상세한 내용을 정리해보고자 한다. 국왕의 사냥 활동의 구체적인 내용, 사냥 행위를 유도하거나 거기에 동참했던 사람들에 대해 살펴보고자 한다. 사냥의 전개에 따른 각종 폐해를 검토하고, 사냥 행위를 비판하는 논자들에 대해 살펴보고자 한다. 아울러 사냥 비판론에 대해 국왕이 어떠한 반응을 보였는지도 고찰하고자 한다. 최측근 호위무사의 확보를 위해 국왕이 사냥을 적극 활용했음을 주목하고자 한다.

2. 국왕 사냥 활동의 내용

1) 충렬왕의 사냥

원 간섭기 이전에는 고려 국왕의 사냥이 활발하지 않았다. 고종대에는 사냥 행위 자체를 제한했다. 고종 14년(1227) 어사대가 민가에서 비둘기와 매를 기르는 것을 금지시켰다. 公務를 廢하고 쟁송을 일으키기 때문이었다.[1] 매를 기르는 것을 금지한 것은 곧 매 사냥을 억제하는 의미를 가진 것으로 여겨진다. 몽골과의 장기간 전쟁으로 인해 고종이 사

---

1) 『高麗史節要』권15, 高宗 14년 12월.

냥하는 일은 거의 없었을 것으로 여겨진다.

원종대에도 사냥에 대해서 권장하는 분위기가 아니었다. 원종 즉위
년(1259) 10월 여러 功臣이 강 건너편에서 사냥을 하고 장군 李仁恒의
집에 모여서 술 마시고 풍악을 올리며 놀다가 새벽녘에야 파했다. 고종
을 방금 장사지내고 다음 왕인 원종이 원에서 아직 돌아오지 않았는데
사냥하고 잔치를 벌였으므로 당시의 여론이 비난했다.2) 강화도에서 육
지로 건너가 사냥을 한 것을 알 수 있고, 공신이 사냥을 즐겼음도 확인
할 수 있다.

원종 2년 3월 여러 도의 안찰사에게 유시했다. 봄철이므로 사냥을 하
면 새끼를 치고 알을 낳지 못할 것이라고 하면서 고기 반찬을 올리지
말도록 했다.3) 원종대에는 전쟁이 종식되고 개경으로 환도하는 시점이
므로 국왕이 사냥에 나설 상황은 아니었다.

국왕의 사냥은 충렬왕대부터 성행했음을 확인할 수 있다. 말년을 제
외하면 특별한 사정이 없는 한 거의 매해 충렬왕이 사냥을 간 것으로
보인다([부록] 참조). 국왕이 종종 원에 가는 일이 있으면 사냥이 중지
되고 있다. 충렬왕 7년의 경우는 일본 정벌이 있어 국왕의 사냥은 행해
지지 않았다.

원종 15년 국왕이 사망하자, 바로 前 親從將軍 尹秀가 瀋陽에서 가족
을 이끌고 고려로 돌아왔다. 충렬왕이 元에 있을 때 윤수가 사냥용 매
와 개로 왕의 환심을 얻었는데, 충렬왕이 즉위하자 고려에 돌아온 것이
다.4) 윤수가 충렬왕과 연결되어 국왕을 사냥으로 이끌었다. 충렬왕은

---

2) 『高麗史』권25, 世家25, 元宗 즉위년 10월 壬午 ; 『高麗史節要』권17, 高宗 46년 10월.
3) 『高麗史』권25, 世家25, 元宗 2년 3월 庚午 ; 『高麗史節要』권18, 元宗 2년 3월.
4) 『高麗史節要』권19, 元宗 15년 9월.

원에 세자로 있을 때부터 사냥문화에 매우 친숙했다.

충렬왕 본인은 사냥 능력을 보유하고 있었다. 사냥 능력은 말타기와 활쏘기를 할 수 있는 능력, 곧 騎射 능력을 의미한다.[5] 충렬왕은 친히 활과 화살을 이용하고, 매를 부리며, 또 말을 달리면서 사냥을 했다. 충렬왕 2년(1276) 8월 국왕과 제국공주가 덕수현 마제산에서 사냥했는데, 친히 弓箭과 매[鷹鶻]를 부리면서 종횡으로 말을 달렸다.[6] 충렬왕은 활과 화살을 다루는 솜씨가 있었으며, 또 말을 타고 달리는 능력을 보유했다.

충렬왕대 가장 빈번하게 사냥을 한 곳은 덕수현 마제산이었다.[7] 2년 8월 국왕과 공주가 덕수현에서 사냥을 했다. 현의 동북에 마제산이 있었는데, 왕이 일찍이 草屋 수 칸을 짓도록 명했다.[8] 마제산에서 충렬왕이 사냥한 것은 모두 22회가 확인된다([부록] 참조). 충렬왕대 사냥한 것이 모두 71회인데, 이중 약 31%를 기록한 곳이 마제산이었다. 충렬왕이 개경 인근을 벗어나 먼 지역까지 가서 사냥하는 일도 있었다. 충청도에서 사냥한 것은 2회이고([부록]의 29·32, 이하 같음), 서해도에서는 4회였다(46·50·55·56). 명확하게 교외로 표현된 것은 9회였다(15·19·24·34·65·66·67·68·69). 대부분은 개경 인근에서 사냥을 했지만 서해도와 충청도까지 가서 사냥한 경우가 있었던 것이다.

충렬왕의 사냥 방법에는 불을 질러 하는 사냥[火獵]이 있었다. 불을 지르면 숨어 있는 동물이 달아나기 때문에 도주 방향에 미리 자리잡고

---

5) 이병희, 2021「고려시기 사냥의 방법과 尙武性」『東國史學』72, 동국역사문화연구소 (본서 수록).

6)『高麗史』권28, 世家28, 忠烈王 2년 8월 甲戌.

7) 마제산은 덕수현 서남쪽 10리 지점에 있는 산이다(『新增東國輿地勝覽』권13, 京畿, 豊德郡, 山川, 馬群山).

8)『高麗史節要』권19, 忠烈王 2년 8월.

있으면 포획하기 용이했다. 그런데 이런 사냥을 하게 되면 산림만이 아니라 농작물도 불태우는 일이 발생할 수 있었다.[9] 충렬왕은 또 매 사냥을 하고 있다. 매를 부리면서 말을 달리는 것은[10] 매 사냥을 의미한다. 9년 2월, 왕이 승천부에서 매 사냥을 한 것이 확인된다.[11] 충렬왕은 매 사냥을 즐긴 것으로 보인다. 가장 일반적인 사냥의 방법은 활과 화살을 사용하는 것이었다.

국왕이 사냥을 나가 포획한 동물의 구체적인 내용을 전하는 예는 많지 않다. 5년 10월 왕이 남쪽 교외에서 사냥해 사슴 1마리와 노루 2마리를 잡았다.[12] 대체로 국왕이 사냥을 가는 경우, 사슴과 노루를 많이 포획한 것으로 추측된다. 火獵을 하면 거의 모든 동물이 사냥 대상이 되었을 것이다. 매 사냥을 할 때 포획하는 동물은 꿩, 토끼, 여우가 중심이었을 것이다.[13]

충렬왕은 제국공주 및 達魯花赤(다루가치)과 함께 사냥하는 일이 많았다. 2년 1월 국왕은 공주 및 달로화적과 함께 猫串에서 사냥하는 것을 구경했다.[14] 2년 윤3월 국왕이 공주와 더불어 천수사의 남교에서 사냥을 했다.[15] 5년 3월에도 왕과 공주가 마제산에서 사냥을 구경했다.[16] 충렬왕은 공주와 더불어 함께 사냥에 나선 일이 많이 보인다(1ㆍ

---

9) 『高麗史』권29, 世家29, 忠烈王 8년 9월 壬午 ; 『高麗史』권89, 列傳2, 后妃2, 忠烈王 后妃 齊國大長公主.
10) 『高麗史』권28, 世家28, 忠烈王 2년 8월 甲戌.
11) 『高麗史』권29, 世家29, 忠烈王 9년 2월 丁未.
12) 『高麗史』권29, 世家29, 忠烈王 5년 10월 辛巳.
13) 이병희, 2022「고려시기 매의 포획과 활용」『石堂論叢』84, 동아대 석당학술원(본서 수록).
14) 『高麗史』권28, 世家28, 忠烈王 2년 1월 壬辰. 『高麗史節要』에서는 사냥했다고 표현했다(『高麗史節要』권19, 忠烈王 2년 1월).
15) 『高麗史』권28, 世家28, 忠烈王 2년 윤3월 辛亥 ; 『高麗史節要』권19, 忠烈王 2년 윤3월.
16) 『高麗史』권29, 世家29, 忠烈王 5년 3월 壬戌.

2·3·8·12·14·28·29·37·40·50·58·59). 달로화적이 사냥에 참석하는 예는 3년 5월에도 볼 수 있다. 왕이 興王寺에 갔다가 돌아올 때 籍田의 南峯에 올라 달로화적을 불러서 사냥을 구경했다.[17]

충렬왕을 사냥으로 이끈 대표적인 인물은 尹秀·元卿·李貞·朴義라고 할 수 있다. 이들은 모두 응방과 관련해 중요한 역할을 담당했다.[18] 5년 3월 윤수를 전라도 응방사로 삼았고, 원경을 경상도에, 이정을 충청도에, 박의를 서해도에 보내 왕지사용별감이라 칭했다.[19] 윤수는 칠원이 본관지이고,[20] 원경은 元傅의 아들이며,[21] 박의는 밀양을 본관지로 하고 있다.[22] 반면 이정은 천예출신으로 개 도살을 업으로 하고 있으며,[23] 惡少로 표현되어 있어[24] 신분이 낮은 것으로 보인다.

尹秀와 朴義는 8년 9월 왕이 사냥을 위해 安南에 머물렀을 때 함께 있었다. 공주가 거위도 고니도 없다고 하면서 이곳까지 국왕을 안내한 윤수를 책망했는데, 이때 박의가 고니 한 마리를 잡아 국왕에게 바쳤다.[25] 윤수·이정·원경·박의 등은 9년 2월, 충렬왕에게 충청도에 사

17) 『高麗史』권28, 世家28, 忠烈王 3년 5월 丁酉.
18) 『高麗史』권123, 列傳36, 嬖幸1, 李汾禧附 榴 ; 『高麗史』권124, 列傳37, 嬖幸2, 尹秀 ; 『高麗史』권124, 列傳37, 嬖幸2, 李貞 ; 『高麗史』권124, 列傳37, 嬖幸2, 元卿 ; 『高麗史』권124, 列傳37, 嬖幸2, 朴義 ; 『高麗史節要』권20, 忠烈王 9년 3월.
19) 『高麗史』권29, 世家29, 忠烈王 5년 3월 己未 ; 『高麗史節要』권20, 忠烈王 5년 3월.
20) 『高麗史』권124, 列傳37, 嬖幸2, 尹秀 ; 이경주, 2019 「元干涉期 漆原尹氏家 政治活動과 位相」『高麗時期 家門 研究』, 한국교원대 출판문화원 참조.
21) 『高麗史』권124, 列傳37, 嬖幸2, 元卿.
22) 『高麗史』권124, 列傳37, 嬖幸2, 朴義.
23) 『高麗史』권124, 列傳37, 嬖幸2, 李貞.
24) 『高麗史』권32, 世家32, 忠烈王 34년 7월 己巳 ; 『高麗史節要』권23, 忠烈王 34년 7월 己巳. 악소에 관해서는 다음의 연구가 참고된다. 金昌洙, 1961 「麗代 惡少考 - 麗末의 社會相 一斑 -」『史學研究』12 ; 金賢羅, 1996 「高麗後期 惡少의 存在形態와 그 성격 - 政治勢力化 過程을 中心으로 -」『지역과 역사』1, 부산경남역사연구소.
25) 『高麗史節要』권20, 忠烈王 8년 9월 丁丑.

냥갈 것을 권유했다.[26] 4인 이외에도 충렬왕이 사냥을 하도록 이끈 인물로 李珤이 주목된다. 이병은 용맹함을 좋아하고 말타기와 활쏘기를 잘 했으며, 항상 매를 길러서 사냥하러 다니는 것을 업으로 삼았다. 왕이 사냥을 좋아하게 된 것은 모두 이병이 왕을 유도했기 때문이었다.[27] 이병은 말타기와 활쏘기를 잘 하는 것으로 보아 사냥꾼 출신으로 이해된다. 아마 출중한 騎射 능력을 갖추고 있어 사냥을 유도했을 것이다.

윤수·박의·윤경·이정·이병 등은 국왕의 최측근에서 국왕에게 사냥을 권유하고, 또 국왕과 함께 사냥했을 것이다. 이들은 응방 소속이었던 것으로 보인다. 이들이 국왕의 최측근 호위세력을 형성했다. 이들 가운데 이정과 이병의 신분은 매우 미천한 것으로 보인다.

충렬왕이 사냥할 때 직접 사냥 행위를 한 이들은 주로 응방 소속이었다. 2년 8월 국왕과 공주가 덕수현에서 忽赤(코르치)·응방 각 50인을 이끌고 사냥했다.[28] 충렬왕이 사냥을 할 때 함께 동행한 홀적과 응방은 사냥에 매우 능숙한 인물이었던 것으로 보인다. 충렬왕의 사냥에는 응방[29] 소속 인물들이 크게 활약한 것으로 보인다.

張恭과 李平도 응방 소속 인물로서 종종 국왕의 사냥에 함께 했을 것

---

26) 『高麗史節要』권20, 忠烈王 9년 2월.
27) 『高麗史節要』권21, 忠烈王 15년 8월.
28) 『高麗史節要』권19, 忠烈王 2년 8월.
29) 응방은 매를 잡아 조련하고 사육하는 기관으로, 원에 진헌할 매를 마련하는 것이 중요한 임무였다. 응방에 관해서는 다음과 같은 여러 연구가 축적되었다. 旗田巍, 1935 「高麗の鷹坊(1·2)」『歷史教育』10-6·7 ; 內藤雋補, 1955 「高麗時代の鷹坊について」『朝鮮學報』8, 朝鮮學會 ; 鄭鎭禹, 1979 「高麗鷹坊考」『淸大史林』3, 청주대학 사학회 ; 朴洪培, 1986 「高麗鷹坊의 弊政 - 主로 忠烈王代를 중심으로 -」『慶州史學』5, 東國大 國史學會 ; 李仁在, 2000 「高麗後期 鷹坊의 設置와 運營」『韓國史의 構造와 展開 - 河炫綱敎授定年紀念論叢 -』, 논총간행위원회 ; 임형수, 2020 「고려 충렬왕대 鷹坊의 구조와 기능에 대한 재검토」『역사와 담론』93, 湖西史學會.

으로 추정된다. 충렬왕 8년 5월 禁苑에 큰 집을 지어서 장공과 이평에게 매를 기르게 했다. 왕이 날마다 반드시 두 번씩 행차했는데, 두 사람은 매 먹이를 확보하기 위해 城 안의 닭과 개를 헤아릴 수 없이 죽였다.[30] 궁궐 내에서 매 사육을 담당하던 장공과 이평도 응방 소속으로 보이고, 이들도 국왕의 사냥에 참여한 적이 있었을 것이다.

康允紹와 李之氐란 인물도[31] 국왕의 사냥에 함께 참석한 것으로 나온다. 이 두 사람은 다른 사람과 달리 사냥에 익숙하지 못해서 자주 사냥하면서 연습하라고 국왕이 지시했다.[32] 사냥에 동참해 실력을 발휘하지 못한다면 문책의 대상이 되는 것이다. 국왕의 사냥에 동참하려면 사냥 능력을 갖추어야 했다.

群小로 표현되는 이들도 충렬왕의 사냥에 동행했다. 6년 2월 국왕이 수강궁에 행차했는데, 공주가 왕에게 군소들과 더불어 짐승들을 쫓아다니시면서 싫증내는 법이 없다고 힐책했다.[33] 군소의 실체가 분명하지 않지만, 응방 소속으로서 騎射 능력을 보유하고서 능숙하게 사냥할 수 있는 부류였음은 분명하다. 사냥의 과정에서 이들은 국왕과 苦樂을 같이 함으로써 국왕과 상당한 유대감를 갖게 되었다.

충렬왕이 사냥을 간 경우, 다수의 사람과 함께 하는 수도 있었다. 13년 4월 서해도에서 사냥을 했는데 사냥하는 기병이 1,500명이었다.[34]

---

30) 『高麗史』권29, 世家29, 忠烈王 8년 5월 甲戌 ; 『高麗史節要』권20, 忠烈王 8년 5월.
31) 두 사람에 대해서는 『高麗史』列傳의 내용이 참고된다(『高麗史』권123, 列傳36, 嬖幸1, 康允紹 ; 『高麗史』권123, 列傳36, 嬖幸1, 李之氐).
32) 『高麗史節要』권20, 忠烈王 5년 10월. 이지저는 이에 앞서 3년 9월 충렬왕이 사냥할 때 곡식의 피해를 입히지 말고 되돌아갈 것을 요청한 적이 있다(『高麗史節要』권19, 忠烈王 3년 9월 丁未).
33) 『高麗史節要』권20, 忠烈王 6년 2월.
34) 『高麗史』권30, 世家30, 忠烈王 13년 4월 癸酉 ; 『高麗史節要』권21, 忠烈王 13년 4월 癸酉.

상당히 많은 수를 거느리고 사냥에 나선 것이다. 다소 먼 곳으로 사냥을 나간 것이기에 수행한 기병의 수가 1,500명에 이른 것이다. 다른 사냥 때에도 이 정도는 아닐지라도 꽤 많은 수가 사냥할 때 동행한 것으로 여겨진다.

충렬왕이 자주 사냥을 간 것은 제국공주에서 벗어나고자 하는 의도도 작용한 것으로 보인다. 공주가 투기하고 사나운 것을 꺼려서 충렬왕이 사냥을 핑계로 나와서 嬖妾을 사사로이 만나려 했다는 언급이 있다.[35] 또한 충렬왕이 궁 밖에서 사냥에 몰두하게 된 것은 嬖幸들이 이끈 측면도 있었다. 왕이 궁궐 밖으로 나가서 놀면 폐행들이 더욱 횡포를 자행할 수 있기 때문에 災異를 피한다는 구실로 왕이 계속 성 밖에 머물도록 권했다.[36] 국왕이 궁궐 밖으로 나가 놀면 폐행들이 횡포를 자행하는 것이 용이해진다는 것이다.

충렬왕에 대한 史臣의 평가는 그에 대한 종합적 판단으로서 주목할 만하다. 원과의 관계가 안정되면서 왕이 업적을 낼 수 있는 시기였는데 교만한 마음이 생겨나 사냥에 탐닉했고, 널리 응방을 설치하여 악소인 이정의 무리로 하여금 주군을 침탈하고 학대하도록 했으며, 또 연회의 즐거움에 빠졌다고 평가했다.[37] 사냥에 탐닉한 점이 분명하며, 응방 소속의 악소가 침탈한 사실도 확인할 수 있다. 충렬왕대 국왕의 사냥은 응방 인물이 적극 주도하고 있으며, 반면에 관료들은 적극 참여한 것으로 보이지 않는다.

---

35) 『高麗史』권31, 世家31, 忠烈王 22년 2월 丙寅 ; 『高麗史節要』권21, 忠烈王 22년 2월.
36) 『高麗史』권32, 世家32, 忠烈王 27년 8월 己丑.
37) 『高麗史』권32, 世家32, 忠烈王 34년 7월 己巳 ; 『高麗史節要』권23, 忠烈王 34년 7월 己巳.

2) 충숙왕의 사냥

충렬왕의 뒤를 이은 충선왕은 사냥에 대해 호의적이지 않았다. 스스로도 사냥에 나선 일이 거의 없었다. 더구나 충선왕은 대부분의 기간을 원에 체류했기 때문에 국내에서 사냥할 여지가 없었다. 충선왕은 세자 시절에도 사냥에 대해 부정적이었다.[38] 충선왕은 복위한 1년(1309) 4월에 응방을 혁파했다.[39] 충렬왕대 사냥을 뒷받침하면서 많은 폐해를 일으켰던 응방을 혁파한 것이다. 충선왕 2년 12월 왕이 傳旨하여, 3년 동안 사냥 및 宴飮, 소 도축을 금지했다.[40] 사냥 문화의 억제, 살생의 제한을 뜻하는 조치였다. 3년 6월 재추 이하가 祈恩을 구실로 강 외에 나가 매 사냥하는 것을 금지했다.[41] 이처럼 충선왕대에는 사냥에 대해 매우 비판적이었다.

충선왕은 부왕과 달리 사냥에 나서지 않았다는 것을 자부했다. 왕위에서 물러난 뒤 자신의 덕목을 적어 式目都監에 주었는데, 거기에서 매와 개를 풀어주었으며 놀러나가 사냥하는 것을 끊어버렸다고 했다.[42] 사냥하지 않은 점을 크게 강조했다.

충선왕의 뒤를 이어 왕위에 오른 충숙왕은 부왕과 달리 사냥에 적극적이었다. 원에 체류하던 기간에는 국내에서의 사냥이 불가능했다. 충숙왕이 사냥하기 시작한 것은 재위 4년째부터였다. 대체로 충숙왕 4년에서 8년 사이에 사냥이 가장 활발했다([부록] 참조). 충숙왕이 사냥한 것은 모두 20회 확인된다([부록]의 72~91).

---

38) 『高麗史』권33, 世家33, 忠宣王 總序.
39) 『高麗史節要』권23, 忠宣王 復位 1年 4월.
40) 『高麗史』권33, 世家33, 忠宣王 2년 12월 戊申.
41) 『高麗史』권84, 志38, 刑法1, 職制, 忠宣王 3년 6월.
42) 『高麗史』권34, 世家34, 忠肅王 1년 1월 甲辰.

충숙왕은 대부분 개경에서 가까운 곳에서 사냥을 했다. 먼 곳에 나가 사냥한 사례로는 충숙왕 4년 2월 서해도에서 사냥한 일(72), 6년 2월 양광도에서 사냥한 것(81), 15년 4월 서해도에서 사냥한 일 등이 있다 (90). 철원까지 멀리 가서 사냥한 경우도 있다(83). 충숙왕이 철원에서 사냥한 것은 李穀의 시에서도 확인된다.[43]

충숙왕은 긴 기간 동안 사냥한 일이 종종 있었다. 4년 12월 온천에서 8일 동안 사냥했으며,[44] 5년 9월 경천사의 들판에서 사냥하고 10일 만에 돌아왔다.[45] 8일·10일이라는 긴 기간 동안 사냥한 것이다. 6년 2월에도 양광도에서 10여일 동안 사냥을 했다.[46] 장기간의 사냥인 셈이다.

사냥에서 포획한 것을 太廟에 올리도록 한 일이 있다. 조선초기에는 이런 薦新은 흔히 볼 수 있지만[47] 고려시기에는 거의 찾아지지 않는데, 충숙왕대에 한 사례가 보인다. 5년 1월, 온천에서 포획한 짐승을 태묘에 올리게 했는데, 司膳과 典儀는 오지 않고 糾正이 뒤늦게 도착했다. 이 제사에서 내시 朴仁平이 그 짐승을 훔치고 자기 집의 마른 고기로 대신했다.[48] 조선초에는 사냥에서 획득한 짐승을 종묘에 천신하는 일이 매우 흔했다.

충숙왕의 사냥에 다수의 사람들이 수행했다. 4년 2월 三司使 洪戎,

---

43) 李穀, 「忠肅王田于鐵原 上孤石亭留詩一絶 時按部鄭公子厚書于客館 後有三藏法師趙順菴依韻應製 穀不能嘿嘿 敬書二絶」『稼亭集』권19.
44) 『高麗史節要』권24, 忠肅王 4년 12월.
45) 『高麗史節要』권24, 忠肅王 5년 9월.
46) 『高麗史節要』권24, 忠肅王 6년 2월.
47) 『世宗實錄』권5, 世宗 1년 10월 甲午(23일), 2-342(국사편찬위원회 영인본 2冊 p.342를 의미함. 이하 같음) ;『世祖實錄』권15, 世祖 5년 2월 庚辰(27일), 7-313 ;『成宗實錄』권245, 成宗 21년 윤9월 戊戌(19일), 11-650 ;『燕山君日記』권51, 燕山君 9년 10월 丙申(3일), 13-577.
48) 『高麗史節要』권24, 忠肅王 5년 1월.

密直使 趙延壽와 元忠, 大司憲 趙雲卿, 萬戶 張宣과 曹碩·權準, 代言 許富 및 사냥 기병 300여 명이 따라갔다.[49] 관료만이 아니라 사냥 기병 300여 명이 수행한 것이다. 수행한 관원들은 사냥 능력을 갖추고 있던 인물들로 추정된다. 충렬왕대와 달리 삼사, 밀직사, 대사헌 등 고위 관원들이 함께 하고 있다. 충숙왕 4년 10월 왕이 야간에 몰래 사냥할 때에는 홍융·원충과 함께 했다.[50] 홍융과 원충은 특출한 기사 능력을 보유했을 것으로 보인다.

충숙왕이 사냥갈 때에 동행한 인물로 주목되는 이는 李宜風이었다. 그는 송 泉州 사람인데, 활쏘기와 말타기를 잘 했다. 왕을 좇아 사냥을 했는데, 사슴이 수레 앞으로 뛰어 오르자 하나의 화살로 그것을 쓰러뜨렸다. 왕이 기뻐하며 그에게 密直을 제수했다.[51] 그는 충숙왕이 사냥할 때에 자주 동행한 것으로 보인다. 그는 용감함과 탁월한 기사 능력을 보유해서 위기의 충숙왕을 안전하게 지켜낸 것이다.

朴靑이란 인물도 충숙왕의 사냥에 동행했을 것으로 보인다. 박청은 미천한 출신으로 충숙왕의 총애를 받은 인물인데, 매를 잘 길렀다고 한다.[52] 그가 매를 잘 기르는 것으로 보아, 사냥에 동참했을 가능성이 크다. 鄭道傳은 충숙왕이 말년에 나랏일을 소홀히 하고 교외에 나가 있으며 박청 등 내시를 신임했으니 혼미와 잘못이 심했다고 평했다.[53]

사냥꾼으로 표현되는 부류가 충숙왕대에 활약한 내용이 찾아진다. 16년 1월 왕이 天神山 아래로 가서 임시주택을 짓고 지내면서 산을 지키는

---

49)『高麗史』권34, 世家34, 忠肅王 4년 2월 辛酉.
50)『高麗史』권34, 世家34, 忠肅王 4년 10월 癸亥 ;『高麗史節要』권24, 忠肅王 4년 10월.
51)『高麗史』권124, 列傳37, 嬖幸2, 崔安道附 李宜風 ;『高麗史節要』권24, 忠肅王 11년 9월.
52)『高麗史』권124, 列傳37, 嬖幸2, 申靑附 朴靑.
53) 鄭道傳,『三峯集』권12, 經濟文鑑 別集下, 君道.

虞人에게 묻기를, "지붕을 덮으려면 어떤 물건이 좋은가?"라고 했다. 우인이 떡갈나무[樸木] 껍질이 가장 좋다고 답했다.[54] 여기에 보이는 우인은 사냥꾼으로 해석된다. 국왕이 사냥을 나가서 임시주택에 머무르는데, 그것을 관리하는 이가 우인, 즉 사냥꾼인 것이다. 국왕의 사냥과 관련해 우인의 활약이 주목되는 것이다. 초반에는 관원과 함께 사냥했으나 점차 이의풍, 박청 등이 주도했으며, 사냥꾼들도 많이 참여한 것으로 추측된다.

충숙왕 9년 3월 심왕이 원 조정에 충숙왕을 모함하면서 비판했는데, 사냥을 거론했다. 충숙왕은 왕위를 계승한 이래로 함부로 사냥을 하여 농사를 방해했으며, 또 술을 마시며 음악을 즐겼다고 비난했다. 그리고 밤에는 群小와 더불어 변복하고 미행했다고 지적했으며, 측근에서 왕명을 사칭한 인물로 尹碩 · 李宜風 · 孫琦를 꼽았다.[55] 왕위에 오른 뒤 함부로 사냥을 해 농사를 방해하고 술을 마시며 음악을 즐겼다는 것이다. 이의풍이 그러했듯이, 윤석과 손기도 국왕의 사냥에 동참했을 것이다.

3) 충혜왕의 사냥

충혜왕 역시 부왕인 충숙왕과 마찬가지로 사냥을 활발하게 펼쳤다. 충혜왕 즉위년(1330) 2월 왕이 원에 있을 때 平則門 밖에서 매를 놓아 6일간 계속해 사냥했다.[56] 같은 달 右丞相 燕帖木兒(엘테무르)와 함께 원의 柳林에서 매 사냥을 했다.[57] 충혜왕은 즉위 초 원에 있을 때부터 매 사냥을 좋아했던 것으로 보인다. 충혜왕이 사냥한 것은 모두 24회가

---

54) 『高麗史』 권35, 世家35, 忠肅王 16년 1월 ; 『高麗史節要』 권24, 忠肅王 16년 1월.
55) 『高麗史節要』 권24, 忠肅王 9년 3월.
56) 『高麗史』 권36, 世家36, 忠惠王 즉위년 2월 癸巳 ; 『高麗史節要』 권24, 忠肅王 17년 2월.
57) 『高麗史』 권36, 世家36, 忠惠王 즉위년 2월 己酉.

찾아진다([부록] 92~115). 재위 기간(1330~1332, 1339~1344)을 고려하면 매우 빈번히 사냥했음을 알 수 있다.

충혜왕은 주로 개경 인근에서 사냥했다. 먼 곳으로 가서 사냥한 경우는 별로 보이지 않는다. 충혜왕 2년 2월 서해도에서 사냥한 일이 있지만,[58] 이밖에는 서해도나 충청도에 가서 사냥한 사례가 보이지 않는다.

충혜왕은 사냥에 매우 탐닉한 것으로 이해된다. 충혜왕 후2년(1341) 8월 왕이 동쪽 교외에서 사냥했는데, 이때 국왕이 매일 사냥을 일삼았기 때문에 수행하는 자들이 고통스러워했다는 데서[59] 알 수 있다. 매일 사냥에 나섰다는 것이다. 후3년 1월, 날마다 놀러나가 사냥을 일삼았으며, 출입하는 데 절제가 없었다고 했다.[60] 충혜왕의 사냥은 매일 이어지고 절제가 없었다.

충숙왕 후6년(1337) 8월 전왕인 충혜왕이 群小輩를 거느리고 동쪽 교외에서 사냥했다.[61] 충혜왕 후3년 2월 왕이 강음현에서 사냥했는데, 왕을 호종하는 惡小輩들이 매를 먹인다고 하면서 마을의 닭과 개를 다투어 노략질했지만 사람들이 감히 말을 하지 못했다.[62] 사냥을 매개로 충혜왕이 군소배·악소배와 깊은 유대를 맺고 있음을 볼 수 있다. 이들은 사냥을 잘 하는 능력, 즉 騎射 능력을 보유했을 것이다.

충혜왕에 대한 평가 내용 가운데 하나가 사냥에 탐닉했다는 것이다. 즉 왕은 성품이 호협하고 酒色을 좋아했으며 놀이와 사냥에 빠져들었다고 평가했다.[63] 충혜왕이 사냥에 탐닉했음을 확인할 수 있다.

---

58) 『高麗史』권36, 世家36, 忠惠王 2년 2월 丁未.
59) 『高麗史』권36, 世家36, 忠惠王 후2년 8월 丁卯.
60) 『高麗史』권36, 世家36, 忠惠王 후3년 1월 丙申.
61) 『高麗史』권35, 世家35, 忠肅王 후6년 8월 丙子 ; 『高麗史節要』권25, 忠肅王 후6년 8월.
62) 『高麗史』권36, 世家36, 忠惠王 후3년 2월 癸亥 ; 『高麗史節要』권25, 忠惠王 후3년 2월.

4) 우왕의 사냥

충혜왕의 뒤를 이은 충목왕과 충정왕은 사냥한 것이 확인되지 않는다. 나이가 어리기 때문에 국왕이 사냥에 나설 수는 없었을 것이다. 공민왕대에도 국왕이 사냥하는 일은 보이지 않는다. 好佛 성향의 공민왕은 사냥에 대해 매우 비판적이었다. 공민왕 5년(1356) 12월 서울과 지방에서 고기잡이 하는 것과 사냥하는 것을 금지했다.[64] 6년 9월 兩府를 불러 사냥 행위를 힐책했다.[65] 이때 黃裳과 慶千興, 元顥는 매와 개를 좋아했기 때문에 부끄러워 얼굴을 붉혔다고 한다.[66] 12년 5월 각 처의 防禦軍官들이 군사를 거느리고 사냥하는 것을 문제로 지적했다.[67] 15년 8월 국왕이 遼陽平章 高家奴가 새매를 바쳤지만 풀어주었다. 왕위에 있은 지 12년이 넘었지만 한번도 사냥의 즐거움을 누리지 않았다고 한다.[68] 21년 11월 圓丘壇 및 모든 祭壇·山陵·鎭山·裨補所에서 사냥하는 것을 금지하고, 또 매를 기르는 것을 금지했다.[69] 공민왕대에는 시종일관 사냥에 대해 금지하는 정책을 취하고 있었다. 국왕 스스로 사냥에 나서는 일은 보이지 않는다.

우왕대에는 공민왕대와 달리 사냥이 매우 극성을 부리는 형태로 전개되었다. 우왕 스스로 사냥에 탐닉하면서 여러 가지 일탈하는 모습을 보였다. 우왕의 이러한 사냥 행위에 동참한 이들이 적지 않았음을 주목

---

63) 『高麗史』권36, 世家36, 忠惠王 후5년 8월.
64) 『高麗史』권85, 志39, 刑法2, 禁令, 恭愍王 5년 12월.
65) 『高麗史節要』권26, 恭愍王 6년 9월.　.
66) 『高麗史』권114, 列傳27, 黃裳.
67) 『高麗史』권84, 志38, 刑法, 職制, 恭愍王 12년 5월.
68) 『高麗史』권41, 世家41, 恭愍王 15년 8월 己卯 ; 『高麗史節要』권28, 恭愍王 15년 8월.
69) 『高麗史』권85, 志39, 刑法2, 禁令, 恭愍王 21년 11월.

할 필요가 있다. 우왕 2년 9월 우왕이 말 달리고 매 사냥하는 것을 익혔다. 우왕이 초기에는 학문에 조금 뜻을 두었으나 이인임과 지윤·임견미 등이 유학을 싫어해 사냥으로 우왕을 인도한 것이다.[70] 어린 나이에 왕위에 올랐는데, 즉위 초에 이미 말 달리고 매 사냥하는 것을 익힌 것이다. 우왕의 첫 사냥이 기록된 것은 5년 11월이었다. 우왕이 새 수도에서 사냥했다고 하는 것이[71] 그것이다. 우왕이 사냥한 것은 모두 77회 확인된다([부록] 116~192). 다른 국왕보다 압도적으로 빈번하게 사냥했음을 알 수 있다.

우왕은 상당한 기마 능력을 보유한 것으로 판단된다. 8년 12월 우왕이 교외로 사냥을 나가서 날이 저물도록 돌아오지 않았는데도, 여러 신하들이 우왕이 간 곳을 몰랐으며, 밤이 깊어서야 돌아왔다.[72] 신하들이 국왕이 간 곳을 모를 정도로 독자적으로 말을 타고 달렸음을 알 수 있다. 9년 2월 우왕이 활과 화살로 무장을 하고 교외에서 말을 달렸다. 다음날 또 교외에서 사냥을 했다.[73] 사냥을 나갔을 때 국왕의 행방을 잃어버리는 수가 있었다. 시종들이 따라잡지 못할 정도였다는 것이다.[74] 우왕이 활과 화살을 차고 말을 달리는 일이 흔했다. 우왕이 상당한 騎射 능력을 갖추고 있었지만, 말에서 떨어진 일이 있었다.[75] 12년 10월 기사 능력을 갖추고 있는 우왕도 사냥하다 큰 危害를 당할 뻔 했는데, 潘福海의 도움으로 우왕은 해를 면할 수 있었다.[76] 이 사건을 언급한

---

70) 『高麗史』권133, 列傳46, 辛禑 2년 9월 ; 『高麗史節要』권30, 辛禑 2년 9월.
71) 『高麗史』권134, 列傳47, 辛禑 5년 11월.
72) 『高麗史』권134, 列傳47, 辛禑 8년 12월 ; 『高麗史節要』권31, 辛禑 8년 12월.
73) 『高麗史』권135, 列傳48, 辛禑 9년 2월 戊寅.
74) 『高麗史』권135, 列傳48, 辛禑 10년 8월 戊辰.
75) 『高麗史』권135, 列傳48, 辛禑 10년 윤10월 ; 『高麗史』권135, 列傳48, 辛禑 11년 3월.
76) 『高麗史節要』권32, 辛禑 12년 10월.

자료가 매우 많다.[77]

우왕의 사냥 방법으로 몰이 사냥, 火獵, 매 사냥이 찾아진다. 6년 3월 성 동쪽에서 사냥을 하고 다음날 백안교에서 사냥을 했다. 崔瑩 등이 짐승을 몰아서 우왕 앞쪽으로 놓으면, 우왕이 활을 쏘아 명중시켰다.[78] 최영 등 다른 사람들이 몰아서 우왕 앞으로 보내면 국왕이 활을 쏴 사냥하는 방법이었다. 우왕이 불을 질러 사냥하는 경우가 보인다.[79] 불을 지르면 숨어 있는 짐승이 달아나는데, 그 짐승을 일정한 방향으로 몰아 사냥하는 것이다. 우왕은 매 사냥을 하기도 했다.[80] 우왕은 사냥이라고 할 수 없는 방식으로 길거리의 개와 닭을 쏘아 죽이는 일이 잦았다.[81]

우왕이 며칠씩 연이어 사냥하는 일도 종종 있었다. 6년 8월 우왕이 성 남쪽에서 사냥하기를 무릇 6일 동안이나 했으며,[82] 9년 8월 長湍縣 에서 3일간 사냥했다.[83] 10년 3월 우왕이 원중포에서 사냥하다가 4일 만에 환궁했으며,[84] 11년 2월 西海道에서 15일 동안 사냥했는데, 京城 에서 바다에 이르기까지 공급하는 수레가 100리나 이어졌다.[85] 우왕이 사냥간 지 25일만에 돌아온 일도 있다.[86] 우왕이 장기간에 걸친 사냥을

---

77) 『高麗史』권124, 列傳37, 嬖幸2, 潘福海 ; 『高麗史節要』권32, 辛禑 12년 10월 ; 李穡, 「賜贊成事潘卜海敎書」『牧隱文藁』권11 ; 鄭夢周, 「賀潘二相」『圃隱集』권2 ; 權近, 「賀潘二相賜姓詩」『陽村集』권4.
78) 『高麗史』권134, 列傳47, 辛禑 6년 3월 ; 『高麗史節要』권31, 辛禑 6년 3월.
79) 『高麗史』권134, 列傳47, 辛禑 7년 3월 ; 『高麗史節要』권31, 辛禑 7년 3월.
80) 『高麗史』권135, 列傳48, 辛禑 9년 3월 : 『高麗史』권135, 列傳48, 辛禑 9년 10월 癸未.
81) 『高麗史』권134, 列傳47, 辛禑 6년 8월 ; 『高麗史』권134, 列傳47, 辛禑 8년 윤2월 ; 『高麗史節要』권31, 辛禑 6년 8월.
82) 『高麗史』권134, 列傳47, 辛禑 6년 8월 ; 『高麗史節要』권31, 辛禑 6년 8월.
83) 『高麗史』권135, 列傳48, 辛禑 9년 8월.
84) 『高麗史』권135, 列傳48, 辛禑 10년 3월 丙寅.
85) 『高麗史節要』권32, 辛禑 11년 2월. 『高麗史』에는 11년 3월의 기사로 나오는데 표현이 약간 다르다(『高麗史』권135, 列傳48 辛禑 11년 3월).
86) 『高麗史』권136, 列傳49, 辛禑 12년 2월.

하는 수가 적지 않았던 것이다.

우왕은 사냥을 할 때 연회를 개설하고 음악을 연주하는 일이 많았다.[87] 10년 8월 우왕이 사냥한 뒤 밤에 궁궐로 돌아오는데, 생황을 불고 노래를 부르며 북을 치고 춤을 추며 무당놀이[巫覡戱]를 했으며,[88] 11년 6월 우왕이 壺串에서 사냥하다가 밤에 花園으로 돌아와 處容戱를 했다.[89] 12년 4월 우왕이 郭沙洞에서 石戰戱를 구경했으며, 또 壺串에서 사냥했다.[90] 12년 5월 우왕이 군소배를 데리고 시가지에서 擊毬를 했으며, 또 비를 맞으면서 壺串에서 사냥했다.[91] 사냥에 즈음해서 무격희, 처용희, 석전희, 격구 등 다양한 놀이 공연이 이어지고 있는 것이다.

우왕의 사냥과 관련된 인물은 다양하다. 유도한 이, 동참한 이, 수행한 이들이 있었다. 초기에 우왕을 사냥으로 이끈 인물은 이인임과 지윤·임견미 등이다.[92] 실세인 이인임 등이 어린 우왕에게 사냥을 가르쳤다. 6년 7월 우왕이 사냥을 나가려고 하자 이인임과 최영 등이 만류했을 때, 우왕은 본인은 평소 매와 개를 좋아하지 않았지만 여러 재상들이 자신을 사냥터로 이끌었다고 언급했다.[93] 우왕이 사냥에 탐닉하도록 이끈 것은 이인임을 비롯한 당시의 재상이었다는 것이다.

창왕 즉위년(1388) 6월 창왕을 세우는 定妃의 교서에서, 우왕을 사냥

87) 『高麗史』권134, 列傳47, 辛禑 7년 10월 ; 『高麗史』권134, 列傳47, 辛禑 7년 10월 ; 『高麗史』권135, 列傳48, 辛禑 11년 6월 ; 『高麗史節要』권32, 辛禑 12년 2월.
88) 『高麗史』권135, 列傳48, 辛禑 10년 8월 乙亥.
89) 『高麗史』권135, 列傳48, 辛禑 11년 6월.
90) 『高麗史』권136, 列傳49, 辛禑 12년 4월 辛亥.
91) 『高麗史』권136, 列傳49, 辛禑 12년 5월 癸亥.
92) 『高麗史』권133, 列傳46, 辛禑 2년 9월 ; 『高麗史』권126, 列傳39, 姦臣, 李仁任 ; 『高麗史節要』권30, 辛禑 2년 9월.
93) 『高麗史』권134, 列傳47, 辛禑 6년 7월 ; 『高麗史節要』권31, 辛禑 6년 7월.

으로 이끈 인물로 崔瑩을 지목했다.[94] 다음달, 명에 우왕의 양위와 최영의 죄상을 담은 표문을 올렸는데, 거기에서도 최영이 우왕에게 '進鷹犬 導田獵' 했다고 언급했다.[95] 매와 개를 바쳐 사냥으로 인도한 인물이 최영이라는 것이다. 같은 해 12월 윤소종 등이 이인임의 죄를 논한 상소에서, 이인임이 우왕을 음악과 여색으로 인도했고, 놀고 사냥하는 데에 빠지게 했다고 지적했다.[96] 결국 우왕을 사냥으로 이끈 이는 이인임·지윤·임견미였고, 최영도 일조한 것으로 볼 수 있다.

우왕의 사냥에 동행한 것이 확인되는 인물은 최영, 李成琳, 이인임, 潘福海다. 11년 1월 우왕이 최영을 데리고 會賓門 밖에서 사냥을 한 뒤, 최영에게 안장이 딸린 말을 하사했다.[97] 11년 2월 우왕이 해주로 사냥을 가자, 최영·이성림 등이 따라갔다.[98] 11년 5월 우왕이 호곶에서 사냥하다가 密直 반복해에게 말을 하사했다.[99] 12년 10월 우왕이 서해도에서 사냥할 때 이인임·최영 등이 수행했다. 돼지가 우왕의 말에 돌진하여 들이받아 우왕이 놀라 말에서 떨어졌을 때 密直副使 반복해가 말을 달려 곧장 앞으로 달려가 한 발에 돼지를 쏘아 죽였다.[100] 13년 11월 우왕이 최영·왕복해(반복해) 등을 데리고 해풍에서 사냥했다.[101] 우왕의 사냥에는 최영·이성림·이인임과 반복해 등이 수행했다.

우왕의 사냥에는 신분이 낮은 부류도 참여하는 일이 많았다. 6년 8월

---

94) 『高麗史』권137, 列傳50, 辛昌 卽位年 6월 辛亥.
95) 『高麗史』권137, 列傳50, 辛昌 卽位年 7월.
96) 『高麗史節要』권33, 辛禑 14년 12월.
97) 『高麗史』권135, 列傳48, 辛禑 11년 1월.
98) 『高麗史』권135, 列傳48, 辛禑 11년 2월 庚申.
99) 『高麗史』권135, 列傳48, 辛禑 11년 5월.
100) 『高麗史節要』권32, 辛禑 12년 10월.
101) 『高麗史』권136, 列傳49, 辛禑 13년 11월 ; 『高麗史節要』권32, 辛禑 13년 11월.

우왕이 성 남쪽에서 6일 동안 사냥할 때 몸소 활과 화살을 찬 채 팔에 매를 얹고 나가서 환관과 어린 내수들로 하여금 오랑캐의 노래[胡歌]를 부르고 오랑캐의 피리[胡笛]를 불며 거문고를 타고 북을 치면서 뒤따르게 했다.102) 환관과 어린 내수가 뒤따르고 있는 것이다.

8년 윤2월 도성 남쪽 교외에서 사냥할 때, 우왕은 환관[閹竪], 內乘, 惡少輩들과 함께 민가에서 말을 달리면서 닭과 개를 때려죽이고, 다른 사람의 鞍馬를 빼앗았다.103) 우왕과 어울리는 부류에 환관, 내승, 악소배가 있었다. 우왕이 소인배와 어울려 놀고 사냥하는 데 절도가 없다는 내용도 보인다.104) 11년 2월 우왕이 서해도에서 15일 동안 사냥했는데, 환관[寺人]과 內豎가 총애를 믿고 멋대로 횡포를 부렸다.105) 군소배도 우왕의 사냥에 동행한 것이 확인된다.106)

우왕의 사냥에 함께 한 이들에는 군소배, 소인배, 악소배 등이 있었다. 기사 능력, 전투 능력을 보유한 이들이 측근에서 사냥을 하면서 왕과 고락을 함께 하고 있는 것이다. 그밖에도 환관과 기생이 사냥에 참여하는 수도 있었다.

우왕이 사냥할 때 동행한 기생들은 말을 타고 달릴 능력을 보유했던 것으로 보인다. 11년 2월 우왕이 海州로 사냥을 했을 때 우왕이 팔에 매를 올려놓고 新月 · 鳳加伊와 함께 말고삐를 잡고 달렸다.107) 신월 · 봉가이는 말을 타고 달릴 능력을 가진 기생으로 보인다. 우왕의 사냥에

---

102) 『高麗史』권134, 列傳47, 辛禑 6년 8월 ; 『高麗史節要』권31, 辛禑 6년 8월.
103) 『高麗史』권134, 列傳47, 辛禑 8년 윤2월.
104) 『高麗史節要』권32, 辛禑 10년 윤10월.
105) 『高麗史』권135, 列傳48, 辛禑 11년 3월 ; 『高麗史節要』권32, 辛禑 11년 2월.
106) 『高麗史』권136, 列傳49, 辛禑 12년 4월 ; 『高麗史』권136, 列傳49, 辛禑 12년 5월 癸亥.
107) 『高麗史』권135, 列傳48, 辛禑 11년 2월 庚申.

기생이 동행한 예는 여럿 보인다.108) 이들 기생은 어린 시절부터 말타기를 익힌 계층에서 배출된 것으로 여겨진다.109) 궁녀도 우왕의 사냥에 동행한 경우가 찾아진다.110)

사냥에는 좋은 매·개와 말이 필요했다. 10년 8월 西北面都巡問使 金用輝가 매를 바쳤다. 당시 우왕이 사냥하는 것을 좋아하자, 여러 도의 원수들이 앞다투어 매와 개를 바쳐서 왕의 환심을 샀다.111) 제공된 개는 국왕의 사냥에 활용되었을 것이다. 양질의 말 확보를 위한 행위도 보인다. 10년 9월 우왕이 활과 화살을 차고 동네에서 닭과 개를 쏘며 마침내 進獻盤纏色에 달려 들어가서 좋은 말 5필을 취하여 內廐에 소속시켰다.112) 11년 6월 여러 섬에서 기르는 말 30여 필을 사냥을 위해 가져오게 했다.113) 13년 3월 서해도에 사냥을 가면서 조공을 바칠 말 40필을 가져왔다.114) 사냥을 위해 빼어난 사냥개, 매와 말의 확보가 중요했음을 알 수 있다.

우왕은 이전의 충렬왕, 충숙왕, 충혜왕보다 훨씬 퇴행적인 사냥을 했다. 최영이 우왕, 충숙왕, 충혜왕을 비교한 내용이 주목된다. 충숙왕도 놀기를 좋아했는데, 우왕이 자신이 놀러나가는 것만 유독 옳지 않다고

---

108) 『高麗史』권135, 列傳48, 辛禑 10년 8월 ; 『高麗史』권135, 列傳48, 辛禑 11년 5월 ; 『高麗史』권135, 列傳48, 辛禑 11년 5월 ; 『高麗史』권135, 列傳48, 辛禑 11년 6월 ; 『高麗史』권136, 列傳49, 辛禑 12년 4월.

109) 기생 가운데 기마 능력을 보유한 이들은 아마도 양수척 출신일 가능성이 높아 보인다. 양수척은 사냥이 주업이기 때문에 기마 능력을 갖추고 있었으므로, 양수척 출신 여성도 기마 능력을 보유하는 수가 많았다고 보는 것이 순리이다(이병희, 2022 『고려시기 사냥꾼 양수척과 정주사회』, 경인문화사, pp.122~129).

110) 『高麗史』권135, 列傳48, 辛禑 11년 1월 ; 『高麗史』권136, 列傳49, 辛禑 12년 2월 戊戌.

111) 『高麗史』권135, 列傳48, 辛禑 10년 8월 ; 『高麗史節要』권32, 辛禑 10년 8월.

112) 『高麗史』권135, 列傳48, 辛禑 10년 9월 ; 『高麗史節要』권32, 辛禑 10년 9월.

113) 『高麗史』권135, 列傳48, 辛禑 11년 6월.

114) 『高麗史』권136, 列傳49, 辛禑 13년 3월.

하는가라고 반발하자, 최영은 충숙왕대에는 민들이 편안하고 해마다
풍년이 들어 나가 놀아도 괜찮지만 오늘날은 옳지 않다고 했다. 또 충
혜왕 역시 여색을 좋아했지만 반드시 밤에만 하여 다른 사람들이 보지
않게 했다고 했다. 우왕은 밤낮으로 절도 없이 놀다가 말에서 떨어져
몸을 상하는 지경에 처했다는 것이다.[115] 때를 가리지 않고 무절제하
게 진행하는 것이 우왕의 사냥이었다. 공양왕 4년(1392) 6월 門下評理
金湊를 明에 사신으로 보내 국왕 작위의 세습을 허락해 달라고 요청했
는데, 그 글에서 우왕은 황음을 자행하고 군소배들을 가까이 하며 사냥
에 빠져 국정을 돌보지 않았다고 지적했다.[116] 우왕의 사냥에는 일부
의 최고 권력자 및 군소배, 악소배, 환관, 기생, 궁녀 등이 동행하고 있
는 것이 특징이다.

우왕 이후 창왕이나 공양왕대에는 국왕이 사냥에 나설 여지는 거의
없었다. 당시의 정치 상황이 그것을 허용치 않았다. 공양왕 2년 3월 국
왕이 장차 長湍으로 행차해 戰艦을 보려고 했는데, 대간에서 상소해서
말렸다. 사람들이 국왕의 행차를 사냥으로 여긴다고 하면서, 지금 봄철
농사가 바야흐로 시작되었으니, 행차하면 도로를 닦는 것과 공급하는
비용이 매우 크다는 것이다. 그러니 행차의 정지를 요청한다는 것이
다.[117] 전함을 보려는 행차 자체도 문제로 삼는 상황에서 사냥을 하는
것은 거의 불가능했다.

---

3. 사냥의 폐해와 문제

고려후기 여러 국왕은 사냥에 탐닉했다. 많은 수행원을 데리고 사냥하는 것이었으므로 부대 비용이 만만치 않았다. 국왕의 사냥이 잦으면 잦을수록, 수행원이 많으면 많을수록 폐해가 클 수밖에 없었으며, 겨울이 아닌 봄이나 여름철의 사냥은 농사에 큰 지장을 주었다.

국왕이 사냥하는 과정에 많은 비용이 소요되었다. 국왕에게 향응을 제공하고 수행원들을 접대하려면 상당한 비용이 들 수밖에 없었다. 그것은 지방관이 조달해야 하는 수가 많았다. 결국 그것은 일반 민인이 부담하는 것으로 귀결되었다. 충렬왕 11년(1285) 1월 왕과 공주, 세자가 平州 溫井에서 사냥했는데, 소요된 비용이 이루 헤아릴 수 없었다.[118] 충숙왕과 우왕의 사냥에도 많은 비용이 든다는 언급이 있다.[119] 국왕의 사냥에 상당한 비용이 필요했음을 알려 준다.

국왕의 사냥에는 향응이 동반되었다. 충렬왕 15년 9월 왕이 사냥을 나갈 때마다 按廉使와 勸農使들이 각각 잔치를 열어 음식을 대접했다.[120] 우왕 12년 2월 사냥 도중에 都巡問使 王安德 · 按廉使 裴矩 · 海州牧使 李淑林 · 延安府使 安俊 등이 술과 음식을 많이 차려놓고 우왕을 대접했다.[121] 향응의 제공을 위해서는 상당한 비용이 필요하며 그것은 결국 백성들이 부담하지 않을 수 없었다.[122]

---

118) 『高麗史』권30, 世家30, 忠烈王 11년 1월 乙酉 ; 『高麗史節要』권20, 忠烈王 11년 1월 乙酉.
119) 『高麗史』권35, 世家35, 忠肅王 16년 1월 ; 『高麗史節要』권24, 忠肅王 16년 1월 ; 『高麗史』권136, 列傳49, 辛禑 12년 2월 戊戌 ; 『高麗史節要』권32, 辛禑 12년 2월.
120) 『高麗史』권30, 世家30, 忠烈王 15년 9월 丁丑.
121) 『高麗史』권136, 列傳49, 辛禑 12년 2월.
122) 『高麗史』권30, 世家30, 忠烈王 15년 9월 丁丑.

부대시설을 마련하는 부담도 백성이 지고 있었다. 충숙왕 16년 (1329) 1월 왕이 사냥할 때 머물기 위해 천신산 아래 임시주택을 지으면서 지붕을 떡갈나무 껍질로 하자, 이를 채취하느라 백성들이 괴로워했다.[123]

사냥에 이어지는 행사에 따른 지출도 적지 않았다. 사냥을 하는 과정에서 부대 행사가 열리면, 물품을 하사하는 수가 많았다. 충렬왕 25년 3월 왕이 동쪽 교외에서 사냥하고 이어서 壽康宮에 행차했다. 왕이 날마다 잔치를 일삼아서 倡妓에게 은 8근을 하사했으며, 또 銀甁 2개를 과녁으로 삼아서 화살로 쏘게 하고는 그것을 맞춘 자에게 하사했다.[124] 은 8근, 은병 2개가 사냥에 이어지는 행사에서 소비되는 것이다. 우왕 7년(1381) 10월 江陰縣에서 사냥을 하면서, 새벽까지 연회를 베풀고 음악을 연주했으며, 음악을 연주한 사람들에게 포 100필을 하사했다.[125] 같은 달에 또 강음현에서 사냥을 하면서 기생과 악사들에게 명령하여 밤새도록 음악을 연주하게 한 뒤, 그들에게 포 100필을 주었다.[126] 사냥에 이어지는 연회 관련한 지출이 적지 않은 것이다. 우왕 12년 5월 호곶에서 사냥한 이후 환관 및 기생들이 놀이를 했는데, 함께 놀던 사람들에게 포 300필을 하사했다.[127] 우왕 11년 5월 우왕이 壺串에서 사냥하다가 환관 20여 명에게 말 1필씩을 하사했다.[128] 우왕 12년 2월 사냥 도중에 국왕에게 향응을 제공한 관원에게 內寇馬를 하사했다.[129] 시설

---

123) 『高麗史』권35, 世家35, 忠肅王 16년 1월 ; 『高麗史節要』권24, 忠肅王 16년 1월.
124) 『高麗史』권31, 世家31, 忠烈王 25년 3월 壬辰 ; 『高麗史節要』권22, 忠烈王 25년 3월.
125) 『高麗史』권134, 列傳47, 辛禑 7년 10월.
126) 『高麗史』권134, 列傳47, 辛禑 7년 10월.
127) 『高麗史』권136, 列傳49, 辛禑 12년 5월 癸亥.
128) 『高麗史』권135, 列傳48, 辛禑 11년 5월.
129) 『高麗史』권136, 列傳49, 辛禑 12년 2월.

준비를 한 이들에게 물품을 사여한 일도 있다. 충숙왕 16년 1월 사냥할 때 머물 임시 거처를 虞人(사냥꾼)에게 마련토록 하고 그들에게 벼슬을 주고 의복과 곡식을 하사했다.130) 사냥을 진행하는 과정에서 수고한 이들에게는 이처럼 은, 은병, 포, 말의 사여가 있었다. 모두 국가 재정에서 제공하는 것이므로 부담이 될 수 있었다.

국왕의 사냥을 이용해 수탈을 자행하는 이들도 있었다. 우왕 12년 우왕이 서해도에서 사냥할 때 知鳳州事 柳蟠이 숙식 물자 마련을 빙자하여 민들의 재물을 많이 거두어들였다.131) 결국 민인들은 국왕의 사냥으로 인해 피해를 입고 있었던 것이다. 국왕의 사냥에 동행하는 측근들이 큰 피해를 입히는 수도 있었다. 우왕 11년 2월 우왕이 海州에서 사냥하니 최영이 따라갔는데 京城으로부터 바닷가에 이르기까지 물자를 실어 나르는 것이 100리나 이어졌다. 寺人과 內竪가 총애를 믿어 횡포를 부리며 按廉使와 守令을 욕보이니 서해도의 향리와 민이 모두 괴로움을 견디지 못하여 흩어져 달아났고, 안렴사 李須는 말을 잃어버려 진흙탕으로 걸어가기도 했다. 도 전체가 탄식하고 원망했다.132)

측근의 일부는 국왕의 사냥을 계기로 수탈하는 수도 있었지만, 대체로 수행하는 이들의 고통은 컸다. 일기가 고르지 못할 경우 더욱 그러했다. 충렬왕 8년 왕과 공주가 충청도로 사냥하러 나갔을 때, 공주가 趙仁規에게 扈從하는 사람들이 힘들어함을 지적했다.133) 충혜왕 후2년(1341) 8월 왕이 매일 사냥을 일삼았기 때문에 수행하는 자들이 고통스

---

130) 『高麗史節要』권24, 忠肅王 16년 1월.
131) 『高麗史』권113, 列傳26, 崔瑩.
132) 『高麗史』권113, 列傳26, 崔瑩 ; 『高麗史節要』권32, 辛禑 11년 2월.
133) 『高麗史』권89, 列傳2, 后妃2, 忠烈王后妃 齊國大長公主.

러워했다.134) 우왕 11년 3월 왕이 해주, 옛 신평현에서 사냥을 했으며,
이어 延安府에 당도하자 큰 비가 내렸는데, 호종하는 사람들이 비를 맞
았으며 소와 말들이 길에서 죽어 널렸다.135) 국왕의 사냥에서 호종하는
사람도 큰 고통을 겪었으며, 소와 말도 길에서 죽어가기도 했다.

국왕이 외방에서 사냥을 하는 경우, 지방관이 뒷바라지하는 수고가
있었다. 국왕이 사냥하는 경우, 수령이 찾아와 인사하는 것이 도리였
다. 당연히 많은 물품을 가지고 오는 것이었으므로 큰 부담이 되었다.
충렬왕 8년 9월 왕이 충청도에서 사냥을 했는데, 行從都監이 油蜜果를
사용하는 것과 먼 道의 守令이 찾아와 인사하는 것을 금지했다.136) 이
는 수령의 부담을 줄여주기 위한 조치였다. 그 이전에는 수령들이 와서
인사하는 것이 당연한 일이었다. 驛吏의 고생도 확인된다. 우왕 10년
12월 우왕이 남쪽 교외에서 사냥했는데, 역리들이 접대하느라 피곤해
국왕을 저주하기까지 했다.137) 국왕의 사냥에 접대의 일을 맡은 지방
관의 고통은 매우 큰 것이었다.

사냥을 적절한 때에 하지 않으면 생태환경에 지장을 줄 수 있었다.
동물이 번식하는 봄철에 사냥하면 피해가 컸다. 원종 2년(1261) 3월 봄
철 사냥하는 것은 동물의 생태에 큰 문제를 일으킨다는 지적이 있다.
봄철에 사냥하면 짐승들이 새끼를 치거나 알을 품지 못하게 된다는 것
이다.138) 봄철의 사냥은 동물의 번식에 장애가 되는 것이다.

충렬왕 12년 5월 왕이 서해도에서 사냥하려고 하자 재상들이 사냥의

---

134) 『高麗史』권36, 世家36, 忠惠王 후2년 8월 丁卯.
135) 『高麗史』권135, 列傳48, 辛禑 11년 3월.
136) 『高麗史』권85, 志39, 刑法2, 禁令, 忠烈王 8년 9월.
137) 『高麗史』권135, 列傳48, 辛禑 10년 12월.
138) 『高麗史』권25, 世家25, 元宗 2년 3월 庚午 ; 『高麗史節要』권18, 元宗 2년 3월.

폐해를 들어서 사냥하지 말 것을 요청했다. 그 이유 가운데 하나는 짐승의 새끼를 포획하지 않아야 하고 또 알을 품고 있는 것을 잡지 말아야 한다는 것이다.[139] 충렬왕 13년 4월에도 왕과 공주가 서해도에 사냥 갈 때 사냥에 나선 자가 1,500명이나 되었다. 이때 재상이 이를 말리는 이유로 짐승들이 새끼를 밸 때라는 것을 들었다.[140] 3, 4, 5월의 사냥이 동물 번식에 장애가 되고 있음을 지적한 것이다.

　1월에서 6월에 이르는 봄과 여름의 사냥은 동물 생태에 큰 피해를 줄 수 있었다. 특히 봄철이 그러했다. 2월에 사냥한 경우가 34회에 이르며, 3월에 17회, 4월에 16회에 달한다. 7월 이후의 가을과 겨울철 사냥은 동물의 번식에 큰 피해를 주지는 않는 것으로 여겨진다. 1월에서 5월까지(윤2월과 윤3월 포함) 행한 사냥은 모두 89회에 이른다(<표> 참조). 국왕의 사냥이 동물의 번식에 방해가 되었음을 알 수 있다.

<표> 국왕이 사냥한 달

	1월	2월	윤2월	3월	윤3월	4월	5월	6월	7월	8월	9월	10월	윤10월	11월	12월	계
충렬왕	2	10	1	6	1	6	4	0	1	7	13	11	0	7	2	71
충숙왕	0	7	0	0	0	3	0	1	0	4	1	1	0	1	2	20
충혜왕	2	8	0	1	0	1	0	2	0	3	1	5	0	0	1	24
우왕	5	9	2	10	0	6	5	4	2	12	3	8	3	5	3	77
계	9	34	3	17	1	16	9	7	3	26	18	25	3	13	8	192

　사냥은 농사에도 지장을 주는 행위였다. 사냥할 때 많은 이들이 참여하고 다수의 말들이 달리면서 주변의 농작물에 피해를 주는 수가 많았

---

139) 『高麗史』 권30, 世家30, 忠烈王 12년 5월 丁丑 ; 『高麗史節要』 권21, 忠烈王 12년 5월.
140) 『高麗史』 권30, 世家30, 忠烈王 13년 4월 癸酉 ; 『高麗史節要』 권21, 忠烈王 13년 4월 癸酉.

다. 국왕의 사냥을 위한 각종 勞役에 동원되어 민들이 농사짓는 시기를 잃는 수도 있었다. 농사가 시작하는 봄철이든지 수확이 아직 끝나지 않은 가을철에 그 피해가 컸다.

봄에 사냥하는 것이 농사에 지장을 주는 것은 충선왕이 어린 세자 시절에도 알고 있었다.[141] 충렬왕 12년 5월 왕이 서해도에서 사냥하려고 하자 재상들이 농사가 한창이므로 백성들은 모두 전답으로 돌아갈 상황인데, 농사철에 어가가 지나가면 김매는 데에 방해가 된다는 것을 지적하고 있다.[142] 충렬왕 13년 4월에도 왕과 공주가 서해도에 사냥갈 때 가뭄이 심하고 백성들이 밭을 매는 데 방해가 되므로 재상들이 사냥을 중지할 것을 요청했다.[143] 충숙왕 4년 2월 국왕이 한양에서 사냥할 때 사냥 기병 300여 명이 따라갔다. 농사철이라 백성들이 깊이 원망하고 탄식했다.[144] 2, 4, 5월의 사냥이 농사에 방해가 되는 것이다.

가을철의 사냥은 추수하지 못한 농작물에 큰 피해를 입히는 일이었다. 충렬왕 3년 9월 충렬왕이 사냥에 빠져 있자, 문창유와 이지저가 사냥하는 말이 곡식을 짓밟아 수많은 백성들이 원망하고 탄식하니 서둘러 돌아가자고 했다.[145] 우왕 6년 7월 이인임과 최영에게 경들도 사냥할 때 곡식을 밟지 않고 할 수 있겠는가라고 우왕이 발언했다.[146] 가을철 수확이 끝나지 않은 상태에서 사냥하는 것은 농작물 피해를 일으키는 것이었다. 7, 9월 사냥은 추수하지 못한 농작물에 피해를 주는 일이었다.

---

141) 『高麗史節要』권20, 忠烈王 9년 2월.
142) 『高麗史』권30, 世家30, 忠烈王 12년 5월 丁丑 ; 『高麗史節要』권21, 忠烈王 12년 5월.
143) 『高麗史』권30, 世家30, 忠烈王 13년 4월 癸酉 ; 『高麗史節要』권21, 忠烈王 13년 4월 癸酉.
144) 『高麗史』권34, 世家34, 忠肅王 4년 2월 辛酉 ; 『高麗史節要』권24, 忠肅王 4년 2월.
145) 『高麗史』권123, 列傳36, 嬖幸1, 李之氐 ; 『高麗史節要』권19, 忠烈王 3년 9월 丁未.
146) 『高麗史』권134, 列傳47, 辛禑 6년 7월 ; 『高麗史節要』권31, 辛禑 6년 7월.

불을 질러 사냥하면 가을철 농작물에 피해를 주기도 한다. 충렬왕 8 년 9월 불을 질러서 사냥했는데[火獵], 벼가 타버린 피해를 입은 백성에게 그 값을 보상해준 데서[147) 알 수 있다. 火獵의 과정에서 농작물을 불태우는 일이 발생했다. 7, 8, 9월의 사냥이 모두 47회에 달했는데 추수를 마치지 못한 농작물에 피해를 주는 일이 많았을 것이다.

국왕의 사냥으로 인해 국가가 중시하는 말[馬]에 피해를 입히는 문제도 발생했다. 우왕 11년 6월 사복부정 邊伐介의 요청으로 여러 섬에서 기르는 말 30여 필을 가져와 국왕의 사냥에 제공했다.[148) 우왕 13년 3월 서해도에서 사냥하면서 조공할 말 40필을 가지고 갔다.[149) 명에 조공하려고 준비한 말을 사냥에 동원한 것이다. 말이 부족하다 보니 이런 사태까지 발생한 것이다.

국왕이 사냥에 탐닉하면 결과적으로 정사를 소홀하게 된다. 그것은 우왕대에 특히 심했다. 윤소종이 죽은 이인임을 탄핵한 내용에 국왕의 총명을 가려 음악과 여색을 즐기도록 이끌었으며 유람과 사냥놀이에 빠지게 함으로써 정사를 돌볼 겨를이 없게 만들었다는 것이 포함되어 있다.[150) 사냥놀이에 빠지게 해 정사를 돌볼 틈이 없게 만들었다는 비판이다.

국왕의 사냥은 많은 비용이 들었는데, 국가 재정에도 부담을 주는 수가 많았고 민에게 큰 부담을 안기기도 했다. 수행원의 고통이 있었고, 지방관의 부담도 컸다. 동물의 번식에 지장을 주거나 농사에 방해가 되기도 했다. 그럼에도 국왕이 사냥에 나서는 것은 그만한 이유와 사정이 있었다.

---

147)『高麗史』권89, 列傳2, 后妃2, 忠烈王后妃 齊國大長公主 ;『高麗史』권29, 世家29, 忠烈王 8년 9월 壬午.
148)『高麗史節要』권32, 辛禑 11년 6월.
149)『高麗史』권136, 列傳49, 辛禑 13년 3월.
150)『高麗史』권126, 列傳39, 姦臣, 李仁任.

4. 사냥 비판론의 전개와 국왕의 반응

국왕의 사냥은 많은 폐해를 야기하는 것이었으므로 사냥에 대한 비판이 여러 주체에 의해 다양한 방식으로 전개되었다. 사냥 비판을 제기한 관료들은 다양하며, 비판하는 논점도 각기 다른 바가 있었다. 대체로 국왕 사냥의 중지를 요구하는 것이지만, 논리와 내용 구성에는 차이가 있었다. 호불·신불의 입장을 견지한 이들의 비판이 있는가 하면, 일반 관료의 입장에서 선 비판도 있었다. 국왕은 수용하지 않는 경우가 대부분이었다.

충렬왕대 국왕의 사냥에 대해서는 제국공주부터 비판적인 입장을 보였다. 제국공주는 충렬왕과 함께 사냥에 나서는 수가 많았지만, 여러 차례 사냥에 대해 비판하는 모습을 보였다. 충렬왕 6년(1280) 2월 壽康宮에 행차했을 때 공주가 왕에게 말하기를, "왕께서 群小들과 더불어 짐승들을 쫓아다니시면서 싫증내는 법이 없으니, 어째서입니까."라고 했다. 공주가 서둘러 탈 것을 준비시켜 장차 성에 들어가려 했다. 郎哥歹(낭기아다이)가 간절히 요청했으므로 공주가 이내 중지했다.[151] 충렬왕이 군소들과 더불어 짐승을 쫓아다니면서 싫증내지 않는 것에 대해 비판한 것이다.

충렬왕 8년 9월 왕이 공주와 더불어 충청도에서 사냥을 가다가 임진강을 건너자 공주가 분노하며 말하기를, "사냥은 급선무가 아닌데 어찌하여 나를 여기까지 끌고 오십니까."라고 했다. 왕이 아무 대답도 하지 못했다.[152] 급선무가 아닌 사냥에 자신을 끌고 다니는 것을 못마땅해하는 것이다.

---

151) 『高麗史節要』권20, 忠烈王 6년 2월.
152) 『高麗史節要』권20, 忠烈王 8년 9월 乙亥.

같은 달 왕이 安南에 머물렀다. 공주가 尹秀를 책망하며 말하기를, "이 땅에는 거위도 고니도 없는데 어찌하여 왕을 먼 곳까지 유인하여 왔는가."라고 하고, 또 왕에게 말하기를, "오직 사냥에만 힘쓰니 국사는 어찌하렵니까."라고 했다. 왕이 부끄러우면서도 분하여 바깥에 나와 앉았다.[153] 거위와 고니도 없는 안남의 먼 곳까지 국왕을 이끌어 온 윤수를 책망한 것이다. 또 국왕에게는 사냥에만 힘쓰니 국사는 어찌할 것인가라고 비난했다.

세자(뒤의 충선왕) 역시 父王의 사냥행위를 탐탁하게 생각하지 않았다. 충렬왕 9년 2월 尹秀 · 李貞 · 元卿 · 朴義 등이 왕에게 충청도에서 사냥할 것을 권했다. 이때 세자의 나이가 9세였는데, 갑자기 눈물을 흘리니 유모가 그 연유를 묻자 답하기를, "지금 백성들이 곤궁해 하고 또 봄철 농사 시기를 당했는데 부왕께서는 어찌하여 멀리까지 사냥하러 가는가."라고 했다.[154] 백성들이 곤궁하고, 농사 시기인데, 사냥하는 것은 옳지 않다는 것이다.

관료로서 충렬왕의 사냥에 비판적인 견해를 피력한 인물도 종종 확인할 수 있다. 충렬왕 3년 9월 李之氐는 禮安縣 사람으로, 벼슬을 內僚에서부터 시작했다. 충렬왕이 일찍이 마제산에서 사냥할 때 그 재미에 빠져 돌아가야 하는 것조차 잊어버렸다. 이지저가 文昌裕와 함께 말하기를, "사냥터의 말들이 곡식을 짓밟아 민들의 원망과 탄식이 많으니, 빨리 돌아가기를 청합니다."라고 하니, 왕이 이 말을 따랐다.[155] 이지저가 문창유와 함께 곡식의 피해를 이유로 사냥 중지를 충렬왕에게 요

---

153) 『高麗史節要』권20, 忠烈王 8년 9월 丁丑.
154) 『高麗史』권33, 世家33, 忠宣王 總序 ; 『高麗史節要』권20, 忠烈王 9년 2월.
155) 『高麗史』권123, 列傳36, 嬖幸1, 李之氐 ; 『高麗史節要』권19, 忠烈王 3년 9월 丁未.

청하자 수용한 것이다.

　監察司에서 충렬왕의 사냥을 문제로 지적한 일도 보인다. 충렬왕 6
년 3월 감찰사에서 날이 가물어 백성들이 굶주리고 있으니, 사냥을 다
니고 음악을 즐길 때가 아니라고 언급했으며, 국왕이 사냥에만 열중하
고 백성들의 일을 돌보지 않는 것은 문제라고 지적했다. 사냥이 부득이
하다면 將士들로 하여금 평원에서 짐승들을 쫓게 하고 높은 곳에 올라
구경하는 것이 좋겠다고 대안을 제시했다. 그리고 忽赤(코르치)과 응방
이 앞 다투어 內宴을 베풀고 있음을 문제로 지적했다. 承旨 趙仁規가 이
글을 왕에게 아뢰었다. 장차 왕이 따르고자 했는데, 상장군 윤수와 대
선사 조영이 함께 참소하니 마침내 국왕이 크게 노하여 將軍 林庇와 池
允輔 등에게 侍史 沈諹을 崇文館에서 국문해 이러한 의논을 시작한 자
가 누구인지 물을 것을 명령했다. 심양을 참혹하게 국문한 뒤 巡馬所에
가두고, 雜端 陳偶과 시사 文應을 섬에 유배 보냈으며, 殿中侍史 李承休
를 파면했다. 얼마 안 되어 사면되었지만, 이에 이르러 심양이 참소를
당하면서 꺾이고 욕을 보았다. 언로가 결국 막혔다.156) 심양·진척·문
응·이승휴가 감찰사의 성원으로서 국왕의 사냥을 비판한 것이다. 가
물고 백성이 굶주리고 있어 사냥을 다녀서는 안 된다는 것이다. 사냥이
부득이하다면 군사들에게 명령해 평원에서 짐승을 뒤쫓게 하고 높은
곳에 올라 구경만 해도 된다고 했다. 이에 대해 국왕은 수용할 듯 하다
가 참소를 듣고 돌변해 처벌조치를 취한 것이다.

　재상 역시 국왕의 사냥에 대해 비판했다. 충렬왕 12년 5월 왕이 서해
도에서 사냥했을 때, 재상들이 합문에 엎드려 간했다. 새끼를 잡지 않

---

156) 『高麗史』권106, 列傳19, 沈諹 ; 『高麗史節要』권20, 忠烈王 6년 3월.

고 알을 취하지 않는 것이 聖人의 가르침이라는 것, 그리고 오래도록 가뭄을 당하여 기근이 거듭되고 있으니 실로 놀면서 즐길 때가 아니라는 것, 또한 농사가 바야흐로 한창이라 백성들 모두 전답으로 돌아간 상황인데, 어가[車駕]가 한 번 나가게 되면 농사에 방해가 된다는 것을 언급하면서, 가을을 기다렸다가 사냥하라고 아뢰었으나 따르지 않았다.157) 충렬왕 13년 4월 재상이 또한 국왕의 사냥 문제점을 지적했다. 왕과 공주가 서해도에서 사냥하는 기병 1,500명을 거느리고 사냥했을 때 재상이 간언했다. 가뭄이 극심하고 백성들이 바야흐로 농사일을 하고 있으니, 이번 행차가 백성들의 원망을 초래하게 될까 염려되며, 또한 짐승들이 지금 잉태하고 있으므로 사냥은 불가하다고 했다. 왕이 화를 내면서 듣지 않았다.158) 가뭄이 극심하다는 것, 백성들이 농사일을 하고 있다는 것, 짐승이 번식할 때라는 것을 들어 재상이 사냥 중지를 요구했지만 국왕은 수용하지 않고 있다.

정통 관료 이외에 호불·신불 성향의 인물들도 국왕의 사냥 문제를 지적했다. 사냥이 살생이 따르는 행위라는 것이 전제된 비판이다. 충렬왕 9년 6월 왕이 공주와 더불어 妙蓮寺에 행차하고 또 玄化寺를 수리하라고 명령했다. 당시 廉承益이 매번 불교의 법을 들어 권고하자 이에 사냥하는 일이 차츰 드물게 되었다.159) 염승익이 불교의 법을 들어 사냥하는 것을 문제 삼자, 국왕의 사냥이 차츰 줄어들었다는 것이다.

충렬왕 22년 2월 왕이 서교에서 사냥했을 때 國師僧이 글을 올려 사

---

157) 『高麗史』권30, 世家30, 忠烈王 12년 5월 丁丑 ; 『高麗史節要』권21, 忠烈王 12년 5월.
158) 『高麗史』권30, 世家30, 忠烈王 13년 4월 癸酉 ; 『高麗史節要』권21, 忠烈王 13년 4월 癸酉.
159) 『高麗史』권123, 列傳36, 嬖幸1, 廉承益 ; 『高麗史節要』권20, 忠烈王 9년 6월.

낭에 대해 지적했다. 환갑이 된 나이에 마땅히 조심하고 덕을 닦아야 하며 사냥에 빠져서는 안 된다고 말했다. 충렬왕은 사냥을 좋아하는 것이 아니라 호랑이를 쫓는 것이라고 변명했다.[160] 불교에서 살생을 금하고 있었으므로 살생이 따르는 사냥에 대한 비판으로 해석할 수 있다.

신불자 韓康도 국왕의 사냥에 비판했다. 충렬왕 22년 국왕이 致仕한 한강을 소환해 이행하기에 합당한 일들을 조목조목 진술하라고 하니, 한강은 여러 내용을 제시했다. 그 가운데 동물을 놓아주어 생명을 살린다면 가히 천수를 증가시킬 수 있을 것이니, 이제부터 도살을 엄격히 금지하고 사냥하는 즐거움을 멈추며 맛 좋은 고기의 진상을 줄이라는 내용이 있다.[161] 동물을 놓아주어 생명을 살리라는 것이다. 또 도살을 금지하고 사냥을 멈추라는 것이다.

張舜龍도[162] 비슷한 입장을 보였다. 충렬왕이 마제산으로 사냥을 갈 때 壽康宮에 도량을 설치하고 대거 승려들을 모아들이자 장순룡이 말하기를, "왕께서 부처를 받들고 飯僧하면서도 또한 이와 같이 사냥하니 어떠한 공덕이 있겠습니까?"라고 했다.[163] 사냥을 하면 살생이 따르니 부처를 받들고 반승해도 공덕이 없다는 것이다. 충렬왕 22년 이후에는 국왕이 사냥에 나가는 것이 현저히 줄어들었다. 원에 체류한 시간도 많았지만 사냥 행위 자체가 크게 줄어든 것이다.

충렬왕의 사냥에 대해 공주가 비판적 태도를 보인 적이 여러 번 확인

---

160) 『高麗史』권31, 世家31, 忠烈王 22년 2월 丙寅 ; 『高麗史節要』권21, 忠烈王 22년 2월.
161) 『高麗史』권107, 列傳20, 韓康 ; 『高麗史節要』권21, 忠烈王 22년 2월.
162) 張舜龍은 본래 回回人으로 초명은 三哥였다. 아버지 張卿이 원 세조를 섬겨 必闍赤이 되었으며, 장순룡은 齊國公主의 怯恰口로 고려에 왔다. 낭장을 제수받았고 장군으로 승진했으며, 장순룡으로 개명했다(『高麗史』권123, 列傳36, 嬖幸1, 張舜龍).
163) 『高麗史』권123, 列傳36, 嬖幸1, 張舜龍.

된다. 감창사, 재상과 신불자가 국왕의 사냥을 문제로 지적했다. 충렬왕은 초반에는 사냥 중지 요구를 수용하기도 했지만, 6년 이후에는 따르지 않는 경우가 대부분이었다. 재상의 요청도 수용하지 않았다. 공주의 비판에 대해서는 난처한 태도를 보이기도 했다. 이후 충숙왕대와 충혜왕대 국왕의 사냥에 대한 비판은 거의 보이지 않는다.

우왕대에도 국왕의 사냥을 문제로 지적하는 이들이 여럿 보인다. 충렬왕대처럼 재상도 보이지만 언관이 두드러지게 비판하고 있는 점이 이채롭다. 이인임과 최영이 우왕의 사냥에 대해 지적했다. 우왕 6년(1380) 7월 우왕이 사냥을 나가려고 하자 이인임과 최영 등이 말렸다. 우왕이 말하기를, "내가 본래 매나 개를 좋아하지 않았는데 여러 재상들이 실로 여기까지 인도한 것이오. 또한 경들은 사냥을 좋아하니, 곡식을 밟지 않고 날아갈 수 있겠소."라고 했다.[164] 우왕이 사냥을 나가려고 하자 이인임과 최영이 말린 것이다. 국왕은 자신이 사냥을 좋아한 것은 당신들 재상 때문이라는 것이다. 재상들이 사냥할 때에도 곡식에 대한 피해를 주고 있다고 역공한 것이다. 이인임과 최영은 우왕의 사냥을 권유하고 거기에 동행한 일이 많았지만, 우왕의 지나친 사냥을 비판하기도 했던 것이다.

左司議 白君寧도 사냥을 비판했다. 우왕 6년 11월 좌사의 백군녕 등은 "전하께서 날마다 못된 아이들과 더불어 儀衛를 버리고 길거리에 나가 노닐기 때문에 길 가던 사람들이 용안을 뵙고도 알지 못하여 무뢰한 소년이라고 여기고 행차를 범하는 경우까지 생기게 되었으니, 대신과 백관으로부터 庶人에 이르기까지 실망하지 않는 이가 없습니다. 무릇

---

164) 『高麗史節要』권31, 辛禑 6년 7월.

말을 달리고 칼을 쓰는 것은 필부의 용맹함인데, 전하께서 어찌 이것을 배웁니까. … 개과천선해 못된 아이들을 가까이하지 말고, 날마다 經筵을 열어 노성한 대신들과 더불어 정치의 도리를 강론하며, 만약 행차할 일이 있다면 반드시 의장을 갖추고 길을 닦은 이후에 하십시오." 라고 했다. 그러나 우왕은 듣지 않았다.165) 말을 달리고 칼을 쓰지 말라는 것이니, 결국 사냥을 하지 말라는 것이다.

간관 鄭釐와 朴宜中 역시 문제점을 지적했다. 우왕 8년 6월 정리와 박의중 등이 왜구가 날마다 번성한 것과, 수재와 한재로 기근이 거듭 들어 굶어죽는 사람이 이어지고 있다는 것을 언급하면서, 이러한 때에 술과 노래와 춤의 즐거움을 멈추시고 매와 개로 사냥하는 놀이를 끊을 것을 주장했다. 또 완악한 아이들과 어울리지 말 것을 청했다. 憲府에서도 또한 간했으나 모두 회답하지 않았다.166) 국왕은 모두 수용하지 않은 것이다.

左司議 權近도 국왕의 사냥을 비판했다. 우왕 9년 8월 우왕은 대간을 경시했고, 꺼려하지 않으면서 무절제하게 놀이와 사냥을 일삼았다. 권근이 동료들과 함께 힘써 간언하자, 우왕은 술이 잔뜩 취하여 활로 그들을 쏘려고 했다.167) 좌사의 이지 등도 상소하여 사냥 놀이에 관해 諫했다. 우왕이 시절이 위태롭고 어지러워 말타기를 익히는데 불충함이 심하다고 상소를 비판했다. 또한 諫官에게 왜구를 방어시켜야 겠다고 했다.168) 언관들이 사냥 중지를 요청하는 것에 대해 우왕은 이들에게

---

165) 『高麗史節要』권31, 辛禑 6년 11월.
166) 『高麗史』권112, 列傳25, 朴宜中 ; 『高麗史節要』권31, 辛禑 8년 6월.
167) 『高麗史』권135, 列傳48, 辛禑 9년 8월.
168) 『高麗史』권135, 列傳48, 辛禑 11년 6월.『高麗史節要』에는 11년 7월 기사로 나온다 (『高麗史節要』권32, 辛禑 11년 7월).

왜구 방어를 맡기겠다고 엄포를 놓은 것이다. 받아들이지 않고 오히려 역공을 펼침으로써 언관의 의견 개진을 막는 것이다.

日官이 재변을 계기로 국왕의 사냥에 대해 지적하는 예도 있다. 우왕 7년 4월 노루가 성에 들어오자, 日官이 아뢰기를, "秘記를 살펴보면, 노루가 도성 안[國中]으로 들어오면 그 나라는 망한다고 하니, 조심히 마음을 가다듬어 돌아보고 사냥을 일삼지 마십시오."라고 했다.169) 노루가 성 안에 들어온 것을 계기로 일관이 국왕에게 사냥을 일삼지 말 것을 건의한 것이다. 이후에도 사냥이 지속된 것을 보면 받아들이지 않은 것이 분명하다.

수문하시중 이자송과 홍영통은 우왕이 말에서 떨어져 다치자, 사냥을 멀리할 것을 요청했다. 이제부터 궁궐에 단정하게 있으면서 놀이와 사냥을 경계하고 酒色을 삼가며 가벼이 행동하지 말기를 바란다고 하니, 우왕이 묵묵히 있으며 기뻐하지 않더니 얼마 뒤에 파직시키고, 이자송을 公山府院君으로 봉했다.170) 놀이와 사냥을 경계하라는 주장이지만, 국왕은 수용하지 않고 이자송을 내친 것이다.

최영과 이성림은 조회를 제때에 보지 않음을 지적했다. 우왕 10년 11월 최영과 이성림이 김실에게 선왕의 때에는 한 달에 衙日이 여섯 번이었는데, 지금은 衙日이 단 이틀뿐인데도 매번 조회를 보지 않는다고 말했다. 내일 조회에 반드시 참석하도록 국왕에게 아뢰라고 했다. 김실이 전달했으나 우왕은 답하지 않았다.171) 사냥에 빠져서 조회에 참석하지 않은 것이다.

---

169) 『高麗史』권54, 志8, 五行2, 金, 毛蟲之孼, 辛禑 7년 4월 甲子.
170) 『高麗史』권111, 列傳24, 李子松 ; 『高麗史節要』권31, 辛禑 8년 11월.
171) 『高麗史節要』권32, 辛禑 10년 11월.

최영의 우왕 사냥에 대한 비판이 이어졌다. 우왕 11년 2월 우왕이 서해도에서 사냥하고 돌아오다가 백주에 이르러 연안부 큰 못에서 물고기를 구경하고자 했다. 이때 최영이 간하여 말하기를, "신 휘하의 사졸이 수천여 명이며, 지금 죽은 말이 많고 하물며 공급품도 마련되지 않았는데, 갑자기 비좁은 고을로 행차한다면 민폐를 이루 다 말할 수 있겠습니까."라고 했다. 우왕이 이에 중지했다.[172] 갑작스러운 행차에 대해 준비 부족을 들어 요청하자 어쩔 수 없이 수용한 것이다. 사냥이 아니기에 받아들인 것으로 보인다. 우왕이 龍首山에서 놀다가 술에 취한 채 말을 타고 달리다가 떨어지니 최영이 울면서 재상의 자리를 지키면서 바로잡아 고치지 못했으니 무슨 면목으로 사람들을 보겠습니까 라고 하니, 우왕이 지금부터는 고치겠다고 말했다. 또 국왕이 사냥하면서 놀다가 밤늦게 돌아오니 최영이 이를 듣고 눈물이 가득 고였다.[173] 우왕의 사냥에 대해 최영이 매우 걱정하는 모습이다. 국왕이 절도없이 놀아서는 안 된다고 최영이 주장했다. 밤늦게까지 사냥하다 돌아온 것을 듣고 걱정하는 눈물을 흘린 것이다. 그렇지만 우왕의 사냥은 계속되었다.

우왕대에는 재상도 사냥에 대해 간언했다. 최영·이인임·이자송·이성림 등이 국왕의 사냥을 지적했다. 언관들이 적극 나서고 있음을 확인할 수 있다. 좌사의 백군녕·권근·이지, 간관 정리와 박의중 등이 보인다. 우왕은 이들의 요청을 거부하는 입장을 여러 차례 보였다. 우왕은 막무가내의 태도를 보이면서 사냥 행위를 지속해 갔다.

---

172) 『高麗史』권113, 列傳26, 崔瑩 ; 『高麗史節要』권32, 辛禑 11년 2월.
173) 『高麗史』권113, 列傳26, 崔瑩.

5. 맺음말

고려후기에는 특이하게도 국왕의 사냥 활동이 매우 활발했다. 고려 사회에 사냥 전통이 뿌리깊게 자리하고 있는 데다가 원의 유목 및 사냥 문화가 영향을 주었기 때문에 성행한 것으로 여겨진다. 그리고 국왕의 처지가 매우 불안정해 충성스러운 호위무사를 확보할 필요에서도 사냥에 적극적이었던 것으로 판단된다.

원종대까지는 국왕의 사냥 활동이 적극적이지 않았다. 충렬왕대부터 국왕의 사냥이 매우 활발하게 펼쳐졌다. 충렬왕은 원나라 체류 기간을 제외하면 거의 매해 사냥에 나선 것으로 보인다. 개경에 가까운 곳에서 사냥을 하기도 했지만 충청도까지 가서 사냥하는 수도 있었다. 몰이사냥과 매 사냥이 확인되지만 다양한 방식으로 사냥이 진행되었을 것이다. 포획된 동물은 사슴과 노루, 멧돼지를 비롯해, 꿩과 토끼, 여우도 대상이 되었을 것이다. 충렬왕의 사냥에는 제국공주와 달로화적이 함께 하는 경우도 종종 있었다. 충렬왕대의 사냥에서 크게 활약한 인물은 윤수·박의·원경·이정·이병 등인데 이들은 대체로 鷹坊을 관리하는 임무를 맡고 있었으며, 출중한 騎射 능력을 보유하고 있었다.

왕위에 있는 동안 대부분의 시간을 원에서 보낸 충선왕은 사냥을 하지 않았다. 성향도 사냥에 호의적이지 않았다. 충선왕을 뒤이은 충숙왕은 사냥에 매우 적극적이었다. 개경 근처에서 사냥하는 경우가 대부분이었지만 멀리 철원에 가서 사냥한 경우도 있었다. 여러 날 지속적으로 사냥하는 일도 종종 있었다. 충숙왕의 사냥에서는 초기에는 관원이 참여하기도 했지만, 전반적으로 이의풍과 박청이 중요한 역할을 했던 것으로 보이며, 악소배로 표현되는 인물들이 다수 참여한 것으로 보인다.

충혜왕도 사냥에 탐닉했다. 날마다 사냥했으며 출입에 절제가 없었다는 지적이 보인다. 충혜왕의 사냥에는 군소배, 악소배로 지칭되는 부류가 핵심적인 역할을 한 것으로 여겨진다. 충혜왕을 뒤이은 충목왕이나 충정왕은 어린 나이 때문에 사냥에 나서지는 못했다. 공민왕은 불교를 매우 좋아해 살생을 꺼려 했으므로 사냥에 대해 매우 부정적인 입장을 보였다.

우왕은 병적일 정도로 사냥에 몰입했다. 이인임 등이 우왕을 사냥으로 인도한 점도 있었지만 국왕 스스로도 사냥을 유희로 여겨 즐겼다. 우왕은 재위 5년부터 사냥을 시작해 말년까지 끊임없이 사냥에 탐닉했다. 우왕 본인은 상당한 수준의 기사 능력을 보유한 것으로 보인다. 우왕의 사냥은 며칠씩 이어지는 경우도 있었는데 25일간 지속된 경우도 있었다. 우왕이 사냥할 때 무격회·수박희·처용희·석전희·격구 등이 공연되는 수가 흔했다. 처음에 우왕을 사냥으로 이끈 인물은 이인임·지윤·임견미였으며 최영도 일조한 것으로 보인다. 우왕의 사냥에는 재상이나 백관이 동행한 경우가 종종 있었으며, 군소배·악소배로 표현되는 부류도 함께 하는 수가 많았다. 우왕의 사냥은 때와 장소를 가리지 않고 진행되었으며 기생을 동반해 매우 퇴폐적인 형태로 진행되기도 했다. 우왕을 이은 창왕이나 공양왕대에는 국왕이 사냥에 나설 상황이 아니었다.

국왕이 주도하는 사냥은 많은 문제를 발생시켰다. 국왕에게 향응을 제공하고, 수행 인력에게 먹거리를 제공하기 위해서는 상당한 지출이 불가피했다. 지방민들이 그 부담을 질 수밖에 없는데, 이 때문에 향리와 민인들이 고통을 견디지 못하고 도망하는 수가 없지 않았다. 또한 국왕을 수행하는 이들의 고생도 매우 컸다. 그러나 일부 측근은 국왕의 위세를 이용해 지방관이나 민들에게 횡포를 자행하기도 했다. 사냥하는 과정에서 은·은병·포·말 등의 물품을 사여하는 경우도 적지 않은데 이것 역시 국가의 부담이 되었다. 봄이나 여름의 사냥은 동물의 번식에 큰 지장을 주었다. 그리고 농사철에 사냥이 진행되면 농작물에 큰 피해를 주고 농사짓는 것을 방해했다.

국왕이 주도하는 사냥은 이처럼 많은 폐단을 야기하는 것이었으므로, 사냥의 문제점을 지적하는 이들이 많았다. 충렬왕대에는 제국공주가 사냥에 대해 부정적이었으며 세자(뒤의 충선왕)도 좋아하지 않았다. 재상들이 국왕의 사냥에 대해 비판하면서 중지를 요청하는 경우가 많았다. 그리고 감찰사에서 국왕의 사냥을 지적한 경우도 있다. 신불·호불 성향의 관료인 염승익과 한강, 그리고 장순룡도 살생이 따르는 국왕의 사냥에 대해 비판했다. 충렬왕은 초기를 제외하면 사냥 중지의 요청에 대해 대체로 수용하지 않는 입장을 보였다. 우왕대에도 국왕의 사냥에 대해 비판하는 관료들이 많았다. 재상으로서 국왕의 사냥을 여러 차례 지적하고 중지를 청한 이는 최영이었다. 그리고 좌사의의 위치에 있던 백군녕, 권근, 이지 등도 사냥에 대해 비판하면서 중지를 요구했다. 우왕은 절제력을 상실한 가운데 사냥하고 있었으므로 사냥 중지 요구에 응하는 일은 거의 없었다. 중지를 요구하는 언관들을 겁박하기도 했다. 고려후기 충렬왕·충숙왕·충혜왕·우왕대 극성을 보였던 국왕의 사냥은 창왕과 공양왕대에는 거의 행해지지 않았다.

국왕의 사냥을 정치적으로 보면, 측근 호위무사의 양성이란 측면에서 큰 의미가 있다. 국왕과 수행원이 사냥하면서 동고동락했는데, 국왕은 이 과정에서 친밀도가 높고 충성을 다하는 호위무사 세력을 양성할 수 있었다. 원의 간섭이 있고, 국가의 공권력이 미약한 사정 하에서 국왕으로서는 사냥이 호위무사를 확보하는 하나의 방법이었다. 이들 호위무사 가운데에는 사냥 능력을 가진 양수척에 계보가 이어지는 인물이 많았을 것으로 추측된다.

문화적으로 보면, 고려 사회에 자리한 사냥문화가 크게 부상한 것으로 볼 수 있다. 무인집권기 이래 사냥 능력, 기사 능력을 가진 이들이 武士層으로 대거 진출했으며, 이들에 의해 사냥문화가 더욱 확대되었다. 또한 원 간섭기에 국왕이 원에서 생활하다 귀국한 경우가 많아 자연스럽게 사냥문화가 확대될 수 있었다.

정치 운영이 정상화되고 국왕의 군사기반이 안정화됨에 따라 국왕이 주도하는 사냥은 그 의미가 크게 변하면서 약화되었다. 국왕이 사냥하는 경우 유교적 명분을 확보하고자 했다. 그리고 성리학이 사회 전반에 뿌리내리게 되면서 사냥으로 상징되는 상무적인 문화는 퇴조할 수밖에 없었다.

(2022.12. 新稿)

[부록] 고려후기 국왕의 사냥

* 일자 간지는 세가에 보이고, 절요에는 달만 표시

순번	연월일	내용	전거
1	충렬왕 2년 1월 壬辰(25)	왕과 공주가 達魯花赤(다루가치)과 더불어 猫串에서 사냥하는 것을 구경함(절요에는 사냥을 했다고 표현)	세가권28 / 절요권19
2	2년 윤3월 辛亥(16)	공주와 더불어 천수사 남쪽에서 사냥하는 것을 구경함(절요에서는 사냥을 했다고 표현)	세가권28 / 절요권19
3	2년 8월 甲戌(12)	왕과 공주가 덕수현 馬堤山에서 사냥함, 활과 화살, 매를 다루며 종횡으로 달림, 왕이 忽赤(홀치)·鷹坊을 거느리고 사냥	세가권28 / 절요권19
4	2년 8월 己卯(17)	昌樂院에서 사냥함	세가권28 / 절요권19
5	2년 9월 辛丑(10)	마제산에서 사냥함	세가권28 / 절요권19
6	2년 10월 甲申(23)	赤田 남쪽에서 사냥함	세가권28
7	3년 5월 丁酉(9)	興王寺에 갔다가 돌아올 때 籍田의 南峯에 올라서 달로화적을 불러서 사냥을 구경함	세가권28
8	3년 9월 辛丑(15)	왕과 공주가 마제산에서 사냥을 구경함(절요에서는 사냥을 했다고 표현)	세가권28 / 절요권19
9	4년 10월 癸酉(23)	마제산에서 사냥함	세가권28 / 절요권20
10	4년 10월 丁丑(27)	마제산에서 사냥함	세가권28
11	4년 11월 癸未(4)	마제산에서 사냥함	세가권28
12	4년 11월 丁酉(18)	왕과 공주가 壽康宮에 행차하여 사냥을 구경함	세가권28 / 절요권20
		국왕 在元	
13	5년 2월 辛卯(14)	수강궁에서 매 사냥함	세가29
14	5년 3월 壬戌(15)	왕과 공주가 마제산에서 사냥을 구경함(절요에는 국왕이 마제산에서 사냥했다고 표현)	세가권29 / 절요권20
15	5년 3월 壬申(25)	교외에서 사냥함	세가권29 / 절요권20
16	5년 9월 丙午(2)	甑山에서 매 사냥함	세가권29 / 절요권20
17	5년 9월 甲子(20)	籍田에서 매 사냥을 함	세가권29
18	5년 9월 乙丑(21)	묘곶에서 이틀간 매 사냥을 함(절요에서는 묘곶에서 이틀간 사냥했다고 표현)	세가권29 / 절요권20

19	5년 10월 辛巳(7)	남쪽 교외에서 사냥해 사슴 1마리와 노루 2마리를 잡음	세가권29 / 절요권20
20	5년 10월 庚寅(16)	桃源驛에서 사냥함	세가권29 / 절요권20
21	5년 11월 乙丑(21)	普賢院에서 사냥함	세가권29 / 절요권20
	국왕 在元		
22	6년 10월 庚寅(22)	마제산에서 사냥함	세가권29 / 절요권20
23	6년 12월 甲申(16)	마제산에서 사냥함	세가권29 / 절요권20
	일본 정벌		
24	8년 2월 乙未(5)	서교에서 사냥함	세가권29 / 절요권20
25	8년 2월 戊戌(8)	마제산에서 사냥함	세가권29 / 절요권20
26	8년 5월 丙寅(8)	金郊에서 사냥함	세가권29 / 절요권20
27	8년 8월 丙午(20)	猪灘에서 사냥함	세가권29 / 절요권20
28	8년 9월 戊辰(12)	왕과 공주가 마제산에서 사냥	세가권29
29	8년 9월 乙亥(19)	왕과 공주가 충청도에서 사냥함	세가권29 / 형법2, 금령 / 절요권20
30	8년 9월 丁丑(21)	사냥 중 안남에 머묾	절요권20
31	8년 9월 壬午(26)	불을 질러 사냥, 벼가 타버린 백성에게 그 값을 보상함	세가권29
32	9년 2월	尹秀·李貞·元卿·朴義 등이 왕을 권해 충청도에서 사냥함	절요권20
33	9년 2월 丁未(22)	昇天府에서 매를 풀어 사냥함	세가권29
34	9년 3월 癸未(29)	동교에서 사냥함	세가권29 / 절요권20
35	9년 8월 丁酉(16)	白州에서 사냥함	세가권29 / 절요권20
36	9년 9월 辛未(21)	마제산에서 사냥함	세가권29 / 절요권20
37	9년 10월 甲申(4)	왕과 공주가 南京에서 사냥함	세가권29
	국왕 在元		
38	10년 10월 丁巳(13)	平州에서 사냥함	세가권29 / 절요권20
39	10년 11월 己亥(26)	都羅山에서 사냥함	세가권29 / 절요권20
40	11년 1월 乙酉(12)	왕과 공주, 세자가 平州 溫井에서 사냥함	세가권30 / 절요권20
41	11년 2월 庚申(17)	마제산에서 사냥함	세가권30 / 절요권20
42	11년 4월 丙午(4)	마제산에서 사냥함	세가권30 / 절요권20
43	11년 5월 癸巳(21)	金郊에서 사냥함	세가권30 / 절요권20
44	11년 8월 乙丑(25)	마제산에서 사냥함	세가권30 / 절요권20
45	12년 2월 癸丑(16)	승천부에서 사냥함	세가권30 / 절요권21
46	12년 5월 丁丑(11)	서해도에서 사냥함	세가권30 / 절요권21
47	12년 8월 癸丑(19)	마제산에서 사냥함	세가권30 / 절요권21
48	12년 9월 甲戌(10)	마제산에서 사냥함	세가권30 / 절요권21
49	13년 윤2월 庚午(9)	마제산에서 사냥함	세가권30 / 절요권21

50	13년 4월 癸酉(12)	왕과 공주가 서해도에서 사냥하는데, 사냥하는 기병이 1,500명	세가권30 / 절요권21
		국왕 在元	
51	14년 2월 丁丑(22)	도라산에서 사냥함	세가권30 / 절요권21
52	14년 11월 庚子(19)	평주 온천에서 사냥함	세가권30 / 절요권21
53	14년 12월 丙子(25)	마제산에서 사냥함	세가권30 / 절요권21
54	15년 4월 戊午(10)	木村에서 사냥함	세가권30 / 절요권21
55	15년 7월 甲午(17)	서해도에서 사냥함	세가권30 / 절요권21
56	15년 9월 丁丑(1)	서해도에서 사냥함	세가권30 / 절요권21
57	15년 10월 丁未(1)	마제산에서 사냥함	세가권30 / 절요권21
		국왕 在元	
58	16년 8월 丙子(6)	왕과 공주, 세자가 마제산에서 사냥함	세가권30 / 절요권21
59	16년 9월 丁未(7)	왕과 공주가 도라산에서 사냥함	세가권30 / 절요권21
		哈丹 침입	
60	17년 11월 戊午(25)	安南에서 사냥함	세가권30 / 절요권21
61	18년 3월 丁酉(5)	마제산에서 사냥함	세가권30 / 절요권21
62	18년 4월 庚寅(28)	세자를 맞이한다고 하면서 馬淺의 서쪽으로 나가서 사냥함	세가권30 / 절요권21
63	18년 4월 辛卯(29)	평주 온천에서 사냥함	세가권30 / 절요권21
64	19년 3월 丁巳(1)	도라산에서 사냥함	세가권30 / 절요권21
		국왕 在元	
65	20년 10월 庚子(24)	동쪽 교외에서 사냥함	세가권31 / 절요권21
66	21년 2월 戊戌(23)	동쪽 교외에서 사냥함	세가권31
67	22년 2월 丙寅(28)	서교에서 사냥함	세가권31 / 절요권21
		세자 원에서 혼례, 국왕이 귀국한 후 23년 5월 제국공주 사망	
		24년 1월 세자에게 전위, 8월 충렬왕 복위	
68	25년 3월 壬辰(11)	동쪽 교외에서 사냥하고 이어서 수강궁에 행차함	세가권31 / 절요권22
		국왕 在元	
69	26년 10월 丁酉(26)	왕과 闊里吉思(고르기스)가 서쪽 교외에서 사냥함	세가권31 / 절요권22
70	27년 11월 庚申(25)	南京에서 사냥함	세가권32 / 절요권22
		28년 12월 ~ 29년 5월 국왕 在元	
		31년 11월 ~ 33년 5월 국왕 在元	
71	34년 4월 戊戌(10)	進鳳山에서 사냥함	세가권32 / 절요권23
		34년 7월 충렬왕 사망	
		충숙왕 3년 2월 ~ 3년 10월 在元	
72	충숙왕 4년(1317) 2월	서해도에서 사냥함	세가권34 / 절요권24

	戊戌(1)		
73	4년 2월 壬子(15)	峯城에서 사냥함(절요에서 봉성에서 사냥을 하고 3일만에 돌아왔다가 또다시 한양으로 사냥을 나갔다고 함)	세가권34 / 절요권24
74	4년 2월 辛酉(24)	한양에서 사냥, 기병 300여 명이 따라감	세가권34
75	4년 10월 癸亥(30)	洪戎, 元忠과 함께 미행을 나가서 사냥함	세가권34 / 절요권24
76	4년 12월 甲寅(22)	溫泉에서 사냥함(절요에서는 8일 동안 사냥했다고 함)	세가권34 / 절요권24
77	5년 2월 戊辰(?)	興天寺의 들에서 사냥함	세가권34 / 절요권24
78	5년 9월 乙丑(8)	慶天寺의 들에서 사냥함(절요에서는 10일만에 돌아왔다고 함)	절요권24
79	5년 11월 甲申(28)	임강에서 사냥함	세가권34 / 절요권24
80	5년 12월 戊申(22)	(원의) 營王의 偏妃가 왔으므로 왕이 나가 맞이한 후 西郊에서 사냥함	세가권34 / 절요권24
81	6년 2월 甲辰(18)	양광도에서 사냥함(절요에서는 10여 일 동안 사냥했다고 함)	세가권34 / 절요권24
82	6년 8월 乙未(13)	龍泉寺의 들에서 사냥함	세가권34 / 절요권24
83	6년 8월 丁未(25)	수강궁에 행차했다가 철원에서 사냥	세가권34 / 절요권24
84	6년 8월 壬子(30)	덕수현에서 사냥함	세가권34 / 절요권24
85	7년 2월 甲戌(24)	微行을 나가서 교외에서 사냥함	세가권35 / 절요권24
86	7년 6월 壬申(24)	밤에 蓮花寺에 행차했다가 다음날 사냥함	세가권35
87	7년 8월 癸酉(27)	미행을 나가 근교에서 사냥함	세가권35 / 절요권24
88	8년 2월 丁卯(23)	사냥을 나감	세가권35
89	8년 4월 乙巳(2)	남쪽 교외에서 사냥함	세가권35 / 절요권24
	8년 4월 ~ 12년 5월 국왕 在元		
90	15년 4월 辛亥(19)	內豎를 거느리고 서해도에서 사냥함	세가권35 / 절요권24
	17년 윤7월 ~ 후2년 윤3월 국왕 在元		
91	후4년(1335) 4월 己巳(17)	해주에서 사냥함	세가권35 / 절요권25
	후5년 12월 ~ 후6년 12월 국왕 在元		
92	후6년 8월 丙子(9)	전왕(충혜왕)이 群小輩를 거느리고 동쪽 교외에서 사냥함	세가권35 / 절요권25
93	후6년 10월 乙未(29)	전왕(충혜왕)이 동쪽 교외에서 사냥함	세가권35 / 절요권25
	충혜왕 즉위년 윤7월 귀국		
94	충혜왕 즉위년(1330) 2월 癸巳(12)	왕이 平則門 밖에서 매를 놓아 사냥했는데 6일간 계속함(원에서 사냥)	세가권36
95	즉위년 2월 己酉(28)	右丞相 燕帖木兒(엘테무르)와 함께 柳林에서 매 사냥을 함(원에서 사냥)	세가권36
96	즉위년 10월 戊辰(21)	해안에서 사냥함	세가권36 / 절요권24

97	1년(1331) 1월 壬辰(16)	강음에서 사냥함	세가권36 / 절요권25
98	1년 2월 甲寅(9)	서쪽 교외에서 사냥함(절요에서는 이 내용에 이어 또 해주 金剛野에서 사냥했다고 함)	세가권36 / 절요권25
99	1년 2월 乙丑(20)	해주에서 사냥함	세가권36
100	1년 3월 壬寅(27)	강음에서 사냥함	세가권36 / 절요권25
101	1년 4월 辛酉(16)	교외에서 사냥함	세가권36 / 절요권25
102	1년 8월 丙寅(23)	마제산에서 사냥함	세가권36 / 절요권25
103	1년 10월 癸亥(21)	서쪽 교외에서 사냥함	세가권36 / 절요권25
104	2년 2월 丁未(7)	서해도에서 사냥함	세가권36 / 절요권25
충숙왕 후8년(1339) 11월 ~ 충혜왕 후1년(1340) 4월 충혜왕 在元			
105	후2년(1341) 8월 丁卯(22)	동쪽 교외에서 사냥함, 매일 사냥했기 때문에 수행하는 자들이 고통스러워함	세가권36 / 절요권25
106	후2년 10월 乙巳(1)	동쪽 교외에서 사냥하고 나서 鄭天起의 집으로 행차함	세가권36 / 절요권25
107	후2년 12월 丙寅(23)	강음에서 사냥함	세가권36 / 절요권25
108	후3년 1월 丙申(24)	궁에서 나가 사냥하고, 을해에 또 사냥함. 이때부터 날마다 놀러나가 사냥을 일삼음	세가귀36
109	후3년 2월 丁未(6)	나가 사냥하고, 정천기의 집에서 잔치를 열음	세가권36
110	후3년 2월 癸亥(22)	강음현에서 사냥함, 왕을 호종하는 惡少輩들이 매를 먹인다고 마을의 닭과 개를 다투어 노략질함	세가권36 / 절요권25
111	후4년 2월 己酉(13)	東郊에서 매 사냥을 함(절요에서는 사냥함으로 표현)	세가권36 / 절요권25
112	후4년 6월 丁未(13)	靑郊에서 매 사냥을 함	세가권36
113	후4년 6월 甲寅(20)	동교에서 참새를 잡음(捕雀)	세가권36 / 절요권25
114	후4년 9월 丙子(14)	동쪽 교외에서 사냥함	세가권36
115	후4년 10월 己亥(7)	伯顔平에서 사냥하다가 3일만에 돌아옴	세가권36
충목왕 8세의 나이로 즉위(재위, 1344~1348)			
충정왕 12세의 나이로 즉위(재위, 1349~1351)			
공민왕 재위(1351~1374)			
116	우왕 5년(1379) 11월	새 수도에서 사냥함	열전47
117	6년 3월	성 동쪽에서 사냥함, 다음날 伯顔郊에서 사냥함, 최영 등이 짐승을 몰아서 왕쪽으로 놓으면 왕이 활을 쏘아 명중시킴	열전47 / 절요권31
118	6년 7월	사냥을 나가려고 하니 이인임과 최영 등	열전47 / 절요권31

		이 그것을 만류함	
119	6년 8월	성의 남쪽에서 6일 동안(매) 사냥함	열전47 / 절요권31
120	6년 10월	林楷 등을 데리고 민가에서 장대를 들고 참새를 잡다가 담 아래에서 불에 구워 먹음	열전47 / 절요권31
121	6년 10월	佛日寺의 들판에서 사냥함	열전47
122	7년 1월	성 동쪽 교외에서 사냥함	열전47
123	7년 2월	성 서쪽 교외에서 사냥함	열전47
124	7년 2월	장단에서 사냥함	열전47
125	7년 3월	성 동쪽 교외에서 불을 놓아 사냥함	열전47 / 절요권31
126	7년 6월	延福亭에서 사냥함	열전47
127	7년 8월	새 수도에서 사냥함	열전47
128	7년 9월	도성 교외에서 사냥한 뒤 목축하던 말을 모아서 직접 올가미를 던져서 말을 잡음	열전47
129	7년 10월	강음현에서 사냥을 함, 새벽까지 연회를 베풀고 음악을 연주함	열전47
130	8년 1월	현릉을 참배한 후에 개성에서 사냥함	열전47
131	8년 윤2월	南郊에서 사냥함(절요에서 남교에서 사냥한 뒤 또다시 동교에서 사냥함으로 표현)	열전47 / 절요권31
132	8년 윤2월	도성 동쪽 교외에서 사냥함	열전47
133	8년 4월	강음에서 사냥함	열전47
134	8년 8월	새 수도에서 사냥함	열전47
135	8년 10월	교외에서 사냥함	열전47
136	8년 12월	교외로 사냥을 나가서 날이 저물도록 돌아오지 않음	열전47 / 절요권31
137	9년 2월 戊寅(4)	활과 화살로 무장을 하고 교외에서 말을 달림, 다음날 또 교외에서 사냥함	열전48
138	9년 3월	팔에 매를 앉히고 교외에서 사냥함	열전48
139	9년 6월	연복정에서 3일간 사냥함	열전48
140	9년 8월	대간을 경시하고 꺼려하지 않으면서 무절제하게 놀이와 사냥을 일삼음	열전48 / 절요권32
141	9년 8월	장단현에서 3일간 사냥함	열전48
142	9년 10월	橐駝橋 가에서 매 사냥을 함	열전48
143	10년 2월 己巳(1)	호곶에서 사냥하여 백관이 호종했으나, 왕명으로 그만두게 함. 이때부터 교외에서 사냥하지 않는 날이 없었음	열전48 / 절요권32
144	10년 3월 丙寅(29)	元中浦에서 사냥하다가 4일만에 환궁함	열전48
145	10년 4월 甲午(27)	甘露寺에 갔다가 원중포에서 사냥함	열전48

146	10년 7월 癸亥(27)	교외에서 사냥하려고 성 남쪽 문에 도착하여 侍中 曹敏修에게 말을 빌렸으나, 조민수가 말이 없다면서 거절함	열전48
147	10년 8월 戊辰(3)	남쪽 교외에서 사냥했는데, 모든 관청의 관리들이 藥院에 모여 시위를 하다가 왕의 행방을 잃어버려 동분서주함	열전48
148	10년 8월 乙亥(10)	교외에서 사냥함, 밤에 궁궐로 돌아오는데, 생황을 불고 노래를 부르며 북을 치고 춤을 추며 무당놀이를 하다가 탄식, 눈물 흘림	열전48 / 절요권32
149	10년 8월	큰 비를 맞으면서 동쪽 교외에서 사냥을 하려고 했지만, 모든 관청의 관리들이 호종하는 것을 꺼려하여 성 동쪽 문까지 갔다가 궁궐로 되돌아옴	열전48
150	10년 8월	동쪽 교외에서 사냥을 하면서 직접 뿔피리를 불고, 鳳加伊·水精·初生 등에게 남자 옷을 입고 팔에 활을 차고 허리에 화살을 차고 따라오도록 함	열전48 / 절요권32
151	10년 8월	進獻盤纏色에 가서 좋은 말을 빼앗아 타고 호곳으로 사냥을 감	열전48
152	10년 8월	동쪽 교외에서 사냥을 함	
153	10년 9월	활과 화살을 차고 동네에서 닭과 개를 쏘며 마침내 진헌반전색에 달려 들어가서 좋은 말 5필을 취하여 內廏에 소속시킴	열전48 / 절요권32
154	10년 9월	영안성에서 사냥함	열전48
155	10년 10월	해풍군에서 사냥하다가 날이 저문 뒤에 돌아옴	열전48
156	10년 윤10월	남쪽 교외에서 사냥하다가 돌아와서 花園 담장 위에 올라가 장난질을 함	열전48
157	10년 윤10월	남쪽 교외에서 사냥하다가 돌아오면서 龍德의 집에 감	열전48
158	10년 윤10월	또 용덕의 집에 갔다가, 손수 말을 손질할 후에 서쪽 교외에서 사냥함	열전48
159	10년 11월 甲子(1)	남쪽 교외에서 사냥함	열전48
160	10년 11월	교외에서 사냥한 뒤, 용덕을 데리고 李誠中의 집에서 잠	열전48
161	10년 12월	남쪽 교외에서 사냥	열전48
162	10년 12월	남쪽 교외에서 사냥한 뒤 돌아오다가 崔天儉의 집에 가서 뜰에서 무릎을 꿇고 최	열전48

		천검을 바라봄	
163	11년 1월	최영을 데리고 會賓門 밖에서 사냥한 뒤, 최영에게 안장이 딸린 말을 하사함	열전48
164	11년 1월	사냥을 나가면서 궁녀 菊花와 함께 말을 타고 감	열전48
165	11년 2월 庚戌(18)	호곶에서 사냥한 뒤에 밤에 돌아오면서 巡軍獄에 가서 직접 죄수에게 칼을 씌움	열전48
166	11년 2월 庚申(28)	해주로 사냥을 가자, 최영·李成琳 등이 따라감, 우왕이 팔에 매를 올려놓고 新月·鳳加伊와 함께 말고삐를 잡고 달림	열전48
167	11년 2월	서해도에서 15일간 사냥을 함, 京城에서 바다에 이르기까지 공급하는 수레가 100리나 이어짐	절요권32
168	11년 3월	저자에서 활로 닭과 개를 쏘아 죽인 다음 교외에서 사냥하다가 밤에 王興의 집으로 돌아감	열전48
169	11년 3월	해주로 가서 여러 폐행들과 함께 작천에서 놀음, 다시 古新平縣으로 가서 화살로 사슴을 쏘다 말에서 떨어져 기절했다가 다시 깨어남	열전48
170	11년 4월	남쪽 교외에서 사냥하다가 東江으로 가서 물고기를 구경함	열전48
171	11년 5월	호곶에서 사냥하다가 密直 반복해에게 말을 하사함	열전48
172	11년 5월	호곶에서 사냥하다가 환관 20여 인에게 말 1필씩을 하사함	열전48
173	11년 5월	기생 10여 명을 데리고 사냥을 나가 해풍군까지 갔다가 돌아옴	열전48
174	11년 5월	여러 기생들을 데리고 남쪽 교외에서 사냥을 하다가 화원으로 돌아옴	열전48 / 절요권32
175	11년 6월	여러 기생들을 데리고 함께 나란히 말을 달리면서 동쪽 교외로 나가 사냥을 함	열전48
176	11년 6월	호곶에서 사냥하다가 밤에 화원으로 돌아와 處容戲를 함	열전48
177	11년 11월	원중포에서 5일 동안 사냥함	열전48
178	12년 2월 戊戌(12)	서해도로 사냥을 가는데, 숙녕옹주와 궁녀 등이 모두 남자 복장을 하고 따라 감	열전49 / 절요권32
179	12년 2월	사냥간 지 25일만에 돌아옴	열전49

180	12년 3월 乙亥(19)	姜仁裕의 집에 갔다가 남쪽 교외에서 사냥함	열전49
181	12년 4월	호곶에서 사냥하다가 군소배를 시켜 지나가는 사람의 말을 빼앗은 뒤 기생들을 태움	열전49
182	12년 4월 辛亥(26)	호곶에서 사냥함	열전49
183	12년 5월 癸亥(9)	군소배를 데리고 시가지에서 격구를 했으며, 또 비를 맞으면서 호곶에서 사냥함	열전49
184	12년 10월	서해도에서 사냥하다가 魁淵에 도착	열전49
185	12년 10월	서해도에서 사냥하니 이인임 · 최영 등이 수행함, 돼지의 돌진으로 우왕이 말에서 떨어짐, 반복해가 돼지를 쏘아 죽임	절요권32
186	13년 3월	서해도에서 사냥을 가면서 진헌할 말 40필을 가져 감	열전49 / 절요권32
187	13년 8월	호곶에 가면서 매를 부르고 개를 끌면서, 피리와 나팔을 불고 긴 노래도 부르고 춤까지 춤	열전49 / 절요권32
188	13년 11월	최영 · 왕복해 등을 데리고 해풍에서 사냥함	열전49 / 절요권32
189	14년 1월	南郊에서 사냥함	열전50
190	14년 3월	사냥을 나가려고 여러 기생들을 점고함, 한 기생이 이르지 못하자 노하여 그를 죽임	열전50
191	14년 3월	서해 · 평양 2도는 왕의 서쪽 사냥을 맞이하느라 추가로 병사를 모집하여 8도가 시끌시끌함	열전50 / 절요권33
192	14년 4월	장차 사냥을 나서려 하면서 자주 놀라게 한 말 한 마리를 끌어다가 목을 베었는데, 음란함과 살육을 저지르는 것이 날로 심해짐	열전50 / 절요권33

IV.

生態環境에
대한 관념

· 高麗時期 不殺生과 不食肉

高麗時期 不殺生과 不食肉

1. 머리말

고려시기는 불교 이념이 큰 영향을 끼치던 때였다. 생태환경에 대한 관념도 불교의 영향을 크게 받았다. 주지하듯이 불교는 자연과의 조화를 강조하는 것을 큰 특징으로 한다. 동물에 대해서도 成佛할 중생으로 여겨 존중할 것을 주장하고 있다. 여기에서 不殺生, 不食肉의 주장이 나오는 것이다. 살생과 식육은 깊은 관련을 맺고 있다. 물론 살생이 있더라도 반드시 식육을 하는 것이 아닐 수 있고, 반대로 식육을 하지만 살생을 전제하지 않을 수도 있다. 그렇지만 양자는 대체로 긴밀한 관련을 갖는다. 대부분의 경우 동물을 살생하고 그것을 식료로 소비한다. 살생을 하지 않는다는 것은 동물을 보호하고 동물과 공생하는 것이며, 생태환경을 보존하는 의미를 갖는다.

불교는 초기에 살생에 대해서는 금지했지만 식육에 대해서는 다소 유연한 입장을 보였다. 그렇지만 대승불교에서는 살생과 식육을 엄격하게 금하고 있다.[1] 삼국시기 불교가 도입된 이래 불살생과 불식육은 논란거리가 되지 않을 수 없었다. 현실에서는 살생과 식육이 불가피했기 때문이다. 국가의 제례나 각종 연회에서 육류가 소비되며, 개인의 식생활에서도 동물성 단백질이 필요했다. 불교를 깊이 믿는 군주는 동물의 살생을 금지하는 경우가 있었으며, 승려들은 불살생과 불식육을 몸소 실천했다. 원광의 世俗五戒 가운데 '殺生有擇'은 살생 문제에 대한 고민이 담긴 교설이었다. 俗人의 살생은 불가피하지만 시간과 대상을 가려야 한다는 주장이었다.[2]

이 글은 고려시기 불살생과 불식육의 실상을 파악하는 데 중점을 두고 있다.[3] 이 주제에 관해서는 충실한 연구가 진행된 바 없다. 다만 고려의 食飮 생활을 언급하면서 고기 식품을 언급하는 수준에 그치고 있다.[4] 이 글에서는 우선 승려가 살생에 대해 어떤 모습을 보였는가를 알

---

1) 불교생태학을 다루는 대부분의 논저에서 이러한 내용이 확인된다. 몇몇 논저를 제시하면 다음과 같다. 김종욱, 2004 『불교생태학』, 동국대 출판부 ; 고영섭, 2008 『불교생태학』, 불교영상 ; 신성현, 1998 「不食肉戒 일고」『불교학보』35 ; 이거룡, 2002 「佛敎와 힌두교에서 肉食禁止의 문제」『한국불교학』33 ; 신성현, 2005 「동물해방과 불살생」『불교학보』43 ; 김치온, 2006 「불살생의 생태적 문화에 대하여」『보조사상』26 ; 공만식, 2008 「초기불교의 음식과 수행의 관계에 대한 고찰」『선문화연구』4 ; 고영섭, 2009 「불교에서는 육식을 금지하는가? - 한국불교에서 계율과 육식의 마찰과 윤활 -」『불교학보』52 ; 남궁선, 2011 「不食肉戒의 생태학적 고찰」『선문화연구』10. 반면 남방불교에서는 승려들이 재가자들이 제공하는 공양물을 먹기 때문에 육식을 하기도 한다.
2) 원광은 봄과 여름을 피하고, 매월 8일, 14일, 15일, 23일, 29일, 30일 등 6재일에는 생명을 죽여서는 안 된다고 說했다. 원광의 주장에 따르면, 이동수단인 말, 노동수단인 소, 시간을 알려주는 닭, 집을 지켜주는 개 등의 가축들은 나름대로 제몫이 있으므로 목숨을 끊어서는 안 되며, 한 점도 되지 않는 작은 동물을 죽여서는 안 된다고 한다(이자랑, 2014 「세속오계의 '살생유택계'와 원광의 계율관」『한국사상사학』 46 ; 李義康, 2015 「佛敎의 動物에 대한 認識과 그 形象 - 『三國遺事』所載 動物을 중심으로 -」『東方漢文學』62).
3) 불살생과 불식육이 당시 전체 사회에서 갖는 의미 문제는 향후 심도 있는 검토가 필요하다. 이 글에서는 불살생과 불식육의 실상을 정리하는 데 머무르고자 한다.
4) 고려시기 고기 식품[肉食]의 다양한 종류에 대한 소개는 박용운, 2019 『고려시대

아보고자 한다. 그리고 세속인으로서 불교에 대한 믿음이 강한 이들이 살생과 식육을 멀리하는 경향을 보인 점도 살필 것이다. 국가의 정책에서도 살생을 제한하고 식육을 억제하는 조치가 취해졌다는 것을 구명하고자 한다. 죽음의 위기에 처한 동물을 살려준 경우, 報應이 따른다는 관념이 널리 유포되어 있다는 사실을 지적할 것이다. 현실에서 여러 사정으로 살생에 종사했지만 그것은 상당한 부담감, 죄의식을 갖게 했음을 주목할 것이다. 그리고 살생에 종사한 이들이 사회적으로 낮은 신분이었다는 것도 명확히 하고자 한다. 이 글에서 언급하는 불살생과 불식육의 주대상은 포유류 동물이며, 부차적으로 조류 및 어류도 언급할 것이다. 유교에서도 살생에 대해 제한하는 경우가 있지만,[5] 이 글에서는 주로 불교와의 관련 속에서 언급하고자 한다.

2. 승려의 불식육 · 방생과 속인의 불식육

고려시기 불살생과 불식육을 가장 철저히 실천에 옮긴 이들은 불교계의 승려였다. 승려의 경우 모친이 뱃속에서부터 이를 실행하는 일이

사람들의 식음(食飮) 생활」, 경인문화사, pp.77~127 참조(이 저서에 대한 서평 : 윤성재, 2019 「고려시대 식생활 문화의 한 면을 보이다 - 박용운 지음, 『고려시대 사람들의 식음(食飮) 생활』(경인문화사, 2019) -」『한국중세사연구』58). 태안에서 발굴된 선박의 유물을 기초로 고려의 음식 문화를 정리하면서 부분적으로 육식을 언급한 성과도 있다(고경희, 2014 「태안 마도1 · 2호선 해양 유물로 본 고려시대의 음식 문화」『한국식생활문화학회지』29-6 ; 고경희, 2015 「태안 마도3호선 해양유물 중심으로 본 고려시대 음식문화」『한국식생활문화학회지』30-2).

5) 유교에서는 대체로 세 가지 방향에서 살생을 제한하고 있다. 첫째, 우마는 농경과 군사에 관계되므로 도축에 유의할 것, 둘째, 봄철은 동물이 번식하는 때이므로 사냥을 해서는 안 된다는 것, 셋째, 가뭄이 있을 때 살생을 하지 말 것 등이다. 불교는 이보다 훨씬 포괄적으로 살생을 제한하고 있다.

있었고, 어린 시절의 생활에서도 스스로 이것을 실천하는 경우가 많았으며, 출가승으로서는 말할 것도 없이 철저히 실행에 옮겼다. 이들의 불살생·불식육의 실천행은 세속인들에게 큰 영향을 주었다.

신라에서는 사냥을 하다가 참회하고 출가한 승려가 여럿 보인다.[6] 고려에서는 이런 사례는 거의 없다. 불교 문화가 보편화되어 있기 때문에 살생에 종사한 이들이 뒷날 참회하고 출가할 여지는 적었다. 출가하는 이들은 어린 속인 시절부터 사냥에 종사하지 않았던 것이다.

승려를 임신한 모친이 식육을 하지 않는 사례는 여럿 확인할 수 있다. 신라말 慈寂禪師 洪俊의 경우, 그를 임신했을 때 모친이 五辛菜와[7] 고기 등을 모두 끊고, 몸과 마음을 정결하게 했다.[8] 靜眞大師 兢讓의 경우, 모친이 임신한 뒤, 고기와 오신채는 일체 먹지 아니하고 부지런히 齋戒를 지키면서 계속 胎敎에 정성을 다했다.[9] 先覺國師 道詵도 비슷했다. 도선의 모친이 그를 임신했을 때 만삭이 되도록 오신채와 누린내 나는 肉類를 일체 먹지 아니하고 오직 독경과 염불로써 佛事에 정성을 다했다.[10]

圓空國師 智宗의 모친은 지종을 임신했을 때 해산할 때까지 불전에

---

6) 나희라, 2019 「신라인의 동물관(動物觀)과 불살생계(不殺生戒)」『종교연구』79-2.

7) 五辛菜는 사원에서 특별히 먹지 못하게 하는 음식이다. 마늘과 파·부추·달래·홍거의 다섯 가지로, 대부분 자극이 강하고 냄새가 많은 것이 특징이다. 홍거는 백합과의 식물로 한국과 일본, 중국에서는 구할 수 없는 식물이며 한국에서는 양파를 금지하고 있다. 오신채를 금지하는 이유는 이들 식물의 성질이 맵고, 향이 강하기 때문에 마음을 흩뜨려 수행에 방해가 되기 때문이다(네이버 두산백과(https://terms.naver.com/) 참조).

8) 李智冠 譯註, 1994 『歷代高僧碑文(高麗篇1)』, 伽山佛教文化研究院, 「榮豊鳴鳳寺境淸禪院 慈寂禪師凌雲塔碑文」.

9) 李智冠 譯註, 1994 『歷代高僧碑文(高麗篇1)』, 「聞慶鳳巖寺 靜眞大師圓悟塔碑文」.

10) 李智冠 譯註, 1996 『歷代高僧碑文(高麗篇3)』, 「光陽玉龍寺 先覺國師碑文」.

부지런히 기도했을 뿐 아니라 오신채와 고기는 일체 먹지 않으면서 胎
敎를 했다.11) 慧炤國師 鼎賢의 모친은 정현을 임신했을 때 아들을 낳으
면 출가시켜 승려가 되도록 하겠다고 다짐하면서 음식 중에 오신채와
고기를 일체 먹지 않았다.12)

승려를 임신한 경우 모친이 고기를 먹지 않는 생활을 하고 있었으며
그런 공덕으로 뒷날 승려가 되는 아기를 출산하게 되었다는 것이다. 이
미 뱃속에 있을 때부터 모친이 식육을 하지 않으면서 태교에 정성을 기
울였고, 그 인연으로 뒷날 승려가 되는 것이다.

승려는 출가하기 이전의 어린 시절에도 보통의 아이와 달리 살생을
꺼리거나 육식을 멀리한 경우가 많았다. 그리고 생명을 살리는 데에도
관심을 기울이고 있었다. 신라하대 寂忍禪師 慧徹은 어린 시절부터 행
동거지가 보통 사람과 달랐다. 떠들고 노는 가운데 가도 떠들지 아니하
고, 고요한 곳에 이르면 스스로 정숙했으며, 누린내 · 비린내를 맡으면
피를 토하고 도살하는 것을 보면 마음이 상했다.13) 누린내와 비린내를
거부했고, 도살하는 것을 보면 불편해했다는 것이다. 어린 시절에도 고
기를 멀리하며 살생을 싫어하는 태도를 보인 것이다. 신라말 法鏡大師
玄暉는 어린 시절 佛像이나 어른을 보면 合掌하고, 跏趺坐를 맺고 앉으
며, 땅과 담벽 등에는 불상과 塔形을 그렸다. 고기는 물을 먹여 살리고
벌레들은 먹이를 주어 구제하기도 했다.14) 불교의 생활방식을 따르면
서 고기와 벌레 등 미물의 생명에도 큰 관심을 갖는 것인데, 당연히 살

---

11) 李智冠 譯註, 1995『歷代高僧碑文(高麗篇2)』,「原州居頓寺 圓空國師勝妙塔碑文」.
12) 李智冠 譯註, 1995『歷代高僧碑文(高麗篇2)』,「竹山七長寺 慧炤國師碑文」.
13) 李智冠 譯註, 1993『歷代高僧碑文(新羅篇)』,「谷城太安寺 寂忍禪師照輪清淨塔碑文」.
14) 李智冠 譯註, 1994『歷代高僧碑文(高麗篇1)』,「忠州淨土寺 法鏡大師慈燈塔碑文」.

생도 하지 않았을 것으로 추측할 수 있다.

眞觀禪師 釋超는 어린 시절 식사에서 특별한 모습을 보였다. 네 살 때 이르러 오신채는 냄새도 맡지 아니했다.[15] 육식 여부는 알 수 없지만 적어도 매우 제한적이었을 것으로 추측할 수 있다. 廣智大禪師 之印은 예종의 아들이었는데, 태어나면서부터 재주가 뛰어났고 냄새나는 채소와 고기를 싫어했다.[16] 어린 시절부터 육식을 피하고 있음을 알 수 있다.

부친이 생명을 존중했던 사실을 이어받아 자식이 출가하는 경우도 보인다. 普覺國師 混脩가 그러했다. 혼수의 어린 시절, 부친이 사냥하다가 사슴 한 마리가 달아나다가 우뚝 서서 두 번씩이나 뒤돌아보는 것을 보고 활을 당기려 하다가 이상한 생각이 들어 돌아보니, 사슴 새끼가 그 어미를 뒤따라오고 있었다. 선사의 아버지는 짐승이 새끼를 생각하는 것이 사람과 무엇이 다르랴 하고 탄식하면서 곧 사냥을 그만두었다. 그는 몇 달 안 되어 任所에서 병으로 세상을 떠났다. 혼수의 부친이 새끼가 어미를 따라오고 그것을 뒤돌아보는 어미 사슴을 보고 사냥을 중지한 것이다. 혼수는 성장하자 부친이 사슴의 모정에 감동되어 사냥을 그만둔 일을 생각하면서 출가했다.[17]

승려가 되는 이들은 출가하기 전의 어린 시절, 살생을 하지 않았으며

---

15) 李智冠 譯註, 1995 『歷代高僧碑文(高麗篇2)』, 「山淸智谷寺 眞觀禪師碑文」.

16) 李智冠 譯註, 1996 『歷代高僧碑文(高麗篇3)』, 「廣智大禪師之印墓誌銘」.

17) 李智冠 譯註, 1999 『歷代高僧碑文(朝鮮篇1)』, 「忠州靑龍寺 普覺國師幻庵定慧圓融塔碑文」; 權近, 「有明朝鮮國普覺國師碑銘 幷序」『陽村集』권37. 다른 기록에서는 보각국사 혼수가 아버지를 잃고 13세에 아저씨를 따라 사냥했을 때 사슴 한 마리가 달아나다가 돌아다보며 무엇을 기다리는 듯하더니, 조금 있다가 새끼 사슴 한 마리가 좇아왔다. 이를 보고 크게 느껴 혼수가 돌아가신 아버지를 생각해 사냥을 그만두고 출가했다고 한다(成俔, 『慵齋叢話』권6, 釋混修號幻庵).

미물의 구제에도 관심을 기울였다. 보통의 어린이와 다른 행동양식을 보이는 것이다. 그런 행동의 연장선에서 출가하게 된다는 것이다.

승려가 된 뒤 그들은 살생에 나서지 않았으며 육식을 하지 않았다. 고려의 승려 海圓이 원나라에 갔을 때 그는 육식을 하지 않았다. 북방의 풍속은 농사짓는 일을 하지 않고 목축으로 생업을 삼기 때문에, 가축의 고기를 먹고 고깃국물을 마시며 그 가죽으로 옷을 만들었다. 해원이 거기에 있은 지 두 해를 지났으나 굶주림은 참을지언정 절대로 마늘 냄새 나는 것을 먹지 않고, 계율을 지킴이 더욱 굳었다.[18] 원에서 고기를 먹고 가죽옷을 입었지만 그는 계율을 지켜 마늘 냄새 나는 것을 먹지 않았다고 한다. 계율을 굳게 지켰다는 표현에서 육식도 하지 않은 것으로 이해된다. 해원만이 아니라 고려의 승려들은 대체로 불식육의 계율을 지키는 데 철저했던 것으로 보인다.

승려들이 죽음의 위기에 처해 있던 동물의 생명을 살린 일도 기록으로 전한다. 혜소국사 정현은 출가한 이후에 살생을 막기 위해 노력했다. 자운사 도량에 나아가 布貨로서 사람들이 생포한 비둘기 332마리를 바꾸어 방생했다. 또 속리산 입구 大川에서 그물을 쳐서 고기를 잡는 사람이 있었는데 식량으로 어부가 잡은 고기와 바꾸어 물에 놓아 주었다.[19] 죽음의 위기에 놓여 있던 비둘기와 물고기를 대가를 지불하고 사서 방생하고 있는 것이다. 비늘을 달고 있는 물고기, 날개를 가지고 나는 새들에게까지 생명 존중의 자비심을 펼친 것이다.

通炤僧統 智偁의 경우 주지가 되었을 때 사원 남쪽에 큰 바다가 있어서 어부들이 그물을 쳐서 고기를 잡으니, 밤낮으로 북적대며 어수선했

---

18) 李穀, 「大崇恩福元寺高麗第一代師圓公碑」『稼亭集』권6.
19) 李智冠 譯註, 1995『歷代高僧碑文(高麗篇2)』,「竹山七長寺 慧炤國師碑文」.

다. 지칭이 주지로 있은 지 3년만에 금지시키니, 이후 어부들에게 전해져 내려와 사원 가까이 오지 않았다.[20] 사원 근처에서 물고기를 잡는 것을 금지한 것이다.

고려시기 승려의 불살생과 불식육은 당연한 일이었다. 나아가 죽음의 위기에 처한 동물을 구제해 주었으며, 물고기 잡는 것을 제한하기도 했다. 생명 존중을 몸소 실천하고 있는 것이다. 살생과 식육이 크게 확산되는 원 간섭기에도 승려들의 이런 자세에는 큰 변화가 없었다.

생명을 살상하지 않도록 국가에서 사원에 특정 구획을 설정해 주기도 했다. 불교계가 살생을 멀리함을 존중하는 조치였다. 신라하대 寂忍禪師 慧徹이 주석하던 사원의 사방 바깥에 살생을 금하는 幢을 세울 것을 국왕이 허락했다.[21] 당 내에서는 살생을 하지 못하도록 한 것이다. 사냥을 하거나 가축을 도살하는 것, 또 물고기를 잡는 일을 금한 것이다. 이처럼 당 내에서는 살생이 금지됨으로써 생태환경이 잘 보존될 수 있었을 것이다.

朗慧和尚 無染과 관련해서도 放生場의 경계를 표시해 준 일이 전한다. 신라 왕이 사자를 보내어 성주사에 방생장의 경계를 표시하니 새와 짐승이 즐거워했다.[22] 방생장의 경계 내에서 새와 짐승이 즐거워했다는 것에서 알 수 있듯이 새와 짐승의 포획을 금한 것이다. 방생장 내에서는 물고기를 잡는 것도 금지되었을 것이다. 고려시기에도 사원의 경내 및 인근에서 살생하거나 물고기를 잡는 행위는 금지되었을 것이다. 특히 장

---

20) 李智冠 譯註, 1996 『歷代高僧碑文(高麗篇3)』, 「開城靈通寺 住持智偁墓誌銘」; 金龍善 編著. 2012 『高麗墓誌銘集成』, 한림대 출판부, 「(僧) 尹智偁墓誌銘(1193년)」.
21) 李智冠 譯註, 1993 『歷代高僧碑文(新羅篇)』, 「谷城太安寺 寂忍禪師照輪淸淨塔碑文」.
22) 李智冠 譯註, 1993 『歷代高僧碑文(新羅篇)』, 「藍浦聖住寺 郎慧和尚白月葆光塔碑文」.

생표가 세워진 사원에서는 철저히 금지되었을 것으로 여겨진다.[23]

승려는 불살생이 현실에서 실천될 수 있도록 노력했다. 살생을 멀리 하도록 국왕에게 건의한 일이 하나의 예이다. 충렬왕대에 國師僧이 국왕이 사냥에 몰두하자 그래서는 안 된다고 주장했다.[24] 사냥 활동에 살생이 따르기 때문에 국왕의 사냥을 비판하는 것이다.

특이하게도 惑民僧으로서[25] 일반 민인에게 식육을 하지 말 것을 설교한 사례도 보인다. 伊金이라는 妖民은 스스로 彌勒佛이라 칭하면서 대중을 미혹시켰다. 그가 주장한 내용에, 馬牛의 고기를 먹는 자는 모두 죽을 것이라는 것이 포함되어 있었다. 어리석은 민들이 이를 믿고서 말과 소가 죽어도 먹지 않고 버렸다.[26] 이금이 말과 소를 먹어서는 안된다는 교설을 펼치고 있는 것이다.

승려 출신인 辛旽은 살생과 식육에서 특이한 모습을 보였다. 그는 살생을 하는 행위를 싫어했지만 식육은 꺼리지 않았다. 그는 사냥개를 무서워하고 활쏘기와 사냥을 싫어했지만, 검은 닭과 흰 말을 먹어 양기를 돋구었다.[27] 살생을 하는 것은 피한 것으로 보이지만 식육에는 적극적이었던 것으로 볼 수 있다.

고려시기 불살생과 불식육의 문화를 확산시키는 데에 승려들이 기여한 바가 컸다. 승려들이 불살생을 국왕에게 건의함으로써 불살생이

---

23) 이병희, 2008 「高麗時期 佛敎界의 布施活動」『선문화연구』4(同, 2009 『高麗時期 寺院經濟 硏究』, 경인문화사 재수록) 참조.
24) 『高麗史』권31, 世家31, 忠烈王 22년 2월 丙寅 ;『高麗史節要』권21, 忠烈王 22년 2월.
25) 이병희, 2015 「高麗時期 術僧의 活動과 그 意味」『石堂論叢』62(同, 2020 『高麗時期 寺院經濟 硏究』II, 경인문화사 재수록) 참조.
26) 『高麗史』권107, 列傳20, 權㫆附 和 ;『高麗史節要』권31, 辛禑 8년 5월.
27) 『高麗史』권112, 列傳25, 李達衷 ;『高麗史』권132, 列傳45, 叛逆5, 辛旽 ;『高麗史節要』권29, 恭愍王 20년 7월.

현실에서 실천되는 데에 일조했다. 승려들은 대중을 위한 설법 과정에서도 불살생과 불식육을 강조함으로써 살생과 식육을 줄이는 데 기여했을 것이다. 불살생과 불식육은 동물의 생명을 존중하는 것이며, 나아가 생태환경의 보존에도 도움을 주는 것이었다.

세속인으로서도 불살생과 불식육을 실천하는 이들이 적지 않았다. 또 불교에 탐닉하는 이들이 불살생과 불식육의 주장을 현실의 정치에서 펼치기도 했다.

송의 사신 徐兢은 고려에서 부처를 좋아하고 살생을 경계하기 때문에 국왕이나 相臣이 아니면, 양과 돼지의 고기를 먹지 못한다고 보았으며, 또한 도살을 좋아하지 않는다고 언급했다.[28] 고려사회는 불교의 영향으로 살생을 즐겨하지 않았다는 것을 지적한 것이다.

고려시기 개인 차원에서 불교를 독실히 믿으면서 살생과 식육을 멀리하는 이들이 적지 않았다. 특히 居士들이 그러한 모습을 보였다.[29] 居士 李少千은 베옷을 입고 채소 음식을 먹었다.[30] 淸平居士 李資玄은 춘천의 문수원에 거처하면서 '蔬食布衣'했다.[31] 육식이 아닌 채소음식을 먹었다는 것이다. 그리고 夢庵居士 權㫜의 경우에도 불교를 믿으면서 '斷葷肉四十年'했다.[32] 권단은 여러 해 동안 선업을 닦고 술과 고기를 끊었으며, 南嶽의 鐵山和尙이 배를 타고 오자 그가 見性했음을 알고, 머리를 깎고 스승으로 섬겼다. 道號를 野雲이라 했으며 이름난 산을 유

---

28) 『高麗圖經』권23, 雜俗2, 屠宰.
29) 李炳熙, 2014 「高麗時期 居士의 生活方式과 그 意味」 『사학연구』116(同, 2020 앞의 책 재수록) 참조.
30) 金富軾, 「惠陰寺新創記」 『東文選』권64.
31) 『高麗史』권95, 列傳8, 李子淵附 資玄 ; 『高麗史節要』권8, 睿宗 12년 9월.
32) 『高麗史』권107, 列傳20, 權㫜 ; 『高麗史節要』권23, 忠宣王 3년 12월.

람하며 禪味를 맛보았다.33) 그는 속인으로 있을 때에도 고기를 끊었고, 뒤에는 출가했다.

거사는 육식을 피하고 곡식이나 채소·나물 위주의 식사를 하는 것이 일반적이었다. 당연히 살생에 종사하는 일도 거의 없었을 것이다. 물론 모든 거사가 그런 것은 아니었다. 거사의 불식육 생활태도는 가족 및 주위 사람 등 다른 속인들에게 깊은 영향을 주었을 것이다.

불교를 독실히 신봉하는 이들도 육식을 피하고자 했다. 王字之의 처 김씨의 경우, 평생 불교를 마음으로 믿어 술과 감주를 마시지 않고, 냄새나는 채소와 고기를 먹지 않았다.34) 金有臣 처 이씨는, 남편이 먼저 작고했으나, 절의를 지켜 홀로 살았다. 어려서부터 불교에 귀의하여 사람의 잘잘못을 말하지 않았으며, 결혼한 뒤에는 늘『小彌陀經』,『華嚴經』普賢品,『千手多羅尼經』을 읽고, 평생 오후에는 음식을 먹지 않았으며, 매번 十齋日이 되면 고기를 먹지 않으면서 淨土에 태어날 것을 맹세했다.35) 십재일에는36) 고기를 먹지 않았다는 것이니, 육식을 하기는 하되 매우 제한적이었음을 알 수 있다.

張允文은 忠淸道 點軍使, 慶尙州道 按廉使를 역임했는데, 거친 음식과 나물국을 먹었고, 한 번도 냄새나는 야채나 고기를 먹지 않으니, 지나가는 州郡마다 모두 편하게 여겼다.37) 지방관을 역임하면서 냄새나는 야채를 먹지 않았고 또 고기를 먹지 않았다는 것이다. 尹侅는 천성이 검소하고 절약하는 것을 숭상했으며, 고기를 적게 먹고, 덥더라도

---

33) 金龍善 編著, 2012『高麗墓誌銘集成』,「權旵墓誌銘(1312년)」.
34) 金龍善 編著, 2012『高麗墓誌銘集成』,「王字之妻 金氏墓誌銘(1130년)」.
35) 金龍善 編著, 2012『高麗墓誌銘集成』,「金有臣妻 李氏墓誌銘(1192년)」.
36) 십재일은 음력 매월 1·8·14·15·18·23·24·28·29·30일을 가리킨다.
37) 金龍善 編著, 2012『高麗墓誌銘集成』,「張允文墓誌銘(1211년)」.

반드시 옷을 갖추어 입고 추위도 갖옷[裘]을 겹쳐 입지 않았으며, 노래나 女色은 더욱 멀리 했다고 아들이 언급했다.[38] 任忠贊은 '布衣蔬食'하는 생활,[39] 즉 베옷을 입고 채소 음식을 먹는 생활을 했다. 李公升은 고기 먹는 것을 즐기지 않았고 다만 채소와 과일로 식사를 했다.[40] 廉守藏은 만년에 술과 고기를 끊는 생활을 했다.[41] 속인들 가운데에는 蔬食을 하고 육식을 멀리하는 이들이 적지 않았다. 이러한 불식육의 생활은 세속 사회에 그런 문화가 확산되는 데 일조하는 것이었다.

불살생·불식육을 개인 차원에서 실천하는 데 그치지 않고 현실의 정치에서 실천에 옮기는 속인들도 보인다. 지방 관원으로서 불식육을 적극 실행에 옮긴 경주 司錄이 확인된다. 충숙왕대 胡僧 指空으로부터 無生戒를[42] 받은 계림부 사록 李光順은 任地에서 성황에 제사지낼 때 고기를 쓰지 못하도록 하고, 백성들이 돼지를 기르는 것을 엄히 금지했다.[43] 參理 安子由는 제사에서 소를 희생으로 사용하지 않았다. 충목왕 3년(1347) 4월 안자유가 大廟의 제사를 관장하면서 소가 죽는 것을 불쌍하게 여겨서 희생을 죽이지 않았다.[44] 불교에 대한 신심이 깊은 관원 가운데는 이처럼 현실의 정치 속에서 불살생을 실천에 옮긴 이들이 적지 않았던 것이다.

---

38) 金龍善 編著, 2012『高麗墓誌銘集成』,「尹侅墓誌銘(1380년)」.
39) 金龍善 編著, 2012『高麗墓誌銘集成』,「任忠贊墓誌銘(1186년)」.
40)『高麗史』권99, 列傳12, 李公升.
41) 金龍善編著, 2012『高麗墓誌銘集成』,「廉守藏墓誌銘(1265년)」.
42) 無生戒는 '無心'을 통한 本來完成을 자각하여, '無生'을 증득하는 것을 골자로 한다
    (許興植, 1991「指空의 無生戒牒과 無生戒經」『서지학보』4 ; 염중섭, 2014「指空의
    戒律意識과 無生戒에 대한 고찰」『한국불교학』70).
43)『高麗史』권35, 世家35, 忠肅王 15년 7월 庚寅 ;『高麗史節要』권24, 忠肅王 15년 7월.
44)『高麗史節要』권25, 忠穆王 3년 4월.

불교를 독실하게 받드는 관원이 국왕에게 불살생·불식육과 관련한 내용을 건의하기도 했다. 불교를 몹시 좋아했던 韓康은[45] 충렬왕이 불러 행해야 할 일을 아뢰라고 하자 여러 내용을 주장했다. 그 가운데 살아있는 것들을 방생하며 도축을 금지할 것, 사냥하며 즐기는 것을 그만둘 것, 달고 기름진 맛있는 음식을 절제할 것 등이 보인다.[46] 기름진 음식의 절제는 육식을 삼가는 것을 의미한다. 독실한 불교 신봉자인 한강이 방생을 하고 살생을 그만두며 육식을 절제할 것을 주장한 것이다.

불교에 대해 매우 신실한 자세를 갖고 있는 廉承益은 충렬왕이 자주 사냥을 나가자 불교의 법을 가지고 권했는데 이에 국왕이 사냥 나가는 것이 조금 뜸해졌다고 한다.[47] 사냥은 살생을 자행하는 것이므로 공덕을 쌓는 일이 되지 못한다고 말했을 것이다. 염승익은 충렬왕 28년 (1302) 3월 벼슬을 그만두고 승려가 되었다. 그는 불법을 혹신해 머리를 깎고 가사를 입었으며 손바닥 위에 숯불을 올려놓고 분향하면서 念佛했는데 안색이 변하지 않았다.[48] 그만큼 불법을 혹신하고 있는 이가 염승익이었다.

張舜龍이란 인물도 불교의 교설을 근거로 국왕의 사냥을 비판했다. 충렬왕이 마제산으로 사냥갈 때 수강궁에 도량을 설치하고 대거 승려들을 모았을 때, 장순룡이 "왕께서 부처를 받들고 飯僧하면서도 또한 이와 같이 사냥하니 어떠한 공덕이 있겠습니까?"라고 말했다.[49] 살생

---

45) 강혜진, 2019 「高麗後期 淸州韓氏家 人物의 政治活動」『高麗時期 家門 研究』, 한국교원대 출판문화원 참조.
46) 『高麗史』권107, 列傳20, 韓康 ; 『高麗史節要』권21, 忠烈王 22년 2월 ; 『新增東國輿地勝覽』권15, 忠淸道, 淸州牧, 人物.
47) 『高麗史』권123, 列傳36, 廉承益 ; 『高麗史節要』권20, 忠烈王 9년 6월.
48) 『高麗史節要』권22, 忠烈王 28년 3월.
49) 『高麗史』권123, 列傳36, 嬖幸1, 張舜龍.

을 하는 일은 결국 공덕을 쌓는 일이 되지 못한다는 것이다. 이는 불교의 교설을 들어서 국왕의 사냥을 비판한 것이다. 충렬왕대에는 원으로부터 식육 문화가 널리 수용되고 있었기 때문에[50] 한강·염승익·장순룡이 적극 거론한 것으로 보인다.

고려시기 거사를 비롯한 독실한 신불자가 불살생·불식육을 실천에 옮기는 경우가 적지 않았다. 불살생·불식육의 실천행은 세속사회에 깊은 영향을 주어 살생과 식육이 확산되는 것을 어느 정도 저지했다.[51]

3. 국가의 불살생·불식육 정책

고려시기 현실의 정치에서도 살생을 제한하는 조치가 여러 차례 취해졌다. 대개는 사냥을 금지하거나 가축의 도축을 제한하는 내용이었다. 드물게 물고기 잡는 것을 금지하는 내용도 찾아진다. 군주의 성향에 따라 취해지는 조치에 많은 차이가 있는데, 好佛 성향이 강한 군주가 재위할 때 그런 조치가 반복해 내려졌다.

광종은 많은 이들을 살생하고 罪業을 씻기 위해 다양한 佛事를 행했다. 비로자나참회법을 베풀기도 하고, 毬庭에서 승려에게 식사를 제공

---

50) 李盛雨, 1979「韓國 傳統食生活의 探索」『식품과학과 산업』12-4 ; 유애령, 1999「몽고가 고려의 육류 식용에 미친 영향」『국사관논총』87 ; 이종수, 2015「13세기 고려의 탕(湯) 음식문화 변동 분석 - 개성, 안동, 탐라 음식문화를 중심으로 -」『한국전통문화연구』16.
51) 儒者도 살생하는 사냥에 대해 비판적인 경우가 많았다. 그러나 그 논리는 살생을 멀리하고 생명체를 존중하는 불교 교설에 기초한 것이 아니었다. 국왕이 정치에 힘쓰지 않는다는 것, 농사에 지장을 준다는 것, 백성이 고통을 겪는다는 것 등이 사냥 비판의 중심 논리였다(『高麗史』권111, 列傳24, 李子松 ;『高麗史節要』권19, 忠烈王 3년 9월 丁未 ;『高麗史節要』권21, 忠烈王 12년 5월).

하기도 했다. 귀법사에서 무차수륙회를 베풀었고, 매양 불재일에는 걸식승을 공양했으며, 내도량의 餠果를 걸인에게 나눠주기도 했다. 또 新池와 穴口 및 摩利山 등의 魚梁을 放生所로 삼았다.[52] 불교 관련 각종 행사를 설행한 광종이 방생에 깊은 관심을 기울이고 있음을 볼 수 있다.

현종 역시 물고기 잡는 것을 제한하고 있다. 현종 12년(1021) 9월 黃州의 世長池 및 龍林麓에서 물고기를 잡거나 땔나무를 하는 것을 금지했다.[53] 세장지와 용림록의 생태를 보존하려는 것인데, 佛說에 따른 조치로 이해된다.

靖宗대에도 佛說에 따른 여러 조치가 보인다. 정종 6년(1040) 11월 儺禮에 土牛를 사용하게 했다. 국왕이 즉위한 이래 생명을 아끼는 마음으로 길짐승과 날짐승, 곤충에게까지도 모두 어진 은혜를 베풀려 했다. 나례에서 닭 5마리를 찢어 죽여 그것으로 역귀를 몰아내고 있는데 이를 매우 가슴 아프게 생각해, 黃土로 소 4필을 만들어 닭 잡는 것을 대신하도록 했다.[54] 정종은 불교의 好生의 마음으로 나례에서 잔인하게 닭을 죽이는 것을 못하도록 한 것이다.

정종 9년 5월 制書를 내려 과인이 덕이 없어 가뭄이 발생하고 여러 차례 災變이 있는 것이니, 마땅히 尙食局에 명령하여 매 사냥하는 군사[鷹鶻軍]를 돌려보내고 또 통발이나 대어살로 물고기 잡는 것을 금지하라고 했다.[55] 매 사냥, 물고기 잡는 것을 금지한 것이다. 가뭄이 발생하고, 재변이 있자 취해진 조치인데 유교보다는 불교의 교설에 근거한

---

52) 『高麗史』권93, 列傳6, 崔承老.
53) 『高麗史』권85, 志39, 刑法2, 禁令, 顯宗 12년 9월.
54) 『高麗史』권64, 志18, 禮6, 軍禮, 季冬大儺儀, 靖宗 6년 11월 戊寅.
55) 『高麗史』권6, 世家6, 靖宗 9년 5월 丁卯 ; 『高麗史節要』권4, 靖宗 9년 5월.

것으로 보인다. 물고기 잡는 것을 금하는 것은 유자들이 주장하는 경우가 흔치 않기 때문이다. 정종은 살리기를 좋아해 살생을 제한하고자 한 것으로 好佛 성향과 관련이 있을 것이다.56)

　문종대에도 불살생과 불식육을 강조하는 조치를 취하고 있다. 문종 9년(1055) 9월 거란 興宗의 告哀使로 鴻臚少卿 張嗣復이 압록강을 건넜다는 말을 듣고 일상 식사의 반찬을 줄이고 음악을 중지했으며, 가축 도살을 금하고 사냥을 폐했다.57) 거란 홍종의 상사를 알리는 사신이 오자 가축 도살을 금하고 사냥을 폐지한 것이다. 거란의 상사에 즈음한 이 조치는 불교보다는 유교의 교설을 따른 것으로 여겨진다. 문종 30년 11월 동짓날을 맞아 制書를 내려 州 · 府 · 郡 · 縣의 물고기 잡이와 사냥을 금지하라고 했다.58) 동짓날에 내려진 조치로서 불교보다는 유교의 교설에 준거한 것으로 판단된다. 문종 31년 5월 현종의 기일이므로 소복을 입고 正殿을 피했으며, 서울과 지방에서 한 달 동안 풍악을 중지하고 사냥을 금지하도록 했다.59) 문종대의 여러 조치는 불교보다는 유교의 교설에 따른 것으로 보인다. 그렇지만 문종대에 흥왕사를 조성하는 등60) 불교에 호의적이었으므로 이런 조치에 불교의 영향이 있었음을 배제할 수 없을 것 같다.

---

56) 靖宗은 臨津課橋院을 慈濟寺라고 사액하고 大雲寺 · 大安寺의 창건을 시작하는 등 불교에 관심이 많았다(김창현, 2011『고려의 불교와 상도 개경』, 신서원, p.40). 정종의 불교 정책에 대해서는 향후 관심을 기울일 필요가 있어 보인다.
57)『高麗史』권7, 世家7, 文宗 9년 9월 癸亥 ;『高麗史』권64, 志18, 禮6, 凶禮, 上國喪, 文宗 9년 9월 癸亥.
58)『高麗史』권9, 世家9, 文宗 30년 11월 庚午 ;『高麗史節要』권5, 文宗 30년 11월.
59)『高麗史』권9, 世家9, 文宗 31년 5월 甲戌 ;『高麗史』권64, 志18, 禮6, 凶禮, 先王諱辰眞殿酌獻儀, 文宗 31년 5월 甲戌.
60)『高麗史』권7, 世家7, 文宗 10년 2월 癸卯 ;『高麗史』권8, 世家8, 文宗 21년 1월 庚申.

예종 2년(1107) 3월 봄철 동물의 생육을 해치는 행위를 금지시켰다. 만물이 생동하는 때에는 짐승의 새끼를 잡지 않고, 새의 알을 깨지 않아야 한다는 논리였다. 수령이 궁중에 바치는 음식을 핑계로 후한 상을 구하고, 또 사신을 넉넉히 대접하기 위해 사냥을 하는 일이 있었던 것에 대해 금지했다. 또 농부가 火耕해서 생명을 태워 죽이는 것을 금지하도록 했다.61) 생명 살상을 막기 위해 사냥과 화경 금지를 주장한 것인데, 불교와 유교 모두에 기초한 것으로 보인다.

고종대에는 매 기르는 것을 특이한 논리로 금했다. 고종 14년(1227) 12월 어사대에서 有職者가 공무를 폐하고 無職者가 쟁송을 일으킨다는 이유로 마을에서 비둘기와 매 기르는 것을 금지시켰다.62) 비둘기와 매 사육에는 많은 수고가 따르고 또 그것이 쟁송을 발생시키기 때문이라는 것이다. 매 사육의 금지는 매 사냥의 축소로 이어지고, 결국은 살생을 감소시키는 의미를 갖는 것이었다.

봄철 사냥을 금지한 것은 원종대에도 보인다. 원종 2년(1261) 3월 각도의 안찰사에게 유시했다. 어진 마음을 베풀어 짐승들에게까지 미치게 하고 싶다 하면서, 지금 봄철 사냥을 하면 짐승이 새끼를 치거나 알을 품지 못할 것이라고 했다. 그러니 고기 반찬을 올리지 말라고 했다.63) 사냥을 해서 마련한 고기 반찬을 올리지 말라는 것이다. 봄철 사냥을 금지시킨 것이므로, 불교와 유교의 교설 모두의 영향이 있는 것 같다.

충렬왕은 사냥을 즐긴 국왕이었지만 살생을 금한 조치를 취한 적이

---

61) 『高麗史』권12, 世家12, 睿宗 2년 3월 丁亥 ; 『高麗史節要』권7, 睿宗 2년 3월.
62) 『高麗史』권84, 志38, 刑法1, 職制, 高宗 14년 12월 ; 『高麗史節要』권15, 高宗 14년 12월.
63) 『高麗史』권25, 世家25, 元宗 2년 3월 庚午 ; 『高麗史節要』권18, 元宗 2년 3월.

있다. 충렬왕 8년(1282) 7월 제국공주의 병으로 인해 응방에서 소를 도축하는 것을 금지했다.[64] 공덕을 쌓기 위한 조치로 이해되므로 佛說에 기반한 도축의 금지로 이해된다. 충렬왕 22년 1월 감찰사가 무뢰배들의 牛馬 살상과 산야 방화를 금지하라고 건의하자 국왕이 따랐다. 무뢰한 무리가 멋대로 우마를 살상하고, 때아닌 때에 산야에 불을 질러 생명을 불태워 죽이고 있는데, 이는 好生의 덕에 위배되니 금지할 것을 감찰사에서 건의한 것이다.[65]

충선왕은 어려서부터 백성을 사랑하고 정의로운 마음을 가지고 있었다. 9살의 나이에 백성들이 곤궁하고 농사를 시작해야 하는 때인데 父王인 충렬왕이 사냥을 나가는 것이 옳지 않다고 했다. 또 관상쟁이 天一이 충선왕의 관상을 보고 말하기를, "인자한 눈이니, 매와 개를 좋아하지 않을 것이다."라고 했다. 박의가 옆에 있었는데 충선왕이 돌아보며, "매일 매와 개로 충렬왕께 아부하는 자는 바로 늙은 개로구나." 라고 하자 박의가 부끄러워서 물러난 일이 있었다.[66] 충선왕은 어린 시절 사냥에 대해 이처럼 비판적인 입장을 보였다.

충선왕이 재위하는 동안 살생을 금하는 조치가 여러 차례 취해지고 있다. 충선왕 2년(1310) 10월 소와 말을 도살하는 것을 금했다.[67] 같은 해 12월 야생 동물 사냥과 소 도살을 3년간 금지했다.[68] 충선왕 2년 傳旨해 巡軍府는 본래 도적을 체포하기 위해 설치한 것이지만, 민간의 싸

---

64) 『高麗史』권29, 世家29, 忠烈王 8년 7월 ; 『高麗史節要』권20, 忠烈王 8년 7월.
65) 『高麗史』권85, 志39, 刑法2, 禁令, 忠烈王 22년 1월 ; 『高麗史節要』권21, 忠烈王 22년 1월.
66) 『高麗史』권33, 世家33, 忠宣王 總序.
67) 『高麗史節要』권23, 忠宣王 2년 10월.
68) 『高麗史』권33, 世家33, 忠宣王 2년 12월 戊申.

움이나 소·말을 도살한 것 등의 일을 처리하는 것도 마땅하다고 했다.69) 순군부에서 우마의 도축과 관련한 일을 처리하는 것을 허용한 것이다. 충선왕 3년 6월 宰樞 이하가 祈恩을 구실로 江外로 나가 사냥을 하면서 매를 풀어놓는 것을 모두 금지하도록 하고, 어기는 자는 罷職한다고 했다.70) 같은 해 10월 왕릉에서 제사를 대행시키면서 소를 도살하지 않았다.71) 불교에 대한 신심이 깊고 살생을 싫어하는 충선왕이 왕위에 있을 때 제한 조치가 이처럼 여러 차례 내려졌던 것이다.

사냥을 즐긴 충숙왕대에도 우마의 도축과 관련한 조치가 보인다. 충숙왕 12년(1325) 2월 교서에서, 근래에 기강이 해이해지자 惡小들이 무리를 지어 다른 사람의 재물을 빼앗고 소와 말을 훔쳐서 잡아먹어 사람들이 크게 원망하고 있으니 司憲과 巡軍은 세심하게 살펴 다스리라고 했다. 또 지금부터 닭이나 돼지, 거위나 오리 등을 길러 손님 접대나 제사의 용도에 대비하게 하고, 소와 말을 함부로 도살하는 자는 죄를 주라고 했다.72) 소와 말을 함부로 도축하는 것을 문제삼고 있는 것이다. 대신 닭, 돼지, 거위, 오리를 사육해서 활용하라는 것이다.

공민왕은 사냥을 즐기지 않은 국왕이었다. 공민왕 15년(1366) 8월 遼陽 平章 高家奴가 새매[鷂]를 바쳤지만 풀어주었다. 공민왕은 성품이 자애로워 사물을 차마 해치지 못했다. 일찍이 개가 다급하게 우는 것을 보고 말하기를, "이것은 필시 복통일 것이다."라고 하고 궁중의 약을 내어오라고 명령했는데, 약이 오지 않자 왕이 곁에 서서 기다렸다. 왕위

---

69) 『高麗史』권85, 志39, 刑法2, 盜賊, 忠宣王 2년.
70) 『高麗史』권84, 志38, 刑法1, 職制, 忠宣王 3년 6월.
71) 『高麗史節要』권23, 忠宣王 3년 10월.
72) 『高麗史』권85, 志39, 刑法2, 禁令, 忠肅王 12년 2월.

에 있은 지 12년이 넘었지만 일찍이 한 번도 사냥하는 즐거움을 누리지 않았다.[73]

好佛의 군주인 공민왕은 살생을 꺼려 이를 제한하는 조치를 여러 번 취했다. 공민왕 5년 12월 서울과 지방에서 고기잡이하는 것과 사냥하는 것을 금지했다.[74] 불교의 교설에 따른 조치로 이해된다. 공민왕 12년 5월 교서에서 근래에 각 처의 防禦軍官들이 군사를 거느리고 사냥을 해 새끼나 알을 품고 있는 짐승을 죽이거나 상하게 하고 있다고 하면서 諸道의 存撫使와 按廉使는 방어군관의 그와 같은 행위를 통렬히 금지시키라고 했다.[75] 각 처의 방어군관이 사냥함으로써 새끼나 알을 품고 있는 짐승에게 해를 끼치고 있는데, 이를 금지한 것이다.

공민왕 17년 6월 혹심한 가뭄으로 소 도축을 금지했고, 억울한 옥사를 처리했으며 二罪 이하의 죄수를 방면했다.[76] 공민왕 20년 12월 吏部의 건의로 응방을 혁파했다.[77] 공민왕 21년 11월 圓丘壇 및 모든 祭壇·山陵·鎭山·神補所에서 사냥하는 것을 금지하고, 또 매를 기르는 것을 금지했다.[78] 특정 지역에서의 사냥 행위와 매 기르는 것을 금지한 것이다. 대체로 불교 교설에 따른 조치로 이해된다. 공민왕대에는 이처럼 살생을 금지하는 조치가 여러 차례 내려졌다.

고려 전 시기에 걸쳐 살생을 제한하는 조치가 여러 차례 내려지고 있다. 모든 조치가 불교에 기반한 것은 아니지만 대체로 불교 교설을 따

---

73) 『高麗史』권41, 世家41, 恭愍王 15년 8월 己卯 ; 『高麗史節要』권28, 恭愍王 15년 8월.
74) 『高麗史』권85, 志39, 刑法2, 禁令, 恭愍王 5년 12월.
75) 『高麗史』권84, 志38, 刑法1, 職制, 恭愍王 12년 5월.
76) 『高麗史』권41, 世家41, 恭愍王 17년 6월 庚申 ; 『高麗史』권54, 志8, 五行2, 金, 旱, 恭愍王 17년 6월 庚申.
77) 『高麗史節要』권29, 恭愍王 20년 12월.
78) 『高麗史』권85, 志39, 刑法2, 禁令, 恭愍王 21년 11월.

르는 것으로 볼 수 있다. 불교에 대한 신심이 깊은 국왕이 여러 조치를 취하고 있음은 그것을 말해준다.[79]

고려시기 국왕으로서 살생을 멀리하고자 함이 뚜렷이 확인되는 예는 위에서 보았듯이 광종, 정종, 충선왕, 공민왕이다. 반면 사냥을 즐긴 국왕은 살생을 꺼리지 않은 것으로 보인다. 원 간섭기에 국왕 가운데 사냥에 적극적인 이가 적지 않았다. 충렬왕·충숙왕·충혜왕이 그러했고 뒷시기의 우왕이 그러했다. 이들 국왕이 사냥에 탐닉한 사실은 『高麗史』 世家에서 풍부하게 확인할 수 있다. 이 시기에는 원에서 식육문화가 활발하게 유입되고 있었기 때문에 동물 살상도 더욱 확대된 것으로 보인다. 그 시기에도 모든 국왕이 살생과 식육을 선호한 것은 아니었다.

목종은 고려전기의 국왕 가운데 드물게도 활쏘기와 말타기를 잘 하고 술과 사냥을 좋아했다.[80] 원 간섭기 충렬왕은 사냥을 몹시 즐겼다. 충렬왕 3년 9월 왕이 사냥에 빠져 있었는데, 文昌裕와 李之氐가 사냥하는 말이 곡식을 짓밟아 수많은 백성들이 원망하고 탄식하고 있으니 환

---

79) 가뭄이 발생할 때 도살을 금지하는 조치가 취해진 예가 많은데 이것은 주로 유교 교설에 근거한 것이므로 생략하고자 한다. 가뭄이란 재변을 天譴으로 인식했기 때문에, 정전을 피하고 상선을 줄이는 것이 일차적이고 우선하는 대응이었다. 그리고 刑政을 살펴 억울한 이들을 풀어주는 조치를 취했다. 여러 조치와 아울러 소의 도축을 금하는 조치가 취해지기도 했다. '禁屠殺'(『高麗史』권134, 列傳47, 辛禑 7년 5월), '禁屠宰'(『高麗史』권4, 世家4, 顯宗 2년 4월 丁未 ; 『高麗史』권54, 志8, 五行2, 金, 旱, 顯宗 2년 4월 丁未 ; 『高麗史節要』권3, 顯宗 2년 4월 ; 『高麗史』권5, 世家5, 顯宗 16년 4월 甲子 ; 『高麗史』권54, 志8, 五行2, 金, 旱, 顯宗 16년 4월 甲子 ; 『高麗史節要』권3, 顯宗 16년 4월), '禁宰牛'(『高麗史』권54, 志8, 五行2, 金, 旱, 恭愍王 17년 6월 庚申), '斷屠宰'(『高麗史』권7, 世家7, 文宗 1년 4월 癸亥 ; 『高麗史』권54, 志8, 五行2, 金, 旱, 文宗 1년 4월 癸亥 ; 『高麗史節要』권4, 文宗 1년 4월) 등이 그것이다 (이병희, 2019 「고려시기 가뭄의 발생과 대책」『사회과학연구』20, 한국교원대 사회과학연구소(본서 수록) 참조).

80) 『高麗史節要』권2, 穆宗 總序.

궁할 것을 청했다.[81] 당시 충렬왕이 사냥에 빠져 있음을 알 수 있다.

충렬왕 13년 4월 왕과 공주가 西海道에서 사냥하는데 말을 타고 사냥에 나선 자가 1,500명이나 되었다. 宰相들이 가뭄이 너무 심하고 백성들은 바야흐로 밭을 매는데, 행차가 농사에 지장을 주며, 또 짐승들이 바야흐로 새끼를 밸 때이니 사냥을 해서는 안 된다고 간하자 국왕이 화를 내면서 듣지 않았다.[82] 충렬왕이 사냥을 좋아하게 된 것은 모두 李珚이 이끌었다는 내용도 보인다.[83] 충렬왕은 사냥을 좋아할 뿐만 아니라 잔인한 살상을 즐기기도 했다. 충렬왕은 닭이나 고니의 배와 등에 있는 털을 산 채로 뽑은 후 놓아준 다음 새매를 풀어 쪼아 먹게 하고, 이를 관람하며 즐거워했다고 한다.[84]

충숙왕도 사냥을 몹시 즐겼다. 충숙왕 4년 2월 왕이 峯城에서 사냥을 하고 3일 만에 돌아왔다가 또다시 漢陽으로 사냥을 나갔다. 이때가 바야흐로 농사철이었으므로 백성들이 심히 원망하고 탄식했다.[85] 충숙왕 6년 8월 왕이 德水縣에서 사냥했다.[86] 충혜왕 역시 사냥을 즐긴 기록이 많은데 예를 들면, 충혜왕 후2년 8월 왕이 매일 사냥을 했다는 내용이 있고,[87] 후3년 1월 왕이 무절제하게 사냥을 일삼았다는 기록이 보인다.[88]

우왕은 사냥을 병적으로 즐겼다. 우왕 6년 8월 우왕이 도성 거리로 나가 놀다가 화살로 개를 쏘았다. 이때부터 날마다 화살로 닭과 개를

---

81) 『高麗史節要』권19, 忠烈王 3년 9월 丁未.
82) 『高麗史』권30, 世家30, 忠烈王 13년 4월 癸酉.
83) 『高麗史』권124, 列傳37, 嬖幸2, 李貞附 李珚 ; 『高麗史節要』권21, 忠烈王 15년 8월.
84) 『高麗史』권123, 列傳36, 嬖幸1, 李汾禧附 榴.
85) 『高麗史節要』권24, 忠肅王 4년 2월.
86) 『高麗史』권34, 世家34, 忠肅王 6년 8월 壬子.
87) 『高麗史』권36, 世家36, 忠惠王 후2년 8월 丁卯.
88) 『高麗史』권36, 世家36, 忠惠王 후3년 1월 丙申.

쏘아 죽이는 것을 일상으로 하는 바람에 성 안의 닭과 개가 거의 다 사라졌다.[89] 우왕 7년 3월 국왕이 성 동쪽 교외에서 불을 놓아 사냥했고, 壺串으로 행차하여 말무리를 풀어놓고 직접 말을 쫓아다니면서 올가미를 던져 잡았다.[90] 우왕 11년 3월 국왕이 古新平縣으로 가서 화살로 사슴을 쏘다가 말에 떨어져 기절했다가 다시 깨어났다. 이때 물품을 공급하는 수레가 이어졌으며, 서해의 吏民들이 심히 고통을 겪었다.[91] 우왕은 사냥에 몹시 탐닉하는 모습을 보였다.

원 간섭기 일부 국왕이 살생이 따르는 사냥을 즐겼지만 고려의 국왕은 대체로 살생에 대해 절제하는 입장을 보였다. 살생과 식육을 제한하는 조치가 불교 교설에 기초하지 않고 유교의 영향을 받는 것도 없지 않다. 예컨대 봄철에 사냥을 금지하는 것, 農事·軍事에 필수적인 우마의 도축을 제한하는 것 등이 그러하다. 이런 조치도 불교적인 분위기 속에서 취해진 것이 많다. 이로 인해 살생이 어느 정도 제한당했다고 볼 수 있다.

4. 동물 報應에 대한 관념과 살생자의 부담

고려시기 동물 목숨을 구해 주거나 위기에서 구출해 준 은인에게는 보답해 주고 반면, 살생을 많이 하거나 잔혹하게 대우한 사람에게는 나쁜 되갚음을 한다는 관념이 널리 유포되어 있었다. 죽음의 위기에 처한 사슴을 구해줘 큰 보응이 있었다는 설화가 전한다. 徐弼의 아버지 徐神

---

89) 『高麗史』권134, 列傳47, 辛禑 6년 8월 ; 『高麗史節要』권31, 辛禑 6년 8월.
90) 『高麗史』권134, 列傳47, 辛禑 7년 3월 ; 『高麗史節要』권31, 辛禑 7년 3월.
91) 『高麗史』권135, 列傳48, 辛禑 11년 3월.

逸이 도망해 온 사슴을 맞은 화살을 뽑고 숨겨주었다. 사냥꾼이 추격해 왔으나 잡지 못하고 돌아갔다. 꿈에 신인이 나타나 감사하며 말하기를, "사슴은 바로 내 아들이다. 그대 덕분에 죽지 않았으니, 공의 자손으로 하여금 대대로 卿相이 되도록 하겠다."라고 했다. 서신일이 80세에 서필을 낳았고, 서필·徐熙·徐訥이 과연 이어서 재상이 되었다.[92] 화살을 맞고 도망하는 사슴을 숨겨 목숨을 구해주니, 큰 보응이 있었다는 것이다.

비녀가 목에 걸려 고통을 겪는 호랑이를 구해줘 보답을 받은 내용도 보인다. 柳墩의 선조인 柳車達이 길을 가다가 큰 호랑이가 고통스러운 소리를 내며 길 한가운데에 엎드려 있는 것을 보았다. 유차달이 엄지손가락을 입에 넣어 목구멍 안에 걸려 있는 은비녀를 뽑아주자, 호랑이는 껑충 뛰어오르며 사라졌다. 그 날 밤에 꿈을 꾸었는데 신이 와서 말했다. "나는 九月山의 주인이다. 어제 저녁부터 목이 아파 고생했는데 다행히 공의 도움으로 살게 되었다. 그에 대한 보답으로 9대에 平章事가 나게 하여 주겠다."[93] 그 뒤 유차달의 후손으로 높은 관직에 오른 이들이 다수 나왔다. 도움을 준다면 맹수인 호랑이도 보답을 한다는 설화이다.

위기나 어려움에서 도움을 받은 동물은 좋은 보답을 했지만, 반면 식육·살상의 대상이 된 동물은 나쁜 내용으로 되갚음을 한 예도 있다. 돼지를 안주로 즐겨 먹다가 좋지 않은 결과를 맞이한 내용이 그것이다. 당시의 권세가인 印侯가 합포로 오자 吳仲侯란 이가 성대하게 妓樂을 벌여 놓고 배 안에서 연회를 베풀었다. 인후와 오중후는 돼지머리를 안주로 하여 동이로 술을 마셨는데, 오중후가 돼지머리를 머리에 이고 일

---

92) 『高麗史』권94, 列傳7, 徐熙附 訥 ; 『新增東國輿地勝覽』권8, 京畿, 利川都護府, 人物, 徐弼 ; 李齊賢, 『櫟翁稗說』前集2.
93) 金龍善 編著, 2012 『高麗墓誌銘集成』, 「柳墩墓誌銘(1349년)」.

어나 춤을 추다가 발을 헛디뎌 물에 빠져 죽었다.[94] 돼지머리를 안주로 하여 술을 마시고, 돼지머리를 머리에 이고 일어나 춤을 추다가 물에 빠진 것이다. 당시인은 돼지의 응보로 받아들였을 것 같다.

충렬왕때의 인물인 이병은 용맹함을 좋아하고 말타기와 활쏘기를 잘 했으며, 항상 매를 길러 사냥하기를 일삼았는데, 참새 같은 새를 생포하여 털을 제거하고 입으로 씹어 매를 먹이거나 또는 생닭을 쪼개서 그 반을 남겨 매에게 먹였다. 이병이 죽을 때 새의 부리 모양과 같은 돌기가 온 몸에 돋아났다.[95] 이병은 매의 사육을 위해 정성을 다하고 있었지만 새와 닭을 잔인한 방식으로 매에게 먹이로 제공한 것이다. 그가 죽을 때 새의 부리 모양과 같은 돌기가 온 몸에 돋아났다는 것이다. 죽음을 당한 새와 닭들의 되갚음으로 해석할 수 있다.

金文庇는 勇力으로 이름이 나서 夜別抄 指諭가 되었다. 충렬왕 때 여러 번 승진하여 관직이 軍簿判書에 이르렀다. 김문비는 항상 개를 불로 구운 후 쪼갠 대나무로 털을 긁어내고 먹었는데, 병이 들어 온 몸이 모두 근질거리자 사람을 시켜 대나무로 자기 몸을 긁게 하다가 죽음에 이르렀다.[96] 개에게 가했던 방식이 자신에게 그대로 나타나 대나무로 가려운 곳을 긁다가 죽음에 이르렀다는 것이다. 대나무로 김문비를 긁게 한 것은 개의 응보로 풀이할 수 있다.

동물에게 도움을 주면 좋은 내용으로 보답하고, 동물을 살생하고 식육하면 나쁜 갚음이 있다는 관념이 당시 널리 유포된 듯 하다. 살생을 억제하는 불교 교설과 깊은 관련이 있을 것이다. 이런 관념의 영향으로

---

94) 『高麗史』권123, 列傳36, 嬖幸1, 印侯.
95) 『高麗史』권124, 列傳37, 嬖幸2, 李貞附 李珚 ; 『高麗史節要』권21, 忠烈王 15년 8월.
96) 『高麗史』권124, 列傳37, 嬖幸2, 李貞附 金文庇.

동물의 살생을 꺼리는 분위기가 확대되었다. 고려시기 불살생과 불식육의 분위기 속에서 살생에 종사하는 이들이 없지 않았으며, 이들은 상당한 부담감을 가진 것으로 보인다. 생계를 위해 살생에 종사하고 있었지만, 또 때로는 출세의 한 방법으로 살생을 자행하고 있었지만, 살생하는 이들의 마음 한 구석에서는 상당한 죄의식이 자리하고 있었던 것으로 보인다.

충렬왕대 응방을 관리함으로써 출세한 尹秀에게서 살생에 따른 부담감을 확인할 수 있다. 그는 응방을 관리하면서 매를 사육하기 위해 다수의 닭과 개를 살상했다. 윤수가 부하들을 捉鷹別監으로 파견했는데, 그들이 가는 곳마다 살아 있는 동물을 잡아 매를 먹였으므로 민간의 닭과 개는 거의 씨가 말랐다. 언젠가 三角山에 있던 승려가 꿈을 꾸었는데, 어떤 노인이 그를 끌고 자신의 집으로 데려가 일러 말하기를, "나는 龍이다. 어제 나의 아들이 고니로 변해 큰 못 가운데에서 놀고 있었는데, 윤수가 활로 쏘서 죽였다."라고 했다. 승려가 꿈에서 깬 후 이를 이상하게 여겨 南京留守 王眰에게 보고하니, 왕연이 윤수를 찾아가 이에 대해 물었다. 과연 그 날 검은 고니를 잡았는데 크기가 일반적인 것과 달랐다고 했다. 조금 뒤에 윤수는 갑자기 병이 들었으며, 벌떡 일어나 주먹을 휘두르고 벽을 치면서 크게 부르짖기를, "여우와 토끼, 고라니와 사슴들은 어째서 내 살을 뜯어 먹느냐?"라고 하다가 결국 죽었다."[97] 윤수 및 그 부하들이 개와 닭의 살생을 자행함으로써 매를 사육하고 있는 것이다. 또 윤수는 큰 못에서 놀고 있던 고니를 쏘서 죽인 일도 있었다. 윤수가 병이 들어 狐兎麋鹿이 자신의 살을 뜯어먹는 고통을 겪으면서

---

97)『高麗史』권124, 列傳37, 嬖幸2, 尹秀 ;『高麗史節要』권20, 忠烈王 9년 3월.

죽음을 맞이한 것이다. 윤수는 응방을 관리하면서 엄청난 살생을 저지르고, 또 고니를 쏴 죽이기도 했지만 마음 한켠으로 부담감·죄의식을 갖고 있었던 것으로 추측된다. 그런 무의식이 작동해 죽음에 임해 야생동물이 자신의 살을 뜯어 먹고 있다는 환각을 갖게 된 것으로 보인다.

불살생·불식육을 강조하는 불교 교설이 지배적인 사회에서 가축이나 야생동물을 다수 살상한 이들은 상당한 마음 부담을 갖고 있었던 것으로 보인다. 죽음에 임해 보이는 여러 행위가 그것을 의미한다. 원 간섭기에 살생이 확대되면서 그에 종사하는 이들이 증가했지만 살생에 따른 부담감은 여전히 컸던 것으로 보인다.

5. 동물 살생 종사자의 사회적 처지

고려시기에 불교에서는 살생을 하지 말 것을 권장하고 있었지만, 현실 사회에서 가축과 야생동물의 살생은 불가피했다. 가축을 기르는 주된 목적은 살생해 그것을 식용으로 활용하고자 함이었다. 고려시기 대표적인 가축은 소와 말, 개와 닭이었다. 돼지도 사육하고 있었지만 널리 보급되지는 않은 것으로 보인다. 양의 사육도 부분적으로 확인되지만 매우 부진한 것으로 보인다. 양은 대부분 거란이나 여진에서 보내온 것이었다.[98]

가축은 사람에게 단백질을 공급하는 원천이었으므로 도축하는 것은 늘 있는 일이었다. 개와 닭의 도축은 일상적이고 보편적이어서 거의 문제되지 않았다. 그러나 소와 말의 도축은 자주 문제가 되었다. 말은 운

---

98) 박새롬, 2020 「고려시대 양(羊)의 유입과 활용」, 한국교원대 석사학위논문 참조.

송이나 전투에서 매우 중요했고, 소는 농작업에서 필수적인 존재였기 때문이다. 우마의 도축은 엄청난 노동력의 상실을 의미하는 것이어서 국가적으로 자주 제한하는 조치가 취해졌다. 우마의 도축은 살생이란 측면에서는 불교와 관련되고, 농사 및 군사와 관련되는 점에서는 유교와 연결된다.

개와 닭의 도축에는 민인 대부분이 참여할 수 있는 것이었지만, 우마의 도축은 보통의 사람이 할 수 있는 일이 아니었다. 상당한 기술을 갖추지 않으면 우마의 도축은 어려운 일이었다. 때문에 우마의 도축은 해당 기술을 보유한 특정인이 담당하지 않을 수 없었다. 돼지의 도축 역시 보통의 민인도 가능했지만 전문 기술을 갖춘 이가 능숙할 수 있었다.

고려시기 야생동물의 사냥은 매우 활발했다. 취미활동이나 군사 훈련의 차원에 그치는 것이 아니라 生業으로서 매우 중요한 위치에 있었다. 야생동물은 당시인에게 단백질을 공급하는 중요한 원천이었으며, 가죽과 털 등 의류 소재를 제공했다.[99] 가축의 사육이 활발하지 않았으므로 사냥에서 획득한 야생동물이 갖는 식료로서의 비중은 매우 컸다.[100]

고려시기 살생의 금지를 주장하는 불교가 지배적인 이념으로서 자리하고 있기 때문에 살생에 종사하는 이들은 사회적으로 낮은 처우를 받지 않을 수 없었다.[101] 가축 도축과 야생동물 사냥을 일회성이나 취

---

99) 이병희, 2021 「고려시기 사냥의 성행(盛行)과 대책」 『한국중세사연구』 67(본서 수록).
100) 16세기에 가축보다 야생동물을 더 많이 식용으로 활용했다(차경희, 2007 「『쇄미록』을 통해 본 16세기 동물성 식품의 소비 현황」 『한국식품조리과학회지』 23-5). 고려시기에도 야생동물이 가축보다 단백질 공급원으로서 큰 역할을 했을 것이다.
101) 가축 도축 종사자가 낮은 사회적 대우를 받는 것은 살생을 금하는 불교 때문만은

미로 하는 이들은 그렇지 않았지만, 생업으로서 그것에 종사하는 이들은 낮은 사회적 대우를 받았다. 대개 낮은 신분의 사람이 도축에 종사하거나 사냥에 몰두했다. 역으로 그 일을 하기 때문에 낮은 처우를 받는다고 볼 수 있다.

야생동물의 사냥에서 가장 중심적인 역할을 한 이들은 楊水尺이었다.[102] 또 無賴輩·惡小 가운데 일부가 우마의 도축에 참여하고 있음이 보인다. 응방 소속으로 활동하던 이들 가운데 일부도 가축의 도살에 종사했다.

도축에 종사한 이로서 낮은 신분임을 알려주는 예로 李貞이 있다. 이정은 본래 賤隷로서 평소 개를 도살하는 것이 生業이었다. 그는 용력으로 이름이 나서 김준의 아들인 김주의 총애를 받았다. 그는 뒤에 응방을 관리하는 일을 맡았다.[103] 개의 도축에 종사하는 이정은 천예였던 것이다.

돼지를 도축 판매하는 이들도 천시되었음을 확인할 수 있다. 王輪寺 丈六金像과 관련된 영험담에 그 사실이 보인다. 장륙금상을 왕륜사에 안치하고자 할 때 큰 수레에 싣고 끄는 자가 무려 수만 명이나 되어 길을 메웠으며, 豚市의 商人들도 또한 隨喜心을 일으켜서 힘을 모아 수레를 밀고 있었다. 여러 사람이 모여 힘을 썼지만 수레는 쉽게 움직이지 않았다. 일을 주관한 승려가 이상하게 여겨 높은 언덕에 올라가 바라보니, 돼지 떼가 수레바퀴를 끼고 가는 것이었다. 그래서 惡業이 장애가

아니다. 유교에서도 우마의 도축은 농사와 국방에 지장을 주므로 종사자를 높게 보지는 않았다. 그리고 기본적으로 도축에 종사하는 이들을 높이 보는 이념은 유목사회가 아닌 이상 찾기 어려울 것이다.

102) 이병희, 2022『고려시기 사냥꾼 양수척과 정주사회』, 경인문화사, pp.60~75.
103)『高麗史』권124, 列傳37, 嬖幸2, 李貞 ;『高麗史節要』권19, 忠烈王 1년 6월.

된 것을 깨닫고 돈시 상인들에게 수레를 밀지 못하게 하니 그제서야 수레가 굴러갔다고 한다.[104] 장륙금상을 실은 큰 수레를 수만 명이 끌고 밀었는데, 이때 돈시의 상인들도 동참했다. 그런데 수레가 움직이지 않자, 돈시의 상인들에게 수레를 밀지 못하게 하니 수레가 굴러갔다는 것이다. 돼지를 도축해 파는 돈시 상인은 악업 때문에 불상 운반에도 참여할 수 없었다는 것이다. 모든 이들이 참여할 수 있는 불상 운반조차도 이들의 참여가 제한당하고 있는 것이다. 사회적으로 돈시 상인이 매우 낮게 대우받고 있었음을 알 수 있다.

고려시기 도축에 가장 적극적으로 종사한 이들은 양수척이었다. 양수척에 대한 기본 사실은『고려사』및『고려사절요』에서 확인할 수 있다.

> 양수척은 태조가 백제를 공격할 때 제압하기 어려웠던 자의 후예이다. 본디 貫籍과 賦役이 없으며 물과 풀을 즐겨 따르고 이동함에 일정함이 없다. 오직 사냥에 종사하고 柳器를 만들며 판매를 업으로 삼는다. 기생의 종자는 본디 柳器匠家에서 나온다.[105]

양수척은 사냥에 종사함으로써 생활을 꾸려갔던 것이다. 노루와 사슴, 멧돼지, 토끼 및 꿩의 사냥에 종사했으며 호랑이나 다른 맹수의 사냥에도 참여했을 것이다. 그 사냥을 통해 그들은 생계를 유지해 갈 수 있었다. 본디 '尺'이란 호칭은 낮은 신분을 의미한다.[106] 양수척은 노비

---

104) 李奎報,「王輪寺丈六金像靈驗收拾記」『東國李相國全集』권25.

105)『高麗史』권129, 列傳42, 崔忠獻 ;『高麗史節要』권14, 高宗 3년 9월.

106) 김현라, 2018『고려후기 신분변동 연구』, 혜안, pp.145~149 ; 李俊九, 2000「朝鮮時代 白丁의 前身 楊水尺, 才人, 禾尺, 韃靼 - 그 내력과 삶의 모습을 중심으로 -」『朝鮮史研究』9 ; 김난옥, 2003「고려후기의 雜尺」『韓國史學報』15.

와 더불어 최하층 천민의 한 부류였다. 양수척이 사회적 천대를 받았기 때문에 기존 질서가 동요할 때 반국가적·반사회적인 행위를 하는 일이 보인다. 고종대 거란 遺種이 침입해 들어왔을 때 일부의 양수척이 앞잡이의 구실을 하고 있음이 확인된다. 거란군의 길 안내 역할을 하기도 했고,[107] 거란군 諜者로서 활동하기도 했다.[108] 고려말 왜구가 극성을 부릴 때 왜구에 가탁해 주변을 공격하는 일도 있었다.[109]

고려말 趙浚의 상소문에서 소를 도살하는 이로 韃靼禾尺을 언급하고 있다. 그들은 소의 도살을 생계로 삼고 있었다.[110] 양수척이 사냥을 주업으로 하던 것과 달리 화척은 소를 도살하는 것을 주된 생계로 하고 있는 것으로 바뀌었다. 사냥꾼 양수척에서 연원하는 화척이 소를 도살하고 있으므로 역할에 다소 변화가 있음을 알 수 있다.[111] 그렇지만 척으로 지칭되는 데서 알 수 있듯이 천인으로 대우받았다.

無賴之徒로 지칭되는 이들이 우마의 도살을 하고 있음이 보인다. 충렬왕 22년(1296) 1월 무뢰지도가 멋대로 소와 말을 살해하고 있다는 사실이 언급되어 있다.[112] 우마를 도살하는 부류로 무뢰지도, 즉 무뢰배가 있었던 것이다. 무뢰배는[113] 사회 통념상 낮은 부류로 볼 수 있다.

---

107)『高麗史節要』권14, 高宗 3년 9월.
108)『高麗史』권22, 世家22, 高宗 4년 3월 丙戌 ;『高麗史節要』권15, 高宗 4년 3월.
109)『高麗史』권84, 志38, 刑法1, 戶婚, 辛禑 14년 8월 ;『高麗史』권118, 列傳31, 趙浚 ;
    『高麗史』권134, 列傳47, 辛禑 8년 4월 ;『高麗史』권135, 列傳48, 辛禑 9년 6월 ;『高
    麗史節要』권31, 辛禑 8년 4월 ;『高麗史節要』권32, 辛禑 9년 6월.
110)『高麗史』권118, 列傳31, 趙浚.
111) 화척은 본래 양수척이었다("禾尺群聚 詐爲倭賊 侵寧海郡 焚公廨民戶 … 禾尺卽楊
    水尺"(『高麗史』권134, 列傳47, 辛禑 8년 4월)).
112)『高麗史節要』권21, 忠烈王 22년 1월.
113) 無賴는 성품이 막되어 예의와 염치를 모르며 함부로 행동하는 사람을 뜻한다(네이버
    국어사전 참조). 무뢰배는 그런 무리를 가리키는 말이다. 몹시 낮춰 일컫는 말이다.

무뢰배는 상층 가문을 포함해 다양한 층으로 구성되지만, 그 가운데 우마를 도살하는 이들이 꽤 있었는데, 이들은 낮은 신분 출신으로 여겨진다.114)

惡小가115) 우마를 도축하는 일도 확인된다. 충숙왕 12년(1225) 2월의 교서에서 우마의 도축을 담당한 이들로 악소가 언급되어 있다. 근래에 기강이 해이해지자 악소들이 무리를 지어 다른 사람의 소와 말을 훔쳐서 잡아먹어 사람들이 크게 원망하고 있다는 것이다.116) 소와 말을 훔쳐 잡아먹는 이들로 악소가 있었음이 확인된다. 악소는 매 사육을 위한 닭과 개의 살상에도 종사했다. 충혜왕 후3년(1342) 2월 왕이 江陰縣에서 사냥했을 때 왕을 호종하는 惡小輩들이 매를 먹인다고 하면서 마을의 닭과 개를 다투어 노략질했다.117) 악소가 이처럼 소, 말, 닭, 개 등 가축의 살상에 적극 가담하고 있음을 알 수 있다. 악소로 표현되는 부류에는 최상층 가문 출신도 있지만, 우마의 도축을 행한 이들은 낮은 신분 출신이었을 것으로 추측된다.

가축의 살상을 적극적으로 자행한 기구로 鷹坊이 있다. 응방은 매를 사육하면서 닭과 개의 살상을 대대적으로 자행했다. 매를 사육하는 응방이 있으면 당연히 주변의 닭과 개를 탈취해 먹이로 제공하고 있다. 李穡이 朴卿에게 사육하는 매가 날마다 인가의 닭이나 개를 죽이고 있다는 내용의 편지를 보낸 일이 있다.118) 매의 사육으로 많은 피해를 주

---

114) 우마의 도축에 종사한 무리배에는 아마 양수척에 연원하는 부류가 많았을 것이다.
115) 자료에는 惡小와 惡少가 함께 보인다. 악소에 대해서는 다음의 글이 참고된다. 金昌洙, 1961「麗代 惡少考 - 麗末의 社會相 一斑 -」『史學硏究』12 ; 金賢羅, 1996「高麗 後期 惡少의 存在形態와 그 성격 - 政治勢力化 過程을 中心으로 -」『지역과 역사』1, 부산경남역사연구소.
116)『高麗史』권85, 志39, 刑法2, 禁令, 忠肅王 12년 2월.
117)『高麗史』권36, 世家36, 忠惠王 후3년 2월.

고 있는 것이다.

충렬왕 8년 5월 禁苑에 큰 집을 지어서 張恭과 李平에게 매를 기르게
했다. 왕이 날마다 반드시 두 번씩 행차했는데, 두 사람은 城 안의 닭과
개를 헤아릴 수 없이 죽였다.[119] 이평이 매를 사육하기 위해 민간의 닭
과 개를 죽인 것은 다른 자료에도 보인다. 直史館 秋適이 이평의 집을
방문했다가 거적 안에서 소리가 나는 것을 듣고 들추어 보니 개가 한쪽
다리가 잘린 채 살아 있었다는 것이다.[120] 매의 먹이로 주기 위해 개에
게 잔인한 일을 자행하고 있는 것이다. 가축의 도축에는 이런 잔혹함이
동반되는 수가 적지 않았을 것이다. 앞에서 언급한 이습·박경·장공·
이평 등은 모두 응방 소속이다.[121]

충혜왕대 응방에 예속한 아전이 일찍이 닭을 매의 먹이로 주었는데,
매가 닭의 날갯죽지 한쪽을 거의 다 먹어 죽을 지경에 있는 것을 전대
속에 넣어 두었더니, 닭이 아침에 이르러 역시 울었다.[122] 응방에서 매
를 키우면서 닭을 먹이로 제공하고 있는데, 닭 도축의 잔혹성을 볼 수
있다. 원 간섭기에 매를 사육하는 이들은 대부분 응방 소속이었다. 응
방 소속의 인물이 닭과 개의 도축에 종사하고 있는 것이다.

---

118) 『高麗史』권123, 列傳36, 嬖幸1, 李汾禧附 榴.
119) 『高麗史』권29, 世家29, 忠烈王 8년 5월 甲戌.
120) 『高麗史』권124, 列傳37, 嬖幸2, 李貞附 李珒.
121) 응방에 관해서는 많은 연구가 이루어져, 응방 소속 관원들도 이미 밝혀졌다. 旗田
巍, 1935 「高麗の鷹坊(1·2)」『歷史敎育』10-6·7 ; 內藤雋輔, 1955 「高麗時代の鷹坊
について」『朝鮮學報』8 ; 鄭鎭禹, 1979 「高麗鷹坊考」『淸大史林』3 ; 李仁在, 2000
「高麗後期 鷹坊의 設置와 運營」『韓國史의 構造와 展開 - 河炫綱敎授定年紀念論叢 -』,
논총간행위원회 ; 朴洪培, 1986 「高麗鷹坊의 弊政 - 主로 忠烈王대를 중심으로 -」
『慶州史學』5 ; 이강한, 2009 「1270~80년대 고려내 鷹坊 운영 및 대외무역」『韓國
史硏究』146 ; 임형수, 2020 「고려 충렬왕대 鷹坊의 구조와 기능에 대한 재검토」
『역사와 담론』93.
122) 李詹, 「鷹鷄說」『東文選』권98.

응방은 닭과 개의 도축뿐만 아니라 소의 도축에도 참여하고 있다. 충렬왕 8년 7월 제국공주가 앓자 응방의 소 도축을 금지시킨 데서[123] 알 수 있다. 응방에 속해 활동한 이들은 대개 미천한 출신이었다.[124] 물론 상층 신분 출신도 응방에 소속해 활동한 이들이 적지 않지만, 적어도 우마의 도축에 종사한 이는 높은 가문 출신이기는 어려웠을 것이다.

이처럼 개의 도축 종사자, 돼지의 도축 및 판매자 및 양수척(화척)은 매우 낮은 사회적 대우를 받았다. 무뢰배·악소에 속한 이 가운데 우마의 도축에 종사한 자와, 그리고 응방 소속으로 매의 포획에 나서거나 우마의 도축을 담당한 이는 출신 신분이 매우 낮았을 것으로 추측된다. 사람들이 꺼리는 살생에 높은 신분 출신이 전업적으로 종사하는 일은 거의 없었을 것이다.[125] 도축과 사냥에 관련한 일에 종사하는 이들은 낮은 신분 출신이 중심이었다. 또 그런 일을 하기 때문에 그들은 낮은 신분으로 대우받았다.

---

123) 『高麗史』권29, 世家29, 忠烈王 8년 7월.
124) 물론 응방 관련 인물들의 출신이 모두 미천한 것은 아니다. 응방을 관리하는 응방사(종3품)·부사(종4품)·판관(종4품) 등에는 일부 높은 신분 출신도 있었다. 이들 이외에 응방에 소속되어 매를 포획하고 조련하고 사육하는 민인들의 경우 신분이 낮았다. 특히 '伊里干'으로 칭해진 이들의 신분은 매우 낮았다. 우마 도축에 종사한 응방인 역시 높은 가문 출신일 수는 없을 것이다.
125) 일회성의 성격을 띠고 우마를 도살한 이들도 있는데, 이들의 신분은 다양할 수밖에 없다. 鄕吏가 민간의 소를 훔쳐 도살한 경우도 있고(『高麗史』권129, 列傳42, 叛逆3, 崔忠獻附 怡 ; 『高麗史節要』권15, 高宗 14년 3월), 개인의 奴婢가 주인의 권세를 믿고 타인의 소를 빼앗아 죽인 일도 보인다(『高麗史』권123, 列傳36, 嬖幸1, 印侯). 이런 경우는 직업적 혹은 전업적인 것이 아니므로 도살한 이가 모두 하급 신분일 수는 없을 것이다. 그리고 닭과 개의 도축은 거의 모든 계층이 종사하는 것이므로 전업적으로 하는 자가 아니라면, 그들을 하층민으로 단정할 수는 없을 것이다.

6. 맺음말

고려시기는 불교의 영향을 크게 받아 불살생과 불식육이 생활문화로서 널리 자리하고 있었다. 그것은 가축의 도살이나 야생동물의 사냥을 어느 정도 억제하는 의미를 지닌 것으로 보인다.

고려시기 불살생과 불식육의 문화를 확산시키는 데에 가장 기여한 이들은 승려였다. 승려들의 경우 이미 뱃속에 있을 때부터 모친이 식육을 하지 않는 경우가 많았으며, 어린 시절에 고기를 먹지 않고 생명을 존중하는 태도를 보였다. 승려가 되어서는 더욱 불살생과 불식육의 실천에 힘쓰는 한편 목숨을 잃을 위기에 처한 동물을 살려주는 放生에도 깊은 관심을 기울였다. 승려들은 살생을 줄이도록 국왕에게 건의하고 또 국가 시책에서의 반영을 요구하는 경우도 있었다. 국가에서는 방생장이나 장생표를 세워줌으로써 사원 인근에서 살생이 발생하지 않도록 배려했다.

속인 가운데에도 불살생과 불식육을 적극 실천에 옮긴 이들이 적지 않았다. 특히 居士로 불리는 이들이 그러했다. 거사들은 식사에서 채소 반찬을 먹으며 식육을 하지 않았다. 관인으로서 살생을 피하는 이도 있었고, 살생을 금하도록 건의하는 이도 있었다. 이러한 이들에 의해 불살생과 불식육의 문화는 더욱 확산될 수 있었다.

국가 차원에서도 살생을 금하고 식육을 제한하는 조치를 취한 경우가 많았다. 특히 好佛의 군주가 왕위에 있을 때 그런 조치를 여러 차례 취했다. 광종, 정종, 충선왕, 공민왕대가 그러했다. 살생을 억제하는 조치가 모두 불교에 기반한 것은 아니었다. 유교의 교설에 따른 조치도 종종 확인할 수 있다. 그렇지만 사회 분위기를 고려하면 불교의 영향력이 컸다고 할 수 있을 것이다. 일부 군주는 살생하는 사냥에 몰입하기도 했다. 원간섭기의 충렬왕·충숙왕·충혜왕과 뒷시기의 우왕이 그러했다.

불살생·불식육이 강조되는 사회 분위기 속에서 동물을 죽음에서 구해주거나 고통을 해소해주는 경우, 報應이 따른다는 관념이 널리 유포되어 있었다. 반면 동물에게 고통을 안겨준 경우에는 되갚음이 있다는 관념도 있었다. 그렇기 때문에 생업상으로 혹은 출세를 위해 살생에 종사하는 이들은 마음의 부담을 지고 있던 것으로 보인다. 죽음에 임해 해를 입힌 동물이 되갚음한다는 환각이 나타난 것에서 알 수 있다. 원간섭기 식육 문화가 확산되면서 살생 종사자가 늘어갔지만 마음의 부담감은 여전히 지속된 것으로 보인다.

살생에 종사하는 이들은 낮은 신분층이 중심이었다. 개 도축자 및 돈시 상인은 차별 대우를 받았다. 사냥을 생업으로 하는 楊水尺 역시 노비와 더불어 최하층의 대우를 받았다. 양수척을 승계한 禾尺의 경우도 우마의 도축에 종사했는데, 역시 낮은 신분이었다. 그리고 無賴之徒·惡小로 불리는 이들 가운데 일부 우마 도축에 종사한 자와, 매의 사육·조련 및 사냥을 주관한 鷹坊에 속한 이들 가운데 소의 도축에 종사한 자는 낮은 신분 출신으로 보인다.

고려시기 불살생과 불식육의 이념이 널리 유포되어 있었지만 현실에서는 살생과 식육은 불가피했다. 국가 차원이나 개인 생활 속에서 가축을 도축하고 야생동물을 사냥하는 일은 흔했다. 그렇지만 불살생과 불식육이 강조되고 있었기 때문에 가축의 도살과 야생동물의 사냥은 어느 정도 제약을 받지 않을 수 없었다. 그것은 당시 동물의 생명이 중시되었음을 의미하고 나아가 생태환경의 보존에 기여하는 측면이 있음을 뜻한다. 고려말 조선초 불교의 사회적 영향력이 줄어들고 人本主義를 강조하는 성리학이 확산되면서 불살생·불식육의 분위기는 크게 퇴조할 수밖에 없었다.

(『韓國史學報』85, 2021. 11. 揭載)

참고문헌

〈자료〉

『稼亭集』.

『高麗圖經』.

『高麗史』.

『高麗史節要』.

『及菴詩集』,

『端宗實錄』.

『東國李相國集』.

『東文選』.

『明宗實錄』.

『牧隱文藁』.

『牧隱詩藁』.

『文宗實錄』.

『四佳文集』.

『四佳詩集』.

『三峯集』.

『惺所覆瓿藁』.

『成宗實錄』.

『世祖實錄』.

『世宗實錄』.

『續東文選』.

『新增東國輿地勝覽』.

『陽村集』.

『櫟翁稗說』.

『燕山君日記』.

『慵齋叢話』.

『益齋亂藁』.

『仁祖實錄』.

『中宗實錄』.

『靑莊館全書』.

『太祖實錄』.

『太宗實錄』.

『圃隱集』.

金龍善編著, 2012『高麗墓誌銘集成』, 한림대 출판부.

유희(김형태 옮김), 2019『物名考』, 소명출판.

李兆年(李源天 譯), 1994『校註國譯 鷹鶻方』, 慶北印刷.

李智冠 譯註, 1993『歷代高僧碑文(新羅篇)』, 伽山佛敎文化硏究院.

李智冠 譯註, 1994·1995·1996·1997『歷代高僧碑文(高麗篇1·2·3·4)』, 伽
　　山佛敎文化硏究院.

李智冠 譯註, 1999『歷代高僧碑文(朝鮮篇1)』, 伽山佛敎文化硏究院.

한국역사연구회, 1996『譯註 羅末麗初金石文(上)』, 혜안.

〈저서〉

고영섭, 2008『불교생태학』, 불교영상.

高裕燮, 2007『松都의 古蹟』(又玄 高裕燮全集7), 悅話堂.

金光植, 2017『農業氣象學』, 鄕文社.

김광언, 2007『韓·日·東시베리아의 사냥 - 狩獵文化 比較誌 -』, 민속원.

김동진, 2009『朝鮮前期 捕虎政策 硏究』, 선인.

＿＿＿＿, 2017『조선의 생태환경사』, 푸른역사.

김선풍 외, 1993『매사냥 調査報告書』, 文化財管理局.

김연수, 2011『바람의 눈 - 한국의 맹금류와 매사냥 -』, 수류산방.

김일권, 2011『『고려사』의 자연학과 오행지 역주』, 한국학중앙연구원 출판부.

김종욱, 2004『불교생태학』. 동국대 출판부.

김주환, 2009『구조지형학』, 동국대 출판부.

김창현, 2002『고려 개경의 구조와 그 이념』, 신서원.

_____, 2006『고려의 남경, 한양』, 신서원.

_____, 2011『고려의 불교와 상도 개경』, 신서원.

_____, 2017『고려 도읍과 동아시아 도읍의 비교연구』, 새문사.

김현라, 2018『고려후기 신분변동 연구』, 혜안.

마르코 폴로(김호동 역주), 2000『동방견문록』, 사계절.

민병준, 2000『한국의 샘물』, 대원사.

朴龍雲, 1996『고려시대 開京 연구』, 一志社.

_____, 2019『고려시대 사람들의 식음(食飮) 생활』, 경인문화사.

박종진, 2022『개경 - 고려왕조의 수도 -』, 눌와.

白南雲, 1937『朝鮮封建社會經濟史(上)』, 改造社.

손영식, 2011『한국의 성곽』, 주류성.

심정보, 1995『한국 읍성의 연구』, 학연문화사.

유아사 다케오(임채성 역), 2011『문명 속의 물』, ㈜푸른길.

윤용남, 2007『수문학 - 기초와 응용 -』, 청문각.

李丙燾, 1946『高麗時代의 硏究』, 乙酉文化社.

이병희, 2009『高麗時期 寺院經濟 硏究』, 경인문화사.

_____, 2020『高麗時期 寺院經濟 硏究』II, 경인문화사.

_____, 2022『고려시기 사냥꾼 양수척과 정주사회』, 경인문화사.

이 전, 2011『촌락지리학』, 푸른길.

이정호, 2009『고려시대의 농업생산과 권농정책』, 景仁文化社.

李熙德, 1984『高麗儒教政治思想의 硏究』, 一潮閣.

_____, 2000『고려시대 천문사상과 오행설 연구』, 일조각.

장지연, 2015『고려·조선 국도풍수론과 정치이념』, 신구문화사.

鄭東孝 · 尹白鉉, 2008『물의 과학과 문화』, 홍익재.

정은정, 2018『고려 開京 · 京畿 연구』, 혜안.

조삼래 · 박용순, 2008『맹금(猛禽)과 매 사냥』, 공주대 출판부.

조선형 · 고종안, 1999『지하수 어떻게 할 것인가』, ㈜북스힐.

최종석, 2014『한국 중세의 읍치와 성』, 신구문화사.

최종성, 2007『『기우제등록』과 기후의례 - 기우제·기청제·기설제 -』, 서울대 출판부.

최창조, 1984『한국의 풍수사상』, 민음사.

최혜숙, 2004『高麗時代 南京研究』, 景仁文化社.

한국역사연구회, 2007『개경의 생활사 - 고려 500년 -』, 휴머니스트.

한국역사연구회 개경사연구반, 2002『고려의 황도 개경』, 창작과 비평사.

〈논문〉

姜萬吉, 1964「鮮初白丁考」『史學研究』18.

姜玉葉, 1995「麗初 西京經營과 西京勢力의 推移」『同大史學』1, 同德女大 國史學科.

_____, 1998「인종대 서경천도론의 대두와 서경세력의 역할」『史學研究』55 · 56합집.

강혜진, 2019「高麗後期 淸州韓氏家 人物의 政治活動」『高麗時期 家門 研究』, 한국교원대 출판문화원.

고경희, 2014「태안 마도1 · 2호선 해양 유물로 본 고려시대의 음식 문화」『한국식생활문화학회지』29-6.

_____, 2015「태안 마도3호선 해양유물 중심으로 본 고려시대 음식문화」『한국식생활문화학회지』30-2.

고영섭, 2009「불교에서는 육식을 금지하는가? - 한국불교에서 계율과 육식의 마찰과 윤활 -」『佛敎學報』52.

공만식, 2008「초기불교의 음식과 수행의 관계에 대한 고찰」『선문화연구』4.

權純馨, 1990「高麗中期 南京에 對한 一考察」『향토서울』49.

권오영, 2008「성스러운 우물의 제사 - 풍납토성 경당 지구 206호 유구의 성격을 중심으로 -」『지방사와 지방문화』11-2.

金甲童, 2005「高麗時代의 南京」『서울학연구』18.

金基德, 2001「고려시대 개경의 풍수지리적 고찰」『한국사상사학』17.

_____, 2002「역주 고려사 오행지(1)」『고려시대연구』IV, 정신문화연구원.

_____, 2004「역주 고려사 오행지(2)」『고려시대연구』VII, 정신문화연구원.

_____, 2004「고려시대 개경과 서경의 풍수지리와 천도론」『한국사연구』127.

_____, 2005「高麗 中·後期 遷都論議와 風水·圖讖說」『역사민속학』20.

_____, 2006「韓國 中世社會에 있어 風水·圖讖思想의 전개과정」『한국중세사연구』21.

김기봉, 1999「환경사」『역사비평』46.

_____, 2009「환경사란 무엇인가」『서양사론』100.

김기선, 2010「한·몽 매의 어원과 상징성 연구」『몽골학』28.

김난옥, 2003「고려후기의 雜尺」『韓國史學報』15.

김당택, 2001「고려 인종조의 西京遷都, 稱帝建元, 金國征伐論과 김부식의『삼국사기』편찬」『역사학보』170.

金東珍, 2009「朝鮮前期 白丁에 대한 齊民化 政策의 成果」『역사민속학』29.

김무진, 2010「조선전기 도성 四山의 관리에 관한 연구」『한국학논집』40, 계명대.

김방울, 2020「매사육과 매 사냥을 위한 지침서,『응골방(鷹鶻方)』의 여정」『무형유산』8, 국립무형유산원.

金蓮玉, 1984「高麗時代의 氣候環境」『한국문화연구원논총』44, 이화여대 한국문화연구원.

김인규, 2003「16세기 후반 강원도 평강지역의 매 사냥 실태와 그 성격 - 오희문의『瑣尾錄』을 중심으로 -」『문화재』36, 국립문화재연구원.

김재호, 2009「사시(徙市) 기우제의 기우원리와 시장의 소통성」『한국민속학』50, 한국민속학회.

김종민, 2019「감지금자『百千印陁羅尼經四經合部』사경을 통해 본 고려시대 왕실발원 사경 - 충렬왕대의 국왕발원사경을 중심으로 -」『불교미술사학』28, 불교미술사학회.

김중섭, 2013「'조선시대 백정'의 기원에 대한 역사사회학적 고찰」『東方學志』164.

_____, 2014「조선 전기 백정 정책과 사회적 지위 - 통합, 배제, 통제의 삼중주 -」『조선시대사학보』68.

김진곤, 2018「원 간섭기 국외유민의 쇄환과 이리간의 설치」『역사와 현실』107.

金昌洙, 1961「麗代 惡少考 - 麗末의 社會相 一斑 -」『史學硏究』12.

김창현, 2005「고려초기 정국과 서경」『史學硏究』80.

_____, 2006「고려시대 國王巡御와 도읍경영」『한국중세사연구』21.

김치온, 2006「불살생의 생태적 문화에 대하여」『普照思想』26.

김태연, 2017「조선 전기 양과 돼지의 飼育 정책」, 한국교원대 석사학위논문.

金賢羅, 1996「高麗後期 惡少의 存在形態와 그 성격 - 政治勢力化 過程을 中心으로 -」『지역과 역사』1, 부산경남역사연구소.

나각순, 1997「고려시대 남경의 도시시설」『성대사림』12 · 13합집.

나희라, 2019「신라인의 동물관(動物觀)과 불살생계(不殺生戒)」『종교연구』79-2.

남궁선, 2011「不食肉戒의 생태학적 고찰」『선문화연구』10.

馬宗樂, 2006「고려시대 風水圖讖과 儒敎의 교섭」『한국중세사연구』21.

文喆永, 1991「高麗末 · 朝鮮初 白丁의 身分과 差役」『韓國史論』26, 서울대 국사학과.

민현구, 2005「묘청 일파 서경천도론의 허와 실」『한국사시민강좌』36.

박새롬, 2020「고려시대 양(羊)의 유입과 활용」, 한국교원대 석사학위논문.

朴龍雲, 1996「高麗開京의 五部坊里制」『韓國史學報』1.

박윤진, 1998「高麗時代의 開京 一帶 寺院의 軍事的 · 政治的 性格」『韓國史學報』3 · 4합집.

박종기, 2003「고려시대 남경지역의 개발과 경기제」『연구논문집』1, 서울역
　　사박물관.

_____, 2006「고려중기 남경 건설의 배경과 경영」『향토서울』68.

朴鍾晟, 2003「朝鮮 白丁의 社會的 不滿과 政治化 -『朝鮮王朝實錄』을 中心으
　　로 -」『사회과학연구』16, 서원대 미래창조연구원.

박종진, 2000「고려시기 개경 절의 위치와 기능」『역사와 현실』38.

_____, 2003「고려시기 개경의 물과 생활」『인문과학』12, 서울시립대.

朴平植, 2000「高麗時期의 開京市廛」『韓國史의 構造와 展開 - 河炫綱敎授定年
　　紀念 韓國史學論叢 -』, 論叢刊行委員會.

朴洪培, 1986「高麗鷹坊의 弊政 - 主로 忠烈王대를 중심으로 -」『慶州史學』5,
　　東國大 國史學會.

白南赫, 1998「妙淸의 西京遷都運動의 硏究」『漢城史學』10, 漢城史學會.

서성호, 2000「고려시기 개경의 시장과 주거」『역사와 현실』38.

신성현, 1998「不食肉戒 일고」『佛敎學報』35.

_____, 2005「동물해방과 불살생」『佛敎學報』43.

신안식, 2000「고려시대 개경의 나성」『명지사론』11·12합집.

_____, 2000「고려전기의 축성과 개경의 황성」『역사와 현실』38.

_____, 2004「고려 개경의 '都內와 郊'」『역사민속학』18.

_____, 2004「고려시대 개경의 四郊와 그 기능」『명지사론』14.

_____, 2010「고려시기 개경 都城의 범위와 이용」『한국중세사연구』28.

양홍석, 2022「자연과 환경 그리고 미국 역사가들」『미국사연구』55.

염중섭, 2014「指空의 戒律意識과 無生戒에 대한 고찰」『한국불교학』70.

유애령, 1999「몽고가 고려의 육류 식용에 미친 영향」『국사관논총』87.

윤성재, 2019「고려시대 식생활 문화의 한 면을 보이다 - 박용운 지음,『고려
　　시대 사람들의 식음(食飮) 생활』(경인문화사, 2019) -」『한국중세사연
　　구』58.

윤순옥·황상일, 2010「고려사를 통해 본 한국 중세의 자연재해와 가뭄 주기」
　　『한국지형학회지』17-4, 한국지형학회.

이강한, 2009「1270~80년대 고려내 鷹坊 운영 및 대외무역」『韓國史研究』146.

이거룡, 2002「佛敎와 힌두교에서 肉食禁止의 문제」『한국불교학』33.

이병희, 1998「高麗時期 全南地方의 鄕·部曲」『지빙사와 지방문화』1.

_____, 1999「高麗時期 승려와 말[馬]」『韓國史論』41·42합집, 서울대 국사학과.

_____, 2002「高麗時期 寺院의 新設과 可用空間의 擴大」『靑藍史學』6, 한국
　　교원대 청람사학회.

_____, 2008「高麗時期 佛敎界의 布施活動」『선문화연구』4.

_____, 2014「高麗時期 居士의 生活方式과 그 意味」『사학연구』116.

_____, 2015「高麗時期 術僧의 活動과 그 意味」『石堂論叢』62.

_____, 2015「高麗時期 食水의 調達」『文化史學』44.

_____, 2017「고려시기 송목정책(松木政策)과 그 한계」『靑藍史學』26, 청람
　　사학회.

_____, 2018「高麗時期 遷都論의 提起와 生態環境」『歷史敎育』148.

_____, 2019「고려시기 가뭄의 발생과 대책」『사회과학연구』20, 한국교원대
　　사회과학연구소.

_____, 2020「조선전기 사냥의 전개와 위축」『사회과학연구』21, 한국교원대
　　사회과학연구소.

_____, 2021「고려시기 사냥의 성행(盛行)과 대책」『한국중세사연구』67.

_____, 2021「高麗時期 不殺生과 不食肉」『韓國史學報』85, 고려사학회.

_____, 2022「高麗時期 開京 일대 野生動物의 출몰과 그 의미」『歷史敎育論集』81.

_____, 2022「高麗時期 매의 포획과 활용」『石堂論叢』84, 동아대 석당학술원.

이봉일·김미경, 2017「매와 매 사냥의 역사와 어휘 연구」『비평문학』65, 한국
　　비평문학회.

李盛雨, 1979「韓國 傳統食生活의 探索」『식품과학과 산업』12-4.

이승민, 2013「조선후기 일본과의 매[鷹] 교역과 그 의미」『한일관계사연구』45.

이신효, 2004「백제 우물 연구」『호남고고학보』20.

이예슬, 2019「조선전기 매[鷹]의 사육과 활용」, 한국교원대 석사학위논문.

李龍範, 1975「風水地理說」『한국사』6(고려), 국사편찬위원회.

李義康, 2015「佛教의 動物에 대한 認識과 그 形象 -『三國遺事』所載 動物을 중심으로 -」『東方漢文學』62.

李益柱, 1988「高麗 忠烈王代의 政治狀況과 政治勢力의 性格」『韓國史論』18, 서울대 국사학과.

_____, 2005「고려시대 남경 연구의 현황과 과제」『도시역사문화』3, 서울역사박물관.

李仁在, 2000「高麗後期 鷹坊의 設置와 運營」『韓國史의 構造와 展開 - 河炫綱 教授定年紀念論叢 -」, 論叢刊行委員會.

이자랑, 2014「세속오계의 '살생유택계'와 원광의 계율관」『한국사상사학』46.

이정철, 2013「조선 태조·정종·태종 연간 가뭄 기록과 가뭄 상황」『국학연구』23, 한국국학진흥원.

_____, 2014「조선왕조실록 가뭄 현상의 기록과 실제 - 세종 즉위년 ~ 세종 18년을 중심으로 -」『국학연구』25, 한국국학진흥원.

_____, 2016「조선왕조실록 가뭄 기록과 그 실제 - 세종대(1418~1450)를 중심으로 -」『국학연구』29, 한국국학진흥원.

이정호, 2007「高麗前期 自然災害의 발생과 勸農政策」『역사와 경계』62, 부산경남사학회.

_____, 2010「여말선초 자연재해 발생과 고려·조선정부의 대책」『韓國史學報』40.

_____, 2011「『高麗史』五行志의 체재와 내용 - 자연재해의 발생추세를 중심으로 -」『한국사학보』44.

_____, 2012「高麗中期 自然災害의 발생과 生活環境」『韓國史研究』157.

_____, 2013「高麗時代 숲의 개발과 環境變化」『사학연구』111.

_____, 2016「高麗前期 異變現象 기록을 통해본 災異觀과 위기인식」『역사와 담론』80.

이종수, 2015「13세기 고려의 탕(湯) 음식문화 변동 분석 - 개성, 안동, 탐라 음식문화를 중심으로 -」『한국전통문화연구』16.

李俊九, 1998「朝鮮前期 白丁의 犯罪相과 齊民化 施策」『大丘史學』56.

_____, 2000「조선시대 白丁의 前身 楊水尺, 才人·禾尺, 韃靼 - 그 내력과 삶

의 모습을 중심으로 -」『朝鮮史硏究』9.

李泰鎭, 1977「金致陽亂의 性格」『韓國史硏究』17.

_____, 1997「고려~조선중기 天災地變과 天觀의 변화」『한국사상사방법론』, 小花.

이필렬, 2003「환경사 연구의 여러 갈래들」『한국방송통신대학교 논문집』36.

이혜옥, 1982「高麗初期 西京勢力에 대한 一考察」『韓國學報』26.

李熙德, 1995「高麗時代의 天文思想 -『高麗史』天文志 硏究 -」『國史館論叢』 61.

임지원, 2016「충렬왕대 營城伊里干 설치와 그 의미」『한국중세사연구』47.

임형수, 2020「고려 충렬왕대 鷹坊의 구조와 기능에 대한 재검토」『역사와 담론』93, 湖西史學會.

장지연, 2000「여말선초 천도논의에 대하여」『한국사론』43, 서울대 국사학과.

_____, 2006「고려후기 개경 궁궐 건설 및 운용방식」『역사와 현실』60.

장호수, 2000「개성지역 고려왕릉」『韓國史의 構造와 展開 - 河炫綱敎授定年 紀念 韓國史學論叢 -』, 論叢刊行委員會.

전호태, 2014「고구려의 매 사냥」『역사와 경계』91, 부산경남사학회.

정동훈, 2020「고종대 고려-몽골 관계에서 '조공'의 의미」『한국중세사연구』 61.

_____, 2020「1260-70년대 고려-몽골 관계에서 歲貢의 의미」『震檀學報』 134.

정요근, 2019「고려 시대 전통 대읍 읍치 공간의 실증적 검토와 산성읍치설 비판 - 충청도와 경기도, 강원도 대읍의 분석을 중심으로 -」『韓國中世考古學』6, 한국중세고고학회.

鄭龍範, 2016「고려 중·후기 別墅의 운영과 도시근교농업의 발달」『역사와 경계』99.

鄭殷禎, 2001「고려전기 개경의 도시기능과 그 변화」『한국중세사연구』11.

_____, 2005「고려중기 경기지역의 공한지 개발」『지역과 역사』16.

_____, 2008「12·13세기 개경의 영역 확대와 郊外 편제」『역사와 경계』67.

鄭鎭禹, 1979 「高麗鷹坊考」『清大史林』3.

정학수, 2006 「고려 개경의 범위와 공간구조」『역사와 현실』59.

진영일, 1986 「고려전기 災異사상에 관한 일고」『고려사의 제문제』, 삼영사.

차경희, 2007 「『쇄미록』을 통해 본 16세기 동물성 식품의 소비 현황」『한국식
        품조리과학회지』23-5, 한국식품조리과학회.

崔柄憲, 1975 「道詵의 生涯와 羅末麗初의 風水地理說」『한국사연구』11.

최창조, 1994 「풍수지리·도참사상」『한국사』16.

_____, 1996 「풍수도참사상」『한국사』21.

河正男, 2002 「朝鮮初期 祈雨祭의 性格 變化」『青藍史學』6, 청람사학회.

하현강, 1967 「고려서경고」『歷史學報』35·36합집.

한정수, 2003 「고려전기 천변재이와 유교정치사상」『한국사상사학』21.

_____, 2006 「고려후기 천재지변과 왕권」『歷史敎育』99.

_____, 2013 「조선 태조~세종 대 숲 개발과 重松政策의 성립」『사학연구』111.

한희숙, 1999 「朝鮮 太宗·世宗代 白丁의 생활상과 도적 활동」『韓國史學報』6.

_____, 2012 「조선 초기 개성의 경관 변화」『조선시대사학보』62.

허인욱, 2019 「후백제 멸망과 그 유민」『한국중세사연구』56.

許興植, 1991 「指空의 無生戒牒과 無生戒經」『서지학보』4.

홍금수, 2005 「環境史 硏究 序說」『문화역사지리』17.

_____, 2012 「환경사 어떻게 해야 할 것인가」『震檀學報』116.

홍영의, 2000 「고려전기 개경의 五部坊里 구획과 영역」『역사와 현실』38.

_____, 2010 「고려시기 개경의 궁궐 조영과 운영」『한국중세사연구』28.

홍형순, 2018 「환경사 관점에서 본 조선시대 궁궐에 범과 표범의 출몰」『韓國
        傳統造景學會誌』36-3.

旗田巍, 1935 「高麗の鷹坊(1·2)」『歷史敎育』10-6·7.

內藤雋補, 1955 「高麗時代の鷹坊について」『朝鮮學報』8.

〈인터넷 자료〉

국사편찬위원회(https://db.history.go.kr/KOREA/).

네이버 국어사전(https://ko.dict.naver.com/).

네이버 두산백과((https://terms.naver.com/).

네이버 한자사전(https://hanja.dict.naver.com/).

두산백과(https://www.doopedia.co.kr/).

위키백과(https://ko.wikipedia.org/).

한국고전번역원(https://db.itkc.or.kr/).

한국민족문화대백과사전(http://encykorea.aks.ac.kr/).

색인

ㅊ

저자소개

李炳熙

서울 신정동 출생
서울대학교 사범대학 역사과 졸업
서울대학교 대학원 국사학과 석사·박사과정 졸업(문학박사)
목포대학교 사학과 교수 역임
현재 한국교원대학교 역사교육과 교수

高麗時期 生態環境 研究

초판 1쇄 인쇄일	2023년 4월 28일
초판 1쇄 발행일	2023년 5월 15일

지은이	이병희(李炳熙)
펴낸이	한선희
편집/디자인	정구형 우정민
마케팅	정찬용 이보은
영업관리	한선희 정진이
책임편집	정구형
인쇄처	으뜸사
펴낸곳	국학자료원 새미(주)
	등록일 2005 03 15 제25100-2005-000008호
	경기도 고양시 일산동구 중앙로 1261번길 79 하이베라스 405호
	Tel (02)442-4623 Fax (02)6499-3082
	www.kookhak.co.kr
	kookhak2010@hanmail.net

ISBN	979-11-6797-089-3 *93910
가격	39,000원